ལྷ་སའི་ལོ་རིམ་མེ་ལོང་།

拉萨年鉴

2016

拉　萨　市　人　民　政　府　主办
拉萨市地方志编纂委员会办公室　编

图书在版编目（CIP）数据

拉萨年鉴. 2016 / 拉萨市地方志编纂委员会办公室编. -- 北京：方志出版社，2016.8
ISBN 978-7-5144-2070-8

Ⅰ. ①拉… Ⅱ. ①拉… Ⅲ. ①拉萨市 – 2016 – 年鉴
Ⅳ. ①Z527.51

中国版本图书馆CIP数据核字(2016)第216419号

拉萨年鉴（2016）

编　　者：拉萨市地方志编纂委员会办公室
责任编辑：刘方圆

出 版 人：冀祥德
出 版 者：方志出版社
地址　北京市朝阳区潘家园东里9号（国家方志馆 4 层）
邮编　100021
网址　http://www.fzph.org
发　　行：方志出版社发行中心
（010）677110500
经　　销：各地新华书店
印　　刷：河南深港彩印有限公司

开　　本：889×1194　1/16
印　　张：39
字　　数：1014千字
版　　次：2016年8月第1版　2016年8月第1次印刷
印　　数：0001～1000册

ISBN 978-7-5144-2070-8　定价：480.00元

拉萨市地方志编纂委员会

《拉萨年鉴》编辑部

《拉萨年鉴》特邀委员

（按姓氏笔画排序）

《拉萨年鉴》特邀编辑

（按姓氏笔画排序）

编 辑 说 明

一、《拉萨年鉴》由拉萨市人民政府主办，拉萨市地方志编纂委员会办公室承办。《拉萨年鉴》自2012年开始逐年编纂，每年出版1卷，2016年卷为第5卷。

二、《拉萨年鉴》以邓小平理论、“三个代表”重要思想、科学发展观为指导，深入学习贯彻习近平总书记系列重要讲话精神，始终坚持“实事求是、质量第一、存史资政、服务大众”的办鉴宗旨，全面、系统、翔实地记述拉萨上一年度政治、经济、文化、社会、生态等各项事业的基本情况。

三、《拉萨年鉴》采用文章和条目两种体裁，以条目体为主。

四、《拉萨年鉴》采用规范的语体文、记述体、记述内容力求客观真实，文字力求言简意赅。

五、《拉萨年鉴（2016）》的文字内容，设有特载、专文、拉萨概况、大事记、政治、经济、文化、社会各行业情况、区情县情、人物、附录等8个基本栏目，其中“政治、经济、文化和社会各行业情况”基本栏目采用分类编纂法，分为：中国共产党拉萨市委员会、拉萨市人民代表大会常务委员会、拉萨市人民政府、中国人民政治协商会议拉萨市委员会、中国共产党拉萨市纪律检查委员会、武装、法治、群众团体、经济综合管理、对口援藏、国土资源管理、城市建设管理、农业、工业、开发区·工业园区、商业、旅游业、交通·运输·邮政、信息化、金融业、科技·气象、教育·体育、文化·广电·新闻出版、档案·党史·地方志、医疗·卫生、民政、人力资源与社会保障、民族·宗教、外事、环境保护、区情县情共31个类目。

六、《拉萨年鉴》收录的文章和条目，均通过各级行政系统确定专人（部门）负责撰写和提供，并经主要负责人审核。拉萨市社会经济统计资料统一由市统计局提供，业务部门的统计数据由各主管部门提供。使用时应以统计部门提供的统计数据为准。

七、《拉萨年鉴（2016）》反映2015年1月1日至12月31日期间情况（部分内容依据实际情况时限略有前后延伸），凡2015年事项，均直书月、日，不再写年份。本书中农田土地面积的计量单位使用“亩”。

拉萨市地方志编纂委员会办公室

2016年3月

目　录

特　载

专　文

拉萨概况

大事记

中国共产党拉萨市委员会

拉萨市人民代表大会常务委员会

中国共产党
拉萨市纪律检查委员会

武　装

法　　治

群众团体

经济综合管理

对口援藏

国土资源管理

城市建设与管理

农　业

工　业

开发区·工业园区

商　　业

旅 游 业

交通·运输·邮政

信 息 化

金融业

科技・气象

教育・体育

文化 · 广电 · 新闻出版

档案·党史·地方志

医疗·卫生

民　政

人力资源与社会保障

民族·宗教

外　　事

环境保护

区情县情

人　物

附　录

彩页目录

特　载

总结成绩 坚定信心 科学谋划 勠力同行 奋力开创“十三五”工作新局面

在中共拉萨市八届七次全委会第一次全体会议上的报告

（2015年12月7日）

西藏自治区党委常委、拉萨市委书记　齐扎拉

在全市上下深入贯彻落实党的十八届五中全会精神、中央第六次西藏工作座谈会精神，奋力推进全面建成小康社会的决定性阶段，召开八届七次全委会，意义十分重大。这次会议的主要任务是，深入贯彻落实党的十八届五中全会精神、特别是习近平总书记重要讲话精神，贯彻落实中央第六次西藏工作座谈会精神，以区党委八届七次全委会精神为指引，全面总结我市“十二五”时期工作，科学谋划“十三五”时期工作，讨论审议《中共拉萨市委关于制定“十三五”时期国民经济和社会发展规划的建议（讨论稿）》，组织动员全市广大党员干部和各族群众，在新的历史起点上，凝心聚力、勇于担当，务实创新、攻坚克难，加快建设美丽家园幸福拉萨，率先在全区全面建成小康社会。

下面，我就深入贯彻党的十八届五中全会和中央第六次西藏工作座谈会精神，奋力开创“十三五”拉萨经济社会发展新局面，讲三点意见。

一、认真总结“十二五”显著成就，切实增强做好“十三五”工作的信心和决心

“十二五”时期，是拉萨发展史上极不寻常的五年。过去的五年，既是拉萨维稳工作的阵痛期，也是社会治理的转型期；既是经济发展的扭转期，也是全面布局的蓄势期；既是凝聚人心的关键期，也是戮力前行的冲锋期。五年来，在党中央、国务院的亲切关怀下，在自治区党委、政府的坚强领导下，市委班子团结带领全市各族人民，深入贯彻落实中央第五次西藏工作座谈会精神，贯彻落实习近平总书记系列重要讲话精神，坚持以“四个全面”战略布局为统领，坚持治国必治边、治边先稳藏的重要战略思想，坚持依法治藏、富民兴藏、长期建藏、凝聚人心、夯实基础的重要原则，认真落实陈全国书记“充分发挥首府城市首位度作用”的要求，提出并大力实施党建统市、环境立市、文化兴市、产业强市、民生安市、依法治市“六大战略”，各项工作走在了全区、全国藏区乃至全国首府城市的前列。

一是党的建设全面加强。紧紧围绕习近平总书记“坚定不移地抓好党的建设”的重要指示，深入实施“党建统市”战略。以思想建设为核心，出台《关于进一步加强干部队伍建设的决定》，深入开展“忠心对党、真心为民、清心律己、公心用权、用心干事”党性教育，引导广大党员干部把严守政治纪律和政

治规矩放在首位，坚决做到陈全国书记要求的“西藏离首都北京虽远，但我们的心始终要与以习近平同志为总书记的党中央紧紧地贴在一起，紧紧地连在一起”。特别是在反分裂斗争这个重大原则问题上，严格按照中央提出的斗争方针和策略办事，绝不犹豫退缩，绝不以狭隘的民族和地域观念判断是非，始终做到旗帜鲜明、立场坚定，认识统一、表里如一，态度坚决、步调一致。以能力提升为目标，投资1.4亿元高标准建设市委党校，稳步推进以专题培训、每月一课、读书活动＋自学为主的“3+X”干部教育培训工作。扎实开展党的群众路线教育实践活动和“三严三实”“忠诚干净担当”专题教育活动，坚持每月挤出晚上时间集中系统学习习近平总书记系列重要讲话精神，使各级干部的党性、品格、境界和素质得到进一步提升。以夯实基础为关键，选好、用好、管好村（居）两委“带头人”，对全市99个软弱涣散基层党组织进行集中整治。从市县乡三级机关事业单位选派267名优秀党员干部到村（居）担任党支部第一书记，率先在全区实现村（居）党支部第一书记全覆盖。深入开展创先争优强基惠民活动，顺利完成四批驻村工作任务。在全区率先开展“强党、固基、扶村”工作，选派1329名乡（镇、街道）干部下沉到村（居），实现干部下沉村（居）工作全覆盖。逐步提高村级组织运行经费和村（居）干部误工补贴标准，社区年度运行经费达到45万元、行政村达到5万元，在职村（居）干部误工补贴平均达4万元以上。以作风建设为保障，认真履行党委党风廉政建设主体责任，严格落实中央“八项规定”精神，加快推进惩治和预防腐败体系建设。建立完善领导干部廉政档案，制定《拉萨市党员领导干部约谈暂行办法》《纪委书记约谈汇报制度》，率先在全区推行市委书记、市长与各县（区）、市直各部门主要负责人廉政约谈机制。五年来，市委共查处参与非法分裂活动党员干部16人，其中开除公职、党籍4人，严厉查处资助或参与危害国家安全、参加境外“法会”国家公职人员17人，严肃处理不如实申报个人重大事项干部52人。在连续三年案件民意测评中，群众满意率均达100%。

二是城市环境更加宜人。紧紧围绕习近平总书记“努力构建国家生态安全屏障”的重要指示，深入实施“环境立市”战略。全面优化生态环境，坚持把生态环境保护作为底线、红线、高压线，严格落实生态环境保护责任，将生态环境保护纳入领导干部考核内容，实行“一票否决”。建立完善建设项目准入制度，关闭整顿不达标企业30余家。大力实施“树上山”，投资2.57亿元全面实施南山绿化工程，全市森林覆盖率达19.4%，城市绿化覆盖率达40%，人均公共绿地面积达9.7平方米。大力实施“河变湖”，加快推进拉萨河综合整治工程，3号闸建成运行，在城市打造120公顷水面，实现了拉萨河城区段常年蓄水，增加城市空气湿度10%以上，为高原河流整治、海绵城市建设提供了示范。大力实施“暖入户”，城市供暖工程圆满完成，供暖覆盖率达98%，实现了西藏历史上具有里程碑意义的“供暖革命”。成功创建国家生态园林城市，在国家环保部公布的环境优良城市排行榜中，拉萨市持续保持全国前三位。全面优化人文环境，围绕打造重要的中华民族特色文化保护地和重要的世界旅游目的地，编制《拉萨市历史文化名城保护规划》。成立正县级八廓古城管委会，出台《拉萨市老城区保护条例》。2013年，充分汲取国内外古城保护的有益经验，坚持“只做减法、不做加法”，投资15亿元实施了老城区保护工程，对7条街区进行风貌保护，对56座古建大院进行保护性修复，对157处违法违章建筑进行综合整治。民意调查显示，群众对拉萨老城区保护工程支持率、满意率均达100%。目前，拉萨古城申遗工作正在有序推进。全面优化发展环境，不断提升行政服务能力，全面落实“低门槛、零注册、轻税赋、强支撑、少检查、重激励”的政策措施。成功举办“全国民营企业家拉萨行”“中国光彩事业西藏行”拉萨市活动、雪顿节招商等活动，招商引资项目达1000余个，落地资金达500多亿元。全市各类市场主体达到5.14万户，注册资本912亿元，形成了高效快捷的发展环境。全面优化城市品位，按照“东延西扩南跨，一城两岸三区”的城市发展战略，系统推进城市高品质建设与管理。以主城为商业、旅游服务、文化中心，东城新区为行政办公、文化、会展、教育新区，柳梧新区为客运枢纽、商贸服务、旅游集散、特色居住示范区，经开区、堆龙德庆区为工业、物流、居住、商业服务综合片区的城市功能格局基本形成。城市公共基础设施建设全面加快，城市北环路开工建设，南环路、拉萨新机场、拉林铁路、城市有轨电车、柳东大桥等重大项目前期工作有序推进，城市主次干道路总长达到245公里。城市人行天桥、纳金大桥、迎亲大桥、会展中心等一批地标性建筑拔地而起，群艺馆新馆、牦牛博物馆、文体中心等文化项目顺利建成。

三是文化事业欣欣向荣。紧紧围绕习近平总书记“充分发挥先进文化引领社会、教育人民、推动发展、促进稳定的重要作用”的重要指示，深入实施“文化兴市”战略。坚持思想教育引领，用马克思主义中国化最新成果指导全市文化建设，大力培育和弘扬社会主义核心价值观，推动社会主义核心价值观进机关、进校园、进军营、进企业、进社区、进农牧区、进寺庙，在中宣部组织的全国136个重点城市“图说我们的价值观”网络测评中取得第16名的好成绩。持续开展中国梦、“3·28”百万农奴解放纪念日、新旧西藏对比、民族团结社会面宣传，深入开展“八看、一算账、一揭批、四增强”主题教育活动，进一步打牢了各族人民共同团结奋斗、共同繁荣发展的思想基础。成立互联网工作委员会，在全市符合条件的57家民营网站成立党小组，为147家民营及个人网站指派党建指导员，确保党对互联网工作的绝对领导。大力推进“西新工程”，实现党刊报刊“村村通”“寺寺通”和广播电视“户户通”“寺寺通”，使党和政府的声音形象在全市区域听得到、看得到。坚持文化服务惠民，以增强“四个认同”为目标，建立健全覆盖城乡、及时有效的公共文化服务体系，实现县有综合文化活动中心、乡有综合文化站、村有文化活动室，实现农村书屋、寺庙书屋、广播电视、电影放映、信息共享等文化惠民工程全覆盖。大力发展广场文化、节庆文化、社区文化，年均演出270余场次，观众50余万人次。广泛开展文化下乡活动，积极推进文化、科技、卫生“三下乡”和科教、文体、法律、卫生“四进社区”。精心编排3套28个曲目的“幸福拉萨”规范舞，并在全市普及推广。组建拉萨净土职业篮球队，成功举办全国首届藏棋研讨会、全国围棋甲级联赛、CBA篮球邀请赛、NBL男子篮球联赛。

*四是产业发展朝气蓬勃。*紧紧围绕习近平总书记“扎实有力推进跨越式发展”的重要指示，深入实施“产业强市”战略。重点深化体制改革，深入推进行政体制改革，清理行政审批事项467项，行政审批事项精简调整率达64.68%。在全区率先组建公共资源交易中心，打造透明、开放、高效的公共资源交易市场。深入推进农村改革，全面总结曲水县国家级改革试验区成功经验，在全区率先推进农村宅基地确权、农村土地承包经营权确权、农民专业合作社规范发展、农牧业产业化龙头企业发展、农村金融发展五个方面的深化农村改革工作，全面完成农村土地承包经营权确权和宅基地确权试点工作，探索开展了农村“两权”抵押贷款工作。深入推进国企改革，召开全市国资国企改革发展大会，制定出台《关于进一步深化国资改革 促进国企发展的意见》，组建拉萨公共交通集团、净土产业投资开发有限公司等15家国有企业集团，充分发挥国有企业在经济发展中的基础性和战略性作用。目前，全市国有企业资产总额达322.6亿元，是2010年的31.7倍；国有净资产总额达200.1亿元，是2010年的31.7倍。重点打造旅游产业，围绕国际旅游目的地建设，以“优化结构、转型升级、提质增效”为主线，倾力打造旅游精品，加大冬季旅游营销力度，强化旅游行业协会监管，着力规范旅游市场秩序。香格里拉酒店、洲际天堂酒店等国际知名连锁酒店相继入驻拉萨，旅游接待水平和旅游城市形象有效提升。旅游总收入由2010年的42.11亿元增加到2015年的150亿元，旅游收入占全市GDP比重持续保持20%以上。重点打造文化产业，制定实施《拉萨市文化产业发展规划（2013—2020年）》。积极推进西藏文化旅游创意园区建设，出版文化产业园、中国美术创作研究基地西藏基地、雪顿古镇、藏红花文化博览中心、藏医药文化创意园5个项目顺利落地。大型实景剧《文成公主》改版升级并常态演出，在获得经济效益的同时，带动当地群众就业，成为拉萨乃至全区文化旅游产业新名片。重点打造净土健康产业，依托西藏水、土壤、空气、传统文化“四不污染”的独特优势，大力发展以饮品、食品、药品、饰品为拳头的净土健康产业，在7县1区全面推开。出台净土健康种养规划，着力培育天然饮用水、奶业、生猪、藏香鸡、经济林木、藏药材、特色园艺、斑头雁九大主导产业。成功举办“强农兴邦中国梦·品牌农业中国行——走进拉萨”活动，隆重推介“拉萨净土”区域公用品牌。目前，全市净土健康产业企业达89家，其中规模以上企业26家。2014年，全市净土健康产业实现产值36.6亿元，带动农牧民合作社200个，促进农牧民10452户21606人增收。重点打造园区经济，按照“各具特色、错位发展”原则，全力推进经开区、柳梧新区、西藏文化旅游创意区、高新区、顿珠金融产业园和达孜工业园、曲水县工业园、堆龙德庆县工业园建设，园区功能不断完善、投资环境不断优化、承接转移能力不断增强。

*五是民生福祉持续改善。*紧紧围绕习近平总书记“坚持不懈保障和改善民生”的重要指示，深入实施“民生安市”战略。累计投入资金186.5亿元，实施民生项目400余项，是“十一五”时期的2.5倍。优先发展教育，2012年以市委1号文件出台《关于

加快教育改革和发展的意见》，制定《振兴教育教学质量三年行动计划》。明确“市办职高和高中、县办初中和小学、乡办小学和学前班”的集中办学思路。加快学校布局调整，2012年以来共撤并教学点21个，合并完小（小学）17个，新建小学2个，新建公办幼儿园116所，基本实现幼儿园县乡村三级全覆盖。积极推进拉萨教育城建设，教师继续教育学校、那曲二高等10个项目已完工并投入使用。协调北京、江苏分别援助建成实验示范中学，两年共引进援藏教师和管理人员206名，使西藏的学生不出拉萨就可以享受到与内地同样的优质教育资源。2015年拉萨北京实验中学、拉萨江苏实验中学高考上线率分别达到80.43%、79.74%。“十二五”时期教育累计投资37.2亿元，是“十一五”的4.9倍。全力促进就业，认真贯彻落实国家就业政策，拉萨籍应届大学毕业生实现全就业，城镇登记失业率控制在2.2%以内。整合各方资源，成立拉萨市第一、第二中等职业技术学校，结束了拉萨无中职学校的历史。深入推进以业育人、以业安人、以业管人、以业富人“四业工程”，累计开展各类职业技能培训1056期，投入培训资金14318.58万元，培训人员139567人次，就业率达80%以上；实现农牧区劳动力转移就业37968人，年均增加10%，实现劳务创收近6亿元；培训特殊人员1862名，专项安排309名重点人员参加技能培训，152人通过培训教育达到撤控要求，67人通过技能培训实现就业。扎实做好社保，在全区率先启动公立医院改革工作，建立全区首个婴儿住院救治绿色通道，并实行住院救治费用100%报销。在全区率先建立城乡医疗救助“一站式”即时结算服务平台，实现与医疗保险、农村合作医疗制度的衔接配套。城乡居民、寺庙僧尼免费健康体检率分别达到99.9%和100%，孤残弃儿童集中供养率和五保老人意愿集中供养率达100%。在金盾苑、乐业苑、城馨苑等三个小区试点开展干部职工住房改革，为全区推进周转房分配改革提供经验。关切群众期盼，成立群众工作部，深入开展新形势下群众工作。在党的群众路线教育实践活动中，全市各级党员干部树牢群众观点、站稳群众立场、践行群众路线，集中解决了21773件事关民生的难事、急事、要事。

*六是依法治市深入推进。*紧紧围绕习近平总书记“努力实现西藏持续稳定、长期稳定、全面稳定”的重要指示，深入实施“依法治市”战略。加强巩固民族团结，在全国首府城市中率先制定《拉萨市民族团结进步条例》，以法律形式规定每年9月为民族团结进步月、9月17日为民族团结进步节。从2012年开始，深入开展了共产党员民族团结先锋活动、共青团员闪光行动、少先队员牵手行动，在全国率先深入推进民族团结教育“七进”活动，编写发放中小学生民族团结教育三个读本30余万册，使“三个离不开”思想牢牢植根在各族人民的心头。修缮和建设关帝格萨拉康、清政府驻藏大臣衙门旧址陈列馆、民族团结陈列馆等，使之成为重要的爱国主义教育基地。加强法治能力建设，2012年以来，先后出台《关于严密防范自焚行为的意见》《关于对境外“法会”回流人员实施教育管控工作的实施意见》，切实解决了在反分裂斗争中因民族宗教因素交织带来的复杂敏感问题。今年，由我市牵头组织、四省藏区10个藏族自治州共同参加的全面推进“依法治藏”方略座谈会顺利召开，会议形成了一系列丰硕成果，特别是与会州市签订了《联合起来 共保稳定——五省藏区11州、市保稳定合作框架协议》，有助于形成高效联动、整体作战，全力拱卫西藏和谐稳定的工作格局。加强创新社会治理，2014年以市委一号文件出台《关于创新社会治理体制的意见》，探索形成了具有拉萨特色的城镇、寺庙和农牧区三大服务管理模式。在市区和所有县城建成189个便民警务站，全面实行网格化管理、社会化服务。创新开展“联户平安、联户增收”工作，将城乡基层相邻5至10户家庭划分为一个联户单位，全市16万户居民共划分联户单位1.7万个，实现常住人口全覆盖。持之以恒开展反分裂斗争和打击整治专项行动，2012年以来，全市共打掉非法地下组织48个、梳理涉案人员6892人，破获四省藏区来拉企图自焚案件23起、抓获涉案人员106人，坚决粉碎了达赖集团企图再次将破坏活动引向拉萨、以达到“核心突破、影响全局”再造“3·14”轰动效应的险恶用心。加强宗教领域治理，全面贯彻党的宗教工作基本方针，认真落实国家有关宗教事务管理的法律法规，围绕“法、心、权、责”四字原则，在全市寺庙“六建”的基础上，常态开展“六个一”活动，实现了干部驻寺全覆盖；率先开展并顺利完成在编僧尼自然减员补充学经新僧尼试点工作；在落实自治区“九有”工作的基础上，增加了修建一个食堂、一个澡堂、一个垃圾池、一栋温室、培养培训一名卫生员五项内容。加强矛盾纠纷化解，高度重视信访工作，把超前预防作为出发点，把

依法办事作为遵循点，全面深入排查矛盾纠纷，特别是将疑难信访事项化解工作列入常委会议事日程，由市委常委包案负责，56件信访积案和久拖不决的20世纪80年代以来的“钉子案”“骨头案”全部得到妥善化解。2014年，在全市范围内开展了3次拉网式矛盾纠纷排查工作，排查矛盾纠纷262件，化解259件，化解率99%。

总体来说，“十二五”时期，拉萨不仅实现了由低谷走向高速、由稳定走向繁荣，更重要的是谱写出了美丽家园幸福拉萨的辉煌篇章。经济发展连续保持两位数增长速度，2015年全市地区生产总值预计可达到389亿元，是2010年178.91亿元的2.2倍；社会固定资产投资预计可达到537.36亿元，是2010年176.46亿元的3倍；全市财政收入预计可达到102.3亿元，其中公共财政预算收入预计可达到80.8亿元，是2010年15亿元的6倍；城镇居民人均可支配收入预计可达到25132元，是2010年16567元的1.5倍；农村居民人均可支配收入预计可达到10646.7元，是2010年5003元的2.1倍。累计投入对口援藏资金30.44亿元、安排援藏项目175个。提前两年完成“十二五”经济发展目标。此外，我们还妥善处置了“3·29”“8·9”等灾害事故，出色完成了自治区成立50周年庆祝活动安保任务。社会局势持续保持和谐稳定，严重暴力犯罪、“两抢一盗”等侵财案件、治安案件大幅下降，拉萨市治安案件和刑事案件发案率连续三年呈下降趋势。据中国社科院发布的2015年《中国公共服务蓝皮书》显示，拉萨市基本公共服务满意度连续4年位列全国38个主要城市之首，公共安全连续5年排名第一，公共交通、社保就业、城市环境、GDP杠杆指数4项指标连续4年排名第一，文化体育、基础教育、医疗卫生3项指标连续4年进入前三名，公职服务指标连续3年进入前三名。

这些成绩的取得，得益于党中央治藏方略的无比英明，得益于区党委政府的坚强领导，得益于全国人民特别是北京、江苏两省市的无私援助，是市委班子团结带领全市各族人民牢记使命、敢于担当，抢抓机遇、奋勇前进的结果。站在新的起点，我们坚信只要始终坚持党的治藏方略不动摇，认真贯彻区党委决策部署，科学谋划、真抓实干，始终保持昂扬向上、奋发有为的精神状态，拉萨就一定会实现率先在全区全面建成小康社会、如期与全国同步全面建成小康社会的宏伟目标。

二、认真贯彻落实党的十八届五中全会和中央第六次西藏工作座谈会精神，切实增强“十三五”规划科学性和指导性

“十三五”时期，是全面建成小康社会的决胜期，也是拉萨经济社会发展迈向更高阶段的跨越期。编制好“十三五”规划对于做好未来五年的工作尤为重要。因此，拉萨“十三五”规划，必须贯彻落实好党的十八届五中全会精神，贯彻落实好中央第六次西藏工作座谈会精神，突出发展新特征，唱响发展新理念，明确发展新举措，为率先在全区全面建成小康提供根本遵循。

（一）*深刻认识新时期治藏方略，进一步明确拉萨工作指导思想。*中央第六次西藏工作座谈会明确指出，做好西藏工作必须坚持中国共产党领导，坚持社会主义制度，坚持民族区域自治制度；必须坚持治国必治边、治边先稳藏的战略思想，坚持依法治藏、富民兴藏、长期建藏、凝聚人心、夯实基础的重要原则；必须牢牢把握西藏社会的主要矛盾和特殊矛盾，把改善民生、凝聚人心作为经济社会发展的出发点和落脚点，坚持对达赖集团斗争的方针政策不动摇；必须全面正确贯彻党的民族政策和宗教政策，加强民族团结，不断增进各族群众对伟大祖国、中华民族、中华文化、中国共产党、中国特色社会主义的认同；必须把中央关心、全国支援同西藏各族干部群众艰苦奋斗紧密结合起来，在统筹国内国际两个大局中做好西藏工作；必须加强各级党组织和干部人才队伍建设，巩固党在西藏的执政基础。这“六个必须”高度概括了我们党在西藏执政60多年的实践经验，准确把握了我们党经略西藏的治理规律，明确指出了西藏工作的根本方向，鲜明地回答了在西藏必须举什么旗、走什么路、向什么样的目标前进的重大问题，是我们做好工作必须始终坚持和贯彻落实的。

（二）*深刻认识西藏特殊地位，进一步明确拉萨战略定位。*西藏是重要的国家安全屏障、重要的生态安全屏障、重要的战略资源储备基地、重要的中华民族文化保护地和面向南亚开放的重要通道，是我国同西方敌对势力和境内外敌对势力、分裂势力斗争的前沿，这是中央第六次西藏工作座谈会对西藏特殊战略的定性。拉萨作为首府城市，是全区政治、经济、文化中心，是藏区稳定的“要城”、历史文化的“名城”、青藏高原的“净城”、改革开放的“新城”。面临新的形势和任务，“十三五”时期，拉萨市还要进一

步充分发挥首府城市首位度作用，发展成为面向南亚开放的中心城市、“一带一路”的重要节点城市和全面建成小康社会的示范城市。

（三）深刻认识西藏阶段性特征，进一步明确拉萨工作方向。当前，西藏正处于打好扶贫攻坚战、如期实现全面小康的决定阶段，加紧生态功能区建设、增强自我发展能力的重要阶段，保持持续稳定和全面稳定、走向长治久安的关键阶段，聚焦改进作风、全面夯实基层基础的强化阶段，同时还处在“后达赖”向“达赖后”转变、分裂与反分裂斗争的尖锐复杂阶段。这就要求我们，必须把党的领导作为根本保证，把精准脱贫置于工作首位，把产业培育作为重要举措，把依法治市作为战略保障，继续深入实施“六大战略”，确保拉萨经济社会发展和长治久安。

（四）深刻认识全新发展理念，进一步明确拉萨发展路径。党的十八届五中全会明确提出“创新、协调、绿色、开放、共享”五大发展理念。这五大发展理念是针对当前我国面临的突出问题和挑战所提出来的，集中体现了“十三五”时期我国的发展思路、发展方向、发展着力点。制定落实好拉萨“十三五”规划，就是要真正把这些理念融入“六大战略”中去，以发展理念转变引领发展方式转变，以发展方式转变推动发展质量提高。这就要求我们要坚持创新发展，不断推动制度创新、科技创新、文化创新，让经济社会发展的动力更加充沛；要坚持协调发展，促进城乡区域、物质文化协调发展，在注重速度的同时兼顾效益；要坚持绿色发展，倾力打造净土健康品牌，使净土品牌成为享誉世界的绿色名片；要坚持开放发展，发展更高层次开放性经济，加快形成立体式开放发展新格局；要坚持共享发展，以机会共享为核心，以参与共享为动力，以规则共享为保障，以成果共享为目标，使拉萨各族人民在共享发展中有更多获得感。

（五）深刻认识工作难点，进一步明确拉萨发展重点。习近平总书记在党的十八届五中全会讲话中明确提出，要下大力气破解制约如期全面建成小康社会的重点难点问题。其一是，转方式，着力解决好发展质量和效益的问题。拉萨地处边疆民族地区，发展不快、规模不大、总量不足，仍然是经济社会发展中最需迫切需要解决的主要问题。因此，对于拉萨而言，不存在转方式的问题，更重要的是发展问题。实现与全国同步全面建成小康社会，我们依然要把发展作为第一要务，加快培育一批战略性产业。特别是要加快净土健康、旅游文化产业的培育，真正使其成为精准脱贫的动力机、全面建成小康社会的助推器。其二是，补短板，着力解决好发展不平衡问题。现在，拉萨发展最突出的短板就是贫困人口。目前全市贫困人口为5.5万人，能否如期实现全面建成小康社会，这5.5万人的脱贫至关重要。因此，我们要把精准扶贫作为全面建成小康社会的首要任务，以更大的决心、更精准的思路、更有力的措施，坚决打赢脱贫攻坚战。其三是，防风险，着力增强风险防控意识和能力。“十三五”时期，我们面临的最大风险依然是十四世达赖集团的干扰破坏，特别是处于“后达赖”向“达赖后”转变时期，反分裂斗争呈现出新的变化和动态。因此，我们一定要把维护社会稳定作为重中之重，决不能因为十四世达赖集团的干扰中断我们全面建成小康社会的进程。

三、认真把握《建议（讨论稿）》重点难点问题，切实增强做好“十三五”工作的主动性和创造性

市委高度重视这次全委会，多次召开会议研究部署，并成立专门领导小组具体安排，在深入学习、广泛调研、征求各方意见的基础上，起草了《建议（讨论稿）》，现已印发会议。希望大家深入讨论、认真审议，提出宝贵建议和意见。

下面，我就《建议（讨论稿）》中的几个重点难点问题作一简要说明。

（一）关于“十三五”时期的形势判断。今后五年，是拉萨承前启后、继往开来的五年，是拉萨抢抓机遇、乘势而上的五年，也是拉萨率先在全区全面建成小康社会的决定性五年。我们必须看到，全面建成小康社会，既有重大机遇，也面临巨大挑战，前进道路并非坦途，必须众志成城、迎难而上。

我们面临的重大机遇有：一是中央治藏方略的英明指导，中央第六次西藏工作座谈会的胜利召开为做好新时期西藏工作指明了方向，特别是制定出台的《中共中央关于进一步推进西藏经济社会发展和长治久安的意见》，为拉萨经济社会发展提供了强有力的政策支持；二是拉萨发展基础更加坚实，随着“六大战略”的深入实施，财政收入不断增高，全社会固定资产投资成倍增长，基础设施建设等制约性因素得到根本性改变，园区经济集群效应进一步显现，净土健康、文化旅游等产业成为新的经济增长极；三是拉萨区位优势更加凸显，全国经济发展进

入新常态,“一带一路”战略的全面实施必将带动西部大开发进入全新阶段。拉萨作为西藏自治区首府城市、作为国家面向南亚开放的中心城市、作为“一带一路”的重要节点城市,在人才、资本、技术等高端要素集聚,促进国内外市场互联互通,引领全区发展方面潜力巨大、前景广阔;四是群众基础更加稳固,经济持续健康发展、民生持续有力改善,人民群众保稳定、谋发展、奔小康的热情更加高涨。特别是随着“双联户”、网格化管理模式的推进,社会治理水平不断提升,各民族深入交往交流交融,社会大局和谐稳定,形成了政通人和的发展环境。

同时,我们也面临一些挑战:一是维稳任务仍然艰巨。全市各族人民同以十四世达赖集团为代表的分裂势力之间的特殊矛盾依然突出,需要投入巨大的人力、物力、财力维护社会稳定,严重掣肘着全市经济社会持续健康发展。二是经济发展水平仍然较低。总量小、基础差、底子薄仍然是拉萨的基本市情,初级性、依赖性特征明显,特别是区域、城乡之间发展不协调、不平衡等矛盾仍然很突出。三是人才制约瓶颈突出。人才总量不足、结构不合理等问题阻滞了我市经济社会发展。特别是领导干部驾驭市场经济的能力不足,运用市场思维和现代金融手段推动科学发展的能力亟待提高。

总体来看,“十三五”时期,我市面临的机遇远大于挑战,仍处于大有作为的重要战略机遇期,我们完全有能力、有条件率先在全区全面建成小康社会。

(二)关于“十三五”工作的指导思想。“十三五”时期,我市工作的指导思想是:高举中国特色社会主义伟大旗帜,以邓小平理论、“三个代表”重要思想、科学发展观为指导,全面贯彻党的十八大、十八届三中、四中、五中全会和中央第六次西藏工作座谈会精神,深入贯彻习近平总书记系列重要讲话精神、特别是“治国必治边、治边先稳藏”的重要战略思想和“加强民族团结、建设美丽西藏”的重要指示,全面贯彻落实自治区党委八届七次全委会精神,坚持“四个全面”战略布局为统领,坚持党的治藏方略,坚持依法治藏、富民兴藏、长期建藏、凝聚人心、夯实基础的重要原则,坚持稳中求快总基调,把维护祖国统一、加强民族团结作为工作的着眼点和着力点,把培育优势产业、优化经济结构作为转变发展方式的中心和重心,坚持创新发展、协调发展、绿色发展、开放发展、共享发展,树立和谐稳定、协调均衡、共享共建、绿色健康、创新开放的发展理念,深入实施“六大战略”,坚定不移开展反分裂斗争,坚定不移促进经济社会发展,坚定不移保障和改善民生,坚定不移促进民族交往交流交融,充分发挥首府城市首位度作用,确保国家安全和长治久安,确保经济社会持续健康发展,确保生态安全环境良好,确保人民生活水平和质量普遍提高,确保如期全面建成小康社会,谱写好中华民族伟大复兴中国梦的拉萨篇章。

(三)关于“十三五”时期的发展理念。发展理念是战略性、纲领性、引领性的东西。发展理念搞对了,目标任务就好定了,政策措施跟着也就好定了。党的十八届五中全会提出“创新、协调、绿色、开放、共享”五大发展理念。这五大理念集中反映了我们党对经济社会发展规律认识的变化。在深刻分析我市发展形势的基础上,结合这五大理念,我们进一步将拉萨“十三五”时期的发展理念明确为:和谐稳定、均衡协调、共享互动、绿色健康、创新开放“五大理念”。

一是和谐稳定理念。邓小平同志曾特别强调:“中国问题,压倒一切的是需要稳定。没有稳定的环境,什么都搞不成,已经取得的成果也会失掉。”对于拉萨这样一个藏区稳定的“要城”来说,更是如此。我们必须清醒地认识到:稳定是拉萨发展的前提和保障,没有稳定,全面建成小康社会就是一句空话。为此,我们必须把和谐稳定作为发展的首要条件,牢固树立“治国必治边、治边先稳藏”的重要战略思想,以加强民族团结为基石,以确保寺庙稳定为重点,以法治建设为根本,确保社会大局持续稳定、长期稳定、全面稳定。

二是协调均衡理念。我市发展不协调是一个长期存在的问题,突出表现在城乡发展不平衡上。随着拉萨经济社会的发展,我们一定要注重发展的整体效能。要坚持区域协同、城乡一体、产城融合,全面实施“中心集聚、轴向带动、点状促进”的城乡空间发展战略,不断提高中心城镇辐射边远地区发展的能力,逐步实现城乡居民收入均衡化、要素配置合理化、产城发展一体化,打造市县乡三级经济协调发展新格局。

三是共享互动理念。共享是中国特色社会主义的本质要求,注重的是解决社会公平正义问题。一方面,我们要加快基础设施建设和经济发展,把蛋糕做大做强;另一方面,我们要做好资源、服务、利益等制度安排,把蛋糕分配好,实现资源与人才、制度与结果的共享互动,真正做到发展为了人民、发展依靠人民、发展成果由人民共享。

四是绿色健康理念。绿色发展是拉萨发展的独特优势，也是构建国家重要生态安全屏障的必然要求。我们要坚持把发展建立在生态安全基础上，牢固树立绿水青山就是金山银山的理念，严守生态安全红线，着力培育净土健康等绿色产业，推动形成绿色发展方式和生活方式，实现绿色健康发展。

五是创新开放理念。当前，国内外经济区域合作局面正在发生深刻变化，特别是随着“一带一路”战略的实施，引进来、走出去在深度、广度、节奏上都是过去无可比拟的。但同时，我们面临的外部风险、涉稳压力无形中也增加不少。作为拉萨，现在的问题不是开不开放的问题，而是如何开放、怎么开放，在实现开放的同时保持和谐稳定的大好局面。因此，我们要以创新的手段促进开放，通过创新深化开放。同时，要适度控制、把握节奏，以点带面、步步为营，适度、有序地进行开放发展。

（四）关于“十三五”时期的发展目标。“十三五”时期，我市经济社会发展的总体目标是：继续保持经济社会长足发展，通过五年的努力，实现主要经济指标大幅增长，达到全国平均水平，在全区率先全面建成小康社会。全市地区生产总值2020年突破700亿元，年增速保持在两位数以上实现更有效率、更可持续的发展；全社会固定资产投资、公共财政预算收入、工业增加值、社会消费品零售总额年均增长15%以上；城乡居民人均可支配收入年均增长10%和15%以上；城镇登记失业率控制在2.2%以内，公共服务主要指标达到全国平均水平，现行标准下的贫困人口全部实现脱贫。城市建设水平不断提高，城市绿化覆盖率、森林覆盖率分别达到45%和19.7%，城镇化率达到60%以上，争取把拉萨建设成为经济较为发达、城区人口突破100万人的青藏高原大城市。

（五）关于“十三五”时期的主要措施。“十三五”时期，要继续深入实施“六大战略”，强化六大措施：

一是加强党的建设，确保市委决策部署落到实处。全面建成小康社会，完成“十三五”时期各项目标任务，关键在党的领导。要坚持以改革创新精神全面加强党的建设，继续深入实施“党建统市”战略。加强干部教育培训，努力锻造一支忠诚干净担当的高素质干部队伍。深化“强党、固基、扶村”工作，着力提升基层干部精准扶贫、科学发展能力。巩固拓展党的群众路线教育实践成果，认真开展“三严三实”专题教育，大力弘扬“老西藏精神”和“两路精神”，转变作风、真抓实干，说办就办、马上就办。深入推进党风廉政建设和反腐败斗争，坚决杜绝“四风”问题，为全面建成小康社会提供有力的纪律保障。

二是加强环境建设，确保生态屏障安全。坚持绿色科学发展，继续深入实施“环境立市”战略。健全自然资源资产产权制度，建立体现生态文明建设要求的经济社会发展评价体系，实行环境保护“一票否决”制。重点实施“蓝天工程”“碧水工程”“绿地工程”“生物保护工程”四大工程。广泛开展绿色生活行动，大力推进生活垃圾分类和可再生利用资源回收使用。以创建国家循环经济示范城市为契机，实施近零碳排放区示范工程。加强清洁能源利用，扶持和推动太阳能、风能、水能、地热能、生物质能等新能源产业发展，逐步建立低碳、绿色、循环的生态循环服务体系。

三是加强文化建设，确保文化实力不断增强。以“加强民族团结、建设美丽西藏”重要指示为遵循，继续深入实施“文化兴市”战略。不断丰富“新旧西藏对比、感党恩、八看一算账一揭批四增强”等主题教育活动，进一步筑牢意识形态阵地。以满足全市各族人民不断增长的文化需求为目标，加强基层综合性公共文化设施建设，加快创建国家公共文化服务体系示范区。加强主流媒体建设，强化网上思想文化阵地建设和管理。加强文化保护和创新，力争“十三五”期间拉萨古城申遗成功。加快文化资源优势向文化产业强势转变，推动国家藏羌彝文化产业长廊项目建设，建设拉萨“唐蕃”影视城和影视外景拍摄基地，全力做好《金城公主》室内剧的制作发行工作。巩固好全国文明城市创建成果，确保到2020年文明县城创建率达到80%，文明村镇、文明单位创建率达60%以上。

四是加强产业建设，确保经济社会快速发展。培育壮大特色产业，继续深入实施“产业强市”战略。强化“拉萨净土”区域公共品牌及地理标识培育，建立完善净土健康产业标准化体系，加快净土健康产品走出去步伐。大力发展现代旅游业，全力打造拉萨市环线、热振湖环线、纳木错国家公园、大日多旅游景区、曲水才纳净土健康旅游示范区及堆龙德庆区圣地旅游文化园等一批旅游线路。大力发展金融租赁、电子商务、科技研发等生产性服务业。加快经开区、柳梧新区等五大经济功能区建设，不断增强内生动力，提高自我发展能力。

五是加强民生建设，确保人民生活更加幸福。

坚持把改善民生、凝聚人心作为经济社会发展的出发点和落脚点，继续深入实施“民生安市”战略，让全市各族人民共享改革发展成果。坚持就业第一，持续推进“四业工程”，全面推进创业带动就业，动态消除“零就业”家庭。优先发展教育事业，深入推进教育综合改革，加快教育城二期及配套设施建设，重点发展职业教育，探索建立“产业园区＋标准厂房＋职业教育”的发展模式，力争职业教育走在西部地区前列。大力发展医疗卫生事业，优化城乡医疗资源配置，建立覆盖城乡的基本医疗卫生制度，全力打造城区15分钟健康卫生服务圈，强化乡镇医疗卫生服务网点建设。强化社会保障，完善社会统筹和个人账户相结合的基本养老保险制度，推进机关事业单位养老保险制度改革，继续做好新农保、寺庙僧尼社会养老保险和居民养老保险全覆盖。加大保障性住房建设力度，在内地和拉萨建设干部休养基地。

六是加强法治建设，确保社会大局和谐稳定。全面贯彻依法治藏原则，继续深入实施“依法治市”战略。加强民族团结，以创建全国民族团结进步示范市为契机，坚持不懈地开展民族团结进步宣传教育，继续开展好共产党员民族团结先锋活动、共青团员民族团结闪光行动、少先队员民族团结牵手行动，广泛建立相互嵌入式的社区环境，鼓励各族学生混班教学。高举爱国主义、社会主义旗帜，发展壮大爱国统一战线。继续贯彻落实好八届六次全委会制定的《关于贯彻落实全面推进依法治国、依法治藏重大战略部署的实施意见》，深入开展反分裂斗争，严密防范和打击各类分裂破坏活动。依法加强宗教事务管理，全面落实制定出台的一系列利寺惠僧政策，积极引导宗教与社会主义社会相适应。加强网络管理，强化对拉萨网络舆情监测中心的工作引导。健全维稳处突体系，确保社会大局和谐稳定。

（六）关于“十三五”时期的难点问题。“十三五”时期，我们要着力在以下几个难点问题上下功夫：

一是精准扶贫。全面建成小康社会，是我们党对全国人民的庄严承诺。当前，扶贫开发已进入啃硬骨头、攻坚拔寨的冲刺期，全市各级各部门要把扶贫开发工作作为重大政治任务来抓，以“三年脱贫、两年巩固”为奋斗目标，以“六个精准”为导向，在精准施策上出实招、在精准推进上下实功、在精准落地上见实效，切实解决好“扶持谁”“谁来扶”“怎么扶”的问题。要通过发展生产脱贫1.5万人、通过易地搬迁脱贫2.5万人、通过生态补偿脱贫0.35万人、通过发展教育脱贫0.5万人、通过社会保障兜底0.65万人。要设定时间表，实现有序退出，争取到2016年实现城关区、柳梧新区、空港新区基本脱贫，到2017年实现堆龙德庆区、曲水县、达孜县基本脱贫，到2018年实现尼木县、林周县、当雄县、墨竹工卡县全部脱贫。要留出缓冲期，在一定时间内实行摘帽不摘政策，进一步巩固脱贫成果。要实行严格评估，对照要求和脱贫标准来验收，坚决杜绝弄虚作假、虚报瞒报，一经发现，严肃查处、绝不姑息。要实行逐户销号，做到脱贫到人，脱没脱贫要同群众一起算账，要群众认账，真正做到2020年实现现行标准下贫困人口全部脱贫。

二是凝聚人心。因十四世达赖集团的长期干扰破坏，人民群众中对党和政府决策部署不理解、不支持的声音一直存在。当前，拉萨正处于全面建成小康社会的决胜期，做好集民智、汇民意、聚民心工作非常重要。这就要求我们，必须以先进的思想引领人民、以扎实的作风带动人民、以惠民的实效团结人民，进一步宣传好党的好政策，把全面建成小康社会、实现中华民族伟大复兴与人民群众切身利益统一起来，妥善解决好教育、就业、住房、医疗、社保等事关群众切身利益的问题，建立起最广泛的爱国统一战线，把民心凝聚到党和政府的周围，把力量汇集到增收致富上，使全市各族人民在全面建成小康社会的伟大征程中有强烈的参与度和成就感，通过大家的共同努力把《建议》描绘的宏伟蓝图变成现实。

三是人才培养。当前，人才问题已然成为制约拉萨经济社会发展的重要瓶颈。要突破这一瓶颈，“十三五”时期我们就必须把人才建设置于突出位置，坚持引进与培养相结合。以高层次和高技能人才为重点，加大教育、科技、金融、医疗、文化创意等领域人才引进力度，促进人才在城乡、行业、区域间的优化配置。以“千人计划”“万人计划”“领导干部素质提升工程”“企业名家培育工程”为抓手，统筹做好各类人才队伍的培养。同时，要深化人才体制机制改革，完善人才考核评价和激励机制，切实做到因才施用、人岗匹配，充分调动各类人才参与经济社会发展的积极性。

同志们，制定落实好“十三五”规划，责任重大、使命光荣。新的号角已经吹响，新的征程已经开启。让我们更加紧密地团结在以习近平同志为总书记的党中央周围，在区党委、政府的坚强领导下，以“朝受命、夕饮冰”的使命感，以“昼无为、夜难寐”的紧迫感，为率先在全区全面建成小康社会、如期与全国同步全面建成小康社会而努力奋斗！

政府工作报告

在拉萨市第十届人民代表大会第六次会议上

（2016年2月25日）

市长　张延清

各位代表：

现在，我代表市人民政府向大会报告工作，请各位代表连同《拉萨市"十三五"时期国民经济和社会发展规划纲要（草案）》一并审议，并请市政协委员和其他列席人员提出意见。

一、"十二五"时期国民经济和社会发展回顾

过去的五年，是我市经济社会发展极不平凡的五年。面对错综复杂的经济形势和艰巨繁重的改革发展稳定任务，在党中央、国务院的特殊关怀下，在自治区党委、政府和市委的坚强领导下，在北京、江苏两省市的无私援助下，全市上下全面贯彻落实党的十八大和十八届、三中、四中、五中全会，中央第六次西藏工作座谈会，区党委八届六次、七次、八次全委会和市委八届七次、八次全委会精神，贯彻落实习近平总书记系列重要讲话精神，始终坚持依法治藏、富民兴藏、长期建藏、凝聚人心、夯实基础，紧紧围绕"四个全面"战略布局，深刻把握稳中求进的工作总基调，牢牢坚守"三条底线"，全力推进"六大战略"，以大思路引领发展、以大战略支撑发展、以大布局优化发展、以大手笔推动发展，打破旧模式、引领新常态，经济建设、政治建设、文化建设、社会建设和生态文明建设取得重大进展，全面完成了"十二五"目标任务，推动拉萨进入了蓄势勃发的崭新阶段。

2015年，预计实现地区生产总值389.46亿元，比上年增长12.1%，是2010年的2.18倍；全社会固定资产投资538亿元，增长18%，是2010年的3.05倍；社会消费品零售总额203.8亿元，增长13%，是2010年的2.3倍；财政收入110.67亿元，增长22.56%，其中公共财政预算收入82.42亿元，增长27.2%，是2010年的5.49倍；城乡居民人均可支配收入26096元和10736元，增长13%和16%，分别是2010年的1.58倍和2.15倍；城镇登记失业率控制在2.2%以内，全面完成市十届人大五次会议确定的各项目标任务，为率先在全区全面建成小康社会奠定了坚实基础。

——这五年提速跨越、成就辉煌，是经济社会持续健康发展、综合实力增长最快的五年。妥善应对国际金融危机持续影响、达赖集团干扰破坏、"三期叠加"等风险挑战，主动适应、主动把握、主动引领经济新常态，国民经济连续保持两位数高速增长。全市地区生产总值由178.91亿元增至389.46亿元，年均增长16.83%；公共财政预算收入由15亿元增至82.42亿元，年均增长40.6%；社会消费品零售总额由88.5亿元增至203.8亿元，年均增长18.16%；全社会固定资产投资由176.5亿元增至538亿元，年均增长24.97%；农村居民人均可支配收入由5003元增至10736元，年均增长16.49%，首次突破万元大关；城镇居民人均可支配收入由16567元增至26096元，年均增长9.5%；全市72.58亿元的债务全部清偿，实现了本届政府"零负债"目标。成功创建全国文明城市、全国双拥模范城市、国家环保模范城市、国家园林城市、国家卫生城市，荣获全国首批民生改善典范城市、国际最佳魅力旅游名城、中国十大活力休闲城市、全国未成年人思想道德工作先进单位等称号，信息惠民试点城市创建工作通过国家评审。根据中国社科院发布的2015年《中国公共服务蓝皮书》，拉萨市基本公共服务满意度连续4年位列全国38个主要城市之首，公共安全连续5年排名第一，公共交通、社保就业、城市环境、GDP杠杆指数4项指标连续4年排名第一，文化体育、基础教育、医疗卫生3项指标连续4年进入前三名，公职服务指

数连续3年进入前三名。

——这五年谋划方略、激流勇进，是经济结构深刻变化、发展质量效益最好的五年。深入推进经济结构调整、发展动力转换、发展方式转变，产业发展取得巨大成就，三次产业比重由5.1∶31.2∶63.7调整为3.3∶38.2∶58.5。净土健康产业全面发展。大力推动绿色、循环、低碳发展，天然饮用水、奶业、生猪等九大产业逐步壮大，饮品、食品、药品、饰品等四类产品脱颖而出，"拉萨净土"区域公用品牌影响力进一步扩大，天然饮用水年产量达到34万吨、实现产值27亿元，净土健康产业企业达到89家、其中规上企业26家。高原农牧业蓬勃发展。严守53万亩耕地红线，落实支农资金7526万元，建设标准化生产及高产创建示范田88万亩、测土配方施肥示范田59万亩，主要农作物良种覆盖率达到95.3%；农牧民专业合作社达到684家，比"十一五"末增长6.84倍，带动6.94万户农牧民实现增收致富。特色工业迅速发展。推进信息化与工业化深度融合，培育形成一批特色产业集群。2015年，完成工业总产值110.7亿元、增加值48亿元、税收9亿元，均增长20%以上；园区工业实现总产值50亿元、增加值18.5亿元、税收4.5亿元，均增长30%以上。20家企业产值超亿元。文化旅游业加快发展。中国西藏文化旅游创意园区加快建设，国际旅游目的地建设迈出坚实步伐，接待游客由2010年的413.42万人次增加到2015年的1179万人次，旅游总收入由2010年的42.11亿元增加到2015年的154.93亿元，藏文化大型史诗剧《文成公主》累计接待观众59.9万人次、实现收入2.9亿元。北京、江苏两省市立足拉萨资源条件、产业基础和国家战略需要，落实援藏投资41.14亿元（北京20.1亿元，江苏21.04亿元），安排援助项目426个（北京191个，江苏235个），推动拉萨多元经济快速发展。

——这五年站位高远、强基固本，是基础设施建设势头迅猛、支撑保障能力最强的五年。强力推进新型城镇化建设，"东延西扩南跨"的城市布局更加优化，城市建成区面积达到71.16平方公里。城乡面貌明显改观。加快推进《总规》修改工作，率先在全区编制完成土地利用总体规划和中心城区控制性详规，巩固提升"一城两岸三区"格局，堆龙德庆撤县设区工作基本完成，曲水县成为第二批国家新型城镇化综合试点县，高新区、空港新区、顿珠金融产业园加快建设，农牧业转移人口市民化有序推进，十大专业市场建设搬迁进展顺利，城镇垃圾无害化处理率95%以上，污水集中处理合格率100%。空气质量优良率96.8%以上，城镇化率达到46%。承载能力显著增强。拉日铁路、拉贡高等级公路、拉林高等级公路（拉萨段）、纳金大桥、迎亲大桥、旁多水利枢纽工程、拉萨河综合整治等一大批重点项目建成投用，公路建设投资达16.92亿元，年均增长70%，通车总里程4115公里，比"十一五"末增加1249公里，乡镇通畅率100%，行政村柏油路通达率98.85%，高等级公路通车里程100余公里；大力推进"八到农家"，完成7750户农牧民安居工程和125个村居环境综合整治，城乡居民人均居住面积达到33平方米，建设保障性住房5687套，改造1394户10.46万平方米棚户区，城乡居民实现安居乐业。生态环境持续改善。安排资金34.79亿元，大力实施"树上山"·"河变湖""暖入户"等重大工程，构建"山、水、城"交相辉映、"人、园、景"相得益彰的生态文明发展格局。以公路、铁路、水路为重点，投入1.93亿元打造绿色通道和绿色水系，建立首个国家级生态科学观测站，南山绿化造林2023亩，森林覆盖率达到19.49%；建立区市两级自然保护区及生态功能区26个，城市建成区绿化覆盖率37.8%，人均公共绿地面积9.7平方米；在城市打造120公顷水面，树立了高原河流整治、海绵城市建设典范；实现城市建成区供暖全覆盖，区市每年补贴用气成本3.7亿元，结束了世代靠烧牛粪取暖御寒的历史，完成了西藏历史上具有里程碑意义的"供暖革命"。

——这五年把准脉搏、攻坚克难，是全市改革深入推进、释放创新活力效果最优的五年。我们加快推进财税、水务、园林、环卫、综合执法、文化体制机制等领域改革，开展了一批试点工作，承接了一批重点改革，形成了一批制度成果，推广了一批改革经验，全市改革各项工作取得了显著成效。政府职能加快转变。深化行政管理体制改革，完善三级政务服务体系，清理行政审批事项467项，行政审批按时办结率达99%以上。深入推进政务公开，"12345有事找政府"服务热线运行良好，接听市民来电6065件，办结率99.41%，满意率99.9%。各项改革统筹推进。加快旅游客运企业兼并重组，完成中巴车、出租车、旅游客运车辆改制和治理，农村改革持续加力，完成4.35万户、62.9万亩农村土地承包经营权确权登记颁证工作，初步完成事业单位分类工作，政府机构改革扎实推进。国企改革不断深化。积极引导国有资本更多投向关系经济命脉、民生保障的重要行业和关键领域，不断增强国有企业内在活力、市场竞争力、发展引领力，组建拉萨交通产业集团、净土产业投资开发有限公司等12家国有企业集团，市属国企达到20家，总资产达到322.6亿元，是2010年的31.45倍。创新能力明显提升。深入实施创新驱动发展战略，着力提升自主创新能力，五年市本级投入科技经费4747.2万元，实施科技项目148项，科技对经济社会发展的贡献率达到42%，对农牧业的贡献率达到48%，万元GDP能耗下降12%，成功列入国家循环经济示范城市建设试点名单。努力打造支撑平台。利用“互联网+”，建设双创支撑平台，投资2000万元在柳梧新区成立首个大学生创业孵化园，投资2000万元成立拉萨净土电子商务有限公司，在淘宝、天猫、京东建立拉萨净土体验馆，启动拉萨信息惠民工程。非公经济蓬勃发展。坚持“五放六支持”，用足用活中央和自治区关于发展非公有制经济各项优惠政策，做到零注册、轻赋税、强支撑、少检查、重激励，开创了非公有制经济蓬勃发展的新局面，各类市场主体达到5.32万户，注册资本达到1167亿元。人才队伍逐步壮大。把人才作为支撑发展的第一资源，集中购置“组团式”援藏医疗人才专家公寓房，实现国家“千人计划”专家零的突破，设立1个院士工作室、1个特殊津贴专家工作室、3个人才团队和1个人才培养示范点。招商引资成果丰硕。成功举办“全国民营企业家拉萨行”“中国光彩事业西藏行”拉萨市活动、雪顿节招商活动等，引进涉及文化旅游、净土健康、新能源等领域的项目1000余个，落地资金752.88亿元，是“十一五”期间的4.52倍，形成了高效便捷的发展环境。

——这五年心无旁骛、定位精准，是社会事业全面进步、人民群众得到实惠最多的五年。把改善民生、凝聚人心作为经济社会发展的出发点和落脚点，投入186.5亿元实施民生项目400多项，年均增长19.1%，是“十一五”时期的2.5倍，荣获“2015中国全面小康突出贡献城市”称号。扩大就业创业。创新开展“四业工程”，累计培训17.6万人次，新增城镇就业1.88万人，农牧区劳动力转移就业2.81万人次。城镇登记失业率控制在2.2%以内，零就业家庭保持动态清零；有就业意愿的应届高校毕业生就业率达98%以上。打造优质教育。教育改革不断深化，教育城一期运行良好，中小学布局调整基本完成，城镇学前三年入园率达96%，农牧区学前两年入园率达88%，小学毛入学率、巩固率分别达99.82%、99.8%，初中毛入学率、巩固率达102.59%和98.07%，高中毛入学率达89.5%。适龄三类残少儿童入学率达76%，青壮年文盲率下降到1%以内，职业教育体系初步构成，高等教育办学水平持续提升。形成教育援藏新格局，2015年拉萨北京实验中学、拉萨江苏实验中学高考上线率分别达到80.43%、79.74%。优化卫生服务。在全区率先启动公立医院改革、“先诊疗、后结算”和“一卡通”试点工作，在全区率先实现国家基本药物“零差率”销售、农牧区医疗制度全覆盖，建立婴幼儿住院救治和孕产妇住院分娩绿色通道并实行费用100%报销，城乡居民、寺庙僧尼免费健康体检率分别达到99.9%和100%，年人均医疗补助达到420元，孕产妇、婴儿死亡率降至45.9/十万和7.5‰，人均预期寿命达68岁。健全完善食药监管机构，统筹推进食药机制改革。完善社会保障。社保参保人数突破46.68万人；城乡低保标准提高到月人均640元和年人均2450元；农村五保户供养标准提高到年人均5370元，高出自治区970元；建立社会救助联席会议制度、社会救助信息直报系统和“一门受理、协同办理”工作机制，未成年人救助保护中心正式运行，五保老人意愿集中供养率和孤残儿童集中供养率均达100%，领先全区。投入6.6亿元建设农牧民安居房16302套，投入25.1亿元建设保障房23727套。推进精准扶贫。通过采取产业带动、异地搬迁、生态补偿、发展教育、社会保障兜底等得力措施，投入10.9亿元实施880项扶贫开发项目，7.9万人实现脱贫。有效稳控物价。落实社会保障标准与物价上涨挂钩联动机制，每年投入1000万元异地调运牦牛肉、羊肉、酥油等物资，设立惠民直销点13个，投放蔬菜直销车100辆。丰富文化惠民。市县乡村四级公共文化服务网络初步形成，农家书屋、寺庙书屋、广播电视、电影放映、信息共享等惠民工程实现全覆盖，完成51个乡镇文化站建设，公共文化设施全部免费开放，广播电视综合人口覆盖率分别达到98.02%和98.3%。组建“拉萨净土”全区首支职业男子篮球队。一心为民办事。持续践行党的群众路线、“三严三实”和“忠诚干净担当”，大力弘扬“马上就办”精神，“三公”经费下降30.9%，投入资金2.2亿元实施村级活动场所提档升级工程，帮助村(居)发展实体经济170多个。

——这五年民族团结、边疆稳固,是社会局势和谐稳定、各族群众幸福指数最高的五年。把维护祖国统一、加强民族团结作为一切工作的着眼点和着力点,积极探索具有拉萨特色的城镇、寺庙和农牧区三大服务管理模式,维稳工作实现了维稳责任由模糊型向属地化转变、被动应付型向主动治理型转变、力量分散式向集中整合式转变、传统维稳向多元维稳转变、粗放式向精细化转变,社会局势正由基本稳定走向持续稳定、长期稳定、全面稳定。落实市委决策、接受人大监督、支持政协履职、听取各界意见,规范重大行政决策程序,依法行政贯穿决策、执行、监督全过程,五年办理人大建议议案637件、政协提案615件,办结率、满意率均达100%;颁布地方性法规、政府规章、规范性文件56件。加快法治政府建设,注重学法用法,积极推进科学立法、依法行政、法治服务、法治教育,不断提高“12348”法律热线和法律援助中心服务质量,行政执法、行政决策等工作更加依法依规;建成189个便民警务站,打造“核心区1分钟、其他区域3分钟”便民警务圈,全面实行网格化管理、社会化服务;环拉萨“护城河”工程成效突出,“双联户”模式实现全覆盖,全市刑事、治安、信访案件连年大幅下降。在全国藏区率先研定出台《关于严密防范自焚行为的意见》,防自焚、反自焚工作取得决定性战果,坚决粉碎了达赖集团企图将自焚事件引向拉萨的险恶用心。89件“钉子案”“骨头案”“棘手案”等历史积案全部妥善化解,实现信访案件“零搁置”目标。率先在全国深入开展民族团结“七进”活动,率先在全国首府城市颁布实施民族团结进步条例,创新开展民族团结共产党员先锋行动、共青团员闪光行动、少先队员牵手行动,在全区率先全面落实各项利寺惠僧政策,完成在编僧尼自然减员补充学经新僧尼试点工作。安全生产形势持续向好,全市事故起数和死亡人数实现“双下降”,2015年实现了重特大安全生产事故“零发生”的工作目标。2015年拉萨组织四省藏区10州(市)签订《联合起来、共保稳定合作框架协议》,圆满完成50大庆、羊年转湖、林周帕邦塘廓等重大维稳安保任务,进入了历史上发展稳定最好、群众幸福感安全感参与感获得感最强的时期。

监察、审计、外事、编译、档案、地震、保密、工青妇、气象、人防、人民武装、消防、双拥和金融、电力、通信等取得新成绩。

各位代表!

五年砥砺奋进,五年攻坚克难,结出了累累硕果。这些成绩的取得,是以习近平同志为总书记的党中央英明领导的结果,是新时期党的治藏方略成功实践的结果,是自治区党委、政府和市委坚强领导的结果,是北京、江苏两省市无私援助的结果,是全市广大干部群众艰苦奋斗的结果。在此,我代表市人民政府,向全市各族人民群众,向人大代表、政协委员和离退休干部职工,向驻市人民解放军、武警官兵、政法干警,向关心支持拉萨改革发展稳定事业的社会各界,表示衷心的感谢并致以崇高的敬意!

在肯定成绩的同时,我们也要清醒地看到经济社会发展中的一些困难和问题。一是底子薄、基础弱、发展不平衡的基本市情没有根本改变,资源环境约束还需强化,区域竞争更加激烈。二是经济发展的初级性、依赖性特征明显,特色优势产业发展缺少龙头引领和品牌支撑,品牌培育亟待加强。三是人均公共服务水平有待提高,群众上好学、就好业、看好病等问题没有彻底解决。四是反分裂斗争形势依然严峻复杂,并呈现出新的特点,安全生产形势没有彻底扭转,依法治市任务艰巨。五是人才总量不足、层次不高、资源匮乏,人才结构矛盾突出,人才集聚能力和自我培养能力较弱,已成为影响创新发展的严重障碍。六是政府部门协作配合不到位,少数部门和公务员行政效能不高、知识储备不足、马上就办的能力不强、苦干实干的作风不硬,不作为、慢作为的现象还没有得到根本改变。对这些问题,我们将坚持问题导向,强化工作措施,认真加以解决,绝不辜负各族群众的期望。

二、“十三五”时期经济社会发展的指导思想、战略定位、奋斗目标和主要任务

“十三五”时期,是全面建成小康社会的决胜期,更是拉萨经济社会发展迈向更高阶段的跨越期。做好“十三五”时期各项工作,面临着难得历史机遇。一是新精神指引新发展。习近平总书记系列重要讲话精神,中共十八大,十八届三中、四中、五中全会精神,中央第六次西藏工作座谈会精神,中央扶贫开发工作会议精神,中央城市工作会议精神,为推进西藏特别是拉萨长足发展和长治久安提供了根本遵循。二是新环境助推新发展。全国经

济进入新常态，各项改革深入推进，发展质量明显提升，供给侧结构性改革加快推进，产业体系不断健全，配套功能更加完善，发展环境发生显著变化，一些劳动密集型和资源密集型产业正加速向西部转移，必将为推动拉萨经济发展增添更强动力。三是新开发带动新发展。自治区提出紧紧抓住国家建设“一带一路”和构建沿边地区开发开放“三圈三带”新格局的战略机遇，全方位对内、对外开发开放，建设面向南亚开放的中心城市，拉萨作为藏中南经济发展的龙头、全区深化改革主战场、西藏对外开放桥头堡，必将在新一轮经济建设的大潮中获得更多机遇、取得更大发展。四是新优势支撑新发展。拉萨社会发展进入新常态，民生改善普惠各族群众，社会治理模式藏区领先，社会局势持续和谐稳定，教育实践活动成效明显，全市广大干部说实话、干实事、求实效的氛围更加浓厚，各族群众听党话、感党恩、跟党走的决心更加坚定，为建设美丽家园幸福拉萨提供了强大精神支撑。

提请大会审议的《拉萨市“十三五”时期国民经济和社会发展规划纲要（草案）》（以下简称《纲要（草案）》），是根据党的十八届五中全会、中央第六次西藏工作座谈会、区党委八届七次八次全委会和市委八届七次八次全委会精神，按照《中共拉萨市委关于制定“十三五”时期国民经济和社会发展规划的建议》要求，认真谋划，反复研究，在广泛征求各方面意见基础上制定的。《纲要（草案）》总结了“十二五”规划实施情况，分析了“十三五”宏观环境和发展面临的挑战，提出了今后五年经济社会发展的指导思想、战略定位、奋斗目标和重点工作。

指导思想：高举中国特色社会主义伟大旗帜，以邓小平理论、“三个代表”重要思想、科学发展观为指导，全面贯彻中共十八大，十八届三中、四中、五中全会和中央第六次西藏工作座谈会精神，深入贯彻习近平总书记系列重要讲话精神特别是“治国必治边、治边先稳藏”的重要战略思想和“加强民族团结、建设美丽西藏”的重要指示，始终坚持全面建成小康社会、全面深化改革、全面依法治国、全面从严治党的战略布局，坚持党的治藏方略，坚持依法治藏、富民兴藏、长期建藏、凝聚人心、夯实基础，坚持稳中求快总基调，统筹推进经济建设、政治建设、文化建设、社会建设、生态文明建设，把维护祖国统一、加强民族团结作为工作的着眼点和着力点，把调整经济结构、转变发展方式作为工作的中心和重心，坚持创新发展、协调发展、绿色发展、开放发展、共享发展，树立和谐稳定、协调均衡、共享共建、绿色健康、创新开放的发展理念，坚守“三条底线”，充分发挥首府城市首位度作用，深入实施“六大战略”，坚定不移开展反分裂斗争，坚定不移促进经济社会发展，坚定不移保障改善民生，坚定不移促进各民族交往交流交融，确保国家安全和长治久安，确保经济社会持续健康发展，确保生态环境良好，确保人民生活水平普遍提高，如期全面建成小康社会，谱写好中华民族伟大复兴中国梦的拉萨篇章。

战略定位：拉萨作为首府城市，是全区政治、经济、文化中心，是藏区稳定“要城”、历史文化“名城”、青藏高原“净城”、改革开放“新城”。“十三五”时期，力争把拉萨打造成为面向南亚开放的中心城市、“一带一路”的重要节点城市、藏中南经济发展的龙头和全面建成小康社会的示范城市。

奋斗目标：继续保持经济社会长足发展，通过五年的努力，实现主要经济指标大幅增长，达到全国平均水平，在全区率先全面建成小康社会。地区生产总值突破700亿元，年均增速保持在两位数以上；全社会固定资产投资、公共财政预算收入、工业增加值、社会消费品零售总额年均增长15%以上；城乡居民人均可支配收入年均增长10%和15%以上；城镇登记失业率控制在2.2%以内，公共服务主要指标达到全国平均水平，国家现行标准下的44162名贫困人口全部实现脱贫。城市建设水平不断提高，城市建成区绿化覆盖率、森林覆盖率分别达到45%和19.7%，城镇化率达到60%以上，争取把拉萨建设成为经济较为发达、城区人口突破100万人的青藏高原大城市。

围绕“十三五”奋斗目标，要着力抓好六个方面工作。

（一）坚持创新发展，着力增强造血功能

把创新作为引领发展的第一动力、把人才作为支撑发展的第一资源，以创新驱动发展、以人才把握机遇，推动大众创业、万众创新。

坚持科技创新。建立科技投入增长机制，确保科技支出占财政预算支出比例达2%。支持企业加强技术研发能力建设，推动各类要素向企业集聚，培育创新型企业。加强特色农畜产品研发、藏药制造和藏药材种植及加工、高原能源开发、天然饮用水开发、高原健康保健、高寒建筑节能等领域的原始创新、集成创新和协同创新。加强知识产权保护，完善知识产权服务体系。普及科学知识，建设科普基地，科普率达到100%。提高科技对经济发展的贡献率，把拉萨建成青藏高原和周边区域重要的创新中心和高技术成果转化基地，科技对经济增长的贡献率达到50%以上，科技成果转化率达到30%以上。

打造金融平台。构建金融业发展平台，促进金融机构、金融资本、金融人才等向首府集聚，把拉萨建成立足全区、面向南亚服务的资本“高地”。筹建拉萨金融机构，鼓励金融、产权交易等机构在拉萨设立分支机构、拓展业务。培育金融市场，拓宽融资渠道，增强金融业对经济发展的支撑力。推进保险市场主体多元化，开发具有广泛社会需求的保险产品，扶持小额贷款公司和信用担保机构，提升保险业的保障功能、融资功能和社会管理功能。

优化发展环境。转变政府职能，协同推进简政放权、放管结合、优化服务。大力培育市场主体，加快完善市场体系，优化市场环境建设，培育壮大一批有较强竞争力的民营企业。扎实推进经济体制、生态文明制度、文化体制、社会体制、民主法治领域等方面的改革。不断深化农村改革，健全土地所有权、承包权、经营权分置办法，依法推进土地经营权有序流转。持续深化国企改革，健全完善现代企业制度，切实加强国有资产监管，做大做强国有企业，制定《关于加快推进企业上市的若干意见》，加快推动城投公司等国有企业挂牌上市。

强化人才支撑。落实《关于加强新时期人才工作的意见》，统筹抓好各类人才队伍建设，完善人才培养方式，实施“千人计划”“万人计划”“领导干部素质提升工程”“企业名家培育工程”，培养实用人才，加强各领域专业技术人才和高技能人才队伍建设。制定人才引进特殊优惠政策，力争“十三五”期间引进培养1000名重点产业紧缺创新人才。

（二）坚持协调发展，着力优化城乡布局

坚持“区域协同、城乡一体、产城融合”原则，着力打造藏中南经济核心区，实现更有效率、更可持续的发展。

抓好新型城镇化建设。依托历史文化、民族特色、地域特征和资源禀赋，优化城镇空间布局，增强中心城镇连接城乡的枢纽作用，形成城乡发展一体化格局。坚持规划先行，实施“中心集聚、轴向带动、点状促进”的城乡空间发展策略，形成“一区三轴多点”、分工合理、协同发展的总体格局，加快达孜撤县设区步伐。完善城镇市政基础设施和公共服务设施，建设环城路、城市轨道交通、纳金水厂等重点市政工程。精细化管理城市，强化城市管理与服务，让人民群众在城市生活得更舒心。全面实施居住证制度，稳妥推进农牧区人口向城镇适度集中，力争“十三五”末城区人口突破100万、城镇化率达60%以上。

抓好特色产业发展。深入实施“产业强市”战略，培育壮大特色产业。把净土健康产业作为拉萨经济健康发展的重要经济支柱，按照“124467”发展思路，推动饮品、食品、药品、饰品品牌化发展，把拉萨建设成为我国重要的健康产业基地，力争“十三五”末净土健康产业产值达到1000亿元。加快转变农牧业发展方式，提高农牧业质量效益和竞争力，走产出高效、产品安全、资源节约、环境友好的现代农牧业发展道路，力争“十三五”末农林牧渔总产值达到37.98亿元。大力发展特色精品高端文化旅游业，推进旅游与文化、净土健康、现代商贸、科技、体育等融合发展，力争“十三五”末接待国内外游客翻一番、旅游收入翻一番。以建设高原特色工业基地为目标，以做大做强园区经济为引领，着力发展建筑建材、优势矿产、新型能源等产业，力争“十三五”末工业增加值达到181亿元。提升现代服务业发展水平，重点建设覆盖全区、辐射南亚的物流基地。加快五大经济功能区建设，不断增强内生动力，提高自我发展能力。

抓好重点项目建设。构建航空、铁路、公路为一体，以拉萨为中心的快速综合交通运输体系。加快推进拉萨新机场前期工作，力争“十三五”开工建设。打造以市区为枢纽，川藏通道、青藏通道、拉林通道、拉山通道为辐射的“一枢纽、四通道”，形成“以拉萨为中心三小时综合交通圈”。完成县乡道路升级改造，实现自然村通公路。构建城市防洪体系，建设帕古、门堆等一批水库工程，加强澎波灌区、堆曲灌区等大中型灌区及农田水利灌溉、节水改造等重点工程建设，因地制宜兴建“五小水利”工程。实施“互联网+”行动计划，推进“三网融合”，建设“智慧城市”，推动信息技术深度融合到基础设施、民生改善、社会治理等领域。

（三）坚持绿色发展，着力改善生态环境

坚持在发展中保护，在保护中发展，深入实施“环境立市”战略，加强生态文明建设，推动形成绿色发展方式和生活方式，努力建设天蓝水碧、优美整洁的“生态拉萨”。

建设生态美好家园。大力实施“蓝天工程”“碧水工程”“绿地工程”“生物保护工程”，力争“十三五”末成功创建国家生态城市。严格控制二氧化硫、颗粒物、氮氧化物排放，重点治理城市扬尘污染、尾气污染、油烟污染，建设近零碳排放示范工程，大气环境质量优良率保持在95%以上。扎实开展水污染防治工作，适时征收污水处理费，进一步完善城镇、园区和企业的污水处理设施，生活污水处理率达到95%以上。开展南北山绿化、拉萨河周边造林，治理水土流失、土地沙化，打造城区“15分钟绿地便民服务圈”，城市人均公共绿地面积达到12.12平方米以上。加大濒危野生动植物抢救性保护力度，建立高原救护繁育中心和基因库。

加强资源节约利用。扎实开展节能减排，设定资源消耗上限，加快转变资源能源利用方式。广泛运用节能新技术、新产品、新材料，实行新建建筑强制节能设计标准和既有建筑节能改造。实施最严格的水资源保护制度，推广节水技术和高效节水产品。推行阶梯水价、电价、气价，利用价格杠杆促进资源节约、约束污染排放。积极开展绿色生活行动，大力推进生活垃圾分类和可再生资源回收使用。

推动循环经济发展。以创建国家循环经济示范城市为契机，实施近零碳排放区示范工程，发展生态循环农牧业、工业、服务业，逐步建立循环型产业体系。加强清洁能源利用，扶持和推动太阳能、风能、水能、地热能、生物质能等新能源产业发展，逐步建立低碳、绿色、循环的生态循环服务体系。力争“十三五”末创建100家清洁生产示范企业，完成工业园区循环化改造。全面贯彻落实新环保法，健全生态文明制度体系，巩固全国环保模范城市创建成果，严格落实环评和“三同时”制度，做到源头严防、过程严管、后果严惩。

（四）坚持开放发展，着力激发发展活力

立足世界旅游城市、面向南亚开放中心城市的定位，着力形成更高水平的对内对外开放格局，实现合作共赢。

扩大对外开放。对接国家“一带一路”战略，融入环喜马拉雅经济合作带，参与“孟中印缅经济走廊”建设，加强对尼泊尔、印度、不丹、缅甸等南亚各国在农牧业开发、畜产品加工、矿产开发、能源电力、文化交流等领域的合作。鼓励外向型经济发展，培育出口优势产业和龙头企业，力争“十三五”末外贸进出口总额达到100亿美元。

加强区域合作。结合国家区域发展战略，健全区域合作交流机制，积极参加国内大型知名招商贸易洽谈活动，加快融入成渝经济圈、陕甘青宁经济圈，加强与区内兄弟地市在交通、旅游、水利、环保、物流等重点领域的合作，充分释放“藏中南2小时经济圈”的发展活力。

做好受援工作。落实北京江苏两省市援藏规划，实施人才援藏工程，依托援藏资源探索发展飞地经济。用好对口支援优惠政策，做好经济、教育、卫生、科技、就业、干部人才援藏受援工作。加强与北京、江苏的交流合作，推动在经贸、科技、旅游、文化等各领域实现互惠互利、优势互补、共同发展。

（五）坚持共享发展，着力保障改善民生

以机会共享为核心、以参与共享为动力、以规则共享为保障、以成果共享为目标，继续加大民生投入，增加公共服务供给，织牢民生保障网。

全力实施精准脱贫。围绕“三年脱贫、两年巩固”目标，完善扶贫对象瞄准识别机制，做到扶贫对象精准、项目安排精准、资金使用精准、措施到户精准、因村派人精准、脱贫成效精准，全面落实以业脱贫、以迁脱贫、以教脱贫、以补脱贫、以保脱贫、以助脱贫“六项措施”，稳定实现扶贫对象“不愁吃、不愁穿，义务教育、基本医疗和住房安全有保障”，坚决打赢精准扶贫、精准脱贫攻坚战，确保建档立卡的11435户44162名贫困人口全面脱贫。

着力促进就业创业。坚持就业第一，持续推进“四业工程”，动态消除“零就业”家庭，新增城镇就业4万人，转移农村剩余劳动力82.15万人，城镇登记失业率控制在2.2%以内。完善公共就业培训服务体系，提高劳动者就业创业能力，促进职业技能培训由数量型向质量型转变。拓展创业空间，设立创业基金，支持创业有成的企业家二次创业，鼓励高校毕业生和复转军人积极创业，扶持失地农民自主创业，动员农村能人带头创业，激励一批知识型人才科技创业。构建和谐劳务关系，完善劳动争议调处机制，依法保障劳动者合法权益。

优先发展教育事业。优化城乡教育资源配置，推动基本公共教育均等化，落实15年教育“三包”政策，实现家庭经济困难学生资助全覆盖。加快学校标准化建设、教育城二期及配套设施建设，加强特殊教育，普及高中阶段教育，发展高等教育和职业教育。推进教育信息化建设，发展远程教育，建设教育信息共享平台，促进信息技术与学科教学深度融合，扩大优质教育资源覆盖面。依法保障农牧业转移人口和其他进城务工人员随迁子女平等接受义务教育的权利。

加快建设健康拉萨。加强以市县医院能力提升、乡镇卫生院标准化建设、村(社区)卫生服务全覆盖为重点的三级医疗卫生服务网络建设,全力打造城区15分钟健康卫生服务圈。建立覆盖城乡的基本医疗卫生制度和现代医院管理制度,确立优质医疗资源共享体制机制。加快公立医院改革,强化医疗队伍建设,建设拉萨白定医院,发展藏医药业,落实城乡居民大病保险制度,加强地方病、高原病、传染病、慢性疾病以及重大疫病防治工作。健全妇幼保健和基层优生优育服务体系,力争“十三五”末每千人口卫生技术人员数达6.9人。

提升文化惠民质量。完善四级公共文化服务体系,建成拉萨市图书馆、歌舞团、群众艺术馆等一批惠民文化项目,免费开放公益性文化场所。推出更多深受群众喜爱、思想性艺术性观赏性相统一的文艺精品,提高广播电视译制制作能力和水平。深入实施文化遗产和藏文古籍保护研究工程,挖掘和保护红色文化资源,力争古城申遗成功,积极筹建“象雄文化研究中心”,成立拉萨象雄藏香产业协会。

健全社会保障体系。做好城乡居民社会养老保险工作,完善社会统筹和个人账户相结合的基本养老保险制度,推进机关事业单位和国有企业养老保险制度改革,实现新农保、寺庙僧尼社会养老保险和居民养老保险全覆盖。统筹推进城乡最低生活保障制度,城乡居民最低生活保障率达到95%以上。健全残疾人、五保老人、孤儿、留守儿童等群体关爱服务体系。力争“十三五”期间建成保障性住房256万平方米,基本完成危旧房、棚户区改造任务。

(六)坚持和谐发展,着力创新社会治理

充分发挥法治的引领、规范和保障作用,促进拉萨经济社会长足发展和长治久安。

建设法治拉萨。全面贯彻依法治国基本方略,贯彻落实《民族区域自治法》,坚定不移走中国特色社会主义法治道路。坚持科学民主立法,健全地方性法规规章体系。推进依法行政,建设法治政府。加快司法体制改革,维护社会公平正义。完善人才培养机制,加强法治队伍建设。开展法制教育,强化法治意识,营造全社会尊法、学法、守法、用法的浓厚氛围。

加强民族团结。落实党的民族政策,坚定不移走中国特色解决民族问题正确道路,牢记“八个坚持”,深化“五个认同”,创建民族团结示范城,促进各民族交往交流交融。进一步完善《拉萨市民族团结进步条例》及相关政策法规,广泛开展民族团结进步宣传教育和创建活动,引导各族群众牢固树立“三个离不开”思想,不断强化中华民族共同体意识。

创新社会治理。坚持依法治理、主动治理、综合治理、源头治理,深化“网格化”“双联户”服务管理模式,完善立体化社会治安防控体系,构建全民共建共享的社会治理格局。坚持对十四世达赖集团斗争方针不动摇,严密防范和依法打击各类分裂破坏活动。贯彻党的宗教工作基本方针,落实利寺惠僧政策,持久开展和谐模范寺庙暨爱国守法先进僧尼创建评选活动,积极引导宗教与社会主义社会相适应。建立多元矛盾化解机制,加强流动人口服务和管理。严格落实党政同责、一岗双责、失职追责,强化道路交通、消防安全、食品安全、特种设备等重点领域的监督检查,保护人民群众生命财产安全。

三、全力推进2016年各项工作,努力实现“十三五”开门红

主要预期目标:地区生产总值增长10%以上,财政收入增长13%以上,全社会固定资产投资增长18%以上,社会消费品零售总额增长15%以上,工业增加值增长15%以上,农村居民人均可支配收入增长15%以上,城镇居民人均可支配收入增长10%以上。

实现上述目标,要以转型升级为基础支撑,以对外开放为活力源泉,以改革创新为动力引擎,着力做好以下六个方面的工作。

(一)深入实施“党建统市”战略,以更大力度巩固基层政权。通过财政投入、项目扶持、援藏支持等方式,加大村级组织活动场所及服务设施建设投入力度,推进村级组织活动场所建设提档升级,实现阵地建设全覆盖。健全完善村(居)干部待遇稳步增长机制,投入3000万元提高村(居)干部待遇,基层村(居)干部基本报酬和业绩考核奖励提高到年人均4万元。实施“村(居)党员干部文化素质提升”工程和“双语”培训工程,举办2期精准扶贫专题培训。积极组织党员群众参与到净土健康产业、文化旅游产业发展中,全力消除34个村级集体经济“空壳村”,率先在全区实现村级集体经济全覆盖。以开展“两

学一做”学习教育活动为契机，以深化驻寺驻村工作为抓手，帮助村（居）理清发展思路，找准发展路子，落实实事项目，带领群众实现增收致富。

（二）深入实施“环境立市”战略，以更大力度优化城乡环境。把好“四关”、严禁“三高”，加快建筑节能改造，推广应用新能源汽车，培育20家清洁生产示范企业。建成2＃闸、4＃闸、纳金水厂，打造迎亲大桥至3＃闸旅游景观带。植树造林8万亩，封山育林4万亩。协调推进特色小城镇建设，加快编制“五大经济功能区”规划，确保城镇化率增加3个百分点。巩固“六城同创”成果，努力消除各种“城市病”。创建自治区级生态村，建设城市地下综合管廊、城市停车场等重点项目。持续推进十大专业市场治理搬迁，加快农贸市场改造升级，严惩“车霸”“沙霸”“市霸”、强揽工程、强拉强运、商业欺诈、非法集资、扰乱市场经营等不法行为，抓好旅游车辆、班线车辆、汽车租赁公司、咨询公司、滴滴打车治理，重点打击“黑车”“黑社”“黑导”，为市民和游客营造舒适便捷优质的出行环境。

（三）深入实施“文化兴市”战略，以更大力度繁荣先进文化。深入开展社会主义核心价值观教育，持续开展“八看、一算账、一揭批、四增强”感党恩主题教育，进一步打牢各族人民共同团结奋斗、共同繁荣发展的思想基础。创建国家公共文化服务体系示范区，提高“三馆一站”利用率；巩固广播电视“村村通”工程、西新工程和农村电影放映工程；推进古城申遗，建立市级非遗生态保护实验区；健全涉藏文化审查鉴定机制，打击网络传播有害信息，确保信息安全、文化安全。继续加强中国西藏文化旅游创意园区建设，推动国家藏羌彝文化产业长廊项目建设，提升《文成公主》影响力，打造《金城公主》历史舞台剧，做好《金城公主传奇》电视剧制作，挖掘民族文化内涵，扩大品牌文化效应，拓展文化体验消费。

（四）深入实施“产业强市”战略，以更大力度释放发展潜力。打造八个园区，壮大九大产业，提升“拉萨净土”区域公用品牌效应，天然饮用水产量达到150万吨，培育20家龙头企业，净土健康产业实现产值300亿元。加快中低产田改造、高标准农田建设，确保青稞播种面积稳定在27万亩以上、粮食产量18万吨以上、蔬菜产量28万吨以上。加大政策、资金、项目、技术、人才扶持力度，发展新能源产业、高新技术产业、新型建材业，力争工业增加值、工业税收均增长15%，规上工业增加值增长16%以上；新增规上企业5家、产值过亿元企业2家；园区工业增加值、销售产值、税收均增长15%以上。依托生态优势、资源优势、区位优势，瞄准百强企业，承接产业转移，力争招商引资到位资金268.4亿元、增长10%。协调做好申报建设国家综合保税区各项工作，柳梧新区申报“国家级拉萨高新技术产业开发区”工作。打造旅游环线、精品路线，加大营销力度，强化行业监管，规范市场秩序，力争接待游客、旅游收入分别增长15%、18%。引进和培育一批物流龙头企业，争创国家级保税物流园区。加快建设拉墨专用铁路、教育城二期、拉萨河干流河道治理工程、农村电网升级改造、朗塘换流站扩建等重点项目，积极配合拉林铁路、拉林高等级公路等项目建设，突出抓好6县2区太阳能供暖工程，确保拉萨环城路建成通车。探索众创、众包、众扶、众筹新模式，新增市场主体0.4万户，注册资金400亿元，力争成功申报小微企业创业创新基地城市示范。做好援藏干部轮换交接，选派200名干部和技术人员到北京江苏两省市学习交流，完成受援投资5.7亿元。

（五）深入实施“民生安市”战略，以更大力度发展社会事业。大力实施精准扶贫、精准脱贫，集中力量打好扶贫攻坚战，完成3个移民试点搬迁任务，城关、柳梧、空港新区确保年内整体脱贫，帮扶2万人，减少贫困人口15856人，贫困人口人均可支配收入增长17%以上。深入实施“四业工程”，培训3万人，新增就业1.5万人，劳务收入增长15%以上。提高“三包”经费补助标准，建设教育城综合体育馆，新建6所城镇幼儿园、51所乡村幼儿园。加快建设健康拉萨，健全藏医服务体系，新增2家县藏医院。五险扩面净增4万人，参保人数突破50万人；城乡居民最低生活保障标准分别提高到704元/月、2695元/年。建成3000户农牧民集中居住区、280套周转房、718套公租房，维修821套周转房。制定出台《关于促进房地产市场平稳健康发展的意见》，全力促进房地产业持续健康发展。持续保持物价稳定，新增50辆蔬菜直销车，新设50个肉类直销点，加大价格监管和执法力度，形成保障困难群众基本生活的安全网。强化食药监管，整顿规范市场秩序，保障群众饮食用药安全。

（六）深入实施“依法治市”战略，以更大力度促进社会和谐。建设法治拉萨，推进科学立法，提高“12348”法律热线和法律援助中心服务质量。严格落实“十项维稳措施”，深入开展反分裂斗争，持续创新社会治理，牢固树立服务意识，提升社会治理水平，依法管理宗教事务，切实加强民族团结，确保社会局势持续稳定、长期稳定、全面稳定。落实信访“七化”机制，推进“联合接访”模式，依法及时解决群众合理诉求，努力实现信访案件“零搁置”。落实“七安”工作机制，持续开展大检查大排查大整治专项行动，确保隐患排查到位、问题整改到位、责任追究到位，努力实现重特大安全生产事故“零发生”。抓好应急救援体系建设，提升应急处置能力。

四、切实加强政府自身建设

面对新形势、新任务、新要求，全市各级政府一定要在市委的坚强领导下，始终坚持党的领导，始终向以习近平同志为总书记的党中央看齐，始终向党的理论和路线方针政策看齐，始终在思想上政治上行动上与习近平同志为总书记的党中央保持高度一致，对以习近平同志为总书记的党中央绝对忠诚，苦干实干科学干，说办就办马上办，努力建设勤政廉政、务实高效、敢于担当、人民满意的政府。

认清形势齐心干。科学判断形势，准确把握形势，定期监测经济运行情况，及时研究经济发展趋势，自觉把思想和行动统一到中央、自治区和市委的决策部署上来，认真贯彻落实《法治政府建设实施纲要（2015—2020）》和市政府《关于加快建设法治政府的意见》，同心同德干事业，一心一意谋发展，众志成城推动拉萨经济社会持续健康发展。

紧盯目标科学干。紧盯全面建成小康社会这个目标，突出法治政府建设这个重点，抓住精准扶贫攻坚这个关键，明确群众增收致富这个方向，强化权力运行，优化政府组织机构，完成政府机构改革，持续深化简政放权，做好行政审批事项“接、放、管”，全面建立“三个公开、三个清单”制度，一步步推进，一件件落实，一个个见效，确保各项目标任务圆满完成。

领导带头马上干。当好标杆，做好表率，牢固树立基本法治理念，带头恪守依法行政基本要求，健全完善重大行政决策机制，严格执行政府工作规则、政府常务会议制度和重大事项请示报告制度，不断提高科学决策、民主决策、依法决策水平，团结带领广大干部群众“一条心”破难题、“一个调”促发展、“一股劲”谋突破，把拉萨改革发展稳定各项事业推向前进。

振奋精神咬牙干。坚持有苦不怕苦、有苦不言苦、有苦不叫苦，在困难面前披荆斩棘，在任务面前披挂上阵，在压力面前披坚执锐，长志气、去暮气、展豪气，主动接受人大法律监督和工作监督、政协民主监督、社会舆论监督，以做大事、成大事的决心，敢担当、勇作为的毅力汇聚起推动拉萨长足发展和长治久安的磅礴力量。

发动群众大家干。践行群众路线，凝聚群众力量，以开展“三进四同三一”“五访”活动深入群众、发动群众，以“12345 有事找政府”服务热线和市长信箱联系群众、服务群众，以全面落实行政执法责任制引领群众、宣传群众，让群众更广泛地参与到经济社会发展中来，全面提高拉萨发展的向心力、凝聚力。

转变作风艰苦干。以“三严三实”为标尺，时刻从“严”上要求、向“实”处着力，讲奉献、讲效率、讲认真，不断加快以市民服务中心为主的三级政务服务体系建设和标准化运行，想方设法为群众谋利益，诚心诚意为群众办实事，尽心竭力为群众解难事，少用声音指挥、多用行动引导，拿出最高标准、尽到最大努力，厉行勤俭节约，严控“三公”经费，持续精文简会，减少公务支出，将节约下来的资金投入到民生领域，做到政府过紧日子、群众过好日子。

严明纪律廉洁干。严格落实“八项规定”、约法十章、八项要求、八个力戒，严格遵守《廉洁自律准则》和《纪律处分条例》，全面落实党风廉政建设主体责任，推进公共资源交易中心科学化、规范化运行，提升公共资源交易中心标准化服务水平，加强土地出让、工程建设、政府采购等重点领域监管，从源头上预防和抑制招投标领域不良现象的发生。进一步完善惩治和预防腐败体系，强化行政监督、审计监督，严肃查处各类违法违纪案件，以政风建设新成效取信于民。

各位代表！宏伟的蓝图引领我们开拓进取，美好的未来激励我们奋勇拼搏。让我们更加紧密团结在以习近平同志为总书记的党中央周围，在自治区党委政府和市委的坚强领导下，紧紧依靠全市各族干部群众，履职尽责践忠诚、脚踏实地干事业、创新提升勇担当，为建设美丽家园幸福拉萨、如期全面建成小康社会而努力奋斗！

名词解释

1. 四个全面：全面建成小康社会、全面深化改革、全面依法治国、全面从严治党。

2. 三条底线：和谐稳定底线、生态保护底线、安全生产底线。

3. 六大战略：党建统市战略、环境立市战略、文化兴市战略、产业强市战略、民生安市战略、依法治市战略。

4. 三期叠加：增长速度换挡期、结构调整阵痛期、前期刺激政策消化期。

5. 控制性详规：以城市总体规划或分区规划为依据，确定建设地区的土地使用性质、使用强度等控制指标、道路和工程管线控制性位置以及空间环境控制的规划。

6. 一城两岸三区："一城"指拉萨河以北、藏热路与流沙河之间的主城；"两岸"指中心城区以拉萨河为轴带，沿河发展；"三区"指藏热路以东的东城新区、拉萨河以南的柳梧新区和流沙河以西的东嘎新区。

7. 十大专业市场：木材交易市场、旧货市场、铁器电焊加工市场、钢材市场、工程机械交易市场、活禽定点屠宰场、牛羊屠宰场、二手车交易市场、娘热路综合农贸市场、虫草市场。

8. "八到农家"工程：水、电、路、讯、邮政、农家书屋、广播电视、优美环境到农家工程。

9. 棚户区：指城市建成区范围内、平房密度大、使用年限久、房屋质量差、人均建筑面积小、基础设施配套不齐全、交通不便利、治安和消防隐患大、环境卫生脏、乱、差的区域。

10. 海绵城市：2013 年 12 月中央城镇化工作会议提出的一种城市规划建设理念，通过加强城市规划建设管理，充分发挥建筑、道路和绿地、水系等生态系统对雨水的吸纳、蓄渗和缓释作用，使城市能够像海绵一样，在适应环境变化和应对自然灾害等方面具有良好的"弹性"，实现自然积存、自然渗透、自然净化。

11. 万元 GDP 能耗：是指一个地区在报告内（如一个季度、一年等）创造每一万元所耗费的综合能源消费量。

12. 互联网 +：充分发挥互联网在生产要素配置中的优化和集成作用，将互联网的创新成果深度融合于经济社会各领域之中，提升实体经济的创新力和生产力，形成更广泛的以互联网为基础设施和实现工具的经济发展新形态。

13. 众创：帮助广大创业者聚集和链接各类创业资源的孵化平台，能够提供部分或全方位的创业服务，创业者可以专注于核心业务，利于创意和创新成果的快速转化。

14. 众包：借助互联网等手段，将传统由特定企业和机构完成的任务向自愿参与的所有企业和个人进行分工，最大限度利用大众力量，以更高的效率、更低的成本满足生产及生活服务需求，促进生产方式变革，开拓集智创新、便捷创业、灵活就业的新途径。

15. 众扶：通过政府和公益机构支持、企业帮扶援助、个人互助互扶等多种途径，共助小微企业和创业者成长，构建创业创新发展良好生态的创新形式。

16. 众筹：个人或企业通过互联网向社会公众或组织募集资金，是中小微企业筹集早期发展资金的重要途径。

17. 双创：大众创业、万众创新。

18. "五放六支持"：政治上放心、思想上放开、政策上放宽、发展上放胆、工作上放手，零注册、轻赋税、一减免、强支撑、少检查、重激励。

19. 四业工程：以业育人、以业管人、以业富人、以业安人工程。

20. 基本药物"零差率"：选择在社区卫生服务机构中，对常见病、多发病使用的基本药品，实行按药品进价销售，不再加价产生利润，让利给社区居民，利润部分由政府给予补贴。

21. 三严三实：严以修身、严以用权、严以律己，谋事要实、创业要实、做人要实。

22. "三公"经费：因公出国（境）经费、公务车购置及运行费、公务招待费。

23. "双联户"模式：以加强基层社会治理和服务体系建设为目标，全面实施"联户平安、联户增收"工作模式。

24. 民族团结"七进"活动：民族团结进机关、进农村、进社区、进学校、进企业、进寺庙、进部队。

25. 一带一路："丝绸之路经济带"和"21 世纪海上丝绸之路"的简称。

26. 三圈三带：以北京为核心的环渤海会展经济圈，以上海为核心的长江三角洲会展经济圈，以广州为核心的珠江三角洲会展经济圈；以沈阳、大连、哈尔滨为核心的东北亚会展经济带，以武汉、郑州、西安为核心的中西部会展经济带，以成都、重庆、昆明为核心的西南部会展经济带。

27. 千人计划：海外高层次人才引进计划。

28. 万人计划：国家高层次人才特殊支持计划。

29. 一区三轴多点："一区"指中心集聚，构建拉萨城镇集聚发展；"三轴"指轴线带动，培育川藏、青藏、拉（萨）林（周）城镇发展走廊；"多点"指点状促进，建设衔接城乡的特色农村集聚点。

30. 五大经济功能区：拉萨国家级经济技术开发区、柳梧新区、西藏文化旅游创意园区、老城区、西藏空港新区。

31. 三网融合：电信网、广播电视网、互联网在向宽带通信网、数字电视网、下一代互联网演进过程中，三大网络通过技术改造，其技术功能趋于一致，业务范围趋于相同，网络互联互通、资源共享，能为用户提供语音、数据和广播电视等多种服务。

32. 智慧城市：运用信息和通信技术手段感测、分析、整合城市运行核心系统的各项关键信息，对包括民生、环保、公共安全、城市服务、工商业活动在内的各种需求做出智能响应。

33. “三同时”制度：建设项目中防治污染的设施，应当与主体工程同时设计、同时施工、同时投产使用。

34. 环喜马拉雅经济合作带：以拉萨、日喀则等城市为腹地支撑，以樟木、吉隆、普兰口岸为窗口，打造面向尼泊尔、印度、不丹的环喜马拉雅国际经济合作带。

35. 孟中印缅经济走廊：2013 年 5 月，李克强访印期间，中印共同倡议建设孟中印缅经济走廊，推动中印两个大市场更紧密连接。

36. 象雄文化：西藏的根基文化，是佛教传入西藏以前的先期文明，为藏民族原始宗教—雍宗苯教的发祥地。

37. 八个坚持：必须坚持人民主体地位、必须坚持解放和发展社会生产力、必须坚持推进改革开放、必须坚持维护社会公平正义、必须坚持走共同富裕道路、必须坚持促进社会和谐、必须坚持和平发展、必须坚持党的领导。

38. 五个认同：对伟大祖国、中华民族、中华文化、中国共产党、中国特色社会主义的认同。

39. 三个离不开：汉族离不开少数民族，少数民族离不开汉族，各少数民族之间也互相离不开。

40. 两学一做：学系列讲话、学党章党规，做合格党员。

41. 四关：生态环境关、产业政策关、资源消耗关、安全生产关。

42. 三高：高污染、高能耗、高排放。

43. 城市地下综合管廊：在城市地下用于集中敷设电力、通信、广播电视、给水、排水、热力、燃气等市政管线的公共隧道。

44. 八看、一算账、一揭批、四增强：“八看”指看衣服着装功能、款式的变化，餐饮食品种类、结构的变化，房屋居住面积、环境的变化，交通出行工具、条件的变化，家居摆设、电器信息的变化，学校建设、子女教育的变化，治病就医、健康保障的变化，政治地位、人格尊严的变化，引导广大群众忆旧西藏的苦，思新西藏的甜。“一算账”指通过“八看”，仔细算好西藏民主改革前和现在政治、经济、文化、生活等方面的对比账，使广大群众深刻体会到只有中国共产党才会真心实意地实现好、维护好、发展好广大群众的根本利益。“一揭批”指深入揭批达赖集团祸藏乱教、制造动乱、分裂祖国的阴谋罪行，不断夯实反对分裂、维护稳定的群众基础。“四增强”指进一步增强党的意识、国家意识、民族团结意识和法制意识。

45. 三馆一站：文化馆、图书馆、博物馆，乡镇综合文化站。

46. 西新工程：西藏、新疆等边疆少数民族地区广播电视覆盖工程。

47. 八个园区：坚持服务城市、保障供给、优化生态、繁荣经济的原则，在城关区、堆龙德庆区、达孜县、林周县、墨竹工卡县、曲水县、尼木县、当雄县分别建设 1 个不同产业类型、不同地域特色的净土健康产业示范园区。

48. 九大产业：天然饮用水产业、奶产业、藏鸡养殖产业、特色经济林木产业、生猪(藏香猪)产业、藏药材产业、食用菌产业、高原特色设施园艺产业、斑头雁产业。

49. 十项维稳措施：创新维稳领导机制，切实提高社会治理能力；创新乡村治理机制，着力维护农村牧区稳定；创新寺庙治理机制，促进宗教和睦和谐；创新城镇治理机制，努力建设平安西藏；创新重点区域管理机制，切实消除安全隐患；创新社会治安治理机制，构建立体治安防控体系；创新意识形态引导机制，形成建设社会主义新西藏的强大正能量；创新民族团结进步机制，最大限度地凝聚人心；创新维稳工作指挥机制，掌握反分裂斗争主动权；创新党的建设保障机制，夯实党在西藏的执政根基。

50. “七化”机制：预防源头化、排查常态化、渠道畅通化、化解实效化、处置法制化、责任倒查化、队伍规范化。

51. 联合接访：一站式接待、一条龙办理、一揽子解决。

52. “七安”机制：强化依法治安理念、完善尽责创安措施、健全改革促安机制、提升科技强安支撑、巩固人才兴安保障、落实属地管安责任、实现强基固安目标。

53. “三公开、三清单”制度：政务公开、司法公开、执法公开，行政权力清单、责任清单、负面清单。

54. “三进四同三一”活动：进基层、进村居、进农户，同吃、同住、同学习、同提高，交一户农牧民朋友、做一件好事、写一篇民情日记。

55. “五访”活动：基层访、网络访、交叉访、专题访、重点访。

56. “八项规定”：改进调查研究，轻车简从，精简会议活动、切实改进会风，精简文件简报、切实改进文风，规范出访活动，改进警卫工作，严格文稿发表，厉行勤俭节约。

57. 约法十章：坚持立场坚定、保持一致，坚持旗帜鲜明、反对分裂，坚持加强学习、解放思想，坚持总揽全局、民主集中，坚持同心同德、维护团结，坚持牢记宗旨、服务群众，坚持求真务实、真抓实干，坚持恪尽职守、勤政高效，坚持艰苦奋斗、清正廉洁，坚持精文简会、转变作风。

58. 八项要求：加强调研工作，切实掌握实情；严控会议规模，切实改进会风；严控发文数量，切实改进文风；严格审批程序，切实改进事风；严格宣传报道，切实提升质量；严控评比活动，切实规范表彰；严格信访制度，切实化解矛盾；严格廉洁自律，切实厉行节约。

59. 八个力戒：力戒保守、勇于创新，力戒空谈、敢于真抓，力戒虚假、敢求实效，力戒浮夸、敢于碰硬，力戒推诿、敢于担当，力戒慵懒、甘于奉献，力戒松散、勤于合作，力戒奢侈、乐于清廉。

60. 供给侧结构性改革：一种寻求经济新增长新动力的新思路，主要是从供给、生产端入手，通过提高社会供给来促进经济增长。具体而言，就是要求清理僵尸企业，淘汰落后产能，将发展方向锁定新兴领域、创新领域，创造新的经济增长点。

拉萨市人民代表大会常务委员会工作报告

在拉萨市第十届人民代表大会第六次会议上

（2016年2月26日）

市人大常委会主任　洛桑旦巴

各位代表：

我受拉萨市第十届人民代表大会常务委员会委托，向大会报告工作，请予审议。

2015年工作回顾

2015年，拉萨市人大常委会在市委的坚强领导下，在自治区人大常委会的有力指导下，以毛泽东思想、邓小平理论、“三个代表”重要思想、科学发展观为指导，以“四个全面”为引领，全面贯彻落实中共十八大和十八届三中、四中、五中全会和中央第六次西藏工作座谈会精神，深入贯彻落实习近平总书记系列重要讲话精神，特别是“治国必治边、治边先稳藏”的重要战略思想和“加强民族团结、建设美丽西藏”重要指示，以及区、市党委八届六次、七次、八次全委会精神，坚持人民代表大会制度不动摇，坚持党的领导、人民当家做主和依法治国的有机统一，围绕“充分发挥首府城市首位度作用”的总要求，认真贯彻落实党建统市、环境立市、文化兴市、产业强市、民生安市、依法治市“六大战略”，在巩固群众路线教育实践活动成果同时，深入开展“三严三实”“忠诚干净担当”专题教育实践活动，认真履行宪法和法律赋予的职责，维护宪法尊严，发挥法治的引领和规范作用，不断加强和改进人大工作，为建设美丽家园幸福拉萨做出了应有的贡献。

一、始终坚持党的领导，不断巩固和发展人民代表大会制度

拉萨市人大常委会始终把坚持党的领导作为做好人大工作的根本保证，始终在思想上、政治上、行动上同以习近平同志为核心的党中央保持高度一致，同区市党委保持高度一致。在市委的坚强领导下，常委会党组坚持发挥领导核心作用与依法履行职责相统一，始终把习近平总书记关于人大制度、人大工作和法治建设方面的系列重要讲话精神作为做好新形势下人大工作的基本遵循和科学指南，与贯彻执行区市党委关于人大工作的部署要求有机结合，牢牢把握人大工作的正确方向和定位，紧紧围绕市委中心工作，紧密依靠人大代表，依法履职，履好职。2015年依法罢免涉及违纪案件的人大代表4名，使“党要管党、从严治党”要求和市委的决策部署得到了坚决的贯彻落实，为全面推进依法治国，着力实施依法治市战略，发挥了应有的作用。

始终坚持和完善人民代表大会制度，使广大人民群众对人民代表大会制度更加自信。2015年自治区人民代表大会成立50周年，区党委、区人大常委会隆重举行了纪念西藏自治区人民代表大会成立50周年大会。拉萨市人大常委会充分利用这个机遇，在各方的鼎力支持下，新建了拉萨市人大发展历程展厅，收集新旧图片资料5000余张，整理编撰文字资料6000余字，不忘历史，全方位、多视角地展示了50年来在党的领导下，人民代表大会制度在拉萨发展的光辉历程。50年来，在中国共产党的领导下，拉萨各族人民群众通过人民代表大会制度牢牢地把国家和个人的命运掌握在了自己的手中，拉萨的经济、社会发生了翻天覆地的新变化，人民群众过上了幸福美满的新生活。人民代表大会制度深深地根植于拉萨各族人民群众的心中。

二、提高立法质量，强化司法监督，深入推进“依法治市”战略

常委会紧紧围绕市委“依法治市”战略，进一步加快和提高地方立法的速度和质量，强化执法监督

力度，在推进科学立法、民主立法、严格执法、公正司法、全民守法中发挥了重要作用。一年来，审议通过地方性法规2件，审查备案政府规范性文件5件，清理现行地方性法规26件，开展各类调研活动8次。积极配合全国人大和自治区人大开展了6件法律法规意见的征求工作，配合区人大开展立法专项检查、调研10余次。

（一）坚持科学立法，完善法规体系

全面推进依法治市，必须坚持立法先行，坚持立改废并举，充分发挥立法的引领和推动作用。随着改革不断深入，为进一步增强法规的及时性、系统性、针对性、有效性，常委会充分发挥了在立法中的引领和主导作用，从拉萨市实际出发，不断健全立法制度，严格执行立法程序，按照轻重缓急的原则，加快立法速度，提高立法质量，使所立的每一项法规都符合宪法和民族区域自治法精神，反映了人民的意志，得到了人民的拥护，有力地推进了拉萨经济社会持续健康平稳发展，维护了社会和谐稳定，促进了社会公平公正。如我们新制定并实施的《拉萨市物业管理条例》，为我市物业管理提供了法律依据，从源头上防范、减少了由于小区配套建设不齐全、新建住宅交付使用监管制度不完善等问题引发的各类矛盾，维护了企业和业主的合法权益，实现了物业管理有法可依。

常委会始终根据不断变化的新情况，坚持从实际出发，不断推动立法理念创新。一是适应社会治理的新要求，坚持急需先立，以解决人民群众最关心、最直接、最现实的利益问题为重点，以实现社会公平正义为目标，加大社会领域立法力度。二是把科学立法、民主立法，提高立法质量，作为常委会立法工作的重中之重。在立法实践中，切实把立法的评估工作放在首位。在每项地方性法规新立之前，常委会都组成立法前评估调研组，结合拉萨经济社会发展的新要求，赴区内外对条例选题的必要性、可行性等方面开展专题调研，确定好是否新立，确保选题的科学性。充分发挥人大自身立法主观能动性。如在《拉萨市古村落保护条例》立法初期，组织人员赴我市各县（区）实地开展调研，掌握第一手材料。在立法过程中，先后赴内地学习取经，借鉴了兄弟省市的立法经验。坚持开门搞立法，向社会公布立法全过程，充分发挥各类专家和广大人民群众在立法中的积极作用。对所立之法均通过召开党代表、常委会组成人员、四级人大代表、政协委员、群众代表参加的座谈会，向县（区）人大常委会、市“一府两院”等有关单位发放法规草案，报请市委常委会研究等途径，广泛征求各方意见和建议，根据大家提出的合理建议，不断完善法规草案。为进一步提高立法质量，市人大常委会还组织成立了立法咨询专家库，广开言路、集思广益，充分发挥了专家库的积极作用，不断提高立法的依法性、科学性和透明度。三是广泛开展宣传活动，确保新立法规顺利实施。常委会将新立法规均在拉萨晚报全文刊登，同时组织召开记者招待会，督促法规执行单位编印藏汉法规单行本和解读相关资料，在拉萨人口密集区、居民社区发放，进行大力宣传，做到了新立之法家喻户晓、人人皆知。四是强化培训，提高立法人员整体素质。认真组织立法人员在学习全国人大新修订的《立法法》同时，参加全国地方立法研讨会、立法培训班，广泛吸取各地的立法工作经验，掌握立法程序、立法技术，提高立法水平，不断适应我市立法工作需要。五是按照《立法法》，在加大制定新的地方性法规同时，注重对现行地方性法规的清理工作，提出了下一步的立法修改建议，做到修立并重，以适应中国特色社会主义市场经济发展要求。

（二）加大执法监督力度，推进依法行政。常委会抓住法律实施中的关键问题，以促进政府依法行政为目标，更好地落实市委决策，组织开展执法检查，有效地推进依法行政。针对《中华人民共和国工会法》《国务院法律援助条例》《妇女权益保障法》开展执法检查，促进了男女平等，维护了妇女合法权益，推动了我市妇女事业的发展。针对《中华人民共和国体育法》开展执法检查，进一步提高了我市体育工作整体水平，推动了体育事业健康有序发展。针对《拉萨市老城区保护条例》《拉萨市民族团结进步条例》实施情况执法检查，促进了两个地方性法规在我市的全面实施，强化了对古城文化、人文景观的管理、使用和保护，巩固和发展了平等、团结、互助、和谐的社会主义民族关系，推进了民族团结进步事业大繁荣、大发展。常委会还对《中华人民共和国土地管理法》以及国务院《〈中华人民共和国土地管理法〉实施条例》开展执法检查，促进了相关法律在我市深入实施。

（三）强化司法工作监督，力促司法公平正义。习近平总书记指出："公正是法治的生命线"。为确保司法公正，让人民群众在每一个司法案件中感受到公平正义，常委会主动派遣人大代表、法制委员会工作人员现场听取重点案件的审理工作。加强对司法活动监督，听取和审议了拉萨市中级人民法院和拉萨市人民检察院2015年上半年工作总结和下半年工作安排，监督"两院"不断规范司法行为，树立司法权威。市中级人民法院、市人民检察院自觉接受人大监督，依法规范和加强各项工作，同时与自治区高法和检察院座谈，就市级"两院"一年来的工作进行交流沟通，为建设美丽家园幸福拉萨创造了良好的司法环境。

三、认真开展监督检查工作，不断增强监督实效，全力推动市委重大决策部署落到实处

常委会紧紧围绕市委中心工作，立足自身职权，发挥监督职责，通过法定程序，保障民生改善，促进全市经济社会平稳向好发展、社会大局和谐稳定。

（一）围绕维护稳定这条底线，安排得力干部开展维稳督导和信访工作。安排6名地级领导分别到林周、曲水、尼木、达孜等县开展维稳监督检查工作，1名副主任赴昌都开展维稳协调工作，1名副主任参与自治区强基办的督导工作，市人大常委会主任、各位副主任长期轮流在市维稳一线指挥部带班，维护了各重大节日、敏感节点的安全维稳。安排4名地级领导长期分别分管市"强基办""四业工程办""信访联席会议办公室和群众工作部"、支铁办等工作，在矛盾调处、重大事项处理以及市委交办的各项工作任务中发挥了重要作用。重视信访办理，及时跟踪、查办、督办群众信访事件，直至结案，一年来，常委会共收到并转交有关部门妥善处理的群众来信来访8件，人民内部矛盾得到有效化解。

（二）围绕市委重点工作，主动开展调查研究，为市委、市政府重大决策提供了科学依据，得到了市委和齐扎拉书记的充分肯定。一是在重要会议、节庆前夕，主动开展了维稳调研，在做好维护社会稳定工作方面为市委决策提供了第一手材料。如在中央召开第六次西藏工作座谈会、自治区成立50周年大庆之际，由市人大常委会主要领导带队，深入全市八县（区）各乡（镇、街道办事处）、村（居）、寺管会、警务站、铁路护路营地、加油站、矿山企业、维稳一线指挥部以及柳梧新区开展维稳调研，实地走访干部群众和"双联户"代表，摸清了各县（区）维稳工作中存在的问题、隐患和困难。二是在我市基层组织建设改革关建时期，由市人大常委会牵头，深入尼木、城关等六县（区），对《中华人民共和国村民委员会组织法》、"强党、固基、扶村"及干部下沉工作开展情况进行专项调研，向市委及组织部门全面客观地反映了村（居）"两委"班子建设基本情况，就理顺工作机构、加强村（居）基础设施建设等方面提出了建议，均被市委采纳，为切实加强基层组织建设，维护社会长期稳定，提供了参考依据。三是加强对中小学生民族团结教育，是维护社会稳定、维护祖国统一的基础，为落实好市委关于从中小学生开始加强民族团结教育的要求，常委会对中小学生加强民族团结教育工作进展情况进行了调研，听取并审议了《拉萨市中小学民族团结教育开展情况专项报告》，认为对中小学生的民族团结教育还需要进一步加强，要站在"为谁培养人、培养什么样的人、怎样培养人"的高度，贯彻落实好习近平总书记"中华民族一家亲""共筑中国梦"的重要指示精神，进一步加强对中小学生的民族团结教育，切实把党的民族政策以及法律法规纳入各级各类学校的思想政治课和德育课程，夯实民族团结基础。四是开展了我市第二次非公有制经济发展大会后各项工作贯彻落实情况专题调研。我市坚定不移地落实了陈全国书记提出的"政治上放心、思想上放开、政策上放宽、发展上放胆、工作上放手"的指示精神、齐扎拉书记提出的"大胸襟、大手笔、大气魄、大服务"的工作要求，坚持了公有制为主体、多种所有制经济共同发展的基本经济制度，全市非公经济取得了长足发展，成为我市经济发展的重要支撑、财政税收的重要来源、吸纳新增就业的主渠道。针对不足，提出了合理的意见和建议。张延清市长及时召开市政府工作会议，认真研究处理审议意见，加大整改力度，取得了明显成效。

（三）围绕经济平稳向好发展，依法听取和审议了《拉萨市2015年上半年国民经济和社会发展计划执行情况报告》《拉萨市2014年财政决算及2015年上半年财政预算执行情况的报告》《2014年度拉萨市本级预算执行和其他财政收支的审计工作报告》以及《拉萨市2015年财政预算收支变化情况的报告》，做出了2015年财政预算收支部分变更的决议。

市人大常委会对我市经济社会发展表示满意，同时提出要认真落实稳增长、调结构、促改革、惠民生、保稳定、防风险一系列政策措施，深入贯彻实施新《预算法》，严格预算约束，注重绩效评估，把握经济社会发展中存在的深层次问题等意见和建议。

（四）围绕民生改善，听取和审议了《拉萨市城市总体规划（2009—2020）》（2014 年修改），人大常委会组成人员认为，修改后的规划提出的城市发展目标、控制范围、总体布局、功能定位与我市“六大战略”相适应，符合我市经济快速发展，城市不断壮大和新型城镇化发展需求，必将对促进我市经济社会科学协调可持续发展起到十分重要的作用。建议加大规划宣传力度，依法推动规划得到全面落实。在听取和审议《拉萨市高中阶段学校“三包”经费等使用情况的专题报告》后，建议本级财政对“三包”经费不足部分给予支持，建立健全“三包”经费管理制度，切实保证经费的每一分钱都不折不扣地用在学生身上。就业和社会保障涉及每个人的切身利益，常委会专题听取了《拉萨市人力资源和社会保障工作报告》，对政府提高高校毕业生就业率、五大保险参保人数提前三年完成“十二五”规划目标的优异成绩给予肯定，提出进一步加大《社会保障法》《劳动就业法》等法律法规宣传力度，加强部门协调联动，整合劳动就业培训资源，加大劳动就业培训，不断提高社会劳动就业率。提高社保医保资金管理水平，保证社保医保资金安全，确保广大人民群众老有所养、病有所医。我市旅游资源丰富，旅游业的发展，不仅带动全市经济发展，而且使我市广大农牧民群众直接受益，实现拉萨旅游新发展迫切而重要，常委会听取和审议了《“十二五”期间拉萨市旅游工作专题报告》，肯定了拉萨市“十二五”期间的旅游工作成效，提出在“十三五”期间要进一步强化规划统筹、强化基础设施提升，强化行业服务管理，强化诚信建设，强化安全生产监督，切实落实好“品牌宣传、诚信建设、秩序规范、安全监督、国际化标准、富民强市、人才培训”七项工作，实现“全力打造国际文化旅游城市”目标。

四、强化代表履职服务保障机制，充分发挥代表监督作用

常委会尊重代表主体地位，积极支持和保障代表依法履职，充分发挥代表在我市经济发展、社会稳定、民生改善中的重要作用，积极推进“六大战略”全面实施。

创造有利条件，保证代表能履职、履好职。开展代表培训活动，不断提高代表依法履职能力和水平。2015 年常委会集中举办了两期人大代表和各县（区）人大常委会负责人培训班，提高代表依法履职能力。组织人大代表和各县（区）人大常委会负责人，参观拉萨河景观整治、南山绿化、教育城、城关区净土产业园区，实地了解近年来拉萨市在城市建设、文化教育、生态环保等方面取得的突出成就。代表们亲身体会拉萨城市面貌日新月异的新变化、文化教育投入建设新亮点、生态建设新作为，进一步增强了基层人大代表作为主人翁的自豪感和责任心，依法履职的积极性、主动性有了明显提升。组织人大代表考察垃圾填埋厂和污水处理厂，提出具有建设性的意见和建议。为强化基层人大工作机构，提高服务代表的能力和水平，市委常委会专题研究了乡（镇）人大工作，为各乡（镇）配备 1 名人大专职副主席，安排 5 万元专项工作经费，乡（镇）人大工作实现了“有人管事、有钱办事”。在市人大常委会业务指导和督促下，在各县（区）委、政府的大力支持下，各县（区）、乡（镇）先后创建了人大代表之家，使基层人大代表有了与群众沟通、解决群众困难、化解社会矛盾的固定活动场所。

高度重视代表议案建议办理。代表议案建议与人民群众生产生活息息相关。十届人大五次会议时共收到代表议案、建议、批评和意见 72 件。常委会高度重视，认真进行了交办、督办，并进一步健全了督办机制，多次组织代表视察建议办理情况，听取和审议政府关于办理代表建议情况报告。市政府认真办理，市长亲自主持召开会议，安排部署落实代表意见建议，确保了代表意见建议的有效落实。目前，这些议案和批评、建议、意见全部在规定期限内办复，办复率达 100%，受到了广大代表的好评和赞许。

注重发挥人大代表作用。扩大代表知情知政渠道，继续邀请市人大代表列席市人大常委会会议、旁听法院审判，邀请全国人大代表、区人大代表参加立法、专题调研、执法检查、视察活动，增加了邀请人员数量、扩大了邀请人员范围，注意选择与会议和活动议题相关的人员参与常委会工作。有力地促进了常委会的各项工作。安排人大代表参加市直各部门“三严三实”“忠诚干净担当”专题教育实践动员大会、专题民主生活会，使代表的权利得到保护、监督作用得到充分发挥。

依法选举任免国家行政机关、审判机关、检察机关的工作人员是宪法和法律赋予人大及其常委会的一项重要职权，2015年，常委会坚持党管干部与依法任免相结合的原则，依照法律规定，共任免国家机关工作人员52人，使人事任免监督工作既贯彻党委意图，又充分尊重和保障人民当家做主的权利，通过集中颁发任命书等方式，对国家机关工作人员树立宪法意识、公仆意识、全心全意为人民服务的宗旨意识、依法行政意识起到了明显的促进作用。

五、加强自身建设，提高履职效能

常委会始终坚持把思想政治建设摆在首位。通过参与市委理论学习中心组和市人大理论学习中心组，学习贯彻党的十八大和十八届四中、五中全会、中央第六次西藏工作座谈会精神和区市党委一系列会议精神，深入开展“三严三实”“忠诚干净担当”专题教育活动，参与西藏自治区成立50周年庆祝活动，大家越来越深刻地认识到：要做好人大工作，必须认清人大及其常委会肩负的历史使命，增强责任感，切实把人民代表大会制度优越性发挥出来；必须牢固树立政治意识，坚持正确的政治方向，坚持中国特色社会主义道路，坚持民族区域自治制度，进一步增强道路自信、理论自信和制度自信。严守党的政治纪律和政治规矩，严格执行中央“八项规定”、区党委“约法十章”“九项要求”和市委八项要求，坚定不移地推进党风廉政建设和反腐败斗争。不断形成的这些共识，使常委会组成人员和机关干部职工精神更加振奋、目标更加一致、工作更加勤勉、效果更加明显。

认真开展“三严三实”“忠诚干净担当”专题教育，机关作风进一步转变。常委会把专题教育贯穿于人大各项工作之中，把依法履职、为民谋利和改进作风、强化同代表联系、破解人大工作难题结合起来，全面提升人大工作水平。常委会班子成员以普通党员身份参与到“三严三实”“忠诚干净担当”专题教育活动之中，在党的群众路线教育实践活动整改基础上，紧紧围绕严以律己、严以修身、严以用权等十个方面，查找问题和不足，不怕亮丑揭短，深挖根源、触及灵魂，认真整改、转变作风，使人大机关作风有了更大的转变，服务有了更大的提升。活动期间，积极组织党员干部职工开展了“结对认亲交朋友”活动、走访慰问退休老党员、老干部以及对口扶贫户等活动，看望慰问了结对户，送去慰问金，进一步密切了党群关系。通过教育实践活动，使广大党员干部职工思想进一步升华，政治立场更加坚定，作风进一步转变，为人民服务的意识进一步增强。

各位代表！

拉萨市人大在中共拉萨市委的坚强领导下，在自治区人大的指导下，在市人大常委会组成人员和全体市人大代表的共同努力下，在“一府两院”、各县（区）人大常委会的密切配合和全市人民、社会各界的大力支持下，圆满完成了2015年的各项任务。在此，我代表市人大常委会向大家表示衷心的感谢！

回顾一年来的工作，我们清醒地看到，与宪法和法律的要求、党和人民群众的期望以及改革发展稳定要求相比，常委会的工作还存在不少差距。立法专业人才严重缺乏，致使经济社会发展急需的地方性法规立法进度还不快，立法质量有待进一步提高；监督工作的机制和组织方式还应完善，敢于监督底气不足，监督实效需要进一步增强；代表工作还需要进一步加强，为代表履职服务的水平有待提高；代表培训有待于进一步加强，自身建设还不能完全适应新形势对人大工作的要求，所制定的各项工作制度还要狠抓落实。这些都需要我们在今后的工作中很好的研究，切实加以解决。

2016年主要工作任务

2016年，市人大常委会要坚持以毛泽东思想、邓小平理论、“三个代表”重要思想、科学发展观为指导，深入贯彻落实中共十八大和十八届三中、四中、五中全会，中央第六次西藏工作座谈会、习近平总书记系列重要讲话精神，特别是“治国必治边，治边先稳藏”的重要战略思想和“依法治藏、富民兴藏、长期建藏、凝聚人心、夯实基础”的西藏工作重要原则，以及区、市党委八届八次全委会精神，以“四个全面战略”布局为统领，坚持党的领导、人民当家做主和依法治国有机统一，遵守宪法、维护宪法尊严、保障宪法实施，坚持新时期党的治藏方略，紧紧围绕市委中心工作，全力推进“创新、协调、绿色、开放、共享”五大发展理念和“六大战略”，为如期与全国一道全面建成小康社会，建设美丽家园幸福拉萨做出更大的贡献。

一、深入贯彻落实中央和区市党委关于人大工作的决策部署，始终坚持在党的领导下开展人大工作

常委会要牢固树立政治意识、大局意识、责任意识，始终把坚持党的领导贯穿于人大依法履职的全过程。坚决贯彻执行习近平总书记在中央政治局常务委员会听取全国人大常委会、国务院、全国政协、最高人民法院、最高人民检察院党组工作汇报时的重要指示精神，切实落实市委在听取人大常委会、政府、政协、法院和检察院党组工作汇报时的具体要求。人大工作要始终坚持党的领导，严守政治纪律和政治规矩，坚定正确政治方向，从自身工作定位和特点出发，与时俱进、开拓创新，有效保障和体现人民参与管理国家事务的权利和意志。认真执行党管干部原则，确保区市党委意图全面实现。坚持重大事项、重大问题决定、重要立法和监督活动主动向市委请示汇报，确保中央和区市党委关于人大工作的各项举措落到实处，推进我市民主法治建设。

二、以提高立法质量为重点，进一步加强和改进立法工作，深入推进“依法治市”战略

今年的立法要按照修改后的《立法法》规定的地方性立法权限，根据我市经济社会发展新形势，继续以提高立法质量为重点，搞好立法调研和科学论证，提高法规起草质量，增强法规的针对性和可操作性。坚持和完善统一审议制度，发挥市人大各专门委员会的优势，发挥立法咨询专家库专家的作用。继续通过召开座谈会、论证会等方式，让更多的人民群众参与到立法活动中来。要按照拉萨市五年立法规划和年度立法计划，做好《拉萨市古村落保护条例》的报批、《拉萨市文物保护条例》的前期调研工作，完成《拉萨市城镇供水用水管理条例》的修订工作。加强备案审查工作部门的力量，进一步规范政府规章备案审查程序，发挥备案审查工作的实效，切实维护国家法制统一。

三、以更好地服务拉萨改革发展稳定为己任，进一步加强监督工作，增强监督实效

今年是“十三五”规划开局之年，也是进一步贯彻落实好中央第六次西藏工作座谈会精神开局之年。市委八届七次、八次全委会，对落实“十三五”规划、精准扶贫，加快建设美丽家园幸福拉萨，率先在全区全面建成小康社会做出决策部署。如何确保“十三五”规划和“六大战略”目标任务顺利实现，是摆在拉萨市人大及其常委会和每位代表面前的一项重要政治任务，常委会要围绕落实“十三五”规划和市委决策部署开展监督和质询工作，适时对“十三五”重大项目实施情况开展监督检查，督促“一府两院”做好各自工作，确保全市中心工作任务贯彻落实。按照市委对人大工作的要求，重点对《拉萨市城市规划条例》执行情况开展专项监督；对《中华人民共和国执业医师法》《中华人民共和国道路交通安全法》《拉萨市地名管理条例》等法律法规在我市贯彻落实情况开展执法检查。对国民经济发展计划、财政预算依法例行监督检查，适时听取市政府2016年上半年国民经济和社会发展计划执行情况、2015年财政决算报告、2015年财政预算审计报告、2016年上半年财政预算执行情况报告，审查批准2015年财政决算、2016年财政收支变化情况报告。根据经济社会发展的需要听取和审议拉萨市人民政府精准扶贫、商业贸易、矿业发展、公共文化服务建设、科技重大产业和项目推进等专项工作报告，开展村级医务人员队伍建设、中小学校舍安全保障、代表建议办理情况专题调研。

四、认真做好人大代表工作

人大代表是搞好人大工作的重要基础。要坚持把代表工作作为一项做好人大常委会的基础工作来抓，努力提高代表服务保障水平，充分发挥代表作用。把“人大代表之家”建设好、发展好，充分发挥人大代表之家的作用，畅通代表知政、知情渠道，采取多种形式，及时向人大代表通报各级常委会和“一府两院”的工作情况。充分发挥《拉萨人大》杂志在区内外人大系统的广泛影响力，宣传我市人大代表风采、传播社会正能量，加大与区内外兄弟省市人大的合作与交流，不断提高服务人大代表的能力水平。继续邀请人大代表列席常委会、各专门委员会会议，参加立法调研、执法检查、专项检查等各项重大活动。认真开展人大代表经验交流工作，进一步加强对县乡人大工作的指导，加大对代表议案、建议、批评和意见办理工作监督力度，不断提高议案、建议、批评和意见的办理质量。

五、认真抓好换届选举工作

2016年，是市、县、乡三级人大进行换届选举工作的重要之年，是全市人民政治生活中的一件大事，各级人大常委会要把坚持党的领导、充分发挥民主、严格依法办事有机结合起来，在同级党委领导下，周密部署、精心组织、集中精力把换届工作抓实抓好。常委会要主动加强与自治区人大常委会的沟通与联系，加强对各县(区)人大换届选举工作的指导。确保代表结构合理，确保换届选举工作在党委领导下依法顺利进行，圆满完成各级人大换届选举工作。

六、进一步加强常委会自身建设，不断提高履职能力和水平

常委会把加强人大常委会自身建设作为长期任务，常抓不懈。一是坚持党的领导是人大工作的灵魂，要充分认识人大工作是党的工作的重要组成部分，以学习中共十八大和十八届四中、五中全会，中央第六次西藏工作座谈会精神为契机，不断加强思想建设、组织建设、制度建设，坚持重大问题积极主动向市委请示报告，坚定党对人大工作的领导。二是要坚持法治思维，以提升创新力、凝聚力、战斗力为目标，努力打造政治坚定、能力过硬、作风优良、奋发有为的人大干部队伍。三是要牢固树立人大“集体有权、个人无权”的意识，增强履职能力，坚持和完善适合地方国家权力机关特点的运行机制、议事程序和工作制度，不断提高人大工作程序化水平和服务大局的能力水平。四是紧紧围绕常委会议题，认真搞好调查研究，改进审议方式，提高审议质量。五是主动争取自治区人大常委会的指导，同时加强与县区人大常委会的联系和协调，促进我市人大工作再上一个新的台阶。

各位代表！

新形势下，新的号角已经吹响，新的征程已经开启。让我们更加紧密地团结在以习近平同志为总书记的党中央周围，坚定不移走中国特色社会主义法治道路，在区、市党委的坚强领导下，切实把思想行动统一到市委的决策部署上来，认真履行宪法和法律赋予的各项职责，不断开创人大工作新局面，做到无愧于这个伟大的时代、无愧于拉萨各族人民的热切期盼，用更大的作为，成就新的辉煌，为率先在全区全面建成小康社会，实现中国梦·拉萨篇章而努力奋斗！

专 文

“十二五”时期拉萨市经济社会发展成就概述

“十二五”时期,在党中央、国务院的亲切关怀下,在自治区党委、政府的坚强领导下,在北京、江苏两省市的无私支援下,市委、市政府团结带领全市各族人民,努力克服拉萨“3·14”事件的负面影响,积极应对国内经济下行压力,敢于担当、勇于实践,充分发挥首府城市首位度作用,科学谋划、大力实施党建统市、环境立市、文化兴市、产业强市、民生安市、依法治市“六大战略”,全市呈现出经济快速发展、社会和谐稳定、生态持续优化、文化繁荣发展、民生显著改善、民族团结进步、人民安居乐业的良好局面,各项工作持续走在全区前列,为“十三五”发展奠定了坚实基础。

经济发展实现新跨越。牢牢把握稳中求快总基调,狠抓重点项目建设,培育壮大特色产业,经济总量不断扩大,发展质量效益显著提升,经济增速名列全国前茅,引领全区发展。“十二五”末全市地区生产总值376.73亿元,年均增长12.3%;全社会固定资产投资546.04亿元,年均增长25.3%;公共财政预算收入达到62.4亿元,年均增长33%;农牧民人均可支配收入达到10378元,年均增长15.7%;城镇居民人均可支配收入26908元,年均增长10.2%。

产业发展实现新突破。坚持科学发展、特色发展,市场化导向、产城一体,深入实施“产业强市”战略,加快工业化、信息化、城镇化、农业现代化四化同步进程,培育发展净土健康产业、文化旅游产业、现代商贸服务业等主导产业,不断提升全市经济社会发展水平。重点打造旅游产业。围绕国际旅游目的地建设,倾力打造旅游精品,加大冬季旅游营销力度,强化旅游行业协会监管,着力规范旅游市场秩序。香格里拉酒店、洲际天堂酒店等国际知名连锁酒店相继入驻拉萨,旅游接待水平和旅游城市形象有效提升。接待游客1179万人次,旅游总收入154.93亿元,年均分别增长27.35%、38.73%。重点打造文化产业。制定实施文化产业发展规划,积极推进中国西藏文化旅游创意园建设,出版文化产业园、中国美术创作研究基地西藏基地、雪顿古镇、藏红花文化博览中心、藏医药文化创意园5个项目顺利落地。全新打造《文成公主》大型实景剧并实现常态演出,成为拉萨乃至全区文化旅游产业新名片。重点打造净土健康产业。大力发展以饮品、食品、药品、饰品为拳头产品的净土健康产业。出台净土健康产业规划,着力培育天然饮用水、奶业、生猪、藏香鸡、经济林木、藏药材、特色园艺等产业。成功举办“强农兴邦中国梦·品牌农牧业中国行—走进拉萨”活动,隆重推介“拉萨净土”区域公用品牌,全市净土健康产业企业达到89家,其中规模以上企业26家,成为推动传统产业转型升级的重要引擎。2014年,全市净土健康产业实现产值36.6亿元,带动农牧民合作社200个,促进农牧民增收10452户21606人。现代服务业迅速发展。房地产、物流、信息服务、会展、电商等现代服务业不断发展壮大,拉萨作为全区商贸中心的作用更加凸显,2015年全市社会消费品零售总额突破200亿元大关,达到205.48亿元,增长速度位居全区首位。产业园区升级发展。按照“各

具特色、错位发展”原则，全力推进经开区、柳梧新区、西藏文化旅游创意园、高新区、顿珠金融产业园和达孜工业园、曲水工业园、堆龙德庆工业园建设，园区功能不断完善、投资环境不断优化、承接转移能力不断增强。“十二五”期间，两区四园实现工业销售产值140.85亿元、工业增加值54.07亿元、工业税收11.54亿元，年均分别增长35.2%、33.1%、40.40%。

城乡建设呈现新面貌。加快新型城镇化建设步伐，建成一大批水利、交通、信息化、市政设施等缓解发展瓶颈制约的重大基础设施项目，城镇功能日趋完善。开工建设旁多水利枢纽工程，实施拉萨河城区段防洪和综合整治，提升县城防洪能力，实施澎波灌区、色达灌区、普松灌区等8个重点灌区节水改造。交通基础设施条件得到有效改善，拉日铁路于2014年8月份运营，纳金大桥、迎亲大桥、拉林高等级公路等一大批重大项目建成，新增公路里程1936.69公里。拉萨至贡嘎机场高等级公路——西藏第一条高速公路通车。拉萨贡嘎机场开通33条航线，其中国际航线2条。结束藏中电网孤网运行历史。新型城镇化高质量推进，完成土地利用总体规划全覆盖，持续强化产业支撑，农牧业转移人口有序推进，堆龙德庆撤县设区，曲水县成为第二批国家新型城镇化综合试点县。东城新区、柳梧新区等基础设施建设进展较快，不断拓展“一城两岸三区”城市框架，城市建成区面积达到71.16平方公里。

民生改善迈出新步伐。探索实践共享发展模式，深入实施“民生安市”战略，累计投入186.5亿元实施民生项目400余项，是“十一五”时期的2.5倍，不断改善群众生产生活。优先发展教育。坚持学有所教、高位均衡，以市委1号文件出台《关于加快教育改革和发展的意见》，制定《振兴教育教学质量三年行动计划》，形成了较为完善的幼儿教育、普通教育、职业教育、特殊教育和高等教育体系。加快学校布局调整，2012年以来共撤并教学点21个，合并完小(小学)17个，新建小学2个，新建公办幼儿园116所，基本实现幼儿园县乡村三级全覆盖。职业技术教育快速发展，成立拉萨市第一、第二中等职业技术学校。协调北京、江苏分别援助建成实验示范中学，两年共引进援藏教师和管理人员206名，使西藏的学生不出拉萨就可以享受到与内地同样的优质教育资源。积极推进拉萨教育城建设，教师继续教育学校、那曲二高等10个项目投入使用。全面落实“三包”政策，从幼儿，园到高中15年全覆盖，实施义务教育阶段和农牧民子女营养改善计划。“十二五”时期教育累计投资37.2亿元，是“十一五”的4.9倍。提高医疗卫生服务能力。坚持病有所医、惠及全民，基本实现县、乡、村、社区均有医疗卫生服务机构的目标。城乡居民、寺庙僧尼免费健康体检率分别达到99.9%和100%。建立全区首个婴儿住院救治绿色通道，住院救治费用100%报销，提高高龄老人健康补贴标准。在全区率先启动公立医院改革，开展“先诊疗、后结算”试点，实现与医疗保险、农村合作医疗制度的衔接配套。全力促进就业创业。就业创业更为多元，认真贯彻落实国家、自治区就业政策，深入推进以业育人、以业安人、以业管人、以业富人“四业工程”，投入培训资金14318. 58万元，培训人员139567人次，就业率达80%以上；实现农牧区劳动力转移就业37968人，年均增加10%，实现劳务创收近6亿元。拉萨籍应届大学毕业生基本实现就业，城镇登记失业率控制在2.2%以内。扎实做好社会保障工作。以低水平、广覆盖、有弹性、可持续为原则，统筹城乡的社会保障制度实现全覆盖，全市参加社会保险总人数达到46.68万人，五险扩面净增122009人，工伤、养老、医疗、失业、生育等保险覆盖率均达95%以上。孤残弃儿童集中供养率和“五保”老人意愿集中供养率达100%。城乡居民安居乐业。大力实施农牧民安居工程和配套提升工程，大力推进“八到农家”，完成7750户农牧民安居工程和125个村居的人居环境综合整治，以农牧民安居工程为重点的多层次住房保障体系基本形成，城乡居民人均居住面积达到33平方米。加大廉租房和公共租赁住房供给力度，稳妥推进干部职工周转房分配改革，建设保障性住房5687套，改造1394户10.46万平方米棚户区，基本实现城乡居民安居乐业。扶贫开发成效显著。坚持开发式扶贫，扎实开展行业扶贫、专项扶贫和社会扶贫相结合扶贫工作，进一步建立健全精准扶贫机制，共投入8.5亿元实施818项扶贫开发项目，受益贫困户53422户，帮助7.9万贫困人口越过帮扶线，顺利实现“十二五”扶贫攻坚目标。关切群众期盼。深入践行群众路线，扎实开展“五访”“三进四同三一”活动，着力办好自治区利民惠民、利寺惠僧“十件实事”，整合运行“12345有事找政府”政府服务热线，集中解决事关民生的难事、急事、要事。稳定市场价格，加强价格监管，居民消费价格指数控制在3.5%以内。最大限度为失地农民提供就业生活保障，城区公共厕所全免费，60岁以上老人、军人、环卫工人以及残疾人免费乘坐公交车。拉萨连续保持百姓安全感和幸福感最强城市，荣列“2014、2015中国全面小康特别贡献城市”“全国首批民生改善典范城市”。

文化事业取得新进展。深入实施“文化兴市”战略，社会主义核心价值体系深入人心，全国文明城市创建水平不断巩固提高，城乡居民科学文化素养和健康文明素质普遍增强，文化软实力显著提升。坚持思想教育引领。推动社会主义核心价值观进机关、进校园、进军营、进企业、进社区、进农牧区、进寺庙。持续开展“中国梦”“3·28”百万农奴解放纪念日、新旧西藏对比、民族团结进步宣传，深入开展“八看、一算账、一揭批、四增强”主题教育活动，进一步打牢了各族人民共同团结奋斗、共同繁荣发展的思想基础。坚持文化服务惠民。实现县有综合文化活动中心、乡有综合文化站、村有文化活动室，实现农村书屋、寺庙书屋、电影放映、信息共享等文化惠民工程全覆盖。实施老城区保护工程，建成西藏牦牛博物馆。雪顿节成功入选“中国十大节庆”，公共文化设施免费开放。积极推进文化、科技、卫生“三下乡”和科教、文体、法律、卫生“四进社区”。深入开展“幸福拉萨”规范舞、篮球、足球、围棋等全民健身和群众性文体活动。大力实施“村村通”工程、“西新工程”和农村电影放映工程．实现党刊报刊“村村通”“寺寺通”和广播影视进寺庙全覆盖，新增拉萨广播电视台藏语综合频道、文化旅游频道，并实现拉萨广播电视台藏语综合频道上直播星播出，广播电视综合人口覆盖率分别达到98.02%、98.3%。启动全民阅读活动，《西藏百科全书·拉萨卷》《拉萨史话》等重点选题顺利出版发行，讲好“拉萨故事”。

生态环境得到新提升。围绕构建国家生态安全屏障，深入实施“环境立市”战略，坚守生态环境保护底线，将生态环境保护纳入领导干部考核内容，实行“一票否决”。重点实施“树上山、河变湖、暖入户”工程，努力保护好拉萨的碧水蓝天。大力实施“树上山”。投资2.57亿元实施南山绿化工程，到2015年末，全市森林覆盖率达19.4%，城市绿化覆盖率达40%，人均公共绿地面积达9.7平方米。建立自然保护区及生态功能区26个，自然保护区面积占国土面积的28.3%。大力实施“河变湖”。加快推进拉萨河综合整治工程，3号闸建成，在城市打造120公顷水面，实现了拉萨河城区段常年蓄水，增加城市空气湿度10%以上，为高原河流整治、海绵城市建设提供示范。大力实施“暖入户”。城市供暖工程圆满完成，供暖覆盖率达98%，实现了西藏历史上具有里程碑意义的“供暖革命”。加强PM2.5空气质量监测，空气质量优良率常年保持在97%以上。天然林保护、退牧还草、野生动植物保护、地质灾害防治、防沙治沙、水土流失治理取得显著成效。建立完善建设项目准入制度，关闭整顿不达标企业30余家。成功创建国家生态园林城市，在国家环保部公布的环境优良城市排行榜中，拉萨市持续保持全国前三位。

深化改革释放新活力。稳妥推进全面深化改革，充分发挥市场在资源配置中的决定性作用，重点在农村、教育、卫生、国企等领域和关键环节改革取得重要突破。加强法治政府建设，深入推进行政体制改革，清理行政审批事项467项，行政审批事项精简调整率达64.68%。组建公共资源交易中心，完善三级政务服务体系。深入推进农村改革，认真总结曲水县国家级改革试验区成功经验，全面完成农村土地承包经营权确权工作和宅基地确权试点工作，探索开展农村“两权”抵押贷款工作。成功实现中巴车退市，出租车、旅游车运营改革。深入推进国企改革，组建拉萨公共交通集团、净土产业投资开发有限公司等15家国有企业集团，国有企业资产总额达322.6亿元，是2010年的31.7倍；国有净资产总额达200.1亿元，是2010年的31.7倍。发展壮大非公有制经济，主办“光彩事业西藏行”等大型招商引资活动，非公有制企业6560户，是2011年的2.2倍；2015年非公经济增加值占全市工业增加值的96%，上缴税金占全市总税收的96%。

社会治理开创新局面。深入实施“依法治市”战略，努力实现维稳责任由模糊型向属地化转变，粗放式维稳向精细化维稳转变，被动应付型向主动治理型转变，力量分散式向集中整合式转变，传统维稳向多元化维稳转变，不断夯实社会稳定基础。加强巩固民族团结。在全国首府城市中率先制定《拉萨市民族团结进步条例》，设立民族团结进步节。修缮和建设关帝格萨拉康、清政府驻藏大臣衙门旧址陈列馆、民族团结陈列馆等，深入开展共产党员民族团结先锋活动、共青团员民族团结闪光行动、少先队员民族团结牵手行动、民族团结教育“七进”活动，2万多名党员与群众结对18394个，为群众解决实际问题5万余件，“三个离不开”思想进一步深植于民。加强宗教领域治理。全面贯彻党的宗教工作基本方针，认真落实国家宗教事务管理法律法规，率先在全区开展并完成在编僧尼自然减员补充学经新僧尼试点工作。在全市寺庙“六建”基础上，常态开展“六个一”活动。实现干部驻寺全覆盖。在落实自治区“九有”工作基础上，增加了修建一个食堂、一个澡堂、一个垃圾池、一栋温室、培养培训一名卫生员五项内容。加强创新社会治理。探索形成具有拉萨特色的城镇、寺庙和农牧区三大服务管理模式。在市区和所有县城建成189个便民警务站，实行网格化管理。创新开展“联户平安、联户增收”工作。持之以恒开展反分裂斗争和打击整治专项行动。加强矛盾纠纷化解。坚持超前预防、依法办事，高度重视信访工作，全面深入排查矛盾纠纷，56件信访积案和久拖不决的20世纪80年代以来的“钉子案”“骨头案”全部得到妥善化解。建立涉法涉诉信访依法终结制度，群众来访办结率达到95.7%，实现了信访案件“零搁置”的目标。构筑法治建设大格局。坚定不移走中国特色社会主义法治道路，围绕科学立法、严格执法、公正司法、全民守法，以法治思维、法治方式推动全市各领域工作步入法治化轨道，先后出台《关于严密防范自焚行为的意见》《关于对境外“法会”回流人员实施教育管控工作的实施意见》，切实解决了在反分裂斗争中因民族宗教因素交织带来的复杂敏感问题。牵头组织由四省藏区10个藏族自治州共同参加的全国首次全面推进“依法治藏”方略座谈会，签订《联合起来共保稳定——五省藏区11州、市保稳定合作框架协议》。涉藏外事主动作为、成效显著。

党的建设再上新台阶。深入实施“党建统市”战略，严格落实全面从严治党，不断加强党的建设，党的执政根基更加牢固。以思想建设为核心，扎实开展党的群众路线教育实践活动和“三严三实”“忠诚干净担当”专题教育，始终做到旗帜鲜明、立场坚定，认识统一、表里如一，态度坚决、步调一致。以能力提升为目标，稳步推进以专题培训、每月一课、读书活动＋自学为主“3+X”干部教育培训工作，使各级干部的党性、品格、境界和素质得到进一步提升。以夯实基础为关键，选好、用好、管好村（居）两委“带头人”，对全市99个软弱涣散基层组织进行集中整治。选派267名优秀党员干部到村（居）担任党支部第一书记，实现村（居）党支部第一书记全覆盖。深入开展创先争优强基础惠民生活动，顺利完成四批驻村工作任务。在全区率先开展“强党、固基、扶村”工作，基层基础更加牢固。认真落实“一岗双责”和党风廉政建设责任制，党员干部廉洁自律意识和拒腐防变能力显著增强。

实践充分证明，做好拉萨各项工作，推动经济社会发展和维护社会稳定，必须珍惜积累的宝贵经验。一是始终坚持把正确的政治方向作为有力保障。党的十八大以来，以习近平同志为总书记的党中央统筹国际国内两个大局，在深刻总结党在西藏执政60多年实践经验基础上提出的新时期治藏方略，切合拉萨实际，具有鲜明时代性、政治方向性、战略指导性。实施“六大战略”，符合中央精神和自治区党委要求，成效显著，必须长期坚持、一以贯之。二是始终坚持在科学发展轨道上推进跨越式发展。牢固树立发展是解决民族地区问题的总钥匙，以实现超常规跨越式发展为目标，以改革创新为动力，着力增强自我发展能力。妥善处理经济发展与生态环境保护之间的关系，重点发展旅游文化、净土健康产业，实现经济增长与环境保护的双赢目标。三是始终坚持把保障和改善民生作为首要目标。坚持以人为本，更加注重公共服务均等化，着力解决了一批涉及群众切实利益的重大问题，真心实意为民办实事、办好事。每年将一半以上的新增财力，用于保障和改善民生，努力使改革发展成果惠及广大人民群众。四是始终坚持民族团结进步根本生命线。认真贯彻中央民族工作会议精神，以创建全国民族团结进步示范市为契机，不断增强各族群众“三个离不开”思想和“五个认同”意识，推动各民族和睦相处、和衷共济、和谐发展。五是始终坚持处理好发展与稳定的关系。正确处理“第一要务”与“第一责任”的关系，倍加珍惜和维护来之不易的团结稳定、和谐发展的大好局面，进一步健全工作机制，坚持抓发展抓稳定两套班子，强化和落实各项维稳措施，实现了发展稳定两不误、两促进。

干在实处创新业　走在前列谋新篇
——2015年全市深入实施“六大战略”成效显著

2015年，在党中央的亲切关怀下，在区党委的坚强领导下，在北京、江苏两省市的无私援助下，市委常委会团结带领全市各族人民，深入学习贯彻中共十八大和十八届三中、四中、五中全会精神，深入学习贯彻中央第六次西藏工作座谈会精神，深入学习贯彻习近平总书记系列重要讲话精神，坚持以“四个全面”战略布局为统领，坚持治国必治边、治边先稳藏的重要战略思想，坚持依法治藏、富民兴藏、长期建藏、凝聚人心、夯实基础的重要原则，认真落实陈全国书记“发挥首府城市首位度作用”的要求，大力实施党建统市、环境立市、文化兴市、产业强市、民生安市、依法治市“六大战略”，全市呈现出经济快速发展、社会和谐稳定、生态持续优化、文化繁荣发展、民生显著改善、民族团结进步、人民安居乐业，群众的满意度、幸福感空前提升，党的执政基础更加巩固的喜人局面。

2015年，完成地区生产总值376.73亿元，比上年增长11.2%；全社会固定资产投资546.04亿元，增长19.9%；社会消费品零售总额205.8亿元，增长14.1%；财政收入110.67亿元，增长22.56%，其中公共财政预算收入62.42亿元，比上年下降3.7%；城乡居民人均可支配收入26908元和10378元，分别比上年增长16.7%和12.1%；城镇登记失业率控制在2.2%以内。据中国社科院发布的2015年《中国公共服务蓝皮书》显示，拉萨市基本公共服务满意度连续4年位列全国38个主要城市之首，公共安全连续5年排名第一，公共交通、社保就业、城市环境、GDP杠杆指数4项指标连续4年排名第一，文化体育、基础教育、医疗卫生3项指标连续4年进入前三名，公职服务指数连续3年进入前三名，为率先在全区全面建成小康社会奠定了坚实基础。

（一）认真学习贯彻习近平总书记系列重要讲话精神，坚定不移用“四个全面”战略布局和“治国必治边、治边先稳藏”重要战略思想指导拉萨做好各项工作。坚持把学习贯彻习近平总书记系列重要讲话精神作为一项重大政治任务摆在突出位置，按照“真学真懂、真信真用、真抓真改”的要求，加强组织领导，精心谋划安排，广泛动员部署，努力做到常学常新、常学常用、学用结合，既有认识上的新提高，又有运用上的新成果，从中寻找做好工作的“金钥匙”。

一是始终坚持正确的政治方向。市委常委会牢固树立政治意识、大局意识、核心意识、看齐意识，不折不扣地贯彻执行党的路线方针政策，坚定不移地贯彻落实中央精神和区党委决策部署，在思想上政治上行动上同以习近平同志为总书记的党中央保持高度一致。在维护祖国统一、开展反分裂斗争这个重大原则问题上，严格按照中央对达赖集团的定性表述、斗争方针和策略办事，始终做到旗帜鲜明、立场坚定、态度坚决、步调一致。深入贯彻落实中共十八届四中全会精神。制定出台《关于贯彻落实全面推进“依法治国”“依法治藏”重大战略部署的实施意见》，从科学立法、严格执法、公正司法、全民守法、法治队伍等10个方面提出了36条依法治市的具体措施，着力打造依法治藏“先行区”。深入贯彻落实中共十八届五中全会精神。研究部署“十三五”时期全市国民经济和社会发展各项工作，科学制定拉萨“十三五”经济社会发展规划建议，确保率先在全区全面建成小康社会。深入贯彻落实中央第六次西藏工作座谈会精神。始终把学习好、宣传好、落实好中央第六次西藏工作座谈会精神作为一项重大政治任务来抓。深刻认识新时期中央治藏方略，把学习贯彻中央第六次西藏工作座谈会精神，与学习贯彻习近平总书记系列重要讲话精神结合起来、与贯彻中央精神和区党委决策部署结合起来，认真进行安排部署，明确拉萨的战略定位和工作方向。

二是以上带下，层层跟进。充分发挥市委常委会和理论中心组学习的“龙头”作用，对习近平总书记每次发表重要讲话，都在第一时间组织传达学习。召集全市地级领导干部和市直各部门负责人开展集中学习，坚持读原文、看“原版”，多个讲话一起学习、划分专题逐个研究，开展了10个专题的集中学习研讨活动，期间齐扎拉同志以身作则、全程参与，主持学习并作辅导讲话，地级领导干部积极参加、带头发言，使全市上下在学习贯彻习近平总书记系列重要讲话精神上掀起了高潮、形成了气候、取得了实效。扎实开展“三严三实”和“忠诚干净担当”专题教育。率先在全区开展了“三严三实”和“忠诚干净担当”专题教育，区党委书记陈全国同志多次作出重要批示，给予高度评价。先后利用21个晚上、每晚2个小时，开展了10个专题的集中学习研讨活动，市委主要领导带头先后9次为全市党员干部讲党课，地级领导干部积极参加、带头发言，全市县处级以上党委（党组）共开展集中学习483场次，自觉把“三严三实”作为修身用权律己、谋事创业做人的行动指南。

三是结合实际，学以致用。在学习讲话过程中，坚持带着问题学，把工作摆进去，把功夫下在知行合一、学用结合上，下在解决问题、推动工作上。特别是深刻领会“四个全面”战略布局和“治国必治边、治边先稳藏”重要战略思想，进一步完善拉萨发展战略，明确“坐标系”和“路线图”，坚持谋小康之业、扬改革之帆、行法治之道、筑执政之基，真正把讲话精神贯彻到全市改革发展稳定的各项工作中去。成功举办拉萨市庆祝西藏自治区成立50周年活动。在党中央的特殊关怀下，在区党委、政府的坚强领导下，发扬团结拼搏、吃苦耐劳、努力奉献的精神，以高涨的热情精心组织、主动作为、勇担重任，出色完成了各项任务，确保了庆祝活动圆满成功。圆满完成信访案件零搁置和政府财政零负债目标。实现信访案件零搁置，2015年全市信访事项受理群众来信来访累计1883件，办结1883件，办结率100%。全面开展矛盾纠纷“大清盘”行动，切实将矛盾纠纷化解在基层、化解在属地、化解在萌芽状态。2015年全市共排查矛盾纠纷1151件，调处1151件，调处率100%。实现政府财政零负债，“十二五”期间全市政府债务总计725758.41万元，已全部化解，实现本届党委、政府财政零负债。深化改革全面推进，改革创新释放新活力。教育改革逐步推进。率先在全区启动教育领域综合改革，实施拉萨市振兴教育质量三年行动计划，积极探索切合拉萨经济建设的现代职业教育发展新路，成立拉萨市第一、第二中等职业技术学校，填补了拉萨市没有中等职业技术教育的空白。国企改革深入推进。率先在全区推进国有企业改革，制定出台《关于进一步深化国资改革 促进国企发展的意见》，组建拉萨圣地生态园林、净土水务集团等12家国有企业，有效覆盖投融资、基础设施、公共服务、旅游文化等关系国计民生的重要领域。率先在全区开展出租车改制、旅游客运车辆改制等工作，亮点突出、成效明显。全市市属国有企业达到20家，国有企业资产总额达322.6亿元，国有净资产总额达200.1亿元。农村改革扎实推进。率先在全区推进以农村土地承包经营权确权登记颁证为主的农村改革工作，实现政治、社会、经济“三大效益”最大化，完成4.35万户、62.9万亩农村土地承包经营权确权登记颁证工作，赋予农牧区群众更多的财产权，为全市乃至全区积累了一批可推广、可复制的经验。探索开展农村“两权”抵押贷款工作，率先在全区为曲水县白堆村的27户农户发放农村土地承包经营权抵押贷款128.5万元，开创了全区农村土地承包经营权抵押贷款先河。创新援藏工作方式，援藏投入不断加大。援藏方式由给钱、给物向给市场转变，积极推介拉萨特色产品和项目，在北京设立5家拉萨净土健康产品展示厅，在江苏促成拉萨净土健康产品进入苏果超市，努力帮助拉萨的企业走出去。坚持把“支援急需”与“能力培养”结合，不断加大援助地人才培养力度，培养培训各类人才2187人次，为加快拉萨经济社会发展提供人才支持和智力保障。北京、江苏两省市全面落实上一年度地方财政收入1‰的援藏资金，全年到位援藏资金7.06亿元，实施援藏项目57个，为拉萨经济注入强大动力和无限活力。

（二）紧紧围绕习近平总书记“坚定不移地抓好党的建设”的重要指示，全力推进党建统市。立足边疆民族地区实际，落实党要管党、从严治党政治责任，大力实施“党建统市”战略，夯实党在拉萨的执政基础。着力加强常委会自身建设。发挥常委会总揽全局、协调各方的核心领导作用，强化抓全盘、抓各项工作的主体责任，制定完善重大决策评估、直接联系服务群众等制度，严格执行民主集中制，从制度上保证和加强市委对党的建设、深化改革、经济发展、社会稳定等各项事业的统一领导，提高了常委会议事决策水平。着力加强干部队伍建设。选优配强各级领导班子，出台《关于加强基层干部队伍建设的意见》，健全基层一线干部选拔培养机制，全年从维稳一线、基层一线和驻村驻寺一线提拔使用的副县级干部占比达到80%以上。实施领导干部能力提升工程，高标准建设市委党校，组建各县（区）委党校，积极推进"3+X"干部教育培训工作。着力加强基层组织建设。制定出台《关于进一步加强基层党组织建设的意见》，认真开展党建述职评议考核。率先在全区开展"强党、固基、扶村"工作，全市1358名乡镇干部下沉到村（居）工作，充分发挥基层党组织战斗堡垒作用。率先在全区启动村级组织活动场所标准化建设，不断提高村（居）干部待遇，村（居）干部基本报酬和业绩考核奖励达到年人均4万元以上，社区年度运行经费达到45万元、行政村达到5万元，位居全区第一。着力加强人才队伍建设。通过产业园区积聚人才、短期援藏团队支援、交流合作柔性引进等方式积极引进人才，实现了"千人计划"专家零的突破。深入开展百名专家下基层活动，与人社部联合开展"专家服务基层拉萨行"活动。开展"人才管理改革试验区"建设试点，积极申报博士后科研工作站，建设"拉萨众创空间"，打造全区人才高地。着力加强党风廉政建设。认真落实党风廉政建设党委主体责任和纪委监督责任，率先在全区开展党委（党组）书记述廉述责及接受评议质询试点工作，率先在全区开展村（居）党支部书记双述试点工作，年内共查处党员干部和国家公职人员发表反动言论、信谣传谣、参与地下非法组织等违反政治纪律案件6件、给予处分6人。成立市委巡察工作机构，健全市委巡察工作配套制度，以"零"容忍的态度惩治腐败，深化纪律检查体制改革，全市纪检监察机关立案72件，给予党纪政纪处分108人。

（三）紧紧围绕习近平总书记"努力构建国家生态安全屏障"的重要指示，全力推进环境立市。紧紧围绕构建国家生态安全屏障，始终坚持把生态环境保护作为底线、红线、高压线，全力打造舒适宜居的生态环境和高效快捷的发展环境，成功创建国家卫生城市。着力推进生态建设。严格落实生态环境保护责任，将生态环境保护纳入领导干部考核内容，实行"一票否决"。确保土壤安全，无公害处理生活垃圾，大力推行测土配方，加快发展绿色农牧业，保持"拉萨净土"特殊优势可持续；确保空气安全，在公共交通及公安系统试点应用新能源汽车，加强PM2.5空气质量检测，空气质量常年保持96%以上的优良率；确保水质安全，实行最严格的水资源保护管理制度，集中式饮用水水源地水质达标率保持100%。在国家环保部公布的环境优良城市排行榜中，拉萨市持续领跑全国内陆城市。着力实施生态工程。科学推进"树上山"，深入开展城区南山绿化工程，在全区实现3900米海拔区域人工规模造林历史性突破，为拉萨乃至全区山体造林绿化提供可复制的经验。科学实施"河变湖"，加快推进拉萨河综合整治工程，总体规划内3#闸顺利建成并发挥效益，市区空气湿度提高10%以上，2#、4#闸顺利推进，为高原河流整治、海绵城市建设提供示范。深入推进"暖入户"，加快推进城市供暖工程，2015年用气量达到1400余万立方米，是2014年的2.1倍。科学推动湿地保护，严格实施《拉萨市湿地保护管理办法》，维护生态平衡、保持生物多样性、改善城市环境，建成全区首个国家级自然保护区生态湿地监测站。成功创建国家生态园林城市，建成区绿化覆盖率达37.6%，人均公共绿地面积达9.7平方米，构建出"青山拥南北、碧水贯东西、绿脉系名城、林卡缀家园"的高原城市绿化奇观。着力优化发展环境。加快转变政府职能，不断提升行政服务能力，清理行政审批事项467项，行政审批按时办结率达99%以上。全面落实"低门槛、零注册、轻税赋、强支撑、少检查、重激励"的政策措施，持续巩固"全国民营企业家拉萨行""中国光彩事业西藏行拉萨市活动"成果，成功举办雪顿节招商活动，积极参与中国西藏藏文化博览会，全市招商引资项目319个，总投资653.23亿元，实际到位资金244亿元，全市各类市场主体达到5.24万户，注册资本突破千亿元大关。

（四）紧紧围绕习近平总书记"充分发挥先进文化引领社会、教育人民、推动发展、促进稳定的重要作用"的重要指示，全力推进文化兴市。以高度的文化自觉和文化自信，推动社会主义文化大发展大繁荣，使文化软实力成为发展硬支撑。意识形态领域更加安全。大力培育和弘扬社会主义核心价值观，推动社会主义核心价值观进机关、进校园、进军营、进企业、进社区、进农牧区、进寺庙；持续深入开展

“八看、一算账、一揭批、四增强”感党恩主题教育活动，广大干部群众反对分裂、维护稳定，共同团结奋斗、共同繁荣发展的思想基础进一步夯实。切实增强党对互联网工作的绝对领导。公共文化服务更加便捷。拉萨市广播电视台藏语频道成功上星播出，“西新工程”加快推进，完成51个乡镇文化站建设，实现党刊报刊“村村通”“寺寺通”和广播电视“户户通”“寺寺通”，广播电视综合人口覆盖率分别达到98.02%、98.3%，使党和政府的声音形象在全市区域听得见、看得到。文化体育活动更加丰富。成功举办两届西藏拉萨象雄文化学术研讨会，对于构建“多元一体”的中华民族共同文化、维护祖国统一和民族团结、推动拉萨融入“一带一路”战略和南亚大通道建设具有重要意义。组建西藏第一支职业篮球队，结束了全区没有职业篮球队的历史，成功举办全国男子篮球联赛（NBL）开幕式暨揭幕战和首届民族州市篮球邀请赛暨体育产业发展论坛。继承和弘扬民族优秀文化，成功举办全国首届藏棋研讨会暨2015年全国围棋甲级联赛，不断丰富中华民族文化内容。涉藏外事工作更加稳健。紧紧围绕正面宣传西藏、宣传拉萨和深入揭批达赖集团两项主要任务，扎实做好涉藏外事工作。坚持“走出去”，按照“拉萨故事·世界表达”的要求，拓展外宣渠道，打造外宣精品，在尼泊尔成功播放《老城区保护记忆》，向全球播出《高寒地带的美丽湿地》《拉萨河边逐梦人》等系列节目，向全世界充分展示了客观真实、团结和谐、欣欣向荣社会主义新拉萨的良好形象。坚持“请进来”，本着“以我为主、高度自信、有礼有节、内紧外松”的原则，先后接待30个国家和地区的党宾、国宾、新闻记者41批372人次，圆满完成中央和区党委交办的各项外事接待任务，得到中央领导的充分肯定和区党委高度赞扬，陈全国书记多次作出“拉萨市委、政府为这次访问活动的各项任务圆满顺利完成立下了汗马功劳，做出了重要贡献，再一次全面检验了拉萨市的良好工作局面”“向拉萨市委、政府和参与接待配合的同志们致谢！望总结经验，在今后的涉藏外交工作中再立新功”等重要批示。

（五）紧紧围绕习近平总书记“扎实有力推进经济社会长足发展”的重要指示，全力推进产业强市。发展基础不断夯实，三农工作再上新台阶。认真贯彻落实中央“一号文件”精神，以农业强、农村美、农民富为目标，加快推动“三农”工作又好又快发展。现代农业快速发展。转方式，加大基本农田建设力度，推广良种良法良制，推行种草养畜、草畜结合的发展模式，规范发展专业合作组织，加快培育农牧业龙头企业，建设现代农业示范园区，推进农牧业发展对接二产、联动三产。保供给，严守53万亩耕地红线、确保18万吨粮食产量、25万亩青稞种植面积，着眼“保供稳价惠民”，不断加大工作力度，加快提升农牧业综合生产能力，确保“米袋子”、保障“菜篮子”、供应“奶瓶子”、丰富“果盘子”。促安全，建立农牧业标准化体系，推进绿色食品、有机食品认证工作，确保舌尖上的安全，古荣糌粑、尼木藏香、藏毯（西藏产区）、曲玛弄矿泉水（5100）、西藏藏药被国家质量监督检验检疫总局批准为国家地理标志产品。美丽乡村加快建设。推动城镇基础设施向乡村延伸，深入实施“八到农家”工程，逐步提升教育、医疗、文化、信息等服务能力，不断提高乡村基础设施水平。曲水县南木乡、曲水县才纳村、堆龙德庆县通嘎村、尼木县吞巴乡、达孜县林阿村被农业部评为“美丽乡村”，曲水县茶巴朗村、墨竹工卡县赤康村入选“中国特色村”。2015年自治区公布11个生态乡镇、344个生态村（居），拉萨市10个乡镇、66个村（居）获得命名。农民收入持续增长。依托“四业工程”增加收入，加大培训力度，提升农牧民素质和劳动技能，鼓励农牧民创业、就业。依托深化改革增加收入，开展政策性“三农”融资担保，让农牧民得到更多的财产性收入。依托产业发展增加收入，大力发展休闲农业、观光农业、乡村旅游，带动农牧民从事种养和旅游服务，就地就近增加收入。产业结构持续优化，经济发展引领新常态。认识新常态、适应新常态、引领新常态，把培育优势产业、优化经济结构作为转变发展方式的中心和重心，实现有速度、有质量、有效益的“造血式”发展。园区经济发展提质增效。积极完善园区配套功能，着力提高产业承载力、吸引力和集聚力。全力推进拉萨国家级经济技术开发区建设，配强领导班子，鼓足工作干劲，着力打造经济增长的带动区、高原特色产业发展的示范区、转变经济发展方式的推进区，成为拉萨市乃至全区新的经济增长极。顺利承接西藏空港新区各项事务，倾力打造藏中南经济圈新亮点。高新技术产业开发区成功获批自治区级。全力支持西藏文化旅游创意园区、老城区和达孜工业园、曲水工业园、堆龙德庆工业园的发展壮大。园区工业增加值、总产值和税收预计分别达到18.5亿元、50亿元、4.5亿元，各项指标增速均保持30%以上。净土健康产业提档升级。坚持每季度召开一次净土健康产业推进会，强势推动产业发展，成功打造“拉萨净土”区域公用品牌，大力培育天然饮用水、高原奶业等九大主导产业，重点打造以饮品、食品、药品、饰品为主的“四品”，取得了显著的经济效益、良好的生态效益、广泛的社会效益和巨大的政治效益。与贵州茅台集团技术开发公司合作生产黄、紫、黑三款“茅台拉萨玛咖酒”，实现全国知名品牌与地方优势产业的完美结合；天然饮用水产量达到34万吨，实现工业产值27亿元，全面占领区内高、中、低端水产品市场；城关区高标准奶牛养殖中心的建设，填补了全区高海拔大规模引进、高水平养殖奶牛的空白，被誉为西藏规模最大、设备最先进、生产工艺流程最环保的高原优质奶源基地，得到俞正声主席、汪洋副总理和中央代表团的高度赞誉。文化旅游产业提速跨越。召开拉萨历史上规模最大、规格最高的旅游发展大会，科学谋划旅游大发展的宏伟蓝图，全力打造整体性布局、差异化发展、多层次联动的全市旅游业发展大格局。大型藏文化史诗剧《文成公主》改版升级，融入新的五大元素，在获得丰厚经济效益的同时，带动当地群众就业，已成为拉萨乃至全区文化旅游产业新名片。纳木错国家公园正式揭牌，洲际天堂酒店等国际知名连锁酒店相继开业，旅游基础设施建设加快推进，旅游接待水平和旅游城市形象有效提升，拉萨市在2015中国最具特色旅游城市排行榜中位列榜首。全市累计接待国内外游客突破1000万人次大关，达到1179万人次，增长27.4%；实现旅游收入154.93亿元，增长37.7%，旅游收入占全市GDP比重持续保持20%以上。现代服务业健康发展。大力发展房地产、现代物流、信息服务等现代服务业，会展、电商等新型服务业不断发展壮大，拉萨作为全区商贸中心的作用更加凸显，全市第三产业增加值占GDP比重的58.5%，增长速度位居全区首位。紧紧抓住国家建设“一带一路”战略机遇，加快推进与尼泊尔等南亚国家双边贸易和文化旅游合作，主动融入成渝经济圈、陕甘青宁经济圈，加快建设国家面向南亚开放的中心城市。基础设施全面推进。城市公共基础设施建设全面加快，拉萨环城路南环线、北环线开工建设，拉萨新机场、拉林铁路、城市有轨电车、柳东大桥等重大项目前期工作有序推进，城市主次干道路总长达到245公里。垃圾填埋场二期工程、污水处理厂二期工程完成建设，城镇垃圾无害化处理率95%以上，污水集中处理合格率100%。

（六）紧紧围绕习近平总书记“坚持不懈保障和改善民生”的重要指示，全力推进民生安市。坚持把改善民生作为经济社会发展的出发点和落脚点，实践探索共享式发展模式，着力解决好各族群众最关心最直接最现实的利益问题，荣获“2015中国全面小康突出贡献城市”称号。教育事业优先发展。全面落实“三包”政策从幼儿园到高中15年全覆盖，形成涵盖从幼儿教育到大学教育、从职业教育到科研培训的现代化教育体系，着力打造全区教育中心和西部教育高地。积极推进拉萨教育城建设，拉萨北京实验中学、拉萨江苏实验中学等11个项目投入使用，2015年拉萨北京实验中学、拉萨江苏实验中学高考上线率分别达到80.43%、79.74%，使西藏的学生不出拉萨就可以享受到与内地同样的优质教育资源。职业教育迈出坚实步伐，第二职业技术学校作为中央代表团重要参观点，得到中央领导的高度赞誉。就业工作成效明显。以业育人、以业安人、以业管人、以业富人“四业工程”成为全市就业主渠道，成为全区可复制、可推广的就业新模式，开发就业岗位16700个，农牧区劳动力转移就业19.78万人次，实现劳务收入5.5亿元。实现拉萨籍应届大学毕业生全部就业、往届大学毕业生基本就业，动态消除“零就业”家庭，城镇登记失业率控制在2.2%以内。卫生服务持续优化。在全区率先启动公立医院改革工作、建立城乡医疗救助“一站式”即时结算服务平台，农牧区医疗制度覆盖率继续保持100%，人均补助标准提高至380元，城乡居民健康档案建档率100%，实现与医疗保险、农村合作医疗制度的衔接配套。城乡居民、寺庙僧尼免费健康体检率分别达到99.9%和100%。保障体系不断健全。社会保险参保人数突破46万人，城乡居民养老保险参保率达到99.85%；全面落实城乡低保保障金，实现动态管理下的应保尽保，五保供养标准年人均达到5370元；在全区率先提高城镇低保标准和高龄老人健康补贴标准，孤残弃儿童集中供养率和五保老人意愿集中供养率达100%。新(续)建保障性住房9045套,保障性住房体系不断完善。扶贫工作扎实推进。投入2.44亿元,实施扶贫农发项目154个,农牧区基础设施得到显著改善,项目区土地综合开发生产能力明显提高,整乡推进、连片开发,帮助4807贫困户、20370贫困人口脱贫。城市布局全面优化。建成城市规划展馆,留下城市印记,规划城市发展。堆龙德庆撤县设区获得国务院批复,城市建成区面积达到71.16平方公里,为城市和产业发展拓展了空间。实施城市亮化及街景改造工程,保护城市民族特色风貌,美化城市空间,彰显国际文化旅游城市形象。率先在全区完成土地利用总体规划全覆盖,稳妥推进房地产业发展,加快推动城中村和棚户区改造,切实加强市政管理和服务。十大专业市场整治、搬迁、筹建工作深入推进,进一步方便广大市民的生产生活。"12345"政府服务热线全面运行,接听市民来电5337件,群众回访率和满意率分别达到100%和99.9%。人居环境全面提升。尊重历史文化,全面实施老城区保护工程,群众生活环境更加优美、古城特色风貌更加凸显、历史文物建筑更加安全,保护、建设好了老城区这一世界历史文化遗产,为子孙后代留下可触摸的历史。启动拉萨古城申遗工作,迎亲大桥、会展中心等一批地标性建筑拔地而起,进一步展示拉萨现代化城市形象。群艺馆新馆、牦牛博物馆、文体中心等文化项目顺利建成,群众性文化活动丰富多彩,民间艺术团体不断涌现,"幸福拉萨"规范舞全面推广普及并形成常态,荣获"2015年度中国十大活力休闲城市"称号。

(七)紧紧围绕习近平总书记"努力实现西藏持续稳定、长期稳定、全面稳定"的重要指示,全力推进依法治市。始终把维护稳定作为硬任务和第一责任,不断完善社会治理体系,确保了社会大局持续和谐稳定。深化反分裂斗争。全面贯彻落实中央关于反分裂斗争的方针,积极应对"后达赖"向"达赖后"转变的重大挑战,严密防范境内外敌对势力渗透破坏活动,依法严厉打击各类非法组织,教育管控重点人员,严格落实《关于严密防范自焚行为的意见》,牢牢掌握反自焚专项斗争的主动权,坚决粉碎了十四世达赖的"庆生活动",维护国家安全和社会安宁。2015年由我市牵头组织、四省藏区10个藏族自治州共同参加的全面推进"依法治藏"方略座谈会顺利召开,签订了《联合起来 共保稳定——五省藏区11州市保稳定合作框架协议》,形成了全力拱卫西藏和谐稳定的工作格局。推进社会治理现代化。健全立体化社会治安防控体系,完善群防群治工作网络,全面深化"双联户"工作模式,推动开展星级"先进双联户"创建活动,加强流动人口服务管理,积极推进社会治理信息化系统建设和应用,建立"幸福家园"双联户微信平台。全面推进"平安创建"活动,建立健全乡村管理、城镇管理和社会面管理服务等维稳长效机制,织密城乡维稳防控网络。圆满顺利完成"羊年转湖"各项活动,得到区党委、政府的充分肯定和群众、游客的一致好评,陈全国书记作出"去年的'羊年转湖'活动,任务重、难度大,但你们高度重视、措施有力、责任到位,取得令人可喜的成就,实现了'三不出'的目标。向你们表示感谢和慰问!"的重要批示。加强和创新寺庙管理。全面贯彻党的民族宗教政策,落实各项利寺惠僧政策,不断提升寺庙"六建"水平,常态化开展"六个一"活动,建立健全寺庙管理长效机制。深入开展以弘扬历代高僧大德"爱国爱教、遵规守法、弃恶扬善、崇尚和谐、祈求和平"为主题的法制宣传教育,开展和谐模范寺庙暨爱国守法先进僧尼创建活动,开展爱国爱教下乡活动,加强对寺庙僧尼的正面教育引导。完善寺管会各项管理考核制度,加强驻寺干部交流任用和教育培养,提升驻寺工作水平。推进西藏佛学院拉萨市分院建设,推进宗教事务管理法治化、规范化和精细化,实现宗教和睦、佛事和顺、寺庙和谐。落实党的民族政策,民族团结谱写新篇章。坚持把维护祖国统一、加强民族团结作为各项工作的着眼点和着力点,推动各民族和睦相处、和衷共济、和谐发展。坚持民族区域自治制度。认真贯彻执行民族区域自治法,实现好维护好发展好各民族在政治、经济、文化、社会等方面的权益,全面贯彻《拉萨市民族团结进步条例》,精心组织9月民族团结进步月、9月17日民族团结进步节活动。研究制定《拉萨市城市民族工作办法》,率先在全区开展少数民族流动人口服务管理体系建设试点工作。创新民族团结进步活动载体。加快创建全国民族团结进步示范市,深入推进民族团结教育"七进"活动,积极开展共产党员民族团结先锋活动、共青团员闪光行动、少先队员牵手行动,编写发放中小学生民族团结教育读本,开展了一系列具有品牌效应的民族团结进步创建活动，使“三个离不开”思想牢牢植根在各族人民心头。顺利通过全国民族团结典范城市的初验，拉萨市全国民族团结优秀代表宋玉刚和格桑卓嘎同志在2015年国庆期间受到了习近平总书记的亲切接见。拉萨市连续七届荣获全国双拥模范城市，“军爱民、民拥军、军民团结一家亲”的鱼水情更加深厚。不断壮大爱国统一战线。高举爱国主义、社会主义旗帜，正确处理一致性和多样性的关系，扎实做好党外知识分子、“两新”组织和新媒体从业人员、留学人员的统战工作，加大党外代表人士培养选拔使用力度，积极做好境外藏胞工作，全市统战工作开创了新局面。着重引导非公经济人士政治上自信、发展上自强、守法上自觉，把解决思想困惑与企业困难结合起来，为非公企业转型升级提供支持。同时，召开了市委党的群团工作会议，促进党的群团事业发展，开创了全市群团工作新局面。

成绩来之不易，经验弥足珍贵。一年来，我们大力实施“六大战略”，奋力建设美丽家园幸福拉萨，各项工作持续走在了全区乃至全国藏区的前列。实践充分证明，“六大战略”是中央治藏方略和“四个全面”战略布局在拉萨的生动实践，是建设美丽家园幸福拉萨的必然选择，是充分发挥“首府城市首位度作用”的重大举措，符合中央精神和区党委要求，切合拉萨实际，必须长期坚持、常抓不懈。做好拉萨的工作，要持之以恒深入实施“党建统市”战略，把牢政治方向，建强干部队伍，夯实基层基础，为拉萨各项工作提供坚强政治保证；持之以恒深入实施“环境立市”战略，守卫碧水蓝天、守护美丽家园，不断提升全市各族人民的幸福感；持之以恒深入实施“文化兴市”战略，推动社会主义文化大繁荣，满足人民日益增长的精神文化需求；持之以恒深入实施“产业强市”战略，培育壮大特色产业，厚植增强发展后劲，促进新型工业化、信息化、城镇化和农业现代化同步发展；持之以恒深入实施“民生安市”战略，不断增进人民福祉，让全市各族人民共享改革发展稳定成果；持之以恒深入实施“依法治市”战略，确保社会大局持续稳定、长期稳定、全面稳定。

（桑荣瑞）

拉萨市“三严三实”和“忠诚干净担当”专题教育工作

根据中央和区党委关于在县处级以上领导干部中开展“三严三实”专题教育的部署要求，为全面贯彻落实中央关于党要管党、从严治党的指示精神，巩固和拓展党的群众路线教育实践活动成果，拉萨市认真贯彻落实习近平总书记重要讲话精神，按照学习“三严三实”、践行“三严三实”的总体要求，聚焦“不严不实”问题，以“马上就办”的精神，持之以恒抓好作风建设，努力推进从严治党新常态，全市专题教育达到了预期的目的，取得了重要成果。现将工作开展情况总结如下：

一、全市专题教育基本情况

在区党委的有力指导和市委的坚强领导下，全市专题教育于1月启动，截至12月底开展了书记讲党课、专题学习研讨、专题民主生活会、集中整改“不严不实”问题等既定工作，专题教育推进有序、扎实深入。一是把握要求、找准对象，专题教育覆盖到位。自1月31日专题教育启动以来，吃透中央文件精神，贯彻区党委部署，牢牢把握住“县处级以上领导干部”这个对象，在市委的示范带动下，全市122个党委，62个党总支，1475各党支部，5个市直属党工委，5个市直寺庙管委会全部参加到专题教育中，实现了专题教育在各级党组织的全覆盖。二是明确目标、细化任务，安排部署到位。以学习“三严三实”、践行“三严三实”为目标，把专题教育融入领导干部经常性学习教育，不分批次、不划阶段、不设环节，将专题教育作为一项重要工作来抓，制定下发了《中共拉萨市委员会关于深入开展“三严三实”和“忠诚干净担当”专题教育的意见》和《中共拉萨市委员会关于在全市深入开展“三严三实”和“忠诚干净担当”专题教育的实施方案》，在专题教育实施过程中及时根据中央和区党委部署要求对专题教育的方向进行了调整，制定下发了《关于在全市县处级以上领导干部中进一步开展好“三严三实”和“忠诚干净担当”专题教育有关事宜的通知》，确保全市专题教育与中央在思想上保持高度统一，在行动上保持步调一致。三是高度重视、靠前指挥，组织领导到位。区党委常委、拉萨市委书记齐扎拉亲自审定了专题教育实施方案并多次对专题教育推进情况作出指示，明确要求专题教育不以抓集中活动的形式开展，不成立领导小组和工作机构，全市专题教育由市委组织部牵头实施，各县（区）各部门各单位党委（党组）负责本地区本部门本单位专题教育，党委（党组）主要负责同志承担第一责任人责任，做到专题有人抓有人管有人推。四是强化措施，扎实推进，任务落实到位。借鉴党的群众路线教育实践活动经验做法，结合全市重点工作任务，把专题教育与各项工作同谋化、同部署，始终坚持两手抓、两不误，坚持互促共进。将书记讲党课、专题学习研讨、专题民主生活会和整改落实、立规执纪四项重点任务贯穿于完成重点工作中，实现了有机融合、相互促进。

专题教育启动以来，全市上下以学习教育为重点，以转变作风为目的，以促进工作为根本，按照“严以修身、严以用权、严以律己，谋事要实、创业要实、做人要实”的要求，聚焦对党忠诚、个人干净、敢于担当，全面查找整改“不严不实”问题，巩固了党的群众路线教育实践活动成果，进一步严肃了党内政治生活、严明了党的政治纪律和政治规矩，推进了整改落实取得实效，确保了社会局势持续稳定，实现了各项工作互促共进。

二、全市专题教育开展情况

严格按照“三严三实”和“忠诚干净担当”的要求，把专题教育融入到全市的中心工作、重点工作和日常工作中开展，做到学以致用、用以促学、学用结合、互促共进。

（一）提前谋划、率先启动，力争专题教育走在前列。一是提前谋划、率先启动。在教育实践活动整改落实、建章立制工作接近尾声之际，为进一步巩固和拓展教育实践活动成果，规范党内政治生活，加强党性修养，推进作风建设新常态，市委决定在全市深入开展“三严三实”和“忠诚干净担当”专题教育。1月31日，全市召开了专题教育动员部署会，区党委常委、市委书记齐扎拉从重大意义、目标要求、方法步骤等五个方面对专题教育进行了周密的安排部署，迅速将全市上下的思想统一到市委的决策部署上来。二是以点带面，全面铺开。在市委班子的率先垂范下，市人大、市政府、市政协陆续启动了专题教育，各县（区）、市直各单位党委（党组）把深入开展专题教育作为一项重大政治任务，及时召开工作部署会议，进行了思想发动，将市委动员会议精神，特别是区党委常委、市委书记齐扎拉的重要讲话传达至全体干部职工，切实增强了参加专题教育的自觉性和主动性。三是推进有力、上级肯定。认真贯彻落实中央“三严三实”专题教育座谈会精神、习近平总书记重要讲话精神、区党委“三严三实”专题教育座谈会精神和工作推进会精神，区党委常委、市委书记齐扎拉主持召开了“市委书记讲党课暨专题教育工作推进会”，并通过专题研讨、专题民生生活会等活动多次对全市“三严三实”和“忠诚干净担当”专题教育提出了指导意见和推进要求。4月底，市委向区党委呈报了《中共拉萨市委员会关于拟深入开展“三严三实”和“忠诚干净担当”专题教育的报告》，区党委陈全国书记专门作出批示，给予了高度评价，为全市高标准推进专题教育注入了动力。

（二）进万家门、结万家亲，切实找准专题教育工作方向。一是开展“进社区、察民情、暖民心、办实事”活动。全市地级领导干部把“进社区、察民情、暖民心、办实事”活动作为改进工作、转变作风的有效抓手，带头开展走访慰问活动，为在职党员干部到社区报到、服务群众做出了表率。活动以“换位体验”的方式，深度了解结对户在“衣食住行、业教保医”等八个方面的情况和各项惠民措施落实情况，向结对户宣传区市党委、政府一系列惠民利民方针政策和会议精神特别是八届六次全委会精神，帮助结对户解决实际困难，广泛收集社情民意，进一步找准找实影响我市改革发展、社会治安综合治理、城镇化建设、群众生产生活等方面存在的突出问题。活动开展以来，四大班子40名地级领导共深入社区开展走访慰问73次，力所能及帮助结对户办实事做好事解难事30件，共涉及资金17余万元，召开座谈会24次，宣讲政策96场次，撰写民情日记36篇，形成调研报告26篇，收集社情民意68条。二是开展“党员干部进村入户、结对认亲交朋友”活动。在市委常委班子的带动下，全市各级党员领导干部把“党员干部进村入户、结对认亲交朋友”活动抓常、抓细、抓长，分别深入基层一线，为困难群众送去节日的问候、党和政府的关怀，进一步增强服务群众意识。目前，全市各级党员干部与群众结成帮扶对子18000多对，参加人数达89073人次，投入资金6554.85万元，为群众办实事好事3386件。三是健全联系服务群众机制。不断深化领导干部包县包乡包村、党员干部进村入户结对认亲交朋友、在职党员进社区报到服务、“三进四同三一”等党员干部联系服务群众活动，围绕“联户平安、联户增收”、网格化服务、强基惠民驻村工作、“四业工程”等各项工作，全面总结经验、积极探索创新，努力把成功做法经验化、把好的经验制度化、把制度措施刚性化，切实打通联系服务群众“最后一公里”、走好“最后一步路”。

（三）市委带头、班长示范，确保专题党课取得实效。一是市委常委会班子成员讲党课。区党委常委、拉萨市委书记齐扎拉带头先后2次为全市党员干部讲党课，其余市委常委班子成员也在为分管部门、行业党员干部讲党课的基础上，结合全市村（居）“两委”班子成员学历提升班训，重点围绕推进实施党建统市、环境立市、文化兴市、产业强市、民生安市、依法治市“六大战略”，分批次带头为村（居）“两委”班子成员讲党课。二是行业系统党组织书记讲党课。国有及国有改制企业、非公有制经济组织、社会组织党组织书记重点围绕深化改革、提高效益、增强活力、承担社会责任、建设积极向上的企业文化等内容讲党课。教育系统党组织书记重点围绕坚定政治立场、立德树人、教书育人、促进学生德智体美全面发展等内容讲党课。三是机关事业单位党组织书记。重点围绕服务中心、服务改革、服务基层、改进作风、坚定理想信念、增强廉洁从政意识和履职尽责能力等内容讲党课。截至目前，全市各县（区）、市直各单位党委（党组）书记、班子成员及其他县级党员干部讲党课981场次。

（四）紧扣主题、深入思考，确保专题研讨学深研透。一是以上率下示范学。从3至12月，在坚持常委班子成员个人自学的基础上，市委先后利用21个晚上、每个晚上2个小时时间组织了10次集中学习研讨活动。区党委常委、拉萨市委书记齐扎拉亲自审定学习计划和日程安排表，主持学习讨论、带头作辅导讲话。一年来，全市64名地级领导干部参加学习研讨活动，参学482人次，累计发言73人次，其中市委常委班子成员平均发言次数在3次以上。在市委常委的示范带动下，各县（区）、市直各单位紧紧跟上，制定了符合实际，针对性、操作性强，内容多样的学习计划，掀起了专题教育学习热潮。二是围绕专题重点学。以习近平总书记系列重要讲话精神为主线，围绕“严以修身、严以用权、严以律己、学以致用”四个专题开展学习研讨活动。在重点研读《习近平总书记关于党风廉政建设和反腐败斗争论述摘编》、习近平总书记第四批全国干部学习培训教材所作《序言》等规定研讨篇目的基础上与时俱进对《谷文昌给干部留下什么》《习近平总书记在中央统战工作会议上的讲话》、中央第六次西藏工作座谈会精神、党的十八届五中全会精神等篇目进行了研讨，各县（区）、市直各单位也紧密结合本地区、本部门实际，由党委（党组）书记牵头，在每个专题下设立子专题进行学习研讨。三是交流研讨相互学。各单位以现场交流、研究讨论、轮流发言等形式，结合工作实际针对思想困惑、认识模糊问题，习以为常、不以为然问题，工作中的重点难点问题、群众关心关注的问题，把自己摆进去、把职责摆进去、把实际思想和工作摆进去，讲认识、谈体会，对学习内容进行交流、思想认识进行交锋，相互取长补短、形成共识，营造“以学习促思想转变、以进步促工作提升”的良好氛围。目前，全市各级县处级以上党委（党组）共开展集中学习483场次。

（五）广纳意见、深挖细照，找准找实“不严不实”问题。一是广泛听取意见。市委通过召开征求市委常委班子及班子成员意见座谈会以及印发《关于征求对市委常委会班子及常委同志意见建议的通知》、发放征求意见表等形式，广泛听取各县（区）、各单位、党员群众和各界代表的意见。各级党委（党组）及班子成员认真落实上党员领导干部直接联系服务群众制度，开展“进社区、察民情、找问题、办实事”“党员干部进村入户、结对认亲交朋友”、在职党员到社区报到服务群众活动和矛盾纠纷“大排查、大调处、大化解”专项活动，深入基层一线和服务对象中，采取个别走访、召开座谈会、问卷调查、设置意见箱、开通专线电话、网上公开征求意见等方式，广泛听取老同志、“两代表一委员”、党员群众和服务对象等各方面的意见建议。二是深入谈心谈话。按照“三个必谈”的要求，市委常委班子率先开展了谈心交心活动。各级党委（党组）也聚焦作风，围绕查摆出的意见建议，把班子集体的问题、自身的问题及整改打算、对方的不足和改进建议、拟在专题民主生活会上开展批评和自我批评的问题谈开谈透，消除了隔阂、化解了矛盾、加深了了解、增进了互信，通过谈心交心，每一位领导干部都列出了“个人批评意见清单”。三是深入剖析查摆问题。认真对照党章及其他党纪党规，对照“七个有之”，对照五类着力解决的问题，深入开展了“六查六看”和“三对照三检查”活动，紧密联系个人思想工作生活和作风实际，联系个人成长进步经历，做好党性分析和自我剖析，查找自身存在的问题和不足。

（六）动真碰硬、实事求是，确保民主生活会有辣味。一是精心部署，各级专题民主生活会准备充分。集中学习了习近平总书记关于开好“三严三实”专题民主生活会的重要指示精神和区党委陈全国书记参加区党委常委班子专题生活会时的讲话精神，为开好专题民主生活会奠定了充分思想准备；按照中央和区党委查摆问题的要求，在广泛听取意见，深入谈心交心和剖析查找问题的基础上，认真撰写了班子对照检查材料和个人自我批评发言提纲，为高质量召开民主生活动点奠定了基础。二是敢晒旧账，确保专题民主生活找出新问题。民主生活会上，各级领导班子先通报了党的群众路线教育实践活动整改情况，班子成员对整改承诺事项逐项进行了说明，对基本完成的提出巩固措施，对已完成的长期坚持。其中市委常委班子共涉及整改任务32项，已完成并将长期坚持的有23项，基本完成并将长期坚持的有9项；专项整改任务32项，已全部完成；制度建设计划16项，已承接自治区制度1项，建立健全15项；市委常委班子成员个人整改任务清单102项，已全部整改落实。市人大、政府、政协党组班子共涉及整改落实任务131项、制度建设计划37项、班子成员个人整改任务清单207项，均已全部完成。各县（区）及65个市（区）直单位党委（党组）班子共涉及整改任务1058项，已全部完成；专项整改任务1429项，已全部完成；制度建设计划1386项，已全部完成。各级党委（党组）班子成员个人整改任务清单5476项，已全部完成。三是把专题民主生活会与年度民主生活会地结合起来，进一步提高民主生活会的质量。以“三严三实”精神召开了专题民主生活会和组织生活会，严肃认真地开展了批评和自我批评，既揭短亮丑、动真碰硬，红红脸、出出汗，又实事求是、出以公心，不发泄私愤，不高无原则纠纷，真正达到了“团结——批评——团结”的目的。齐扎拉书记主持召开了市委常委班子专题民主生活会，每名班子成员都接受了X条左右的批评意见，各单位、各部门专题民主生活会和组织生活会平均每人自我批评X条以上、相互批评每人X条以上。各级党委（党组）在专题民主生活会召开后，及时将召开情况在一定范围内向干部群众进行了通报。

（七）立行立改、立规执纪，确保整改落实取信于民。一是作出整改承诺。对查摆出来的突出问题和专题民主生活相互批评提出的问题进行梳理归类，列出《问题清单》，深刻剖析思想根源，研究制定整改任务和时间表，明确整改时限和责任人，一项一项抓好整改落实，确保真正取得实效。专题民主生活召开后，市委常委班子共制定整改落实任务XX项，其中由区党委常委、拉萨市委书记齐扎拉牵头XX项，市委班子成员确定整改落实任务XX项。各级党委（党组）共制定班子整改落实任务XX项，班子成员XX项。各级党委（党组）采取了公示栏公开、内部通报等形式，在一定范围内公布了县处级以上领导干部《整改承诺书》，自觉接受党员群众的监督。二是突出重点抓整改。按照中央“列出清单、专项整改，立说立行、边学边改，建立机制、督促整改，上下结合、联动整改，立规执纪、刚性整改”的要求，各级党委（党组）将整改工作同坚定信念、转变作风、推动发展结合起来，从解决“不严不实”问题为，落实“马上就办”精神，推进全面从严治党三个方面入手，集中整改落实和开展专项整治，着重解决党内正式生活不正常、形形色色的潜规则、大大小小的关系网、各种各样的特权现象等不严不实、不忠诚、不干净、不担当的问题。三是“立”“执”“守”正风肃纪。为了让全市党员干部明白为官做人的底线，市委带头集中学习了《中国共产党廉洁自律准则》《中国共产党纪律处分条例》和《推进领导干部能上能下若干规定（试行）》，市纪委和市委组织负责人分别作了辅导报告，通过学习给全市领导干部打了预防针，为营造风清气正的政治生态打下了思想基础。为进一步与巩固党的群众路线教育实践活动成果和专题教育成效，各级党委（党组）在开展集中整治的同时，更注重发挥制度的刚性约束作用。全市共建立完善制度XX项，其中市委常委班子XX项，各县（区）、市（区）直各单位XX项。各级党委（党组）认真执纪，对违反纪律问题的领导干部，情节较轻的加强思想教育，对情节严重的及时转交纪检监察部门进行立案审查。

（八）夯实基础、坚强组织，确保执政根基更加稳固。一是突出抓好建强基层组织这一重要任务。全面发挥组织部在建强基层组织工作中的职能优势，投入600多万元用于村（居）“两委”班子学历提升培训和任职培训，全面提升基层干部队伍素质。按照“三个培养”工作要求，加快推进村（居）后备干部队伍人才库建设，为基层发展稳定储备培养人才。积极在“双联户”单元、虫草采集点、退休社区、经合组织中建立党支部，不断优化基层党组织设置。二是壮大队伍，优化结构，不断充实基层一线工作力量。坚持重心下移、力量下沉，从市县乡三级机关事业单位选派374名（含第一书记）优秀党员干部到村（居）任职，积极实施“强党固基扶村”工作，将乡（镇、街道）驻村干部纳入下沉干部范围，因地制宜设置岗位和办事机构，进一步充实了基层力量，夯实了党在基层的执政根基。三是拓宽渠道，加大投入，提升基层党建工作保障能力。逐步建立稳定规范的基层组织建设工作经费投入机制，着力提升基层党建工作保障能力。争取援藏支持，整合资金2亿元，大力实施村级组织活动场所建设提档升级工程，年底前实现40个社区活动场所使用面积均达到500平方米以上，到2017年实现全市村级活动场所建筑面积全部达到200平方米以上。建立健全村（居）干部待遇稳步增长机制，确保到2016年底前实现村（居）干部误工补贴从年人均2万元提高到4万元。

（九）上下一心、全力以赴，大庆隆重热烈安定和谐。一是开展综合整治工作。为了以整洁优美、文明有序、生机勃发、安定祥和的城市新形象喜迎西藏自治区成立50周年，拉萨市重点实施了整治城乡结合乱点、整治道路交通安全、整治公共娱乐场所、整治公共卫生秩序、整治户外广告设置、整治旅游市场秩序、整治绿化亮化环境“七个整治”，创造了良好综合治安环境，营造了干干净净、喜气洋洋的城市氛围。二是集中开展矛盾纠纷“大排查、大调处、大化解”专项活动。全市7917名党员干部深入基层一线开展矛盾纠纷“大排查、大调处、大化解”专项活动，排查矛盾纠纷2394件，已化解2135件，一批矛盾纠纷和安全隐患被及时化解在基层一线、化解在萌芽状态，为营造安定和谐的氛围作出了贡献。三是积极参与五十周年大庆活动。按照区党委隆重热烈节俭办大庆的指示精神，认真细致做好大庆筹备工作，广泛组织、引导、宣传、发动群众积极参与大庆活动，大庆活动筹备开展期间各级党员干部上下一心、凝聚合力，以勇挑重担、务实苦干的精神完成了各项任务，确保了大庆各项活动和谐顺利圆满。

（十）突出特色、创新载体，专题教育有亮点接地气。一是下功夫整治拉萨地方病。在查找五类着力解决问题的基础上，市委齐扎拉书记在“书记讲党课”中明确指出拉萨市各级党员干部中仍然存在的八种突出问题，即：“虚、假、浮、懒、散、庸、怕、奢”，根据上述突出问题和中央的部署，拉萨市集中开展了基层干部不作为乱作为等损害群众利益问题整治工作，全市各级党委（党组）共查处2011至2015年11月30日期间发生的不作为乱作为等损害群众利益问题67起，其中不作为问题38起，乱作为问题9起，贪腐谋私问题19起，执法不公问题1起。各级纪检监察部门对情节严重的29起损害群众利益问题进行了立案处理，涉及单位34个，涉及当事人38人。二是拓展联系服务群众平台。不断深化领导干部包县包乡包村、党员干部进村入户结对认亲交朋友、在职党员进社区报到服务、“三进四同三一”等党员干部联系服务群众活动，围绕“联户平安、联户增收”、网格化服务、强基惠民驻村工作、“四业工程”等各项工作，全面总结经验、积极探索创新，努力把成功做法经验化、把好的经验制度化、把制度措施刚性化，切实打通联系服务群众“最后一公里”、走好“最后一步路”。除此之外，还及时推出集录音、查询、转办、催办等多种服务管理功能于一体“12345”政府服务热线，收集“微心愿”、提供“微服务”等方式，使联系服务群众的平台更加广泛多样。自今年6月1日开始试运行以来，截至11月底，日共计接听市民来电5337件，日均来电32件，共向承办单位转发工单1338件，群众回访率达100%，群众回访满意度达99.84%。三是扩大联系服务群众成果。把践行“三严三实”和“忠诚干净担当”要求体现在改善民生福祉上，谋富民之策、尽安民之责、行利民之事、兴便民之举，通过办好“十件实事”，兑现各项补贴，发展壮大后续致富产业，健全精准扶贫机制，完善社会保障机制，深化教育体制改革，落实菜篮子市长负责制，开展安全生产、出租车、交通安全、缉枪治爆、市容市貌、城乡环境等专项整治活动，让群众在看得见、摸得着的实事中真真切切感受到党员干部的努力和改变。截至11月底，全市已落实强基惠民活动“短、平、快”项目262个，总投资达7993.4万元；从为民办实事经费中落实并完成项目497个，涉及资金1163.24万元；派驻单位落实项目194个，涉及资金2486.21万元。

（十一）突出导向、广泛宣传，专题教育舆论氛围浓厚。一是突出亲身体验。通过观看爱国主义教育影片，参观新旧西藏对比图片展，邀请十八军老战士、“三老”人员、翻身农奴现身说法，组织理想信念主题演讲比赛、知识竞赛以及重温入党誓词、开展义务劳动、为日喀则地震灾区捐款等方式，促使党员干部身临其境地感受中国革命的光辉历史以及中国共产党所肩负的光荣使命，感受革命先辈们为了理想信念而将生命置之度外的战斗历程，感受中国特色社会主义的真理价值，进一步增强坚持和发展中国特色社会主义的责任感和使命感。二是深化警示教育。区党委常委、拉萨市委书记齐扎拉率全市领导干部参观了拉萨市廉政警示教育基地，通过参观现场告诫参观人员要进一步加强党性修养，常修为政之德、常思贪欲之害、常怀律己之心，领导干部接受了一次深刻的“三严三实”廉政警示教育，切实增强廉洁从政意识和拒腐防变能力。全市上下通过组织讨论党内尤其是发生在我区及我市的一些严重违纪违法案件，组织参观自治区监狱、拉萨市廉政警示教育基地，观看《高墙悲歌》《贪官心理档案》《“规划”错了的人生》《暖秋》等警示教育影片，发送廉政短信，警示教育党员干部深刻认识贪欲之害、不廉之果、失足之痛，促使党员干部建好思想上的“免疫系统”，筑牢拒腐防变的防线，自觉加强党性锻炼，真正把心思用在干事创业上，把功夫下在为群众办事上。截至11月底，共发放廉政短信8.4万条（次），组织参观警示教育基地75次，观看警示教育片176场。三是强化舆论宣传。在拉萨晚报、拉萨电视台、拉萨人民广播电台、拉萨政府门户网站开辟专栏，大力宣传中央精神和区市党委部署要求，宣传专题教育进展情况和经验做法。组织《拉萨晚报》撰写社论、评论员文章，转载新华社、人民日报重要社论评论，凝聚专题教育的强大正能量，正确引导社会舆论；充分利用新兴媒体，开通“青春拉萨”“城关掌上通”“微墨竹”“林周之窗”等系列微信平台，扩大专题教育在干部群众中的影响力。截至目前，《拉萨晚报》共刊发社论评论 篇，西藏日报、拉萨晚报、拉萨电视台、拉萨人民广播电台共刊播我市专题教育稿件 余篇（条）。

三、全市专题教育工作成效

（一）坚定了理想信念，总开关拧得更紧了。各级党员干部以开展“三严三实”和“忠诚干净担当”专题教育为契机，以学习研讨习近平总书记重要讲话精神为重点，以着力解决理想信念动摇、信仰迷茫、精神迷失，宗旨意识淡薄、忽视群众利益、漠视群众疾苦，党性修养缺失、不讲党的原则等问题为目标，以开展集中学习、开展书记讲党课、开展专题研讨等为载体，补足理想信念这个共产党人精神上的“钙”，不断增强了党员干部对中国特色社会主义的理论自信、道路自信、制度自信，把党员干部的世界观、人生观、价值观这个“总开关”拧得更紧了。

（二）坚定了政治立场，铁笼子扎得更牢了。认真学习了《中国共产党廉洁自律准则》《中国共产党纪律处分条例》和《推进领导干部能上能下若干规定（试行）》，为党员干部为官做人划出了“高线”、明确了“底线”。根据拉萨实际市纪委完善了《中共拉萨市纪律检查委员会关于查办惩处工作制度》并与党员干部签订了《承诺书》，市委组织部研究制定了《拉萨市科级干部选拨任用流程图》《拉萨市县级干部实绩档案》，从制度的制定执行彰显了法治理念，规范了权利运行。对于触碰“底线”的干部坚持严查严办，截至11月底，市纪委共组成83个组（含县区），检查502家单位、254家餐饮娱乐场所，核查公车216台次。责令相关县（区）停止制订其制定的工作经费发放决定，调整公车使用4台。查处违反中央“八项规定”精神问题13起，处理38人，其中给与党纪政纪处分24人。

（三）转变了工作作风，宗旨意识明显更强了。制定完善了《市委常委会班子关于改进工作作风密切联系群众的八项要求》《拉萨市民情巡查制度》《直接联系群众制度》《干部作风状况考核机制》等系列规章制度并认真组织实施，有力推进了党员干部沉下身子，走进群众家，真心实意为群众为民务实、排忧解难。为进一步转变工作作风，市委、市政府联合下发了《关于大力开展“马上就办”活动进一步转变工作作风的意见》，引导全市广大党员干部牢固树立“不作为、乱作为可耻，有作为、敢作为光荣”的理念，号召广大党员干部以“马上就办”的责任意识和担当精神主动回应群众“作风更严、工作更实、实惠更大”的热切期盼，着力在坚定党员干部的群众观念、强化全心全意为人民服务的宗旨意识上下功夫，以更加开拓进取的精神、更加奋发有为的干劲、更加务实肯干的态度，真正联系好、服务好群众，形成了雷厉风行、求真务实的工作作风，真正赢得了群众信任和拥护。

（四）整改了突出问题，群众对成效更满意了。坚持立说立行、边学边改，在专题教育启动之初紧盯市委32项专项整治任务，横下一条心纠正“四风”，有效巩固和深化了党的群众路线教育实践活动整治成果。在专题教育推进过程中，对结对认亲、讲党课和专题学习研讨中发现的问题即知即改。为发现和整改更多群众身边的问题，我们组织开展了矛盾纠纷“大排查、大调处、大化解”和整治基层干部不作为乱作为等损害群众利益问题活动，活动中，共排查矛盾纠纷2394件就地化解矛盾纠纷1858件，与上级、同级部门联动化解277件，限时办结99件。专题民主生活会后，各级党委（党组）根据民主生活会查摆出的问题，列出了问题清单，制定了整改措施。通过持续不断的整改落实，一些损害群众切身利益的突出问题和违纪违法行为得到了有效解决，人民群众对党的各项整改措施和整改成果更加满意。

（五）夯实了基层基础，执政根基更稳固了。以实施“万民村（居）干部素质提升工程”为契机，利用1年时间对新当选的村（居）两委班子成员（均为党员）进行了学历提升培训和任职能力提升培训，有效提升了基层干部干事创业、谋划发展的能力。深入开展了“强党、固基、扶村”工作，1382名乡镇干部下沉到村级工作，有效激发了乡村基层干部队伍活力，基层党组织的领导核心作用得到进一步巩固和加强。高标准选派了第五批驻村（居）工作队，区市县各级单位共选派党员干部XX名深入273个驻村（居）工作点开展驻村工作，壮大了基层队伍力量，增强了基层组织的战斗力。

（六）促进了各项工作，全面小康更接近了。将专题教育融入到本级本部门的中心工作、重点工作中，努力将学习成果转变为持续改进作风的动力和具体行动，转变为科学发展的思路和措施，指导实践、推动工作。今年以来，拉萨市各级各部门紧紧围绕“四个全面”战略布局，牢牢把握稳中求进的工作总基调，坚守“两条底线”，全力推进“六大战略”，努力建设美丽家园幸福拉萨，1至9月，保持了经济较快发展、民生持续改善、生态环境良好、社会和谐稳定的良好态势。一是做到了以学促改。在开展专题教育的同时，对党的群众路线教育实践活动中提出的各项整改落实任务和专项整治任务，采取了以上率下、上下联动、突出重点、敞开大门、真督实导抓整改等措施，推进整改工作落到实处。在市委常委班子的示范带动下，形成了一级抓一级、层层抓落实的工作格局，确保了各项具体整改任务有人管、有人抓。二是做到了以学促稳。通过专题教育学习教育引导广发党员干部更加清醒地认识反分裂斗争的长期性、复杂性、尖锐性，在关键节点，尤其三月份和自治区成立五十周年大庆期间，全市各级各部门坚持全员在岗在位，市维稳一线指挥部、派驻各县（区）维稳督导工作组、驻村驻寺工作组保持良好的精神状态，落实维稳工作机制。各级各部门负责人恪尽职守，强化内部安保措施，确保了社会局势的持续稳定。三是做到了以学促工。在工作任务重、考验多、要求高、时间紧的情况下，把专题教育于改革发展结合起来，通过学习教育为推动各项事业注入了强大动力，同时，又以改革发展成果和造福群众来检验学习教育成效，保证了学习教育与中心工作同频共振、协调推进。

全市专题教育能取得的以上工作成绩，一是归功于党中央的正确领导。中央政治局带头开展“三严三实”专题教育，习近平总书记主持集体学习活动并多次发表重要讲话、作出重要批示，为深入推进教育实践活动提供了重要遵循。二是得益于区党委的坚强领导。区党委高度重视专题教育，制定了专题教育实施方案，召开了专题教育工作推进会，陈全国书记带头开展了书记讲党课活动，召开了高质量的民主生活会，为全区开展好专题教育提供了示范指导。三是得益于市委的强有力推进。实践证明，以齐扎拉书记为班长的市委常委会在全市党的群众路线教育实践活动收尾之际作出以“三严三实”和“忠诚干净担当”专题继续巩固和深化群众路线教育实践活动成果的重大决策完全正确，专题教育启动以来，市委把开展专题教育作为一项重大政治任务贯彻落实，靠前指挥、强力推进。齐扎拉书记亲自带头讲党课，亲自主持学习研讨会并作辅导讲话，亲自研究部署工作，市委常委班子专题教育的开展，形成了强大的推动力量和示范效应。四是得益于全市各级党组织和党员干部的共同努力。各级党组织负责同志切实把责任扛在肩上，狠抓各项任务的落实，上下联动、整体衔接。全体县处级以上领导干部主动把自己摆进来，以良好的精神状态参加专题教育，自觉克服各种思想障碍和畏难情绪，以改进作风的实际成效赢得了广大群众的好评。

四、全市专题教育工作主要体会

（一）必须坚持领导示范，落实从严治党这个主体责任。以区党委常委会特别是陈全国书记为标杆，齐扎拉书记等市委领导同志参加了专题教育各项任务的落实和推动，带动全市各级党组织切实履行领导职责，践行“三严三实”要求，形成以上率下的良好示范带动效应。实践证明，领导干部是党员干部队伍中的排头兵、领头羊，是落实党要管党从严治党主体责任的“第一责任人”，本地区本部门本单位干部队伍整体精神面貌如何，完全取决于他们，因此，在县处级以上领导干部中开展“三严三实”专题教育活动，关键是要抓好“领导干部”这个“关键少数”，只有充分发挥他们的模范带头作用，才能有效促进整个干部队伍作风和态度的根本性转变。

（二）必须坚持学以致用，抓住知行合一这个基本原则。开展“三严三实”和“忠诚干净担当”专题教育，“三严”是对做官的要求、方式，“三实”则是对官员们做人和做事的要求，谋事要实、创业要实、做人要实就是要有颗全心全意为人民服务的心。专题教育中全市各级各部门始终坚持将学以致用、以学促工、学用结合、互促共进的原则，这一做法推动了拉萨各项工作，符合拉萨实际，工作成效也得到了区党委领导的肯定。因此，开展“三严三实”和“忠诚干净担当”专题，学习是关键，是基础性的工作，“三严三实”要学好，更要用好，这是解决“不严不实”问题的有效方法。

（三）必须坚持问题导向，找准工作的出发点和落脚点。全市各级党组织始终坚持问题导向，把发现问题、解决问题作为出发点和落脚点，以解决问题的成果体现了专题教育的成效。在专题教育中各级党组织既聚焦了区党委结合全区实际提出的“五类着力解决”问题，又根据拉萨实际提出了“虚、假、浮、懒、散、庸、怕、奢”八种地方病，切实找准找全了“不严不实”问题。因此，坚持树立问题意识、强化问题导向是推动各级领导干部把“三严三实”和“忠诚干净担当”作为修身做人用权律己的基本遵循、干事创业的行为准则，争做“四有”好干部的有力举措。

（四）必须坚持从严从实，时刻绷紧抓作风建设这根弦。“三严三实”的着力点在于“严”和“实”，全市专题教育坚持了“严”字当头，做到标准严、措施严、纪律严，主动将专题教育的每一项工作做细致、做扎实、做到位，确保了专题教育不空不虚、不走过场。坚持了“实”字落脚，以改善民生、推动发展、造福群众为出发点，做到求实、务实、落实，解决问题不打折扣、整改落实不搞变通，真正以实实在在地专题教育成效取信于民。

（五）必须坚持创新载体，探索深化专题教育长效机制。创新载体是推进专题教育纵深开展的重要方式方法，各级党组织在讲党课方式、专题学习方式、查找问题方式和整改落实中都做到了方式灵活、措施新颖，例如在专题学习中，领导干部在学习《中共中央关于徐才厚严重违纪违法案及其教训的通报》的基础上，认真参观了拉萨市廉政警示教育基地，并由市委常委带头开展分组讨论，让各级领导干部从“大老虎”和身边的“小苍蝇”身上汲取教训，切实增强了廉洁从政意识和拒腐防变能力。在问题查找上全市地级干部带头开展了“进社区、察民情、找问题、办实事”活动，各级党组织也在矛盾纠纷“大排查、大调处、大化解”活动和整治基层干部不作为乱作为等损害群众利益问题中查找了问题。为了扩大专题教育的影响力和覆盖面，将专题教育与强基础惠民生驻村工作结合起来，通过驻村（居）县处级干部开展专题教育，将“三严三实”和“忠诚干净担当”专题教育的重大意义、精神内涵宣传了基层一下，并带动基层组织开展了讲党课活动、学习研讨活动，召开了组织生活会，体现了专题教育的驻村特点。

（六）必须坚持统筹兼顾，实现推动工作发展这个目标。专题教育启动以来，在市委的强力推进下，全市专题教育始终坚持两手抓两不误两促进，始终围绕中心、服务大局，各级党组织把专题教育的开展与做好全市改革发展稳定各项工作结合起来，与完成全市重点工作结合起来，做到专题教育与日常工作有机融合、相互促进，为推进市委“六大战略”实施，加快“美丽家园幸福拉萨”建设进程提供了动力。例如，市委集中学习研讨活动集中放在晚上8点至10点开展，不占用白天工作时间，做到了工作学习两不误；各级党组织认真落实“说办就办、马上就办”要求，对作出的决策、部署的工作，雷厉风行、紧抓快办，案无积卷、事不过夜，扭住不放、一抓到底，养成了良好的工作作风。

五、巩固深化专题教育的努力方向

（一）深入实施“党建统市”战略。深入开展“三严三实”和“忠诚干净担当”专题教育就是要全面落实党要管党、从严治党要求，就是要坚持“党建统市”战略，把主体责任、第一责任、直接责任落实到位。必须坚持一个“严”字，把从严贯穿落实到思想建设、组织建设、作风建设、反腐倡廉建设、制度建设的全过程、各环节。站在新的历史起点上，把“党建统市”作为“六大战略”之首，要进一步贯彻落实习近平总书记“做好西藏工作，必须坚持党的领导，全面加强党的建设，着力建设好各级领导班子、干部人才队伍、基层组织，不断提高党的创造力、凝聚力、战斗力”的指示精神，进一步深入落实全面从严治党，进一步深入推进“党建统市”战略，不断夯实拉萨市长足发展和长治久安的组织基础。

（二）推进学习教育常态化。习近平总书记强调，本领不是天生的，是要通过学习和实践来获得的。中央指出专题教育不是一次活动，不分批次、不划阶段、不设环节，要融入领导干部经常性学习教育。抓好学习教育常态化落实，不是一朝一夕之事，更不可能一蹴而就，必须坚决破除临时思想，牢固树立长期抓、持久抓的理念。通过这次专题教育，全市已经形成了很多好的学习教育方法和制度，要引导各级各部门把学习教育作为常规工作来抓，紧贴本单位工作实际，根据年度工作计划，科学抓好统筹设计，合理安排内容，确保学习教育与重点工作有机结合。

（三）紧抓作风建设不放松。作风问题具有反复性和顽固性，容易回潮和反弹。有的党员干部对“四风”问题仍然停留在“不敢”上，“不想”的自觉性远未形成。只有让广大党员干部充分认识作风建设的艰巨性、复杂性、长期性，严明政治纪律和政治规矩，持之以恒落实中央“八项规定”精神，认真执行《中国共产党廉洁自律准则》和《中国共产党纪律处分条例》，保持反腐败的高压态势不放松，持续用力整治“不严不实”问题，强化对权力运行的制约和监督，才能营造一个良好的从政环境和政治生态。

（四）推进党内生活规范化。严格的党内生活，是党的优良传统和政治优势，是解决党内矛盾、加强党员干部党性的有效途径，也是保持党的团结统一、增强党的生机活力的重要措施。通过专题教育全市各级党组织中心组学习、“三会一课”、年度民主生活会和组织生活会等党内政治生活更加严肃认真、更加规范，推进党内生活规范化要建立健全党内生活真管真严、敢管敢严、长管长严的长效机制，从根本上严格的党内政治生活，把严的意识立起来、把严的规矩建起来、把严的风气树起来。

（五）凝聚推动发展的动力。通过专题教育全市各级党员干部理想信念更加坚定、宗旨意识不断增强、作风转变更加明显、党内生活更加规范，巩固和深化专题教育成果就是要把专题教育取得的重要成果转化为推进全面建成小康社会的动力，转化为拉萨维护稳定、深化改革的动力，转化为推动拉萨城市化提升、市场化转型、国际化拓展的动力，要以持续深入学习宣传贯彻习近平总书记系列重要讲话精神为契机，学而信、学而用、学而行，汇聚起谱写中国梦拉萨篇章的强大正能量。

拉萨市第四批驻村（居）工作综述

拉萨市强基惠民活动领导小组办公室

编者按：拉萨市第四批驻村(居)工作自2014年11月开始，到2015年11月结束，历时一年。在拉萨市第四批驻村(居)工作开展期间，在自治区党委、政府的坚强领导下，在全市各单位的大力支持下，在驻村工作队及全体工作队员的共同努力下，拉萨市第四批驻村(居)工作紧紧围绕“五项重点任务”，以陈全国书记“七个着力”指示要求以及吴英杰常务副书记在自治区创先争优强基惠民活动领导小组第七次会议上的讲话精神为指引，以“六大战略”为统领，依托“五强、五力促”(即：依托配强工作力量、力促工作合力；固强制度机制、力促从严管理；加强民生投入、力促发展稳定；建强基层组织、力促夯实基础；增强领导责任、力促有序推进——编者注)，扎实推进全市创先争优强基础惠民生活动，取得了较为明显的成效，并赢得了自治区主要领导的高度赞誉和充分肯定。2015年8月7日，自治区党委书记陈全国就“拉萨市依托‘五强、五力促’提升强基惠民驻村工作水平”的主要做法作出了重要批示：“请英杰、万明、拥军同志阅，拉萨的做法有意义”。2015年8月8日，区党委常务副书记、自治区深入开展创先争优强基础惠民生活动领导小组组长吴英杰同志批示：“请强基办发信息至各地相互学习”。现将拉萨市的主要做法以简报形式印发，供各地(市)、各单位学习借鉴。各地(市)、各单位要认真学习领会陈全国、吴英杰同志重要批示精神，切实按照自治区要求，扎扎实实把创先争优强基惠民活动开展好。

自去年11月下旬第四批驻村(居)工作交接轮换以来，各驻村(居)工作队坚持围绕中心、服务大局，明确强基惠民驻村工作的要点、重点、节点、亮点、热点、难点和焦点，把强基惠民驻村(居)工作与践行“三严三实”和“忠诚干净担当”要求相结合，与全市改革发展稳定各项工作相结合，与完成全市各项重点工作相结合，全面落实驻村(居)工作“5+2”任务，扎实推动强基惠民活动，其亮点纷呈。

突出要点抓党建，执政基础更牢固。各驻村(居)工作队以为驻在村(居)留下一支“永不走的工作队”为目标，积极采取有效措施，不断夯实党在基层的执政基础。首先是坚持壮大党员队伍与提高党员素质并重。市委投入626.2万元用于村(居)“两委”班子为期一年的学历提升培训和任职培训；市委常委班子成员以“书记讲党课”活动为契机，轮流为村干部上文化课和政治理论课，大力提升了村(居)“两委”班子成员理论水平和履职能力。各驻村(居)工作队积极帮助村(居)“两委”严把党员“入口”和“出口”关，建立后备干部人才库。在全市第四批驻村(居)工作中，共举办党员培训班1012期，受训党员达16447人次，投入经费49.27万元；共培养入党积极分子1719名，发展党员1240名，把274名致富能手培养成为党员，把248名党员培养成为致富能手，把324名党员致富能手培养成为村组干部。二是坚持人、财、物等各类资源向基层倾斜。扎实开展“强党固基扶村”工作，从乡镇(街道)选派1382名干部下沉村(居)，在村(居)设置党群、稳定、发展3个职能岗位，推进职能下沉，健全基层组织体系；同时，积极整合资金2.2亿元，着力打造一批集便民服务、教育培训、文化娱乐“三位一体”的村级党组织活动场所。加大村级组织运行经费保障力度，确保今年年底全市村级组织运行经费全部达到每年5万元以上，社区工作运行经费达到每年45万元，努力把基层党组织建设成为服务群众、维护稳定、反对分裂的坚强战斗堡垒。三是坚持做好优化基层党组织设置工作。各驻村(居)工作队把优化基层党组织设置作为充分发挥基层党组织推动发展、服务群众、凝聚人心、促进和谐稳定作用的有效途径，结合驻在村(居)实际，大胆探索，积极实践，不断优化基层党组织设置，扩大基层党组织覆盖面。市林业绿化局驻俄杰塘社区工作队协助村(居)“两委”建立社区网格内党组织。城关区驻铁崩岗社区和尼卓林社区工作队协助村（居）“两委”，先后建立铁崩岗社区虫草交易点流动党支部和尼卓林社区退休党员党支部。达孜县各驻村工作队帮助村民小组、联户单位建立党小组40余个。同时，各驻村（居）工作队把落实“党要管党、从严治党”作为加强基层党建的根本要求，积极协助村（居“）两委”建立完善相关制度2043条，完善党务、村务公开制度1363条，协助村（居）“两委”党支部召开“三会一课”1688次，有力推动了基层管理制度化、规范化。

突出节点抓宣传，增强群众感恩意识。各驻村（居）工作队在延续之前宣传工作好经验的基础上，准确把握“三大节日”、农闲时节、“3·28”百万农奴解放纪念日、自治区成立50周年、中央第六次西藏工作座谈会召开等重要节点，大力开展“八看、一算账、一揭批、四增强”等系列感党恩主题教育活动，通过新旧西藏的鲜明对比，让群众更加直观地认识到“谁在造福西藏、谁在祸害西藏”，不断增强群众知恩、感恩、报恩的意识。一是继续通过走访慰问、开辟专题宣传栏、召开座谈会、组织专题讲座等方式，广泛宣传党的十八大、十八届三中、四中、五中全会精神，中央第六次西藏工作座谈会精神，习近平总书记系列重要讲话精神，自治区党委八届七次全委会精神等党和国家的大政方针及富民惠民政策，让广大群众真正明白惠在何处、惠从何来。在全市第四批驻村（居）工作中，各驻村（居）工作队共协助村（居）“两委”举办宣讲大会1338场次，入户宣传49672次，入户率达88%。二是以“三大节日”群众联欢、“3·28”百万农奴解放纪念日和自治区成立50周年等节庆典活动为契机，采取文艺演出、专题讲座、播放爱国主义题材影片、参观爱国主义教育基地等方式，生动展现和全面宣传西藏在党中央领导下的发展变化和取得的巨大成就，让广大群众深刻认识到党中央对西藏工作的高度重视和对西藏人民的特殊关怀，充分感受到祖国大家庭的温暖。在全市第四批驻村（居）工作中，各驻村（居）工作队联合村（居）“两委”共召开感恩教育大会837场次，政策宣讲1046场次，群众教育面达86；举行专题讲座687场次，发放宣传材料102553份；举办新旧图片展495场次，参与群众达81578人次；组织参观爱国主义基地299场次。三是结合“六五”普法规划，加大基层普法宣传和法治文化建设力度，努力提升基层干部群众的法制意识和法制观念，教育引导广大基层干部群众依法依规办事，为构建平安拉萨、和谐拉萨创造良好的法治环境。在全市第四批驻村（居）工作中，各驻村（居）工作队共开展依法治国主题教育活动439场次，参与群众达83627人次；开展法律宣讲活动623次，参与群众达76065人次。

突出亮点抓发展，群众增收致富路径更宽。各驻村（居）工作队在深入走访调研、了解驻在村（居）基本情况的基础上，积极帮助村（居）走出一条富有特色的新农村建设路子，为实现全面建成小康社会宏伟目标奠定坚实基础。一是充分发挥派驻单位在资源、资金、人才、技术、信息等方面优势，通过组织学习培训、外出参观考察等方式方法，教育引导基层干部群众开阔视野，解放思想、转变观念、增强能力。同时，深入挖掘驻在村（居）的资源、生态、人文、历史禀赋等特点亮点优势，帮助所在村（居）理清发展思路470条，找准发展路子311个，制定、完善、实施经济发展规划263项。二是充分发挥项目带动村域经济发展、带动群众增收致富的积极作用，在深入调研论证的基础上，大力实施“短平快”项目。全市第四批驻村（居）工作已落实“短平快”项目262个，总投资达7993.4万元；从为民办实事经费中落实1163.24万元资金，完成项目497个；派驻单位落实项目194个，涉及资金2486.21万元。三是积极引导和组织驻在村（居）群众大力发展净土健康产业，种植食用菌、藏红花、郁金香、玛咖等特色经济作物和实施奶牛、藏香猪、藏鸡养殖项目；积极扶持和壮大农牧民专业合作组织、农牧业龙头企业，努力变无污染的净土优势为资源优势，不断促进农牧业生产集约化、现代化，以此带动农牧民群众增收致富和实现农村剩余劳动力转移。在全市第四批驻村（居）工作中，各驻村（居）工作队共帮助驻在村（居）发展集体经济组织实体105个，合作经济组织实体66个。

突出热点抓民生，党群干群关系更密切。紧紧围绕群众关心的热点难点问题，各驻村（居）工作队通过规范使用办实事经费，积极筹措资金等多种途径，着力解决群众生产生活中的实际困难，用实实在在的行动赢得了群众的广泛赞誉和一致好评。一是深入开展送政策、送科技、送文化和送医疗服务等活动5743场次。走访慰问“三老”人员2178人次，涉及资金达923万元；慰问五保户、贫困户、困难群众和孤寡老人107300人次，发放慰问金和慰问品价值达1552.5万元。千方百计筹措资金2512.89万元，帮助解决就业、上学、医疗保障、修路架桥等民生突出问题668件，办实事好事2555件，让广大农牧民群众深刻感受到了祖国大家庭的温暖。二是通过发放征求意见卡和便民联系卡、设立征求意见箱、公布微信公众号等多种途径，进一步畅通联系服务群众渠道。同时，借助地级以上领导干部带头开展“进社区、察民情、找问题、办实事”活动，党员干部进村入户、“结对认亲交朋友”活动，“三进四同三一”活动和在职党员到社区报到服务群众活动等，创造性地开展联系服务群众工作，深入了解基层群众生产生活情况，帮助群众解决实际困难，党群干群关系更加密切。

突出难点抓扶贫，提升自我造血能力。各驻村（居）工作队针对驻在村（居）群众思想观念陈旧、增收渠道不宽、技能知识偏少等难点问题，把“扶贫”与“扶志”“扶智”相结合，把各方支援和自身奋斗相结合，积极引导基层干部群众增强发展理念、树立市场观念，自觉克服“等靠要”思想，不断提升自我发展能力，实现由“输血”向“造血”功能转变。一是严格按照“精准扶贫、精准脱贫”要求，认真开展摸底调查，找准贫困症结，实行贫困人口脱贫目标实名制，并通过分类指导扶贫和大力实施产业扶贫、到户帮扶、劳动力培训转移及社会扶贫等有效措施，将精准扶贫工作做深做实。在全市第四批驻村（居）工作中，全市共开展“六个精准”扶贫培训班4批，全市村（居）第一书记、第一主任、书记、主任共1034人参训；共争取扶贫开发项目126项，落实总投资18533万元。二是以“四业”工程为抓手，根据群众的意愿，大力开展农牧民实用技术、创业就业技能培训，教育引导和集中组织农牧区富余劳动力和城镇新增劳动力转移到全市重点建设项目上就业，实现增收，带动致富。在全市第四批驻村（居）工作中，共投入经费4557万元，举办城乡劳动力培训213期，培训人数15393人，有近5000名农牧民群众通过实用技术培训提高了一产收入，创收4338万元；全市新增就业10692人，组织农牧区劳动力劳务输出11597人，增加现金收入1680.54万元；各级党政组织培训特殊人员1148人，已就业780人。

突出焦点抓落实，各项惠民政策落实到位。各驻村（居）工作队把群众关心的各项惠民政策落实情况作为焦点问题，切实加强监督，确保各项惠民政策落实到位。一是搭建平台，广泛宣传政策。通过悬挂标语、召开会议、印发资料、制作公开栏等途径，深入宣传各项强农惠民政策，确保群众知晓政策、懂得政策。二是公示结果，接受群众监督。加大党务、政务、财务公开力度。同时，对各项惠民政策的享受范围、享受对象、享受标准和确定对象的名单进行公示，主动接受广大干部群众的监督，确保惠民政策落实公开透明、阳光操作。三是严肃纪律，加大监督力度。组织村（居）两委”班子经常学习各项惠民政策，加强警示教育，增强防范意识。同时，设立意见箱和监督举报电话等，确保惠民政策落实到位，群众的合法权益得到保护。

维稳工作概述

2015年以来，在党中央、国务院的亲切关怀下，在区市党委、政府和区市维稳工作指挥部的坚强领导下，全市政法机关全面贯彻落实中央系列治藏方略，深入贯彻落实习近平总书记“治国必治边，治边先稳藏”的重要战略思想和“努力实现西藏持续稳定、长期稳定、全面稳定”的重要指示，坚持“依法治藏、富民兴藏、长期建藏、凝聚人心、夯实基础”的重要原则，按照陈全国书记“充分发挥首府城市首位度作用和维稳关键作用”的总要求，深入实施自治区十个方面的维稳措施，全面推进党建统市、环境立市、文化兴市、产业强市、民生安市、依法治市“六大战略”，严格落实“关口前移、源头治理、网格化管控、群防群治”四项要求，有力确保了人民安居乐业、社会安定有序，为拉萨经济社会发展和长治久安营造了良好的社会环境。

市委、市政府高度重视，强化组织领导，进一步健全完善了维稳工作指挥体系。要素齐全、属地管理、功能完善、指挥畅通、协调统筹、高效运转的维稳和应急指挥体系进一步健全完善，为维稳各项工作顺利开展提供了坚强有力的组织保障、领导保障和指挥保障。

维稳工作取得好成绩，坚守了“三无”“三不出”目标底线。全市各级各部门牢记维稳首责，深入开展反渗透、反自焚、反暴恐专项行动，依法打击各类分裂破坏活动，有效防范和消除了各类维稳安全隐患，确保了全市无一起自焚事件，无一起暴恐活动，无一人出境参加“法会”，确保了西藏自治区成立50周年等重大活动和中央代表团在藏期间的绝对安全，切实维护了国家安全和政治稳定，得到了中央和区市党委的充分肯定。

社会治理取得新突破，实现了“两降两升”工作目标，有力提升了人民群众安全感和满意度。全市政法机关始终坚持把人民群众的利益放在首位，持续开展打黑除恶、治爆缉枪等专项行动，深入开展社会治安综合整治和严打行动，有效预防和减少违法犯罪，切实维护了人民群众生命财产安全。中国社科院发布的2015年《公共服务蓝皮书》中，拉萨公共安全感在全国38个主要城市中连续五年蝉联第一。

执法司法工作取得新进步，严把了维护公平正义最后一道关口，为经济社会发展营造了良好的法治环境。全市政法机关牢固树立法治理念和法治思维，充分发挥法治的调节功能和保障作用，依法调处各类矛盾纠纷，依法打击各类违法犯罪，维护了公平正义，为拉萨经济社会发展营造了良好的法治环境。

队伍建设迈上新台阶，工作力量极大充实，能力水平不断提高，正朝着首府城市一流政法队伍的目标迈进。在区市党委的关心关怀下，拉萨市政法队伍力量极大充实，有效缓解了警力不足和法官检察官短缺、断层问题，同时，全市政法机关深入开展党的群众路线教育，“三严三实”“忠诚干净担当”教育和政法队伍纪律作风集中教育整顿等一系列专题教育实践活动，持续开展岗前培训、岗位大练兵、学历教育等一系列业务技能培训活动，切实提升了整体素质和依法履职的能力水平，树立了首府城市政法队伍良好形象，赢得了广泛赞誉。

制度建设取得新成效，政法维稳综治长效机制不断健全完善，为各项工作规范开展提供了支撑和保障。紧紧围绕“创机制、创队伍、创政策、创职责”的要求，有力推动政法维稳综治各项工作在法治轨道和制度框架内规范运行。2015年，拉萨市倡议并牵头召开了全面推进“依法治藏”方略座谈会，与四省藏区10个藏族自治州在维护稳定、矛盾纠纷排查化解等方面工作达成共识，建立了协作机制，推动形成了藏区维稳工作协作良好局面。

拉萨概况

自然人文

【自然地理】 拉萨地处西藏中部稍偏东南，位于雅鲁藏布江支流拉萨河北岸，地势总体由东向西倾斜。平均海拔3650多米，是世界上海拔最高的城市之一。

【拉萨气候】 拉萨气候属高原温带半干旱季风气候。气候特点为：辐射强，日照时间长，年日照时数在3000小时以上，有“日光城”之称；干湿季明显，冬春降雨少，天气干燥多大风；雨季降水集中，年降水量为200—510毫米，主要集中在6—9月份，多夜雨；年无霜期100—120天；平均气温低，日温差大，6月平均气温为15.7℃，平均最高气温为22.9℃，是一年中温度最高的月份，1月平均气温为-2℃，平均最低气温-9.7℃，是一年中最低的月份，多年极端最高温度为29.6℃，极端最低气温-16.5℃，分别出现在6月和1月，夏秋季无高温，是夏季的避暑胜地。

【历史文化】 拉萨作为西藏自治区首府，是一座具有1300年历史的古城。拉萨古称“惹萨”，藏语“山羊”称“惹”，“土”称“萨”，相传公元7世纪唐朝文成公主嫁到吐蕃时，这里还是一片荒草沙滩，后为建造大昭寺和小昭寺用山羊背土填卧塘，寺庙建好后，传教僧人和前来朝佛的人增多，围绕大昭寺周围便先后建起了不少旅店和居民房屋，形成了以大昭寺为中心的旧城区雏形。同时松赞干布又在红山扩建宫室（今布达拉宫），于是，拉萨河谷平原上宫殿陆续兴建，显赫中外的高原名城从此形成。早在公元七世纪，松赞干布兼并邻近部落、统一西藏后，就从雅隆迁都逻娑（今拉萨），建立吐蕃王朝。“惹萨”也逐渐变成了人们心中的“圣地”，成为当时西藏宗教、政治、经济、文化的中心，金碧辉煌、雄伟壮丽的布达拉宫，是至高无上政教合一政权的象征。1951年5月23日，西藏和平解放，拉萨城进入了新的时代。1960年，国务院正式批准拉萨为地级市。1982年又将其定为国家首批公布的24座历史文化名城之一。拉萨在漫长的历史进程中，经历了文明的洗礼和文化的鼎盛与延续，积累和沉淀了丰厚的文明成果和文化遗产，素以风光秀丽、历史悠久、文化灿烂、风俗民情独特、名胜古迹众多、宗教色彩浓厚而闻名于世。

【行政区划】 拉萨作为西藏自治区首府，是历史文化“名城”、藏区稳定“要城”、雪域高原“净城”、改革开放“新城”，也是国家历史文化名城、中国优秀旅游城市、全国文明城市、国家园林城市、全国双拥模范城市、国家环境保护模范城市、国家卫生城市。拉萨现辖城关区、堆龙德庆、曲水、尼木、当雄、达孜、墨竹工卡、林周七县一区，有65个乡（镇、街道）、267个村（居、社区），东西跨距277公里，南北跨距202公里，总面积3万平方公里。全市常住人口83万人，有藏、汉、回等38个民族，其中藏族及其他少数民族人口占90%以上。

【自然资源】（一）土地资源。拉萨市现有耕地58万亩，还有宜农土地101.78万亩、宜牧土地3109.69万亩、宜林土地252.9万亩。

（二）能源。境内江河年均流量340亿立方米，湖泊储水200亿立方米，地下水丰厚，念青唐古拉主峰及附近约578平方公里的冰川和永久积雪带储存大量固体水。人均水量和每亩地占水量均高于全国水平。全市河流（不含雅鲁藏布江过境段）水能资源理论蕴藏量254.78万千瓦，地热田年热流量发电潜力15万千瓦，地热地区天然热流量发电潜力26.8万千瓦，年太阳总辐射值达202千卡/平方厘米。

（三）农作物资源。粮食作物以青稞为主，次为小麦、豌豆、蚕豆、荞麦、玉米；经济作物主要有油菜，兼有少量的大麻；蔬菜作物中马铃薯、大蒜、藏葱、藏萝卜、曼青等种植历史悠久，大白菜、小白菜、萝卜、甘蓝、芹菜、菠菜、空心菜、花菜、韭菜、莴笋、胡萝卜等在城镇郊区也广泛种植；随着高效日光温室、塑料大棚、地膜覆盖栽培技术的应用，西红柿、辣椒、黄瓜、南瓜、葫芦、扁豆、茄子、西瓜、油桃、草莓等蔬菜水果品种达90余种。

（四）树种资源。拉萨共有木本植物（含变种）105种，其中乔木41种、隶属20个科。树种主要有高山松、乔松、西藏云杉、大果圆柏、侧柏、藏川杨、清溪杨、缘毛杨、银白杨、北京杨、新疆杨、小香杨、箭杆杨、山杨、优胜杨、钻天杨、加杨、长蕊杨、红柳、左旋柳、唐定柳、龙爪柳、垂柳、自榆、国槐、刺槐、复叶椿、臭椿、自腊、泡桐。干果油料树种有核桃和文冠果，果树有苹果、桃、李、梨、杏，可用造林的灌木有紫穗槐、沙生槐、沙棘、水柏胶、小叶杞子等。

（五）动物资源。家畜主要有牦牛、黄牛、犏牛、马、骡、驴、绵羊、山羊和猪等。先后从区外引进28个家畜优良品种，包括黄牛有西门达尔、北京黑白花、滨州牛、三河牛、瘤牛，绵羊有新疆细毛羊、高加索细毛羊、茨盖羊和罗姆尼羊，山羊有陕西奶山羊、中卫山羊、绒山羊，猪有荣昌猪、内江猪、长白猪等。家禽主要有鸡、鸭、鹅等。野生动物主要有野牦牛、野驴、黄羊、藏羚羊、野马、鹿、黑颈鹤、天鹅、藏雪鸡等。

（六）药材资源。主要有虫草、贝母、红景天、雪莲花、大黄、羌活、独活、高山党参、臭党参、藏沙参、黄花、刺参、麻黄、藏荆芥、曼陀罗、麝香、鹿茸、牛黄、牛鞭等。

（七）矿产资源。现已发现50多种矿产、矿（化）点170多处，主要有铁、铜、铅、锡、铝、银、金、地热、煤、泥炭、刚玉、石膏、自然硫、高岭土、石灰石、火山石、重晶玉、汉白石、花岗石、大理石等。其中，刚玉、地热居全国第一位，自然硫居全国第三位，高岭土居全国第五位；探明铜铅锌储量43万多吨，勘探工作尚在深入进行，前景乐观。

【拉萨物产】 拉萨北部当雄全县和尼木、堆龙德庆、林周、墨竹工卡部分区乡属藏北草原南沿，水草丰美，牧业兴旺，盛产牛羊肉类、酥油和牛绒、羊毛；中部是著名的拉萨河谷，南部属雅鲁藏布江中游，为西藏较好的农业区之一，盛产青稞、小麦、油菜籽和豆类，“拉萨一号”蚕豆更是饮誉中外的良种。拉萨周围具有经济价值和医疗作用的地热温泉遍地，堆龙德庆县的曲桑温泉、墨竹工卡县的德中温泉享誉整个藏区。

【旅游资源】 拉萨名胜古迹众多，景点星罗棋布。有气势恢宏的地质景观、磅礴玉洁的雪峰冰川、美丽恬静的草原风光、波光万顷的高原湖泊、气象万千的地热云雾和郁郁湿润的湿地林卡，全市有大小寺庙200余座，仅市区内已被列为重点保护的文物古迹就有40多处；有风雨千秋的历史胜迹，有美妙绝伦的壁画、唐卡、造像和塑像艺术，有几十万件库存文物；有独具神韵的民族歌舞、服饰和异彩纷呈的民俗风情。布达拉宫及以大昭寺为中心方圆1.3平方公里的古建筑群，被联合国教科文组织列入了《世界文化遗产名录》，受到全人类的尊重和保护。以布达拉宫和八角街为中心的拉萨新城，北至色拉寺，西至堆龙德庆县。纵目眺望拉萨城，邮电大楼、新闻大楼、拉萨饭店、西藏宾馆及各色建筑物星罗棋布，互为参错，连连绵绵，一片新辉。站在布达拉宫顶上俯瞰拉萨全城，整个拉萨市区到处是一片片掩映在绿树中的新式楼房，唯八角街一带飘扬着经幡，荡漾着桑烟。在这里，密布着颇具民族风格的房屋和街道，聚集着来自藏区各地的人们，他们中许多人仍然穿着本民族的传统服装，那仿佛从不离手的转经筒和念珠显然表明佛教实际上已成为一种生活方式。

（朱文俊）

经济社会发展概述

【概　况】 年内，拉萨市地区生产总值由2010年的178.91亿元增至2015年的376.73亿元，比上年增长11.2%，是2010年的2.11倍，五年年均增长16.06%；财政收入110.67亿元，其中公共财政预算收入由15.02亿元增至62.42亿元，比上年下降3.7%，是2010年的4.16倍，五年年均增长32.96%；社会消费品零售总额由88.45亿元增至205.8亿元，比上年增长14.1%，是2010年的2.33倍，五年年均增长18.39%；全社会固定资产投资由176.45亿元增至546.04亿元，比上年增长19.9%，是2010年的3.09倍，五年年均增长25.35%；农村居民人均可支配收入由5003元增至10378元，比上年增长12.1%，是2010年的2.07倍，五年年均增长15.71%，首次突破万元大关；城镇居民人均可支配收入由16567元增至26908元，比上年增长16.7%，是2010年的1.62倍，五年年均增长10.19%；全市72.58亿元的债务全部清偿，实现本届政府"零负债"目标。

【基础设施】 年内，拉萨市城区面积比1959年扩大18倍，城区人口增长7.7倍，城市化水平达到35.43%。城市居民住房面积已发展到300万平方米，人均居住面积由1959年的7平方米增加到25平方米，提高3倍多。城市纵横道路骨架网已完全形成，城区柏油、水泥路主干道46条，总长度为150多公里。城市供水、排水管网已全面建成改善，铺设给排水主管道100多公里，城市日供水量增加到16万吨，自来水普及率达到95%。建成水力、火力、地热发电厂14座，总装机容量16万千瓦，特别是90年代开始实施的农网工程，解决部分农牧区的生产、生活用电问题，这项工程还在继续实施当中，给拉萨城市建设发展和人民生活带来了根本变化。城市车辆总数较1959年增长24倍，城区共有30路公共交通车辆，1300多辆出租车辆，平均12人拥有1辆私家车，城市交通四通八达。交汇于拉萨的青藏、川藏、中尼等公路干线及其支线公路总长2.2万多公里，县、乡、村通车里程达到6753公里，县县通油路，村村通公路，乡乡正在通油路，以拉萨为中心的区域公路网络已经形成。航空辟有拉萨到成都、重庆、北京、上海、广州、西宁、西安、昆明、中甸、昌都等国内航线和到加德满都国际航线。拉萨的邮电通讯事业已步入世界先进行列，城市电话交换机容量达20万门，固定电话用户11.54万门，移动电话用户17.43万户。邮政、电讯网络日趋完善，进入卫星、光缆、程控、网络的全新时代。

【城市建设】 年内，拉萨市推进新型城镇化建设，"东延西扩南跨"的城市布局更加优化，城市建成区面积达到71.16平方公里。制定城市总体规划、历史名城保护规划、土地利用总体规划和矿产资源规划，分步实施城市分区规划和生态规划。在城市规划建设中，较好地处理民族风格与现代的关系，按照"保护旧城、重建新区"的原则，从布达拉宫到大昭寺以及八廓历史文化街区，通过保护和治理，基本保持历史的风貌。在拉萨城市未来规划建设中，在城市格局、空间形态和建筑轮廓线方面，尽量突出民族的艺术形式与风格，促使拉萨具有世界上独一无二的城市风格。自20世纪70年代以来，国家对以八廓历史街区为中心的老城区按照"修旧如旧、保持原貌"的原则，进行维修。至年底，先后维修改造居民大院312个，8800多户居民住进新居，街区居民彻底告别危房。为保护大昭寺周围的环境风貌，拆除与环境风貌不协调的建筑物523处。实施老城区道路、给排水管网改造工程，完善了消防、环卫设施，共改造道路14.05万平方米、管网8.6万米，电照设施604套。

【产业体系】 年内，拉萨市推进经济结构调整、发展动力转换、发展方式转变，产业发展取得巨大成就，三次产业比重由2010年的5.1∶31.2∶63.7调整为2015年的3.7∶37.4∶58.9。以拉萨雪顿节为龙头的节会经济日益红火，促进商贸流通业的持续、快速、健康发展，成为经济增长的重要力量。举办"全国民营企业家拉萨行""中国光彩事业西藏行"拉萨市活动、雪顿节招商活动等，引进涉及文化旅游、净土健康、新能源等领域的项目1000余个，落地资金752.88亿元，是"十一五"期间的4.52倍。推动绿色、循环、低碳发展，天然饮用水、奶业、生猪等九大产业逐步壮大，饮品、食品、药品、饰品等四类产品脱颖而出，"拉萨净土"区域公用品牌影响力扩大，净土健康产业企业达到89家、其中规模以上企业26家。严守53万亩耕地红线，落实支农资金7526万元，建设标准化生产及高产创建示范田88万亩、测土配方施肥示范田59万亩；农牧民专业合作社达到684家，带动6.94万户农牧民实现增收致富。推进信息化与工业化深度融合，培育形成一批特色产业集群。年内，完成工业总产值110.7亿元、增加值43.82亿元，比上年增长15.7%；工业税收9亿元，比上年增长20%以上；园区工业实现总产值50亿元、增加值18.5亿元、税收4.5亿元，均增长30%以上。20家企业产值超亿元。中国西藏文化旅游创意园区加快建设，国际旅游目的地建设迈出坚实步伐，接待游客由2010年的413.42万人次增加到2015年的1179万人次，旅游总收入由2010年的42.11亿元增加到2015年的154.93亿元。引导国有资本更多投向关系经济命脉、民生保障的重要行业和关键领域，增强国有企业内在活力、市场竞争力、发展引领力，组建拉萨交通产业集团、净土产业投资开发有限公司等12家国有企业集团，市属国企达到20家，总资产达到322.6亿元，是2010年的31.45倍。旅游客运企业兼并重组，完成中巴车、出租车、旅游客运车辆改制和治理。坚持"五放六支持"，用足用活中央和自治区关于发展非公有制经济各项优惠政策，做到零注册、轻赋税、强支撑、少检查、重激励，开创非公有制经济蓬勃发展的新局面，各类市场主体达到5.32万户，注册资本达到1167亿元。

【环境保护】 年内，拉萨市建成区绿化面积达1360公顷，覆盖率达32%，公共绿化已达到160公顷，人均占有绿地面积12平方米，居全国前列。近年安排资金34.79亿元，大力实施"树上山""河变湖""暖入户"等重大工程，构建"山、水、城"交相辉映、"人、园、景"相得益彰的生态文明发展格局。以公路、铁路、水路为重点，打造绿色通道和绿色水系，建立首个国家级生态科学观测站，南山绿化造林2023亩，森林覆盖率达19.49%；在城市打造120公顷水面，树立高原河流整治、海绵城市建设典范。建立区市自然保护、生态功能区26个，城市绿化覆盖率达37.8%，人均公共绿地面积9.7平方米，空气质量优良率常年保持在90%以上，集中式饮用水水源地水质达标率常年保持100%。城市大气环境很好，水质基本没有受到污染，位于市区西北的"拉鲁湿地草场"已被列为自治区级自然保护区，人居和投资环境明显改善。城镇垃圾无害化处理率95%以上，污水集中处理合格率100%。空气质量优良率96.8%以上。全面开展城市环境综合整治，实施绿化、亮化、净化、美化工程，对城区水泥企业进行治理和搬迁，一座现代化的城市垃圾处理场已经竣工，对机动车辆尾气排放进行有效监管，城市面貌焕然一新。

【关注民生】 年内，拉萨市把改善民生、凝聚人心作为经济社会发展的出发点和落脚点，投入186.5亿元实施民生项目400多项，年均增长19.1%，是"十一五"时期的2.5倍，获"2015中国全面小康突出贡献城市"称号。创新开展"四业工程"，累计培训17.6万人次，新增城镇就业1.88万人，农牧区劳动力转移就业2.81万人次。城镇登记失业率控制在2.2%以内，零就业家庭保持动态清零；有就业意愿的应届高校毕业生就业率达98%以上。社保参保人数突破46.68万人；城乡低保标准提高到月人均640元和年人均2450元；农村五保户供养标准提高到年人均5370元，高出自治区970元；建立社会救助联席会议制度、社会救助信息直报系统和"一门受理、协同办理"工作机制，未成年人救助保护中心正式运行，五保老人意愿集中供养率和孤残儿童集中供养率均达100%，领先全区。通过采取产业带动、异地搬迁、生态补偿、发展教育、社会保障兜底等得力措施，投入10.9亿元实施880项扶贫开发项目，7.9万人实现脱贫。落实社会保障标准与物价上涨挂钩联动机制，每年投入1000万元异地调运牦牛肉、羊肉、酥油等物资，设立惠民直销点13个，投放蔬菜直销车100辆。实现城市建成区供暖全覆盖，区市每年补贴用气成本3.7亿元，结束世代靠烧牛粪取暖御寒的历史，完成西藏历史上具有里程碑意义的"供暖革命"。

【社会事业】 年内，拉萨市深化教育改革，中小学布局调整基本完成，城镇学前三年入园率达96%，农牧区学前两年入园率达88%，小学毛入学率、巩固率分别达99.82%、99.8%，初中毛入学率、巩固率达102.59%和98.07%，高中毛入学率达89.5%。适龄三类残少儿童入学率达76%，青壮年文盲率下降到1%以内，职业教育体系初步构成，高等教育办学水平持续提升。实施创新驱动发展战略，提升自主创新能力，五年市本级投入科技经费4747.2万元，实施科技项目148项，科技对经济社会发展的贡献率达到42%，对农牧业的贡献率达到48%，万元GDP能耗下降12%，入选国家循环经济示范城市建设试点名单。市县乡村四级公共文化服务网络初步形成，农家书屋、寺庙书屋、广播电视、电影放映、信息共享等惠民工程实现全覆盖，公共文化设施全部免费开放，广播电视综合人口覆盖率分别达到98.02%和98.3%。开展社会主义核心价值体系学习教育，弘扬民族精神、时代精神和"老西藏精神"，在全区率先实现领袖像、国旗、报纸、广播电视、电影、书屋进寺庙全覆盖。投资15亿元的老城区保护工程完工，中国西藏文化旅游创意园区建设加快推进，《文成公主》大型实景剧实现常态化演出，知名度和影响力不断扩大。在全区率先启动公立医院改革、"先诊疗、后结算"和"一卡通"试点工作，在全区率先实现国家基本药物"零差率"销售、农牧区医疗制度全覆盖，建立婴幼儿住院救治和孕产妇住院分娩绿色通道并实行费用100%报销，城乡居民、寺庙僧尼免费健康体检率分别达到99.9%和100%，年人均医疗补助达到420元，孕产妇、婴儿死亡率降至45.9/十万和7.5‰，人均预期寿命达68岁。

【民族团结】 年内，拉萨市把维护祖国统一、加强民族团结作为一切工作的着眼点和着力点，探索具有拉萨特色的城镇、寺庙和农牧区三大服务管理模式，维稳工作实现维稳责任由模糊型向属地化转变、被动应付型向主动治理型转变、力量分散式向集中整合式转变、传统维稳向多元维稳转变、粗放式向精细化转变，社会局势正由基本稳定走向持续稳定、长期稳定、全面稳定。制定实施《拉萨市民族团结进步条例》，设立民族团结进步节，深入开展各种民族团结进步创建活动，2014年群众安全感满意率98%以上。率先在全国深入开展民族团结"七进"活动，率先在全国首府城市颁布实施民族团结进步条例，创新开展民族团结共产党员先锋行动、共青团员闪光行动、少先队员牵手行动，在全区率先全面落实各项利寺惠僧政策，完成在编僧尼自然减员补充学经新僧尼试点工作。

【维护稳定】 年内，拉萨市建成189个便民警务站，打造"核心区1分钟、其他区域3分钟"便民警务圈，全面实行网格化管理、社会化服务，"双联户"模式实现全覆盖，全市刑事、治安、信访案件连年大幅下降。开展反恐防暴、预防渗透、防范自焚等反分裂基础性工作，创新开展"联户平安、联户增收"活动。2011年以来创建118座次和谐模范寺庙，评选12161人次爱国守法先进僧尼。在全国藏区率先研定出台《关于严密防范自焚行为的意见》，防自焚、反自焚工作取得决定性战果，粉碎了达赖集团企图将自焚事件引向拉萨的险恶用心。89件"钉子案""骨头案""棘手案"等历史积案全部妥善化解，实现信访案件"零搁置"目标。安全生产形势持续向好，全市事故起数和死亡人数实现"双下降"，2015年实现了重特大安全生产事故"零发生"的工作目标。根据中国社科院发布的2015年《中国公共服务蓝皮书》，拉萨市公共安全连续五年排名第一。

【政府建设】 年内，拉萨市加快法治政府建设，注重学法用法，积极推进科学立法、依法行政、法治服务、法治教育，不断提高"12348"法律热线和法律援助中心服务质量，行政执法、行政决策等工作更加依法依规。落实市委决策、接受人大监督、支持政协履职、听取各界意见，规范重大行政决策程序，依法行政贯穿决策、执行、监督全过程，近五年办理人大建议议案637件、政协提案615件，办结率、满意率均达100%；颁布地方性法规、政府规章、规范性文件56件。深化行政管理体制改革，完善三级政务服务体系，清理行政审批事项467项，行政审批按时办结率达99%以上。深入推进政务公开，"12345有事找政府"服务热线运行良好，接听市民来电6065件，办结率99.41%，满意率99.9%。设立运行便民服务中心、"12345"政务服务热线，建立政务服务综合应用平台，建设公共资源交易中心和网络数据中心，行政审批事项精简调整率达64.68%，群众办事只进一个门，就可"一站"办成。

【党的建设】 2012－2015年年底，拉萨市新建基层党组织509个，共发展党员10816名，其中农牧民党员8432名，占发展党员总数的78%。截至年底，全市党员共43284名，其中农牧民党员20332名，占全市党员总数的46.97%，占农牧民总人数的7.22%。210个村级组织活动场所建筑面积达到200平方米以上，创先争优强基惠民活动取得明显成效，顺利完成村（居）"两委"换届，党的执政基础更加牢固，党群干群关系更加融洽。

（朱文俊）

大 事 记

1 月

1 日　全市农村集体土地确权登记发证工作启动。曲水县作为拉萨市农村集体土地所有权确权登记工作试点县，完成聂当乡德吉村确认书、承包合同签订和证书制作工作，并为部分农户颁发农村土地承包经营权证。

5 日—6 日　中共拉萨市第八届委员会第六次全体会议召开。会议听取自治区党委常委、市委书记齐扎拉所作的《深入实施党建统市战略，全力开启依法治市新征程》工作报告，审议《中共拉萨市委员会关于贯彻落实全面推进依法治国、依法治藏重大战略的实施意见》和《中共拉萨市委员会关于十八届中央纪委四次全会精神和西藏自治区纪委八届五次全会精神的贯彻落实意见》《中共拉萨市第八届委员会第六次全体会议关于市委常委会工作报告的决议》。

6 日　全市经济工作会议召开。会议贯彻落实中央和自治区经济工作会议精神，总结 2014 年全市经济运行情况，安排部署 2015 年全市经济工作。会议明确了 2015 年全市经济社会发展要重点做好三个方面的工作，参会有关领导围绕不同主题作大会发言。

7 日　中国共产党第八届拉萨市纪律检查委员会第五次全体会议暨 2014 年全市纪委书记（纪检组长）述职评议会召开，传达王岐山在十八届中央纪委四次全会上的讲话和王拥军在八届自治区纪委五次全会的讲话。市委常委、纪委书记彭祎涛出席并讲话，各县纪委书记围绕一年来的思想作风情况、履行职责情况和廉洁自律情况进行述职。

▲　拉萨市 67 个村落（社区）被授予西藏自治区级生态村。

9 日　自治区党委常委、市委书记齐扎拉主持召开八届市委第 95 次常委会，传达自治区党委书记陈全国、常务副书记吴英杰相关批示精神，听取十届人大五次会议和政协十届四次会议筹备情况，审议市人大、市政府、市政协及市中法、市人民检察院工作报告。

▲　平安拉萨建设暨 2014 年度综治总结表彰大会召开。传达贯彻深化平安中国建设会议、深化平安西藏建设推进会会议精神，总结 2014 年全市综治暨平安建设工作，安排部署 2015 年全市综治暨平安建设工作，表彰先进。自治区党委常委、市委书记齐扎拉，市委副书记、市长张延清出席会议，并与驻市区（中）直、市（中）直单位和县（区）签订《2015 年度拉萨市社会治安综合治理目标责任书》。

▲　拉萨市 3 万亩土地开发项目通过区市验收。

11 日　自治区党委常委、市委书记齐扎拉会见以聊城市农业委员会副主任孙玉杰为团长的山东聊城农产品考察团一行，双方就搭建山东与拉萨农产品流通平台达成共识。市委领导张延清、袁训旺、果果参加会见。

12 日—14 日　政协第十届拉萨市委员会第四次会议在市政协会议中心举行。会议听取和审议《政协第十届拉萨市委员会常务委员会工作报告》《关于政协十届三次会议以来提案工作情况的报告》及“一府二院”报告等，选举张勤为政协第十届拉萨市委员会秘书长。

13 日—15 日　拉萨市第十届人民代表大会第五次会议召开。会议听取和审议《政府工作报告》《拉萨市 2014 年国民经济和社会发展计划执行情况与2015年国民经济和社会发展计划（草案）的报告》《拉萨市2014年财政预算执行情况和2015年财政预算执行情况的报告（草案）》等。

15日　拉萨市第一届“最美人民警察”颁奖典礼在市电视台演播大厅举行，扎西多吉、严莘茹等10人获“最美警察”称号。

▲　《拉萨晚报》报道：拉萨市2014年“藏晚”获第五届全国“春晚奖”综艺晚会二等奖，拉萨广播电视台主持人白央获“最佳主持人”奖。

截至20日　拉萨市城关区社区便民510项目已基本完成，“一刻钟便民消费圈”逐步形成，城乡居民消费环境更放心、安全、便捷。

22日　自治区党委常委、市委书记齐扎拉为村（居）“两委”班子成员作《以强基层组织为抓手，全面推进社会主义新农村建设》专题讲座。市委领导龙志刚、陈军、彭祎涛与拉萨市村（社区）党组织和第八届村（居）委会班子成员共同聆听党课。

23日　自治区党委常委、市委书记齐扎拉主持召开八届市委第96次常委会议，传达学习习近平总书记在中央党校第一期县委书记研修班党员座谈会上的讲话精神，研究并讨论《中共拉萨市委员会关于深入开展“三严三实”和“忠诚干净担当”专题教育的意见》及《关深入开展“三严三实”和“忠诚干净担当”专题教育活动实施方案》。

24日　自治区第一督导组督导检查拉萨市党的群众路线教育实践活动工作开展情况。自治区党委第一督导组常务副组长王亚蔺一行先后前往城关区委、夺底乡、维巴村、尼卓林社区，堆龙德庆县委、县人力资源和社会保障局、东嘎镇检查听取建章立制、整改落实环节的工作情况报告。

▲　全市农村工作会议召开。会议传达中央、自治区农村工作会议精神，安排部署2015年农村工作，各县（区）就净土健康、农业现代化发展、草原畜牧业发展、农村深化改革工作推进等情况进行交流发言。市委常务副书记龙志刚出席并讲话。

26日　市委副书记、市长张延清主持召开市政府第27次常务会议，研究并通过《拉萨市文化传媒集团有限公司组建事宜》《拉萨市生态园林建设投资有限公司组建事宜》。

27日　拉萨市有轨电车1号线1:500图测量成果通过专家验收。

27日—28日　拉萨警备区党委五届四次全体（扩大）会议召开。自治区党委常委、市委书记、拉萨警备区党委第一书记齐扎拉出席会议并讲话，拉萨警备区政治委员、党委书记肖光富主持会议，市委常委、拉萨警备区司令员、党委副书记张才刚出席会议。

28日　自治区党委常委、市委书记齐扎拉主持召开八届市委第97次常委会议，传达学习十八届中央纪委五次全委会议精神、江苏省委书记罗志军、省长李学勇在《江苏省对口支援西藏拉萨市前方指挥部2014年工作总结和2015工作思路》上的指示精神，听取拉萨市委常委班子党的群众路线教育实践活动整改落实推进情况汇报情况，研究《关于四大班子地级以上领导干部开展“进社区、察民情、找问题、办实事”活动的实施方案》和《关于加快信息化发展的意见（送审稿）》《关于拉萨生态园林建设投资有限公司组建方案的请示》。

29日　全市信访工作电视电话会议召开，传达自治区党委常委、市委书记齐扎拉对信访工作的批示精神，通报2014年全市信访工作，安排部署2015年信访工作，听取堆龙德庆县、当雄县、市人力资源和社会保障局工作汇报，城关区、达孜县、市行政综合执法联运支队在会上作发态发言。市委副书记、市长张延清出席并讲话，自治区信访局副局长刘中强出席会议，市委领导袁训旺、彭祎涛出席会议。

30日　八届拉萨市纪委第六次全体会议召开。自治区党委常委、市委书记齐扎拉出席并讲话，市委领导张延清、达娃、张才刚、斯朗尼玛、袁训旺、次仁旺堆、陈军、占堆、彭祎涛出席会议。

▲　自治区党委常委、市委书记齐扎拉主持召开拉萨市落实党风廉政建设主体责任党委（党组）书记述责报告会，听取城关区、堆龙德庆县、达孜县、当雄县、林周县、尼木县、墨竹工卡县党委书记就落实党风廉政建设主体责任和第一责任人履责情况汇报。自治区党委巡视二组副组长多吉才旺出席会议，市委领导张延清、袁训旺、次仁旺堆、陈军、占堆、彭祎涛出席会议。

31日　拉萨市深入开展“三严三实”和“忠诚干净担当”专题教育动员部署会召开。自治区党委常委、市委书记齐扎拉出席并对全市深入开展“三严三实”和“忠诚干净担当”专题教育活动进行全面部署，市委领导张延清、达娃、张才刚、斯朗尼玛、袁训旺、陈军、占堆、彭祎涛出席。

2　月

3日　拉萨市召开2015年全市安全生产工作电

视电话会议，传达学习自治区党委常委、市委书记齐扎拉关于安全生产的批示精神，通报2014年全市安全生产形势，安排部署2015年工作。市委副书记、市长张延清出席并对2015年全市安全生产工作提出要求。自治区安监局局长达木拉，自治区交通运输厅副厅长索朗群培出席会议，市委常委、市纪委书记彭祎涛出席会议。

5日 国家禁毒委督导检查组赴拉萨市检查指导禁毒工作，听取拉萨市开展禁毒工作情况汇报，对拉萨市禁毒工作给予肯定。副市长、市公安局局长陈文强向督导组作工作报告。

7日 自治区党委常委、市委书记齐扎拉主持召开市委专题会议，研究《拉萨河（城关区）综合整治工程2#闸项目橡胶坝设计方案》。市委领导斯朗尼玛、袁训旺出席会议。

8日 自治区党委常委、市委书记齐扎拉前往曲水县才纳乡国家现代农业示范园区察看园区建设情况，南木乡江村了解农村宅基地确权登记颁证工作。市委常委、秘书长袁训旺陪同。

9日 自治区党委常委、市委书记齐扎拉主持召开八届市委第98次常委会，传达学习习近平总书记在省部级主要领导干部学习贯彻十八届四中全会精神全面推进依法治国专题研讨班开班式上的讲话精神、中央政法工作会议和自治区党委政法工作会议精神，听取2015年全市政法工作安排汇报，研究《拉萨文化传媒有限公司组建方案》等事宜。

▲ 《拉萨晚报》报道，墨竹工卡县获“自治区县域平安边界”称号。

10号 自治区党委常委、市委书记齐扎拉赴墨竹工卡县甲玛乡孜孜荣村调研搬迁安置房规划建设及群众入住情况及墨竹工卡县完小校园建设及全县教育规划布局状况。市委领导斯朗尼玛、袁训旺一同调研。

▲ 拉萨市与驻市部队举行春节藏历新年联谊座谈会，市委副书记、市长张延清出席并讲话，市委常委、市公安局党委书记次仁旺堆主持座谈会，西藏军区、拉萨警备区、西藏公安消防总队、空军拉萨指挥所、武警西藏森林总队、自治区警卫局、西藏军区总医院等驻市部队主官出席座谈会。

11日 自治区党委副书记、常务副主席、自治区党委政法委书记邓小刚前往达孜县看望慰问结对户、贫困户、村“两委”班子和驻村工作队。

12日 拉萨市召开2015年春节藏历新年慰问在蓉（成都）离退休老干部座谈会。自治区党委常委、市委书记齐扎拉，自治区政协副主席参木群等区市领导看望慰问参会的原自治区主席江村罗布等自治区省级离退休干部及拉萨市离退休干部。市委领导龙志刚、陈军出席。

13日 拉萨市与各地驻拉萨办事处（联络点）座谈。市委副书记、市长张延清主持会议并讲话，希望各地驻拉萨办事处（联络点）继续关心支持拉萨各项工作。市委领导次仁旺堆出席。

▲ 以西藏职业技术学院院长李长山为组长的自治区创先争优强基础惠民生活动第一巡回督导组赴拉萨市各县（区）村（居）就第四批驻村工作队进驻以来的工作衔接情况、“两节”期间维稳措施落实情况以及驻村工作队员在岗情况进行督导检查；3月13日，督导组向市强基惠民活动办通报督导检查情况，并就进一步做好第四批驻村工作提出意见建议。市委常委、纪委书记彭祎涛出席会议。

15日 自治区党委副书记、主席洛桑江村前往药王山市场、百益超市、八廓商城调研拉萨节日市场供应情况。

16日、18日 自治区党委副书记、常务副主席、政法委书记邓小刚前往拉萨市基层一线看望慰问坚守岗位的政法干警、执勤官兵以及各部门、各方面维稳安保力量。自治区党委常委、市委书记齐扎拉陪同。

▲ 自治区党委常委、组织部部长曾万明前往墨竹工卡县唐加乡卓村等地调研强基惠民驻村工作开展情况，看望慰问驻村工作队、村“两委”班子成员和部分老党员。

17日 自治区党委副书记、主席洛桑江村前往曲水县江村麻风病康复中心看望慰问康复人员及工作人员。

▲ 拉萨市举行2015年春节、藏历新年团拜会。自治区党委常委、市委书记齐扎拉出席并致辞，市委副书记、市长张延清主持，市委领导达娃、斯朗尼玛、次仁旺堆、占堆出席。

18日 自治区党委书记陈全国前往大昭寺看望僧众和驻寺干部，并与哲蚌寺、色拉寺、大昭寺、甘丹寺、楚布寺、小昭寺、仓姑寺僧尼和驻寺干部座谈。自治区党委常委、市委书记齐扎拉陪同。

▲ 自治区党委书记陈全国前往拉萨市看望慰问节日期间坚守在维稳一线的工作人员。自治区党委常委、市委书记齐扎拉陪同。

28日 自治区党委常委、市委书记齐扎拉看望慰问全国人大常委会原委员、全国人大民族委员会原副主任委员列确，自治区人大常委会原副主任洛桑丹珍、索朗达吉、曲加、向巴嘎登、群培，市委原副书记、市人大常委会原主任扎西多吉，市政协原副地级专职常委仲苏平措等区市离退休老干部。并陪同老同志们参观拉萨河综合整治工程，市委领导齐扎拉、张延清、龙志刚、果果、彭祎涛陪同。

▲ 在北京召开的全国精神文明建设工作表彰暨学雷锋志愿服务大会上，经中央文明委复查合格，拉萨市继续保留“全国文明城市”荣誉称号。

3 月

1日 拉萨市召开2015年维稳工作部署会议，分析研判当前形势，安排部署3月份全市维护稳定工作。自治区党委常委、市委书记齐扎拉出席并就做好2015年维稳各项工作提出要求，自治区人大常委会副主任周春来、赵正修、马如龙，自治区政协副主席索朗仁增，自治区驻拉萨维稳督导组成员，市委领导张延清、龙志刚、达娃、斯朗尼玛、王晖、次仁旺堆、陈军、果果、彭祎涛出席。

▲ 《人民日报》报道：拉萨市蝉联“全国文明城市”称号，墨竹工卡县扎西岗乡、当雄县羊八井镇获“第四届全国文明村镇”称号；拉萨市委组织部、拉萨师专、堆龙德庆县人民法院、当雄县中学获“全国文明单位”称号，拉萨市文明办获“全国未成年人思想道德建设工作先进单位”称号。

2日 自治区党委副书记、常务副主席、政法委书记邓小刚前往拉萨市金珠西路派出所、布达拉宫广场便民警务站督导检查维稳措施落实情况，看望慰问执勤民警。自治区党委常委、市委书记齐扎拉陪同。

3日 自治区党委副书记、常务副主席、政法委书记邓小刚前往拉萨公安消防支队特勤大队检查执勤备战情况，观摩消防演练。自治区党委常委、市委书记齐扎拉陪同。

4日 市政府召开十届六次全体（扩大）会议暨2015年廉政工作视频会议，传达习近平总书记在十八届中央纪律检查委员会第五次会议上的讲话精神。市委副书记、市长张延清出席并与各常务副市长、副市长、市政府党组成员签订2015年目标责任书，市委领导陈勇、王晖、周普国、彭祎涛出席会议。

5日 自治区党委常委、市委书记齐扎拉前往当雄县检查纳木错“羊年转湖”宗教活动安保及服务等各项准备工作和落实情况。市委领导达娃陪同。

6日 自治区党委副书记、常务副主席、政法委书记邓小刚前往拉萨中学、西藏大学考察调研学校开学、校园安全和学校教学、学生学习生活等情况。自治区党委常委、市委书记齐扎拉陪同。

▲ 拉萨市召开中国农业银行西藏分行赴拉萨挂职干部座谈会。自治区党委常委、市委书记齐扎拉出席并希望8名挂职担任副县长的同志尽快打开工作局面。市委常务副书记龙志刚，市委常委、组织部部长陈军，中国农业银行西藏分行营业部党委书记、总经理李磊出席。

7日—12日 自治区党委第一督导组常务副组长王亚蔺率督导组前往拉萨市部分县区和市直单位，就近期维稳工作及党的群众路线教育实践活动整改落实建章立制工作开展情况进行检查。13日，召开市委党的群众路线教育实践活动整改落实工作情况汇报会。市委常务副书记龙志刚向督导组一行汇报拉萨市整改落实、建章立制工作情况。

8日 自治区党委副书记、常务副主席、政法委书记邓小刚前往拉萨市公安局交警支队女子大队和特警支队女子大队，视察执勤备勤情况，看望慰问女民警。自治区党委常委、市委书记齐扎拉陪同。

9日 自治区党委常委、市委书记齐扎拉主持召开八届市委第99次常委会，传达学习全国政协主席俞正声在中央西藏工作协调小组第13次专题会议精神，中央政治局委员、中央统战部部长孙春兰2月13日的重要指示精神，自治区党委书记陈全国在《拉萨市委关于拟深入开展“三严三实”和“忠诚干净担当”专题教育的报告》上的指示精神，研究《关于成立拉萨市高新技术产业区建设工作领导小组》相关事宜及《关于西藏文化旅游创意园区管理体制事宜的请示》。

10日 自治区党委副书记、常务副主席、政法委书记邓小刚前往小昭寺、城关区热木其居委会督导检查维稳安保措施落实情况。自治区党委常委、市委书记齐扎拉陪同。

11日 自治区党委副书记、常务副主席、政法委书记邓小刚前往城关区蔡公堂乡次角林村视察园区建设情况及维稳安保措施落实情况。自治区党委常委、市委书记齐扎拉陪同。

▲ 自治区党委常委、市委书记齐扎拉与热振

寺、乃朗寺、达龙寺、直孔梯寺青年藏传佛教转世活佛代表座谈，勉励活佛代表进一步弘扬藏传佛教爱国爱教传统，做爱国爱教、护国利民的高僧大德。市委副书记、统战部部长达娃参加座谈会。

▲ 拉萨市首辆“油改气”公交车在16路公交线路上运营。与传统柴油公交车相比，“油改气”公交车噪音下降40%、尾气排放减少32%。推行“油改气”公交车将对保护拉萨市的碧水蓝天有着积极的推动作用。

12日 自治区党委副书记、常务副主席、政法委书记邓小刚前往拉萨贡嘎机场，观摩机场维稳反暴恐拉动演练，督导检查维稳安保措施落实情况，并视察调研嘎拉山隧道和雅江特大桥扩建工程建设情况。自治区党委常委、市委书记齐扎拉陪同。

▲ 拉萨市召开宗教界代表人士座谈会。自治区党委常委、市委书记齐扎拉出席并讲话，希望宗教界人士要一如既往地继承和弘扬藏传佛教优良传统，不断展现新时期拉萨市广大僧众的新形象新风貌。市委领导达娃、斯朗尼玛出席会议。

13日 拉萨市举行维稳应急拉动演练。自治区党委副书记、常务副主席、政法委书记邓小刚观摩演练，并前往拉萨市一线指挥部视察拉萨市反恐维稳安保工作。自治区党委常委、市委书记齐扎拉，市委领导张延清、达娃、次仁旺堆陪同。

▲ 自治区党委常委、市委书记齐扎拉检查指导清政府驻藏大臣衙门中国共产党治藏新纪元展厅布展调整情况。市委常委、城关区委书记果果陪同。

14日 自治区党委常委、市委书记齐扎拉主持召开八届市委第100次专题会议，听取城市亮化等街景改造工作情况汇报。市委领导张延清、龙志刚、斯朗尼玛、果果、彭祎涛出席。

17日 自治区党委常委、市委书记齐扎拉赴城关区纳金乡政府、嘎巴村委会检查督导维稳工作和调研乡村两级基层组织建设工作，并与乡、村两级干部座谈，了解乡村各项事业发展情况。市委领导陈军、果果、彭祎涛陪同。

18日 拉萨市落实党风廉政建设“两个责任”述职述责汇报会召开。自治区党委常委、市委书记齐扎拉主持会议并代表市委常委班子作2014年落实党风廉政责任制述职述责报告及个人述职述责报告，市委常委、纪委书记彭祎涛代表市纪委作2014年落实党风廉政建设监督责任述职述责报告，其他市委班子成员提交书面述职述责报告。自治区人大常委会副主任、自治区党委落实党风廉政建设责任制检查考核工作组第一组组长赵正修及考核组成员到会指导。

18日—20日 自治区党委常委、市委书记齐扎拉主持召开学习习近平总书记系列重要讲话精神专题学习讨论会。分别传达学习《中共中央关于徐才厚严重违纪违法案及其教训的通报》《习近平总书记关于党风廉政建设和反腐败斗争论述摘编》《“四个全面”战略布局演进脉络与重大意义》《人民日报关于习近平总书记“四个全面”重要论述评论员文章》。各常委分别在会上结合各自工作、学习情况作交流发言。

20日 自治区党委副书记、常务副主席、政法委书记邓小刚前往拉萨教育城，视察调研项目建设和学校教学情况，检查指导维稳安保工作。自治区党委常委、市委书记齐扎拉陪同。

▲ 自治区党委常务副书记吴英杰前往拉萨西郊客运站、柳梧新区柳梧乡桑达村调研交通运输安全和基层客运保障、春季农牧业生产等情况。自治区党委常委、市委书记齐扎拉陪同。

21日 自治区党委常委、市委书记齐扎拉前往教育城，视察拉萨市委党校、拉萨市廉政警示教育基地、拉萨市第二中等职业技术学校建设进展及管理运行情况。市委领导陈勇、龙志刚、马新明、斯朗尼玛、陈军、彭祎涛陪同。

23日 自治区党委副书记、常务副主席、政法委书记邓小刚会见北京德青源农业科技股份有限公司董事长兼总经理钟凯民一行。自治区党委常委、市委书记齐扎拉，市委领导张延清、龙志刚、马新明、周普国、洪家志一同会见。

▲ 自治区党委常委、市委书记齐扎拉与北京德青涛农业科技股份有限公司董事长兼总经理钟凯民率队的赴拉萨考察团一行座谈，双方就合作藏鸡养殖业进行深入交流。市委领导张延清、龙志刚、马新明、周普国、洪家志出席。

24日 自治区党委常委、市委书记齐扎拉考察城市街景改造和水景建设工作进展情况。市委领导张延清、斯朗尼玛、王晖、果果陪同。

▲ 北京德青源农业科技股份有限公司考察团一行赴尼木县乌米现代农业综合开发示范区考察藏鸡生态园建设项目，就藏鸡生态园项目建设与尼木县达成初步共识。市委常委、常务副市长周普国陪同前往。

▲　拉萨市获2015—2017年度“国家卫生城市”称号，并被全国爱卫会表彰授牌。

▲《拉萨晚报》报道：拉萨市党的群众路线工作案例入选全国党的群众路线工作100例。

25日　自治区党委常委、市委书记齐扎拉前往城关区高标准奶牛养殖中心、大昭圣泉有限公司、蔡公堂乡白定村支沟油桃种植项目基地，视察净土健康产业发展现状及远景规划。市委领导龙志刚、斯朗尼玛、周普国、果果陪同调研。

▲　市委副书记、市长张延清主持召开市政府第29次常务会议，传达学习刘云山《领导干部要始终做到忠诚干净担当》讲话精神。

▲　拉萨市人民政府与北京德青源农业股份有限公司举行西藏拉萨藏鸡保护与开发利用项目合作框架协议签订仪式。市委常务副书记龙志刚，北京德青源公司董事长兼总经理钟凯民等出席签约仪式。

26日　自治区党委常委、市委书记齐扎拉主持召开八届市委第100次常委会，传达学习中共中央政治局常委、中央纪委书记王岐山在参加十二届全国人大三次会议西藏代表团审议讨论时的讲话精神，研究并同意《关于尽快实施拉萨市城市安居工程和经济适用住房办理用地手续等4个历史遗留问题处理意见的请示》。

▲　自治区党委常委、市委书记齐扎拉主持召开市委专题会议，听取北京中体建筑工程设计有限公司负责人汇报拉萨教育城综合体育馆设计方案。市委领导张延清、陈勇、龙志刚、达娃、斯朗尼玛、袁训旺、王晖、周普国、次仁旺堆、陈军、洪家志、果果、占堆、彭祎涛出席。

▲　由自治区民宗委主办、市民宗局协办，堆龙德庆县委、县政府承办的喜迎“3·28”民族团结进乡村活动在西藏“糌粑之乡”古荣乡举行。活动通过新旧西藏对比和民族团结展板及群众代表现身说法等形式开展“感党恩、促团结、谋发展”宣传教育活动。

27日　自治区党委常委、市委书记齐扎拉与中宣部人权事务局干部肖恒刚带队的中央主要新闻媒体记者团一行座谈，并就拉萨市多次蝉联中国最幸福城市榜首的主要做法等问题回答记者提问。市委领导张延清、龙志刚、袁训旺、占堆、自治区党委外宣办副主任胡荣国出席。

▲　自治区党委常委、市委书记齐扎拉主持召开西藏巨龙铜矿建设推进专题会议，听取西藏巨龙铜业有限公司、墨竹工卡县、达孜县对巨龙铜矿建设工作推进情况汇报。市委领导张延清、陈勇、斯朗尼玛、袁训旺、王晖，墨竹工卡县、达孜县和相关企业负责人出席会议。

29日　市委副书记、市长张延清调研南山造森绿化工程项目建设进展情况，并前往罗布林卡广场、布达拉宫广场及部分主干道视察绿化、美化工作开展情况。市委领导斯朗尼玛陪同。

29日—30日　由财政部预算司、税政司、行政政法司、教科文司、经建司、社保司等组成的财政部赴藏调研组前往拉萨北京实验中学、拉萨市第二职业技术学校调研教育教学管理、设备设施配置、校园文化建设等情况。

30日　自治区党委常务副书记吴英杰前往西藏自然科学博物馆、西藏会展中心等调研重点公共设施项目建设和运营情况。自治区党委常委、市委书记齐扎拉陪同。

▲　自治区党委常委、市委书记齐扎拉主持召开市委专题会议，听取各县（区）基层党组织建设工作情况汇报。市委领导龙志刚、袁训旺、陈军、果果、彭祎涛出席会议。

▲　拉萨市城乡居民养老保险参保人员达20万人，征缴基金1530万元，征缴率达到93%。

4　月

3日　中国标准化研究院党委书记王宗龄一行赴拉萨市市民服务中心检查指导市民服务中心政务服务国家级标准化试点建设工作，并对市民服务中心标准化试点建设工作提出指导性意见和建议。市委常委、常务副市长洪家志陪同。

6日　自治区党委常委、市委书记齐扎拉前往柳梧新区考察调研拉萨高新技术产业选址、规划设计等前期工作开展情况。市委领导斯朗尼玛、袁训旺陪同。

8日　最高人民检察院规范司法行为专项整治工作督导检查组组长、最高人民检察院刑事申诉检察厅厅长宫鸣一行赴拉萨市检察院检查指导规范司法行为专项整治工作开展情况，对拉萨市检察机关规范司法行为专项整治工作取得的成绩给予肯定。

9日　中央政治局委员、北京市委书记郭金龙主持召开北京市对口支援和经济合作工作领导小组会议，听取北京援藏指挥部2014年援藏工作情况和2015年项目计划及工作安排工作汇报。北京援藏指挥部总指挥、拉萨市委副书记马新明出席会议。

▲ 拉萨市综合整治工作动员大会召开。自治区党委副书记、常务副主席、政法委书记邓小刚出席并讲话，自治区党委常委、市委书记齐扎拉作工作部署，市委副书记、市长张延清与自治区和拉萨市目标责任单位代表签订目标责任书，市委领导干部陈勇、达娃、斯朗尼玛、袁训旺、周普国、次仁旺堆、陈军、洪家志、果果、彭祎涛出席。

14 日 自治区党委常委、市委书记齐扎拉与新华社参编部主编吴瑞带队的新华社赴藏调研组一行座谈，就调研组一行关心的问题进行交流。新华社会西藏分社党组书记、社长、总编辑张晓华，市委领导张延清、陈勇、马新明、达娃、袁训旺出席座谈会。

17 日 自治区党委常委、市委书记齐扎拉前往曲水县才纳乡白定村出席曲水县农村土地承包经营权抵押贷款发放仪式，并召开深化农村改革工作座谈会。自治区党委宣传部常务副部长、新华社西藏分社社长张小华，农行西藏分行相关负责人，市委领导龙志刚、袁训旺、周普国出席。

▲ 拉萨市首家水利工程质量检测中心揭牌。国家水利部淮委副主任刘玉年、副市长次仁央宗出席。拉萨市水利工程质量检测中心项目总投资823.97 万元，江苏省水利厅援助资金 623.97 万元，水利部淮委援助资金 200 万元。检测中心建成后水利部淮委赠送了价值 50 余万元的检测仪器设备，江苏省水利厅援助 100 余万元的设备资金。

18 日 市委副书记、市长张延清前往墨竹工卡县巨龙铜业有限公司调研矿区安全建设情况，了解群众搬迁安置情况。市委领导王晖陪同。

20 日 自治区党委常委、市委书记齐扎前往嘎玛贡桑道路改造工程施工点、西藏会展中心、拉萨教育视察市重点工程项目建设进展情况。自治区党委宣传部常务副部长、西藏日报社社长孟晓林，市委领导张延清、斯朗尼玛、袁训旺、王晖、果果陪同。

21 日 自治区党委书记陈全国前往拉萨经济技术开发区调研，听取西藏天佑德青稞酒精有限公司、西藏高原天然水有限公司、西藏金采科技股份有限公司运营情况。自治区党委常委、市委书记齐扎拉陪同。

截至 21 日，拉萨市设立未成年人救助保护中心，硬件设施建设已基本完成。

22 日 拉萨市第二次非公经济发展大会召开，传达全市第二次非公经济发展大会工作报告，表彰第二届“优秀中国特色社会主义事业建设者”和“服务非公经济发展先进集体”。自治区党委常委、拉萨市委书记齐扎拉出席并就非公经济发展提出要求，自治区人大常委会副主任许雪光、自治区副主席多吉次珠到、自治区工商联副主席旺堆出席会议，市委领导张延清、陈勇、龙志刚、马新明、达娃、袁训旺、王晖、周普国、次仁旺堆、陈军、洪家志、果果、彭祎涛出席。

23 日 拉萨市召开第一季度经济运行工作点评会。通报第一季度经济运行情况，听取各县(区)、市直各相关单位工作汇报。市委副书记、市长张延清出席并讲话，市委领导陈勇、斯朗尼玛、王晖、洪家志出席会议。

▲ 拉萨市乡镇干部职工周转房建设工作部署会召开。通报全市乡镇干部职工周转房建设项目情况，听取各县(区)周转房建设前期工作开展情况，相关单位与市政府签订《乡镇干部职工周转房建设工作责任书》。市委常委、常务副市长王晖出席并讲话。

23 日—24 日 自治区党委常委、市委书记齐扎拉主持召开市委“三严三实”和“忠诚干净担当”专题教育学习讨论会，传达学习人民论坛系列文章《谷文昌给干部留下什么》、自治区党委书记陈全国在《学习参考》上的重要批示精神和《从“六项规定”到“八项规定”——系统学习习近平总书记十八大前后关于作风建设的重要论述》。张延清、龙志刚、马新明、达娃、斯朗尼玛、袁训旺、王晖、周普国、次仁旺堆、陈军、洪家志、果果、彭祎涛结合各自学习情况和工作实际作专题交流发言。

24 日 江苏省·拉萨市交通援藏 20 周年工作座谈会暨交通工程抢修设备专用车捐赠仪式在市交通局举行。听取拉萨市交通运输基本情况及江苏省援助拉萨市交通工作情况汇报。会上，江苏省交通厅向市交通局捐赠农村公路养护、抢险专用机械款750 万元。自治区交通厅党委书记葛裕涛，江苏省交通运输厅副厅长丁峰，市委常委、常务副市长、江苏省对口支援西藏拉萨市前方指挥部副总指挥王晖出席会议。

26 日 拉萨市举行拉萨棋院揭牌暨西藏阜康医药职业围棋队成立仪式。自治区党委常委、拉萨市委书记齐扎拉，中国围棋协会副主席林建超将军，自治区副主席甲热·洛桑旦增，拉萨棋院名誉院长、名誉总教练曹大元共同为拉萨棋院揭牌。拉萨棋院揭牌暨西藏阜康医药职业围棋队的成立，填补了我国棋牌类运动发展在雪域高原的空白。

27 日　自治区党委常委、市委书记齐扎拉主持召开拉萨市城乡规划建设委员会第十三次会议，传达学习洛桑江村主席在 2015 年自治区 “两会” 拉萨代表团讨论时的讲话精神，审查并同意《拉萨市建设项目配建停车泊位设置标准规定》《拉萨高新技术产业开发区产业发展规划》《拉萨高新技术产业开发区总体规划（2015—2020）》。自治区环保厅厅长江白、自治区科技厅副厅长永吉，市委领导张延清、龙志刚、袁训旺、王晖出席会议。

▲　受自治区党委常委、市委书记齐扎拉，市委副书记、市长张延清委托，副市长计明南加约见尼泊尔驻拉萨总领事哈里・普拉萨德・巴道，就尼泊尔 25 日遭受 8.1 级地震灾害向尼泊尔政府和人民表示慰问。并向加德满都市捐助价值人民币 100 万元救灾物资援助。

28 日　自治区党委常委、市委书记齐扎拉前往当雄县、班戈县视察纳木错 “羊年转湖” 民俗活动社会服务管理工作，听取当雄县、班戈县等相关部门 “羊年转湖” 社会服务管理工作开展情况汇报。自治区政协副主席、那曲地委书记高扬，市委领导袁训旺、次仁旺堆陪同检查。

29 日　自治区党委常委、市委书记齐扎拉，自治区常务副主席丁业现前往空港新区（甲竹林镇）调研 101 省道贡嘎机场路段拓宽整治项目并召开现场协调会。自治区交通厅、财政厅、环保厅、自治区民航局主要负责人，市委领导斯朗尼玛、袁训旺陪同。

▲　拉萨市首届青年创新创业大赛总决赛举行。10 个创业实体分别获得 15 万元、10 万元、8 万元扶持资金。市委副书记、统战部部长达娃出席并为获奖者颁奖。

30 日　自治区党委常委、市委书记齐扎拉主持召开八届市委第 101 次常委会议，传达学习近期自治区党委书记陈全国关于拉萨市工作的批示指示精神及自治区《关于空港新区管理委员会工作启动有关事宜的专题会议纪要》，研究并同意《关于贯彻落实 “党建统市” 战略，进一步加强机关党建工作的意见》《关于进一步加强基层党组织建设的意见》《关于强党、固基、扶村工作的意见（试行）》《关于进一步加强纪检监察工作的意见》《关于进一步加强全市党校和市行政学院工作的意见》和《设立六县县委党校的建议》。

▲　拉萨市委举行支援 “4・25” 地震灾区抗震救灾捐款仪式，市委领导齐扎拉、张延清、陈勇、龙志刚、达娃、斯朗尼玛、袁训旺、王晖、次仁旺堆、陈军、果果及市委办公厅、市纪委、市委政法委、市委组织部、市委统战部、市委宣传部 356 名干部职工共为灾区捐款 167650 元。

▲　市委副书记、市长张延清检查指导环城路（北段）前期工作进展情况，并召开专题会听取市住建局、市规划局、城投公司、市国土局、市发改委、市财政局、市环保局、城关区工作汇报，安排部署工程建设事宜。

▲　江苏省对口支援西藏拉萨市第七批援藏干部及指挥部工作人员向地区灾区捐款 91020 元。

5　月

2 日　市委副书记、市长、市委政法委书记张延清主持召开社会治安综合整治推进会，听取全市社会治安综合整治工作推进情况汇报，研究解决突出问题，就重点工作进行安排部署，市民宗局、市安监局、市交通局、市委宣传部、市旅游局、城关区、市工商局等相关部门结合各自工作实际汇报社会治安综合整治工作推进情况。

4 日　市人大办公厅、市政府办公厅、市政协办公厅组织干部职工向地震灾区捐款，共计 14.155 万元。

6 日　自治区党委常委、市委书记齐扎拉考察拉萨河沿线环境综合整治工作及迎亲大桥建设进展等情况。市委领导斯朗尼玛、袁训旺、果果陪同。

7 日—8 日　自治区党委常委、自治区直机关工委书记多托率全区工会重点工作调研组前往墨竹工卡县、达孜县、城关区和拉萨国家级经济技术开发区的部分乡镇、企业（国企、非公）、街道和社区工会，围绕工会基层组织建设、工资集体协商、“五险一金” 和企业民主管理（厂务公开）等四个重点内容和基层工会业务工作进行调研，并召开座谈会，听取调研单位关于工会工作开展情况的汇报。市委领导达娃陪同调研。

8 日　自治区党委常委、市委书记齐扎拉主持召开八届市委第 102 次常委会，传达学习习近平在庆祝 “五一” 国际劳动节暨表彰全国劳动模范和先进工作者大会上的讲话，传达 4 月 30 日中共中央政治局会议关于分析研究当前经济形势和经济工作的精神和自治区党委书记陈全国在拉萨市开展 “三严三实” 和 “忠诚干净担当” 专题教育工作情况报告上的指示精神，听取《关于 2015 年一季度经济运行情况的报告》和《全市社会治安综合整治工作进展情况汇报》,研究《拉萨市 2014 年财政预算执行情况和 2015 年财政预算情况汇报》。

12 日　教育部民族教育司司长毛力提率教育部调研组一行前往拉萨教育城市调研拉萨市第二中等职业技术学校、拉萨江苏实验中学、拉萨阿里高级中学、拉萨那曲第二高级中学,拉萨市老师继续教育学校办学规模、教学质量、师资队伍建设、学校建设管理等情况。自治区党委常委、市委书记齐扎拉陪同。

13 日　拉萨市召开维稳联席会议,传达贯彻自治区党委书记陈全国讲话精神,听取各地市派驻拉萨维稳定协调组、区市相关单位关于做好纳木错“羊年转湖”“萨嘎达瓦”宗教活动期间维稳安保工作汇报。自治区党委常委、市委书记齐扎拉出席并讲话,市委领导张延清、达娃、袁训旺、次仁旺堆出席会议。

14 日　拉萨市举行学习贯彻习近平总书记为第四批全国干部学习培训教材所作《序言》精神座谈会暨培训教材发放仪式,传达学习习近平总书记所作的《序言》及赵乐际的讲话精神。自治区党委常委、市委书记齐扎拉出席并讲话,市委领导张延清、达娃、肖光富、袁训旺、次仁旺堆、陈军、果果、彭祎涛出席会议。

▲　自治区党委常委、市委书记齐扎拉前往空港新区(山南地区贡嘎县甲竹林镇)、柳梧新区,考察 101 省道贡嘎机场路段拓宽整治项目和绿化亮化工作。市委领导斯朗尼玛、袁训旺陪同。

15 日　拉萨市创建全国民族团结进步示范市“七进”试点单位揭(授)牌仪式在拉萨市民服务中心广场举行。自治区党委常委、市委书记齐扎拉,自治区副主席格桑次仁,自治区民宗委党组书记李文革,自治区直机关工委副书记宇文雪芹为 48 个“七进”试点单位授牌。

▲　自治区党委常委、市委书记齐扎拉主持召开八届市委第 103 次常委会议,研究加强和创新寺庙管理工作、出台藏传佛教管理服务条例等有关事宜,听取《关于加强西藏佛学院拉萨市寺庙分院建设的意见》、全市群团组织工作开展情况汇报。

▲　拉萨市举行“三严三实”和“忠诚干净担当”专题教育学习讲座。自治区党委党校教授房玉国应邀对“三严三实”和“忠诚干净担当”的精神实质进行讲解。自治区党委常委、市委书记齐扎拉,市委领导张延清、斯朗尼玛、袁训旺、陈军、果果、彭祎涛出席学习会。

17 日　西藏牦牛博物馆被自治区党委宣传部命名为自治区级爱国主义教育基地。自治区党委宣传部副部长丁勇,市委常委、城关区委书记果果出席挂牌仪式。

▲　自治区党委宣传部命名清政府驻藏大臣衙门旧址陈列馆为西藏自治区爱国主义教育基地,并举行挂牌仪式。自治区党委宣传部副部长丁勇,市委常委、城关区委书记果果出席。

18 日　自治区党委常务副书记吴英杰检查指导拉萨市各类人员密集场所安保、服务管理措施落实情况,并主持召开区市两级维稳指挥部联席会议,就近期相关工作进行安排部署。自治区党委常委、市委书记齐扎拉陪同。

▲　自治区党委常委、市委书记齐扎拉会见国家开发银行副市长张旭光一行,双方就加强合作,互促发展进行交流。市委领导张延清、陈勇、袁训旺陪同会见。

▲　拉萨廉政警示教育基地投入运行。基地建筑面积 3400 余平方米,展厅共展示全国典型腐败案例 13 件 13 人、区市典型案例 21 件 28 人、政治纪律案件 22 例。

19 日　拉萨市举行《中国经济崛起的回顾与发展》专题讲座,北京大学光华管理学院副院长李其应应邀作专题讲座。自治区党委常委、市委书记齐扎拉主持并讲话。

21 日　自治区党委常委、市委书记齐扎拉视察拉萨市委党校新址建设进展情况。市委领导张延清、龙志刚、达娃、袁训旺、周普国、洪家志、果果、彭祎涛陪同检查。

22 日　自治区党委常委、市委书记齐扎拉主持召开八届市委第 104 次常委会议,听取拉萨市创建全国民族团结进步示范(试点)市工作开展情况及全市国资国企改革发展大会筹备情况汇报,研究并同意《关于拉萨净土水务(集团)有限公司组建方案》《关于拉萨净土商贸实业(集团)有限公司组建方案》的请示,研究《关于建设拉萨市健康中心项目》的请示。

▲　拉萨市召开拉萨历史文化名城保护规划编制动员会,通报拉萨历史文化名城保护工作基本情况,听取中国城市规划设计研究院、自治区住房和城乡建设厅、自治区文物局情况汇报。市委副书记、市长张延清出席并讲话,市委常委、常务副市长王晖主持。

▲　拉萨市政府与北京市石景山区政府举行座谈会，就加强基础教育校际间合作，实现双方学校多层面交往交流意见，并就教育合作签订框架协议书。市委常委、常务副市长洪家志，北京市石景山区委常委、副区长田利路出席。

26日　全市国资国企改革发展大会召开，通报《拉萨市国资国企改革发展工作报告》，安排部署当前和今后一个时期全市国资国企改革发展任务。自治区党委常委、市委书记齐扎拉出席并讲话，自治区人大常委会副主任多吉、自治区政府副主席房灵敏、自治区政协副主席罗松多吉到会指导，市委领导张延清、陈勇、龙志刚、斯朗尼玛、袁训旺、陈军、洪家志、果果、占堆、彭祎涛出席。

28日　位于墨竹工卡县的西藏华泰龙矿业开发有限公司甲玛矿区获全区首个“中国社科院企业社会责任示范基地”称号。

29日　江苏省爱心企业家“科教爱心拉萨行”捐赠活动在市教育（体育）局举行，为达孜、林周、曲水、墨竹工卡、四县31所中小学及市师范附小、市青少年活动中心捐赠价值108万元的乐高小学机器人创新实验教学设备和34万余元的活动组织、培训和参赛资助经费。市委副书记、常务副市长、江苏省对口支援拉萨前方指挥部总指挥陈勇，副市长计明南加出席活动并讲话。

▲　城关区两岛街道办事处仙足岛社区举行全市首个“儿童快乐家园”揭牌仪式。“儿童快乐家园”是由全国妇联和中国儿童少年基金会创办，由中国人民解放军空军捐赠，依托当地社区管理的儿童学习娱乐活动场所。

30日　拉萨河2号闸工程开工建设。该工程位于柳梧大桥下游1.53千米处，投资近3亿元，拉萨市自筹资金28732万元，预计2016年12月完工。

31日　自治区党委副书记、自治区常务副主席、自治区党委政法委书记邓小刚前往当雄县纳木错乡检查调研维稳安保服务工作，并观摩维稳安保集结拉动演练。自治区党委常委、市委书记齐扎拉陪同调研。

6　月

1日　自治区党委书记陈全国前往城关区宗角禄康公园、大昭寺广场和八廓街，考察旅游业发展和维稳工作落实情况。

▲　自治区党委副书记、自治区主席洛桑江村到拉林高等级公路拉萨段检查工程建设情况。

▲　江苏省对口支援办常务副主任樊海宏率江苏省对口支援办项目检查组与拉萨市座谈，听取江苏援藏工作情况汇报。市委常委、常务副市长、江苏省援藏指挥部副总指挥王晖出席。

2日　自治区党委常委、市委书记齐扎拉前往当雄县检查纳木错“羊年转湖”民俗活动维稳安保服务工作。自治区政协副主席、那曲地委书记高扬，市委领导达娃、袁训旺一同检查。

▲　由山南地委委员、宣传部部长嘎玛旦巴率队的考察组赴拉萨市开展学习考察活动，并与拉萨市座谈。市委常委、宣传部部队占堆向考察组一行介绍拉萨市宣传思想文化工作开展情况。

7日　自治区党委常委、市委书记齐扎拉前往清政府驻藏大臣衙门旧址陈列馆和嘎玛贡桑，视察拉萨市反分裂斗争史陈列布展情况和嘎玛贡桑道路改造、棚户区改造工程建设情况。市委领导袁训旺、王晖、果果、占堆陪同。

9日　自治区党委常委、市委书记齐扎拉会见法国驻华使馆公使衔参赞白良一行，双方就进一步增进友谊，加强合作进行交流。自治区外侨办党组书记格桑、副市长吴亚松及自治区发改委、民宗委相关部门负责人会见时在座。

12日　市委副书记、市长张延清主持召开市政府第31次常务会议，传达学习《全区“三严三实”专题教育党课报告》，审议并通过《拉萨市食品安全举报奖励办法》。

17日　自治区党委常委、市委书记齐扎拉会见北京市文联党组书记陈启刚率领的首都艺术家代表团一行。市委领导马新明、袁训旺、洪家志、占堆陪同。

18日　自治区党委常委、市委书记齐扎拉前往拉萨市生活垃圾填埋场、拉萨市污水处理厂调研。市委领导斯朗尼玛、袁训旺、王晖、周普国陪同。

19日　自治区党委常委、市委书记齐扎拉主持召开拉萨市庆祝西藏自治区成立50周年筹备工作专题会议，听取拉萨市综合整治等大庆各项工作进展情况，并对庆祝西藏自治区成立50周年活动领导小组、具体分工情况进行详细说明。市委领导龙志刚、马新明、达娃、斯朗尼玛、袁训旺、王晖、次仁旺堆、陈军、果果、占堆、彭祎涛出席会议。

▲　自治区党委常委、市委书记齐扎拉会见全国政协同、中国佛教协会常务理事、副会长、江苏省佛教协会会长、江苏省镇江市金山江天禅寺方丈心

澄法师一行，并向心澄法师一行简要介绍拉萨社会经济发展及民族宗教工作基本状况，希望借此机会增进两地佛协沟通交流和友谊。自治区政协副主席、自治区佛协党组书记、常务副会长索朗仁增，市委领导达娃、袁训旺，市民宗局相关负责人陪同会见。

20日　首都儿科研究所与拉萨市妇幼保健院对口支援技术合作签约暨挂牌仪式举行，首都儿科研究所所长罗毅，西藏自治区卫计委主任普布卓玛，拉萨市委副书记马新明出席签约仪式。

22日　拉萨市委举行“三严三实”和“忠诚干净担当”专题学习会，传达学习中共中央政治局委员、中央统战部部长孙春兰在听取西藏自治区党委、政府汇报时的讲话及在大昭寺与宗教界人士和驻寺干部代表座谈时的讲话精神。市委领导陈勇、达娃、斯朗尼玛、袁训旺、周普国、陈军、果果、占堆、彭祎涛及市政协、拉萨警备区负责人出席会议。

23日　自治区党委常委、市委书记齐扎拉主持召开八届市委第105次常委会议，传达学习自治区党委主要领导对拉萨市维稳工作的批示精神，听取拉萨河沿线环境综合整治工作情况汇报，研究并同意《2015年中国拉萨雪顿节总体策划方案（送审稿）》《关于进一步规范和完善乡镇（街道）机构职能的意见（送审稿）》《关于加强基层干部队伍建设的意见（送审稿）》《关于召开拉萨市首届劳动模范和先进工作者表彰大会的请示》《拉萨市宗教工作领导小组关于召开拉萨市2015年上半年和谐寺庙暨爱国守法先进僧尼表彰大会的请示》《关于成立拉萨市食品药品监督管理局党组的请示》《拉萨市目标绩效争先进位考核办法》等事项。

25日　自治区党委常委、市委书记齐扎拉主持召开拉萨市城乡建设委员会第十四次会议，审查并原则通过《拉萨高新区核心区（中组团）城市设计及控制性详细规划》和《拉萨高新区（南组团）城市设计及控制性详细规划》《拉萨市城市公共交通规划事宜》《拉萨医院概念性规划》等事宜。自治区国土资源厅厅长王峻，市委领导袁训旺、王晖、果果出席。

26日　拉萨市委举行“三严三实”专题教育辅导报告会，中央党校党史教研部主任谢春涛围绕严守共产党人精神追求、保持党和人民群众的血肉联系、建设高素质领导干部队伍、坚持惩治腐败、以制度管事管权管人等五个方面作专题教育辅导报告。自治区党委常委、市委书记齐扎拉主持并讲话，市委领导达娃、果果、占堆、彭祎涛出席。

▲　全市上半年和谐模范寺庙暨爱国守法先进僧尼表彰大会召开，对上半年创建评先活动中涌现出的先进集体和个人进行表彰。自治区党委常委、市委书记齐扎拉出席并讲话，自治区党委统战部副部长贡嘎桑珠，自治区民宗委副主任拉巴次仁出席会议，市委领导马新明、达娃、斯朗尼玛、袁训旺、果果、占堆、彭祎涛出席会议。

▲　由南京市委副书记、市长缪瑞林率队的南京市党政代表团一行前往墨竹工卡县检查指导援藏工作并看慰问援藏干部和专业技术人才，南京市政府秘书长林克勤，拉萨市委副书记、常务副市长、江苏援藏指挥总指挥陈勇，拉萨市委常委、组织部部长陈军等一同前往。

27日　自治区党委常委、市委书记齐扎拉会见南京市委副书记、市长缪瑞林率队的南京市党政代表团一行，拉萨市委领导陈勇、达娃、斯朗尼玛、袁训旺、王晖、占堆陪同会见。

▲　自治区党委常委、市委书记齐扎拉前往迎亲大桥、仙足岛、三号闸、民族路、北京路、林廓东路、江苏路等地视察拉萨河沿岸夜景亮化工程、城市亮化及街景改造综合整治工程。市委领导达娃、斯朗尼玛、王晖、果果陪同。

28日　北京·拉萨对口支援暨慰问援藏干部交流座谈会召开，听取北京市第七批援藏工作汇报及部分援藏干部援藏工作开展情况汇报。自治区党委常委、拉萨市委书记齐扎拉出席并讲话，北京市委组织部副本部长闫成、北京市市直机关工委副本书记景玉宝、市直机关工会主席时代新，拉萨市委领导龙志刚、马新明、袁训旺出席。

▲　由拉萨市人民政府主办，北京德青源农业科技股份有限公司承办，尼木县人民政府、拉萨市农牧局协办的藏鸡发展大会在北京举行。拉萨市委副书记、市长张延清，拉萨市委常委周普国、洪家志出席，河北省委常委、组织部部长梁田庚出席大会。

7　月

1日　自治区党委常委、市委书记前往城关区视察调研城关区奶牛养殖场至318国道道路工程、城关区高标准智能温室一期工程建设、蔡公堂乡白定村、蔡村新建综合办公楼建设情况。市委领导马新明、斯朗尼玛、果果陪同。

3日　自治区党委常委、市委书记齐扎拉前往当雄县调研加强国防及后备力量建设和双拥共建工作情况，并给予充分肯定。西藏军区副司令员土赤列，西藏军区副政委刘旭，拉萨警备区司令员韩志宏陪同。

6日　自治区党委常委、市委书记齐扎拉会见中国黄金集团公司副总经理魏山峰一行。市委领导袁训旺陪同会见。

7日　市委组织与市委党校联合举办的阿里、日喀则、那曲、山南四地（市）村（居）干部培训班在市委党校开班，此次培训20天，培训内容包括：中共十八大和十八届三中、四中全会精神，党的强农富民惠民政策，加强和创新社会管理，加强基层党组织建设以及群众工作方法等。市委常委、组织部部长陈军出席。

▲　自治区质检部门对拉萨市现有的3家机动车安全检测站内共11条机动车安全检测线和1条摩托车安全检测线进行了专项检查，最后拉萨11条机动车安全检测线全部获得计量认证证书。

9日　以全国政协委员、国务院扶贫开发领导小组专家咨询委员会主任范小建率领的调研组前往拉萨考察指导扶贫开发工作。调研组先后前往城关区净土健康产业高标准奶牛中心、城关区智昭净土健康产业园、城关区净土健康产业蔡公堂乡白定村支沟油桃示范基地考察，了解城关区扶贫开发工作。随后，召开座谈会，听取全市扶贫工作开展情况汇报。自治区人大常委会副主任许雪光，市委常委、副市长周普国，市委常委、城关区委书记果果陪同。

10日　拉萨市召开全面推进“依法治藏”方略座谈会，旨在加强拉萨与四省藏区沟通交流，共同推进藏区社会局势持续稳定、长期稳定、全面稳定。自治区党委常务副书记吴英杰出席并讲话，中央统战部七局副局长华彦龙出席大会并代表中央统战部、中央西藏工作协调小组办公室，就贯彻落实“依法治藏”方略提出要求，四川、云南、青海、甘肃四省11个藏族自治州、县应邀出席会议并分别作交流发言，市委领导张延清、达娃、袁训旺、次仁旺堆、陈军、果果、占堆出席会议。

11日　市委理论学习中心组2015年第五次集中学习（扩大）会召开，教育部创新教育指导委员会秘书长、中国创造学会常务理事、同济大学创新思维研究中心主任、同济大学教授王健作《创新与超越性思维》专题讲座。市委领导陈军、彭祎涛出席。

13日　自治区妇联联合自治区工商联、西藏金融工会、拉萨市妇联在拉萨市市民服务中心举行自治区级“妇女之家”授牌仪式，为拉萨市服务中心、城关区地毯厂、幸福社区、仙足岛社区、建行冲吉路支行、西藏卓玛医院、西藏阜康妇产儿童医院、拉萨阳光妇产医院授牌并发放“妇女之家”建设启动资金。自治区妇联主席江措拉姆，市委副书记、统战部部长达娃出席仪式。

14日　自治区党委常委、市委书记齐扎拉会见华西村党委书记、村委会主任、华西集团公司董事长吴协恩率领的华西村考察团一行，就加强交流合作，实现互利共赢达成共识。市委领导陈勇、袁训旺、陈军陪同会见。

15日　自治区党委常委、市委书记齐扎拉前往哲蚌寺考察调研加强和创新寺庙管理工作并召开座谈会，听取近年来哲蚌寺各项工作开展情况汇报。市委领导马新明、达娃陪同。

16日　自治区党委常委、市委书记齐扎拉前往空港新区调研拉贡机场调整户外言行标牌整治、101省道贡嘎机场路段改扩建和沿途综合整治工程进展以及空港新区管理委员会办公地点建设等情况。市委领导马新明、袁训旺陪同。

17日　拉萨市举行欢送第一批援藏教师座谈会，欢送16名援藏老师，对留任的10名管理人员和15名援藏教师表示感谢。市委副书记、市长张延清出席并讲话，自治区教育厅副厅长吴爱珍出席座谈会，市委领导陈勇、马新明、洪家志出席。

21日　拉萨市召开上半年经济工作点评会，贯彻除陈全国书记在八届自治区党委第123次常委会议上的讲话精神和洛桑江村主席在全区2015年上半年经济运行情况通报暨经济工作部署会议上的讲话精神，通报拉萨市上半年经济运行情况，听取市发改委、经开区、柳梧新区、各县（区）上半年经济工作运行情况汇报。市委副书记、市长张延清出席并讲话，市委领导陈勇、王晖出席。

▲　拉萨市召开第三届驻京中外知名企业座谈会，北京市投资促进局党委书记赵昕昕率13家知名企业与拉萨市直有关部门和相关企业洽谈合作事宜。拉萨市委书记马新明，拉萨市委常委、常务副市长洪家志出席。

23日　拉萨市人民政府与深圳市腾讯计算机系统有限公司签订战略合作框架协议，就共同推进“互联网+”产业发展、建设微信“城市服务”、搭建拉萨大数据平台达成合作共识。自治区党委常委、拉萨市委书记齐扎拉，市委副书记、市长张延清出席，自治区网信办负责人，市委领导袁训旺出席。

▲　市委副书记、市长张延清会见中央重点新闻网站、同内知名商业网站组成的全国网络媒体西藏行活动成员一行。市委领导果果，自治区网信办负责人陪同。

26日　全市“三严三实”和“忠诚干净担当”专题教育专题党课在市委党校召开，自治区党委常委、市委书记齐扎拉为全市党员干部上专题党课，对全市持续深入开展专题教育进行再动员、再部署和再落实。市委领导张延清、龙志刚、达娃、斯朗尼玛、袁训旺、陈军、洪家志、果果、彭祎涛出席。

▲　自治区党委常委、市委书记齐扎拉主持召开“三严三实”和“忠诚干净担当”专题教育第五次集中学习会，传达学习习近平总书记6月18日在贵州召开的部分省区市党委主要负责人座谈会上的讲话精神、中央党的群团工作会议精神以及刘云山常委、赵乐际部长在专题教育工作座谈会上的讲话精神，县(区)、市直单位代表结合本单位专题教育开展情况作交流发言。市委领导张延清、龙志刚、斯朗尼玛、袁训旺、陈军、洪家志、果果、彭祎涛出席。

30日　自治区党委常委、市委书记齐扎拉主持召开八届市委第106次常委会议，传达学习自治区党委书记陈全国在《拉萨市干部互帮互助促进民族团结》《拉萨市委员会关于2015年纳木错“羊年转湖”民俗宗教活动上半年工作开展情况报告》上的批示，自治区党委书记陈全国、常务副书记吴英杰在《拉萨市关于举办全面推进“依法治藏”方略座谈情况报告》上的批示，听取全市“强党、固基、扶村”工作开展情况汇报。

31日　自治区党委常委、市委书记齐扎拉前往拉萨市民兵训练基地检查指导工作，并观看拉萨市常态化综合应急民兵分队连展演示。市委领导张延清、龙志刚、马新明、达娃果果陪同检查。

8　月

3日　拉萨市委举行领袖像揭幕暨升国旗仪式。自治区党委常委、市委书记齐扎拉，市委副书记、市长张延清为领袖像揭幕，市委领导陈勇、龙志刚、马新明、达娃、袁训旺、王晖、周普国、陈军、果果、彭祎涛出席仪式。

▲　自治区党委常委、市委书记齐扎拉前往城关区塔玛村、拉萨城市规划建设展览馆、教育城、城关区智超产业园区等，检查督导各重点路段市容市貌综合整治各项工作进展情况。市委领导张延清、马新明、达娃、斯朗尼玛、袁训旺、王晖、果果、占堆陪同检查。

6日　国家档案局行政执法检查组检查《中华人民共和国档案法》贯彻实施情况并召开座谈会，听取拉萨市档案工作开展情况。国家档案局副局长、中央档案馆副馆长许仕平，自治区党委副秘书长李平，市委常务副书记龙志刚出席会议。

7日　自治区党委常委、市委书记齐扎拉主持召开八届市委第107次常委会议，传达学习《中共中央政治局会议研究进一步推进西藏经济社会发展和长治久安工作》《习近平总书记在部分省区市扶贫攻坚与“十三五”时期经济社会发展座谈会上的重要讲话》《习近平总书记在会见全国优秀县委书记时的重要讲话》《全区统战工作会议》精神，听取关于自治区对拉萨市落实党风廉政建设主体责任进行督导的情况汇报。

8日　自治区党委常委、市委书记齐扎拉前往柳梧新区、空港新区检查市容市貌综合整治工程，及拉贡调整户外广告标牌整治工程进展情况。自治区党委常委、纪委书记王拥军，市委领导马新明、斯朗尼玛、洪家志、彭祎涛陪同检查。

10日　北京市委常委、纪委书记叶青纯与北京援藏干部座谈，听取北京市援藏工作开展情况汇报，介绍北京市经济社会发展情况及党风廉政建设和反腐败斗争工作开展情况。自治区党委常委、市委书记齐扎拉出席并讲话，北京市委领导李振奇、王贵平，拉萨市委领导龙志刚、马新明、袁训旺、洪家志出席座谈会。

10日—12日　由北京市委常委、纪委书记叶青纯率领的北京市考察团前往柳梧新区、堆龙德庆县、拉萨经开区、拉萨教育城、当雄县等地考察北京援藏项目，并召开座谈会，听取北京市援藏工作汇报。自治区党委常委、拉萨市委书记齐扎拉，自治区党委常委、纪委书记王拥军陪同。

11日　山南地区代表团前往堆龙德庆县乃琼镇乃琼村群众安置点及东嘎镇小康示范村，就城市化进程、网格化管理、村集体经济发展等进行交流学习。市委常委、常务副市长王晖陪同。

13日—15日　中共中央政治局委员、国务院副总理汪洋在西藏考察调研，期间在拉萨市城关区考察农牧业生产和科研示范基地、扶贫龙头企业等。自治区党委书记陈全国，自治区党委副书记、人大常委会主任白玛赤林，自治区党委副书记、自治区主席洛桑江村，自治区党委常委、拉萨市委书记齐扎拉陪同调研。

14日　拉萨市举行茅台集团拉萨玛咖酒上市仪式及曲水有机玛咖种植基地揭牌仪式。市委常务副书记龙志刚，贵州茅台酒厂集团技术开发公司党委书记王俊出席并揭牌，市委常委、副市长周普国主持揭牌仪式。

▲　京东进藏新闻发布会暨拉萨净土健康产业馆揭牌仪式举行。市委常委、副市长周普国，京东集团副总裁马建荣出席并揭牌。

14日—20日　以"美丽家园·幸福拉萨"为主题的2015年中国拉萨雪顿节在拉萨群众文化体育中心开幕。期间，举办展佛、藏戏展演、净土健康产业招商引资项目推介会、净土健康产品展销会、第二届藏族音乐研讨会、第九届拉萨纳木错徒步大会、西藏唐卡艺术博览会、体彩足球联赛等活动。

16日　自治区党委常委、市委书记齐扎拉会见贵州茅台酒厂集团技术开发公司党委书记王俊一行，并就进一步实现合作共赢等问题交换意见。市委常务副书记龙志刚陪同。

18日　市委副书记、市长张延清与广西崇左市委书记、市人大常委会主任黄克率队的党政考察团座谈，并就拉萨市与崇左交流合作事宜进行商讨。拉萨市委领导龙志刚、袁训旺、次仁旺堆，广西市委领导李振唐、朱中卫出席座谈会。

19日　北京市第一批"组团式"援藏医疗团队抵达拉萨，共15人，其中综合管理人员1人，专业技术人员14人，重点支援市人民医院内科、妇产科、儿科及血透中心建设、信息化管理建设。

21日　自治区党委常务副书记吴英杰前往拉萨贡嘎机场，督导检查拉萨市和自治区有关部门迎大庆筹备工作，并为西藏空港新区管委会揭牌。自治区党委常委、市委书记齐扎拉陪同。

▲　全市村（居）干部"六个精准"扶贫专题培训班开班，旨在促进扶贫工作与全市"四业工程"、净土健康产业、文化旅游业有机结合，全面提高村（居）党支部第一书记、第一主任、书记、主任掌握扶贫政策、找好扶贫路子、实施精准扶贫、落实扶贫项目能力。自治区党委常委、市委书记齐扎拉出席并讲话，自治区扶贫（农发）办党组书记苟灵，市委领导龙志刚、周普国、陈军、果果出席。

▲　北京市教育委员会、拉萨市教育局、拉萨市广播电视台、北京歌华有线电视网络股份有限公司在拉萨市共同签署《"国学诵读进拉萨"教育合作框架协议》，标志着北京市"国学育读"创新服务将全面覆盖拉萨。拉萨市委副书记马新明，北京市教委委员李奕出席签约仪式，并共同按下拉萨市广播电视台"国学诵读"节目开播按钮。

22日—23日　国务院安委会第六督查组组长刘小明一行对拉萨市安全生产工作进行督导检查，其间分别前往堆龙德庆县中石油的铁路接卸库、经开区石油液化气库、柳梧新区中鹰黑森林施工项目现场、博达旅游公司、拉百商城、布达拉宫以及大昭寺等地对安全生产工作进行检查，对检查中发现的安全隐患要求及时整改并向相关部门反馈整改情况。自治区副主席何文浩，市委常委、常务副市长斯朗尼玛陪同。

24日　为期两天的中央第六次西藏工作座谈会在北京召开。中共中央总书记、国家主席、中央军委主席习近平出席会议并发表《依法治藏富民兴藏长期建藏加快西藏全面建成小康社会步伐》。李克强、俞正声讲话，张德江、刘云山、王岐山、张高丽出席。

▲　自治区党委常委、市委书记齐扎拉前往林周县热振寺"帕邦塘"民俗宗教活动现场指挥部，检查指导社会服务管理各项工作开展情况。市委领导袁训旺，林周县相关负责人陪同。

26日　自治区党委常委、市委书记齐扎拉前往拉鲁湿地国家级自然保护区调研湿地生态环境保护及休闲栈道景观长廊规划建设情况。市委领导陈勇、袁训旺陪同。

▲　"首都侨爱医疗队"赴拉萨义诊活动在堆龙德庆县人民医院启动，为堆龙德庆县人民医院、城关区纳金乡、八廓古城社区卫生服务中心捐赠15个品种价值11.2万元的药品。市委副书记、北京援指挥部总指挥马新明，"首都侨爱医疗队"领队、北京市侨办副主任李纲出席并讲话。

▲　自治区党委常委、市委书记齐扎拉主持召开市委理论学习中心组学习，传达学习中央第六次西藏工作座谈会精神，与会部分地级领导围绕"贯彻落实中央第六次西藏工作座谈会精神，奋力开创拉萨各项事业新局面"这一主题，结合各自工作和学习实际作交流发言。

27日　自治区党委常务副书记吴英杰前往江苏路、北京路、拉萨河沿岸等检查督导拉萨市容市貌综合整治和城市亮化改造工程落实情况，并深入群众家中了解村民生活生产情况。自治区党委常委、市委书记齐扎拉陪同。

28日—29日 全国人大常委会原委员、全国人大民族委员会原副主任委员江村罗布，全国人大常委会原委员、全国人大民族委员会原副主任委员列确，自治区党委原副书记、全国妇联原副主席巴桑等及自治区人大、政协部分在拉萨的退休领导考察拉萨市50年来的发展成就及部分重点项目。自治区党委常委、市委书记齐扎拉，市委领导龙志刚、袁训旺、陈军、果果陪同考察。

30日 华西村与曲水村结对共建签约仪式在曲水县举行，签订《华西村与曲水村结对共建框架协议》。华西村党委书记、华西集团公司董事长吴协恩，拉萨市委副书记、常务副市长陈勇，市委常务副书记龙志刚，市委常委、组织部部长陈军出席。

31日 自治区党委常委、市委书记齐扎拉主持召开拉萨市委理论中心组学习，传达《中共中央关于进一步推进西藏经济社会发展和长治久安的意见》，与会部分领导围绕贯彻落实中央第六次西藏工作座谈会精神，作专题发言。

▲ 拉萨市迎“大庆”安全防范工作电视电话会议召开，安排部署大庆期间各项工作。自治区党委副书记、常务副主席、政法委书记邓小刚出席并讲话，自治区党委常委、市委书记齐扎拉作具体工作部署。市委领导张延清、陈勇、龙志刚、马新明、达娃、韩志宏、斯朗尼玛、袁训旺、王晖、次仁旺堆、陈军、果果、占堆出席会议。

9 月

3日 拉萨市委、市政府在布达拉宫广场、拉萨火车站拉萨之窗南广场、拉萨贡嘎机场举行升国旗暨领袖画像揭幕仪式。自治区党委常委、市委书记齐扎拉，市委领导张延清、陈勇、达娃、袁训旺及市人大常委会主任洛桑旦巴、市政协主席诸伟敏前往布达拉宫广场出席升国旗仪式，为东西南侧领袖像揭幕并与2000余名各族各界干部群众、驻地官兵、青少年学生代表一道，纪念中国人民抗日战争暨世界反法西斯战争胜利70周年；市委常务副书记龙志刚、柳梧新区主要负责同志为拉萨火车站拉萨之窗南广场领袖像揭幕；市委常委、常务副市长斯朗尼玛，民航西藏区局负责人为拉萨贡嘎机场领袖像揭幕。

▲ 为方便救灾物资的运输和储存，拉萨中央级救灾物资储备库在临近拉萨货运西站的堆龙德庆县开工建设。

4日 自治区党委常委、市委书记齐扎拉前往大昭寺广场、八廓街考察城市亮化改造工程落实情况。市委领导斯朗尼玛、袁训旺、果果陪同。

5日 自治区党委常委、市委书记齐扎拉前往城关区智昭净土健康产业园区和拉萨市第二中等职业技术学校调研。市委领导马新明、斯朗尼玛、袁训旺、次仁旺堆、果果、占堆陪同。

6日 以中共中央政治局常委、全国政协主席俞正声为团长，以中共中央政治局委员、国务院副总理刘延东，中共中央政治局委员、中央统战部部长孙春兰，中共中央书记处书记、全国政协副主席杜青林，全国人大常委会副委员长向巴平措，全国政协副主席帕巴拉·格列朗杰，十届全国人大常委会副委员长热地，中央军委委员、总政治部主任张阳为副团长的中央代表团抵达拉萨，出席西藏自治区成立50周年庆祝活动。7日上午，俞正声一行前往大昭寺看望慰问宗教界爱国人士，向全区寺庙赠送习近平总书记题写的“加强民族团结 建设美丽西藏”贺幛和珐琅彩平安瓶。随后前往西藏会展中心参观西藏自治区成立50周年成就展；下午，前往解放军驻拉萨部队慰问部队指导员、拉萨市政法系统部分干警；晚，与西藏各族各界干部群众观看《中国梦·雪山欢歌》文艺晚会。8日上午，中央代表团全体成员前往布达拉宫广场出席西藏自治区成立50周年庆祝大会。俞正声向西藏自治区赠送习近平总书记题词“加强民族团结 建设美丽西藏”贺匾并讲话，刘延东宣读中共中央、全国人大常委会、国务院、全国政协、中央军委关于庆祝西藏自治区成立50周年贺电，自治区党委书记陈全国在会上发言，西藏军区司令员许勇、群众代表江白在会上作表态发言。9日上午，俞正声率中央代表团部分成员前往拉萨至林芝高等级公路建成段为公路建成段开通剪彩；下午，前往拉萨市委办公厅会见拉萨市领导班子成员和各族干部群众代表，向拉萨市赠送习近平总书记题词“加强民族团结 建设美丽西藏”贺匾。11日，中央代表团结束在西藏的各项活动，分别从拉萨市、昌都市、林芝市、山南地区、阿里地区乘机离藏。

▲ 自治区党委常委、市委书记齐扎拉会见江苏省委常委、组织部部长王炯率领的江苏省党政代表团一行，并召开座谈会，就进一步扩大两地间交流与合作进行座谈。市委领导张延清、陈勇、龙志刚、袁训旺、王晖、陈军出席座谈会。

7日 北京市委常委、统战部部长戴均良一行考察拉萨市群众文化体育中心、德吉罗布儿童游乐园、拉萨北京实验中学等援藏项目并看望慰问援藏干部。拉萨市委副书、北京援藏指挥部总指挥马新明等陪同考察。

8日　自治区党委常委、市委书记齐扎拉会见参加西藏自治区成立50周年大庆活动的北京市委常委、统战部部长戴均良率领的北京代表团一行，并召开座谈会。市委领导马新明、达娃、陈军、洪家志出席。

9日　中共中央政治局常委、全国政协主席中央代表团团长俞正声在拉萨市亲切看望慰问各族干部群众，与大家共同庆祝自治区成立50周年，并向拉萨市赠送习近平总书记题词“加强民族团结建设美丽西藏”贺匾。全国政协副主席、中央代表团副团长帕巴拉·格列朗杰，十届全国人大常委会副委员长、中央代表团副团长热地和中央代表团部分成员一同看望慰问。自治区领导陈全国、吴英杰、邓小刚、刁国新、齐扎拉、王瑞连、曾万明陪同。

10日　贵州茅台拉萨玛咖酒推介及招商会在贵阳举行，拉萨净地曲水玛咖酒业有限公司和贵州红华便利购物连锁有限公司签署贵州茅台拉萨玛咖销售合同。贵州省政协副主席陈敏、拉萨市委常务副书记龙志刚、国家食品质量监督检验中心副主任程劲松、茅台集团公司总工程师吕云怀参加推介及招商会。

12日　出席自治区成立50周年庆祝活动的国家水利部党组书记、部长陈雷率水利部考察组一行考察调研拉萨市水利建设工作，并与市委、市政府座谈，听取拉萨市水利工作开展及城市防洪续建配套工程设计情况。自治区党委常委、市委书记主持座谈会，自治区副主席坚参，自治区水利厅厅长达娃扎西，拉萨市委领导张延清、陈勇、袁训旺、果果陪同参加座谈会。

14日　出席西藏自治区成立50周年庆祝活动的湖北省政协主席杨松参观考察拉萨城市规划建设展览馆。自治区党委常委、拉萨市委书记齐扎拉，自治区政协副主席洛桑久美，市委领导占堆陪同。

▲　拉萨市与贵州茅台集团进一步深度合作洽谈会在贵州仁怀市茅台集团技术开发公司召开，双方就进一步合作事宜进行讨论协商。拉萨市委常务副书记龙志刚，贵州茅台酒股份公司副总经理、茅台集团技术开发公司董事长李明灿出席会议，茅台集团及集团技术开发公司的相关负责人，曲水县、拉萨净土产业投资开发有限公司、曲水县净土投资开发有限公司主要负责人参加会议。

17日　自治区党委常委、市委书记齐扎拉会见北京顺义区委副书记、区长卢映川率队的调研组，并就加强合作达成共识。拉萨市委领导陈军，洪家志陪同会见。

18日　拉萨市委统战工作会议召开，传达中央统战工作会议、自治区党委统战工作会议精神，贯彻落实《中国共产党统一战线工作条例（试行）》及自治区实施意见、陈全国讲话精神，安排部署当前和今后一个时期的统战工作，宣读《中共拉萨市委员会关于成立拉萨市委统一战线工作领导小组的通知》。自治区党委常委、市委书记齐扎拉出席并讲话，市委领导达娃、肖光富、斯朗尼玛、次仁旺堆、陈军、洪家志、果果、占堆、彭祎涛出席。

▲　自治区党委常委、市委书记齐扎拉会见经济日报社副总编辑张磊一行。市委领导达娃、周普国、占堆会见时在座。

20日　自治区党委常委、市委书记齐扎拉前往堆龙德庆县、柳梧新区考察调研拉萨市农作物示范基地建设运行情况和柳梧新区光热能发电示范项目建设运行情况。市委领导龙志刚、斯朗尼玛、周普国陪同考察。

20日—22日　最高人民法院院长周强在西藏调研，调研期间先后前往曲水县聂当乡人民法庭、堆龙德庆县人民法院、城关区人民法院诉讼大厅、拉萨市人民法院等地检查指导基层法院工作开展情况。自治区党委常委、市委领导齐扎拉陪同调研。

21日　自治区党委常委、市委书记齐扎拉主持召开市委“三严三实”和“忠诚干净担当”专题教育第七次集中学习研讨会，传达习近平总书记、李克强问题、俞正场主席在中央第六次西藏工作座谈会上的讲话。市委领导张延清、龙志刚、达娃、斯朗尼玛、周普国、彭祎涛出席。

▲　全市1—9月经济运行点评会召开，听取市发改委、财政局、旅游局、工信局、经开区、柳梧新区，各县（区）1—9月经济运行情况汇报，研究部署下一步工作，确保年初确定的各项指标和“十二五”期间目标任务全面完成、超额完成。市委副书记、市长张延清出席并讲话，市委领导斯朗尼玛、王晖、周普国、洪家志出席会议。

▲　第15届中国西部城市公交企业年会在拉萨召开，12个西部城市公交企业负责人及城市客运

协会、城市交通杂志社、各地(市)公交公司负责参会,探讨公共交通建设,深化公交企业改革等事宜。

22日 自治区党委常委、市委书记齐扎拉主持召开市委“三严三实”和“忠诚干净担当”专题教育第七次集中学习研讨会,传达贯彻习近平总书记在中央政治局第二十六次集体学习时的讲话精神,学习人民日报评论员文章。市委领导张延清、马新明、达娃、斯朗尼玛、周普国、洪家志、占堆、彭祎涛出席会议。

▲ 全市“六个精准”扶贫专题培训班结业典礼举行。此次专题培训班为期31天,共开设专题讲座44场次,安排小组讨论活动20次,实地考察参观点14个,分四期分别对全市村(居)党支部第一书记、第一主任共979人进行了培训。

23日 拉萨市2015年度民族团结进步模范表彰大会召开,尼木县委组织部等60家单位获“民族团结进步模范集体”称号,央青等67人获“民族团结进步模范个人”称号,扎宗、宋廷勇等18户家庭获“民族团结进步模范家庭”称号。自治区党委常委、市委书记齐扎拉出席并讲话,自治区人大、自治区政协、自治区党委统战部、自治区民宗委相关负责出席会议,市委领导张延清、龙志刚、达娃、肖光富、斯朗尼玛、洪家志、占堆出席。

24日 自治区党委常委、市委书记齐扎拉主持召开市委“三严三实和“忠诚干净担当”专题教育第七次集中学习研讨会,传达学习俞正声主席在听取自治区党委政府工作汇报时的讲话。市委领导张延清、龙志刚、马新明、达娃、斯朗尼玛、周普国、洪家志、占堆、彭祎涛出席。

▲ 拉萨市2015年净土健康产业优良奶牛竞赛活动举行奖金发放仪式,发放奖金共计39.9万元。市委常委、副市长周普国出席并讲话。

25日 全市深化农村改革工作领导小组第七次会议召开,传达学习《中共中央办公厅国务院办公厅关于印发〈深化农村改革综合性实施方案〉的通知精神》,听取各县(区)柳梧新区关于深化农村改革及精准扶贫工作推进情况,研究全市精准扶贫调研及全市精准扶贫工作会议筹备情况。市委常委副书记龙志刚出席并讲话,要求要认真贯彻落实中央农村改革政策精神,进一步推进拉萨市农村改革工作,落实好不动产登记职责和机构整合政策。

▲ 拉萨市村(居)“两委”班子成员学历提升培训班第二期开班,全市宣传系统干部职工参加培训。

26日 北京市卫计委党委书记、主任方莱率考察团前往拉萨市人民医院检查指导“组团式医疗队”工作开展情况并看望援藏干部,随后召开座谈会听取北京援藏工作开展情况。市委副书记、北京援藏指挥部总指挥马新明,市委常委、常务副市长、北京援藏指挥部副总指挥洪家志,拉萨市副市长次仁央宗出席活动。

28日上午,自治区党委书记陈全国在西藏会展中心广场宣布第二届中国西藏旅游文化国际博览会开幕,帕巴拉·格列朗杰、热地应邀出席,李世宏、洛桑江村致辞,塔帕利亚、白玛赤林、林毅夫、安七一、吴英杰、鲁雁飞出席,邓小刚主持。

29日 自治区党委常委、市委书记齐扎拉主持召开八届市委第108次常委会议,传达俞正声主席、孙春兰部长、郭金龙书记在《北京探索“成建制”教育援藏新模式》上的批示精神和自治区主要领导在《关于推介北京“成建制”教育援藏模式的函》《中共拉萨市委委员会关于2015年中国拉萨雪顿节期间维护维定工作情况的报告》上的批示精神,学习自治区党委八届七次全委会精神,听取《2015年1至9月份经济运行情况和下一步重点工作的报告》。市委领导张延清、龙志刚、马新明、达娃、肖光富、斯朗尼玛、袁训旺、次仁旺堆、洪家志、果果、彭祎涛出席会议。

30日 自治区市领导陈全国、洛桑江村、吴英杰、邓小刚、刁国新、齐扎拉、多托、丁业现、王瑞连、曾万明,龙志刚、达娃、肖光富、斯朗尼玛、彭祎涛与各界干部群众代表在拉萨市烈士陵园出席自治区烈士纪念日公祭烈士活动。

▲ 中央第六次西藏工作座谈会精神巡回演讲报告会暨10月份拉萨“每月一课”讲堂在市政府会议中心举行,自治区党委宣讲团成员、自治区文联党组书记沈开运作辅导报告。市委常委、宣传部部长占堆出席。

10 月

1日 拉萨市举行江苏省第七批、第八批援藏干部领队交接工作会议,欢迎胡洪、方桂林、王国臣等第八批援藏干部和江苏省援藏干部领队接送工作组全体成员,送别陈勇、王晖、孙晓南等第七批援藏干部。自治区党委常委、市委书记齐扎拉主持并讲话,希望新来的同志要尽快熟悉掌握拉萨各方面情况,尽快适应连边疆民族地区的工作特点。江苏省委组织部常务副部长、江苏省援藏干部领队接送工作组组长王奇宣读江苏省委决定，市委领导张延清、达娃、斯朗尼玛、袁训旺、次仁旺堆、洪家志、占堆、彭祎涛出席。

2日　拉萨市召开学习习近平总书记在会见基层民族团结优秀代表时的讲话精神座谈会，自治区党委常委、市委书记齐扎拉主持并讲话，强调全市各级各部门要以习近平总书记讲话精神为动力，进一步落实好加强民族团结、建设美丽家园、幸福拉萨各项工作。市委领导达娃、肖光富、斯朗尼玛、袁训旺、彭祎涛出席。

▲　自治区党委常委、市委书记齐扎拉前往西藏文化旅游创意园区和教育城考察西藏博物馆、拉萨市人社局就业公共实训基地选址等工作的前期开展情况。

5日　拉萨市举行宗教界学习习近平总书记在会见基层民族团结优秀代表时的讲话精神座谈会，传达习近平总书重要讲话精神和陈全国书记在接见西藏自治区5名接受习近平总书记接见的代表时的讲话精神。自治区党委常委、市委书记齐扎拉主持并讲话，强调全市广大宗教界人士要牢记习近平总书记的关怀和教诲，继承发扬藏传佛教爱国爱教、护国利民的优良传统，认真学习并严格遵守党的宗教政策和国家法律法规，坚决抵制一切分裂破坏活动，坚定不移地跟党走，坚定不移维护祖国统一和民族团结，积极为民族团结进步事业贡献力量。市委领导达娃、斯朗尼玛出席，热振活佛、夏仲活佛、努巴活佛、帕罗活佛、曲古活佛等30余名宗教界人士代表参加座谈。

7日　自治区党委常委、市委书记齐扎拉前往墨竹工卡县日多乡调研思金拉措旅游区规划建设等前期准备工作，听取其规划定位、发展思路、空间布局等情况汇报。市委领导斯朗尼玛、袁训旺陪同。

▲　拉萨市环城路（北段）项目举行开工仪式，自治区党委常委、市委书记齐扎拉宣布开工并为工程培土奠基，自治区交通运输厅党委常务副书记、常务副厅长永吉，市委领导斯朗尼玛、袁训旺出席。

8日　自治区党委常委、市委书记齐扎拉会见江苏省教育厅厅长沈健一行，就共同办好拉萨教育及下一步教育援藏各项工作进行交流沟通。自治区副主席、自治区教工委书记房灵敏，市委领导马新明、袁训旺，拉萨师专负责人陪同会见。

▲　自治区党委常务副书记吴英杰前往拉萨远大建材责任有限公司，考察企业党建工作开展情况，了解企业生产经营状况及带动周边农牧民群众增收等情况。自治区党委常委、市委书记齐扎拉陪同。

9日　拉萨师范高等专科学校举建校40周年纪念大会，接受“育祖国栋梁 建民族精品”牌匾，为优秀校友代表颁奖。自治区党委常委、市委书记齐扎拉出席并讲话，指出：拉萨师专是西藏和平解放后，党和政府在拉萨地区成立的第一所师范类学校。希望师专在各方面工作都取得显著成效的基础上，继续坚持正确的办学方向、老师们要坚守正确的为师之道、学生们要坚定正确的理想信念，不断为中国特色社会主义建设培育优秀的接班人。自治区副主席、区教工委书记房灵敏，江苏省教育厅厅长沈健，市委领导马新明、袁训旺出席。

▲　自治区党委常委、市委书记齐扎拉前往堆龙德庆县乃琼镇波玛村，调研净土健康产业波玛现代生态农业示范园项目，并听取当前园区规划建设情况。市委领导袁训旺陪同。

10日　拉萨市首届劳动模范和先进工作者暨拉萨市庆祝西藏自治区成立50周年活动表彰大会召开。会上授予21人为“拉萨市劳动模范”，16人为“拉萨市先进工作者”，市委宣传部等15个单位为“拉萨市庆祝自治区成立50周年活动先进集体”荣誉称号，102人为“拉萨市庆祝自治区成立50周年活动先进个人”。自治区党委常委、市委书记齐扎拉出席并讲话，要求要大力弘扬劳模精神，做建功立业的主力军。市委领导马新明、肖光富、斯朗尼玛、袁训旺、次仁旺堆、果果、彭祎涛出席。

11日　拉萨市三项志愿服务成果《色玛同志先进事迹》《“邻里守望”纺织爱心网 拉萨社区吹起关爱老人文明风》《16年义务照顾两位老人，不是儿女胜似儿女》获2015年“邻晨守望”志愿服务成果征集活动“优秀实践成果奖”。

12日　自治区党委常委、市委书记齐扎拉主持召开八届市委第119次专题会议，听取市直各部门、城关区关于当前经济运行中存在的问题，研究部署当前全市经济工作，并要求：理顺体制机制，推进全面深化改革各项工作；加快推进项目建设实施进度；加强土地管理工作，推动重大项目落地和重大工程建设，并针对存在的土地问题，研究制定出台相关制度文件；加快负债清理，确保实现2015年“零负债”；加紧编制“十三五”项目规划。市委领导斯朗尼玛、袁训旺、果果出席。

▲　色拉寺管委会、哲蚌寺管委会召分别召开

全体干部大会，宣读管委会干部的任免决定。自治区党委常委、市委书记齐扎拉出席，并考察色拉寺、哲蚌寺加强和创新寺庙管理工作情况。

▲ 以国家督学、福建省特级教师协会副秘书长、特级教师廖秀梅为组长的国家教育督导检查组前往尼木县督导检查。检查组一行先后前往县中学、县小学、麻江乡小学、帕古乡小学、续迈乡小学、尼木乡小学查看教室、食堂、学生宿舍、多媒体等硬件设施，了解教师工作经历及教师数量能否满足教学需求等情况，并与县人大政协委员、学生家长、教师和学生代表座谈。

13 日 国务院食品安全办、食品药品监管总局第二十八督查组组长、四川省食药监局副局长杨俊一行前往拉萨市督查食品药品监督管理工作，听取拉萨食品药品监督管理系统机构改革落实情况及食品药品安全监管情况工作汇报，对拉萨市食品药品监管工作给予肯定，希望继续加强各方工作。下午，赴堆龙德庆县食药监局、岗德林蔬菜种植基地实地调研。

14 日 自治区党委常委、市委书记齐扎拉在家中与联系寺庙羊八井寺管委会常务副主任嘎玛旺杰，羊八井寺管委会副主任伦珠群培等一行 5 名高僧朋友座谈，就积极促进藏传佛教与社会主义社会相适应等方面的问题进行广泛交流。希望，广大僧人朋友在精进学识、提高修养的同时，要关注社会，不断适应时代发展，以实际行动回报党和政府的关心、关怀。

▲ 拉萨古城申报世界文化遗产工作领导小组召开会议，听取《拉萨古城申报世界遗产名录文本》及《拉萨古城遗产地保护管理规划》编制工作汇报，安排部署下一步工作。自治区党委常委、市委书记齐扎拉出席并讲话，指出拉萨古城世界文化遗产申报工作作为国家重大文化遗产保护工程，各相关部门要准确把握申遗工作要求，切实增强工作目标，力争“十三五”期间申遗成功。市委领导马新明、果果出席。

15 日 自治区党委常委、市委书记齐扎拉主持召开八届市委第 120 次专题会议，研究国道 318 线拉萨绕城公路建设项目设计方案，强调要扎实做好前期各项准备工作，既要按照城市公路的要求建设，更要将其修建成观光路，并按照国际旅游城市标准来规划，将其打造成旅游精品线路。自治区交通厅、自治区发改委、财政厅、国土厅、环保厅、水利厅、林业厅、交通勘察设计研究院主要负责人，市委领导斯朗尼玛、袁训旺、果果出席。

16 日 自治区党委常委、市委书记齐扎拉前往曲水县调研净土健康产业和旅游工作，并召开座谈会听取曲水县经济社会发展和“十三五”期间推进净土健康产业与旅游文化产业有机融合发展的规划汇报。市委领导袁训旺陪同。

▲ 拉萨市工商联（总商会）与四川省阿坝藏族羌族自治州工商联（总商会）举行投资考察座谈，并签署“友好商会协议”。

18 日 自治区党委书记陈全国前往北环路、拉萨河综合整治工程 2 号闸工地、柳梧新区 1 兆瓦聚光太阳热能发电示范项目调研项目建设情况，强调要切实抓好项目建设，拉动全区经济实现又好又快发展。确保全面完成全年各项目标任务。自治区党委常委、市委书记齐扎拉陪同。

▲ 自治区党委常委、市委书记齐扎拉会见全国双拥办副主任、总政群工办副主任巴谋国率的全国双拥办赴藏调研督导组一行，指出拉萨市将全力配合好全国双拥办赴藏调研督导工作，汇报好双拥各项工作，认真落实督导组对拉萨双拥工作提出的新要求，进一步巩固好拉萨双拥工作取得的成绩。市委领导马新明、肖光富、袁训旺陪同会见。

▲ 自治区党委常委、市委书记齐扎拉会见云南省政府侨务办公室党组书记张新明率领的云南省侨办文化交流暨调研团一行，就进一步加强涉藏侨务方面各项工作达成共识。市委领导袁训旺陪同会见。

▲ 全国双拥办赴藏调研督导拉萨市创建全国双拥模范城（县）工作汇报会召开，听取驻市部队拥政爱民工作、拉萨市双拥工作开展情况。全国双拥办副主任、总政群工办副主任巴谋国出席并讲话，指出在新的历史时期，拉萨市要继续发挥双拥优抚的光荣传统，在新一轮全国双拥模范城的创建工作中，顺利实现“七连冠”的工作目标。拉萨市委副书记马新明，市委常委、拉萨警备自治区政委肖光富出席汇报会。

19 日 自治区党委常委、市委书记齐扎拉会见香港紫荆花杯杰出企业家协会常务副理事长、昆明星耀集团实业有限公司董事长颜语率领的考察团一行，就投资环境、人才培训、旅游文化产业发展、科技成果转化等多个领域交换意见并达成共识。市委领导马新明、斯朗尼玛、袁训旺陪同会见。

20 日 拉萨市召开创建全国民族团结进步示范市互观互检座谈会，听取拉萨市创建全国民族团结进步示范市工作汇报，观看拉萨市创建全国民族团结进步示范市汇报片，试点单位色拉寺、当雄县人武部、城关区雪小学作交流发言。国家民委监督检查司副司长宋全，自治区副主席、自治区民宗委党组书记格桑次仁，拉萨市创建全国民族团结示范市领导小组成员、国家民委互观互检团成员出席会议。

21日　自治区党委常委、市委书记齐扎拉会见中国农业发展银行副行长林立一行，就农发行在西藏的工作定位、开展定制服务交流协商。自治区扶贫办（农发办）主任江白，市委领导马新明、斯朗尼玛、袁训旺陪同会见。

▲　自治区党委常委、市委书记齐扎拉前往林周县唐古乡、旁多乡调研道路规划改造工作，听取达龙寺、热振寺社会服务管理工作和加强和创新寺庙管理工作开展情况，强调要按照国际旅游城市的标准，改快实施拉萨环城旅游线路规划改造，加快推进乡村路网标准化建设。市委领导袁训旺陪同。

22日　拉萨市蝉联全国文明城市总结表彰暨2015年迎检测评动员部署大会召开，总结全市全国文明城市创建工作经验，部署2015年至2017年创建工作安排，签订“2015年度拉萨市深化全国文明城市创建工作目标管理责任书”。自治区党委常委、市委书记齐扎拉出席并讲话，要求在2011年创建，2015年蝉联“全国文明城市”的基础上，继续做好各项工作，确保2017年再次蝉联。自治区政协副主席、社科院长白玛赤林，自治区党委宣传部副部长、文明办主任陈友出席会议，市委领导张延清、马新明、斯朗尼玛、袁训旺、周普国、陈军、果果出席。

23日　北京援藏指挥部组织援藏干部集中学习中央第六次西藏工作座谈会精神，西藏大学中国藏学研究所副教授赵君应邀作题为《影响西藏未来发展的新诊断：中央第六次西藏工作座谈会解读》宣讲报告。市委副书记、北京援藏指挥部总指挥马新明出席。

24日　全市项目建设推进会召开，贯彻落实市委第119次专题会议精神，听取全市“十二五”规划在建项目、未开工项目、第四季度进入施工准备阶段及可开工项目基本情况汇报，研究解决各县（区）、相关部门在各自项目推进中存在的难点问题。要求要全力抓好全市“十三五”规划编制，要切实完成年初确定的项目建设工作目标。市委副书记、市长张延清出席并讲话，副市长斯朗尼玛、洪家志、周普国、次仁央宗、陈文强、史本林、吴亚松、林生出席。

▲　中国农业发展银行总行赴藏调研组一行前往城关区高标准奶牛养殖中心、农业科技示范中心、综合物流示范中心、大昭圣泉实业有限公司等调研城关区净土健康产业发展状况。市委领导斯朗尼玛、周普国、果果陪同。

25日　全市深化农村改革暨精准扶贫工作专题会议召开，总结全市深化农村改革和精准扶贫工作进展情况，讨论研究《拉萨市农村土地承包经营权确权登记颁证工作验收方案（征求意见稿）》《拉萨市关于贯彻落实任务分解方案（讨论稿）》《中共拉萨市委、拉萨市人民政府关于扎实推进精准扶贫脱贫工作的实施意见（征求意见稿）》，安排部署近期重点工作。市委常务副书记龙志刚出席并讲话，强调要全力做好农村土地经营权确权登记颁证工作验收工作和收尾工作。同时，要加快推进扶贫攻坚工作，将扶贫目标任务作为各级党政领导干部考核及各县（区）、各部门年终目标考核的指标，确保精准扶贫工作取得实效。市委领导周普国，市扶贫开发工作领导小组各成员单位负责人参加会议。

▲　由拉萨市委、市政府主办，市教育局（体育局）、市群众文化体育中心承办的第二届拉萨篮球联赛开幕，到自区（中）直、市直各部门和七县一区、驻市各部队、企事业单位、人民团体的57支队伍参加比赛。市委副书记马新明，国家体育总局篮管中心副班主任、自治区体育局副局长白喜林出席。

26日　自治区党委常务副书记吴英杰分别在自治区和拉萨市维稳指挥部通过视频连线，检查督导十八届五中全会期间各地市维稳工作情况，并前往邮政公司拉萨分公司、西藏顺丰快递公司考察调研拉萨市物流寄递实名制等工作落实情况。自治区党委常委、市委书记齐扎拉陪同。

▲　城关区第三届环卫工人节庆祝大会召开。自治区党委常委、市委书记齐扎拉出席并致辞，对广大环卫工人辛勤的付出表示敬意，希望环卫工人继续发扬成绩，不断推动全市环境卫生工作再上新台阶。市委领导张延清、袁训旺、果果出席大会。

26日—27日　自治区党委常委、市委书记齐扎拉主持召开市委“三严三实”和“忠诚干净担当”专题教育第八次集中学习研究会，学习《中国共产党纪律处分条件》《中国共产党廉洁自律准则》和《推进领导干部能上能下若干规定（试行）》，传达《中共中央关于部分省市县党委书记违纪违法案件及其教训警示的通报》。市委领导张延清、龙志刚、马新明、斯朗尼玛、袁训旺、周普国、陈军、洪家志、果果、彭祎涛出席。

27 日 山南地区贡嘎县甲竹林镇托管移交西藏空港新区管委会办公室管理工作领导小组召开全体会议,传达《关于将贡嘎县甲玛林镇托管移交西藏空港新区管委会办公室管理工作实施方案》,安排部署移交工作具体事项。自治区党委常委、市委书记齐扎拉主持并讲话,要求严格按时间节点完成各项任务,确保甲竹林镇所辖范围人财地特事等交接顺利。山南地委书记、空港新区管委会副主任张永泽,山南地委副书记、行署专员普布顿珠,拉萨市委常委、常务副市长、西藏空港新区管委会筹备办公室主任斯朗尼玛出席。

▲ 自治区党委常委、市委书记齐扎拉主持召开拉萨、山南两地市合作推进西藏空港新区稳定发展座谈会,贯彻落实自治区党委第 110 次常委会议精神和自治区党委、自治区政府《关于加快推进西藏空港新区工作的通知》要求及自治区党委常务副书记吴英杰指示精神,强调要以空港新区为抓手,推进藏中发展稳定。山南地委书记张永泽,地委副书记、行署专员普布顿珠,拉萨市委常委、常务副市长斯朗尼玛出席。

28 日 自治区党委常委、市委书记齐扎拉主持召开专题会议,审看拉萨“河变湖”工程专题汇报片和“南山绿化”工程纪录片,并要求:主创及制作单位要根据此次会议的意见建议,继续修改完善,切实总结宣传好拉萨市在生态环境保护方面的成功做法和经验。市委领导马新明、斯朗尼玛出席。

▲ 自治区党委改革办赴拉萨市开展督察调研改革情况座谈会召开,听取拉萨市推进全面深化改革工作情况汇报,以及党的建设制度改革、经济体制改革、生态文明体制改革、文化体制改革、社会体制改革和纪律检查体制改革等各专项改革工作情况汇报。自治区党委改革办专职副主任汪晓冬出席并讲话,指出拉萨作为首善之地,应注重改革经验的总结与宣传推广。市委常务副书记龙志刚,市委常委、组织部部长陈军出席。

▲ 拉萨市召开《幸福拉萨文库》图书出版工程推进会,听取北京华夏墨香文化传媒有限公司创伤团队承担的人物篇、发展篇各 10 本书的创伤进展情况汇报,征求各相关部门的意见和建议,收集补充相关资料。市委副书记马新明出席并讲话,强调争取实现年底定稿,2016 年上半年出版的目标。

▲ 拉萨市首届民族州市篮球邀请赛暨体育产业发展论坛新闻发布会举行。市委常委、常务副市长洪家志出席并答记者问。

▲ 2015 年拉萨市国有企业年度目标考核责任书签字仪式暨动员大会举行,市国资委就市属国有企业经营业绩考核及负责薪资制度施行情况作安排,对 2015 年拉萨市国有企业年度目标考核责任书进行说明。副市长史本林出席并讲话。

29 日 自治区党委常委、市委书记齐扎拉主持召开拉萨市城乡规划建设委员会第十五次会议,审查并原则同意《拉萨市中心城区地下空间开发利用规划》,纳金水厂建设用地规划选址事宜、征收教育城段 318 国道以南 8770 亩土地事宜以及城关区失地农民安置就业用地事宜,拉萨市干部职工周转房项目用地性质调整事宜、自治区公路局路缘居项目方案、西藏大学教职工安居工程项目规划指标调整事宜、事邦东城 1 号项目规划指标调整事宜、西藏格拉丹东藏游国际浪漫城项目规划指标调整和设计方案、拉萨市地区土地级别与基准地价更新成果事宜。自治区副主席其美仁增,自治区住房和城乡建设厅厅长陈锦,市委领导张延清、斯朗尼玛、果果出席。

▲ 拉萨市(中)直机关“全面依法治国依法治藏”法律知识竞赛决赛举行,市(中)直机关 12 家代表队进入决赛,市市政市容管委会代表队获得第一名。市委常务副书记龙志刚出席活动并讲话。

▲ 拉萨市第三届科技小发明家竞赛活动表彰大会在拉萨市第八中学举行,市实验小学、拉萨江苏实验中学、海城小学、市第八中学等学校的 95 名学生以及 5 个班集体和 5 名优秀指导老师受到表彰。市委副书记马新明出席并讲话。

31 日 拉萨市举办首届民族州市体育产业发展论坛,邀请国内体育产业专家及新疆、内蒙古、吉林、云南等地 10 个州市代表就相关主题进行专题研讨。市委副书记马新明,原国家体育总局反兴奋中心主任何珍出席。

11 月

1 日 由市委、市政府主办的首届民族州市篮球邀请赛在拉萨市文体中心体育馆开幕,来自新疆乌鲁木齐市、内蒙古呼和浩特市、吉林延边州、云南迪庆州、文山州、大理州、四川阿坝州、青海海西州、甘肃临夏州等 10 支队伍参加比赛。

2 日 拉萨市召开创先争优强基础惠民生活动

领导小组2015年第二次工作会议，通报2014年第四批驻村（居）工作总结，安排2015年第五批驻村（居）工作。市委常务副书记龙志刚出席并讲话，强调第四、第五批驻村工作队要做好交接轮换工作。市委常委、纪委书记彭祎涛主持会议。

▲ 拉萨市"青马工程"第十一期团干部暨第五期少先队辅导员培训班开班仪式在市教师继续教育学校举行。江苏省8名全国知名业务专家为全市各级团组织专兼职团干部和少先队辅导员进行系统培训。副市长吴亚松出席并讲话。

3日　自治区党委常委、市委书记齐扎拉会见美国驻成都总领事馆领事艾立仁一行，希望艾立仁一行在感受拉萨魅力的同时，将真实美丽的西藏宣传给美国公民和世界。市委领导张延清陪同会见。

▲ 自治区党委常委、市委书记齐扎拉前往拉萨教育城调研拉萨市疗养基地建设前期工作准备情况、拉萨医院选址以及拉萨僧尼养老院选址等情况，并听取项目建设单位对项目基本情况的介绍。市委领导张延清、龙志刚、达娃、果果陪同。

4日　自治区党委常委、市委书记齐扎拉主持召开市委常委（扩大）会议，传达学习中共十八届五中全会精神，强调全市上下要全面学习贯彻好五中全会和习近平总书记系列讲话精神，认真学习贯彻"十三五"规划思路、方向、目标，奋力夺取全面建成小康社会的伟大胜利。市委领导张延清、龙志刚、达娃、淯家志、果果、占堆、彭祎涛出席。

5日　全市精准扶贫工作会议召开，传达自治区党委常委、市委书记齐扎拉在《扶贫开发动态》第8期上的指示精神，听取市扶贫办精准扶贫工作开展情况汇报，听取市发改委、市农牧局、市水利局、市住建局关于扶贫搬迁、产业扶持工作开展情况汇报，城关区、堆龙德庆县、达孜县就各自扶贫工作开展情况作交流发言。市委副书记、市长张延清出席并讲话，强调精准摸底，切实做到精准施策、有效施策。

6日　拉萨市净土健康产业推进大会召开，总结2013年9月以来全市净土健康产业发展情况，部署2016年及"十三五"期间全市净土健康产业发展工作。自治区党委常委、市委书记齐扎拉出席并讲话，强调"十三五"期间，全市上下要理顺思路，以净土环境为依托，以现代科技为引领，以规模化经营为起点，以经济、生态、社会、政治效益最大化为目标，全力打造净土健康产业升级版。自治区工信厅、发改委、工商联、科技厅、林业厅、农牧厅等相关部门负责同志，市委领导张延清、龙志刚、达娃、次仁旺堆、洪家志、果果、占堆、彭祎涛出席。

▲ 自治区党委常委、市委书记齐扎拉会见由中国围棋协会副主席林建超率领的出席中国首届藏棋研讨会暨2015年全国围棋甲级联赛嘉宾一行。市委领导龙志刚、占堆陪同会见。

7日　拉萨市首届民族州市篮球邀请赛和第二届拉萨篮球联赛在拉萨市群众文化体育中心闭幕，拉萨净土队荣获本次比赛总冠军。自治区党委常委、市委书记齐扎拉，自治区人大常委会副主任新杂·单增曲扎、自治区副主席何文浩、自治区政协副主席罗松多吉，市委领导张延清、龙志刚、占堆出席。

▲ 第十三届中国国际农产品交易会在福建省福州市开幕，拉萨52家企业生产的净土健康产品参加展销。

▲ 拉萨市举行2015年11月"每月一课"讲坛，邀请自治区监察厅副厅长高宏生对《中国共产党廉洁自律准则》《中国共产党纪律处分条例》作讲解。市委常委、纪委书记彭祎涛主持。

9日　拉萨市组织干部群众集中收听收看中共十八届五中全会精神宣讲报告会，中央宣讲团成员、中国社科院副院长蔡昉作宣讲报告。市委领导龙志刚、陈军、占堆、彭祎涛出席拉萨分会场报告会。

10日　拉萨市2015年下半年和谐模范寺庙暨爱国守法先进僧尼表彰大会召开，21座寺庙、1934名僧尼、22个寺庙管理委员会、51名宗教执事人员、61名驻寺干部、15名涉宗干部受表彰。市委副书记、市长张延清，自治区党委统战部副，市委领导龙志刚、达娃出席会议。

12日　拉萨市创先争优强基础惠民生活动第四批驻村（居）工作总结表彰暨第五批驻村（居）工作动员大会召开，34个驻村（居）工作队、125名工作队员、19个单位受到表彰。自治区党委常委、市委书记齐扎拉出席并讲话，市委领导张延清、龙志刚、达娃、次仁旺堆、陈军、果果、占堆、彭祎涛出席会议。

▲ 全市水利建设发展专题会议召开，通报全市"十二五"水利规划执行情况，研究部署"十三五"时期水利发展目标、总体布局和水利改革等工作。自治区党委常委、市委书记齐扎拉出席并讲话，自治区水利厅厅长达娃扎西应邀出席，市委领导张延清、龙志刚、陈军、占堆彭祎涛出席。

14日　"天府机场　美丽简阳"四川省简市城市推介会在拉萨举行。简阳市委书记王宏斌、市长赵春波，拉萨市委常委、组织部部长陈军，副市长林生出席推介会。

17日 自治区党委常委、市委书记齐扎拉以普通党员身份参加市委办公厅党支部集中学习会，与支部成员共同学习习近平总书记以普通党员身份和自治区党委书记陈全国以普通党员身份参加所在党支部组织生活会时的讲话精神，并进行交流发言。市委常委、秘书长、拉萨经开区党工委书记袁训旺参加会议并作交流发言。

17日—18日 自治区党委常委、市委书记齐扎拉主持召开市委“三严三实”和“忠诚干净担当”专题教育第九次集中学习研讨会，传达《中共西藏自治区委员会关于认真学习宣传贯彻落实党的十八届五中全会精神的通知》，贯彻学习习近平总书记在中共十八届五中全会第一次全体会议上的讲话精神，部分与会领导围绕“贯彻落实党的十八届五中全会精神，引领全市经济平稳较快发展和社会和谐稳定”作交流发言。

▲ 由市人民政府主办，市农牧局、市工商联、拉萨国家经济技术开发区协作承办的2015年拉萨市净土健康产业招商引资推介会在北京举行。其间，华建耐尔特（北京）低碳科技有限公司等多家企业代表与净土健康产业项目合作方代表签约，涉及项目有节能环保新型材料、4万吨饮用水销售等5个项目，达成投资协议4个，总投资金额达13.4亿元，签署战略合作意向书1份。北京市工商联副主席王报焕，拉萨市委常委、副市长周普国出席。

▲ 拉萨市人民政府与中国进出口银行四川省分行签订《合作备忘录》，拉萨市副市长樊崔晓峰代表市人民政府与中国进出口银行四川省分行副行长李景峰签订《合作备忘录》。

18日 全市2015年度“先进双联户”创建活动总结表彰大会召开，总结2015年双联户创建工作，安排部署全当前和今后一个时期全面深化全市双联户工作，并对5个县（区）、8个乡（镇）、8个村（居）、8名联户代表进行表彰。市委副书记、统战部部长达娃出席并讲话，市委领导次仁旺堆、彭祎涛出席。

19日 自治区党委常委、市委书记齐扎拉主持召开拉萨市城乡规划建设委员会第十六次会议，审查拉萨教育城二期方案事宜、僧尼养老院建设用地规划选址事宜、那曲第三高级中学建设用地规划选址事宜、拉萨阿里初级中学建设用地规划选址事宜、拉萨市中心城区道路命名方案等。自治区国土资源厅副厅长张建平，自治区住建厅副厅长易湘辉，市委领导果果出席。

19日—22日 国务院副秘书长、国家信访局局长舒晓琴在西藏调研。在藏期间，舒晓琴先后前往拉萨市联合接访中心、堆龙德庆县联合接访中心，城关区塔玛村、堆龙德庆县东嘎镇东嘎村考察社会矛盾化解和信访工作制度改革措施落实情况和便民服务、干部驻村、网格化管理和双联户工作开展情况。自治区党委书记陈全国，自治区党委副书记、常务副主席、政法委书记邓小刚，自治区党委常委、市委书记齐扎拉等陪同调研。

20日 拉萨市科协2015年学术年会召开，市委副书记马新明出席讲话。

22日 自治区党委常委、市委书记齐扎拉前往城关区蔡公堂乡慈觉林沟西藏文化旅游创意园区调研西藏藏经博物馆、藏文化创意孵化中心、松赞绿谷酒店、中国美术创作研究基地、园区二期市政府道路、《文成公主》慈觉林藏院风情街等园区重点项目建设及运营情况。市委领导袁训旺、果果陪同。

23日 西藏首款天然山泉软水落户城关区。

24日 自治区党委常委、市委书记齐扎拉主持召开市委专题会议，听取拉萨医院设计工作开展情况，研究医院设计方案相关事宜。自治区副主席德事，市委领导龙志刚出席会议。

25日 自治区党委常委、市委书记齐扎拉主持召开八届市委第110次常委会，传达俞正声、孙春兰、孟建柱、陈全国等中央、自治区领导在近期涉藏对外事务工作的指示精神，传达《中共西藏自治区委员会办公厅关于印发学习贯彻中国共产党巡视工作条例实施方案的通知》和《中国共产党巡视工作条例》及《全区严肃查处发生在群众身边的“四风”和腐败问题工作推进电视电话会议》，研究《中共拉萨市委员会关于贯彻落实关于加强和改进基层纪检机关建设的意见的实施意见》，听取全市“强党、固基、扶村”工作开展情况汇报及关于召开拉萨市旅游发展大会筹备情况工作和市委、市政府《关于加快旅游业发展的决定（征求意见稿）》，研究并同意《拉萨市古村保护条例的请示》和《关于解决顿珠金融产业园区工作中有关事宜的请示》。

27日 全市迎接2015年全国城市文明程度指数测评再动员再部署推进会召开，就网上申报材料、实地考察、问卷调查工作进行安排部署。市委常委、宣传部部长占堆出席并讲话。

12 月

2 日　自治区党委常委、市委书记齐扎拉主持召开八届市委第 111 次常委会，传达自治区党委书记陈全国、自治区党委副书记邓小刚对《中共拉萨市委员会关于全市社会治安综合整治及严打专项行动工作情况的报告》等拉萨市近期工作的批示精神，听取市委八届七次全委会筹备工作情况汇报及堆龙德庆县撤县设区相关情况和工作方案汇报。

▲　那曲等五地（市）村（居）干部赴拉萨第四期素质提升培训班在市委党校新校区开班，培训期限 25 天，培训内容为基层党组织建设、强农惠农政策等知识培训。

3 日　全市创建国家公共文化服务体系示范区动员大会召开，安排部署创建国家公共文化服务体系示范区各项工作，并对《拉萨市贯彻落实〈关于加快构建现代公共文化服务体系的意见〉的实施意见》作说明。市委副书记、市长张延清出席并讲话，自治区文化厅相关负责人出席会议，市委领导马新明、占堆出席会议。

4 日　自治区党委副书记、主席洛桑江村调研拉萨环城快速路工程建设，并召开座谈会，听取环城路北段、南段一期二期和柳东大桥工程进展情况汇报。自治区党委常委、市委书记齐扎拉陪同调研。

▲　全市“强党、固基、扶村”工作推进会召开，对全市“强党、固基、扶村”工作进行再总结、再研究、再部署，部分县（区）委书记、乡（镇、街道）党委书记、村（居）党支部第一书记、书记代表作交流发言。自治区党委常委、市委书记齐扎拉出席并讲话，市委领导龙志刚、马新明、肖光富、斯朗尼玛、袁训旺、陈军、果果、占堆、彭祎涛出席。

5 日　自治区党委常委、市委书记齐扎拉主持召开拉萨市环城快速路项目建设推进专题会议，贯彻落实区党委副书记、主席洛桑江村在调研拉萨市环城快速路工程建设时的指示精神和部署要求。自治区副主席边巴扎西、姜杰，自治区发改委、林业厅、交通运输厅、财政厅等单位主要负责人，市委领导张延清、斯朗尼玛、袁训旺、果果出席会议。

7 日　拉萨市举办“一带一路”视野下拉萨与南亚大通道建设专题讲座，邀请中国社科院南亚研究中心主任叶海林作《“一带一路”视野下拉萨与南亚大通道建设》讲座。市委领导龙志刚、马新明、斯朗尼玛、袁训旺、陈军、果果、占堆、彭祎涛出席。

7 日—8 日　拉萨市委八届七次全委会召开，贯彻落实党的十八届五中全会和中央第六次西藏工作座谈会精神，贯彻学习习近平总书记系列重要讲话精神、特别是“治国必治边、治边先稳藏”的重要战略思想和“加强民族团结、建设美丽西藏”的重要指示，落实自治区党委八届七次全委会的安排部署，审议通过《中共拉萨市委关于制定“十三五”时期国民经济和社会发展规划的建议》。

10 日　拉萨市法学会成立暨第一次会员代表大会召开，会议审议通过了《拉萨市法学章程》，选举产生了拉萨市法学会第一届理事、常务理事、秘书长、副会长、第一副会长、会长。张延清当选为会长，次仁旺堆当选为第一副会长。

11 日　自治区党委常委、市委书记齐扎拉主持召开八届市委第 113 次常委会，传达学习陈全国书记、邓小刚副书记关于近期拉萨外事工作的批示精神，听取拉萨市精准扶贫工作开展情况及拉萨教育城二期整体工作开展情况、拉萨白定医院筹建工作进展情况，原则同意白定医院规划设计方案。

▲　为解决环卫工人看病难、看病贵的问题，拉萨市 2015 年投资 600 余万元，为城关区全体环卫工人增购了医疗保险，报销额可达 80%，实现了环卫工人病有所医的愿望。

16 日　自治区党委常委、市委书记齐扎拉主持召开八届市委第 114 次常委会，传达学习自治区党委八届八次全委会精神、《自治区纪委机关 区党委组织部关于开好“三严三实”专题民主生活会的通知》，研究市委专题民主生活会筹备工作。

18 日　自治区党委常务副书记、自治区党委党校校长吴英杰前往拉萨市委党校调研西藏各级党校建设情况，并与学员们交谈，了解基层干部工作生活情况和村居两委干部待遇改善落实情况。自治区党委常委、市委书记齐扎拉陪同。

▲　自治区党委常委、市委书记齐扎拉前往对口联系点当雄县羊易村调研，征求乡党委班子、村“两委”班子、驻村工作队对市委常委和班子成员的意见的建议，听取寺庙僧人、驻寺干部和驻寺民警对加强和创新寺庙管理工作的意见建议。市委常委、秘书长袁训旺陪同。

▲　甲竹林镇整体托管移交“交接工作”会议在贡嘎县甲竹林会镇镇政府召开，山南地区贡嘎县县长次仁代表贡嘎县委、县政府与西藏空港新区管委会办公室常务副主任次达签订《贡嘎县甲竹林镇整体托管移交西藏空港新区管理协议》，并就甲竹林

镇托管移交工作情况进行说明。市委常委、常务副市长斯朗尼玛,市委常委、组织部部长陈军,山南地区行署副专员燕红出席会议。

20日　2015年第十届“中国全面小康论坛”在北京开幕,拉萨市荣获“2015年中国全面小康突出贡献城市”称号,获此殊荣的城市还有成都、杭州、深圳。拉萨市委副书记马新明出席颁奖活动并作论坛交流。

20日—22日　第二届西藏拉萨象雄文化学术研讨会举行,学术会以研究象雄文化对拉萨旅游发展的影响为主题,开展一系列学术研讨活动。自治区党委常委、市委书记齐扎拉出席,藏学专家、原西藏自治区人大法工委主任巴桑罗布点评,中央民族大学、西南民族大学、中国社科院、自治区社科院、西藏大学及四川、青海、甘肃等省市高校、科研院所的专家学者应邀参加研讨会。

21日　拉萨市环成路(南环线)项目举行开工仪式,自治区党委常委、市委书记齐扎拉宣布正式开工,并为工程培土奠基,市委领导张延清、龙志刚、达娃出席开工仪式。

▲　2015年全市深化农村改革工作总结大会召开,总结2015年农村土地承包经营确权登记颁证为主的深化农村改革工作,安排部署2016年以农村宅基地使用权确权登记发证为主的深化农村改革工作,堆龙德庆县、曲水县分别就农村土地承包经营权确权登记颁证工作与农村宅基地使用权确权发证试点工作作交流发言。市委常委副书记龙志刚出席会议并讲话,市委领导周普国、洪家志出席。

25日　自治区党委副书记、常务副主席、自治区党委政法委书记邓小刚前往拉林高等级公路拉萨段调研视察建成段通车运行情况和在建段施工进度。

▲　自治区党委常委、市委书记齐扎拉主持召开市委常委班子召开“三严三实”和“忠诚干净担当”专题民主生活会,通报市委常委会专题民主生活会会前征求意见情况及2014年专题民主生活会整改落实情况,听取班子成员个人对照检查发言,开展批评与自我批评。

▲　中国社会科学院在北京发布2015年《公共服务蓝皮书》。拉萨市基本公共服务满意度位列国内38个主要城市之首,拉萨市公共服务总体满意度排名连续四年排名第一;公共安全、公共交通、社保就业、城市环境、基础教育、医疗卫生、文化体育、公职服务8项指标排名第一,其中公共安全连续五年第一,公共交通、社保就业、城市环境指标连续四年排名第一。

26日　北京援藏指挥部召开2015年工作总结会,总结2015年指挥部各项工作,2015年北京共投入援藏资金2.8亿元、安排援藏项目29个,其中续建项目7个,新建项目21个。对拉萨市群众文化体育中心、拉萨市市民服务中心、西藏牦牛博物馆等建成援藏项目加强了后期运营管理。投入2000余万元,用于人才培训和人才交流交融工作。组织北京市社会各界捐款6000多万元,用于开展助学扶贫活动;提出2016年工作思路。市委副书记、北京援藏指挥部总指挥马新明,市委常委、北京援藏指挥部副总指挥洪家志出席会议并讲话。

▲　中国藏民族音乐产业基地在拉萨正式挂牌成立。作为少数民族特色文化重要门类之一,藏民族音乐产业有着很大发展空间和市场潜力,但目前其产业仍处于小规模、多分散、实力弱的状态,成立中国藏民族音乐产业基地有助于推动藏民族音乐产业综合体系建设。

27日　自治区党委常委、市委书记齐扎拉前往曲水县调研易地扶贫搬迁工作和净土健康产业发展情况,了解才纳乡协荣村火车部旁和达嘎乡达嘎村火车站旁扶贫搬迁集中安置点选址、户型设计、后续发展等情况,并召开座谈会,听取市直相关部门和部分县(区)就易地扶贫搬迁政策的意见建议。市委领导斯朗尼玛、袁训旺、周普国陪同。

▲　自治区副主席边巴扎西、林业厅书记布穷一行在总队长刘继飞、政委王智的陪同下到大队看望慰问“11·28”山南地区桑日县灭火作战参战全体官兵。

▲　市委副书记、市人大常委会党组书记、统战部部长达娃主持召开市人大常委会党组召开“三严三实”和“忠诚干净担当”专题民主生活会,通报市人大常委会党组班子对照检查材料,听取班子成员个人对照检查汇报,开展批评与自我批评。

28日　自治区党委常务副书记吴英杰前往西海冷链物流有限公司和拉萨国家粮食储备库,视察调研节日市场供应及粮食储备情况。

28日—30日　自治区党委常委、市委书记齐扎拉主持召开市委“三严三实”和“忠诚干净担当”专题教育第十次集中学习研讨会,传达学习中央扶贫开发工作会议和中共中央政治局专题民主生活会精神,部分与会领导围绕“如何做好新时期扶贫开发工作，确保全市经济社会和谐发展、人民安居乐业，确保到2020年同全国人民一道全面建成小康社会”作专题发言。

29日　全市旅游发展大会召开，通报全市旅游工作开展情况，观看拉萨市旅游业发展宣传片，安排部署今后一个时期全市旅游工作，为西藏文化旅游创意园区授牌“国家级文化产业示范（试验）园”和“国家级现代服务业产业化基地”。自治区党委常委、市委书记齐扎拉出席并讲话，自治区政府党组副书记、政府顾问承孟德利出席会议，市委领导张延清、马新明、胡洪、斯朗尼玛、周普国、次仁旺堆、陈军、洪家志、果果、占堆出席。

▲　全市实现新增就业15760人，完成全年目标任务的242%。城镇失业率控制在2.2%以内，累计消除零就业家庭192户192人，继续保持城镇零就业家庭动态清零。全市开发就业岗位16700个（其中公益性岗位144个），完成全年任务目标的256.9%。各项就业任务超指标完成，使得2015年的就业工作再上新台阶。

30日　市委常委班子“三严三实”和“忠诚干净担当”专题民主生活会情况通报会。自治区党委常委、市委书记齐扎拉出席并讲话，市委领导张延清、马新明、达娃、胡洪、肖光富、袁训旺、次仁旺堆、陈军、洪家志、果果、占堆出席。

▲　《拉萨晚报》报道，2015年拉萨市创建全国双拥模范城市通过全国双拥工作领导小组最终考评，继2011年后再次获全国双拥模范城市称号，这是拉萨市连续七次获得此项称号。

31日　自治区党委常委、市委书记齐扎拉主持召开八届市委第115次常委会，传达贯彻中央经济工作会议、中央城市工作会议精神，传达中纪委《关于七起违反中央“八项规定”精神问题的通报》《关于六起中管干部违反中央“八项规定”精神问题的通报》，传达自治区党委书记陈全国相关批示精神，审议并原则同意《中共拉萨市委关于制定“十三五”时期国民经济和社会发展规划的建议》，研究《2016年元旦春节藏历新年期间拉萨市主要活动安排建议方案》和《拉萨市双拥办关于2016年“三大节日”期间开展拥军优属送温暖慰问活动的请示》。

▲　自治区党委常委、市委书记齐扎拉前往北环路起点处、堆龙德庆县园区大桥、堆龙德庆县波玛路、拉萨经开区B区柳东路东端、柳东大桥西接线与318国道交叉口等地，调研拉萨环路（西环线）项目规划等前期工作开展情况，并前往拉萨经开区召开座谈会，听取区、市相关部门和堆龙德庆县汇报拉萨环路规划的意见建议。市委领导袁训旺、果果陪同。

▲　市委副书记、市长张延清主持召开市政府党组班子“三严三实”和“忠诚干净担当”专题民主生活会，通报2014年度专题民主生活会整改措施落实情况，传达习近平总书记在中央政治局专题民主生活会上的重要讲话精神和齐扎拉在市委常委班子专题民主生活会上的讲话精神，听取班子及成员对照检查汇报，开展批评与自我批评。

▲　拉萨市创建全国双拥模范城市通过全国双拥工作领导小组最终考评，这是拉萨市连续七次获得此项殊荣。

▲　拉萨市被列入全国循环经济示范城市建设试点，对有效提高再生资源利用率具有积极意义。

中国共产党拉萨市委员会

综　　述

2015年在党中央的亲切关怀下，在区党委的坚强领导下，在北京、江苏两省市的无私援助下，市委常委会团结带领全市各族人民，深入学习贯彻中共十八大和十八届三中、四中、五中全会精神，深入学习贯彻中央第六次西藏工作座谈会精神，深入学习贯彻习近平总书记系列重要讲话精神，坚持以“四个全面”战略布局为统领，坚持治国必治边、治边先稳藏的重要战略思想，坚持依法治藏、富民兴藏、长期建藏、凝聚人心、夯实基础的重要原则，认真落实陈全国书记“发挥首府城市首位度作用”的要求，大力实施“六大战略”，认识新常态、适应新常态、引领新常态，全市呈现出经济快速发展、社会和谐稳定、生态持续优化、文化繁荣发展、民生显著改善、民族团结进步、人民安居乐业，群众的满意度、幸福感空前提升，党的执政基础更加巩固的良好局面。2015年，完成地区生产总值376.73亿元，增长11.2%，占全区经济总量的36.7%左右；全市财政收入完成110.67亿元，增长22.56%，其中，公共财政预算收入62.42亿元，比上年下降3.7%，占全区总量的45.52%；全社会固定资产投资546.04亿元，增长19.9%，占全区总量的40.68%；社会消费品零售总额205.8亿元，增长14.1%，占全区总额的50.3%；工业增加值43.82亿元，增长15.7%，占全区总量的62.71%左右；农村居民人均可支配收入10378元，比上年增长12.1%，高出全区平均水平2134元；城镇居民人均可支配收入26908元，比上年增长16.7%，高出全区平均水平1451元。

一、始终坚持正确的政治方向

市委常委会牢固树立政治意识、大局意识、核心意识、看齐意识，不折不扣地贯彻执行党的路线方针政策，坚定不移地贯彻落实中央精神和区党委决策部署，在思想上政治上行动上同以习近平为总书记的党中央保持高度一致。坚决维护党中央的权威。始终严守政治纪律和政治规矩，自觉向以习近平为总书记的党中央看齐，对以习近平为总书记的党中央绝对忠诚，坚决做到知行合一、言行一致、表里如一。在维护祖国统一、开展反分裂斗争这个重大原则问题上，严格按照中央对十四世达赖集团的定性表述、斗争方针和策略办事，始终做到旗帜鲜明、立场坚定、态度坚决、步调一致。深入贯彻落实中共十八届四中全会精神。中共十八届四中全会做出了全面依法治国的战略部署，区党委八届六次全委会制定了依法治藏的具体措施。市委坚持“中央精神和区党委决策具体化、本地实践制度化”的工作思路，进行系统谋划部署，大力实施“依法治市”战略，制定出台《关于贯彻落实全面推进“依法治国”“依法治藏”重大战略部署的实施意见》，从科学立法、严格执法、公正司法、全民守法、法治队伍等10个方面提出了36条依法治市的具体措施，着力打造依法治藏“先行区”。深入贯彻落实中共十八届五中全会精神。中共十八届五中全会从党和国家战略全局出发，明确提出了“十三五”规划的指导思想、基本原则、目标要求、基本理念、重大举措，以习近平为总书记的党中央，向全党全国人民发出了全面建成小康社会的“动员令”，立下了“宣言书”和“军令状”。习近平总书记提出创新、协调、绿色、开放、共享“五大发展理念”，顺应时代要求、符合中国国情、体现世界大势，是谋篇布局“十三五”的精髓和主线。市委高度重视，把学习宣传贯彻落实中共十八届五中全会精神作为一项重大政治任务，列入重要日程、摆上突出位置、及时学习贯彻，研究部署“十三五”时期全市国民经济和社会发展各项工作，确保率先在全区全面建成小康社会。

二、深入学习贯彻习近平总书记系列重要讲话精神

坚定不移用习近平总书记系列重要讲话精神、特别是“治国必治边、治边先稳藏”重要战略思想和“加强民族团结、建设美丽西藏”的重要指示指导全市做好各项工作。高度重视、精心部署。坚持把学习贯彻习近平总书记系列重要讲话精神作为一项重大政治任务摆在突出位置，按照“真学真懂、真信真用、真抓真改”的要求，加强组织领导，精心谋划安排，广泛动员部署，努力做到常学常新、常学常用，既有认识上的新提高，又有运用上的新成果，从中寻找做好拉萨工作的“金钥匙”。以上带下、层层跟进。充分发挥市委常委会和理论中心组学习的“龙头”作用，坚持学原文、读原著、悟原理，对习近平总书记每次发表的重要讲话，都在第一时间组织传达学习，2015年召开市委常委会21次、市委理论中心组学习10次，原文传达学习习近平总书记重要讲话13篇、批示指示3件，使全市上下在学习贯彻习近平总书记系列重要讲话精神上掀起了高潮、形成了氛围、取得了实效。结合实际、学以致用。在学习讲话过程中，坚持带着问题学，把工作摆进去，把功夫下在知行合一、学用结合上，下在解决问题、推动工作上。特别是在深刻领会习近平总书记系列重要讲话精神的同时，进一步完善了拉萨发展战略，明确“坐标系”和“路线图”，坚持谋小康之业、扬改革之帆、行法治之道、筑执政之基，真正把讲话精神贯彻到全市改革发展稳定的各项工作中去，创新了工作理念、理清了工作思路、提升了工作水平。

三、深入贯彻落实中央第六次西藏工作座谈会精神

中央第六次西藏工作座谈会从党和国家战略全局的高度科学谋划、全面部署西藏工作，作出了对西藏形势任务的新论断，实现了党的治边稳藏理论的新飞跃，开辟了党的治藏方略的新纪元，吹响了全面建成小康社会的新号角，开启了长治久安的新征程，具有里程碑、划时代意义。市委把学习好、宣传好、落实好中央第六次西藏工作座谈会精神作为一项重大政治任务来抓。统筹谋划、精心组织。多次召开市委常委会集中传达学习，纳入各级理论中心组学习内容和各级干部教育培训主体班次，并向全市下发通知、提出要求，掀起了学习贯彻中央第六次西藏工作座谈会精神的热潮。深入宣传、广泛传播。充分运用新闻媒体、网络媒体、社会面宣传和巡回宣讲方式，建立健全市、县（区）、乡（镇、街道）、村（居）四级理论宣讲体系，精心组织、深入宣讲，广泛开展中央第六次西藏工作座谈会宣传活动，确保了学习有声势、有规模、有特色、有亮点、效果好。明确定位、狠抓落实。深刻认识新时期中央治藏方略，把学习贯彻中央第六次西藏工作座谈会精神，与学习贯彻习近平总书记系列重要讲话精神结合起来、与贯彻中央精神和区党委决策部署结合起来，认真进行安排部署，明确拉萨的战略定位和工作方向。

四、成功举办拉萨市庆祝西藏自治区成立50周年活动

西藏自治区成立50周年大庆是全区各族人民政治生活的一件盛事、喜事，拉萨市作为西藏自治区成立50周年庆祝活动的主要举办地和中央代表团主要活动地，在党中央的特殊关怀下，在区党委、政府的坚强领导下，发扬团结拼搏、吃苦耐劳、努力奉献的精神，以高涨的热情精心组织、主动作为、勇担重任，出色完成了各项任务，确保了庆祝活动圆满成功。重视程度高。中央和区市党委高度重视，从思想上、组织上保障大庆活动积极有效开展。全市各战线、各部门主动作为、通力协作，人民群众热情拥护、积极参与，不仅高质量完成了城市美化、绿化、亮化等综合整治工作，还主动承担在庆祝大会会场布置6个大型氦气球、放飞2万个小型氦气球、放飞1000只和平鸽的重要紧急任务。群众参与广。直接及间接参与大庆活动的部队官兵、武警官兵、公安干警、志愿者、医疗卫生人员、机关企事业干部职工、寺庙僧尼和农牧民群众达23000余人，其中直接参与大庆活动的群众发言代表、群众游行方队、彩车人员、观礼团嘉宾、群众代表、学生代表、市直机关干部职工代表、城镇居民代表等达8300余人。安保措施实。认真贯彻落实区市党委关于做好大庆安保工作的部署要求，紧紧围绕“三个坚决确保”和“六个严防”为重点，以“三无、三不出”和“反自焚、防自焚、防暴恐”为核心，凝心聚力、超前谋划、科学部署、综合施策，确保了整个大庆活动安全顺利、和谐圆满。活动效果好。大庆活动圆满成功，社会各界反响强烈、各族群众喜气洋洋、全市上下欢天喜地、社会大局和谐稳定。全市各族人民始终铭记党中央的亲切关怀，将党和国家的关心关怀转化为走中国特色社会主义康庄大道、建设美丽家园幸福拉萨的坚定信念，转化为促进拉萨经济社会长足发展和长治久安的强大动力。

五、扎实开展“三严三实”和“忠诚干净担当”专题教育

根据中央精神和区党委要求，结合拉萨实际，率先在全区开展了“三严三实”和“忠诚干净担当”专题教育，区党委书记陈全国多次作出重要批示，给予高度评价。深化学习认识。市委切实履行第一责任，牵头抓总、把关定向，以上率下、示范带动，先后利用21个晚上、每晚2个小时，开展了10个专题的集中学习研讨活动，市委主要领导带头先后9次为全市党员干部讲党课，地级领导干部积极参加、带头发言，全市县处级以上党委（党组）共开展集中学习483场次，自觉把“三严三实”作为修身用权律己、谋事创业做人的行动指南。创新活动载体。率先在全区开展地级领导干部“进社区、察民情、找问题、办实事”活动，帮助结对户办实事、做好事、解难事30件；深入开展“党员干部进村入户、结对认亲交朋友”活动，结成帮扶对子1.8万余对，为群众办实事好事3386件；不断深化在职党员进社区报到服务、“三进四同三一”等党员干部联系服务群众活动，全面总结经验、积极探索创新，切实打通“最后一公里”、走好“最后一步路”。突出问题导向。贯彻严肃党内政治生活要求，市委常委班子率先开展谈心交心活动，多层次、多场次征求意见建议，重点整治与“说办就办、马上就办”不相符的“虚、假、浮、懒、散、庸、怕、奢”等八种作风问题，查摆问题、征求意见164条；民主生活会辣味十足，勇于晒旧账，既揭短亮丑、动真碰硬，又实事求是、出以公心，真正达到了“团结—批评—团结”的目的，专题民主生活会和组织生活会敢于提出批评建议，平均每人自我批评10条以上、相互批评每人5条以上。活动成效显著。全市各级党组织和广大党员干部理想信念有新升华，公仆意识有新增强，党内生活有新气象，工作作风有新转变，干群关系有新加强，制度机制有新完善，发展稳定有新局面，在深化“四风”整治、巩固和拓展教育实践活动成果上见了成效，在守纪律讲规矩、营造良好政治生态上见了成效，在真抓实干、推动改革发展稳定上见了成效，党在拉萨的群众基础更加牢靠、基层基础更加稳固。

六、科学制定拉萨“十三五”经济社会发展规划建议

“十三五”时期，是拉萨全面建成小康社会的决胜期，也是拉萨经济社会发展迈向更高阶段的跨越期。市委深入贯彻落实中共十八届五中全会精神，按照区党委八届八次全委会的安排部署，科学研究制定拉萨市“十三五”规划建议。充分领会精神。反复深入学习中共十八届五中全会、中央第六次西藏工作座谈会和区党委八届七次、八次全委会精神，把握核心要义、领会精神实质，切实把思想行动统一到中央精神和区党委决策部署上来，充分认识研究制定“十三五”规划建议的重大意义，切实增强政治责任感和历史使命感。科学研判形势。通过全面总结“十二五”时期经济社会发展的辉煌成就和科学分析“十三五”时期经济社会发展的总体形势，“十三五”时期，拉萨面临的机遇与挑战并存，机遇大于挑战，仍处于可以大有作为的重要战略机遇期，“六大战略”的深入实施为经济社会发展奠定了坚实的基础，保持较高速度发展、如期实现全面小康目标是具备条件、完全可能的。创新发展理念。深入贯彻落实中央全新发展理念，坚持创新发展、协调发展、绿色发展、开放发展、共享发展，并深入分析拉萨经济社会阶段性特征，创新提出和谐稳定、协调均衡、共享共建、绿色健康、创新开放的五大发展理念，确保率先在全区全面建成小康社会。全面安排部署。紧密结合拉萨实际，研究制定“十三五”时期国民经济和社会发展规划的建议，科学提出指导思想、总体目标、重大举措，确保到2020年把拉萨全面建成和谐稳定、安居乐业、保障有力、家园秀美、民族团结、健康文明的小康社会。

七、圆满完成信访案件零搁置和政府财政零负债目标

市委强化问题导向、创新工作方式，依法调处信访案件，实施积极财政政策，全力确保信访案件零搁置和政府财政零负债，有力推动拉萨经济社会持续健康发展和长治久安。实现信访案件零搁置。市委高度重视信访工作，把信访工作放在全市改革发展稳定的大局中谋划、推进，以“两个月内化解信访案件”为目标，以预防源头化、排查常态化、渠道畅通化、化解实效化、处置法制化、责任倒查化、队伍规范化为抓手，实行领导干部包案负责制，坚持一个问题、一位领导、一套班子、一个措施、一抓到底，做到包掌握情况、包解决困难、包教育转化、包稳控管理、包依法化解，有效全部化解信访案件。2015 年，全市信访事项受理群众来信来访累计 1883 件，办结 1883 件，办结率 100%。全面开展矛盾纠纷“大清盘”行动，切实将矛盾纠纷化解在基层、化解在属地、化解在萌芽状态。2015 年，全市共排查矛盾纠纷 1151 件，调处 1151 件，调处率 100%。实现政府财政零负债。面对经济下行压力，市委见事早、行动快、举措实，认真开展债务清理整顿，建立动态监管机制，防范政府债务风险，稳妥化解政府债务。“十二五”期间全市政府债务总计 725758.41 万元，已全部化解，实现本届党委、政府财政零负债。其中：通过国家投资到位资金，积极偿还 123500 万元；通过市级财政增收，积极偿还 236466.24 万元；通过市平桥投资有限公司置换给社会投资方，积极偿还 116824.62 万元；通过从拉萨经开区调剂资金，积极偿还 41125 万元；通过柳梧新区本级财政增收，积极偿还 18849.76 万元；通过西藏文化旅游创意园区本级财政增收，积极偿还 81256.39 万元；通过市属国有企业优质资产和企业盈利，积极偿还 107736.4 万元。同时，市委充分发挥财政资金“四两拨千斤”的作用，积极推动经济快速发展、社会和谐稳定、民生显著改善。

（桑荣瑞）

重要会议、重要活动

【中共拉萨市第八届委员会第六次全体会议召开】 1 月 5 日—6 日，中共拉萨市第八届委员会第六次全体会议召开。审议通过了区党委常委、市委书记齐扎拉代表常委会向全委会作题为《深入实施党建统市战略，全力开启依法治市新征程》的工作报告、《中共拉萨市委员会关于贯彻落实全面推进依法治国、依法治藏重大战略的实施意见》和《中共拉萨市委员会关于十八届中央纪委四次全会精神和西藏自治区纪委八届五次全会精神的贯彻落实意见》《中共拉萨市第八届委员会第六次全体会议关于市委常委会工作报告的决议》。

【财政部赴藏调研组在拉萨考察调研】 3 月 29 日—30 日，由财政部预算司、税政司、行政政法司、教科文司、经建司、社保司等组成的财政部赴藏调研组前往拉萨北京实验中学、拉萨市第二职业技术学校调研教育教学管理、设备设施配置、校园文化建设等情况。

【拉萨市综合整治工作动员大会召开】 4 月 9 日，拉萨市综合整治工作动员大会召开。区党委副书记、常务副主席、政法委书记邓小刚出席并讲话，要求：要明确目标，确保综合整治工作达到预期目标。区党委常委、市委书记齐扎拉作工作部署，市委副书记、市长张延清与自治区和拉萨市目标责任单位代表签订目标责任书，市委领导干部陈勇、达娃、斯朗尼玛、袁训旺、周普国、次仁旺堆、陈军、洪家志、果果、彭祎涛出席。

【自治区领导在拉萨考察调研】 4 月 21 日，区党委书记陈全国在拉萨考察调研拉萨经济技术开发区企业运营情况。

【拉萨市向尼泊尔地震灾区捐款】 4 月 27 日，受区党委常委、市委书记齐扎拉，市委副书记、市长张延清委托，副市长计明南加约见尼泊尔驻拉萨总领事哈里·普拉萨德·巴道，就尼泊尔 4 月 25 日遭受 8.1 级地震灾害向尼泊尔政府和人民表示慰问，并向加德满都市捐助价值人民币 100 万元救灾物资援助。

【市委办公厅、市纪委等单位为地震灾区捐款】 4 月 30 日，拉萨市委举行支援“4·25”地震灾区抗震救灾捐款仪式。市委领导齐扎拉、张延清、陈勇、龙志刚、达娃、斯朗尼玛、袁训旺、王晖、次仁旺堆、陈军、果果及市委办公厅、市纪委、市委政法委、市委组织部、市委统战部、市委宣传部 356 名干部职工共为灾区捐款 167650 元。

【西藏牦牛博物馆被命名为“西藏自治区爱国主义教育基地”】 5 月 17 日　西藏牦牛博物馆被自治区党委宣传部命名为西藏自治区爱国主义教育基地。

【清政府驻藏大臣衙门旧址陈列馆被命名为“西藏自治区爱国主义教育基地”】 5月17日，自治区党委宣传部命名清政府驻藏大臣衙门旧址陈列馆为西藏自治区爱国主义教育基地，并举行挂牌仪式。

【拉萨市全面推进“依法治藏”方略座谈会召开】 7月10日，拉萨市召开全面推进“依法治藏”方略座谈会。旨在加强拉萨与四省藏区沟通交流，共同推进藏区社会局势持续稳定、长期稳定、全面稳定。区党委常务副书记吴英杰出席并讲话，区党委常委、市委书记齐扎拉就拉萨市全面推进“依法治藏”方略做出安排部署，中央统战部七局副局长华彦龙出席大会并代表中央统战部、中央西藏工作协调小组办公室，就贯彻落实“依法治藏”方略提出要求，四川、云南、青海、甘肃四省11个藏族自治州、县应邀出席会议并分别作交流发言，市委领导张延清、达娃、袁训旺、次仁旺堆、陈军、果果、占堆出席会议。会议期间，拉萨市与四省藏区10个州县就开展矛盾纠纷调处、情报信息互通、社会治安联防、打击违法犯罪、共建平安边界等方面签订共保稳定合作协议。

【北京市领导在拉萨考察调研】 8月10日—12日，北京市委常委、纪委书记叶青纯率北京市考察团在拉萨考察调研北京援藏项目，并召开座谈会，听取北京市援藏工作汇报。

【中共中央政治局委员、国务院副总理汪洋在拉萨考察调研】 8月13日—15日，中共中央政治局委员、国务院副总理汪洋在拉萨考察调研农牧业生产和科研示范基地、扶贫龙头企业等工作开展情况。

【国务院安委会第六督查组在拉萨考察调研】 8月22日—23日，国务院安委会第六督查组组长刘小明一行在拉萨市考察调研安全生产工作开展情况。

【华西村与曲水村签订结对共建协议】 8月30日，华西村与曲水村结对共建签约仪式在曲水县举行，签订《华西村与曲水村结对共建框架协议》。华西村党委书记、华西集团公司董事长吴协恩，拉萨市委副书记、常务副市长陈勇，市委常务副书记龙志刚，市委常委、组织部部长陈军出席。

【北京市领导在拉萨考察调研】 9月7日，北京市委常委、统战部部长戴均良一行在拉萨考察调研拉萨市群众文化体育中心、德吉罗布儿童游乐园、拉萨北京实验中学等援藏项目并看望慰问援藏干部。

【西藏自治区成立50周年庆祝大会召开】 9月8日，西藏自治区成立50周年庆祝大会召开。俞正声向西藏自治区赠送习近平总书记题词“加强民族团结建设美丽西藏”贺匾并讲话，刘延东宣读中共中央、全国人大常委会、国务院、全国政协、中央军委关于庆祝西藏自治区成立50周年贺电，区党委书记陈全国在会上发言，西藏军区司令员许勇，群众代表江白在会上作表态发言。

【国家水利部领导在拉萨考察调研】 9月12日，国家水利部党组书记、部长陈雷一行在拉萨考察调研水利建设工作，并与市委、市政府座谈，听取拉萨市水利工作开展及城市防洪续建配套工程设计情况。

【拉萨市民族团结进步模范表彰大会召开】 9月23日，拉萨市2015年度民族团结进步模范表彰大会召开。60个民族团结进步模范集体、67名民族团结进步模范个人、宋18户民族团结进步模范家庭受表彰。区党委常委、市委书记齐扎拉出席并讲话，市委领导张延清、龙志刚、达娃、肖光富、斯朗尼玛、洪家志、占堆出席。

【拉萨市蝉联全国文明城市总结表彰暨2015年迎检测评动员部署大会】 10月22日，拉萨市蝉联全国文明城市总结表彰暨2015年迎检测评动员部署大会召开。总结全市全国文明城市创建工作经验，部署2015年至2017年创建工作安排，签订“2015年度拉萨市深化全国文明城市创建工作目标管理责任书”。区党委常委、市委书记齐扎拉出席并讲话，自治区政协副主席、社科院长白玛赤林，区党委宣传部副部长、文明办主任陈友出席会议，市委领导张延清、马新明、斯朗尼玛、袁训旺、周普国、陈军、果果出席。

【拉萨市创先争优强基础惠民生活动第四批驻村(居)工作总结表彰暨第五批驻村(居)工作动员大会】 11月12日，拉萨市创先争优强基础惠民生活动第四批驻村(居)工作总结表彰暨第五批驻村(居)工作动员大会召开。34个驻村(居)工作队、125名工作队员、19个单位受到表彰。自治区党委常委、市委书记齐扎拉出席并讲话，市委领导张延清、龙志刚、达娃、次仁旺堆、陈军、果果、占堆、彭祎涛出席会议。

【全市"先进双联户"创建活动总结表彰大会】 11月18日，全市2015年度"先进双联户"创建活动总结表彰大会召开。总结2015年双联户创建工作，安排部署全当前和今后一个时期全面深化全市双联户工作，5个县（区）、8个乡（镇）、8个村（居）、8名联户代表受表彰。市委副书记、统战部部长达娃出席并讲话，市委领导次仁旺堆、彭祎涛出席。

【全市"强党、固基、扶村"工作推进会】 12月4日，全市"强党、固基、扶村"工作推进会召开。对全市"强党、固基、扶村"工作进行再总结、再研究、再部署，部分县（区）委书记、乡（镇、街道）党委书记、村（居）党支部第一书记、书记代表作交流发言。区党委常委、市委书记齐扎拉出席并讲话，市委领导龙志刚、马新明、肖光富、斯朗尼玛、袁训旺、陈军、果果、占堆、彭祎涛出席。

【中共拉萨市委八届七次全体会议】 12月7日—8日，中共拉萨市第八届委员会第七次全体会议召开。会议贯彻落实中共十八届五中全会和中央第六次西藏工作座谈会精神，贯彻学习习近平总书记系列重要讲话精神、特别是"治国必治边、治边先稳藏"的重要战略思想和"加强民族团结、建设美丽西藏"的重要指示，落实区党委八届七次全委会的安排部署，审议通过《中共拉萨市委关于制定"十三五"时期国民经济和社会发展规划的建议》。

【全市深化农村改革工作总结大会】 12月21日，2015年全市深化农村改革工作总结大会召开。总结2015年农村土地承包经营确权登记颁证为主的深化农村改革工作，安排部署2016年以农村宅基地使用权确权登记发证为主的深化农村改革工作，堆龙德庆县、曲水县分别就农村土地承包经营权确权登记颁证工作与农村宅基地使用权确权发证试点工作作交流发言。市委常委副书记龙志刚出席会议并讲话，市委领导周普国、洪家志出席。

【市委常委班子"三严三实"和"忠诚干净担当"专题民主生活会】 12月25日，自治区党委常委、市委书记齐扎拉主持召开市委常委班子"三严三实"和"忠诚干净担当"专题民主生活会。深入贯彻中共十八届五中全会、中央第六次西藏工作座谈会精神，认真贯彻习近平总书记系列重要讲话精神，特别是关于"三严三实"专题教育的重要指示，围绕"严以修身、严以用权、严以律己，谋事要实、创业要实、做人要实"，"对党忠诚 、做人干净、敢于担当"和"说办就办、马上就办"的要求，通报市委常委会专题民主生活会会前征求意见情况及2014年专题民主生活会整改落实情况，听取班子成员个人对照检查发言，开展批评与自我批评。

（桑荣瑞）

组织工作

【概　况】 截至年底，全市组织部门紧紧围绕党要管党、从严治党这条主线，以抓好党建工作统揽全市各项工作，实施"党建统市"战略，组织工作开创了新局面；狠抓思想作风建设，党员本色和先进性得到新彰显；坚持管理监督从严，选人用人水平上了新台阶；着力夯实基层基础，基层党建工作有了新提升；聚焦重点难点问题，党的建设制度改革迈出新步伐；创新人才发展机制，人才培养使用实现新突破；强化机构编制保障，服务大局取得新成效。为拉萨市贯彻落实"四个全面"战略和扎实推进"六大战略"，实现全市经济社会发展和长治久安提供了坚强的组织保证。

【"强党、固基、扶村"工作】 年内，在现有村（居）"两委"班子和村（居）服务监督委员会设置基础上，增设村（居）民服务中心，形成村（居）"两委一中心"组织体系和以村（居）监督委员会为主体的纪律监督体系。选派1382名干部下沉到村（居）工作，积极探索开展"强党、固基、扶村"工作。

【党的建设制度改革】 年内，按照区、市党委总体部署，拉萨市坚持以加强党的执政能力建设、先进性和纯洁性建设为主线，紧紧围绕充分发挥首府城市首位度作用和实施“六大战略”，全面深化党的组织制度、干部人事制度、党的基层组织建设制度和人才发展体制机制改革，研究制定《拉萨市党的制度建设2015年工作要点》，稳步推进四大类22项58件改革任务，提高科学执政、民主执政、依法执政的水平，助推党的建设制度改革活力。

【目标绩效争先进位考核】 年内，采取听取汇报、查阅台账等方式，对拉萨市各县（区）和市直单位党建工作开展情况进行全面考核，重点考核基层党建工作责任制落实、基层党组织建设、基层领导班子和干部队伍建设、党员队伍建设、基础保障落实、基本制度落实及基层党建工作创新等方面工作。加快推动了拉萨跨越式发展和长治久安，引导全市各级各部门牢固树立加强党的建设、加快经济发展、维护社会稳定、强化作风效能的责任意识，确保拉萨市经济又好又快发展、社会大局和谐稳定。

【基层组织建设】 年内，拉萨市创新提出并全面推进实施“党建统市”战略，从健全组织、配强班子、完善机制、强化保障等方面入手，着力推动人力、物力、财力向基层一线倾斜，不断强化基层组织建设。扩大组织覆盖面，注重在“两新”组织、各类产业园区、便民警务站、互联网站、寺庙管委会、网格和联户单位等发展和稳定重点工作领域建立党的组织。截至年底，在全市各级机关、学校、医院、国有企业和规模以上非公有制经济组织中实现了党组织全覆盖。

【党员队伍建设】 年内，把发展党员工作作为各级党组织年度目标考核的重要内容，坚持严格标准、规范程序，加大在农牧区、维稳工作一线和“两新”组织中发展党员工作力度，不断提高发展党员质量，优化党员队伍结构。年内，全市共发展党员2401名，其中女党员882名，占新发展党员总数的36.7%；少数民族党员1920名，占新发展党员总数的79.9%；具有大学专科以上学历的党员240名，占新发展党员总数的10%；35岁及以下的1570名，占新发展党员总数的65.4%，全市党员队伍规模不断壮大，质量不断提高，结构明显改善。

【党内关怀机制】 年内，建立完善党内激励帮扶机制，市级财政设立100万元党内激励帮扶资金。截至年底，拉萨市救助帮扶困难党员167人，其中帮扶156人，救助11人，帮扶资金共计11.01万元。“三大”节日期间，走访慰问各行业、各领域生活困难党员480人，“三老”人员231人，因公牺牲党员家属30人，党代表34人，基层党组织26个，发放慰问资金共计75万元，寄出慰问信1000余封。

【基层经费投入】 年内，坚持把村级组织工作和运行经费纳入地方财政预算，充分保障基层党组织日常活动正常开展。拉萨市市县两级财政投入1592万元提高村级组织运行经费，村运行经费达到每年5万元以上，社区运行和服务群众工作经费达到每年45万元以上。各县（区）结合实际，投入近2000万元设立了村级集体经济发展扶持专项资金，244个村（居）实现有集体经济收入，64个村（居）集体经济累积收入达到100万元以上。扎实推进村级组织活动场所标准化建设，整合资金2.2亿元，新建34个、改扩建18个村级组织活动场所，并对122个村级组织活动场所配套设施进行完善。切实提高村（居）干部待遇，市县两级财政投入2700余万元提高村（居）干部误工补贴，村（居）干部基本报酬和业绩考核奖励补助已经达到年人均3万元。

【干部监督管理】 年内，严格落实中组部关于加强干部选拔任用工作监督的意见和“十严禁”规定，对37家单位调整的938名科级干部进行资格审核，责令不符合规定的4家单位进行了整改，取消2名干部的任职资格。深入开展“三超两乱”、违规兼任职、干部人事档案造假等专项整治。深入开展个人有关事项报告抽查核实，探索开展正科级干部个人事项填报工作。强化经济责任审计，加大任前任中审计力度，对28名县处级党政一把手进行经济责任审计。制作《拉萨市领导干部外出报批流程图》，严格干部外出报批，实时掌握干部外出动态。充分发挥群众来信来访和“12380”电话、网站、短信等举报平台作用，受理群众来信来访9件，受理核查率达100%。

【干部选拔任用】 年内，按照“好干部”标准和民族地区好干部要求，树立正确的选人用人导向，完善领导班子和领导干部考核评价办法，推行干部选任纪实办法，强化对干部日常表现的了解掌握，把民主推荐结果与年度考核、日常考核、任职考核相结合、相印证，切实解决“四唯”问题。健全年轻干部培养选拔机制，有计划地把优秀年轻干部放到急难险重岗位锻炼。推进干部能上能下规定的落实，制定出台《党员干部履职尽责办法》和《调整不适宜担任现职干部办法（试行）》，对29名不宜担任领导职务干部予以免职，对2名不胜任现职干部予以降职，推动形成了能者上、庸者下、劣者汰的良好政治生态。

【领导班子和干部队伍建设】 年内，研究制定《关于加强基层干部队伍建设的意见》，把乡镇作为培养锻炼干部的重要阵地。围绕推进实施"六大战略"需要，先后调整县级干部12批次466人，选优配强各级领导班子。加强乡镇党政正职队伍建设，对54名乡镇党委书记、乡镇长拟任人选进行考察研究，在保证"一藏一汉"配备格局的情况下，优化班子结构、提升整体功能。建立县处级干部实绩台账，记录干部现实表现，进行评分定级，为干部调整提供最详实、最具说服力的考察意见。积极引进优秀人才到拉萨任职，引进12名优秀人才到拉萨市挂职，引进8名优秀人才到拉萨市工作。按"64号文件"为全市643名干部职工办理离退休，县处级以上干部86名。

【公务员选录】 年内，完成2015年自治区从高校毕业生中考录的658名人员分配派遣工作，其中公务员621名，事业单位工作人员28名。完成自治区为拉萨市引进人才27名，拉萨市自主引进人才103名人员的派遣工作。组织完成2015年度拉萨市从非公务员身份驻寺人员中考录公务员工作。完成2015年从全市优秀村（居）党支部书记中选拔乡镇公务员工作。从全市优秀村（居）党支部书记中录用格桑达娃等12名同志为乡镇公务员。

【公务员平时考核试点】 年内，按照西藏自治区党委组织部《关于开展公务员平时考核试点工作的通知》精神，结合本市实际，在拉萨市人民检察院、拉萨市教育体育局、达孜县、城关区蔡公堂乡、曲水县才纳乡等五家单位开展公务员平时考核试点工作。制定了《拉萨市公务员平时考核工作实施方案》及《拉萨市公务员平时考核共性指标（试行）》，并从市财政拨出专项经费制作《拉萨市公务员平时考核试点个人纪实笔记》3000本，分发给各试点单位。平时考核工作成为提升公务员能力素质和作风的有力抓手，进一步完善了公务员考核机制。

【领导干部学习教育】 年内，紧紧围绕"四个全面"目标，立足拉萨市各项中心工作，贯彻落实区、市党委重大决策部署、重点工作任务，积极推行"3+X"培训方式（"专题培训、每月一课、读书活动+自学"），扎实开展拉萨大规模培训干部工作。举办各类培训班21期，培训各级各类干部2151人次。举办拉萨"每月一课"讲坛14期，市县乡共计28000人次参加同步在线学习。积极开展"双语"教育，切实增强藏汉"双语"学习培训工作的针对性和实效性。全市共结成帮学组（对）6921对，开展集中授课714场次，参学人数达13046人次，发放学习资料6383份，实现了各级各部门和广大干部职工教育培训全覆盖。

【基层党员干部教育培训】 年内，开展村（居）干部学历提升培训，分3批对全市1080名初中以下学历村（居）干部进行学历提升教育，确保村（居）干部达到初中文化水平。帮助那曲、阿里、山南、日喀则、昌都等地市培训村（居）干部2100人。积极开展"书记讲党课"活动，全市各级党组织书记累计开展讲党课活动1000余场次。选派300余名基层党组织负责人赴北京、江苏学习培训。举办了全市"六个精准"扶贫专题培训班，全市村（居）党支部第一书记、书记、第一主任、主任共计1043人均参加了培训。

【人才培养】 年内，研究制定北京江苏2015年年度对口支援拉萨市人才和智力援助计划，北京投入人才和智力援助资金1100万元，以集中培训、岗位锻炼、插班培训等方式，实施人才培养培训项目31个，培养培训2187人次，选派9批439名实用人才到北京江苏学习锻炼。推动首都儿科研究所与市妇幼保健院、北京口腔医院与堆龙德庆县人民医院签订合作协议，在市妇幼保健院挂牌成立西藏首个儿科医疗人才培养基地，培养培训一批本土专业技术人才。

【"百名专家下基层服务"暨"人社部专家服务基层拉萨行"活动】 年内，围绕基层党建、文化、园区建设、净土健康产业、教育、卫生、法治、人才服务8个领域，选聘112名左右专业素质强、业务能力强、敬业精神强的专家（其中区内专家96名，区外专家16名，50%的专家具有高级职称）组成11个服务团，深入园区、企业、驻村工作点以及基层学校、医院、种养殖基地、专业合作组织等领域进行服务，惠及基层产业人才、医疗技术人员、畜牧兽医技术人员、种草技术人员、养殖大户400余人次，服务基层群众和人才

10000余人次。

【医疗人才“组团式”援藏】 年内,北京市首批选派15名“组团式”援藏医疗人才进藏,积极开展医疗人才“组团式”援藏工作。制定医疗人才三年行动计划,成立医疗人才“组团式”援藏工作协调小组,建立协调机制。积极开展拉萨人民医院创建三级甲等医院工作,组织开展“西藏与新疆地区慢性心肺病现状调查研究”,建立药品遴选采购管理制度等15项制度,规范临床诊疗规范。发挥“组团式”援藏医疗人才“传帮带”作用,采取“一对一”导师制培养,从对口支援科室选派22名业务骨干跟学。建立援藏医疗人才激励资金,根据“组团式”援藏医疗人才考核表现情况评奖评优,提升了援藏医疗人才的工作积极性。

【教师“组团式”援藏】 年内,在拉萨北京、江苏实验中学启动教师“组团式”援藏工作试点,两地共选派107名援藏教师到拉萨工作。组织各级各类学校分别与北京、江苏相关学校结成“手拉手”关系,通过开展“基层教师内地行”“远程教研”“两地一课”等活动,密切双方交流、拓展教研渠道,提高教研质量。将援藏教师纳入“三区”人才专项支持计划,援藏教师在藏工作经历视同农村基层任教经历,按在藏时间的两倍计算教龄。

【人才引进活动】 年内,修改完善了《拉萨市引进人才优惠政策实施细则》,进一步明确了引进对象、引进方式。把园区和产业作为吸引培养集聚人才的重要载体和突破口,起草并反复修改《关于建设拉萨市人才管理改革试验区的实施方案》,在柳梧新区国际总部城建设拉萨众创空间项目,成立首个大学生创业孵化园。在西藏大学组织开展2015年“拉萨市国有企业招募有为青年”校园专场招聘会,从全市国有企业拿出管理类、专业技术类、医药类、质量检测类、科研类等217个岗位,吸引2200名应聘者踊跃参加,达成意向协议843个,为企业招聘了一批优秀人才。组织开展2015年教育、卫生等领域急需紧缺专业人才引进工作,引进区内102名急需紧缺人才,按照博士研究生每人8万元、硕士研究生每人5万元、本科生每人2万元的标准,发放安家费213万元。积极为公安系统40名引进人才兑现安家费89万元,其中研究生5万元/人、本科生2万元/人,并举行了安家费发放仪式。投入资金99275元,对自治区为拉萨市引进的17名高校毕业生,按5000元/人的标准统一发放了安家费,并报销进藏路费。积极推进人才公寓建设,投入627万元为援藏医疗人才购置11套人才公寓,完成“十三五”期间240套人才公寓建设选址前期工作。

【政府职能转变和机构改革】 年内,围绕发挥拉萨首府城市首位度作用,全力推进拉萨市政府职能转变和机构改革,提出机构设置方案,重点就理顺城区城市管理、国土资源管理体制等问题进行研究,研究市区两级综合执法、园林绿化体制改革,在加强政府法制建设、旅游发展、体育事业等方面突出拉萨特点,强化机构和职责整合,理顺权责关系。加强对县(区)政府机构改革工作的指导,结合县(区)管理任务、编制数量等,对县(区)政府部门机构限额、机构设置等科学研究,保障县(区)政府机构改革因地制宜,体现本地特色。

【行政审批制度改革】 年内,依法取消和调整拉萨市行政审批事项,补充完善设定依据,确保审批事项真实、准确、完整、规范。共取消21项行政审批事项,下放3项、承接5项、调整为政府内部审批4项。加大向县(区)简政放权力度,将有利于促进基层发展、就近服务和属地监管等县(区)能够承接的事项,一律下放,推进属地管理责任落实。做好市、县(区)推行权力清单和责任清单准备工作,扎实推进中介服务机构清理规范工作。

【事业单位分类改革】 年内,有序推进事业单位清理规范工作,重点梳理规模较小、职能萎缩、长期空编、名称混乱的事业单位,有针对性地撤并调整。依据事业单位承担社会功能情况,完成全市692家事业单位类别划分工作,稳慎推进市公交总公司等生产经营类事业单位转企改制工作。加强事业单位法人登记管理,完成全市220余家事业单位法人变更换证和年度报告工作。

【机构编制资源配置优化】 年内,围绕市委实施“六大战略”,完善编委会议事制度,制定《拉萨市机构编制委员会议事规则》。研究理顺城区公安管理体制,规范县(区)检察院、各县公安局内设机构设置。设立8县(区)委党校,组建西藏文化旅游创意园区管委会,组建空港新区管委会办公室,积极研究高新区管理机构设置。组建拉萨市企业发展服务中心，组建8县（区）五保老人集中供养服务中心，组建市、县（区）食品药品监督管理局。完成市县两级不动产登记机构组建、职能和人员编制划转工作。积极做好机构编制实名制管理工作，实现了中央、自治区、市、县四级联网。

【关心关爱老干部】 年内，利用“三大节日”，对全市4493名离退休干部进行慰问，共发放慰问金731.74万元，元旦前夕在拉萨电视台、拉萨晚报用藏汉两种语言全文播出刊发《市委、市政府致全市离退休干部慰问信》；春节、藏历年前夕，市领导分别对拉萨市居住在区内和区外的30名离休、十八军以及地级、县级退休干部代表进行了家访慰问；在成都召开离退休干部“迎春节藏历新年”茶话会。市领导和部（局）领导全年看望慰问去世老干部家属及因病住院老干部15人，共发放慰问金和慰问品折合人民币4.5万元；10月，发放自治区成立50周年庆祝大会中央代表团纪念品4201份。

【老干部独特作用发挥】 年内，健全离退休干部党建工作责任制，制定《全市离退休干部职工党建工作考核办法》和《离退休党支部考核细则》。组织7批400余人次离退休干部在区内外参观考察学习，开展“展示新风采、共话新拉萨、发挥正能量”活动，组织居住在拉萨的30多名省级老领导和200多名离退休干部实地参观拉萨发展成就。邀请51名退休干部担任21所学校校外德育辅导员，组织60名老干部组成游行方队参加自治区成立50周年大庆活动，充分展示了离退休老干部精神风貌和时代风采。

【共产党员民族团结先锋活动】 年内，在拉萨市第四个“民族团结进步节”暨第25个“民族团结宣传月”期间深入开展讲好身边民族团结故事、“民族团结知识竞赛”活动、举办民族团结知识讲座等共产党员民族团结先锋活动，不断强化拉萨市共产党员维护祖国统一、维护民族团结的思想基础，进一步弘扬了民族文化、普及了民族知识、巩固了共产党员民族团结先锋活动成果，有效传递社会正能量，促进了拉萨市民族团结事业的繁荣和发展。

【共产党员志愿者示范城创建活动】 年内，按照“全面覆盖、重点开展、有序推进”的原则，逐步形成了以拉萨市城区重点开展，各县（区）积极参与，由城区带动、辐射各县（区）的工作格局。截至12月，全市共有党员志愿服务队373个，已登记队员（党员）22350名，形成各类志愿服务项目11项，发放便民服务卡近16万张，设立党员先锋岗120个，把党员志愿服务工作作为党员密切联系群众的重要途径，不断深化和拓展服务内容。

（李培兴）

宣传工作

【概　况】 年内，认真贯彻落实中共十八大和十八届三中、四中、五中全会精神，以马克思列宁主义、毛泽东思想、邓小平理论、“三个代表”重要思想、科学发展观为指导，深入贯彻落实习近平总书记系列重要讲话精神、特别是“治国必治边、治边先稳藏”的重要战略思想和“加强民族团结、建设美丽西藏”的重要指示，精心组织重大宣传战役，广泛开展各类教育活动，不断壮大主流新闻媒体，积极开展涉藏舆论斗争，推动文化大发展大繁荣，有力维护了意识形态和文化安全，为推进全市经济社会又好又快发展、社会大局持续和谐稳定提供了有力保障。

【大庆宣传文艺组各项任务完成】 积极做好组织筹备。及时成立拉萨市庆祝西藏自治区成立50周年宣传文艺组，抽调市宣传文化系统精干力量60余人，按照自治区大庆办宣传文艺组及拉萨市大庆办的要求，积极做好宣传报道、群众游行方队组织、彩车制作、网络宣传监控、外媒接待等工作；着力开展宣传活动。做好中央电视台“心连心”艺术团赴藏慰问演出的群众组织工作及大庆庆典当日观众的组织工作，组织开展迎大庆文体比赛、知识竞赛、观看爱国电影等活动。大庆期间，共接待6批90余人的采访团，播出相关新闻610余条，集中报道了50年来拉萨市经济、文化、教育等方面所取得的成就；切实落实重点任务。完成三个群众游行方队675名队员的遴选、排练、展示工作，完成“幸福拉萨”彩车的设计、吊装、调试、培训、协调、展示等工作；大力配合自治区大庆办宣传文艺组成就展布展工作，报送实物108

个品种、图片1000余幅。宣传文艺组工作得到区、市大庆办的充分肯定，在区市50年大庆总结表彰大会上，宣传文化系统2人获得区级先进个人奖项，2个成员单位获得市级先进集体、10人获得市级先进个人奖项。

【理论武装】 年内，市委理论学习中心组围绕习近平总书记系列重要讲话、全国“两会”、中央第六次西藏工作座谈会、中共十八届五中全会等专题共集中学习11次，充分发挥了示范带头作用；全市党员干部通过参加集体学习、个人自学、培训轮训、交流研讨等方式，强化政策理论学习，实现了理论学习经常化、制度化、全覆盖。围绕西藏自治区成立五十周年、中央第六次西藏工作座谈会、中共十八届五中全会精神等开展巡回宣讲，全年巡回宣讲5000余场次，听众50余万人次。编制完成全市宣传文化系统“十三五”规划，组织征订、发放了《理论热点面对面（2015）》《法治热点面对面（2015）》《习近平关于党风廉政建设和反腐败斗争论述摘编》《党建》《大讲堂》《庆祝西藏自治区成立50周年研讨会论文集》等学习资料两万余册。通过认真学习和深入宣讲，不断增强广大干部群众对中国特色社会主义的道路自信、理论自信和制度自信。

【舆论宣传】 紧扣中共十八届四中、五中全会及培育和践行社会主义核心价值观、中央第六次西藏工作座谈会、纪念抗日战争暨世界反法西斯战争胜利70周年、庆祝西藏自治区成立50周年、“三严三实”和“忠诚干净担当”专题教育、新旧西藏对比、纪念西藏百万农奴解放56周年、第二届中国西藏旅游文化博览会、净土健康产业、民族团结示范城创建活动、教育城建设、迎大庆综合整治工程、城市亮化美化工程、北（南）环路建设等重大活动和重点项目的宣传报道。据统计，年内，中央驻藏新闻单位、自治区主要新闻媒体全年宣传报道拉萨稿件总数达15000余条，刊发各类社论评论30余篇。纪念抗日战争暨世界反法西斯战争胜利70周年、中央第六次西藏工作座谈会、全市喜迎西藏自治区成立50周年综合整治社会面宣传工作成效显著。更换拉贡高速公路机场沿线和市区龙门架单立柱广告位101处，更换大型建筑围挡广告牌5处，更换围墙档墙临时扎地广告位画面4处13幅，制作悬挂横幅373条，围墙印字25个，营造了浓厚、热烈、喜庆、祥和的社会氛围。

【中央媒体记者在拉萨采访活动】 3月25日至28日，根据中宣部人权事务局和自治区党委外宣办的统一部署，人民日报、新华社、中央人民广播电视台、中央电视台、中国国际广播电台、中国日报、中国新闻社、中国外文局（含中国网）、中国西藏网等中央主要新闻单位和重点涉藏站记者、编辑一行23人赴拉萨进行为期4天采访报道，全面反映拉萨新发展、新变化、充分体现了国新办和自治区党委政府对拉萨工作的高度重视。

【社会主义核心价值观培育和践行】 深化全国文明城市创建。圆满完成了中央测评组驻拉萨期间和自治区文明委督查组的督促检查各项工作任务。曲水县圆满完成了自治区文明委督查组对曲水县全国文明城市提名城市的督促检查。2月28日，在中央文明委召开的全国精神文明建设工作表彰暨学雷锋志愿服务大会上，拉萨市成功蝉联“全国文明城市”荣誉称号。

深入开展群众性精神文明创建活动。常态抓好文明创建活动，尼木县尚日村、市委宣传部等13个全国文明村镇、单位通过中央文明办复查，6个村镇、单位荣获第四届全国文明村镇、文明单位，拉萨市文明办荣获全国未成年人思想道德建设工作先进单位；75个自治区级文明村镇、单位等通过自治区复查，28个村镇、单位等荣获第四届自治区文明县城、村镇、单位等，97户荣获第五届自治区文明户；231个拉萨市级文明村镇、单位通过拉萨市复查，50个村镇、单位等荣获第三届拉萨市文明村镇、单位等。持续组织开展拉萨市道德讲堂总堂活动12场和281家村镇、单位道德讲堂活动850余场。组织开展第五届全国道德模范评选推荐活动，西藏卓玛医院董事长单增卓玛荣获第五届全国道德模范提名奖。组织评选“拉萨好人”17人，开展道德模范与“身边好人”巡讲巡演活动14场次，在全市各乡村、各单位常态更新“善行义举好人榜”，形成了浓厚的道德正能量。认真组织诚信建设、志愿服务、文明交通、文明旅游、文明餐桌、网络文明等主题活动，拉萨市文明办荣获2015年全国社区网络春晚“特别贡献奖”，拉萨文明网专题《西藏自治区成立50周年专题》荣获中国文明网2015年第三季度好稿“一等奖”，《色玛同志先进事迹》等3项志愿服务成果荣获中国志愿服务联合会2015年“邻里守望”志愿服务成果征集活动“优秀实践成果奖”。

加大未成年人思想道德建设力度。在全市未成年人中广泛组织开展广泛开展“我的中国梦”和“做一个有道德的人”等系列主题实践活动，把培育和践行社会主义核心价值观贯穿工作全过程。全年，共有55余万人次的未成年人参与了15个类别的主题活动，11所乡村学校被列入2015年中央福利彩票公益金支持建设乡村学校少年宫项目，截至年底，全市获得中央福利彩票公益金支持建设乡村学校少年宫项目学校达35所。拉萨市文明办先后荣获2015年全国未成年人网络春晚“优秀组织奖”，荣获2016年全国未成年人网络春晚“优秀活动组织奖”。

【网络阵地建设】 共建立33个网站党组织，为224家民营企业及个人网站指派党建指导员，清理整顿110家不规范或空壳网站；指导县（区）有条件的企事业单位、群体组织创办网站。共开通3个政务微博和8个微信公众号，及时发布全市政务信息和舆情工作指导意见，及时受理违法信息的举报和重大网络舆情的沟通。共收集网络舆情700余条，妥善处置了“关于旅游车被政府收购报废问题”“当雄交警街道敛财”等重大舆情10条科学制定《@“拉萨发布”工作方案》；积极与中央、地方等重点新闻网站、知名商业网站建立良好的联络沟通机制；圆满完成由自治区网信办举办的“追梦 西藏的足迹”第二届全国网络媒体西藏行拉萨站采访考察和“网络名人看西藏”拉萨行活动。

【公共文化服务】 拉萨市获得第三批创建国家公共文化服务体系示范区资格；制定出台《拉萨市贯彻落实〈关于加快构建现代公共文化服务体系的意见〉》；市群众文化活动中心项目（新建市群艺馆、市歌舞团项目）于4月开工，完成项目建设75%；拉萨市群众文化体育中心、牦牛博物馆建成并投入使用，拉萨市文化产业大厦项目已竣工，县级民间艺术团排练场等项目建设有序推进；实现党报党刊“村村通”“寺寺通”和广播电视“户户通”“寺寺通”，广播电视综合人口覆盖率分别达到98.02%、98.3%；“幸福拉萨规范舞”学跳活动如火如荼开展；全市各县（区）文化队伍深入开展广场文化、节庆文化、社区文化等文艺惠民演出886场次，全市43个流动电影放映队完成电影放映11760场（次），电影进寺庙活动放映电影561场（次），拉萨广播电视台藏语综合频道节目成功实现上直播卫星播出，现频道运行安全有序。

【文艺创作】 成功举行拉萨市第二届民间艺术团文艺调演，组派市歌舞团赴台湾参加“第十五届京味文化之旅”交流演出活动；成功举办首届拉萨市“克莱德曼杯”——幸福拉萨·少儿才艺大奖赛、“首届拉萨曲艺创作研讨交流会”、第三届“东方少年中国梦”新创意中小学生作文大赛（拉萨赛区）征文活动；《幸福拉萨文库》图书出版工程进展顺利；推出庆祝西藏自治区成立50周年《美丽家园·幸福拉萨》经曲音乐集；策划举办雪顿节、民族团结晚会；在中国广播电视协会少数民族工作委员会主办的第三十一次全国藏语广播电视文艺节目交换会暨第十六届全国藏语广播电视节目评析会上，拉萨市选送的12件作品有7件荣获佳绩。

【《文成公主》4月底恢复演出】 截至年底，2015年《文成公主》复演准备工作已完成演员的报名工作，于3月15日进行集训，期间将有专家进行现场指导，对演出内容进行再次丰富和完善。今年实景剧将以“特色、精品、创新”为原则，从阵容、场面、气势、试听效果、民族文化素材运用、高科技运用等方面进行提升，同时还有可能增加大量的可移动花海、麦浪、经幡等藏元素，增加实景剧的看点。

【文化遗产保护】 在全区率先设立县级非物质文化遗产代表性项目传承人保护补助资金；完善县级保护名录项目71项，传承人83名，形成了国家、区、市、县四级非物质文化遗产名录体系；《中国·拉萨·藏戏网》成功上线，积极推进“非物质文化遗产数据信息系统平台”建设工作，启动《藏族民间艺术数据库——拉萨囊玛》建设；组织实施多项全市重点文物保护工程项目；有序开展拉萨古城申遗工作，实施拉萨市“数字文保”系统建设工程；成功举办第二届西藏拉萨象雄文化学术研讨会；组团参加“2015·中国长江流域非物质文化遗产大展”，荣获优秀组织奖和优秀展示效果奖，签约成为长江流域主要战略联盟城市。

【文化产业】 完成2015年度文化产业发展专项资金评审及资金拨付工作；成立拉萨净土文化传媒有限公司，并于2015年4月15日正式运行；西藏文化旅游创意园区获评国家级文化产业示范（试验）园；《文成公主》大型藏文化史诗剧改造升级，全年演出179场次，观众达30余万人次，票房加衍生品销售额达1.5亿元；完成电视连续剧《金城公主》和动画片《阿古顿巴》剧本创作，后续工作正在有序推进中。截至2015年底，全市有各类文化经营户1800余家，从业人员12000余人，年创收近6000余万元。建成自治区级文化产业示范基地（园区）11个。拉萨岗地经贸有限公司、城关区古艺建筑美术公司被命名为国家级文化产业示范基地。

【文化市场】 有序推进娱乐场所演员上岗证办理工作；有效开展各类文化市场专项整治行动，强化重点行业、重点环节的管控，着重封堵和查缴政治性反宣传品的流通传播，坚决防范"藏独"反宣渗透的扩散和蔓延。积极开展文化市场技术监管与服务平台数据采集和上线应用工作。全年执法检查1605人次，出动车辆489台次，检查文化经营单位1796家次，收缴了大量的违法出版物及违法经营设备，有效维护了拉萨市文化市场经营秩序。

【对外宣传】 完善外媒接访机制，提升接待能力。做好来自各国的记者团8批148人次赴拉萨的采访接待工作；妥善安排由中宣部人权事务局组织的中央主要新闻单位记者和网站编辑一行23人在拉萨为期5天的采访工作；积极协助中央电视台、中国国际广播电台、中新社、《藏地传奇》摄制组、重庆政府新闻办"逐梦他乡重庆人"摄制组、《废奴》摄制组等在拉萨的采访报道，借助他们手中的笔和镜头，全方位、多角度展示拉萨良好形象。打造"外宣精品"，形成外宣合力。积极与中央电视台中文国际频道（CCTV—4）谈话类节目《城市1对1》栏目合作，制作集拉萨旅游、文化、美食为一体的综合节目，该节目将在中央电视台国际频道亚洲版、美洲版、欧洲版播出；邀请中央电视台拍摄《驻藏大臣衙门》纪录片，现已拟稿完毕，夏季外景素材已拍摄完成；完成《夏日纪事》雪顿节纪录片，并于9月24日在CCTV4播出；以拉萨悠久历史、民俗风情为切入点，结合拉萨经济社会发展变化，组织策划出版外宣书籍《拉萨故事》。完善新闻发布制度，提升舆论引导能力。进一步完善新闻发布制度，加大引导力度，使相关部门由"不愿说、不会说、拖着说"，转变为"主动说、准确说、第一时间说"；重新调整充实拉萨市新闻发言人队伍，确定88名新闻发言人（各相关单位主要负责人兼任），实现了新闻发言人在市直单位和各县（区）的"全覆盖"；截至年底，共举办"拉萨市2015男子篮球联赛（NBL）""拉萨首届民族州市篮球邀请赛暨体育产业发展论坛""纳木错旅游专线开通"等13场新闻发布会。

【专题教育活动】 深入开展"三严三实"和"忠诚干净担当"专题教育活动，共组织各类专题学习活动42次，组织观看各类教育影片4部，撰写各类心得体会292篇，交流发言材料112篇，调研报告26篇。通过学习，广大党员干部牢固树立了正确的权力观、事业观、价值观，更加坚定了道路自信、理论自信、制度自信，在思想上提了"神"，在精神上补了"钙"。切实加强党风廉政和机关作风建设。认真组织整体党员领导干部多次学习《中国共产党纪律处分条例》《中国共产党廉洁自律准则》。强化对干部职工管理；认真完成"一报告、两评议"，领导干部个人有关事项报告、领导干部廉政档案等工作；对部机关、拉萨晚报社、文联践行"三严三实"和"忠诚干净担当"、干部队伍建设、完善干部正向激励、防止干部"带病提拔"问题等四个方面进行对照检查，并形成相关检查情况材料。切实加强干部人才队伍建设。在全区范围招录优秀人才，配强配齐网评中心干部队伍，为开展网上正面宣传提供必要的组织保障；完成拉萨市第二中等职业技术学校招收培养舞蹈、声乐学员工作；严格按照《党政领导干部选拔任用工作条例》，认真开展了科级干部选拔任用工作，进一步优化了干部队伍结构，健强了干部队伍力量。

（杨　丽）

统战工作

【概　况】 年内，在区市党委、政府的坚强领导和区党委统战部、自治区民宗委、宗教办的指导下，全面贯彻落实中共十八大和十八届三中、四中、五中全会精神，贯彻落实习近平总书记关于治藏兴藏稳藏的一系列重要讲话精神，贯彻落实中央统战工作会议和中央第六次西藏工作座谈会精神，贯彻落实习近平总书记在接受十一世班禅拜见时的重要讲话以及全国政协主席俞正声、中央统战部部长孙春兰在西藏视察调研时的重要讲话精神和在大昭寺亲切看望西藏自治区宗教界爱国人士时的重要讲话精神，坚持依法治藏、富民兴藏、长期建藏、凝聚人心、夯实基础的重要原则，以“四个全面”战略布局为统领，以服务“六大战略”为重点，以加强党对统一战线的领导为根本，以民族团结进步示范创建为引领，以维护宗教领域和谐稳定为落脚点，以扎实开展“三严三实”和“忠诚干净担当”专题教育为动力，开拓创新、奋发有为，推动全市统战民族宗教工作再上新台阶，为全市发展改革稳定大局和建设美丽家园、幸福拉萨做出了新贡献。

【全市统战民族宗教工作会议】 2015年3月9日，拉萨市统战民族宗教工作会议召开。会议深入贯彻全国统战部长、民委主任、宗教工作会议，区市党委八届六次全委会，全区统战民族宗教工作会议精神，传达了齐扎拉书记关于统战民宗工作的重要批示，总结回顾2014年全市统战民族宗教工作，安排部署2015年工作。会议表彰了2014年度全市统战民族宗教理论政策研究优秀成果和信息工作先进集体，市委统战部、市民宗局分别与部分县（区）统战部、民宗局签订了2015年统战民族宗教工作目标责任书。市委副书记、统战部部长达娃出席并讲话，市委常委、常务副市长斯朗尼玛主持，市政协副主席、市民宗局党组书记刘惠兴就全市民族宗教工作作总结部署，市政府党组成员、市民宗局局长孙宝祥出席。各县（区）统战部长、民宗局长、宗教办主任，柳梧新区管委会、市宗教工作领导小组成员单位负责人，全市寺庙管委会主任等150余人参加会议。

【拉萨市委统战工作会议召开】 9月18日，拉萨市组织召开拉萨市委统战工作会议，这是第一次以市委名义召开统战工作会议，具有重大意义。会议传达学习中央统战工作会议和《中国共产党统一战线条例（试行）》和自治区党委统战工作会议精神，研究部署拉萨统一战线重大工作，为进一步推进拉萨统战民族宗教工作提供了遵循，指明了方向。区党委常委、市委书记齐扎拉出席并作重要讲话，拉萨市在家地级领导人出席大会，市委副书记、统战部部长达娃主持大会并作了总结讲话。各县（区）委书记、分管副书记、市委统战部部长、民宗局局长，市人大、政协有关专委会负责人；市属寺庙管委会主要负责人；市委各部委、市直各单位党委（党组）、各人民团体党组、市属国有企业主要负责人；市委统战部、市民宗局、市工商联、市佛协县级以上共200余人参加了会议。

【西藏自治区成立50周年大庆工作任务完成】 在50年大庆宗教方阵的筹建组织、集中训练工作中，拉萨市具体负责宗教方阵的训练和管理，从13座寺庙抽调150名立场坚定、爱国爱教、遵规守法、身体健康的僧人组成宗教方阵，并协助区党委统战部从市属寺管会及各县（区）抽调50名驻寺干部，通过工作专班全体人员和宗教方阵所有僧人以及驻寺干部的共同努力，拉萨市宗教界人士方队及驻寺干部方队队容整齐、热情饱满，表现出了良好的精神面貌，受到了自治区领导和社会群众的好评；在接待服务工作中，根据相关行程安排，提前踩点，提前部署，并指定专人全程陪同，确保了接待各项活动安全有序；成功组织拉萨市僧尼代表、驻寺干部代表参加俞正声主席为团长的中央代表团接见全区宗教界人士、驻寺干部代表及合影活动和拉萨市各族各界代表人士参加50大庆庆祝活动，为圆满完成50大庆各项工作任务做出了积极贡献。

【寺庙管理服务】 全面落实各项利寺惠僧政策，圆满完成了2015年僧尼免费体检任务，圆满完成了2015年“创建评选”活动，2015年各县（区）表彰和谐模范寺庙89座次、爱国守法先进僧尼3762人次，市委、市政府表彰和谐模范寺庙41座次、爱国守法先进僧尼3999人次。

【寺庙管理创新】 严格落实僧尼请销假制度，做好各类宗教佛事活动的审批管理，严格按照《拉萨市在编僧尼自然减员补充办法（试行）》，严格招收程序、严审招收条件、严把寺庙僧尼“入口关”，全面完成2015年200名学经新僧尼招收工作；协调推进西藏佛学院拉萨市寺庙分院建设工作，研究出台了《加强西藏佛学院拉萨市寺庙分院建设的意见》；扎实推进社会流动从事宗教活动人员管理长效机制建设，按照属地管理原则落实好社会流动从事宗教活动人员的管理服务责任和帮教措施；为全面贯彻落实党的宗教信仰自由政策，研究出台了《关于进一步满足信教群众民俗宗教需求的工作意见》。

【“六个一”活动】 市委、市政府投资3000万元，建设完成哲蚌寺、色拉寺综合文化业务用房，进一步完善了寺庙僧尼的修行和生活条件，深入开展“六个一”活动，走访僧尼及其家庭1000多次，资助款物50余万元。全市驻寺干部以“一对一”“一对多”的形式同僧尼结对交友。开展家访1389次、3793人次，为寺庙、僧尼家庭办实事1233件，投入资金467.039万元。

【驻寺干部管理】 进一步规范驻寺干部管理，对全市驻寺干部的日常管理、培训、选拔和使用等环节进行了严格规范，提拔交流调整重用了280名驻寺干部，极大地激发了驻寺干部的工作热情和工作斗志；加大驻寺干部的培训力度。2015年全市共有驻寺干部522人（次）参加了区、市、县（区）组织的各类培训班。

【统战宗教工作制度完善】 层层完善和落实领导干部责任制，建立健全党委政府主要领导对宗教工作述职述责机制和各级领导干部联系寺庙长效机制。进一步明确了市、县、乡镇（街道）、村（居委会）“四级”责任，理顺了寺庙管理体制；认真落实《中共中央关于加强新形势下党外代表人士队伍建设的意见》，完善同党外人士政治协商和征求意见制度，定期召开党外人士座谈会，鼓励党外人士积极建言献策；进一步健全寺庙人事、财务、佛事、治安、消防等一系列管理制度，在驻寺机构建立由驻寺干部、僧尼代表共同参与的会议议事制度，对寺庙人事、财务、佛事、治安等工作进行集体研究，使广大僧尼自觉接受政府行政职能部门的管理和监督。

【寺庙法制宣传主题教育】 继续深入开展“爱国爱教、遵规守法、弃恶扬善、崇尚和谐、祈求和平”法制宣传教育主题活动和“党的十八大精神”“中央第六次西藏工作座谈会精神”“中国梦”“民族团结”“综治维稳”等宣传教育活动，全市各涉宗部门和寺管会开展宣讲、集中学习共3149场次，发放各类宣讲资料8900余册。联合市电视台开展了“宗教界人士看今日拉萨”专题采访报道活动，共采访寺庙50多座，僧尼120名，在市电视台播出相关报道200期；组织200余名僧尼参观河变湖、树上山、教育城等重大工程项目，结合自治区成立50周年专门编写《赞美丽家园、话幸福拉萨》僧尼学习教育读本。

【民族团结宣传教育】 开展了多领域、多层次的宣传教育活动，深入贯彻《拉萨市民族团结进步条例》，组织全市各族各界召开民族团结座谈会，大力宣传民族团结先进事迹，进一步形成了常态化、深入化的民族团结宣传教育机制；为充分发挥统战部门表率作用，作为市委、市政府确定的民族团结进步示范创建试点单位，坚持把民族团结宣传教育放在突出位置，将河坝林等4个社区居委会作为试点单位，以网格化管理方式先行开展少数民族流动人口服务管理体系建设试点工作；扎实做好创建全国民族团结进步示范互观互检活动，得到了国家民委及其他创建地市的高度评价；加强日常教育，干部职工撰写民族团结心得体会20余篇，制定符合工作实际的民族团结行动计划；结合共产党员民族团结先锋活动，深入结对村开展了民族团结宣传交流活动，通过宣传交流取得了良好的成效。

【党外人士队伍建设】 建立完善了拉萨市党外后备干部数据库和630余名党外人士的档案数据库；加强了活佛转世和培养教育工作，及时对活佛管理、服务、教育工作情况进行分析总结，对教育、服务和管理工作中遇到的重点、难点问题进行认真调查研究，切实把活佛管理好教育好；建立爱国爱教僧尼代表的培养使用机制，为寺庙僧尼发挥作用搭建平台、拓宽渠道。截至年底，全市进入寺管会任职的僧尼人数达564人，占现有在编僧尼人数的12.57%，有231名僧尼被选为各级人大代表、政协委员、佛协理事，占全市在编僧尼人数的5%。

【非公经济发展】 紧紧围绕非公经济“两个健康”切实加强非公党建工作，加强对非公经济组织党建工作的指导，重点推进入党积极分子的培养、企业党组织建设、商会党组织建设和党建工作培训工作；扩大拉萨市非公经济影响，结合净土健康、文化旅游等重点产业，加强与北京、江苏等省市工商联的密切联系，协调客商邀请、项目推介等工作，开发新的特色产品营销网点，扩大特色产品打入区外市场的影响，推进会员发展工作。高规格召开第二次全市非公经济大会，制定出台了《关于进一步促进非公有制经济健康发展的意见》，推进非公经济深入发展。落实“四业工程”部署要求，建立健全非公经济人士档案，着重引导他们政治上自信、发展上自强、守法上自觉，把解决思想困惑与企业困难结合起来，为非公企业转型升级提供支持。

【藏胞接待服务】 加强归国定居藏胞日常管理，建立定居藏胞请假销假制度，紧紧依靠基层组织来管理归国定居藏胞，经常与定居藏胞居住点的办事处、居委会联系，经常走访藏胞家庭，及时了解定居藏胞各方面情况，帮助解决生活困难。积极推荐爱国进步、愿意为群众服务的藏胞到各级政协、佛协和青联任职；在申请回国探亲藏胞调查审批工作中，坚持“爱国一家、爱国不分先后的”和“区别对待、个案办理”的原则，严格按照程序逐级审批，做到态度诚恳、工作耐心细致，坚持政策原则，针对探亲藏胞归国动机、职业、家庭背景、国外表现等内容进行仔细核查，做到了底数清楚、台账清晰，管理服务到位。

【统战民族宗教理论调研】 为了进一步理清思路、履职尽责，市四大班子领导和市直单位主要负责同志与寺庙建立联系点，积极开展“三进四同”活动，深入寺庙联系僧尼、讲解政策、交流思想、解决困难。同时，市、县（区）涉宗部门和寺管会就如何深化寺庙管理创新、如何加强僧尼思想教育、如何落实党的利寺惠僧政策、如何依法管理宗教事务、如何引导宗教与社会主义社会相适应等进行调研，完成调研报告50多篇，其中有1篇被评为2015年度全区统战理论研究优秀成果一等奖，有2篇被评为二等奖，受到了区市党委、政府及上级有关部门的好评，为拉萨市加强寺庙管理创新工作提供一定的理论支撑和实践依据。

（次仁央吉）

政法委及综治

【概　况】 年内，在区市党委、政府的领导下，在自治区党委政法委的有力指导下，全市各级党委政法委和政法部门深入贯彻落实中共十八大，十八届三中、四中、五中全会和中央第六次西藏工作座谈会精神，全面贯彻落实习近平总书记“治国必治边、治边先稳藏”重要战略思想和“努力实现西藏持续稳定、长期稳定、全面稳定”的重要指示，坚持“依法治藏、富民兴藏、长期建藏、凝聚人心、夯实基础”的重要原则，充分发挥首府城市首位度作用和维稳关键作用，深入实施自治区十项维稳措施，努力创新社会治理，有力确保了人民安居乐业、社会安定有序。

【平安拉萨建设暨2014年度综治总结表彰大会召开】 1月9日，平安拉萨建设暨2014年度综治总结表彰大会召开。传达贯彻深化平安中国建设会议、深化平安西藏建设推进会会议精神，总结2014年全市综治暨平安建设工作，安排部署当前是和今后一个时期全市综治暨平安建设工作，表彰先进。区党委常委、市委书记齐扎拉，市委副书记、市长张延清出席会议，并与驻市区（中）直、市（中）直单位和县（区）签订《2015年度拉萨市社会治安综合治理目标责任书》。

【社会治理法治化水平】 年内，深入贯彻依法治国重大战略和依法治藏基本方略，全面落实依法治市工作要求，切实提高社会治理法治化水平，着力打造依法治藏的“示范区”。大力开展法制宣传教育。在全区率先开展基层民主法制创建活动，全面推进法律“七进活动”，建立政法机关、执法部门普法宣传制度，提升法治宣传教育实效；大力推进执法司法公正。以提高司法公信力为目标，积极回应人民群众对司法公正、公开日益高涨的关注和要求，努力让人民群众在每一个司法案件中都能感受到公平正义；着力推动“法治拉萨”建设。出台《关于贯彻落实、全面推进“依法治国”“依法治藏”重大战略部署的实施意见》，全面提高社会治理法治化、规范化、长效化能力和水平，牵头组织召开“依法治藏”方略座谈会精神，与四省藏区10个州市达成共保稳定合作协议，推动形成藏区维稳协作工作格局。

【人民群众增收致富】 年内，深化“双联户”工作模式，加强与科技、农牧、扶贫、人社、水利等部门的沟通协调，健全驻市单位抓属人、县区管理按属地、职能部门落职责的“双联户”工作“三线”责任体系，将“双联户”工作推进情况纳入到各级领导干部综治实绩档案评价范畴，切实提高工作执行力。进一步发挥“双联户”模式在扶持和发展联户合作经济组织中的积极作用，推动“联户增收”与发展特色优势产业相结合，依托净土健康产业项目规划，完善小额信贷联担联保政策措施，通过帮助发展、提供贷款、组织劳务输出等“造血措施”,大力发展规模化、集约化互助合作经济组织,促进联户经济活跃发展。

【拉萨社会局势稳定维护】 年内,依托信息技术手段,推动社会治安防控体系逐步健全,构建起“空中布网、地面布警、网格防控、群防群治”的防控网络,有力提升社会面防控能力水平。依法严厉打击各类分裂破坏活动,源头消除“潜入型”“输入型”隐患,着力维护国家安全和民族团结,确保了西藏自治区成立50周年等重大活动的绝对安全;深入推进社会治安综合整治及严打专项行动,集中开展打黑除恶、治爆缉枪、命案侦破、打击“两抢一盗”、毒品犯罪等专项行动,重点打击危害人民群众生命财产安全的犯罪活动,切实增强群众安全感;加大专项整治工作力度。集中开展道路交通安全大检查大整治专项行动,加强危险品和易燃易爆物品安全管理,不断强化公共安全监管,有效净化社会环境;扎实开展社会稳定风险评估工作,对457件重大项目及重大宗教活动实行稳定风险评估,有力确保全市未发生一起因预防化解措施不到位引发的事件。

【服务措施优化】 年内,强化服务与管理并重的工作理念,积极适应城乡发展一体化进程,探索符合拉萨市情的落户迁移举措,扩大面向流动人口的公共服务和社会保障覆盖面,提升实有人口服务管理工作的科学化、法治化、精细化水平。深入开展以业育人、以业安人、以业管人、以业富人的“四业工程”,并将特殊人群纳入其中,提供技能培训、就业安置、生活帮扶等服务,帮助他们顺利融入社会。同时,坚持把“执法为民、司法为民”理念作为政法部门执法办案的基本原则,组织开展强制执行专项行动,使一批社会诚信缺失的人员依法得到制裁,切实维护了群众合法权益。坚持把解决群众困难作为政法工作的出发点和落脚点,在维护社会公平正义中注重保障人民群众安居乐业,对涉及民工工资和人身损害赔偿类案件,在开通“绿色通道”、简化办案程序和时间的基础上,积极落实司法救助,解决群众在生产生活中面临的实际困难。

【基层基础巩固和深化】 年内,健全完善工作机制,努力服务群众,凝聚人心,开创群防群治工作新局面,为拉萨长治久安打牢基础。深化平安创建工作。扩大平安创建工作覆盖面,建立起“分层次、分系统、分责任”的平安创建工作责任体系,进一步明确创建标准、增强创建规范、提升创建质量;深化“网格化”管理工作,有效整合工作力量,逐人、逐地、逐事明确工作任务,责任到人,做到精确定位、精选定人、精准定责,实现网格全覆盖、工作无缝隙,切实提升网格化服务管理科学化、实效化、操作化能力和水平;深化“双联户”社会治理模式,高效推进综治信息系统和“幸福家园”双联户微信平台应用工作,以信息化大力推进社会治理精细化。年内,共采集涉及民生服务、治安隐患、矛盾纠纷等多方面的有效信息12万条,全部及时妥善办理,既有效延伸了社会治理工作触角,为实现“问题发现在基层、解决在基层”搭建了良好平台,又有效拓宽了群众参与社会治理的途径,畅通了群众诉求表达渠道,实现了社会治理与服务民生的有机统一,有力筑牢了广大城镇社区、农村牧区和谐稳定的基础。

【美丽家园幸福拉萨建设】 年内,拉萨的社会治理工作不断趋于常态化、科学化、法治化。拉萨社会持续稳定,治安秩序明显好转,社会诚信体系和行为规范更加完善,公民素质和社会文明程度逐步提高,广大人民群众自觉履行法定义务、社会责任、家庭责任,社会心态更加理性平和、开放包容,人居环境风清气正,讲信修睦。在新常态下,全市各级党委政法委和政法部门将坚持以中共十八大,十八届三中、四中、五中全会精神和中央第六次西藏工作座谈会精神为指引,切实按照“充分发挥首府城市首位度作用”的总要求,在自治区党委、政府的坚强领导下,敢于担当、认真履职,进一步创新社会治理体制,提升依法治理的能力和水平,不断开创拉萨政法工作新局面,全面推进美丽家园幸福拉萨建设,为实现中华民族伟大复兴的“中国梦”拉萨篇做出应有贡献。

(辛　磊)

党校教育

【概　况】 年内,市委党校(行政学院)在市委正确领导和市政府的大力支持下，努力贯彻执行《中国共产党党校工作条例》和《行政学院工作条例》，认真贯彻落实中共十八大，十八届三中、四中、五中全会和自治区八届七次、八次全委会精神，按照区、市“两会”和经济工作会议的决策部署，努力践行“三严三实”专题教育活动和创先争优强基惠民活动；以打造全区一流党校为奋斗目标，紧紧围绕市委、市政府的中心任务和工作大局，以党校、行政学院搬迁新建为契机，全面落实“两推进、两加强、四抓好”八项建设工作；获得了“拉萨市创先争优强基惠民活动优秀组织单位”“拉萨市民族团结进步模范集体”称号；派驻曲水县色甫工作队被评为“自治区创先争优强基惠民活动优秀工作队”，派驻城关区加措社区工作队被评为“拉萨市创先争优强基惠民活动优秀工作队”，离退休党支部“自治区离退休干部先进集体”荣誉称号。

【人才培养与对外交流】 年内，为进一步提高党校教师队伍、行政管理人员队伍素质水平，市委党校选派20名领导干部及教职员工到江苏、北京、西部省市党校等地进行交流学习和挂职锻炼；30人参加区、地（市）各种业务知识培训。选派2名专兼职教师到中央党校攻读脱产研究生，3名教师攻读中央党校在职研究生。

【干部教育培训】 年内，围绕中共十八大，十八届三中、四中、五中全会精神和市委、市政府中心工作、“三严三实”专题教育活动以及拉萨市“六大战略”等方面的教学内容，设置了10多个门类，200多个专题的教学体系。共举办22期班次，培训各级各类干部4000余人；建设并充分使用10家现场教学基地，开展现场教学50余场次，受教育学员2500余人。面向全国、全区选聘各省（市）高校、党校专家学者、机关领导干部、企业管理人员及优秀基层干部担任市委党校（院）兼职教师，建立了60人的专兼职教师队伍。重点举办了“西藏自治区阿里、日喀则、山南、那曲4地（市）村（居）干部培训班”“拉萨市特色产业示范培训班”；承接了“西藏自治区基层党组织书记培训班”“拉萨市六个精准扶贫专题培训班”等班次，市委、市政府领导出席开班动员会议。

【科研工作】 年内，同中央党校、北京市社科院、北京市物资学院合作研究完成了《拉萨市“六大战略”研究》课题；完成了《经济转型下拉萨主导产业发展研究》课题结项工作。成功申报了全国行政学院科研合作基金课题《西藏廉洁政府建设的干部选拔任用机制研究》，西藏自治区哲学社会科学项目《西藏拉萨市净土健康产业发展战略研究》，自治区发改科研项目《构建具有西藏特点的新型农牧业经营主体之间联合与合作关系研究》，市统计局委托项目《拉萨市文化产业现状及发展路径分析》；出版了《拉萨社会科学》四期。全年市委党校共邀请区内外专家学者进行学术交流6次，与北京市物资学院建立科研合作平台，联合成立了西藏现代物流研究中心，积极开展西藏拉萨现代物流研究和南亚大通道建设研究，切实破解了科研合作的瓶颈和难题。

【学历教育】 年内，市委党校依托首都经贸大学雄厚师资力量和丰富办学经验的办学平台，继续加强沟通协作，完成了首都经济贸易大学专升本、高起专拉萨函授站2013届75名毕业学员论文辅导、答辩结业工作。2014届、2015届两批学员的授课、考试工作及2015年32名学员的招生录取工作。

【强基惠民活动】 年内，市委党校（院）驻村（居）两个驻村工作队，深入村（居）开展社情民意走访调研工作，先后开展了基层走访调研、入户宣讲、捐资助孤、志愿者服务活动等形式多样化的惠民活动，入户走访率100%。落实农村水渠修缮工程、民间文化赛马场改造工程、村组路面改造等项目；着力为民办实事、解难事，切实改善了民生。年内，为群众办实事好事及解决突出问题共14件，筹资10万余元帮助村（居）群众解决了就医就学难、生活设施不便等方面的问题。

【后勤保障服务体系建设】 年内，党校行政后勤使用干部教育培训新形势、新任务要求，以岗位设置和制度建设为抓手，加强后勤服务队伍建设，增设学员楼楼管员、水电工等岗位，聘请14人厨师团队；切合实际出台了《后勤人员岗位职责》《食堂经营管理方案》《食堂安全责任协议》《校园绿化、环境卫生管理办法》等几项制度文件，进一步规范了后勤管理，提升了服务能力，圆满完成了各类培训班和重要会议会务后勤保障工作。

（索朗丹增）

机关党的建设工作

【概　况】 截至年底,市直机关工委辖59个直属机关,其中50个党组,9个基层党委;11个党总支,199个党支部,4066名党员。

【《2015拉萨市直机关党建工作要点》制定】 根据市委八届六次全会和《2015年全区机关党建工作要点》,明确2015年机关党建工作要点,确定以组织建设、队伍建设、制度建设、载体建设、自身建设为机关党的重点工作任务,并对任务进行了逐条逐项分解。

【党建活动载体拓宽】 7月,结合"三严三实""忠诚干净担当"专题教育活动在全市机关党员中开展知识竞赛答题活动,全市3755名党员参加活动。10月,组织开展以"全面依法治国·依法治藏"为主题的电视法律知识竞赛活动,市(中)直38家单位组队参加活动。

【发展党员】 举办培训班1次,培训入党积极分子76人次,发展新党员37名。

【基层党组织指导换届】 指导有关党组织做好机构调整后名称变更、隶属关系调整、划转或撤销等工作,进一步理顺党组织关系,新成立机关党委1个,党支部3个。督导19家单位28个党支部开展基层党组织换届工作,确保党建工作不断档、不脱节。

【老党员、困难党员慰问】 "三大节日"期间,抽调专人组成节前慰问工作组,到22家市直机关、企事业单位,对131名老党员、困难党员进行节前走访慰问,送去6.55万元的慰问金。

【基层软弱涣散组织整顿提高】 结合"三严三实"和"忠诚干净担当"专题教育活动,7月,对2014年度市(中)直6家软弱涣散基层党组织围绕对照整改措施是否落实、领导班子是否健全、党组织书记是否胜任、工作运转是否正常、运行经费是否保障、组织制度是否健全、活动场所是否建立、党员群众是否满意等内容进行回头看检查。通过"回头看",对整顿效果明显的6家后进党支部进行转化升级,其中,1家单位晋升为"先进",5家晋升为"一般"。

7月,市(中)直各单位党组召开党组成员会议,对照《机关事业单位基层党组织定级评分标准》,对所属党总支、党支部的分类定级进行初步评定。8月,工委组成工作组到16家市(中)直单位40个党支部,开展基层党组织软弱涣散专项整顿检查工作。通过基层组织自评、党员群众测评、单位党组初定和工委专项检查审定工作,市直机关工委党委召开专题会议,按照各单位上报情况和检查结果,结合各基层党组织平时工作表现、2014年度目标考核排名、党员违规违纪受处分等情况,对拉萨市(中)直机关进行了全面客观的复核审查。在此次分类定级工作中,评定为先进党支部117个,评定为一般党支部26个,评定为后进党支部5个。工委两名副书记对口分别联系2个和3个后进党支部,对后进软弱涣散支部坚持"整改工作一盘棋"的思想,帮助和指导基层党组织布好"棋局"、下好"关键棋",5个后进软弱涣散党支部在组织建设、班子建设、制度建设、作用发挥等方面都取得长足进步,在发挥支部的战斗堡垒和党员的先锋模范作用取得明显进展。

【庆祝建党94周年表彰会议召开】 6月30日,召开拉萨市(中)直机关庆祝建党94周年表彰会议。会上,区党委常委、拉萨市委书记齐扎拉对加强全市机关党建工作作出了重要批示。会议表彰了15家先进基层党组织、25名优秀共产党员和20名优秀党务工作者,中共拉萨市委办公厅党总支等四家先进单位作了交流发言,市委常委、秘书长、市直机关工委书记袁训旺代表工委与市(中)直56家单位党组负责人签订了党建工作责任书并作了重要讲话。

（葛同荣）

拉萨市人民代表大会常务委员会

综　述

年内，拉萨市人大常委会以“四个全面”为引领，全面贯彻落实中共十八大和十八届三中、四中、五中全会和中央第六次西藏工作座谈会精神，紧扣市委中心工作，认真履行宪法和法律赋予的职责，进一步加强和改进了立法、监督、代表工作和自身建设。年内，常委会审议通过地方性法规 2 件；审查备案政府规范性文件 5 件；清理现行地方性法规 26 件；开展各类调研活动 8 次；积极配合全国人大和自治区人大开展了 6 件法律法规意见的征求工作，配合区人大开展立法专项检查、调研 10 余次；依法任免国家机关工作人员 52 人，依法罢免涉及违纪案件的人大代表 4 名。

（罗　梅）

重要会议与决议、决定

【拉萨市十届人大常委会第十八次会议】 1 月 8 日，拉萨市十届人大常委会举行第十八次会议。会议听取和审议了《拉萨市人大法制委员会关于检查〈中华人民共和国妇女权益保障法〉实施情况的报告》及《〈拉萨市老城区保护条例〉》实施情况的报告；会议听取和审议了《拉萨市人民政府关于 2014 年财政预算收支变化情况的报告》《拉萨市政府关于 2013 年度拉萨市本级预算执行和其他财政收支的审计工作报告》和《拉萨市人大财政经济委员会关于〈拉萨市人民政府 2014 年财政预算收支变化情况报告〉的审查报告》，并表决通过了《拉萨市人大常委会关于批准拉萨市 2014 年公共财政预算变更的决议》；会议听取和审议了《拉萨市“十二五”以来环保工作专题报告》和《拉萨市人大财经委员会关于〈拉萨市“十二五”以来环保工作专题报告〉审查意见的报告》；会议听取和审议了《拉萨市政府关于拉萨市十届人大四次会议代表议案、建议、批评和意见办理情况的报告》《拉萨市人大常委会工作报告》；会议通过了《拉萨市人大常委会关于召开拉萨市第十届人民代表大会第五次会议的决定》《拉萨市十届人大常委会代表资格审查委员会关于十届人大代表资格的审查报告》《拉萨市十届人大五次会议主席团和秘书长建议名单》《拉萨市十届人大五次会议议程（草案）》《拉萨市十届人大五次会议主席团常务主席建议名单》《拉萨市十届人大五次会议执行主席建议名单》《拉萨市十届人大五次会议副秘书长建议名单》《拉萨市十届人大五次会议各代表团正副团长建议名单》《拉萨市十届人大五次会议在主席台就座的人员名单》、拉萨市十届人大五次会议列席人员名单》。

【拉萨市十届人民代表大会第五次会议】 1 月 13 日

上午，拉萨市第十届人民代表大会第五次会议举行，出席会议的代表193人。大会期间，听取并审议了拉萨市市长张延清作的《政府工作报告》；书面审议了拉萨市人民政府关于2014年拉萨市国民经济和社会发展计划执行情况及2015年国民经济和社会发展计划的报告、拉萨市人民政府关于2014年拉萨市财政预算执行情况及2015年财政预算的报告；书面听取了拉萨市人民政府关于十届人大四次会议议案和代表建议、批评和意见办理情况的报告；听取并审议了市人大常委会主任洛桑旦巴作的《拉萨市人民代表大会常务委员会工作报告》；听取并审议了拉萨市中级人民法院院长边巴拉姆作的《拉萨市中级人民法院工作报告》，拉萨市人民检察院检察长田建设作的《拉萨市人民检察院工作报告》，并表决通过了上述报告的各项决议。

【拉萨市十届人大常委会第十九次会议】 2月5日下午，拉萨市十届人大常委会举行第十九次会议。会议表决通过了拉萨市十届人大常委会第二十次主任会议提出的本次议程及拉萨市十届人大常委会第十九次表决办法；会议听取审议并表决通过了拉萨市人民政府关于提请林生等同志任免职的议案，拉萨市中级人民法院关于提请吉红霞等同志任职的议案，拉萨市人民检察院关于提请张好雨等同志任免职的议案，并为被任命人员颁发了任命书。

【拉萨市十届人大常委会第二十次会议】 5月13日上午，拉萨市十届人大常委会召开第二十次会议。会议听取和审议了市人大教科文卫委员会关于开展《中华人民共和国体育法》执行检查报告，要求市人民政府根据会议和报告中提出的意见和建议，对存在的问题进行认真整改，并将整改结果及时反馈给市人大教科文卫委员会。会议还听取和审议了市人民检察院关于提请批准任命次仁多吉为当雄县人民检察院检察长的议案。

【拉萨市十届人大常委会第二十一次会议】 8月21日，拉萨市十届人大常委会举行第二十一次会议。会议审议通过了市人大法制委员会关于《中华人民共和国工会法》实施情况的检查报告；关于《拉萨市物业管理条例(草案)》修改情况的说明、审查结果报告、建议表决稿；拉萨市中级人民法院《关于上半年工作总结和下半年工作要点报告》及市人大法制委员会审查报告；拉萨市人民检察院《关于上半年工作总结和下半年工作要点报告》及市人大法制委员会的审查报告；拉萨市人民政府《关于拉萨市人力资源和社会保障专题工作报告》及市人大财经委员会的审查报告；拉萨市人民政府《关于拉萨市2014年财政收支决算和2015年上半年财政预算执行情况报告》及市人大财经委员会的审查报告；拉萨市人民政府《关于拉萨市2015年上半年全市国民经济和社会发展计划执行情况与下半年国民经济和社会发展计划安排情况报告》及市人大财经委员会的审查报告。会议还通过了有关人事任免事项。

【拉萨市十届人大常委会第二十二次会议】 12月24日，拉萨市十届人大常委会第二十二次会议召开。会议审议通过了《拉萨市十届人大常委会第二十二次会议议程》，并书面学习了《推进领导干部能上能下若干规定(试行)》和《关于〈中共中央关于制定国民经济和社会发展第十三个五年计划的建议〉的说明》；会议听取和审议了《拉萨市古村落保护条例(草案)》，并审议通过了《拉萨市古村落保护条例》；会议还听取和审议了市政府、市人大各专门委员会所作的关于拉萨市"十二五"期间旅游工作、2014年财政预算及其他财政收支审计、2015年财政预算收支变化情况、全市中小学民族团结教育开展情况、拉萨市高中阶段学校"三包"经费使用等情况的专项报告和审查报告；会议批准了《拉萨市人大常委会关于批准拉萨市2015年财政预算收支变化的决议》；会议还听取和审议了自治区人大常委会候补委员和市政府、市人民检察院的人事任免议案。

（罗　梅）

监督工作

【依法行政监督】 年内，常委会组织开展了《中华人民共和国工会法》《国务院法律援助条例》《中华人民共和国妇女权益保障法》《中华人民共和国体育法》《中华人民共和国土地管理法》以及国务院

《〈中华人民共和国土地管理法〉实施条例》等法律法规实施情况的执法检查。在执法检查过程中，注重把群众关注的热点和法律法规实施难点作为检查重点。针对检查中发现的问题，提出了审议意见，交政府办理，并对落实情况进行跟踪检查。同时，常委会还组织开展了对《拉萨市老城区保护条例》《拉萨市民族团结进步条例》实施情况的执法检查，促进了两个地方性法规在拉萨市的全面实施，强化了对古城文化、人文景观的管理、使用和保护，巩固和发展了平等、团结、互助、和谐的社会主义民族关系，推进了民族团结进步事业大繁荣、大发展。

【司法监督】 年内，常委会主动派遣人大代表、法制委员会工作人员现场听取重点案件的审理工作。加强对司法活动监督，听取和审议了拉萨市中级人民法院和拉萨市人民检察院 2015 年上半年工作总结和下半年工作安排，监督“两院”不断规范司法行为，树立司法权威。市中级人民法院、市人民检察院自觉接受人大监督，依法规范和加强各项工作，同时与自治区高法和检察院座谈，就市级“两院”一年来的工作进行交流沟通，为建设美丽家园幸福拉萨做出了积极贡献。

【市委重点工作监督】 年内，常委会紧紧围绕市委重点工作，由常委会主要领导带队深入全市八县（区）各乡（镇、街道办事处）、村（居）、寺管会、警务站、铁路护路营地、加油站、矿山企业、维稳一线指挥部、部分中小学校以及柳梧新区开展了维护社会稳定、《中华人民共和国村民委员会组织法》、“强党、固基、扶村”及干部下沉工作、中小学生加强民族团结教育工作的专项调研，通过主动开展调查研究，为市委、市政府重大决策提供了科学依据。与此同时，常委会还组织人员对拉萨市第二次非公有制经济发展大会后各项工作贯彻落实情况开展了专题调研。全市非公经济已成为拉萨市经济发展的重要支撑、财政税收的重要来源、吸纳新增就业的主渠道，针对不足，提出了合理的意见和建议。

【经济发展监督】 年内，常委会高度关注全市经济运行发展情况，听取和审议了《拉萨市 2015 年上半年国民经济和社会发展计划执行情况报告》《拉萨市 2014 年财政决算及 2015 年上半年财政预算执行情况的报告》《2014 年度拉萨市本级预算执行和其他财政收支的审计工作报告》以及《拉萨市 2015 年财政预算收支变化情况的报告》，作出了 2015 年财政预算收支部分变更的决议。提出要认真落实稳增长、调结构、促改革、惠民生、保稳定、防风险一系列政策措施，深入贯彻实施新预算法，严格预算约束，注重绩效评估，把握经济社会发展中存在的深层次问题等意见和建议。

【民生监督】 年内，常委会听取和审议了《拉萨市城市总体规划（2009—2020）》（2014 年修改），建议加大规划宣传力度，推动规划得到全面落实。在听取和审议《拉萨市高中阶段学校“三包”经费等使用情况的专题报告》后，建议本级财政对“三包”经费不足部分给予支持，建立健全“三包”经费管理制度，切实保证经费的每一分钱都不折不扣地用在学生身上。常委会还专题听取了《拉萨市人力资源和社会保障工作报告》，提出要进一步加大社会保障法、劳动就业法等法律法规宣传力度，加强部门协调联动，整合劳动就业培训资源，加大劳动就业培训，不断提高社会劳动就业率。另外，常委会还听取和审议了《“十二五”期间拉萨市旅游工作专题报告》，肯定了拉萨市“十二五”期间的旅游工作成效，提出在“十三五”期间要进一步强化规划统筹、强化基础设施提升，强化行业服务管理，强化诚信建设，强化安全生产监督，切实落实好“品牌宣传、诚信建设、秩序规范、安全监督、国际化、富民强市、人才培训”七项工作，实现“全力打造国际文化旅游城市”目标。

（罗　梅）

代表工作

【代表培训班举办】 年内，常委会集中举办了两期人大代表和各县（区）人大常委会负责人培训班。通过培训进一步增强了基层人大代表作为主人翁的自豪感和责任心，增强了依法履职、主动履职的积极性和主动性。同时在市人大常委会业务指导和督促下，在各县（区）委、政府的大力支持下，各县（区）乡（镇）先后创建了人大代表之家,使基层人大代表有了与群众沟通、解决群众困难、化解社会矛盾的固定活动场所。

【代表议案、建议办理】 年内,市人大十届人大五次会议通过的代表议案、建议、批评和意见72件。市人大常委会、市政府高度重视,多次召开会议,督促承办单位、有关部门积极与代表沟通联系。截至年底,这些议案和批评、建议、意见全部在规定期限内办复,办复率达100%。

【人大代表作用发挥】 年内,常委会继续邀请市人大代表列席市人大常委会会议、旁听法院审判,邀请全国人大代表、区人大代表参加立法、专题调研、执法检查、视察活动,增加了邀请人员数量、扩大了邀请人员范围,注意选择与会议和活动议题相关的人员参与常委会工作,并安排人大代表参加市直各部门“三严三实”“忠诚干净担当”专题教育实践动员大会、专题民主生活会,使代表的权利得到保护、监督作用得到充分发挥。

(罗　梅)

拉萨市人民政府

综　　述

抓好特色产业发展。深入实施“产业强市”战略，培育壮大特色产业。把净土健康产业作为拉萨经济健康发展的重要经济支柱，按照“124467”发展思路，推动饮品、食品、药品、饰品品牌化发展，把拉萨建设成为国家重要的健康产业基地，力争“十三五”末净土健康产业产值达到1000亿元。加快转变农牧业发展方式，提高农牧业质量效益和竞争力，走产出高效、产品安全、资源节约、环境友好的现代农牧业发展道路，力争“十三五”末农林牧渔总产值达到37.98亿元。大力发展特色精品高端文化旅游业，推进旅游与文化、净土健康、现代商贸、科技、体育等融合发展，力争“十三五”末接待国内外游客翻一番、旅游收入翻一番。以建设高原特色工业基地为目标，以做大做强园区经济为引领，着力发展建筑建材、优势矿产、新型能源等产业，力争“十三五”末工业增加值达到181亿元。提升现代服务业发展水平，重点建设覆盖全区、辐射南亚的物流基地。加快五大经济功能区建设，不断增强内生动力，提高自我发展能力。

抓好重点项目建设。构建航空、铁路、公路为一体，以拉萨为中心的快速综合交通运输体系。加快推进拉萨新机场前期工作，力争“十三五”开工建设。打造以市区为枢纽，川藏通道、青藏通道、拉林通道、拉山通道为辐射的“一枢纽、四通道”，形成“以拉萨为中心三小时综合交通圈”。完成县乡道路升级改造，实现自然村通公路。构建城市防洪体系，建设帕古、门堆等一批水库工程，加强澎波灌区、堆曲灌区等大中型灌区及农田水利灌溉、节水改造等重点工程建设，因地制宜兴建“五小水利”工程。实施“互联网+”行动计划，推进“三网融合”，建设“智慧城市”，推动信息技术深度融合到基础设施、民生改善、社会治理等领域。

建设生态美好家园。大力实施“蓝天工程”“碧水工程”“绿地工程”“生物保护工程”，力争“十三五”末成功创建国家生态城市。严格控制二氧化硫、颗粒物、氮氧化物排放，重点治理城市扬尘污染、尾气污染、油烟污染，建设近零碳排放示范工程，大气环境质量优良率保持在95%以上。扎实开展水污染防治工作，适时征收污水处理费，进一步完善城镇、园区和企业的污水处理设施，生活污水处理率达到95%以上。开展南北山绿化、拉萨河周边造林，治理水土流失、土地沙化，打造城区“15分钟绿地便民服务圈”，城市人均公共绿地面积达到12.12平方米以上。加大濒危野生动植物抢救性保护力度，建立高原救护繁育中心和基因库。

加强资源节约利用。扎实开展节能减排，设定资源消耗上限，加快转变资源能源利用方式。广泛运用节能新技术、新产品、新材料，实行新建建筑强制节能设计标准和既有建筑节能改造。实施最严格的水资源保护制度，推广节水技术和高效节水产品。推行阶梯水价、电价、气价，利用价格杠杆促进资源节约、约束污染排放。积极开展绿色生活行动，大力推进生活垃圾分类和可再生资源回收使用。

推动循环经济发展。以创建国家循环经济示

范城市为契机，实施近零碳排放区示范工程，发展生态循环农牧业、工业、服务业，逐步建立循环型产业体系。加强清洁能源利用，扶持和推动太阳能、风能、水能、地热能、生物质能等新能源产业发展，逐步建立低碳、绿色、循环的生态循环服务体系。力争“十三五”末创建100家清洁生产示范企业，完成工业园区循环化改造。全面贯彻落实新环保法，健全生态文明制度体系，巩固全国环保模范城市创建成果，严格落实环评和“三同时”制度，做到源头严防、过程严管、后果严惩。

扩大对外开放。对接国家“一带一路”战略，融入环喜马拉雅经济合作带，参与“孟中印缅经济走廊”建设，加强对尼泊尔、印度、不丹、缅甸等南亚各国在农牧业开发、畜产品加工、矿产开发、能源电力、文化交流等领域的合作。鼓励外向型经济发展，培育出口优势产业和龙头企业，力争“十三五”末外贸进出口总额达到100亿美元。

加强区域合作。结合国家区域发展战略，健全区域合作交流机制，积极参加国内大型知名招商贸易洽谈活动，加快融入成渝经济圈、陕甘青宁经济圈，加强与区内兄弟地市在交通、旅游、水利、环保、物流等重点领域的合作，充分释放“藏中南2小时经济圈”的发展活力。

做好受援工作。落实北京江苏两省市援藏规划，实施人才援藏工程，依托援藏资源探索发展飞地经济。用好对口支援优惠政策，做好经济、教育、卫生、科技、就业、干部人才援藏受援工作。加强与北京、江苏的交流合作，推动在经贸、科技、旅游、文化等各领域实现互惠互利、优势互补、共同发展。

全力实施精准脱贫。围绕“三年脱贫、两年巩固”目标，完善扶贫对象瞄准识别机制，做到扶贫对象精准、项目安排精准、资金使用精准、措施到户精准、因村派人精准、脱贫成效精准，全面落实以业脱贫、以迁脱贫、以教脱贫、以补脱贫、以保脱贫、以助脱贫“六项措施”，稳定实现扶贫对象“不愁吃、不愁穿，义务教育、基本医疗和住房安全有保障”，坚决打赢精准扶贫、精准脱贫攻坚战，确保建档立卡的11435户44162名贫困人口全面脱贫。

着力促进就业创业。坚持就业第一，持续推进“四业工程”，动态消除“零就业”家庭，新增城镇就业4万人，转移农村剩余劳动力82.15万人，城镇登记失业率控制在2.2%以内。完善公共就业培训服务体系，提高劳动者就业创业能力，促进职业技能培训由数量型向质量型转变。拓展创业空间，设立创业基金，支持创业有成的企业家二次创业，鼓励高校毕业生和复转军人积极创业，扶持失地农民自主创业，动员农村能人带头创业，激励一批知识型人才科技创业。构建和谐劳务关系，完善劳动争议调处机制，依法保障劳动者合法权益。

优先发展教育事业。优化城乡教育资源配置，推动基本公共教育均等化，落实15年教育“三包”政策，实现家庭经济困难学生资助全覆盖。加快学校标准化建设、教育城二期及配套设施建设，加强特殊教育，普及高中阶段教育，发展高等教育和职业教育。推进教育信息化建设，发展远程教育，建设教育信息共享平台，促进信息技术与学科教学深度融合，扩大优质教育资源覆盖面。依法保障农牧业转移人口和其他进城务工人员随迁子女平等接受义务教育的权利。

加快建设健康拉萨。加强以市县医院能力提升、乡镇卫生院标准化建设、村（社区）卫生服务全覆盖为重点的三级医疗卫生服务网络建设，全力打造城区15分钟健康卫生服务圈。建立覆盖城乡的基本医疗卫生制度和现代医院管理制度，确立优质医疗资源共享体制机制。加快公立医院改革，强化医疗队伍建设，建设拉萨白定医院，发展藏医药业，落实城乡居民大病保险制度，加强地方病、高原病、传染病、慢性疾病以及重大疫病防治工作。健全妇幼保健和基层优生优育服务体系，力争“十三五”末每千人口卫生技术人员数达6.9人。

提升文化惠民质量。完善四级公共文化服务体系，建成拉萨市图书馆、歌舞团、群众艺术馆等一批惠民文化项目，免费开放公益性文化场所。推出更多深受群众喜爱、思想性艺术性观赏性相统一的文艺精品，提高广播电视译制制作能力和水平。深入实施文化遗产和藏文古籍保护研究工程，挖掘和保护红色文化资源，力争古城申遗成功，积极筹建“象雄文化研究中心”，成立拉萨象雄藏香产业协会。

健全社会保障体系。做好城乡居民社会养老保险工作，完善社会统筹和个人账户相结合的基本养老保险制度，推进机关事业单位和国有企业养老保险制度改革，实现新农保、寺庙僧尼社会养老保险和居民养老保险全覆盖。统筹推进城乡最低生活保障制度，城乡居民最低生活保障率达到95%以上。健全残疾人、五保老人、孤儿、留守儿童等群体关爱服务体系。力争“十三五”期间建成保障性住房256万平方米，基本完成危旧房、棚户区改造任务。

建设法治拉萨。全面贯彻依法治国基本方略，贯彻落实《中华人民共和国民族区域自治法》，坚定不移走中国特色社会主义法治道路。坚持科学民主立法，健全地方性法规规章体系。推进依法行政，建设法治政府。加快司法体制改革，维护社会公平正义。完善人才培养机制，加强法治队伍建设。开展法制教育，强化法治意识，营造全社会遵法、学法、守法、用法的浓厚氛围。

加强民族团结。落实党的民族政策，坚定不移走中国特色解决民族问题正确道路，牢记“八个坚持”，深化“五个认同”，创建民族团结示范城，促进各民族交往交流交融。进一步完善《拉萨市民族团结进步条例》及相关政策法规，广泛开展民族团结进步宣传教育和创建活动，引导各族群众牢固树立“三个离不开”思想，不断强化中华民族共同体意识。

创新社会治理。坚持依法治理、主动治理、综合治理、源头治理，深化“网格化”“双联户”服务管理模式，完善立体化社会治安防控体系，构建全民共建共享的社会治理格局。坚持对十四世达赖集团斗争方针不动摇，严密防范和依法打击各类分裂破坏活动。贯彻党的宗教工作基本方针，落实利寺惠僧政策，持久开展和谐模范寺庙暨爱国守法先进僧尼创建评选活动，积极引导宗教与社会主义社会相适应。建立多元矛盾化解机制，加强流动人口服务和管理。严格落实党政同责、一岗双责、失职追责，强化道路交通、消防安全、食品安全、特种设备等重点领域的监督检查，保护人民群众生命财产安全。

（张玉虎）

重要会议、重要活动

【全市农村集体土地确权登记试点工作启动】 1月1日，全市农村集体土地确权登记发证试点工作启动。曲水县作为拉萨市农村集体土地所有权确权登记工作试点县，已完成聂当乡德吉村确认书、承包合同签订和证书制作工作，并为部分农户颁发农村土地承包经营权证。

【全市经济工作会议召开】 1月6日，全市经济工作会议召开。传达贯彻落实中央和自治区经济工作会议精神，通报2014年全市经济运行情况，安排部署2015年全市经济工作。会议明确年度全市经济工作重点：2015年经济工作要用新常态的思想和观念来认识发展中的重点问题，要正确处理好“稳”与“进”的关系，坚持稳中求进是工作基调不动摇；正确处理好“质”与“量”的关系，坚持转变方式是工作中心不动摇；正确处理好“调”与“增”的关系，坚持稳定增长是首要任务不动摇。会议确定2015年全市经济社会发展主要预期目标是：地区生产总值增长12%左右，财政收入增长20%以上（公共财政预算收入增长15%），全社会固定资产投资增长18%以上，社会消费品零售总额增长13%以上，工业增加值增长20%以上，农村居民人均可支配收入增长15%，城镇居民人均可支配收入增长9%以上，居民消费价格指数控制在4%以内。

【拉萨市第十届人民政府第26次常务会议召开】 2015年1月7日，市委副书记、市长张延清主持召开第十届市人民政府第26次常务会议，在家副市长、市政府党组成员出席会议，市人大常委会副主任达瓦、市政协副主席刘全保应邀列席会议。会议研究讨论《2015年政府工作报告》（讨论稿）、《拉萨市2014年国民经济和社会发展计划执行情况与2015年国民经济和社会发展计划草案的报告》《拉萨市2014年财政预算执行情况和2015年财政预算草案的报告》及干部人事任免事宜。

【拉萨市第十届人民政府第27次常务会议召开】 2015年1月26日，市委副书记、市长张延清同志主持召开拉萨市第十届人民政府第27次常务会议，在家常务副市长、副市长、市政府秘书长、市政府党组成员出席会议，市人大常委会副主任达瓦、市政协副主席刘惠兴应邀列席会议。会议审议《关于拉萨市文化传媒集团有限公司组建事宜》《关于组建拉萨生态园林建设投资有限公司的实施方案》《关于对拉萨市尼木县“8·9”特别重大道路交通相关责任人员处理意见的请示》等事项。

【拉萨贡嘎机场航管楼迁建工程启动】 3月10日，民航西藏区局动工实施拉萨贡嘎机场航管楼迁建工程。该工程属“十二五”重点项目建设工程之一，于2014年6月取得国家立项批复,2014年8月取得民航西南地区管理局初步设计及概算批复。工程占地面积约6.8亩，总投资1.7亿元，建筑层数为地面6层,工期为8个月，计划于2016年6月完成项目竣工验收。航站楼工程设计使用年限为50年，抗震设防烈度7度，结构形式为混凝土框架结构加剪力墙，基础采用混凝土钻孔灌注桩。该工程按照保障2020年区域管制飞行量6.8万架次的目标进行设计。建设内容为迁建现有航管楼至拉萨贡嘎机场航站区南侧，新建航管楼面积6834平方米，配套建设消防、暖通、供电、安保等设施；新建或迁建气象、程控交换机、通信、航行情报等设施；在拉萨贡嘎机场航站区东侧山头建设天线平台。

【拉萨市第十届人民政府第28次常务会议召开】 2015年3月11日,受张延清市长委托,市委常委、常务副市长斯朗尼玛主持召开拉萨市第十届人民政府第28次常务会议,在家常务副市长、副市长、市政府党组成员、秘书长出席会议。市政协副主席、堆龙德庆县县长安央金,市人大常委会秘书长梁小平应邀列席会议。会议学习刘云山同志《党员干部要自觉践行“三严三实”》重要讲话精神；研究审议《关于拉萨市较大生产安全事故责任追究办法(草案)》《关于拉萨市拉贡公路沿线城乡规划管理办法(草案)》《关于拉萨市人民政府2015年立法计划的请示》《关于拉萨市公共消防设施管理规定的请示》《关于拉萨市城市建设档案管理办法(草案)》《关于拉萨市天葬管理办法(草案)》《关于拉萨市社会救助档案管理办法(草案)》等事项。

【拉萨市第十届人民政府第29次常务会议召开】 2015年3月25日,市委副书记、市长张延清主持召开拉萨市第十届人民政府第29次常务会议,在家常务副市长、副市长,市政府党组成员,秘书长出席会议,市委常委、纪检委书记彭祎涛,市人大常委会副主任龚建彰,市政协办公厅调研员达瓦应邀列席会议。会议传达学习刘云山同志《领导干部要始终做到忠诚干净担当》重要讲话精神；研究审议《关于〈拉萨市重大建设项目代建制管理办法以及确定项目合作伙伴或联合体成员谈判规程〉》《关于确定农牧民集中居住点工程房屋销售单价的请示》等事项。

【《拉萨市燃气管理办法》施行】《拉萨市燃气管理办法》经拉萨市第十届人民政府第25次常务会议审议通过,于2015年4月1日起施行,要求燃气经营企业临时调整供气量应提前48小时公告。

【拉萨市积极开展抗震救灾各项救援工作】 4月25日17时17分,日喀则市定日县发生5.9级地震后,拉萨市各级各部门立即响应救灾号召,积极做好抗震救灾各项救援工作。4月25日,市消防支队派遣1支重型地震救援队跨区域增援日喀则开展救援；4月25日下午5点,市卫生系统组织8名防疫人员,在市卫生局主要领导的带领下赶赴日喀则灾区；4月27日,市道路运输局分别从兴达、兴通、兴建、恒通4家企业调度20辆货运车,共运送救灾物资331吨(其中,兴达90吨、兴通90吨、兴建90吨、恒通61吨)。

【全市发展改革工作会议召开】 3月25日,全市发展改革工作会议召开。总结2014年工作,安排部署2015年任务。2014年,拉萨市各项经济指标完成较好,实现地区生产总值增长16%,占全区经济总量的38.2%；全社会固定资产投资增长30%,占全区总量的44.5%；社会消费品零售总额增长18%,占全区总额的52.5%；公共财政预算收入增长29.13%,占全区总量的54%；农村居民人均可支配收入增长18%,比全区人均收入高2279元；城镇居民人均可支配收入增长9%,高出全区平均收入1324元。市委副书记、常务副市长陈勇出席并讲话。

【向灾区捐款活动】 截至5月7日,市民政局共收到捐款77笔,金额2776976.7元,其中：市直单位54笔、金额1260322元,八县(区)2笔、金额814333元,学校4笔、金额217587.7元,寺庙6笔、金额390283元,企业及社会团体3笔、金额66151元,退休3笔、金额12900元,个人5笔、金额15400元。

【拉萨市第十届人民政府第30次常务会议召开】 2015年5月21日上午,市委副书记、市长张延清主持召开拉萨市第十届人民政府第30次常务会议,在家常务副市长,秘书长出席会议,市人大常委会副主任龚建章、市政协秘书长张勤应邀列席会议。会议研究审议《关于〈拉萨市国有企业负责人经营业绩考核试行办法〉及〈拉萨市国有企业负责人薪酬管理试行办法

（征求意见稿）〉》《关于进一步深化国资改革促进国有企业发展意见（送审稿）》《关于呈报〈拉萨市企业国有资产监督管理办法（讨论稿）〉》、研究《关于拉萨市停车场管理办法（送审稿）》及干部人事任免及处分决定等事项。

【拉萨市第十届人民政府第31次常务会议召开】 2015年6月12日下午，市委副书记、市长张延清同志主持召开第十届市人民政府第31次常务会议，在家副市长、市政府党组成员出席会议，市人大常委会副主任央金卓嘎、市政协副秘书长肖强伟应邀列席会议。会议传达学习全区“三严三实”专题教育党课报告、研究审议《关于以拉萨市人民政府名义印发拉萨市食品安全举报奖励办法（试行）》《拉萨市人民政府西藏宁算科技集团有限公司关于“天上拉萨·智慧光谷”一体化项目战略合作框架协议》及干部人事任免等事项。

【市政府与腾讯公司签订战略合作框架协议】 7月23日，拉萨市人民政府与深圳市腾讯计算机系统有限公司就共同推进“互联网+”产业发展、建设微信“城市服务”、搭建拉萨大数据平台签订战略合作框架协议。

【全市1—9月经济运行点评会召开】 9月21日，全市1—9月经济运行点评会召开。听取市发改委、财政局、旅游局、工信局、经开区、柳梧新区，各县（区）1—9月经济运行情况汇报，研究部署下一步工作，确保年初确定的各项指标和“十二五”目标任务全面完成、超额完成。市委副书记、市长张延清出席并讲话。市委领导斯朗尼玛、王晖、周普国、洪家志出席会议。

【国务院食品安全办、食品药品监管总局领导在拉萨考察调研】 10月13日，国务院食品安全办、食品药品监管总局第二十八督查组组长、四川省食药监局副局长杨俊一行在拉萨市考察调研食品药品监督管理工作。

【拉萨市第十届人民政府第32次常务会议召开】 2015年10月19日，受市委副书记、市长张延清委托，市委常委、常务副市长斯朗尼玛主持召开拉萨市第十届人民政府第32次常务会议，在家常务副市长、副市长、秘书长出席会议，市人大常委会副主任平措朗杰、市政协办公厅副调研员胡光华应邀列席会议。会议研究审议《关于西藏旅游文化创意园区管委会授权事宜的请示》《关于堆龙德庆县工业园区（物流园区）创建市级工业园区的请示》、研究《关于林周县鹏博健康产业园建设有关事宜的请示》等事项。

【全市项目建设推进会】 10月24日，全市项目建设推进会召开。贯彻落实市委第119次专题会议精神，听取全市“十二五”规划在建项目、未开工项目、第四季度进入施工准备阶段及可开工项目基本情况汇报，研究解决各县（区）、相关部门在各自项目推进中存在的难点问题。市委副书记、市长张延清出席并讲话。

【全市精准扶贫工作会议召开】 11月5日，全市精准扶贫工作会议召开。传达区党委常委、市委书记齐扎拉在《扶贫开发动态》第8期上的指示精神，听取市扶贫办精准扶贫工作开展情况汇报，听取市发改委、市农牧局、市水利局、市住建局关于扶贫搬迁、产业扶持工作开展情况汇报，城关区、堆龙德庆县、达孜县就各自扶贫工作开展情况作交流发言。市委副书记、市长张延清出席并讲话。

【拉萨市和谐模范寺庙暨爱国守法先进僧尼表彰大会】 11月10日，拉萨市2015年下半年和谐模范寺庙暨爱国守法先进僧尼表彰大会召开。21座寺庙、1934名僧尼、22个寺庙管理委员会、51名宗教执事人员、61名驻寺干部、15名涉宗干部受表彰。市委副书记、市长张延清，市委领导龙志刚、达娃出席会议。

【国务院副秘书长、国家信访局局长舒晓琴在拉萨考察调研】 11月19日—22日，国务院副秘书长、国家信访局局长舒晓琴在拉萨调研社会矛盾化解和信访工作制度改革措施落实情况和网格化管理、双联户工作开展情况。

【全市创建国家公共文化服务体系示范区动员大会】 12月3日，全市创建国家公共文化服务体系示范区动员大会召开。安排部署创建国家公共文化服务体系示范区各项工作，并对《拉萨市贯彻落实〈关于加快构建现代公共文化服务体系的意见〉的实施意见》

作说明。市委副书记、市长张延清出席并讲话,自治区文化厅相关负责同志出席会议,市委领导马新明、占堆出席会议。

【拉萨市第十届人民政府第33次常务会议召开】 2015年12月11日,市委副书记、市长张延清主持召开拉萨市第十届人民政府第33次常务会议,在家常务副市长、副市长、市政府党组成员、秘书长出席会议。会议研究《关于出台〈中共拉萨市委员会拉萨市人 民政府关于深化教育改革 加快教育现代建设步伐的 意见〉》《关 于拉萨市重大行政决策程序规定(送审稿)》《关于申请下发拉萨 市财政性投资重点建设项目全过程跟踪评审管理办 法(试行)》《关于出台〈关于加快推进拉萨市慈善事业发展的意见〉》《关于修 改〈拉萨市城镇供水用水管理条例〉的决定(送审稿)》、圣地天堂洲际大酒店拖欠工程款及民工工资事宜、干部人事任免事项及人事处分等事项。

【甲竹林镇整体托管移交"交接工作"会议】 12月18日,甲竹林镇整体托管移交"交接工作"会议在贡嘎县甲竹林会镇镇政府召开。山南地区贡嘎县县长次仁代表贡嘎县委、县政府与西藏空港新区管委会办公室常务副主任次达签订《贡嘎县甲竹林镇整体托管移交西藏空港新区管理协议》,并就甲竹林镇托管移交工作情况进行说明。市委常委、常务副市长斯朗尼玛,市委常委、组织部部长陈军,山南地区行署副专员燕红出席会议。

【市政府党组班子"三严三实"和"忠诚干净担当"专题民主生活会】 12月31日,市委副书记、市长张延清主持召开市政府党组班子"三严三实"和"忠诚干净担当"专题民主生活会。通报2014年度专题民主生活会整改措施落实情况,传达习近平总书记在中央政治局专题民主生活会上的重要讲话精神和齐扎拉在市委常委班子专题民主生活会上的讲话精神,听取班子及成员对照检查汇报,开展批评与自我批评。

【扶贫、农发净土健康产业项目进展顺利】 截至年底,拉萨市扶贫、农发净土健康产业项目共22个,总投资7863万元 ,其中国家投资5088万元,包括:扶贫开发项目13个,总投资3424万元,其中国家投资2800万元;农业综合开发项目9个,总投资4439万元,其中国家投资2288万元。

【拉萨市338辆公交车实现全程语音自动报站】 年内,拉萨市338辆公交车全部安装完毕,实现公交车"开口"报站。智能公交一体机会通过GPS自动定位车辆所处位置的相关站点名称,并通过语音自动报站器进行报站。公交智能一体机是集GPS自动报站系统、GPS智能调度管理系统、3G实时视频监控系统和远程管理维护系统四大功能于一体的智能化设备。

【拉萨市春风行动】 本次活动将全面掌握农牧区劳动者转移就业需求和用人单位招聘需求情况,将需求摸底情况登记造册,形成岗位信息台账。确保有转移就业意愿的农牧区劳动者都能够免费得到"春风卡"等宣传资料,确保有转移就业意愿的农牧区劳动者都能获得免费的公共就业服务,确保有进城务工意愿和正在求职的农牧区劳动者都能够获得劳动维权信息。

【拉萨市12个"12315"监督服务室投入使用】 年内,12个"12315"监督服务室(台)落户全市大中型商场、超市、农贸市场及重点专业市场,已投入使用。市工商局已在城市社区和行政村建立消费者投诉站和"12315"联络站112个,其中城市社区60个、行政村52个。

【拉萨市水质抽检达标率达98%】 截至年底,拉萨市共建有四座水厂及八个泵站,现有的四座水厂分别为北郊水厂、献多水厂、西郊水厂和药王山水厂,八个泵站分别为柳梧泵站、机电小区泵站、仙足岛泵站、西郊泵站、东郊泵站、北郊泵站、贡布塘泵站和娘热乡泵站。拉萨市自来水供应充足,完全能够满足城镇居民的生活用水,区内的自来水管网均已全部覆盖,供水普及率达到90%,生活饮用水(末梢水)抽检达标率达到98%。

【拉萨"12345政府服务热线"全面开建】 为巩固党的群众路线教育实践活动成果,深入开展"三严三实"和"忠诚干净担当"专题教育,进一步畅通群众诉求渠道,市政府积极筹建"12345政府服务热线",3月23日,市政府办公厅与中国电信集团系统集成有限公司西藏分公司正式签署拉萨"12345政府服务热线”外包合作协议，标志着拉萨“12345 政府服务热线”全面开建，5 月底开通试运行。

【2015 年首批旅游专列 360 名游客抵达拉萨】 3 月 21 日，由西藏环球旅游行组织的“广东人游西藏”旅游专列首批 360 名游客抵达拉萨，拉开了 2015 年拉萨旅游的序幕，实现了旅游开门红。此次旅游专列分 5 批从广州发出，人数达 1270 人。

【扶贫开发项目实施】 总投资 24542 万元，其中财政资金 18910.5 万元。实施面上扶贫项目 77 项，财政资金 12851 万元；整乡推进项目 28 项，财政资金 1650 万元；劳动力转移项目 4 项，财政资金 748 万元；互助资金项目 2 项，财政资金 1290 万元；市级专项资金扶贫项目 6 项，财政资金 2000 万元；培训项目 1 项，财政资金 371.5 万元。

【拉萨市打造首个滨河公园】 年内，拉萨河 3 号闸上游右岸综合整治工程启动，该工程主要是对 3 号闸区域进行景观绿化，打造拉萨市首个滨河公园。据了解，滨河公园的整体规划将围绕“亲水、滨河”的主体来打造，其中地面面积 8000 平方米、水域面积 5000 平方米，总投资 6950 万元，包括七彩莲花、人工湖泊、游船码头等多个亮点。此外，还将在沿河建立步行道和自行车道，供游客、市民沿河徒步或是骑行观赏沿河风光。

【拉萨市出租车总数达 1660 辆】 截至年底，全市共有出租车 1360 辆。5 月，再投放 300 辆大众新朗逸出租车，首批 100 辆已运抵拉萨，正在进行顶灯、计价器、GPS 和燃气罐等设备安装，其余 200 辆车也将陆续运抵拉萨。

【拉萨市“农村中学科技馆”项目启动】 农村中学科技馆项目是为进一步贯彻全国科技创新大会精神，围绕中央提出的“到 2015 年实现我国公民具备基本科学素质的比例超过 5%”的目标，培养青少年讲科学、爱科学、学科学、用科学的意识，由中国科技馆基金会募集资金在全国范围内实施的公益项目。墨竹工卡县中学、曲水县中学、当雄县中学及尼木县中学共四所学校积极争取到此项目，已陆续启动。

【拉萨市计划改造 800 户棚户区】 其中：达孜县 82 户、当雄县 100 户、林周县 118 户、城关区 500 户（包括塔玛村的 300 户和宗角新村的 200 户）。

【拉萨八廓特色产品商城营业】 位于八廓商城 D 区一楼的八廓特色产品商城将打造成独具特色和品位的商城。该商城占地面积约 1600 平方米，第一批入驻店铺 50 余家，设有常见的工艺品区、服装区、儿童游乐区等，商场消防、监控、广播等配套设施齐全。

【6 个县级残疾人综合服务中心建设】 拉萨市 6 县残疾人综合服务中心项目总投资 2280 万元。截至年底，曲水、尼木、堆龙德庆、林周、当雄等 5 个县已经开工建设，墨竹工卡县暂未开工建设。

【2015 年科技活动周启动】 市直相关部门为广大青少年学生发放了生态保护、防震减灾、食品安全、卫生、自然科学、文化娱乐等科普读物和宣传资料 2 万余册、展出科普板 70 余张，发放环保袋 2 万余条，展出科技体验品 30 余种。

【拉萨纳金水厂开建】 拉萨市纳金水厂项目主要包括取水工程、净水工程、配水管网工程。以纳金电站尾水渠为主水源，拉萨河为备用水源，总征地面积约为 201 亩，水厂规模 48 万 m^3/d，投资匡算总值 13.8 亿元。拉萨市纳金水厂的供水范围覆盖拉萨市区、柳梧新区、拉萨经济技术开发区、堆龙德庆县、教育城、文化创意园、达孜县等，建成后将改变拉萨市长期单一靠地下水供水的格局，是高原地区规模最大，具有标志意义的地表水厂。

【拉萨市各县（区）人力资源洽谈会】 5 月，拉萨市已先后在堆龙德庆、当雄、曲水 3 县分别开展了 1 期人力资源洽谈会，累计参加招聘会的企业达 79 家，提供岗位达 1300 余个，1500 余人次群众参与了招聘活动，现场共有 451 人初步达成就业意向。期间，发放《拉萨市 2015 年上半年企业用工岗位信息手册》《农牧民进城务工指南》《农民工维权手册》《就业促进法》《劳动合同法》《失业保险政策解答》等各类宣传资料 10800 余册。其余 5 个县（区）洽谈会也将于近期陆续开展。

【拉萨市最大副产品批发市场投入使用】 位于堆龙德庆县东嘎镇桑木村，总投资 1.7 亿元，占地面积

300余亩，为集商贸、冷链物流、仓储等多功能为一体的智能化新型市场，是拉萨市唯一一家第四代大型农贸批发市场，批发价格比拉萨市区内菜市场价格低20%。市场销售范围覆盖拉萨市周边县并辐射山南、阿里、日喀则、林芝等地区。

【拉萨市互助项目助贫群众提升发展能力】 共落实互助资金1690万元，涉及62村，吸收农户6241户（其中贫困户2014户）。通过互助资金项目，实现了贫困群众人人拥有平等的资金使用权和项目选择权，极大地提高了扶贫资金的入户率和扶贫精准度。

【藏文化创意孵化中心奠基】 该中心位于城关区慈觉林村，是西藏旅游文化创意园区配套项目，总规划用地面积36亩，总投资1.96亿元，预计2016年底建成并投入使用。目前规划有大学生创业园、藏文化研究中心、西藏艺术孵化中心等机构，旨在为研究、推广和展示西藏文化艺术搭建平台，并为喜欢藏文化的大学生提供一个创业基地。

【2015年拉萨市转换债券2.62亿元】 将地方政府性债务全部纳入预算管理，并积极申请自治区发行债券转换拉萨市存量债务。年内，自治区财政厅已批复，同意2015年拉萨市转换一般债券额度为2.62亿元，债券期限按4∶4∶2的比例分别为3年、5年、7年。置换债券的发行工作由自治区财政国库部门按照市场化原则组织发行，按照“谁使用、谁偿还、谁付息”的原则，转换债券的本金和利息由拉萨市承担。此次转换的拉萨市本级政府债券2.62亿元均为2013年审计确定的债务，债券主要用于拉萨市公益事业，纳入公共预算收入还本付息。

【拉萨市“万村千乡市场”和“家具家电下乡”工程】 “十二五”期间，拉萨市基本建成了包含16个配送中心、14个乡镇商贸中心以及626个农家店的农牧区销售平台，实现了县、乡、村三级全覆盖，农牧区消费平台进一步完善；累计销售家具家电下乡产品超过6.6万元，农牧民生活质量和水平有较大幅度提高。

【第二届藏博会开幕】 主会场设在西藏会展中心，6个分会场，分别位于拉萨圣地天堂洲际酒店、西藏会展中心2号馆、西藏博物馆、拉萨开元饭店、夏扎大院、《文成公主》剧场等地。主要活动包括欢迎招待会、开幕式、开馆巡展、招商引资暨经贸洽谈、闭幕式暨招商引资集中签约仪式等7个方面。展览展示方面包括开馆巡展、西藏文物精品展、西藏精品唐卡展、自治区成立50周年成就展等。

【拉萨市新建3816套乡镇干部职工周转房】 拉萨市计划2014—2016年度新建设乡镇干部职工周转房3816套，建筑面积190800平方米，项目计划总投资5.7亿元；乡镇干部职工周转房建设将覆盖全市64个乡镇（街道办），实现100%全覆盖。

【拉萨市水利工程质量检测中心投入运行】 中心是由水利部淮委和江苏水利厅共同援建的，总投资824万元。位于拉萨市城关区纳金乡拉萨河畔，占地4900平方米，建筑面积2522.6平方米。

【“拉萨发布”跻身十大发布类政务微博】 年内，《人民微博发布2014年人民微博政务报告》公布了十大机构政务微博、十大发布类政务微博排行等5大榜单，根据活跃度、传播力、影响力、舆情应对能力等排行指标，市委宣传部官方微博“拉萨发布”分别以91.88、91.46、93.85和92.89得分跻身十大发布类政务微博。

【拉萨市第八届村（居）委会换届选举完成】 应依法换届选举的267个村（居）委会全部完成换届选举，选举成功率达100%。全市共产生主任267名、副主任345名、委员1003名，平均年龄42.9岁，选民参选率达84.1%，均为一次性选举成功。

（朱文俊）

市政府办公厅政务工作

【专题教育活动】 高度重视“三严三实”和“忠诚干净担当”专题教育活动，专门成立了工作领导小组，负责市政府党组和市政府办公厅党组的“三严三实”和“忠诚干净担当”专题教育活动日常工作开展。积极开展县级以上领导干部带头讲党课活动，截至年底，领导干部讲党课7次。开展“在职党员到社区服务”和“党员干部进村入户、结对认亲交朋友”活动。在职党员在社区服务15人次，其中包括开展宣传教育、走访困难户和困难老党员等活动，开展调研17次，帮助社区解决问题3件。全面查摆突出问题。坚持把树立问题意识、强化问题导向贯穿于专题教育始终，对照“三严三实”“忠诚干净担当”和“马上就办”标准，认真查找办公厅党组班子成员自身存在的突出问题。通过采取群众提、自已找、上级点、互相帮的办法向群众、向上级、向同事请教等方式，共查摆问题5条，广泛听取意见找问题和交心谈心找问题14条，自我剖析问题13条。截至年底，解决突出问题5条，做出整改承诺10条，执行承诺公示4条，继续深化专项整治情况8条。开好专题民主生活会。向市直各单位发出关于征求市政府党组和市政府办公厅党组以及班子成员的征求意见函，召集部分市直单位、县区代表、两代表一委员、企业界代表、群众代表和退休干部代表召开座谈会，真诚地向他们征求市政府党组、办公厅党组以及班子成员在“三严三实”“忠诚干净担当”“说办就办、马上就办”和履行主体责任等方面存在的问题，认真梳理反馈意见，并作为开好民主生活会的基础和前提。市政府办公厅党组于2015年12月19日组织召开民主生活会，进一步查找了问题，分析了不足，达到了达到团结——批评——团结的目的和“红红脸、出出汗、排排毒、治治病、咬咬耳朵、扯扯袖子”的效果。

【以文辅政工作水平提高】 对会议方案、领导讲话、政府公文等各种材料都做到严谨细致，严把行文、运转、审批关，特别是在综合文稿起草上，努力吃透上级精神，体会领导意图，反复琢磨观点，精心锤炼文字，认真完成领导交办的各项工作任务。严格执行《党政机关公文处理工作条例》和《西藏自治区党政机关公文处理办法》，办理公文2759件，办结率达到98%。公文总数减少149件，同比减少10%。围绕经济社会发展宏观战略，市委、市政府重大决策，“六大战略”“十三五”规划，各族群众关心的焦点问题，开展调研17次，努力为领导科学决策提供参考依据。对拉萨市经济社会发展和维护社会稳定的新做法、新亮点进行总结和宣传，做好信息整理上报工作，为上级机关和领导科学决策发挥了参谋助手作用，截至年底，编发各类信息4336条，连续13年在全区政务信息考核中排名第一。结合拉萨市信息公开工作实际，进一步规范各部门信息公开工作，市政府门户网站共发布各类信息7668条，办理市民来信434件，信件答复率达91.6%以上。网站点击量达91.6万人次，日均点击量2936人次。紧紧围绕市委、市政府中心工作，坚持原则性和灵活性相结合，加强与上级部门联系，强化与各县（区）、各部门合作，认真筹划、精心准备会务工作，努力做到不出纰漏、细致圆满。组织各类会议360余次（包括政府党组会议、市政府常务会、全体会、市长办公会议、各类专题会、协调会等）。紧紧围绕市委、市政府中心工作和重要部署，积极推进构建“大督查”工作机制，突出重点、创新方式，有效推动决策落实，确保政令畅通。起草、上报《督查专报》81期，办结率100%，转办、承办市政府领导批示930件，办结902件，办结率96.9%；转办、承办全国、区、市人大代表建议、政协委员提案共232件，答复率100%，代表、委员满意率均达到100%。以应急值守为抓手，建立24小时政务值班制度，及时报送突发事件应急信息。进一步完善应急预警信息联动机制，加强应急平台建设和管理，高效妥善处置“6·10”特大交通事故，规范化、社会化、常态化的应急体系建设水平不断提升。全面加强与驻市金融机构的协调联系，大力加强政府融资平台建设，为教育城二期、城市供暖、纳木错景区开发等一批重大项目顺利实施提供金融支持与服务。拉萨市12345政府服务热线的建立是对原市长热线电话的升级和创新，是政府“听民情、解民困、分民忧”的新平台。截至年底，共计接听市民来电6244件，日均来电31件，向承办单位转发工单1197件，群众回访率达100%，群众回访满意度达99.84%。

【综合协调作用发挥】 以提升“三服务”水平为目标，以加强机关效能建设为抓手，大力开展政务环境专项整治，积极主动服务好各级领导、部门和群众，确保政府运转周密细致、高效有序。紧紧围绕市委、市政府中心工作，自觉将办公厅各项工作始终置于全市工作大局的高度来考虑，坚持原则性和灵活性相结合，加强与上级部门联系，强化与各县（区）、各部门的合作，积极稳妥处理好各种关系，推动各项工作顺利开展。紧紧围绕市委、市政府中心工作，坚持原则性和灵活性相结合，加强与上级部门联系，强化与各县（区）、各部门合作，认真筹划、精心准备会务工作，努力做到不出纰漏、细致圆满。

组织各类会议302余次(包括政府党组会议、市政府常务会、全体会、市长办公会议、各类专题会、协调会等)。严格按照中央“八项规定”、自治区党委“约法十章”“九项要求”、市委“八项要求”和市政府“八个力戒”,严格执行《党政机关厉行节约反对浪费条例》《党政机关国内公务接待管理规定》,控制接待规模、削减接待开支,强制性压缩接待经费8%,全面提升接待服务工作质量,受到上级主管部门和来拉客人的充分肯定。高度重视金融工作,充分发挥市政府金融办职能,全面加强与驻市金融机构的协调联系,推动政府与金融机构的合作共赢。大力加强政府融资平台建设,为教育城二期、纳木错景区开发等一批重大项目顺利实施提供了金融支持与服务。认真组织实施年鉴的图片收集、文稿起草工作,得到了上级领导的一致好评。截至年底,《拉萨年鉴(2015)》卷编纂工作顺利进行。严把财务支出审核关,减少公用经费开支,为全市各级党政机关树立带头表率作用。8月,成立了办公厅财务管理领导小组,积极推进财务“一支笔”审批制度与研究决策相结合,规范了资金使用过程、提高了资金使用效率、真正把资金用在“刀刃”上,“三公经费”与去年相比下降了8%,厉行节俭成效明显。全面落实维护稳定和社会综合治理工作,加强值班带班、内部安保,确保政府首脑机关绝对安全。积极探索后勤服务保障体制机制改革,切实加强车辆、油料、固定资产、保洁、绿化和食堂管理维护工作,以强有力的后勤服务工作保障市政府和办公厅机关的高效运转。

【机关效能建设提高】 严格落实办公厅组织建设、制度建设、队伍建设和作风建设,认真开展“三严三实”和“忠诚干净担当”专题教育活动,大兴学习之风,加强干部培训教育力度,建立常态学习制度,将每周四下午定为党团学习日,集中开展学习和组织活动,不断提高广大干部职工综合素质。加强干部队伍建设和人才储备工作。根据办公厅工作岗位性质和干部特长,共提拔、调整干近45人次,积极向组织部门推荐县级后备干部6名。加强办公厅干部职工教育培训,共组织干部职工各类学习51场次,达1000余人次,共组织各县(区)和市直各单位跟班学习培训干部40余人次,进一步提升了干部职工水平、增强了队伍活力,极大激发了干部职工干事创业的积极性。深入开展政务环境综合整治,大力实施机关效能建设。按照市纪委《关于做好2015年机关作风和行政效能建设工作有关事项的通知》要求,研究制定了《拉萨市人民政府办公厅2015年度机关作风和行政效能建设工作思路主要目标及工作任务分解》,明确了具体工作任务的责任领导、责任科室、责任人和完成时限,并完善工作督查奖惩措施。在市政府办公厅党组会、秘书长办公会和各类学习、工作部署会上,办公厅领导班子对改进工作作风、提高工作效率和质量等问题,反复强调、经常研究、重点安排。探索实施厅机关绩效考核制度,认真研究制定《拉萨市人民政府办公厅绩效考核办法》,将办公厅各项业务工作逐项进行量化考核,建立奖惩办法,提高工作效率和工作质量,并作为干部考核和调整使用的重要依据。通过党组班子和全体干部职工的共同努力,厅机关的整体服务意识、服务态度、服务水平明显增强提高,办事效率、工作质量和服务对象满意率有效提升。认真开展强基惠民驻村工作。市政府办公厅驻堆灵村工作队始终以“强基惠民”为主题,积极开展走村入户工作,积极配合当地党委、政府和村“两委”班子做好社会维稳、经济发展和精准扶贫工作,不断帮助增强基层党组织的创造力、凝聚力和战斗力,认真落实“六项任务”要求,确保各项工作扎实推进。截至年底,与村“两委”班子座谈交流4次,对村“两委”班子宣讲教育4次,帮助村委会修改完善相关制度5条,扶贫慰问2.17万元,解决村级组织办公设备经费3000元,发放维稳值班补贴5500元,购买劳动力请当地村民维修水渠2000元,为堆灵村一组次旦卓嘎申请安居房购买材料5000元,为堆灵村六组达瓦解决2000元医药费。走村入户484户(部分牧民存在人户分离的情况),撰写民情日记16篇,及时排查各种不稳定因素、及时调处化解矛盾纠纷,确保堆灵村社会稳定。积极开展寻找致富门路活动,从市“四业工程”的驾驶技术培训项目中争取到12个名额,其中县财政解决每人3500元资金,解决并拓宽了12户家庭谋求致富的门路,让群众深深感受到了各级党委政府对农牧民的关怀。深入群众家中开展感党恩和法制宣传教育活动,引导群众不断增强爱党意识、国家意识、民族团结意识和法制意识。深入开展党风廉政建设工作。深入开展党风廉政建设学习教育活动,严格贯彻落实中央“八项规定”、自治区党委“约法十章”“九项要求”、市委“八项要求”和市政府“八个力戒”,以及《党政机关厉行节约反对浪费条例》,严格落实各项廉政建设规定,大力开展文风、会风、公务开支、公务接待、公车使用、办公用房等查改整治工作，全面推进党风廉政建设责任制的贯彻落实。全面加强规章制度建设，“用制度管人、靠制度管事”，教育引导领导干部和工作人员学习制度、遵守制度、依据制度办事工作。修改完善制度39项。严肃工作考勤纪律，坚决纠正“门难进、脸难看、话难听、事难办”问题，确保整个办公厅工作有章可循、风清气正、运转高效。认真开展基层党建工作。按照市委“党建统市”要求，以基层服务型党组织建设为核心，以基层党组织班子建设和党员干部队伍建设为重点，以阵地建设为抓手，紧紧围绕“书记抓、抓书记”工作目标要求，结合“三严三实”和“忠诚干净担当”专题教育活动，认真组织开展了基层党建工作。坚持落实“一岗双责”制，健全党员目标管理、“三会一课”、民主生活会、民主评议党员工作、党费收缴等多项制度，进一步完善党务公开制，增强党支部工作透明度。为进一步加强“一岗双责”工作，开展好党员组织生活，引导党员严格履行义务，保障党员充分行使权利，不断提高党建工作制度化、规范化水平，2015年上半年在全厅四个党支部中成立党小组。党总支积极发挥党组织强大的号召力，积极组织了爬山捡白色垃圾活动、清明节祭奠革命先烈活动、为“4·25”地震灾区捐款、五一“绿色骑游”“七一”乒乓球比赛和红歌比赛活动等等。通过开展这些丰富多彩、形式多样的，深受青年党团员和干部职工欢迎的集体学习活动和组织活动，积极引导了干部职工参与党团组织生活、参与单位集体活动的积极性，营造“人人参与党建、人人为党建献策出力、人人宣传党建工作”的党建工作氛围，不断增强党组织在干部职工中的强大凝聚力、向心力和号召力，进一步调动了干部职工干事创业的热情和激情。年内，3名预备党员转正，吸收了2名入党积极分子，为党组织注入了新鲜血液。不断加强对下属代管单位的管理。严格履行工作职责，做好对各下属单位和代管单位队伍建设和业务指导工作。针对办公厅下属和代管单位（市委市政府接待办、政府研究室、布达拉宫广场管理处、北京联络处、成都办事处、海口办事处）工作性质多样，办公地分散，队伍建设和业务指导难度大的特点，办公厅党组认真研究部署各单位队伍管理和业务指导工作，加大各单位党建、党风廉政建设和干部教育管理，积极帮助指导各项业务工作，使各单位组织建设和业务工作取得明显成效。

（张玉虎）

信访工作

【概　况】 年内，全市信访系统紧紧围绕“六大战略”，以“七化”工作法为抓手，以实现两个月内信访事项“零搁置”为目标，积极进取、务实创新，全面提升了信访工作效能和公信力。全年未出现“进京越级上访、大规模集体上访，因信访问题引发的极端恶性事件和舆论负面炒作”，实现了“信访事项办结率提高、初信办结率提高、群众满意率提高、群众满意度提高”的工作目标。截至年底，共受理群众来信来访来电1883件、6785人次，办结率达100%。

【领导关怀】 年内，自治区党委常委、拉萨市委书记齐扎拉亲自批阅群众来信，听取重点难点信访事项汇报21次；拉萨市市长张延清亲自指导信访“七化”工作措施的落实，亲自接待信访群众，对领导包案事项亲自过问、亲自研究方案、亲自督促检查信访事项的推进情况，主持召开信访联席会议和信访专题会议14次；信访联席会议各召集人按照职责分工，亲临现场处置突发信访事件，亲自协调信访事项，主持召开信访工作专题会议41次，推动信访事项及时有效化解。

【信访源头预防基础全面夯实】 年内，先后制定出台了《拉萨市加强源头治理预防和减少信访突出问题实施办法》《拉萨市非涉法性信访事项源头防范机制》《关于进一步加强和改进信访工作的意见》，为及时就地解决信访事项奠定了制度基础。

【矛盾纠纷排查】 年内，全市共排查各类矛盾纠纷1151件，调处率100%，95%以上矛盾纠纷在联户代表和村小组一级得到化解；自治区成立50周年大庆及重要敏感节点多次集中组织开展专项矛盾纠纷排查工作，各县（区）、市直各部门严格执行“矛盾纠纷每日一报制度”，排查出存在上访隐患的矛盾纠纷516件，采取责任分解、领导包案、建立台账等措施，将大部分矛盾纠纷解决在当地，解决在基层，解决在初始阶段。确保了“3月份”“萨嘎达瓦”“雪顿节”“西藏自治区成立50周年大庆”“藏博会”等重要敏感节点社会稳定。

【依法逐级走访】 年内，出台了《拉萨市关于进一步规范信访事项受理办理程序引导来访人依法逐级走访实施细则》，为维护良好信访秩序提供了制度保障。全年各县（区）信访总量同比上年增加了20%，拉萨市到自治区越级上访同比下降了35.7%，继续保持“零进京”上访良好态势；用法治思维和法治方式引导群众解决信访事项，着力抓好诉访分离等改革措施的落实，大力推行法定途径优先，共引导进入法定途径解决诉求72件。

【网上信访信息系统】 4月30日，市信访局举办了网上信访信息系统培训班，对全市74家单位管理员进行了网上登记、受理、转交办、答复等工作流程的培训，为全市网上信访系统实现全覆盖和规范运行奠定了坚实的基础。在运行过程中，市信访局针对个别单位录入不规范问题，对部分单位操作人员面对面、手把手进行培训，进一步规范了信访信息网上录入工作。

【网上信访信息系统投入运行】 5月1日，拉萨市信访信息系统与自治区网上信访信息系统全面对接，纵向覆盖至乡镇一级，横向覆盖各单位，全市网上信访工作按照“来访必登、应录尽录”的原则，对所有来信、来访事项全部在网上登记、受理、流转、办结。年底，按照国家和自治区信访局要求，开展信访信息补录“百日会战”活动，全市在50个工作日内提前完成了近400件信访事项补录工作。

【联合接访】 年内，调整充实交通、市政市容管委、旅游、人社4名工作人员入驻联合接访中心，共接待群众来访178批、673人次。

【疑难信访事项化解】 年内，全市排查梳理疑难信访事项25件，通过领导包案、召开联席会议和信访专题会议等方式，成功化解25件，化解率100%；对困难信访群众帮扶救助到位，截至年底，共使用疑难信访资金833.59万元，其中司法救助资金777.7万元，信访救助55.89万元。

【领导干部接访下访】 年内，地级领导针对28件信访事项接访31次，县级领导针对72件信访事项接访84次，信访干部针对140件信访事项下访167次，拉近了党和政府与人民群众的关系。

【非正常上访】 截至年底，市公安局等部门对各类非正常上访行为训诫谈话221次247人次，部分缠访、闹访人员得到了法律的惩戒。

【信访责任】 在全市信访工作会议上，市长张延清与市（中）直各部门、各县（区）主要负责人签订了2015年信访工作目标责任书，全市信访工作坚持首办责任制，落实主要领导亲自抓，分管领导具体抓，其他领导一岗双责的要求，各级领导干部接待群众来访，阅批群众来信规范化、常态化，较好地完成了各项目标任务。

【领导批示】 市委、市政府主要领导多次对重点信访事项作出批示，年内，市信访局共落实主要领导批示75件。

【信访事项督办力度】 市信访局通过电话督办、书面督办、下访督办等方式，共对527件信访事件督查督办1629次，回访198次，回访率100%，积极有效地促进了信访事项的化解。

【入驻干部的培养和管理】 7月20日，从各县（区）、市直各单位选派的14名干部按时入驻市信访局。按照双重管理的要求，市信访局通过岗前培训、不定期考核、适时向派出单位反馈入驻人员情况等措施，加强对入驻人员的管理，绝大多数入驻人员在信访岗位上得到了锻炼，做群众工作的能力进一步提升。

【强基惠民工作】 市信访局驻村工作队紧紧围绕“五项任务”，深入宣讲中共十八大，十八届三中、四中全会以及中央第六次西藏工作座谈会精神和各项富民惠民政策，入户宣讲率达100%。大力为驻在村群众办实事解难事，争取农林牧交通等项目5个，争取资金105万余元，大大改善了驻在村的农牧业生产条件。局党组班子成员先后8次深入驻在村开展调研，慰问困难户和“三老人员”，赠送慰问金2万余元。年内，市信访局被评为“拉萨市创先争优强基础惠民生活动优秀组织单位”、市信访局驻墨竹工卡县扎雪乡龙珠岗村工作队被评为“墨竹工卡县创先争优强基础惠民生活动先进驻村工作队”。同时市信访局第四批工作队的3名成员分别获得了自治区级和县级先进驻村工作队员荣誉称号。

【国家信访局督导组到拉萨市检查信访工作】 11月20日，国务院副秘书长、国家信访局局长舒晓琴一行到拉萨市参观拉萨市联合接访中心时，就网上信访信息录入工作进行督导检查，并对拉萨市信访工作进行了指导。

【“妇女儿童维权服务岗”揭牌】 11月25日，拉萨市妇联在拉萨市信访局接访大厅和市联合接访中心挂牌成立全市“妇女儿童维权服务岗”。

【党风廉政建设】 年内。市信访局党组班子成员带头落实《党政机关厉行节约反对浪费条例》和《党政机关国内公务接待管理规定》等管理办法，公务用车、公务消费接待、办公费用三项支出同比上一年分别下降35.2%、25.1%和7.9%，未出现公务消费接待、公款吃喝现象。

（卫广伟）

“12345”热线服务

【概　况】 拉萨市“12345”政府服务热线于2015年6月1日试运行，2015年12月26日正式开通运行，截至年底，共受理群众来电6851个，日均来电38个，办结回访率达98.5%，群众回访满意度达99.1%。

拉萨市“12345”政府服务热线的开通运行，进一步提高了工作效率，有效地解决了群众水电供暖、交通民生等各类诉求，拓宽了政民沟通渠道，缓解了社会矛盾，取得了较好的社会效应，但仍存在以下问题：

工作人员少，工作难度大。市热线办的主要职责：工单的派发与督办，个别来电市民的解释答复，74家承办单位的日常考核、月考核、年度评比，接处中心工作的检查与指导，每周《拉萨晚报》宣传材料的修改与审批、周报、月总结、季度汇报，以及其他工作协调会议安排与材料准备等。目前，市热线办只有一名工作人员，不能满足“12345”政府服务热线正常工作的开展。

组织机构未明确，机制建设难度大。“12345”政府服务热线是一项民生工程和民心工程，是政府察民情、解民困、集民智、聚民力的连心线，也是反映各县区、各部门、各公共服务行业办事效能、工作作风的形象线，作为民生的连心线和群众的暖心线，发挥了重要作用。但由于人员少、组织机构未明确等原因，导致工作创新能力不强、工作推动力度小、机制建设难度大等问题。

部分诉求处办有难度。如涉及基础设施建设或全市经济社会发展大计等短时间内难以解决的问题；部分诉求涉及多家单位时协调处理难度大；部分司法途径已结案诉求，部分历史遗留或已办结的上访案件问题；部分老上访户、上访老问题重复诉求等。

自治区个别单位协调难度大。主要表现在：处室之间存在推诿现象，衔接时间长，落实和支持力度有待加强，往往需要多个电话沟通、询问多个处室，办理结果也需要多次电话咨询。

【责任落实】 自“12345”政府服务热线运行以来，市长张延清多次对做好“12345”热线相关工作作出重要批示和指示，两次亲临接处中心检查、指导工作，召开现场办公会，解决实际困难，并在节日期间对全体话务员开展慰问；市政府秘书长5次亲临接处中心，召开现场工作协调会，解决相关问题；分管副秘书长召开10多次专题会研究部署具体问题，现场督办问题2次。

全市共有74家县（区）人民政府、市中（直）单位等作为网络承办单位，单位主要负责同志为第一责任人，分管负责人为直接责任人，并安排专人负责此项工作，强化责任落实，确保市民来电件件有着落。

【规章制度制定】 为保证“12345”政府服务热线的运行质量，提高服务水平，市政府办公厅专门研究起草《拉萨市“12345”政府服务热线工作规则（试行）》《拉萨市“12345”政府服务热线考核办法（试行）》，经拉萨市人民政府第35次常务会议研究通过。规则和办法对承办单位从组织机构、制度建设、专线电话接听、电子工单处理等方面进行细化和量化，并按百分制从日常管理和年终检查两个方面对各承办单位进行量化考核、责任追究。

【市民知晓率提高】 新闻媒体宣传报道。拉萨电视台、拉萨广播电台等就“12345”政府服务热线工作开展情况、市民来电处理过程进行多次专题采访和报道；举办正式开通运行新闻发布会。2015年12月26日，人民日报社、新华社、中央人民广播电台等15家中央及区市新闻媒体参与了宣传报道；在《拉萨晚报》开设“12345”政府服务热线专栏。经请示市政府领导同意后，每周五在《拉萨晚报》开设“12345”政府服务热线专栏，及时刊登本周工作开展情况。通过媒体的大力宣传报道，提高“12345”政府服务热线的知晓率，也提高“12345”政府服务热线的工作效率和公开透明度。

【服务质量提升】 及时召开部门联席会议。针对涉及多个职能部门的问题，市热线办即刻草拟文件呈分管领导审批，召开部门联席会议，确定牵头单位及协办单位，及时解决问题；及时梳理存在问题。针对有上访隐患的来电，市热线办定期进行梳理汇总，形成正式文件上报市政府主要领导，由市政府督查室根据领导批示进行督查督办。

【沟通协调加强】 市民来电反映的问题需要协调自治区相关单位解决的，市热线办及时通过市直部门联系到自治区相关部门，沟通协调，反馈问题，减少中间环节，得到了自治区相关部门的大力支持，及时解决了市民反映的问题及困难。

【工单类型】 通过分析发现，市民群众反映、投诉的热点、难点问题主要集中在工资拖欠、政策咨询、投诉建议、违规建房、供水电气、噪音扰民、交通管理等方面。承办工单量排前五位的单位是：市公安局、市政市容管委、城关区、市人社局、市暖心公司。

工资拖欠。共接到464位市民来电反映工资拖欠问题，目前所有工单已处理完毕。

政策咨询。共接到500个咨询类电话，目前所有工单已处理完毕。

投诉建议。共接到275个投诉电话、39个建议类电话。如：投诉旅游业、工作人员、服务行业等，建议停车场管理、公园环境卫生等，目前所有工单已处理完毕。

违规建房。共接到80位市民来电反映违规建房问题，目前所有工单已处理完毕。

供水电气。共接到77位市民反映停水及水压不足问题、108位市民反映停电及线路杂乱问题、120位市民来电反映天然气供应问题等，目前所有工单已处理完毕。

噪音扰民。共接到129位市民来电反映噪音扰民，如娱乐、施工、车辆噪音等，目前所有工单已处理完毕。

交通堵塞。共接到87位市民来电反映城市交通堵塞问题，各相关部门已在制定或优化解决方案。

可以看出，市民群众反映、投诉的热点、难点问题主要集中在民生问题上。

（李　易）

市民服务中心

【概　况】 截至年底，拉萨市市民服务中心共受理行政审批和便民事项183679件，办结率99.88%。提供咨询服务165716人次，办件回访1756人次。共开设办证窗口57个，全市共27家单位和154项行政审批项目和12项便民项目进驻中心办理，现有118名A、B岗工作人员和27名首席代表及29名公益性岗位工作人员为办事群众提供服务。城关区有5个项目也在中心办理。

【简政放权】 截至2015年底，拉萨市精简调整471项行政审批项目为282项，进驻市民服务中心项目由169项减少到154项，进驻单位由29家减少到27家。审批时限压缩率达47.99%。12个便民事项中，7个承诺现场办结，其余5个项目平均承诺在4个工作日内办结，“三证合一”窗口于2015年10月1日与全国同步实行“一照一码”。

【运行管理】 年内，拉萨市市民服务中心修改完善窗口管理制度、窗口工作人员守则、大厅值班主任制度、窗口工作人员选派和轮换办法等63项制度。累积调查处理群众提出的大大小小的意见、建议1860条，做到条条有答复，对群众提出的合理的意见建议，做到件件有落实。

【国家级政务服务标准化建设试点创建】 年内，拉萨市市民服务中心完成标准化文本共452项的编制工作，后精减至285项。并通过考核评估，成为全区首个通过国家级政务服务标准化试点考核评估的单位。

【三级政务服务体系建设】 截至2015年底，拉萨市7个县均建设县级政务服务中心，城关区政务服务中心正在建设中。全市65个乡（镇、街道）有48个乡（镇、街道）政务服务中心挂牌运行，主要办理与群众生产生活密切相关的服务事项，拉萨市市、县、乡三级政务服务体系已初具规模。

（杨晓辉）

拉萨市人民政府驻北京联络处

【概 况】 年内，认真贯彻党中央关于改进工作作风，密切联系群众的“八项规定”，及时组织、认真学习贯彻《中共中央办公厅印发习近平同志关于厉行勤俭节约反对铺张浪费重要批示的通知》等重要文件，坚决反对形式主义、官僚主义、享乐主义和奢靡之风，坚持按制度办事，以制度管人，从公务接待、车辆管理、资产管理、财务管理、日常办公事务等方面制定了具体措施，既要做好工作，又要厉行节约，强化党风廉政建设，同时，对各种考察、联谊等活动进行梳理，取消了春节、元旦联谊活动，减少了业务之外的应酬。为从源头上堵住腐败之风提供制度保障，进一步完善了干部廉政风险防控体系，查找所有岗位风险点、廉政风险等，制定了相应的防控措施。整个联络处风清气正，保证了各项工作任务的顺利完成。

【组织协调和保障服务】 继续“围绕中心、规范运作、提高效率、做好服务、办好事务”，始终坚持积极主动，把握先机，减少被动应付，不论是考虑问题还是办事，尽量考虑长远一点，准备充分一点，工作超前一点，积极发挥联络处的“桥梁、纽带”作用。对于来京人员一如既往的做到热情接待，主动服务，提供信息，尽最大努力联系相关部门，帮助做好协调等工作。

【慈善活动】 4月25日，尼泊尔强烈地震波及西藏日喀则边境，共捐善款3800元；6月4日，堆龙德庆县11名农村儿童到北京住院治疗先天性疾病，共捐出价值10000多元的物资前去探望慰问；遵守中央“八项规定”和“六条禁令”，以“三严三实”严格要求对照自己，自愿出资捐款4000多元钱购买过冬棉鞋，送给日喀则偏远山区的贫困孩子。

【接访工作】 年内，共接待到京开会、学习申报项目、招商引资、看病就医等人员约400人次（其中副地级以上干部50人次）；服务天数达300余天，机场接送200余次300人；火车站接送30余次60人；行程5万公里；协助订购火车票30余张、机票130余张。

【服务工作】 年内，到京就医看病体检等人员19人次（其中副地级以上干部5人次），协助联系医院8家。从预订宾馆、接送机、联系医院、医生等等，全方位地为到京人员做好保障服务。

年内，到京开展招商引资、产品推介等团队13个，团队总人数60余人。当接到到京团队的任务方案，根据团队要求结合北京实际再制定联络处的具体接待方案，从联系、协调、住宿、用车服务、用餐安排、购票、接机送机、陪同服务等方面逐一落实，责任到人，力争做到高标准、严要求，全方位，确保各个代表团在京活动的顺利进行。

年内，随着干部培养力度的不断加大，在中央党校、国家行政学院和在北京市各委办局挂职锻炼以及在北京市委党校培训人员达50余人。

【拉萨市离退休老干部慰问活动】 年内，根据拉萨市组织部老干局的工作的安排，市委常委周普国亲切看望慰问了部分拉萨市在京的离退休老干部；每到一位老干部家都亲切地询问他们的身体健康情况以及离退休后的生活状况，向每位老干部转达了市委书记齐扎拉和市长张延清的关心问候和祝福，并送上慰问金，祝福他们生活快乐、幸福安康。并诚恳地征求了离退休老干部对市委、市政府工作的意见和建议。在京的离退休老干部们深深感受到了党和组织给予的关怀，感谢市委、市政府领导对他们的关心。

（张星亮）

拉萨市人民政府驻成都办事处

【概　况】 年内,拉萨驻成都办事处在市委、市政府的正确领导下,围绕市委、市政府中心工作,本着服务大局,改进作风,立足办事处实际,发挥办事处“窗口、桥梁、纽带”作用,统筹兼顾,科学安排,以深入开展党的群众路线教育实践活动为主线,把党风廉政建设工作抓到实处,切实做好党风廉政建设工作,将开展活动与办事处各项工作落实紧密结合,同步推进,做到“两不误”“两促进”,完成了本年度各项工作任务。8月,市委在成都召开了居住成都离退休干部工作通报会,通报了上半年拉萨市经济运行、维稳工作和全市党的群众路线教育实践活动有关工作情况,在成都居住的120名拉萨离退休干部参加了会议,其中地级干部18人、县级38人、高级职称10人、科级干部54人。每季度还利用拉萨安居苑院内板报向离退休干部职工及时通报拉萨市重大决策和成果展示,以图文并茂的形式展现拉萨的发展状况,让退休老干部、职工共享了拉萨市改革发展成果。

年内,办事处组织学习党的各项路线、方针和政策,中共十八大、十八届三中全会精神,以纪律教育学习月活动为契机,开展严纪律、正作风、促廉洁主题教育活动,筑牢防腐拒变堤坝,促进健康和谐发展。重点学习了《论群众路线主要论述摘编》《党的群众路线教育实践活动选编》和《厉行节约反对浪费主要论述摘编》等书籍,加深全体工作人员对中央、自治区、市委关于加强党风廉政建设的理解,增强贯彻落实“八项规定”等相关要求的责任感、紧迫感,提高了贯彻落实上级有关要求的自觉性,并联系工作实际重点查摆“四风”在自身的突出表现,对存在的问题原因进行了深层的剖析和整改。通过学习,进一步统一了思想,提高了认识,切实把思想和行动统一到中央、自治区和市委的部署要求上来,确保各项规章制度落到实处。

年内,办事处始终做好各类接待服务工作,根据《党政机关国内公务接待管理规定》的要求,完成了4118人次(含要客、地级以上547人次,县级领导3261人次,协助干部体检就医310人次)的接待任务,完成了35名拉萨市离退休干部职工在蓉期间的参观考察学习任务。

年内,办事处加强与四川华西医院、四川华西口腔医院、成都363医院和自治区成办医院等各类医疗单位的沟通和协调,尽可能为领导提供便利快捷的就医渠道和体检服务,截至年底,共接待保健服务307人次。

【接待保障】 年内,办事处坚持接待无小事原则,做好进出藏干部,包括对口支援省市代表团,以及其他相关人员的进出藏接待服务工作,办事处与酒店、民航售票处、火车站等相关单位维持了良好的合作关系,在接待过程中高标准、严要求。全年安全行车总里程123174公里,车辆完好率基本达到良好状态。

【退管中心各项工作制度建立健全】 年内,办事处为做好老干部服务工作提供组织保障,为切实做到政治上重视,思想上关心,生活上照顾离退休干部。根据区、市党委政府关于进一步做好离退休老干部工作的有关文件指示精神和会议精神,依照《市委办公厅关于进一步加强和改进离退休干部职工的意见》《西藏自治区离退休干部职工党员管理办法试行》和《拉萨市离退休干部住院探视及逝世丧事办理工作暂行规定的通知》等文件精神及要求,从建立健全完善制度入手,做好各项工作。进一步组织离退休干部深入学习,使老同志能在第一时间掌握中央和区、市党委的最新精神。

【“常问和重访”联系慰问制度建立】 年内,针对当前离退休干部职工居住分散、流动性大、龄大身体多病行动不便的特点,办事处建立了“常问和重访”联系慰问制度,通过电话和重点干部职工走访的形式,关怀老干部的生活,关爱干部的健康,加强了与老干部的沟通交流,增进相互理解与支持,带去党和政府的关怀和温暖。受老干部局委托对住院探视及逝世丧事进行了慰问共计5人,其中丧事2人;走访干部职工30余人次。

【住蓉离退休干部职工参观考察】 年内,根据《中共拉萨市委办公厅关于进一步加强和改进离退休干部职工工作的意见》精神,按照市委老干部局的总体部署,组织了住蓉离退休干部职工于7月和9月先后在成都蜀南竹海和陕西延安进行了参观考察。两次活动共参加人员共计130人(陕西30人),其中地级干部8人(陕西2人),县级以上干部23人(陕西19人),高级职称24人(陕西9人),一般干部75人。

【离退休党支部工作】 截至年底,在蓉居住离退休干部职工共计538人,其中:地级25人、县级98人、高级职称42人、科级101人、一般干部106人，相关专业技术人员166人。成都市区314人占总居住人数的62%。年内，办事处贯彻落实西藏自治区离退休干部职工党员管理办法（试行），加强对离退休干部的政治教育、政治要求和政治管理。引导他们“离岗不离党、退休不褪色、永远跟党走”。在成立拉萨安居苑党支部的基础上，按照由近到远的原则，进一步推进了成都周边和公安系统党支部的建立。截至年底，共有离退休党支部5个，其中正式2个，即安居苑和公安系统退休党支部。临时党支部3个，即双流县、犀浦县、新津县临时退休党支部。5个党支部共计管理党员近160人。

【安居苑物管工作】 年内，办事处围绕离退休干部职工服务管理中心工作，加强安居苑住宅区保安、绿化、卫生、水电、消防等各方面的安全管理。参与社会治安综合治理，确保实现零事故的目标。每逢节假日通过挂灯笼、挂彩灯、插彩旗、拉彩带布置鲜花盆栽等形式为院落营造出喜庆祥和的节日气氛，加固围墙防盗铁丝网和监控设施。新增宣传栏，坚持每季度更换板报，张贴和发放健康教育宣传材料等。严格财务管理制度，坚持以收定支，量入为出的原则，做到了收支平衡。

（丁　昭）

中国人民政治协商会议拉萨市委员会

综　述

【概　况】 年内,在市委坚强领导下,在区政协精心指导下,市政协常委会团结带领全市政协组织和广大政协委员,以邓小平理论、"三个代表"重要思想、科学发展观为指导,深入学习贯彻中共十八大,十八届三中、四中、五中全会精神和习近平总书记系列重要讲话精神,高举爱国主义、社会主义旗帜,坚持团结和民主两大主题,围绕中心、服务大局,聚焦拉萨市"六大战略"履行职能,推进政协协商民主大有作为,强化履行职能精准有效,各项工作取得新进展,为拉萨市改革发展稳定事业做出新贡献。

常委会深入学习贯彻中共十八大和十八届三中、四中、五中全会及全国"两会"精神,进一步把思想和行动统一到中央的决策部署上来。学习贯彻习近平总书记系列重要讲话精神、特别是"治国必治边、治边先稳藏"的重要战略思想和"加强民族团结、建设美丽西藏"的重要指示,学习贯彻中央第六次西藏工作座谈会精神,深刻把握中央治国治藏的新思想新要求,进一步坚定了中国特色社会主义道路自信、理论自信、制度自信。学习贯彻区市党委八届五次、六次、七次全委会及区市"两会"精神,进一步明确了现阶段政协工作的前进方向。利用常委会议、主席会议、理论中心组学习会、专题学习会、专题讲座等形式集中学习和宣传中央第六次西藏工作座谈会精神、主席俞正声在全国地方政协工作经验交流会上的讲话及在庆祝西藏自治区成立50周年大会上的讲话精神,在全市政协中形成了学精神、抓落实、促工作的良好氛围。

常委会始终把维护社会稳定作为履行职能的第一政治责任,坚决贯彻落实区市党委各项维稳措施,为促进拉萨市和谐稳定献计出力。召开各类维稳会议30余次,组织学习了中央政治局专题研究进一步推进西藏经济社会发展和长治久安会议精神,在全年的重点敏感节点、迎接西藏自治区成立50周年大庆、藏博会期间,政协领导带领工作组多次进驻联系县(区),认真督导干部驻村驻寺、"三严三实"和"忠诚干净担当"专题教育、加强和创新寺庙管理、城镇网格化管理、安全生产等工作,积极参与督导"萨嘎达瓦""羊年转湖"等大型宗教活动。党外副主席也发挥自身优势,积极作为,全力以赴推进拉萨市民族团结、宗教和睦、社会稳定。

常委会始终坚持大团结大联合原则,把加强民族团结作为政协工作的重要职责,全力推进拉萨市各民族交往交流交融,为拉萨市改革发展汇聚各方力量。认真学习习近平总书记在会见基层民族团结优秀代表时的重要讲话精神,召开了以"全面贯彻落实拉萨市民族团结进步条例,不断推进拉萨市创建全国民族团结进步示范市"为议题的季度协商座谈会,组织各界委员举办了拉萨市民族团结进步节座谈会,为拉萨市民族团结进步事业献计出力。组织政协委员、干部职工、退休人员参与庆祝"3·28"百万农奴解放纪念日、西藏自治区成立50周年庆祝活动等,畅谈共产党好、社会主义好、改革开放好、伟大祖国好、各族人民好,进一步增强了政协委员、干部职工、退休人员的祖国意识和中华民族自豪感，不断汇聚改革发展的正能量，巩固团结奋斗的思想基础。

常委会始终坚持把推进拉萨市"六大战略"实施作为履行职能的重要着力点，围绕事关拉萨市改革发展稳定全局和人民群众切身利益的重要问题，开展调研视察，积极建言献策，为党委政府决策提供有力支持。围绕"党建统市"，严格按照市委统一部署，市政协两级党组扎实开展"三严三实"和"忠诚干净担当"专题教育，进一步巩固和拓宽了党的群众路线教育实践活动成果，政协党员领导干部作风得到明显转变。中共界组织委员视察了拉萨廉政警示教育基地和反分裂斗争史陈列馆，召开专题座谈会，进一步增强了中共界委员的廉洁自律意识。围绕"环境立市"，协助区政协深入墨竹工卡县、林周县就推进甲玛乡周边饮水工程、塔巴村陶瓷厂、文化执法办案设备配置、甘曲湿地保护等进行实地调研，提出了建设性的意见和建议。工商经济界组织委员召开了"新常态下拉萨市经济发展与环境保护"座谈会，为拉萨市经济发展和环境保护建言献策。继续牵头抓好巩固"禁白"成果工作，建立了拉萨市"禁白"办短信、微信工作平台，全方位、多角度地宣传"禁白"工作，巩固"禁白"成果工作取得明显成效。围绕"文化兴市"，协助区政协科教文卫体委员会深入尼木县、墨竹工卡县、城关区、西藏文化旅游创意园等地，实地调研拉萨市文化产业发展、非物质文化遗产保护与传承等情况，为拉萨市文化产业发展提出指导性意见建议。13名文化界、民族界委员有针对性地听取了市文化（文物）局工作情况汇报，就拉萨市民族文化传承与保护、古城申遗、加大不可移动文物保护力度等进行交流探讨，为助推拉萨市民族文化传承保护和古城申遗工作献计出力。文化界委员视察了城关区娘热乡娘热民间艺术团，了解拉萨市民间艺术事业发展现状。民族、爱国统战、归国藏胞界委员深入城关区娘热乡曲贡村和纳金乡藏热村，视察了曲贡新石器时代遗址、藏热汉族墓地和祠堂保护情况，提出了有较强针对性的意见建议。围绕"产业强市"，组织邀请在拉萨的自治区政协委员和部分市、县（区）政协委员及相关部门负责人，深入尼木县、林周县、墨竹工卡县、城关区等地，围绕"净土健康产业发展状况"深入调研、提出建议。科技界委员视察了曲水县才纳乡国家现代农业科技园区、堆龙德庆县乃琼镇岗德林蔬菜种植农民合作社、西藏高原之宝乳业等地，实地了解科学技术在拉萨市工业、农业方面的应用情况，形成集体调研报告，为市委、市政府决策提供参考。围绕"民生安市"，组织40名委员视察迎亲大桥、拉萨污水处理厂、拉萨市生活垃圾填埋场、3号闸等重点建设项目，就进一步加大太阳岛、仙足岛沿河环境整治提出建议。医卫界委员针对拉萨市各医疗机构和患者家属关注的用血问题开展专题调研，提出意见建议上报有关部门。教育界委员围绕"加快拉萨市教育改革发展"，深入教育城开展调研，专题听取市教育（体育）局相关情况汇报，提出了贴近实际、切实管用的意见建议。群团界委员就拉萨市残疾人全纳教育、残疾人培训开展调研，为拉萨市残疾人事业发展献计出力。围绕"依法治市"，召开"深入开展普法教育，提高公民法律意识"协商座谈会，形成协商报告，报送市委及相关部门参阅。

【界别活动呈现"百花齐放"态势】 年内，市政协13个界别均结合各自实际，选择课题，开展了形式多样的界别活动。开展界别活动15次，有效激发了界别委员的活力。

【文史资料工作】 进一步加大文史古籍的保护力度。反映拉萨人文历史的《老城史话》出版面世。联合西藏大学举办了西藏传统筹算技艺"迪孜"培训班，抢救性地保护了西藏这一传统筹算技艺。组织民族、爱国统战、归国藏胞界委员视察了环拉萨城山体自然形成的吉祥八宝图形、殊胜四山等寓意祥瑞山川地貌，补充和完善了拉萨的民俗文化资料。

【联络联谊工作】 密切与拉萨市各族各界代表人士的交流与合作，组织举办了春节藏历新年团拜会，增进了与各族各界人士的联络联谊。召开民族宗教、爱国统战、归国藏胞界委员座谈会，话友情，谋发展，共圆梦，为拉萨市改革发展稳定汇聚正能量。

【县（区）政协工作指导】 进一步完善落实《拉萨市政协主席、副主席、秘书长对口联系县（区）政协制度》，到各县（区）政协检查指导工作30余次。补充出台了《市政协办公厅、各专委会联系县（区）政协工作制度》。召开了全市各县（区）政协工作经验交流会。

【对外交流与合作】 加强与兄弟市（地区）政协的联

系与合作，全年接待赴拉萨考察调研团19批、234人次。由主席会成员带队赴区外考察学习2次，选派5名政协干部赴内地培训学习5次，通过交流学习，开阔了政协干部的视野，提高了服务水平和能力。

【制度建设作风转变】 结合“三严三实”和“忠诚干净担当”专题教育，按照说办就办、马上就办原则，建立和完善了市政协《理论中心组学习制度》《委员履职考核办法（试行）》《各专委会工作办法》等多项制度，以制度的严格执行确保作风的根本转变。

【服务和管理委员的能力提升】 为充分发挥委员主体作用，提升委员履职能力和水平，常委会组织委员参加各类会议、视察、外出考察、集中培训等，拓宽了委员的视野，提升了委员的素质，委员的履职能力明显提升。全年共组织委员调研视察11次，集中培训2次。通过并严格执行修订后的《界别委员活动暂行办法》《委员履职考核办法（试行）》，从制度上明确委员职责，从机制上激励委员履职，从纪律上规范委员行为。

【专委会基础性作用增强】 各专委会积极开拓进取，注重加强与党政部门的对口联系和协作，互相交流工作，参加相关活动，工作的针对性和协同性进一步增强。提案、经济、文史3个专委会首次集中向常委会作了述职报告，不仅让常委们充分了解了各专委会一年所做的工作，而且有利于专委会之间交流经验、取长补短，提升自身履职能力。

【机关建设全面加强】 研究出台了《拉萨市政协机关考勤管理办法》《拉萨市政协机关工作纪律相关制度》等，严格落实执行，有效扭转了机关工作作风，干部职工的服务能力和工作水平明显提高。精心选派驻村工作队员协助驻地党委政府落实“五项任务”，政协领导数次前往驻村点看望慰问工作队员，实地指导驻村工作，竭尽全力为驻地群众办实事、解难事。重视服务委员和政协干部，开办了政协机关食堂。严格遵守中央“八项规定”、区党委“约法十章”“九项要求”和市委“八项要求”，年内，市政协会议缩减、发文减少，“三公”经费支出明显下降。办公厅、妇委会还多次组织了各类献爱心活动，受到社会各界高度赞扬。

（刘军锋）

重要会议、重要活动

【十届十次常委会议】 1月9日，政协第十届拉萨市委员会常务委员会第十次会议在市政协会议中心常委会议室召开。市政协党组书记、主席诸伟敏主持会议并讲话。会议审议通过《关于召开市政协十届四次会议的决定（草案）》；听取市政协十届四次会议筹备工作情况汇报；审议通过《市政协十届四次会议议程（草案）》；审议通过《市政协十届四次会议日程安排（草案）》；听取《政协第十届拉萨市委员会常务委员会工作报告（草案）》起草说明；听取《政协第十届拉萨市委员会常务委员会关于提案工作情况的报告（草案）》起草说明；审议通过《政协第十届拉萨市委员会常务委员会工作报告（草案）》和推选报告人；审议通过《政协第十届拉萨市委员会常务委员会关于提案工作情况的报告（草案）》和推选报告人；市委组织部作关于辞免政协第十届拉萨市委员会常委、委员、秘书长及增补政协第十届拉萨市委员会委员、秘书长人事说明；辞免政协第十届拉萨市委员会常委、委员；辞免政协第十届拉萨市委员会秘书长；增补政协第十届拉萨市委员会委员；审议《增补政协第十届拉萨市委员会秘书长候选人建议名单》。

【十届四次会议】 1月12日—14日，中国人民政治协商会议第十届拉萨市委员会第四次会议在拉萨召开，会议应到委员278人，实到225人。会议听取和审议《政协第十届拉萨市委员会常务委员会工作报告》；听取和审议《政协第十届拉萨市委员会常务委员会关于政协十届三次会议以来提案工作情况的报告》；列席拉萨市第十届人民代表大会第五次会议，听取并讨论一府两院报告及其他报告；审议通过《政协第十届拉萨市委员会第四次会议提案审查情况报告》；审议通过《政协第十届拉萨市委员会第四次会议政治决议》《常委会工作报告决议》《提案工作报告决议》；传达学习中共十八届四中全会精神、《习近平总书记在庆祝中国人民政治协商会议成立65周年大会上的讲话》、市委八届六次全委会、全市经济工作会议精神；增选政协第十届拉萨市委员会秘书长；委员大会交流；组织委员参观。

【十届十一次常委会议】 1月13日，政协第十届拉萨市委员会常务委员会第十一次会议在市政协会议中心常委会议室召开。市政协党组书记、主席诸伟敏主持会议并讲话。会议审议通过《提案审查情况的报告（草案）》；审议通过《常委会工作报告决议（草案）》；审议通过《提案工作情况报告决议（草案）》；审议通过《政治决议（草案）》；审议通过《大会选举办法（草案）》；审议通过增补选举政协第十届拉萨市委员会秘书长名单；审议通过总监票人、监票人建议名单。

【拉萨市2015年春节、藏历新年团拜会】 2月15日，市政协承办拉萨市2015年春节、藏历新年团拜会。自治区党委常委、市委书记齐扎拉出席会议并致新年贺词。市委副书记、市长、市委政法委书记张延清主持会议。拉萨市委、市人大、市政府、市政协、市中法、市检察院在家的地级领导，以及各县（区）和市（中）直各单位主要负责人，驻市人民解放军、武警部队、执勤部队代表，劳模、英模和各族各界代表参加团拜会。

【“学雷锋、送温暖”活动】 3月6日，在“妇女节”来临之际，市政协妇委会组织机关全体妇女同志到墨竹工卡县日多乡怎村和拉龙村，紧密结合“学雷锋”活动、全市深入开展的“三严三实”和“忠诚干净担当”专题教育，看望慰问驻村女同志、村妇女主任、困难妇女，与她们召开座谈会，向她们送上节日的祝福和慰问金，把党和政府的关怀送到她们心坎上。

【提案审查会议召开】 3月11日，市政协召开提案审查委员会会议，对政协第十届拉萨市委员会第四次会议期间委员提交的提案进行审查、立案。会议由市政协党组副书记、副主席次旦朗杰主持。提案审查委员会成员依据政协章程及提案工作条例规定，对提案进行了认真审查、立案。

【各界别小组召集人会议召开】 3月17日，市政协组织各界别小组召集人召开会议。市政协党组书记、主席诸伟敏出席会议并讲话，各界别小组召集人、市政协办公厅、各专委会负责人参加会议。会议通报了《市政协领导、办公厅和专委会联系界别委员的意见》，商讨了《政协拉萨市委员会委员履职考核办法》《政协拉萨市委员会界别活动暂行办法》。

【十届十二次常委会议】 3月26日，政协第十届拉萨市委员会常务委员会第十二次会议在市政协会议中心常委会议室召开。市政协党组书记、主席诸伟敏主持会议并讲话。会议通报政协第十届拉萨市委员会常务委员会2015年度工作计划；通报提案审查情况；传达学习全国“两会”精神。

【庆祝“3·28”西藏百万农奴解放纪念日座谈会召开】 3月27日，市政协召开庆祝“3·28”西藏百万农奴解放纪念日座谈会。市政协党组书记、主席诸伟敏出席会议并讲话，市政协副主席亚古、刘全保，秘书长张勤出席座谈会，市政协副主席刘惠兴主持。市政协各界别委员代表，市政协办公厅和各专委会负责人参加会议。座谈会上，市政协教体界、爱国统战界、群团界、民族界等委员代表们分别结合各自经历或所见、所闻，从拉萨市近年来在政治、经济、社会事业等方面取得的成绩，畅谈了西藏民主改革56年来的发展变化。

【提案交办会召开】 3月30日，市政协召开提案交办会，向市委办公厅、市政府办公厅移交市政协十届四次会议期间和会后委员提案。会议通报了市政协十届四次会议期间委员提案情况，并就提案办理工作进行了交流，对提案答复件分类办法达成了共识。

【第一季度协商座谈会召开】 3月30日下午，第一季度协商座谈会召开。会上，教育界、农牧界、宗教界、工商界、文化界等市政协常委、委员们围绕“依法治市”战略深入开展普法教育，提高公民法律意识，进行了专题发言。委员们根据自己的调研和思考，结合各自工作实际和特点，从不同角度提出具有针对性、建设性和实践性的意见、建议。市司法局（普法办）相关负责人重点围绕“六五”普法工作的成效、面临的新形势、新任务以及新时期普法依法治理的工作理念、工作重点、工作方法等问题进行了专题发言，委员们还就开展普法教育相关工作向市司法局（普法办）相关负责人提出了相关问题。

【为地震灾区捐款】 5月4日，市政协组织干部职工为受尼泊尔发生8.1级地震影响的自治区吉隆、聂拉木、定日等县灾区捐款献爱心。市政协党组副书记、副主席谢廷锡，市政协党组成员、副主席次仁平措出席捐款仪式并带头捐款。市政协秘书长张勤主持捐款仪式。62名干部职工慷慨解囊，捐款48550元。

【提案办理培训班举办】 5月26日，举办了提案办理培训班。市直各单位、各县(区)负责政协提案办理工作的分管领导或办公室主任，各县(区)政协提案工作机构的有关人，共计60余人参加会议。自治区政府办公厅督查室政务监督科科长沈向辉作了题为《政协提案办理流程与要点》专题讲课，沈向辉从政协提案的定义、办理范围、内容、原则、程序、制度六个方面作了详细解读，并结合自身工作实际，提出了在提案办理工作中的主要做法、认识体会和意见建议，对各承办单位办理好政协提案具有很强的操作性，对提升拉萨市政协提案办理质量具有指导意义。

【十届十三次常委会议】 6月25日，政协第十届拉萨市委员会常务委员会第十三次会议在市政协会议中心常委会议室召开。市政协党组副书记、副主席谢廷锡主持会议，市政协党组书记、主席诸伟敏出席并讲话。会议听取各专委会上半年工作汇报；达孜县、林周县作上半年工作开展情况交流；通报市政协下半年工作计划；常委对各专委会、各县(区)政协上半年工作开展情况进行讨论发言；就参观视察活动进行交流发言。

【西藏传统筹算技艺“迪孜”培训班举办】 6月29日上午，市政协(和西藏大学联合)举办西藏传统筹算技艺“迪孜”培训班开班仪式。市政协党组书记、主席诸伟敏出席并讲话。自治区档案局(馆)、西藏大学文学院、拉萨市文化局、拉萨市教体局相关负责人应邀出席。此次培训班主要目的是结合拉萨市“文化兴市”战略实施的大背景，以传承和保护民族优秀传统文化为主题，抢救和保护西藏传统筹算技艺“迪孜”，同时培养和造就一批品德良好、技艺精湛、善于运用的“迪孜”传承人。开班仪式结束后，承担培训教学任务的区、市两级政协常委、市政协文史专家、西藏大学客座教授恰日巴·洛桑朗杰老师和市政协常委、迪孜运算专家卡加·白玛洛追老师为大家简单介绍了“迪孜”历史渊源和运算方式。

【第二季度协商座谈会召开】 6月29日下午，围绕“加强民族文化传承保护，助推文化兴市战略实施”召开第二季度协商座谈会。会议组织委员视察老城区、职业技术学校；观看了《拉萨文化宣传片》；市文化局围绕“传承和保护民族文化遗产”作汇报；市教育局围绕“加强和推进民族文化教育”作汇报；市民宗局围绕“保护和挖掘宗教文化积极因素”作汇报；市藏语委围绕“保护和发展藏语言文字”作汇报；委员交流发言。

【全国政协委员范小建在拉萨考察调研】 7月9日，全国政协委员、国务院扶贫开发领导小组专家咨询委员会主任范小建率调研组在拉萨考察指导扶贫开发工作及净土健康产业工作，并召开座谈会，听取全市扶贫工作开展情况汇报。

【“对党忠诚”专题研讨会开展】 8月6日，市政协组织机关全体干部职工围绕“对党忠诚，绝对忠于党、忠于祖国、忠于人民，始终坚守共产党人的精神追求，言行一致、表里如一，对党、对组织讲真话、讲实话、讲心里话，绝不能阳奉阴违、口是心非”开展“三严三实”和“忠诚干净担当”专题教育研讨，并传达学习了《陈全国书记在“三严三实”专题教育党课上的重要讲话》和《全市廉政文化进家庭活动实施方案》相关文件精神。

【庆祝西藏自治区成立50周年座谈会】 8月12日，市政协举行庆祝西藏自治区成立50周年座谈会。市政协副主席拉宗卓嘎出席座谈会并讲话。参加座谈会的委员们结合实际，从拉萨市近几年来在政治、经济，社会事业等方面的发展变化进行了交流发言。委员们一致认为，历经50年波澜壮阔的奋斗历程，今天的西藏经济发展、社会进步、文化繁荣、民族团结、局势稳定、边防巩固，人民安居乐业，处处生机勃勃，进入到历史上发展和稳定的最好时期。

【中央第六次西藏工作座谈会精神传达学习】 8月27日，市政协组织干部职工召开专题学习会，传达学习了中央第六次西藏工作座谈会精神和《确保西藏长足发展和长治久安》的社论。会议认为，习近平总书记在座谈会上的讲话紧密结合西藏实际，科学分析了西藏工作面临的形势和任务，指明了西藏工作的着眼点和着力点，就实现西藏的全面小康，确保西藏经济社会的长足发展和长治久安做出了战略部署，是当前和今后一个时期开展好各项工作的根本遵循和行动纲领。政协作为最广泛的爱国统一战线组织，要围绕学习贯彻落实好会议精神，把工作的着眼点和着力点放到维护祖国统一、加强民族团结上来，深入开展反分裂斗争，促进各民族交往交流交融；要牢牢把握改善民生和凝聚人心这个出发点和落脚点，发挥政协优势，积极建言献策，实现好、发展好、维护好最广大人民群众关心的根本利益问题，为加快拉萨全面建成小康社会步伐贡献绵薄之力。

【“个人干净”专题研讨会】 9月10日，市政协组织机关全体干部职工围绕“个人干净，任何时候都要遵纪守法，自觉抵制各种诱惑和腐蚀，始终坚守做人为官的底线，守住廉洁从政的底线，始终做到清清白白为官、干干净净做事”开展“三严三实”和“忠诚干净担当”专题教育研讨。

【提案撰写培训班举办】 10月15日上午，市政协举办了为期半天的提案撰写培训班，原自治区政协提案委副主任、自治区社科院客座教授普旺应邀作提案撰写专题辅导。市政协部分委员、机关干部及各县（区）政协负责人、委员共计60余人参加。市政协党组书记、主席诸伟敏出席并讲话。

【“敢于担当”专题研讨会】 10月15日下午，市政协组织机关全体干部职工围绕“敢于担当”作专题研讨并开展“书记讲党课”活动。围绕“敢于担当”，四名同志作了专题发言。专题发言结束后，市政协副秘书长、办公厅党组成员、机关党支部书记肖强伟为大家作了生动的党课。

【讲党课活动】 10月21日，市政协党组成员、副主席次仁平措为政协干部职工作了题为“认真践行‘三严三实’要求，凝聚力量、严于履职，充分发挥政协优势”的专题党课。次仁平措从三个方面进行了专题授课。第一，坚定理想信念，把住忠诚这个立身之本，把坚持党的领导贯穿于政协工作全过程。第二，注重细节小事，守住干净这个为官底线，把党的群众路线贯穿于政协工作全过程。第三，自觉改造提高，履行担当这个从政准则，把提升履职成效贯穿于政协工作全过程。

【十届十四次常委会议】 9月22日，政协第十届拉萨市委员会常务委员会第十四次会议在市政协会议中心常委会议室召开。市政协副主席亚古主持会议，市政协党组书记、主席诸伟敏出席并讲话。市政府副市长计明南加、市中级人民法院副院长任卫东、市人民检察院副检察长塔青等应邀列席会议。会议听取“一府两院”上半年工作情况通报和市农牧局、市民政局、市旅游局上半年工作情况通报；书面传达中央第六次西藏工作座谈会和西藏自治区成立五十周年庆祝大会精神；通过刘长富、安央金两名同志和巴次、达瓦次仁两名同志的任免事项。

【第三季度协商座谈会召开】 10月23日，市政协经济资源环境社教科文卫委员会牵头召开2015年第三季度协商座谈会，围绕“净土健康产业产品销售渠道”进行协商座谈。会议通报了市政协组织委员开展净土健康产业专题调研相关情况。围绕“净土健康产业产品销售渠道”，市政协常委、市工商联主席格西哈姆作了题为《充分发挥工商联职能作用 组织引导拉萨市非公企业拓展净土健康产品区外市场》的发言，市政协常委、四川会馆原创饮食文化有限公司总经理作了题为《加大创新力度 拓展特殊产品营销渠道》的发言，市政协常委、西藏藏缘青稞酒业有限公司董事长管新飞作了题为《支持企业健全营销体系 完善销售渠道 创新营销手段 提高市场占有率》的发言，市政协委员、拉萨山泉饮料有限公司董事长祝万华作了题为《以品牌带动市场开拓扩大净土健康产品市场影响力》的发言，市政协委员、市信用担保有限公司总经理彭叶清作了题为《加大金融支持力度拓展净土产品销售渠道》的发言。钱均、管新飞、旦增、王颖、王将还就净土健康产业有关问题与市直相关部门负责人作了互动交流。

【拉萨市县（区）政协工作经验交流会召开】 10月28日，市政协召开拉萨市县（区）政协工作经验交流会。会议总结交流了近年来拉萨市各县（区）政协在履行职能中创造的新经验、新方法，分析研究当前政协工作中面临的新情况、新问题，探讨加强和改进政协工作的新途径、新思路。市政协党组书记、主席诸伟敏出席会议并讲话，市政协副主席次仁平措主持会议。8县（区）政协主席、副主席、办公室主任，市政协各专委会、办公厅各科室负责人参加会议。会上，各县（区）政协负责人就本县（区）政协工作开展情况进行了交流发言。

【第四季度协商座谈会召开】 11月18日，围绕“促进行业作风转变”召开第四季度协商座谈会。市委组织部、市纪委（监察）、市委办公厅督查室、市政府办公厅督查室等相关单位负责人参加会议。会上市政协委员顿珠多吉、赵铁岭、拜有庆、王增升、李军、谭延理作了专题发言；市委办公厅督查室、市政府办公厅督查室、市民服务中心、市公安局交警支队车辆管理所等部门负责人作了发言；委员与相关部门座谈交流。

【十届十五次常委会议】 12月24日，政协第十届拉萨市委员会常务委员会第十五次会议在市政协会议中心常委会议室召开。市政协党组成员、副主席次仁平措主持会议，市政协党组书记、主席诸伟敏出席并讲话。会议听取各专委会主任工作述职情况；部分政协常委点评各专委会主任工作；通报2015年3个重点调研报告；听取市政协十届五次会议筹备工作情况。

【委员考核机制建立健全】 年内，为了规范委员履职、提升委员履职成效，推动政协事业又好又快发展，政协第十届拉萨市委员会常务委员会制定印发了《政协拉萨市委员会委员履职考核办法（试行）》。

【三个协商报告受到市委重视】 年内，通过召开季度协商座谈会形成的“关于全面贯彻落实拉萨市民族团结进步条例，不断推进拉萨市创建全国民族团结进步示范市”“关于解决净土健康产品销售渠道”“关于促进行业作风转变”等3个协商报告受到市委高度重视。

【调研视察活动】 年内，中共界组织委员视察了拉萨廉政警示教育基地和反分裂斗争史陈列馆，召开专题座谈会；协助区政协深入墨竹工卡县、林周县就推进甲玛乡周边饮水工程、塔巴村陶瓷厂、文化执法办案设备配置、甘曲湿地保护等进行实地调研，提出了建设性的意见和建议；协助区政协科教文卫体委员会深入尼木县、墨竹工卡县、城关区、西藏文化旅游创意园等地，实地调研拉萨市文化产业发展、非物质文化遗产保护与传承等情况，为拉萨市文化产业发展提出指导性意见建议；13名文化界、民族界委员有针对性地听取了市文化（文物）局近年来的工作情况汇报，就拉萨市民族文化传承与保护、古城申遗、加大不可移动文物保护力度等进行交流探讨，为助推拉萨市民族文化传承保护和古城申遗工作献计出力；文化界委员视察了城关区娘热乡娘热民间艺术团，了解拉萨市民间艺术事业发展现状；民族、爱国统战、归国藏胞界委员深入城关区娘热乡曲贡村和纳金乡藏热村，视察了曲贡新石器时代遗址、藏热汉族墓地和祠堂保护情况，提出了有较强针对性的意见建议；组织邀请在拉萨的自治区政协委员和部分市、县（区）政协委员及相关部门负责人，深入尼木县、林周县、墨竹工卡县、城关区等地，围绕“净土健康产业发展状况”深入调研、提出建议；科技界委员视察了曲水县才纳乡国家现代农业科技园区、堆龙德庆县乃琼镇岗德林蔬菜种植农民合作社、西藏高原之宝乳业等地，实地了解科学技术在拉萨市工业、农业方面的应用情况，形成集体调研报告，为市委、市政府决策提供参考；组织40名委员视察迎亲大桥、拉萨污水处理厂、拉萨市生活垃圾填埋场、3号闸等重点建设项目，就进一步加大太阳岛、仙足岛沿河环境整治提出建议；医卫界委员针对拉萨市各医疗机构和患者家属关注的用血问题开展专题调研，提出意见建议上报有关部门；教育界委员围绕“加快拉萨市教育改革发展”，深入教育城开展调研，专题听取市教育（体育）局相关情况汇报，提出了贴近实际、切实管用的意见建议；群团界委员就拉萨市残疾人全纳教育、残疾人培训开展调研，为拉萨市残疾人事业发展献计出力；召开“深入开展普法教育，提高公民法律意识”协商座谈会，形成协商报告，报送市委及相关部门参阅。

【考察学习活动】 年内，选派19名委员赴内地学习考察2次，帮助委员拓宽视野，强化协商建言意识，增强了委员履职的责任感和使命感；由主席会成员带队赴区外考察学习2次，选派5名政协干部赴内地培训学习5次，通过交流学习，开阔了政协干部的视野，提高了服务水平和能力。

（刘军锋）

参政议政

【季度协商座谈会】 认真贯彻落实市委相关文件精神，制定市政协年度协商工作计划，有效提升了协商的针对性和实效性。全年就如何开展普法教育、推进拉萨创建全国民族团结进步示范城、解决净土健康产品销售渠道、促进拉萨市行业作风转变等举办了4次协商座谈会，形成协商报告，报送市委及其他相关部门参阅。其中，“关于全面贯彻落实拉萨市民族团结进步条例，不断推进拉萨市创建全国民族团结进步示范市”“关于解决净土健康产品销售渠道”“关于促进行业作风转变”等协商报告受到市委高度重视。

【提案办理协商机制完善】 深化提案督办工作机制，制定工作流程，围绕重大问题确定重点提案，由主席会成员重点督办。探索以界别为主体、依托专委会推动提案办理协商，促进提案办理协商与界别活动有机结合。组织委员参加区政协“发挥提案工作优势，推进协商民主建设”专题协商报告会，进一步提高了委员提案办理协商的意识。

【委员协商建言能力增强】 全年共选派19名委员赴内地学习考察2次，帮助委员拓宽视野，强化协商建言意识，增强了委员履职的责任感和使命感。建立了委员微信交流平台，为委员沟通联系、履行职能提供方便。

【提案办理】 市政协十届四次会议以来收到委员提案123件，经审查立案102件，主席会议研究确定重点提案2件，重点提案由主席会成员挂牌督办。由办公厅牵头，经济委参与，组织工商经济界委员深入拉萨市6家物业公司，就拉萨市物业管理开展调研。由提案委牵头，经济委参与，组织医卫界委员深入当雄县、墨竹工卡县、城关区、尼木县相关乡（镇）卫生院、村卫生室，就加强基层卫生人才队伍建设开展调研，并召开专题协商座谈会。2件重点提案调研均形成了质量较高的调研报告报送市委、市政府及相关部门参阅。截至年底，所有提案办理答复完毕。

（刘军锋）

民主监督

【民主监督和社情民意信息征集】 截至年底，向拉萨市4家市直单位委派民主监督员、设立34个社情民意信息征集点的基础上，年内，市政协向市教育（体育）局、市工信局、市旅游局委派民主监督员16名，全年召开民主监督员、社情民意信息征集专题会1次，开展民主监督活动7次，征集社情民意信息4条，有效促进群众关注的热点难点问题的解决。

【民主监督员、社情民意信息征集点及特邀信息员汇报会召开】 4月29日，市政协召开民主监督员、社情民意信息征集点及特邀信息员汇报会，总结2014年派驻民主监督员工作和社情民意信息工作，研究部署2015年工作。市政协党组副书记、副主席谢廷锡出席会议并讲话，市政协办公厅、各专委会负责人，新委派民主监督员单位市教体局、工信局、旅游局及2014年派驻单位市市民服务中心、住建局、人民医院、公安局交警支队（车辆管理所）相关负责人，委派民主监督员、社情民意信息征集点负责人、特邀信息员代表，各科室负责人参加会议。会议分别听取了各派驻民主监督员单位、民主监督小组组长、社情民意信息征集点和特邀信息员代表交流发言，宣读了《政协拉萨市委员会关于向市教体局、工信局、旅游局委派民主监督员的决定》，新派驻单位市教体局作了表态发言，市政协党组副书记、副主席谢廷锡就做好2015年工作提出明确要求。

（刘军锋）

专门委员会

【提案委员会】 市政协十届四次会议以来，共收到政协提案 123 件，经提案审查委员会认真审查，其中：立案提案 102 件，占 82.93%，作为意见建议处理的提案 21 件，占 17.07%。截至 11 月 30 日，提案办复 123 件，办复率 100%。

【经济资源环境社教科文卫委员会】 继续牵头抓好巩固"禁白"成果工作，建立了拉萨市"禁白"办短信、微信工作平台，全方位、多角度地宣传"禁白"工作，巩固"禁白"成果工作取得明显成效。

【文史民族宗教法制委员会】 进一步加大文史古籍的保护力度。反映拉萨人文历史的《老城史话》出版面世。联合西藏大学举办了西藏传统筹算技艺"迪孜"培训班，抢救性地保护了西藏这一传统筹算技艺。组织民族、爱国统战、归国藏胞界委员视察了环拉萨城山体自然形成的吉祥八宝图形、殊胜四山等寓意祥瑞山川地貌，补充和完善了拉萨的民俗文化资料。

（刘军锋）

重要提案

表 1

编号	提案人姓名	案由（提案内容）	办理单位
104018	索朗多吉	关于进一步加强基层卫生人才队伍建设的提案	市卫生局
104044	谭 琼 兰	关于规范物业管理的提案	市住建局

中国共产党拉萨市纪律检查委员会

综　　述

【概　况】 年内，按照区党委和区纪委的安排部署，以市委书记齐扎拉为班长的市委切实担负起管党治党的政治责任，坚持向党中央和习近平总书记看齐、向区党委和陈全国书记看齐，坚持“在党风廉政建设和反腐败斗争问题上拉萨没有任何特殊性”的思想，严明党的纪律特别是政治纪律，驰而不息正风肃纪，旗帜鲜明惩治腐败，扎扎实实推进纪律检查体制改革。全市各级党组织和党员领导干部坚守责任担当，落实主体责任，齐抓共管的局面得到巩固发展；各族群众高度信任、大力支持、积极参与；各级纪检监察机关围绕中心任务，聚焦主业主责，强化监督执纪问责，坚持“转职能、转方式、转作风”，持续深入推进全市党风廉政建设和反腐败斗争。

（何　平）

纪检工作

【第八届拉萨市纪律检查委员会第五次全体会议】 1月7日，中国共产党第八届拉萨市纪律检查委员会第五次全体会议暨2014年全市纪委书记（纪检组长）述职评议会召开。传达贯彻王岐山在十八届中央纪委四次全会上的讲话和王拥军在八届自治区纪委五次全会的讲话，各县纪委书记围绕一年来的思想作风情况、履行职责情况和廉洁自律情况进行述职。市委常委、纪委书记彭祎涛出席并讲话。

【第八届拉萨市纪律检查委员会第六次全体会议】 1月30日，中国共产党第八届拉萨市纪律检查委员会第六次全体会议召开。区党委常委、市委书记齐扎拉出席并讲话，要求要坚定不移地把拉萨市的党风廉政建设和反腐败斗争引向深入，不断创新党风廉政建设机制、方法和载体。市委领导张延清、达娃、张才刚、斯朗尼玛、袁训旺、次仁旺堆、陈军、占堆出席会议，市委常委、纪委书记彭祎涛主持。

【落实党风廉政建设“两个责任”述职述责汇报会】 3月18日，拉萨市落实党风廉政建设“两个责任”述职述责汇报会召开。区党委常委、市委书记齐扎拉主持会议，并代表市委常委班子作2014年落实党风廉政责任制述职述责报告及个人述职述责报告；市委常委、纪委书记彭祎涛在代表市纪委作2014年落实党风廉政建设监督责任述职述责报告，其他市委班子成员提交书面述职述责报告。区人大常委会副主任、区党委落实党风廉政建设责任制检查考核工作组第一组组长赵正修及考核组成员到会指导，市委领导张延清、陈勇、龙志刚、马新明、达娃、斯朗尼玛、周普国、次仁旺堆、陈军、洪家志、果果、占堆、彭祎涛出席会议。

【全面从严治党责任落实】 年内，市委常委班子全体成员时刻谨记全面从严治党这一重大政治责任，坚持把落实党风廉政建设同全市改革发展稳定各项工作紧密结合起来，切实做到同安排、同检查、同考核、同落实。区党委常委、市委书记齐扎拉认真履行第一责任人责任，做到重要工作亲自部署、重大问题亲自过问、重点环节亲自协调、重要案件亲自督办，先后在市委八届七次、八次全委会上对各级党委(党组)履行全面从严治党主体责任、深入推进党风廉政建设和反腐败斗争、纠正“四风”问题做出总体部署。年内，市委常委会专题研究部署党风廉政建设和反腐败工作5次，市委主要领导专门听取纪委工作汇报69次。

【党风廉政建设“双述”工作试点】 年内，率先在全区试行市直各单位、县(区)、乡(镇、街道)党委(党组)书记、纪委书记述责述廉工作。坚持把党委(党组)班子成员执行党风廉政建设责任制情况列为民主生活会和述责述廉重要内容，并在一定范围内进行评议。制定《拉萨市开展部分县(区)和市直单位党委(党组)书记向市纪委全会述责述廉及接受评议质询试点工作的方案》，确定城关区、堆龙德庆区、达孜县和市发改委、市工信局(国资委)5家单位的党委(党组)书记在市纪委八届七次全会上进行述责述廉，并现场接受质询评议，确保主体责任有落实、有成效。在尼木县、当雄县、达孜县、城关区各挑选3个村作为试点单位，顺利完成村党支部第一书记、书记述责述廉并接受评议质询试点工作。

【“一准则两条例”学习宣传】 年内，把党章作为必须遵循的根本行为规范，学习党章、遵守党章，深入贯彻落实廉洁自律准则和党纪处分条例，认真传达学习巡视工作条例，真正把党纪党规刻印于心、落实于行。市委常委会率先垂范，齐扎拉书记带头学习并在媒体刊发学习巡视工作条例署名文章，结合“三严三实”和“忠诚干净担当”专题教育，多形式多层级开展中央和自治区通报典型案例的学习活动，统筹部署贯彻落实工作。市纪委及时印发准则、条例学习资料，开办“带你学《条例》”专栏，建立准则、条例知识题库，积极营造学习“一准则两条例”浓厚氛围。各县(区)将学习宣传贯彻情况列入干部任前廉政谈话和年度考核的重要内容，举办巡回宣讲、学习研讨会等活动，各级纪委围绕学习宣传贯彻情况开展了专项监督检查，确保学习宣传贯彻工作不走形式、不走过场，取得实效。

【政治纪律“高压线”】 年内，认真贯彻执行自治区关于共产党员、行政机关公务员违反政治纪律行为处分有关规定，始终把严明党的政治纪律和政治规矩作为首要任务，将查处违反政治纪律行为作为巡察和派驻监督重点，制定《关于加强党员干部政治纪律建设的意见》，建立关于查处违反政治纪律案件例会制度，加大查办政治纪律案件协作配合力度，统筹协调相关部门对发现的违反政治纪律问题线索进行分析处置。年内，共查处党员干部和国家公职人员发表反动言论、信谣传谣、参与地下非法组织等违反政治纪律案件6起6人。

【“四风”问题纠处】 年内，市委执行中央“八项规定”精神一寸不让、持续用力，坚持将中央和自治区关于纠正“四风”、转变作风各项指示要求落到实处，紧盯重要节点，及时发布严格执行廉洁自律规定相关公告、通告，实行“四风”问题实名有奖举报。加强日常监督检查，联合相关部门组成83个组，对502家单位、254家餐饮娱乐场所开展明察暗访，核查公车216台次。对公车私用、违规发放津贴补贴、收受红包礼品等违反中央“八项规定”精神行为进行严肃查处，对典型案件点名道姓通报曝光。年内，共查处违反中央“八项规定”精神案件21起，处理47人，其中给予党纪政纪处分29人，通报曝光违反中央“八项规定”精神问题2起15人。

【“四种形态”实践探索】 年内，坚持纪严于法、纪在法前，对违纪问题早处置，让党纪轻处分和组织处理成为大多数。年内，市纪委共初核了结提醒谈话、谈话函询129人次，做出党纪轻处分和组织处理114人，做出党纪重处分和重大职务调整24人，严重违纪且涉嫌违法移送司法机关2人。

【惩治力度加大】 年内，全市各级纪检监察机关共受理群众信访举报305件次，处置问题线索270件次，立案72件、同比增长41%，结案65件、结案率90%；给予党政纪处分109人、同比增长75%，其中县处级党员干部15人、乡科级党员干部51人、一般党员干部22人、其他人员21人。

【基层贪腐问题整治】 年内，市委高度关注群众切身利益，召开常委会传达学习全区严肃查处发生在群众身边的腐败问题工作推进电视电话会议精神，指导市纪委组织全市各县(区)、市直各单位迅速开展贯彻落实工作，坚决查纠基层贪腐问题。按照区纪委要求，市纪委对十八大以来基层贪腐问题线索进行“大起底”，建立健全工作台账、逐条逐项跟踪督办。年内，全市各级纪检监察机关共受理处置群众身边腐败问题线索86件，立案25件，给予党纪政纪处分44人。经区纪委和市委批准，对市环卫局原局长魏远忠（正科级），林周县人大原副主任、边交林乡原党委书记张学奎采取“两规”措施并给予“双开”处分、移送司法机关。

【纪律审查工作体制机制健全】 年内，坚持查办案件以上级纪委为主，认真落实“重要案件线索向同级党委报告的同时向上级纪委报告”要求，坚持将违反政治纪律、违反中央“八项规定”精神、涉及县级以上党员干部及上级交办等四类案件及时上报自治区纪委协审。全面构建主要领导亲自抓、具体抓，班子成员配合抓的纪律审查工作机制。加强在查办党员和国家工作人员涉嫌违纪违法犯罪案件中的协作配合，与司法机关、行政执法机关和审计机关逐步建立“案件线索互送、重大案情互报、复杂案件互助、处理结果互通”的协作办案机制，缩短办案周期。市纪委领导班子坚持“四亲自、一跟进”，随时召开问题线索排查会、交（督）办会、案情分析会和案件审理会议。截至年底，共召开案件督办会、案情分析会13次，确保纪律审查工作稳步推进。

【执纪审查能力水平提升】 年内，坚持依纪依规查办案件，着力保障和提高案件质量，严格执行“信访部门提出拟办建议、主要领导集体排查、办案部门承接查处”的问题线索受理审核制度，推行限期督办责任机制，先后制定线索处置月通报制度、问题线索集体排查制度、办案质效考核办法等10余项规章制度，进一步规范线索处置、案件监督及立案权限等程序，对20件超期遗留问题线索进行督促催办，确保受理处置的每一起问题线索快进快出、快查快结。

【议事协调机构清理】 年内，严格按照“三转”要求，进一步清理议事协调机构，不再参与11个、保留12个，督促各县（区）纪委清退305个、保留103个。严格执行市纪委按月向区纪委报告工作开展情况、市纪委书记按季度报告履职情况制度，进一步强化主业主责。

【县乡纪检机关建设】 年内，市委常委会研究出台《中共拉萨市委员会关于贯彻落实区党委办公厅〈关于加强和改进基层纪检机关建设的意见〉的实施意见》，进一步加强县、乡两级纪检机关领导班子和干部队伍建设。扎实开展县、乡纪委书记、副书记、常委提名考察工作，县（区）纪委、派驻机构按月向市纪委报告工作开展情况，进一步强化对下级纪委的领导。年内，共调整提拔县（区）、乡镇纪检监察干部64名。

【“立体式”廉政文化公共服务体系构建】 年内，在区纪委和市委的大力支持下，筹建拉萨廉政警示教育基地并于2015年5月正式投入运行，结合中青年干部培训、村（居）基层组织培训等培训班先后开展廉政警示教育活动233场，区、市、县215家单位8000余名党员干部（地级以上领导干部145人）、全区2000余名村（居）干部受到廉政警示教育。当雄县、墨竹工卡县相继建立县级党风廉政建设和预防职务犯罪警示教育基地。在全区纪检监察系统首开“拉萨廉政警示教育基地”微信公众号，建立拉萨纪检监察网站，切实发挥新兴媒体对纪检监察工作的舆论宣传作用，打造拉萨党风廉政宣传教育工作权威发布平台。

【廉政宣传教育】 年内，在《2014—2018年拉萨干部教育培训规划》中增设廉政专题，各级党委（党组）理论学习中心组坚持及时学习中央和区、市党委关于党风廉政建设和反腐败斗争会议、文件精神。向全市党员领导干部编发《落实中央“八项规定”精神政策法规实用手册》3000册。组织力量拍摄藏汉双语《以案释法》情景剧，在拉萨电视台黄金时段循环播出，录制典型案件忏悔录在拉萨廉政警示教育基地循环播放，廉政警示教育影响力进一步扩大。组织开展党风廉政建设“两个责任”专题宣讲活动，向领导干部发送廉政短信1.4万余条，联合市妇联举办“廉政文化进家庭”活动，近300名市直单位县处级以上党政主要领导干部及家属参与。

【拉萨廉政警示教育基地启用】 5月18日，拉萨廉政警示教育基地投入运行。基地建筑面积3400余平方米，展厅共展示全国典型腐败案例13件13人、区市典型案例21件28人、政治纪律案件22例。

【拉萨廉政警示教育基地微信公众平台开通】 平台采取图文并茂方式，重点播报党风廉政建设和反腐败工作信息，发布拉萨市纪委监察局工作动态，推介各地各部门反腐倡廉工作经验做法等。同时，还将通过互动栏目了解群众对反腐倡廉工作的需求，收集公众意见，打造与微友交流沟通的有效平台。此外，微信用户还可通过文字、图片等形式参与廉政时评话题讨论。

【专题教育】 年内，全市各级纪检监察机关深入开展“三严三实”和“忠诚干净担当”专题教育，广泛开展书记讲党课、学习研讨会、专题宣讲等活动，切实加强理想信念和宗旨意识、党风党纪和廉洁自律、示范警示和岗位廉政教育。市纪委驻城关区嘎玛贡桑社区和当雄县曲登村工作队将“三严三实”转化为服务群众的能力，进一步巩固强基惠民驻村工作成果。深入学习党风廉政建设和反腐败斗争最新理论成果，全年开展集中学习35次，重点对中央纪委监察部网站“学思践悟”系列文章进行研讨交流，深度认知纪律审查工作要求。

【自身建设】 年内，各级纪检监察干部深入贯彻落实全区纪检监察干部监督工作座谈会精神，带头遵规守纪，带头廉洁自律，用实际行动维护党的纪律和规矩的严肃性和权威性，自觉树立忠诚干净担当的良好形象。严格执行《西藏纪检监察干部行为规范》，研究制定《拉萨市纪检监察干部行为规范“十不准”》《拉萨市纪委监察局办案人员工作纪律条例（试行）》，健全完善市纪委机关管理方面制度规定8项，以“严”的规章制度和“实”的机构保障约束纪检监察干部。对口援藏省市大力支持拉萨市纪委机关建设，北京市纪委倾力给予资金援助，南京市纪委积极搭建干部挂职锻炼交流平台。加大纪检监察干部教育培训力度，先后选派71人参加中央纪委、区纪委举办的各类业务培训，建立全市纪律审查人才库，开展“以岗代训”实践锻炼活动9批次、锻炼干部68人次，举办基层纪检监察干部业务培训班3期、培训干部230人次，不断提升纪律审查队伍专业化水平。

（何　平）

监察工作

【整改巡视问题约谈】 年内，市委书记、副书记、纪委书记对下级党委（党组）书记按照要求开展约谈工作，单独约谈率达到“全覆盖”，对不符合要求的当雄县、墨竹工卡县责令重新约谈。研究制定《拉萨市县（区）委、市直单位党委（党组）落实党风廉政建设主体责任定期报告办法》。针对区党委巡视二组巡视发现问题的城关区、堆龙德庆区、当雄县、曲水县、尼木县整改落实反馈意见情况进行跟踪督办，截至年底，已督促整改落实125项，整改完成率94.4%。市委主要领导分别担任组长，对全市各县（区）、市直各单位2015年党风廉政建设责任制落实情况进行检查考核。

【惩治和预防腐败体系建设】 年内，市委突出责任担当，严格执行《拉萨市贯彻落实〈西藏自治区建立健全惩治和预防腐败体系2013—2017年工作规划实施办法〉分工方案》，制定下发《关于加强廉政风险防控机制建设的实施方案》，设置高中低三个等级的岗位廉政风险点，加强对具有决策权、审批权、处置权等重要部门和岗位行政权力的制约和监督，实现所有市、县直单位和全市65个乡镇风险防控“全覆盖”。督促各级党组织强化日常监督管理，认真开展干部任前廉政教育，坚持抓早抓小、治病救人。年内，共对380名新提拔、岗位调整的领导干部进行任前廉政谈话、任前廉政知识测试，对27名未如实向组织报告个人有关事项、落实主体责任不力的党员干部进行全市通报，其中5名被取消提拔资格。

【派驻监督】 年内，对现有派驻机构进行整合划转，确保监督无死角。举办纪委派驻机构履行监督责任座谈研讨会，积极探索提升派驻监督实效工作举措，加大60个归口监督单位全方位和防范性日常监督力度，落实信访举报问题核实了结谈话机制，做到早提醒、早预防。

【巡察监督】 年内，根据《中共拉萨市委员会关于贯彻落实〈中共西藏自治区委员会关于建立地市委巡察制度的意见〉的实施意见》要求，印发《拉萨市2015年专项巡察工作方案》，成立专项巡察小组，围绕“四个着力”和“三公”经费管理使用情况，分3轮对15家单位进行专项巡察，发现“四风”和“三公”经费方面的问题线索6条。

（何　平）

武　　装

拉萨警备区

【概　况】 年内，警备区部队坚持以习近平主席系列重要讲话精神为统领，聚焦党在新形势下强军目标，坚持以军事斗争准备为牵引，着眼有效履行使命任务，以实战化训练为导向，严格按照上级工作部署，狠抓各项工作落实，部队建设保持了全面发展、稳步推进的良好势头。

【思想政治建设】 年内，坚持把学习贯彻习近平主席系列重要讲话精神作为首要政治任务，深入开展“三严三实”专题教育整顿，成立整改领导小组，2 次同步参加军区专题辅导授课，党委常委为部队作理论辅导 6 次，保证了活动高起点筹划、高标准推进、高质量落实。深入学习贯彻古田全军政工会精神，积极做好“下篇文章”，重塑政治工作威信，推动优良传统强势回归。注重铸牢军魂与塑造灵魂、坚定理想与纯洁思想相统一，持续深化当代革命军人核心价值观培育，认真组织“学习践行强军目标，做新一代革命军人”主题教育，紧贴实际深入学习贯彻中共十八届四中、五中全会精神，严密组织“认清危害、拒绝赌博”专项教育和“精品教案、精品课件”评选活动，广泛开展“新一代革命军人样子”大讨论和“强军风采”系列文化活动，2 人在成都军区组织的“四会”优秀政治教员比武中分别获得二等奖和优秀奖，1 人代表军区部队参加自治区组织的禁毒演讲比赛获得第一名。严密组织“全民国防教育万映计划”电影放映活动，积极做好演训地域群众工作，巩固和发展了良好的军政军民关系。针对官兵在部队调整改革中出现的既喜又忧、既盼又怕的矛盾心理，常委分赴 8 个人武部采取谈心交心等方式，引导官兵自觉稳住心神、保持定力、恪尽职守，确保思想不断档、工作不断线。

【作风建设】 年内，围绕干部使用、财务清查、住房整治等热点问题，强势推进“八个专项清理整治”，有效清理解决 10 类 60 余个问题。深入开展基层风气专项整治活动，在涉及官兵切身利益的热点敏感问题上，各级主官带头做出廉政承诺，公示举报电话，自觉接受官兵监督；设置司令员、政委信箱 60 个，发放廉政倡议书和廉政监督卡 1000 余份，有效保障了官兵的合法权益。上年，士兵提干、报考军校、选取士官中，官兵满意度达 98.7%。

【维稳执勤】 在春节、藏历新年、“3·10”“3·14”“3·20”“3·28”“6·4”“7·5”及西藏自治区成立 50 周年庆祝活动等敏感时间节点，先后出动民兵 3120 余人次，出动车辆 330 余台次，担负守护青藏铁路堆龙德庆和当雄县辖区内路段，守卫党政机关、油库、青藏输油管道、交通要道等重要目标，协助公安武警设卡执勤等任务，为守护重要目标和确保重点地段的安全发挥了重要作用。

【抢险救灾】 针对全年辖区灾情特点，警备区及时完善了相关预案，建立健全了灾情通报制度，各人武部针对灾害发生时节和地点，利用民兵地形熟，语言通的特点,有针对性地组织民兵应急分队参与抢险救灾,确保遇有险情,能够及时拉得出,用得上。3月8日、9日,林周县人武部组织40名民兵参加唐古乡抗风救援行动,8月7日—9日,组织60名民兵参加江热夏乡、边角林乡抗洪抢险行动。8月14日,城关区人武部组织38名民兵参加加措居委会抗洪抢险行动。8月12日—15日,墨竹工卡县人武部组织30名民兵参加尼玛江热乡抗洪抢险行动。

【拉萨警备区党委五届四次全体(扩大)会议召开】 1月27日—28日,拉萨警备区党委五届四次全体(扩大)会议召开,区党委常委、市委书记、拉萨警备区党委第一书记齐扎拉出席会议并讲话,要求要铸牢听党指挥这个强军之魂,确保对党绝对忠诚。拉萨警备区政治委员、党委书记肖光富主持会议,市委常委、拉萨警备区司令员、党委副书记张才刚出席会议。

【拉萨市第八期基层专武干部培训】 3月23日—27日,拉萨市委组织部和拉萨警备区司令部联合组织全市七县一区共65名基层专武干部和8名人武部带队干部,共计73人,进行为期5天集中培训。针对当前全市基层专武干部队伍中存在的人员调整较多、基本业务不熟、工作经验缺乏、知识结构老化等突出问题,共对专武工作业务知识学习、形势政策教育、爱国主义教育、观摩学习、单个军人队列动作和指挥、轻武器射击等9个内容进行学习,进一步提升大家的工作业务水平。

【征兵工作】 贯彻落实全国大学生征兵工作会议精神和自治区征兵办公室要求,圆满完成2015年大学生征集任务,从6月15日开始至7月15日结束,拉萨市征兵办公室组织工作人员进入西藏大学、西藏藏医学院、西藏职业技术学院、师范学院、财经学院5所高校对在校大学生进行现场征兵宣传、网上兵役登记和应征报名。

【全市民兵高炮分队进行实弹射击检验性考核】 6月中旬至7月中旬拉萨警备区组织曲水县、堆龙德庆县和当雄县高炮民兵分队共48人,对87A式双25毫米高射炮基本操作、占领阵地、射击准备和射击实施等内容进行了强化训练。为检验前期高炮分队训练效果,6月16日、17日利用2天时间,韩志宏司令员和邓迪春参谋长专门组织民兵高炮分队在军区军械修理厂武器试射场进行了实弹射击检验性考核,其间耗弹600发,全部击中目标,训练效果明显、成绩优异。8月20日,组织民兵双25高炮分队赴羊八井综合训练基地驻训、迎接成都军区考核,前后历时近一个半月,消耗弹药1700发,出色完成了对低空目标实弹射击考核任务,考核总评成绩为“良好”。

【群众工作】 7月3日,区党委常委、市委书记齐扎拉,西藏军区副司令员土旦赤列、副政委刘旭,拉萨警备区司令员韩志宏一行前往位于当雄县境内的西藏羊八井高原综合训练场,积极协调组织羊八井演训地域军地联合现场办公会,妥善解决演训地域群众房屋受损、草场征用补偿等问题。警备区先后4次组织召开军地协调会,就格达乡垃圾场选址、多吉林寺水池道路扩建等问题与地方政府进行沟通协商。其间,选派13名藏族干部协助驻训部队开展群众工作,收集群众意见建议22条并及时予以反馈解决,军地反映效果较好。

【拉萨女子民兵方队参加“庆祝西藏自治区成立50周年”受阅活动】 7月16日—9月8日,根据《西藏自治区成立50周年大庆群众游行、彩车展示活动实施方案》安排,在西藏军区党委首长和拉萨市委、市政府的领导下,拉萨警备区圆满完成拉萨市女子民兵方队集训及受阅任务。本次集训于7月16日正式开训,历时55天,参训女子民兵共计304人(含预备人员77人),其中拉萨师专150人,第二中等职业技术学校150人,军区选调领队4人,训练总时间达450小时。9月8日参加大庆受阅活动,女子民兵方队接受了中央代表团和各界群众的检阅,展示了拉萨市女子民兵飒爽英姿的风采,受到了军地各级的高度赞扬和一致好评。

【民族团结工作】 10月19日,全国民委监督检查司副司长宋全带领(地、市、盟)“互观互检”相关人员,由拉萨市人大常委会主任洛桑旦巴,城关区委书记果果等领导陪同,到城关区人民武装部进行了民族团结“互观互检”活动。检查组一行充分肯定和高度赞扬警备区部队在民族团结方面做出的突出贡献,要求一如既往发挥好桥梁纽带作用,在维护和促进民族团结,巩固和加强军政军民团结,为拉萨发展稳定再立新功。

(王晓林)

国防动员委员会

【国防后备力量建设】 积极探索国防后备力量建设“队伍专业化、骨干常备化、编组实体化”的方法路子，以迎接成都军区国动委、综合训练基地工作组检查调研为契机，顺利完成双25高炮分队和情报侦察信息网分队编组工作，基干民兵出入转队人数达736人，城关、堆龙和墨竹3个人武部常态化民兵建设得到各级充分肯定。按照“一周适应、半月规范、50天定型”的要求，圆满完成自治区成立50周年大庆女子民兵方队筹建、训练、保障等工作，接受了中央代表团和各界群众的检阅，受到军地领导高度赞誉。扎实开展民兵基础和专业训练，突出基本知识、基本技能、基本专业，扎实开展民兵预备役部队高炮分队骨干集训和73名专武干部培训，民兵高炮分队顺利通过成都军区考核，民兵队伍“平时服务、急时应急、战时应战”能力得到全面提高。年度征兵工作有序开展，高标准完成男兵征集和3所学校2000余学生的军训任务。

【拉萨市国动委领导干部实弹射击训练】 7月31日，组织拉萨市国动委各级领导及工作人员110余人，到拉萨市民兵训练基地观看城关区常态化应急民兵分队训练成果汇报演示，参加81—1式自动步枪、95式自动步枪、85式狙击步枪、81式班用轻机枪的射击理论知识学习和实弹射击训练，增强国动委领导成员抓好国防动员工作的意识和能力。

（王晓林）

人民防空

【概　况】 年内，市人防办始终坚持“三个代表”重要思想，以科学发展观为指导，全面贯彻中共十八大和十八届三中、四中、五中全会精神，第六次全国人民防空会议精神，区、市两级八届六次全会精神及经济工作会议精神，紧紧围绕全面巩固党的教育实践活动成果，坚持走自身特点、拉萨市人防特色的发展路子，重点开展“三严三实”和“忠诚干净担当”专题教育活动、人防工程审批工作、国防宣传工作、拉萨市基本指挥所等工作，逐步推进拉萨人防工作。

【国防宣传教育】 3月和6月在中学开展国防教育活动。向拉萨市所有初级中学发放“三防”知识教材，并选取9所学校举行发放仪式，确保“三防”知识在中学的普及，提高市民对人防知识的认知。9月，在拉萨市河坝林居委会、雪居委会、策门林居委会进行国防宣传教育，全市范围内防试鸣空警报。此次宣传向过往群众发放《西藏自治区实施〈中华人民共和国人民防空法〉办法》手册等300份。向市民讲解如何区别预先警报、空袭警报、解除警报。在空袭来临时，如何进行自救、如何及时躲避、如何识别人防掩蔽标识。通过宣传活动，进一步在社会上营造良好的社会氛围和舆论导向，进一步提高广大群众的国防观念和人民防空意识。

【人防培训】 年内，市人防办共选派4名干部参加了青岛、上海和北京等地举办的人防业务培训，以及选派2名工作人员到区内培训考察。参加了民防空组织指挥研修班和全国人防信息化集训研修班、信息化条件下城市防空袭应对办法等研修班。主要学习和掌握人防信息化战争空袭与防空袭、重要经济目标地位作用及防护对策等内容。通过学习，开阔了眼界，拓展了思路，进一步提高了拉萨人防工作人员的业务水平和工作能力。

【拉萨人防基本指挥所项目建设】 年内，继续实施拉萨市基础指挥所工程建设项目工作。在完成了节能、地勘、环评审批等项目前期工作的基础上，完成了施工图设计、审查、备案以及风险评估等工作，并协调城关区纳金乡塔玛村对涉及搬迁的9户居民搬迁、施工地围墙、土地平整、变压器拆除搬移、协调市林业局移栽树木等相关工作。会同市交易中心对工程进行招标和确定工程监理单位等相关工作，项目于12月底进行开工建设。

【人防地下室审批】 年内，市人防办按照人防相关法律法规，对25个项目修建人防地下室进行审批，对该项目防空地下室的战时功能和防护等级，及防空地下室建筑面积提出具体要求，并批准25个项目单位开展人防地下室施工设计方案，批准2个项目进行人防地下室开工建设。

【联合执法检查】 年内，市人防办会同自治区人防办深入拉萨市施人防工程基地进行的联合执法检查，重点检查全市新建民用建筑“结建”情况。共对34个项目施工单位进行执法检查，大部分项目单位存在未批准修建人防工程项目，部分项目单位未按照人防设计要求进行建设。对符合人防要求的项目建设单位提出修建人防地下室的要求或开具交纳易地建设费的通知单，共征收易地建设费811.9万元。

【人防战备普查工作】 年内，根据自治区人防办的工作安排，市人防办对全市的地下指挥所、地面应急指挥所、人防警报器、人员掩蔽工程、物资储备工程、医疗救护工程、防空专业队工作、防空地下室等兼顾人防要求的场所进行战备情况普查。全市有人防警报器63台，覆盖率达89%，人员掩蔽工程和疏散基地较少，没有人防物资储备库、医疗救护队、人防专业队、宣传基地、训练基地、地下地面指挥所。

（蘧智超）

武警拉萨市支队

【概　况】 中国人民武装警察部队西藏自治区总队拉萨市支队（旅级）（简称拉萨市支队），2005年5月24日，由原第一支队和原拉萨市支队合编而成。

【“六共”结对寺庙慰问活动】 2月13日，米玛次仁副政委带着支队党委首长的亲切关怀和节日祝福，来到色拉寺养老院进行走访慰问，并与寺管会、寺庙领导促膝交谈，向寺庙了解了前期支队援建寺庙卫生所发挥作用情况及对下步开展“六共”活动进寺工作进行了磋商。

【洛桑江村、唐晓等看望慰问武警拉萨市支队官兵】 2月19日，自治区人民政府主席洛桑江村一行，在武警西藏总队唐晓政委等领导陪同下，亲切看望慰问支队X中队全体官兵，对支队官兵长期以来忠实履行职责使命，维护拉萨社会大局稳定所取得的成绩给予充分肯定，勉励官兵要牢记习主席“治国必治边，治边先稳藏”的重大战略思想，以实际行动争做新一代“四有”革命军人，为西藏的全面建设和社会稳定做出更大的贡献。

【“弘扬雷锋精神、共建文明树新风”活动】 3月5日，支队组织官兵前往城关区敬老院开展打扫环境卫生、理发、义务巡诊、发放日常药品等形式多样，内容丰富的活动。

【“三共”会议召开】 3月27日，支队与自治区外事侨务办公室召开“三共”联席会，共商警卫执勤事宜。

【警地“六共”活动进寺】 4月1日，支队在色拉寺举行维稳群众工作警地“六共”活动进寺启动仪式。总队副政委马小俊，支队政委罗德礼，拉萨市政协副主席、市民宗局党组书记刘惠兴，拉萨市委统战部常务副部长许兴成，色拉寺管委会副书记次培出席活动，仪式由支队副政委米玛次仁主持。

【抗震救灾物资装载】 4月28日，根据上级指示及拉萨市民政局的统一安排，支队X大队迅速出动XX名官兵帮助拉萨市民政局装载抗震救灾物资。

【2015年“防灾减灾”宣传服务活动】 5月12日，支队在宇拓路设立服务站点，积极开展第七个“防灾减灾日”文化宣传和知识普及活动。活动中，支队紧紧围绕“科学减灾、依法应对”这一主题，走上街头，为市民免费发放防灾减灾书籍500余册、宣讲防灾减灾科普知识300余人次。

【自治区领导看望慰问官兵】 6月25日，西藏自治区人民政府副主席王双全一行工作组到支队看望慰问守护羊八井隧道的X中队、X中队官兵，两个中队官兵分别作了汇报表演，精神振作、气质高昂，展示了官兵听党指挥、能打胜仗、作风优良的良好形象，得到了副主席王双全工作组一行的充分肯定。

【“三共”联席会议召开】 12月16日，武警西藏总队、拉萨市支队与自治区监管总队、拉萨市监管支队召开“三共”联席会议。自治区监管总队总队长巴桑次仁、市公安局副局长邓俊、监管支队支队长牟晓卿、总队副参谋长邓华明及支队相关领导参加了会议。

（杨佩佩）

拉萨市公安消防支队

【概　况】 年内，拉萨市公安消防支队执行二级以上战备253天，完成公务执勤2355项，投入执勤车辆2874辆次，出动警力2.2万余人次，80%—90%的警力、装备投入到维稳执勤一线，确保了拉萨市社会局势持续稳定。年内，全市共发生火灾46起，支队出动车辆257辆，出动警力1346人，死亡0人，抢救被困人员3人，疏散被困人员60人，抢救财产价值118万元。同比上年，火灾起数下降了10%，直接财产损失下降了31.22%，未发生亡人火灾。拉萨市消防部队接警2556起（其中，扑救火灾46起，抢险救援88起，公务执勤2355次，社会救助67次），出动2556次，出动车辆3190辆次，出动警力27498人次，抢救被困人员106人，疏散被困或受灾人员161人。

【队伍建设】 深入学习贯彻习近平总书记系列重要讲话和全军、全国公安现役部队政治工作会议精神，大力开展作风纪律教育整顿、“三严三实”专题教育整顿和“学习践行强军目标、做新一代革命军人”主题教育，成功举办“京津沪渝藏”消防业务研讨会，大力培育有血性、有灵魂、有本事、有品德的“四有”革命军人，筑牢部队高举旗帜、听党指挥、履行使命的思想政治基础。年内，全市283名官兵立功受奖，4名官兵被公安部消防局评为士官优秀人才，5个基层党组织、13名官兵被总队评为先进党组织、优秀共产党员和优秀党务工作者，58名官兵加入中国共产党，支队荣获集体嘉奖一次，支队团委被评为全区“五四红旗团委”，部队凝聚力、战斗力得到了显著提升。

【灭火救援】 紧盯西藏自治区成立50周年大庆和中央第六次西藏座谈会，捆绑实施纳木错“羊年转湖”消防安保工作，多点持久作战，全力打赢了各项敏感节点消防安保攻坚战。特别是在“4·25”跨区域地震救援中，支队坚决克服勤务繁重、警力紧缺的困难，第一时间组建1支重型救援队，冒雪连夜驰援320余公里，快速挺进灾区，紧急搬运救灾物资1620件，搭建救援帐篷370顶，为受灾群众的顺利转移安置提供了强大的保障。大力开展“集中训练、轮流执勤”、特勤大队“驻训”和基层指挥员、班长骨干、潜水员、驾驶员、士兵职业技能鉴定和攻坚组队员集中培训；选派精干力量参加全国第三届搜救犬比武竞赛，经过与全国29个总队的激烈角逐，取得了团体第7名的优异成绩。

【后勤保障】 多渠道争取政府、财政部门支持，争取业务经费15517万元，其中支队本级争取业务经费13216万元，县区大队争取业务经费2301万元。持续推进装备建设，落实专项经费1亿元，购置消防车辆38辆，装备器材2377件（套）。市政府投资645万元专项经费的东嘎中队、战勤保障中队、白定中队及寺庙大队探亲用房室外附属工程已全面竣工。抢抓“四项建设”全面消除6个无专业灭火救援力量“空白点”的机遇，充分利用消防部队双重领导的体制优势和为地方经济建设保驾护航的工作特点，积极协调地方党委政府，获得了经费投入上的大力支持。年内，当雄县、曲水县、尼木县、达孜县、林周县、墨竹工卡县按照政府下达的文件，都相继将六县消防队站建设的400万元资金纳入到各县2016年度财政预算中。

【社会抗御火灾】 落实政府责任，召开各级政府主要领导参加的专题会议51余次，研究解决重大消防安全事宜3项，签订消防安全目标管理责任书480余份。依托“50大庆”、夏季消防安保和人员密集场所、彩钢板火灾隐患专项整治工作，检查社会单位13937家次，发现火灾隐患和消防安全违法行为9448处，督促整改9199处，下发《行政处罚决定书》86份，下发《临时查封决定书》46份，责令“三停”单位29家，罚款51.82万元，开展各类宣传教育160余次，发放各类宣传资料6万余份，有效提升了群众消防安全意识和逃生自救能力。

【官兵拒腐防变】 支队党委始终把廉政建设工作作为基础性、关键性和全局性工作常抓不懈，积极推进教育、制度、监督并重的惩治和预防腐败体系建设，层层签订党风廉政建设责任状，落实“一岗双责”制度，进一步完善了廉政建设管理体系；铁腕治理领导干部工作生活待遇和执法腐败突出问题，涂装喷绘超标车辆4台，封存超标车辆2台，隔断改造领导干部超标办公用房2间，清理面积50平方米，改造机关团职干部违规住房8套，清理超标面积72平方米；设立廉政账户，全面开展清退，全市执法干部均签订了“零持有”承诺书，采取案卷比对、社会走访、实地检查等方式，对消防执法质量进行了检查考评，无一例违法违纪案件。

【50周年大庆消防安保】 支队紧紧围绕“三个稳定”工作目标，严格遵循“外圈保内圈、内圈保核心”的工作思路，夯实政工、后勤“两个保障”，落实“三位一体火灾防控”“化整为零勤务区域划分”工作模式，“零容忍”肃清各类火灾隐患，构建涉庆场所、社会面整体火灾防控体系，规范处置流程，落实现场监护，邀请第三方检测机构对涉庆场所进行全方位检测，形成评估报告17份，专题报告2份，累计检查单位6119家，发现火灾隐患6437处，督促火灾隐患6150处，下发法律文书2763份，罚款33万余元。“全方位”开展实战综合演练，不断完善“1、3、5、10”灭火救援措施，制定应急疏散和灭火救援预案23份，落实联勤、联防、联动措施，累计开展“六熟悉”单位891家次，开展实战演练549家次，对照预案、方案开展涉庆核心场所勤务实战推演21次；“多层面”警力区域布防，针对全市23个涉庆场所及沿线涉庆重点勤务部位，部署勤务点位163个，部署灭火救援车辆69辆次、官兵494人次。

【纳木错“羊年转湖”民俗活动消防安保任务完成】 支队深入贯彻落实消防总队、市委、市政府、市维稳一线指挥部和市公安局决策部署，以“三不出”为目标，及时召开会议，调研勤务，合理抽派5辆执勤消防车，30名官兵进驻现场开展了历时7个月的消防安保任务，全力确保了民俗活动的顺利实施。其间，执勤分队开展联合检查36次，“零点夜查”48次，日常监督检查280余次，防火巡查520余次，累计发现火灾隐患1230余处，及时整改1200余处。发放消防宣传牌78块，消防“四个能力”警示牌400块，消防宣传标语横幅60条，消防水桶标识400张，制作消防巡逻、灭火救援袖标200个，发放消防围裙500条、家庭防火手册3000本，消防雨伞200把，培训群众3000余人。

（李　旭）

武警拉萨市森林大队

【概　况】 年内，武警拉萨市森林大队严格按照习近平主席“能打仗、打胜仗”的总体要求，大力开展维稳处突和防火灭火实战训练，确保了“召之即来、来之能战、战之必胜”的敢打决心，圆满完成了遂行多样化的各项任务。

【林政检查】 9月，大队积极配合市林业局到拉萨市周边进行防火宣传、检查林政工作，教育当地群众数千人。

【维稳处突专项训练】 年内，为适应藏区维稳情况，由大队党委带头组织分析各类易发、突发暴恐事项，针对实际扎实开展训练工作。

【“党纪条规学习月”活动】 5月14日，大队组织开展为期15天的“党纪条规学习月”活动。组织观看了《蜕变》等多部警示教育片，举办廉政书画展，上报书法绘画作品6幅。

【主题教育演讲比赛】 8月26日，大队组织开展了为期三天的“学习践行强军目标，做新一代革命军人”主题教育演讲比赛，演讲内容紧紧围绕党在新形势下的强军目标，官兵们踊跃发言积极参与，会后撰写了心得体会。

【“菜篮子、菜盘子”工程建设】 年内，在大队党委的集中领导下大力开展“菜篮子，菜盘子”工程建设，适应季节引进多种果蔬品种，部分农业生产能够保障大队官兵日常饮食所需，为现代化后勤保障打下了坚实基础。

【青少年军事训练与国防教育】 8月1日，大队与拉萨市团委共同举办为期一周的“红领巾相邀中国梦”夏令营活动。大队选派了18名官兵作为教官，对营员进行军训和国防教育。

【环境卫生清理】 8月18日，大队出动官兵500人次响应市政府号召，前往纳金大桥及纳金路进行环境卫生清理活动。

【“4·25”日喀则市地震抗震物资搬运】 5月6日，大队出动官兵100余人次，到夺底沟民兵训练基地（抗震救灾物资储备库）帮助装抗震救灾物资，共装载救灾物资20车、救灾帐篷2680余顶。

【林芝市米林县“5·12”森林火灾增援扑救】 5月12日，林芝市米林县巴嘎村发生森林火灾。因火势猛、蔓延快，严重威胁着周边万亩原始森林的安全。总队命令大队立即赴火场进行增援，大队官兵经过4天4夜的不懈努力最终将大火扑灭。

【“11·28”山南地区桑日县森林火灾扑救】 11月28日，山南地区桑日县发生森林火灾。接到总队机动命令后，由大队长王世利带领官兵，携带装备、物资采取摩托化方式机动行驶250余公里到达火场，经过全体参战官兵鏖战4天4夜最终将大火扑灭。

（杨清嵩）

法　治

立法工作

【《拉萨市物业管理条例》制定】 年内，随着近年来全市房地产事业的飞速发展，原有的《拉萨市物业管理办法》已无法有效解决因物业引发的各种矛盾和问题，常委会通过多方论证、广泛征求意见、反复修改，制定了《拉萨市物业管理条例（草案）》。该条例经拉萨市第十届人民代表大会常务委员会第二十一次会议审议通过，并经西藏自治区第十届人大常委会第二十次会议批准，于12月1日起正式实施。

【《拉萨市古村落保护条例》制定】 年内，随着拉萨市经济社会的不断发展，城区建设迅速外扩对古村落历史文化遗存、乡土特色的保留、继承和发扬提出了严峻的考验，本着保护珍贵历史文化遗存，常委会通过多方论证、广泛征求四级党代表、人大代表、政协委员和群众代表以及区、市相关部门和专家的意见建议，制定了《拉萨市古村落保护条例（草案）》。该条例经拉萨市第十届人民代表大会常务委员会第二十二次会议审议通过，正在按立法程序提请自治区人大常委会审议批准。

【地方性法规清理】 年内，根据市委关于清理拉萨市地方性法规的通知及市人大常委会要求，对拉萨市现行的26件地方性法规进行了清理，对《拉萨市水利工程管理条例》《拉萨市城镇国有土地使用权出让和转让办法》《拉萨市城镇供水用水管理条例》《拉萨市流动人口服务管理条例》等4件地方性法规提出了下一届立法规划中修改的建议。

【规范性文件备案审查】 年内，按照《中华人民共和国监督法》和《西藏自治区各级人民代表大会常务委员会规范性文件备案审查条例》，常委会先后对《拉萨市城乡建设档案管理办法》《拉萨市社会救助管理办法》《拉萨市停车场管理办法》《拉萨市拉贡公路沿线城乡规划管理办法》《拉萨市供热管理办法》等部分法律法规进行了依法规范性、合法性、统一性的备案审查工作，并提出相应的备案审查意见。

（罗　梅）

法治政府建设

【概　况】 年内，以贯彻落实国务院《全面推进依法行政实施纲要》《关于加强市县政府依法行政的决定》和《国务院关于加强法治政府建设的意见》为重点，以推进依法治市、建设法治政府为目标，抓好政府立法工作和化解行政争议、推进行政权力公开透明运行、提高处理仲裁案件效率等重点工作，认真履行政府法制机构在推进依法行政方面的参谋、助手和法律顾问的职责。

【政府立法】 加强立法工作，科学制定立法计划。坚持以人为本、立法为民，科学立法、民主立法，把实现好、维护好、发展好最广大人民的根本利益作为拉萨市立法的根本出发点和落脚点，把加强生态文明建设、历史文化遗产保护、促进经济转型升级、保障和改善民生、加强和创新社会治理等方面的立法项目，优先列入立法计划。通过广泛征求各县（区）、各部门意见，制定《拉萨市人民政府2015年立法计划》并经市政府常务会议审议通过。年内，完成地方性法规项目1件为:《拉萨市物业管理条例》2015年12月1日施行。完成政府规章3件为《拉萨市燃气管理办法》2015年4月1日施行;《拉萨市停车场管理办法》2015年7月15日施行;《拉萨市供热管理办法》2015年4月1日施行。完成政府规范性文件2件为:《拉萨市重大行政决策程序暂行规定》2016年1月1日施行;《拉萨市拉贡公路沿线城乡规划管理办法》2015年5月1日施行。

【行政复议案件处理】 加大政府法制监督力度，依法解决行政争议。法制办认真贯彻执行《中华人民共和国行政复议法》，继续推进审理方式的改革，综合运用调解、和解等方式，使得办案水平得到进一步提高。年内，收到行政复议案件4件，均已办结。1件维持原决定；1件要求被申请人重新做出决定；2件不予受理。

【行政执法人员培训考核】 为增强全市依法行政理念，规范行政执法行为，提升行政执法水平，9月，对全市行政执法人员4000余人进行了培训和考核，共计开班9期15场次。通过培训让大家牢固树立法律意识，做到心中有法、手中用法、自觉执法，有效解决了行政执法人员主观意识执法的问题。培训结束后，对行政执法人员进行考核，对考核合格的发放《西藏自治区行政执法资格证书》。

【仲裁事务管理】 年内，拉萨仲裁委共受理仲裁案件23件（案件类型有劳务纠纷、建设工程施工纠纷、机械租赁纠纷、借款纠纷），已审结10件，占受理案件的43.5%，其中裁决9件，撤回1件，未结案13件正在审理中。在案件审理过程中，积极做好审理各个环节的衔接，严格要求仲裁庭认真负责审理每起案件，公正裁决；严把组庭关，强调职业与专业结构的合理搭配。进一步细化相关措施，在仲裁员的选定上，将其自身特点，办案策略和技巧，以及当事人、代理人、选定的仲裁员之间的回避、披露关系等情况纳入综合考虑因素，进一步完善和保证仲裁庭的组成结构和质量。

【法律顾问】 坚持事前防范风险、事中控制风险、事后化解风险的原则，通过各种方案对比，提出切合实际的解决办法，认真处理政府涉法事务，为领导处理问题提供法律意见，充分发挥顾问作用。对《拉萨市南山山体绿化项目投资建设合同》《西藏光伏动力产业园入园协议》《昆仑商贸土地租赁合同》《“天上拉萨、智慧光谷”一体化项目战略合作框架协议》《拉萨市城镇居民建设用地超出批准面积处理工作实施方案》等合同提供法律意见30余件。根据实际需要并报请市政府批准，在原有3名政府法律顾问的基础上，增聘一名政府法律顾问。政府法律顾问在2015年的相关工作中发挥了较多作用。

【法制业务人员培训】 为认真贯彻落实中共十八届四中全会部署的全面推进依法治国基本方略，结合拉萨市法制工作实际情况，根据北京市政府法制办和拉萨市委组织部统一安排，市政府法制办同市直单位法律业务员共20人，于5月18日—29日赴北京参加法制业务人员培训。通过培训，市直各部门法制工作者法治理念和业务水平有明显的提高，达到预期的培训目的。

（张　坤）

公　安

【概　况】 截至年底，全市各级公安机关认真贯彻落实中共十八大，十八届三中、四中、五中全会以及中央第六次西藏工作座谈会、中央政法工作会议、全国公安厅局长会议精神，深入贯彻学习习近平总书记系列重要讲话重要批示精神，在区市党委政府、区市维稳指挥部和区公安厅的坚强领导下，主动适应西藏自治区经济发展新常态，以全面深化公安改革为动力，以大力推进"四项建设"为载体，以提高人民群众安全感和满意度为目标，牢牢把握立体化社会治安防控体系建设要求，忠诚履职、秉公执法、锐意进取、艰苦奋斗，不断加强各类风险源头管控，圆满完成西藏自治区成立五十周年大庆安保活动，有力维护全市社会大局稳定，促进社会公平正义；通过"三严三实"专题教育活动，进一步强化队伍管理，切实为维护全市政治稳定和社会安定，构建平安拉萨做出积极贡献。

【2015年全市县（区）公安局长会议召开】 2月11日，市公安局召开全市县区公安局长会议。学习贯彻深入贯彻中央政法工作会议、全国公安厅局长会议、区市政法工作会议、全区公安处局长工作会议精神，学习贯彻习近平总书记关于政法工作的重要指示、孟建柱在中央政法工作会议上的重要讲话精神，全面总结2014年公安工作，深入分析当前公安维稳工作形势，对2015年全市公安重点工作进行研究部署。

【周强调研大昭寺广场便民警务站】 9月23日，最高人民法院院长周强在自治区党委书记陈全国、区政法委书记邓小刚、市委书记齐扎拉、自治区高级人民法院院长索达等一行领导的陪同下到大昭寺广场便民警务站调研指导工作。周强对于拉萨市整体公安系统的管理模式、维稳防控的措施、工作职能的落实等给予了极大的肯定，同时对于创新工作方法、提高工作效率、积极拉近警民关系等问题上提出了更高的要求。

【孙春兰调研布达拉宫广场便民警务站】 6月16日，中央政治局委员、中央统战部部长一行到布达拉宫广场便民警务站视察，自治区党委书记陈全国，自治区党委副书记、人大常委会主任白玛赤林，自治区党委常委、拉萨市委书记齐扎拉等区市领导陪同。孙春兰了解了警力配备、装备配备和警务工作模式，听取了关于各项公安工作、便民利民工作开展情况的汇报。希望全体民警继续坚守岗位、履职尽责，以实际行动捍卫社会和谐稳定。

【李昭到布达拉宫广场便民警务站考察】 8月11日，国家民委党组副书记、副主任、联系新疆工作组组长李昭率新疆干部赴藏考察组到布达拉宫广场便民警务站考察。自治区副主席何文浩、拉萨市市长张延清、拉萨市公安局党委书记次仁旺堆及局长陈文强等区市领导陪同。李昭警务站详细警力配备、装备配备以及各项公安工作、便民利民工作开展情况，并对警务站所取得的成绩予以充分肯定和高度赞扬。希望公安民警继续坚守岗位、认真履职，为维护国家政治安全、社会稳定、人民安居乐业做出新的更大的贡献。

【公安部副部长陈智敏调研布达拉宫广场便民警务站】 7月2日，中央代表团公安部副部长陈智敏一行在自治区常务副书记吴英杰、公安厅厅长刘江、副厅长刘同平、副厅长次仁旺堆等领导陪同下到布达拉宫广场便民警务站看望慰问执勤民警。陈智敏听取了关于警力部署和各项工作开展情况的汇报，详细了解警力配备、装备配备、便民利民、视频监控、执法规范化及信息化建设等情况，希望各级公安机关继续发扬吃苦耐劳、无私奉献精神，坚持把维护社会稳定作为第一要务，把服务社会民生作为重要职责，顶住压力、迎难而上，为维护社会和谐稳定，保障经济发展做出新的更大的贡献！

【国家禁毒委督导检查组到拉萨市检查指导工作】 2月5日下午15时30分，国家禁毒委督导检查组李晓一行5人在自治区公安厅副厅长、区禁毒委办公室主任平措，自治区禁毒委办公室常务副主任、区公安厅禁毒总队总队长尼玛桑珠的陪同下，到拉萨市就中央6号文件和全国禁毒工作会议贯彻落实情况进行了督导检查，并听取了工作汇报。就当前禁毒工作所面临的问题、潜在隐患及社会危害性等方面与内地省市进行了对照分析，着重对禁毒宣传教育工作提出了明确要求。

【公安部检查组一行到市公安局调研指导反恐大排查】 2015年7月26日，国家反恐办副主任、公安部反恐怖局副局长熊德生，公安部反恐怖局参谋李晓光、程衍一行在副市长、市政法委副书记、局长陈文强的陪同下，先后到拉萨市公安局柳梧高速检查站、嘎玛贡桑派出所调研指导反恐大排查工作，并进行了座谈交流。在实地检查、听取汇报后，公安部检查组一行对拉萨市情报信息收集研判、"护城河"盘查验证、关键部位重点防控、人员摸底清理排查、危爆物品严格管理、反恐应急处突演练、校园安全日常防范等工作给予了充分肯定。

【陈全国慰问大昭寺广场便民警务站】 2月18日，在春节、藏历新年来临之际，区党委书记陈全国在区市领导的陪同下，到大昭寺广场便民警务站看望慰问全市维稳一线的公安民（辅）警，并送上了新春的祝福。希望全体民警在新的一年要再接再厉、克服困难、再立新功。

【陈全国到布达拉宫广场便民警务站调研】 10月15日，自治区党委书记陈全国在副市长、市政法委副书记、市公安局局长陈文强的陪同下，到拉萨市公安局布达拉宫广场"110便民警务站"，亲切看望慰问辛勤奋战在维稳一线的广大公安干警，详细了解民警工作生活及辖区治安状况。

【消防监督业务培训】 6月18日，市公安局积极协同拉萨市公安消防支队防火监督处，为市区18个派出所70余名派出所消防民警开展了消防监督业务培训，讲解了《中华人民共和国消防法》《消防监督检查规定》《机关、团体、企业、事业单位消防安全管理规定》等方面的内容，并结合《西藏自治区三级消防安全重点单位界定标准（试行）》，就"如何开展消防监督检查、如何发现并确定火灾隐患及指导督促整改隐患、如何指导社会单位开展消防宣传"进行了解读。

安保工作

【重点勤务安保工作】 9月13日，中央代表团先后看望了帕巴拉·格列朗杰主席、向巴平措副委员长、热地副委员长，接见了自治区领导班子成员、离退休老同志、各族各界群众、援藏干部代表，视察了驻藏部队官兵、政法干警，慰问了大昭寺宗教界爱国人士，出席了拉林高等级公路建成段开通剪彩仪式等重大活动。市公安局高度重视，精心组织，周密部署，以"安全第一"为指导，以"属地管理、内紧外松、点面结合"为原则，以"交通安全、住地安全、活动安全"为重点，联勤联防、分段包干、责任到人，扎实有效开展了各项勤务安保工作，全力确保中央代表团的绝对安全、万无一失。

【拉萨市第八届委员会第六次全体会议期间安保工作】 2015年1月4日—6日，拉萨市召开了中国共产党拉萨市第八届委员会第六次全体会议。市公安局高度重视，精心组织，周密部署，突出重点，协调配合，强化措施，狠抓落实，以军警民联勤联防、分片分段包干、责任落实到人的工作方式，确保拉萨市第八届委员会第六次全体会议期间社会大局持续稳定。

【自治区"两会"勤务安保工作动员部署会召开】 1月14日—22日，西藏自治区第十届人民代表大会第三次会议和政协第十届西藏自治区委员会第三次会议分别在西藏人民会堂和区政协礼堂召开。会议全面分析了自治区"两会"勤务安保工作的重要意义，系统总结了近期勤务安保工作中存在的问题，宣读传达了《自治区"两会"安全保卫工作方案》，并就各部门勤务安保任务进行安排部署。

【2015年拉萨市"两会"安保工作】 1月11日—15日，拉萨市第十届人民代表大会第五次会议和政协第十届拉萨市委员会第四次会议分别在拉萨市隆重召开。市公安局高度重视，精心组织，周密部署，全警动员，全力以赴，狠抓社会面防控、交通管理、会场、代表委员驻地安全保卫等各项工作，确保了拉萨市"两会"的安全、顺利进行，确保了全市社会面持续平稳正常。

【2015年自治区"两会"安保工作】 1月14日—22日，西藏自治区第十届人民代表大会第三次会议和政协第十届西藏自治区委员会第三次会议在拉萨举行。市公安局高度重视、精心组织、周密部署，以"安全第一"为指导思想，以"六防"为工作目标，狠抓社会面防控、交通管理、会场、代表委员驻地安全保卫等各项工作，确保会议期间全市社会面持续平稳正常。

【中央组织部到藏调研期间勤务安保工作】 2015年1月25日—27日，中央组织部常务副部长陈希一行7人赴藏调研。市公安局高度重视，精心组织，周密部署，突出重点，协调配合，强化措施，狠抓落实，以"安全第一"为指导，以"统一指挥、属地管理、内紧外松、点面结合、确保重点"为原则，以"交通安全、住地安全、活动安全"和"六个严防"为重点，扎实有效开展了各项勤务安保工作，全力确保了中央组织部一行在拉活动期间的绝对安全。

【自治区纪律检查委员会第六次全体会议期间勤务安保工作】 1月28日，自治区纪律检查委员会第六次全体会议在拉萨召开。市公安局高度重视、精心组织、周密部署，以“三无”“三不出”为目标，汇全体之心，聚全警之智，集全局之力，强化责任目标，明确工作原则，严密安保措施，切实以严之又严、细之又细、实之又实的举措，全力确保了社会面持续平稳正常和会议现场的安全有序进行。

【拉萨市纪律检查委员会第六次全体会议期间勤务安保工作】 1月30日，中国共产党第八届拉萨市纪律检查委员会第六次全体会议在拉萨召开。市公安局高度重视、精心组织、周密部署，圆满完成中国共产党第八届拉萨市纪律检查委员会第六次全体会议期间各项维稳安保工作。

【“色拉崩坚”活动期间各项勤务安防工作】 2月16日，“色拉崩坚”宗教活动在色拉寺举行，信教群众102100余人次参加了活动。市公安局以“三无”“三不出”和“九防”为工作目标，采取军警民联勤联防、分段分片包干、责任落实到人的工作方式，圆满完成“色拉崩坚”活动安防工作，确保了现场秩序良好和社会面平稳正常，确保了“三满意”。

【2015年藏历木羊新年期间安防工作】 圆满完成藏历二十九古突活动、藏历二十九暨初一信教群众朝拜、乃琼祭神等佛事活动，期间共投入现场执勤力量2660名，分社会面防控组、秩序维护组、寺庙安防组、情报信息组、重点人员管控组、交通管控组、应急处突组等20个工作小组，积极协同武警、执勤部队、消防、基层治保等各方安防力量，全方位地展开了各项安防工作。

【2015年区党委政法工作会议期间勤务工作】 2月4日—5日，自治区政法工作会议在拉萨市召开。市公安局高度重视、精心组织、周密部署，以“反自焚、防自焚、防暴恐”为核心，以“三无、三不出”为目标、以“五个严防”为重点，凝全警之心，聚全警之力，突出安保任务，强化责任目标，明确工作原则，圆满完成了2015年区党委政法工作会议期间勤务工作。

【自治区2015年春节藏历木羊新年电视联欢晚会期间各项勤务工作】 1月31日—2月3日，自治区2015年春节、藏历木羊新年电视联欢晚会在柳梧新区群众文化体育中心举行。市公安局高度重视、精心组织、周密部署，以分片分段包干、责任落实到人的工作方式，狠抓落实，圆满完成此项安保任务。

【特色产业招商引资推介会及净土健康产品展销会期间各项安保工作】 8月14日—16日，2015年中国·拉萨雪顿节“特色产业招商引资推介会”“净土健康产品展销会”分别在圣地天堂洲际酒店、西藏会展中心召开。其间，自治区政府主席洛桑江村、拉萨市委书记齐扎拉、拉萨市市长张延清等区市领导及市直单位、各县（区）领导参加了会议。市公安局高度重视，精心组织，周密部署，以“六个严防”为准则，以“三无”“三不出”为目标，以“反自焚、防暴恐、防个人极端事件”为重点，明确责任措施，积极协调配合，圆满完成特色产业招商引资推介会及净土健康产品展销会期间各项安保工作。

【2015年全国男子篮球联赛西藏赛区开幕式及揭幕战活动期间各项安保工作】 7月18日，2015年全国男子篮球联赛（NBL）西藏赛区开幕式及揭幕战在拉萨市群众文化体育中心篮球馆举行。市公安局高度重视，精心组织，周密部署，坚持“安全第一”的指导思想，以“三无”“三不出”和“六个严防”为目标，以“分段分片包干、责任落实到人”为方式，积极协同武警、消防等各方执勤力量，采取“静默式准备、融入式部署，全方位安检、社会化管控”措施，圆满完成2015年全国男子篮球联赛西藏赛区开幕式及揭幕战活动期间各项安保工作。

【“萨嘎达瓦”宗教活动安防工作】 4月，“萨嘎达瓦”宗教活动期间，市公安局高度重视、超前谋划、精心部署、严密防范、以“防暴恐、反自焚、防自焚”为工作核心，以“三无、三不出”“六个严防”为工作目标，在“林廓”“八廓”转经沿线和老城区部署专门力量2600余名，分转经路沿线防范组、社会面防范组、联勤联控组、情报信息搜集研判组、重点人员管控组、“护城河”查控组等16个专门工作组全面开展工作，圆满完成“萨嘎达瓦”宗教活动期间的安全防范工作。

【西藏自治区第十一届中学生运动会期间安保工作】 2015年7月22日—31日，西藏自治区第十一届中学生运动会在拉萨各大院校举行，市公安局高度重视，精心组织，周密部署，坚持“安全第一”的指导思想，以“三无”“三不出”和“六个严防”为目标，以“分段分片包干、责任落实到人”为方式，以“三严三实”为抓手，积极协同消防执勤力量，按照不同任务分工要求，狠抓活动沿线交通秩序管控、活动现场安全保卫、应急处突准备工作，圆满完成西藏自治区第十一届中学生运动会期间各项安保工作。

【中央电视台“心连心”艺术团慰问演出活动期间各项安保工作】 8月3日，中央电视台“心连心”艺术团慰问演出活动在布达拉宫广场举行，现场观众7500余名。市公安局高度重视，精心组织，周密部署，突出重点，强化措施，联动出击，按照大型活动安全保卫工作原则要求，全警倾力投入，多点统筹推进，部门协调配合，狠抓责任落实，圆满完成活动期间各项安保工作。

【第九届“纳木错”国际徒步大会期间安保工作】 8月16日—19日，2015年中国·拉萨雪顿节第九届“纳木错”国际徒步大会在拉萨市举行。8月18日，在慈觉林举行了徒步大会启动仪式，赛员、媒体及工作人员约200人参加此次启动仪式。市公安局党委高度重视，精心组织，周密部署，顽强拼搏，狠抓实干，积极协同武警消防官兵，分为交通管理组、住地安保组、现场安保组、视频监控组、通讯保障组、应急处突组，扎实推动各项安全保卫措施不折不扣落实到位，圆满完成第九届“纳木错”国际徒步大会期间各项安保工作。

【俞正声一行中央代表团在藏期间勤务安保工作】 9月6日—13日，中央政治局常委、全国政协主席俞正声，中央政治局委员、国务院副总理刘延东，中央政治局委员、中央统战部部长孙春兰一行赴藏参加西藏自治区成立50周年庆祝活动。市公安局以“安全第一”为指导思想，以“六防”为工作目标，坚持“统一指挥、属地管理、内紧外松、点面结合、确保重点”的工作原则，超前谋划、精心部署、突出重点、强化措施、狠抓落实，扎实有效地开展了各项勤务安保工作，全力确保了俞正声、刘延东、孙春兰一行在拉萨市活动期间的绝对安全。

【西藏自治区成立50周年大庆安保工作】 9月，自治区成立50周年大庆活动在拉萨隆重举行。市公安局高度重视，认真贯彻落实区市党委、政府、区市维稳指挥部和区、市大庆办关于做好大庆安保工作的部署要求，动员全市各级公安机关、各级参战力量紧紧围绕“三个坚决确保”和“六个严防”为重点，以“三无、三不出”和“反自焚、防自焚、防暴恐”为核心，凝心聚力、超前谋划、科学部署、综合施策，圆满完成自治区成立50周年大庆安保工作。

【升国旗暨领袖像揭幕仪式期间各项安保工作】 9月3日上午10时，升国旗暨领袖像揭幕仪式在布达拉宫广场、拉萨贡嘎机场、拉萨火车站前拉萨之窗南广场举行（约2000人左右）。市公安局高度重视，精心组织，周密部署，突出重点，强化措施，以“军警民联勤联防、分片分段包干、责任落实到人”为方式，以“三无”“三不出”“反自焚、防自焚、防暴恐”为核心，以“现场局部封控、交通临时管制”为原则，多点统筹推进，部门协调配合，狠抓责任落实，分交通管理组、外围封控组、秩序维护组、场地安检组及应急处突组等13个工作小组，扎实开展各项工作，圆满完成升国旗暨领袖像揭幕仪式期间各项安保工作。

【第二届中国西藏旅游文化国际博览会各项安保工作】 9月28日—30日，第二届中国西藏旅游文化国际博览会（简称藏博会）在拉萨市隆重举行。市公安局高度重视，精心组织、周密部署，以“三无”“三不出”“三个严防”为工作目标，以“内紧外松、显隐结合、以隐为主、安全第一、和谐有序”为工作原则，以“现场安保、住地安保、交通安保”为工作重点，积极协同武警、消防执勤力量，圆满完成第二届中国西藏旅游文化国际博览会各项安保工作。

交通管理

【客运车辆交通安全管理工作】 1月1日—5日，全市公安交管部门针对冬季交通事故隐患加大的问题，采取错时巡逻和联勤联动等方式，全力排查客运安全隐患，强化交通安全宣传教育，加大对客运车辆严重交通违法行为的查处力度，确保客运车辆行车安全。期间，共出动警力3460余人次，警车1650余辆次，开展专项整治行动5次，专项宣传10余次，发放宣传资料3000余份，受教育人数2000余人。

【应急处突预案强化道路交通安全管控工作启动】 1

月8日，拉萨市境内普降大雪（七县318、219国道部分路段均出现不同程度的雨雪冰冻天气），造成路面湿滑，能见度低，道路交通安全隐患陡然剧增。为有效预防冰冻雨雪天气对道路交通造成的不利影响，全市公安机关交管部门立即结合本辖区道路特点及气候变化情况，迅速调整勤务模式，启动应急预案，坚持全警上路、全员上岗、全体上勤，维护恶劣天气条件下的道路交通安全畅通。

【道路交通安全专项整治行动】 在全国“两会”“3月敏感月”之际，为切实做好全市道路交通安全工作，全力遏制重特大道路交通事故的发生，全市公安交管部门以“压事故、保安全、促稳定”为目标，采取路面管控、发放宣传资料、悬挂横幅标语及邀请媒体记者随警作战等工作措施，狠抓市区道路交通安全管理，全力消除道路交通安全漏洞隐患，严查、严处、严惩各类超员超速、酒后开车和疲劳驾驶等道路交通违法行为。其间，共出动警力500余人次，警车200余台次，设置临时检查点60余处，检查机动车10000余台次，查处各类交通违法行为300余起，涉超速50余起、酒驾30余起，悬挂横幅标语10条，发放宣传资料3000余份，批评教育近千人次。

【电动车专项整治】 11月5日，市公安局交管部门积极筹划，认真部署，狠抓落实，因地制宜、主动出击，在全市范围内扎实开展电动车整治工作。纠正违反逆向行驶78起，纠正超高超宽42起，纠正残疾人违法上路16起，纠正电动车超坐51起，纠正68起电动车闯红灯，纠正电动车占道200余起，纠正电动车占用机动车道100余起，批评教育近500起。

社会综治

【概　况】 5月至11月，市公安局本着“什么犯罪突出就打击什么犯罪”和“哪个地方问题突出就重点整治哪个地方”的原则，采取全警动员、齐抓共管、全力攻坚、主动治理的方式，扎实有序开展了社会综合整治暨严打行动，有力净化了社会治安环境，切实提升了群众满意度和安全感。其间，共出动警力1812人次、车辆313台次；检查企事业单位183次、涉枪涉爆单位7次、校园225次、金融网点39次；清查居民大院2928处，出租房10326间，沿街商铺1961间，督促办证83人；收缴麻将机3个、麻将3副；查获强硫酸11.2公升，散装汽油24公升、香蕉水25公升；摸排五省藏区人员12301人次；开展消防安全检查224次；下发消防安全整改通知书11份，治安隐患通知书7份，租赁房屋整改意见书5份；清理移交流浪犬31条。

【社会治安综合整治暨严打行动】 5月，全市各级公安机关认真贯彻落实市委、市政府关于社会综合整治暨严打行动的决策部署，严厉打击突出违法犯罪，重点整治治安丑恶现象，其间，公安交管部门共出动警力57230余人次，查处各类交通违法行为51840余起，纠正各类交通违法行为2974余起，处罚48893余起。共立刑事案件1646起，破获527起，另查处治安案件697余起，抓获违法犯罪嫌疑人401名，打掉犯罪团伙6个，抓获在逃人员51名。10月，全市公安机关以“全覆盖、零容忍、严执法、重实效”为要求，以“打防结合、以打开路、综合施策、整体防控”为原则，敏锐感知、勇于担当、连续奋战，全面落实“严格依法、严厉打击、严密防范、严查重处、严打整治”管控措施，从重从快强势推进“社会治安综合整治暨严打行动”，对群众反映强烈社会治安热点、焦点和难点问题始终保持高压态势，毫不手软地标本兼治、综合施策，主动进攻、重拳出击，有力净化了社会治安环境。共破获侵财类案件493起，查处治安案件919起，缴获毒品521.61克，收缴管制刀具79059把、油品4441.2升、违禁品753件，查处交通违法行为75554起，清理整治治安复杂场所1987处、消除治安隐患694处。

【严厉打击刑事犯罪专项行动部署会召开】 1月10日，市公安局召开严厉打击刑事犯罪专项行动部署会。会议贯彻落实全国刑侦工作会议和全国刑侦部门“三节”“两会”打击犯罪工作部署会议精神，并就拉萨市严重暴力犯罪、多发性侵财犯罪和突出治安问题的打击整治行动进行安排部署。

【打击扒窃犯罪专项】 2月，市公安局立足拉萨市“两节”期间社会治安形势，针对扒窃案件发案特点，主动出击，加班加点，克服困难，全力开展打击扒窃犯罪专项行动，有效震慑了犯罪分子的嚣张气焰，为全市人民营造了良好的社会治安环境。期间，成功打掉扒窃犯罪团伙3个；抓获违法犯罪嫌疑人12名；破获扒窃案件25起；追回赃款10000余元、手机6部及价值2万余元皮衣1件。

【辑枪治爆物品大清查行动专项工作动员部署会召开】 1月19日，市公安局召开全市公安机关集中开展枪爆物品大清查行动工作部署会，会议全面分析了拉萨市枪爆物品安全管理中存在的突出问题，明确指出了此项工作的重大意义，并就各部门所担负的任务进行了明确。

【节日期间烟花爆竹安全管理工作】 2月7日，春节、藏历新年临近，烟花爆竹市场销售火爆。为切实做好节日期间烟花爆竹安全管理工作，预防和遏制各类治安灾害事故，市公安局高度重视、精心组织，认真研究、周密部署，积极采取有效措施，深入辖区排查整治烟花爆竹安全隐患，妥善解决矛盾突出问题，打击涉爆违法犯罪行为，坚决堵塞监管漏洞，极力遏制重特大安全责任事故的发生，切实维护社会治安稳定和人民群众生命财产安全，全力为各族人民群众营造了安定、祥和、欢快的节日氛围。其间，检查烟花爆竹销售点100余处，整改安全隐患50余起，培训从业人员200余人，收缴销毁不合格（非法）烟花1061箱、爆竹120箱、火柴200箱，总价值达41万元左右。

【反拐防骗法制宣传活动】 6月1日，市公安局刑侦部门以“六一”儿童节为契机，协同公安厅刑侦总队在宇拓路组织开展以“关爱儿童、反对拐卖、积极加强自我防范意识共同提高识骗防骗能力”为主题的反拐防骗法制宣传活动。通过讲解拐卖儿童案件的特点和典型案例，深入浅出地向群众宣讲防范儿童被拐的技巧、被拐儿童识别方法、儿童被拐后的对策、保护未成年人的法律、法规等知识，并向前来咨询的群众派发“反拐识骗”宣传资料，切实提高群众对拐卖儿童犯罪的识别能力和防范意识。其间，共接受群众咨询1000余人次，派发宣传资料6000余套，取得了较好的宣传效果。

【枪支安全大检查大整治】 7月19日，全市公安机关认真按照结合“从严管理、规范使用”的原则，对全市范围配备公务用枪单位开展了清理整顿，重点查纠各单位存在的突出问题，最大限度地预防和减少内部涉枪问题的发生，全力营造了良好的社会治安环境。其间，个人上交私存枪支9支（长枪6支，手枪3支），不同种类子弹4578发，部门上交超范围配备枪支和涉案枪支54支，不同类子弹12902发。

【布达拉宫广场周边治安环境整治】 8月，市公安局刑警部门牵头市城市联动综合执法支队、治安管理支队、广场派出所、辖区警务站，认真谋划、周密部署、主动作为，成立专项工作组，采取警便结合、专案经营、深挖扩排等方式，持续对布达拉宫广场及周边非法拉客、强买强卖、强行乞讨及倒卖有价票证等进行摸排打击，有效遏制布达拉宫广场及周边各类治安乱象的发生，切实为全市群众及来拉游客营造安定祥和的社会治安环境。其间，共抓获各类违法人员22人，查处扰乱公共秩序22起（其中：尾随兜售10起，非法拉客6起，倒卖有价票证6起），行政拘留9人，移交处理10人，批评教育3人。

【烟花爆竹集中销毁】 8月31日—9月1日全市公安机关治安部门联合区公安厅治安总队、市安监局、西藏高争民爆公司，及林周县公安局、安监局、环保局、消防大队、甘曲镇政府等职能部门，对拉萨市荣兴科技服务有限公司库存的4281枚礼花弹在林周县甘曲镇居荣村山沟进行了集中销毁。并与市安监局、消防大队等参与销毁行动的相关部门对销毁现场进行了妥善的后续处理，利用消防车洒水浸泡的方法，确保销毁现场不留任何隐患。

（罗俊国　曹　磊）

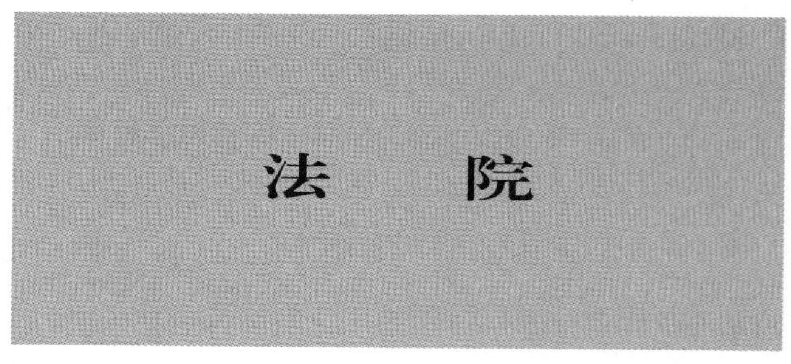

法　　院

【概　况】 截至2015年12月20日，全市法院共受理各类案件7261件，审执结6763件，结案率为93.1%；其中，拉萨中院受理案件1864件，审执结1812件，结案率达97.2%。

【立案登记制度改革完成】 5月1日—12月31日，共登记立案4303件，登记立案率100%。加快落实随机分案排期机制，杜绝“三案”。推进诉讼服务大厅、网站、12368热线“三位一体”诉讼服务中心建设，为当事人提供“一站式”服务。实行预约立案、上门立案。共开展诉讼引导 1 万余人次、案件查询 3700 余人次、电话咨询 200 余次,实现了有案必立,有诉必理。

【最高人民法院领导在拉萨考察调研】 9 月 20 日—22 日,最高人民法院院长周强在拉萨考察调研基层法院工作开展情况。

【刑事案件审理】 年内,共受理刑事一、二审案件 567 件,审结各类刑事案件 547 件,判处罪犯 569 人,判处 5 年以上有期徒刑至死刑的罪犯 62 人。其中,拉萨中院受理 116 件,审结 106 件。审结案件中,危害国家安全、公共安全类案件 53 件;审结破坏市场经济犯罪案件 33 件(审理了覃江合同诈骗案、西藏康健医药公司虚开增值税专用发票案等重特大案件);审结侵犯公民人身权利、民主权利案件 93 件;审结侵犯财产案件 185 件;审结妨害社会管理秩序类案件 140 件;审结贪污贿赂犯罪案件 4 件(审理了经开区威斯达公司法人吴琦行贿 2000 万元等重特大经济犯罪案件)。同时,加强国家赔偿和司法救助工作,完善刑事被害人救助制度。对经济确有困难的当事人减缓免缴诉讼费 121.74 万元。

【民商事案件审理】 年内,共受理各类民商事案件 4056 件,审结 3753 件。其中,拉萨中院受理 645 件,审结 621 件。审结案件中,商事案件 1239 件,涉案标的 9.46 亿元。审结保险、证券、票据等金融纠纷类案件 85 件,维护了良好的金融秩序;审结买卖、租赁、建筑工程合同类案件 1160 件,促进了交易的公平进行。审结婚姻家庭、抚养继承等案件 367 件,人身损害、劳动争议、教育、医疗、住房等案件 497 件,土地承包经营权流转、宅基地纠纷、拖欠农民工工资等案件 405 件。

【行政案件审理】 年内,受理行政案件 30 件,审结 22 件,结案率达 73.3%。其中,拉萨中院受理 13 件,审结 5 件。审结案件中,行政首长出庭 14 人次,有效地保护了行政相对人合法权益。促进、监督行政机关依法行政,促进行政机关依法履职,完善行政案件交叉管辖、提级管辖等措施,一定程度上排除了非法干扰。

【申诉复查和再审审判】 年内,共受理申诉、申请再审案件 20 件,审结 20 件。结案率 100%。其中,拉萨中院受理 17 件,审结 17 件。

【执行难问题破解】 年内,共受理执行案件 1666 件,执结 1499 件,执结率 90%,执结标的总金额为 105416.11 万元。其中,拉萨中院受理 151 件,执结 141 件,执结率达 93.4%。在专项活动中,拉萨中院对影响重大的 140 件强制迁出案件,司法拘留 7 人,强制清场 138 件,执结率 98.6%。全市法院集中清理了 1995 年 1 月以来的 615 件执行积案,执结 565 件,标的 0.9 亿元,执结率 92%,受到了齐扎拉书记以及人大代表、政协委员组成的督导组的充分肯定,赢得了群众的支持和拥护,取得了良好的法律效果、政治效果、社会效果。同时,依法推动司法救助与社会援助、法律援助的有效衔接,各基层法院设立了 20 万—100 万元不等的执行救助基金,为生活困难的 12 名申请执行人发放执行救助金 61 万元。

【减刑假释案件办理】 年内,共受理判刑假释案件 922 件,审结 922 件。其中,公开开庭审理“三类罪犯”的减刑案件 52 件。

【司法公开推进】 基本联通西藏高院直通中院、基层法院的二级、三级信息化管理网络,视频会议中心全部投入运行,基本建成涵盖审执业务管理、队伍管理、司法政务管理的信息化体系,基本实现了审判工作全程留痕、全程监督,办案业务和审判管理在网上运作。推进审判流程公开。建立审限动态监控、评查机制,警示提醒临审限案件,通报批评超审限案件,保障审判效率。健全案件催办制度,分类对审限即将到期的案件催办 200 余次。推进网上办公办案,全市法院网络传输、科技法庭等 8 大硬件系统和数字法院业务应用、执行威慑等 16 大软件系统全部建成投入使用。已建成科技法庭 13 个,使用科技法庭开庭 730 余件,同步录像录音 200 余件。建立电子卷宗 4091 件,制作有电子卷宗的档案占已结案件的 71.72%。推进裁判文书公开。全市法院上传裁判文书 2878 份,上网公开率 72.91%。全市法院已补录 2010—2014 年案件 25082 件,并完成 2007—2014 年 8990 件执行案件的补录,公众在需要时即可上网查询。圆满完成 2011 年至今的 5229 件已审结减刑、假释案件的信息补录工作。推进执行信息公开。通过对接最高院执行查控系统,实施失信被执行人“黑名单”制度，网上追逃侦查，异地执行，司法拘留等6大措施，公开发布失信被执行人信息243例，督促被执行人履行义务。

【法治宣传】 以法律七进、法官讲坛、雪域论案、百名干部下基层、法制小品进基层等丰富的形式，开展法制宣传386余次，发放宣传材料17万余份，受教育人员6.5万余人。开展“司法暖企业”活动，帮助企业防范经营风险，提高职工维权能力。同时，及时向有关单位提出司法建议200余条，被采纳190条。

【审判方式改革】 探索实施提前介入重大刑事案件、轻刑快审、量刑规范化等举措，打击犯罪、维护稳定。探索实施“大民事、大刑事”审判格局，解决案多人少矛盾和案件审理均衡问题。组建专业化、扁平化审判组织审理类型化案件，解决同案不同判问题。成立民事、刑事、行政、审监、执行咨询委员会，研究疑难案件，减少对审委会的依赖。实施周末法庭、假日法庭，提高审判效率。完善法官办案机制。探索主审法官随机选任制，严格合议庭议事规则、明确合议庭职责，推进由承办法官担任审判长并负责裁判文书的签发机制，“让审理者裁判，由裁判者负责”。全市法院院领导办理重大疑难案件15件，接待涉诉信访当事人68人次，举办藏语示范庭和院长示范庭活动15次。

【多元化纠纷解决机制深化】 全力推进诉前调解机制改革，服务群众的节点靠前，化解矛盾的效果提升，努力让人民群众第一时间感受到公平正义。对内深化诉前、诉讼调解机制，建立律师中立参与调解机制，完善法官联系平台，进一步规范法官包村、包乡（镇）、包行政单位制度，将纠纷化解在萌芽阶段。对外完善诉调对接、司法调解结果确认机制，主动衔接国家机关、社会组织、企业等主体，人民调解、行政调解、司法调解联动工作体系初步形成。全年诉前调解纠纷438件，指导人民调解组织调处纠纷97件。

【维稳中心工作】 落实区党委十项维稳措施，讲政治、敢担当，整合力量、科学部署，圆满完成节庆节日执勤、宗教活动、敏感期间和节点、“两限一警”“羊年转湖”、西藏自治区成立50周年等各项维稳任务，投入干警5000余人次、车辆3200余台次、经费133.2万元，长年抽调72人。

【监督制约机制强化】 每月定期召开全市法院审判质效工作推进会，奖优罚劣、奖勤罚懒。积极探索改革办案质量监督评价体系和错案责任追究制，完善各类制度5项，建立法官廉政宣誓长效机制，落实“领导干部过问案件留痕”制度。深化“三评查”长效机制，以评查提质效。共评查庭审495次，开示范庭11次，评查裁判文书4075份，评查案件质量1031件，梳理整改评查反馈的问题40项，编写10期审判运行动态报告。落实人民陪审员制度。完成人民陪审员“倍增”计划，全市法院培养人民陪审员203名，共参与审理案件265件，人均参审1.3件。在政协新聘请廉政监督员11名，邀请51名人大代表、政协委员、专家学者旁听监督案件。严格落实检察监督，严格执行与市检察院会签的《民事执行监督实施办法（试行）》和《关于建立检察机关旁听制度的实施意见》。

【队伍素质提高】 坚持“能者上、平者让、庸者下、劣者汰”和“能上能下”的原则，打破论资排辈，始终以案件办理为第一要务，奖优罚劣。在市委、各县（区）委的正确领导下，全年全市法院近百名干警得到交流、提拔使用，提升了干事创业的氛围。同时，通过思想政治教育解决认识不足问题，通过驻村、结对帮扶解决血肉联系问题，通过专业培训解决业务素质问题，通过横向纵向挂职锻炼解决基层经验问题。扎实开展“三严三实”“忠诚干净担当”专题教育，永葆法院队伍忠于党、忠于国家、忠于人民、忠于法律的政治本色。全市法院干警共撰写心得体会982篇，观后感480篇，调研报告16篇，学习笔记50万余字。持续整改落实党组成员和干警内部存在的“不严不实”现象，通过签订廉政责任书、建立廉政档案等方式，落实党风廉政建设各项工作，坚决保持清正廉洁。完善12项规章制度，将党风廉政建设、反腐败工作与审判执行工作同部署、同安排、同检查。主动邀请审计局审计财务状况，继续保持零违规。积极开展审务督查工作，干警继续保持零违纪。持续提高司法能力。全市法院40人参加最高院组织的区外培训，65人参加区高院组织的区内培训，22人参加市人社局的培训，24人赴江苏接受短期业务和信息化技术培训，200余人在江苏法官学院进藏巡回授课中受益。邀请北京法院1名专家学者型法官，江苏法院 4 名业务骨干和信息化技术人才到拉萨中院挂职指导工作。

【基层基础建设】 积极推进全市法院审判综合楼、派出法庭、备勤房等工程建设。全市法院“十二五”项目 21 个，投资 1.44 亿元，已开工及竣工项目 10 个。争取到援助资金 240 万元，市财政资金 103 万元，价值 85 万元的审判装备及警用装备。向市政府及市发改委上报了全市法院“十三五”项目，含集控中心、法院基础设施配套建设等 36 个单体项目，总投资 2.44 亿元。

【强基惠民工作】 认真开展“强基础惠民生”“一对一帮扶”活动，与群众结亲戚交朋友，为群众办实事解难事，116 名干警组成 29 个驻村工作队，全力协助驻地党委、政府开展工作，300 余名党员与 200 余户基层群众结对，捐助帮扶资金 34 万余元，发展党员 3 名，并争取乡村道路项目、短平快项目资金 339.12 万元。为尼泊尔地震救灾捐款 16 万余元。

【案例举要】 瑞尔公司的法定代表人为游某，公司股东为游某与黄某。黄某于 2014 年 8 月 3 日在拉萨饭店“藏乡情”与人打牌，从龙某处借到现金 140000 元。后，2014 年 8 月 7 日起至 2014 年 11 月 8 日期间，龙某多次通过手机短信找黄某与游某催要借款。2014 年 8 月 24 日，游某以瑞尔公司法定代表人身份就上述借款向龙某出具担保书，愿以西藏瑞尔广告有限公司法人身份担保，承诺于 2014 年 9 月 10 日前归还该笔借款，如逾期未还，按照相关法律法规履行相关责任。由于该借款一直未归还，2014 年 12 月 18 日，龙某向拉萨市堆龙德庆县法院提起诉讼，请求法院：1. 判令二被告连带承担向原告支付借款 140000 元；2. 判令二被告承担本案诉讼费用。一审法院因原告龙某未提供该 140000 元已实际交付给被告黄某的证据，即原告无证据证明与被告之间存在民间借贷关系，《担保书》虽载明黄某欠龙某 140000 元，但其上仅有瑞尔公司法定代表人游某的签字，并无被告黄某的签字确认，遂根据《中华人民共和国担保法》第五条“担保合同是主合同的从合同”之规定，在无法核实原告与被告黄某存在民间借贷关系的情况下，对原告提交的担保书不予采纳。同时根据谁主张谁举证的原则，鉴于原告提交的证据不足以证实其主张的情况，驳回了原告龙某的诉讼请求。

龙某不服该判决，向拉萨市中级人民法院提起上诉，请求：一、撤销〔2015〕堆民一初字第 56 号民事判决，依法改判；二、被上诉人承担本案一审、二审的全部诉讼费用。

法院在审理过程中，查明该借款行为确实存在，但并非上诉人龙某主张用于进行装修工程的钱，而是借给黄某用于赌博使用的“水钱”。根据《最高人民法院关于人民法院审理借贷案件的若干意见》第 11 条的规定，出借人明知借款人是为了进行非法活动而借款的，其借贷关系不予保护。据此，法院在查清事实的基础上，纠正了一审法院关于民间借贷关系无法证明的认定，同时，依照《最高人民法院关于人民法院审理借贷案件的若干意见》第十一条、《中华人民共和国民事诉讼法》第一百七十条第一款第一项、《最高人民法院关于适用〈中华人民共和国民事诉讼法〉的解释》第三百三十四条之规定，做出了驳回上诉，维持原判的判决。

法院在做出终审判决的同时，认为，龙某借“水钱”给黄某用于赌博的行为违反了《中华人民共和国治安管理处罚法》，属于违法行为。依照《中华人民共和国民法通则》第一百三十四条第三款，《最高人民法院关于贯彻执行〈中华人民共和国民法通则〉若干问题的意见（试行）》第 163 条，《最高人民法院关于人民法院审理借贷案件的若干意见》第十一条的规定，做出了《西藏自治区拉萨市中级人民法院民事制裁决定书》，对黄某从龙某处借到的现金人民币 140000 元予以收缴，限黄某于 2015 年 5 月 10 日前向本院交纳。

本案是辖区内首次使用民事制裁手段的案例。对于赌场提供“水钱”用于赌博的现象民间确实存在，但因为没有收回借款及利息而诉至法院的几乎没有。本案中，法院通过民事制裁收缴借款的决定一方面有效打击了违法行为，另一方面为维护拉萨的长治久安提供了区别于刑事制裁的另一种选择，具有重要的意义。

被告人王某、何某曾就职于中国电信集团公司拉萨分公司，其间二人相识并成为好友。2014 年 8、9 月份二人相继离职。2014 年 11 月份，王某、何某共谋利用王某在中国电信拉萨分公司工作期间违规获取的内部软件 VPN 及数据包，窃取具有“翼支付”功能的涉案员工工号 Y54012519310 及其密码。后王某通过网络购买他人身份信息、身份证及银行卡，并指使被告人胥某购买电信手机卡 52 张，通过窃取的中国电信拉萨分公司工号及密码向手机卡“翼支付”账号充值，在将充值款项转入王某等人可控的银行卡内的方式盗取中国电信拉萨分公司钱款。2014年12月2日王某、何某、胥某三人乘坐火车离开拉萨于次日到达青海省西宁市与被告人王某（与上述王某非同一人）会合，后王某指使王某冒用其从网络上购买的“赵某”的身份证，在西宁市的中国建设银行、工商银行、邮政储蓄银行办理银行卡5张，四被告人继续利用窃取的中国电信拉萨分公司工号及密码再次向手机卡内充值、转账、取现的方式盗取中国电信拉萨分公司人民币93.5万元（人民币）。后王某分给何某5.2万元、胥某2万元、王某2.4万元。四被告因涉嫌犯信用卡诈骗罪，于2015年1月10日、11日被拉萨市公安局羁押，同日被刑事拘留，同年2月13日被逮捕。案发后，被告人何某的家属代何某积极退赔5.2万元，公安机关追缴赃款共计64.2万元，已发还中国电信拉萨分公司。在本院审理过程中，被告人胥某的家属代胥某退赔2万元。

检察机关指控，2014年11月份，被告人王某、何某等四人通过违规获取的中国电信集团拉萨分公司内部软件和数据包盗取具有翼支付功能的员工工号Y54012519310及密码，并通过网络购买他人身份信息，办理电信手机卡52张，向52张电信手机卡翼支付内陆续充值，又通过使用其从网络购买的“赵某”的身份证办理银行卡5张，将翼支付账号内的钱款转入银行卡内取现。四被告以非法占有为目的，客观上采取秘密窃取的手段盗取电信公司钱款93.5万元的行为，触犯了《中华人民共和国刑法》第二百六十四条之规定，应当以盗窃罪追究四被告人的刑事责任。王某在庭审中辩称，对公诉机关指控的犯罪事实没有意见，但对所指控的罪名提出异议，认为其构成职务侵占罪；被告人何某、胥某、王某三人对公诉机关指控的犯罪事实及罪名均无异议，当庭认罪，请求法院从轻处罚。

法院认为，被告人王某、何某、胥某、王某以非法占有为目的，秘密盗取中国电信集团拉萨分公司钱款，且数额特别巨大，四被告人的行为已构成盗窃罪。公诉机关对王某等四名被告人的指控事实清楚，证据确实、充分，指控罪名成立。本案被告人王某、何某、胥某、王某等四人属共同犯罪，其中被告人王某为本案的组织者、主要实施者及主要受益者，系主犯，应按照其参与的全部犯罪处罚；被告人何某、胥某、王某在本案中起次要作用，系从犯，依法应当从轻、减轻处罚；被告人王某曾因故意犯罪被判处有期徒刑，刑罚执行完毕后五年内再犯应当判处有期徒刑以上刑罚之故意犯罪，系累犯，依法应当从重处罚。鉴于被告人王某如实供述自己及同案犯的犯罪事实，具有坦白情节，积极配合公安机关追缴赃款，为受损企业挽回大部分损失，依法予以从轻处罚；鉴于被告人何某、胥某、王某系从犯，如实供述自己及同案犯的犯罪事实，具有坦白情节，且何某、胥某亲属积极退赔，依法予以减轻处罚。本院根据被告人王某、何某、胥某、王某等四人的犯罪事实、犯罪的性质、情节和对社会的危害程度，依照《中华人民共和国刑法》第二百六十四条、第二十五条第一款、第二十六条第一款、第四款、第二十七条、第五十二条、第五十三条、第六十三条第一款、第六十五条第一款、第六十一条、第六十二条、第六十七条第三款、第六十四条和《最高人民法院〈关于适用财产刑若干问题的规定〉》第五条之规定，判决：一、被告人王某犯盗窃罪，判处有期徒刑十年，并处罚金人民币三万元；二、被告人何某犯盗窃罪，判处有期徒刑八年，并处罚金人民币二万元；三、被告人王衡某犯盗窃罪，判处有期徒刑六年，并处罚金人民币一万元；四、被告人胥某犯盗窃罪，判处有期徒刑五年，并处罚金人民币一万元；五、继续追缴四被告人的违法所得，发还中国电信集团公司拉萨分公司；六、被告人胥继东家属退赔款人民币2万元，发还中国电信集团公司拉萨分公司；七、在案扣押的犯罪工具，华为手机三部、联想昭阳笔记本电脑二台，依法予以没收，上交国库。

本案中，王某等四人的行为是新形势下盗窃犯罪的一种延伸形态。它区别于传统盗窃犯罪中以隐秘方式直接从被害人处直接窃取财物的表现方式，通过盗用的身份证信息购买手机卡、辅以充值、网络支付、银行套现等方式窃取被害人账户上的财产，虽然不是直接窃取财物，但是，依然符合秘密窃取财物的盗窃犯罪的法定要件，是全区盗窃罪的典型案例。

（魏文瑞）

【概　况】 年内，全市检察机关深入学习贯彻中共

十八大，十八届三中、四中、五中全会精神和中央第六次西藏工作座谈会精神，习近平总书记系列重要讲话精神，区市党委八届七次、八次全委会精神，紧紧围绕市委“六大战略”，依法履职，开拓创新，共受理各类刑事案件1076件1411人，办理各类诉讼监督案件2681件，控告申诉案件32件，挽回经济损失1350余万元，检察工作稳居全区前列，为加快建设美丽家园幸福拉萨提供了有力法治保障。

【《重托》获全国检察机关专题微电影评比二等奖】 年内，市检察院自编自导自演的首部微电影《重托》，在最高人民检察院职务犯罪预防厅联合最高人民检察院影视中心、中国检察官文学艺术联合会影视协会、《预防职务犯罪专刊》编辑部共同举办的以“预防职务犯罪，弘扬社会主义法治文化、廉政文化”为主题的首届全国检察机关预防职务犯罪专题微电影评比活动中，荣获二等奖，并在优酷网上线展播，获得了好评。

【《法制明镜》藏语普法栏目】 年内，市检察院与拉萨市电视台藏语频道合办《法制明镜》藏语普法栏目，以案说法的形式，每期由市电视台栏目主持人用藏语讲述一个案例，为观众还原案发情形；由市检察院安排一名检察官用藏语讲解每期案例所涉及的相关法律法规和安全防范措施。

【最高人民检察院规范司法行为专项整治工作督导检查组到市检察院督导检查】 4月8日，最高人民检察院规范司法行为专项整治工作督导检查组组长、最高人民检察院刑事申诉厅厅长宫鸣一行，到市检察院检查指导规范司法行为专项整治工作开展情况，区检察院党组书记、检察长张培中陪同检查，市检察院党组书记、检察长田建设作了工作汇报。宫鸣厅长、张培中检察长对市检察院在开展规范司法行为专项整治工作中取得的成绩给予了充分肯定和高度赞扬。

【当雄县检察院建成警示教育基地】 年内，当雄县人民检察院警示教育基地建成并投入使用，是继拉萨市城关区检察院之后建成的又一个县城警示教育基地。

【市检察院与江苏省检察院召开援藏工作推进会】 8月11日，市检察院与江苏省检察院召开援藏工作推进会，协调推进新一轮检察援藏工作，确立“六位一体”援藏方案。

【中央媒体采访团到市检察院采访】 8月17日，检察日报、新华网、法制网等多家中央主流媒体赴市检察院采访。在媒体见面会上，院党组书记、检察长田建设介绍了拉萨市及拉萨市检察院的基本情况，全面展示了拉萨市检察机关的工作成效和队伍形象，为检察事业发展营造良好的社会舆论氛围。

【走访联络人大代表活动】 8月21日—9月5日，市检察院开展了走访联络全国各级人大代表活动，主动听取人大代表的批评、意见和建议，积极争取代表的关心、理解和支持，共走访联络2名全国人大代表，65名各级人大代表，征集到人大代表提出的意见和建议24条。

【批捕起诉工作】 年内，共审查批捕各类刑事犯罪428件543人；起诉470件616人（含积案和直诉案件）。严厉打击故意杀人、伤害、“两抢一盗”等严重危害群众安全感的犯罪，批捕235件289人，起诉230件282人。对于情节轻微、危害程度不大的案件，不批捕125人，不起诉20人，直诉79件81人。对不需要继续羁押的，建议变更强制措施6人。

【职务犯罪查办和预防】 年内，立案侦查贪污贿赂、挪用公款、私分国有资产等大要案22人，起诉17人。立案侦查渎职案件1人。严惩恶意行贿，“围猎”干部犯罪，对行贿人立案侦查2人，正在初查8人。向发案单位和相关部门提出检察建议10件。研究制定《查办中小企业发展专项资金领域职务犯罪实施方案》，查办涉企职务犯罪1件2人。依法加强对企业预防监督，为建设企业提供行贿犯罪档案查询1804次，涉及2281家单位和2275名个人，对4家有行贿犯罪记录和劣迹的企业，录入行贿犯罪档案，列入黑名单。

【打击危害经济安全和破坏市场经济秩序犯罪】 年内，依法打击破坏金融管理秩序、扰乱市场秩序、危害税收征管等破坏社会主义市场经济秩序犯罪，共批准逮捕31件52人。

【刑事诉讼活动监督】 年内，加强立案和侦查活动监督，提前介入中央、区市领导关注的大要案19件，监督立案9件，批准延长侦查羁押期限10件，提出纠正意见26件，发出检察建议10件。加强刑事审判监督，抗诉3件，改判3件。出庭支持公诉441次，检察长列席审委会15次，参与讨论重大疑难案件16件。

【刑罚执行和监管活动监督】 年内，开展减刑、假释、暂予监外执行专项监督，完善参加监狱长办公会制度，审查1180人，建议调整减刑幅度167人，取消资格3人；审查减刑裁定940份；审查保外就医18件，向上备案审查3件。加强监所派驻检察室建设，对“三监二所”驻所监督400余次，受理服刑人员不服判决、财产扣押等约见24次，办理“三类犯罪”开庭审理案件16件。依法开展社区矫正监督，建档137人，审查解矫11人。加强服刑人员财产刑执行监督，审查408人，监督执行54人。依法纠防超期羁押和久押不决案件，催办15件17人。圆满完成特赦工作监督，审查21人，取消不符合条件3人。依法开展三大监狱派驻检察室工作，现场巡视检查82次，主动受理控告申诉24件。

【民事行政诉讼监督】 年内，审查不服民事生效裁判11件，现场监督民事执行案件47件，对当事人开展服判息诉、释法说理80余次。

【文明社会环境营造】 年内，配合公安、文化、宣传等单位开展“扫黄打非”专项行动，严查“黄赌毒”案件，依法批准逮捕涉黄案件9件23人，涉赌案件6件24人，涉毒案件83件92人。

【强基惠民活动】 年内，全市检察机关11个驻村工作队建成惠民项目31个，投入资金1364.86万元，新争取项目资金719.8万元，捐款捐物353.6万元。化解群众纠纷335起，妥善平息4次上访事件。

【规范司法行为专项整治活动】 年内，市检察院深入开展了规范司法行为专项整治活动，针对自身执法关键环节，分解100项重点内容，对照评查了5年来3000多起案件，建立问题台账，逐人逐案逐项跟踪整改。强化检务督察，全面核查2014年以来的涉案款物，抽查“一案三卡”30余件。扎牢制度藩篱，废止3项、修改38项、新立13项。

【监督服务】 年内，畅通12309检察专线，接处群众来电求助、申诉、举报79件，全部给予核实、反馈和帮助。两级院检察长接待56件68人，依法办结刑事申诉4件，民事申诉12件。圆满处理了达普诈骗案等2起历时5年的重大涉检信访案件。

【检察宣传】 年内，加强法治宣传，深入群众开展法治宣传226场次，发放宣传资料4万余份，接受群众咨询370余次。检察干警在《西藏法制报》《拉萨晚报》《西藏检察》、院刊《清水源》等报刊杂志发表法治宣传和理论文章148篇。与拉萨电视台合办录播藏语普法栏目《法制明镜》18期。深入学校、乡村、寺庙、工地开展法制宣传150次，法制讲座40场次，受教育人数3万余人次，发放宣传材料3万份，接受群众咨询200次。城关区、当雄县警示教育基地共接待1252人参观学习。完善行贿犯罪档案查询工作，提供查询1804次，涉及2281家单位、2275名个人。

【案例举要】 犯罪嫌疑人雷某某，男，汉族，1982年10月出生，四川省武胜县人，初中文化。2014年12月15日，市禁毒支队根据线索掌握，雷某某近期将运输一批毒品到拉萨。2015年1月28日，禁毒支队联合市公安局相关部门，前往拉萨市北京中路豪延酒店附近蹲点守候，当日12时许，将前来取涉毒邮包的雷某某抓获，当场缴获一包白色和两包淡黄色可疑晶体物。经拉萨市公安局司法鉴定中心鉴定：所缴获可疑物中均检出甲基苯丙胺成分，净重146.1025克。审查认为，犯罪嫌疑人雷某某的行为已触犯《中华人民共和国刑法》第三百四十七条之规定，涉嫌运输毒品罪。根据《中华人民共和国刑法》第三百四十八条、第五十二条、第六十四条、第六十七条第三款之规定，市检察院于2015年6月26日派员支持公诉，市法院于当日判决被告人雷某某犯非法持有毒品罪，判处有期徒刑七年六个月，并处罚金二万元，依法没收冰毒146.1025克。

犯罪嫌疑人李某，女，汉族，52岁，大学文化，西藏康健医药销售有限公司成都业务部负责人。犯罪嫌疑人马某，男，汉族，44岁，大学文化。犯罪嫌疑人梁某，女，汉族，32岁，大专文化。2012年7月1日—2014年5月4日期间，西藏康健医药销售有限公司共为黑龙江省天华医药有限公司虚开增值税专用发票1641份，价税合计167828636.24元。在案发过程中，西藏康健医药销售有限公司与黑龙江省天华医药有限公司使用编造虚假货物流和高开进项的方式,西藏康健医药销售有限公司作为开票方,从黑龙江天华公司以收受手续费为名非法获利2484932.77元。黑龙江省天华医药有限公司作为受票方非法抵扣税款24385356.34元。市检察院以虚开增值税专用发票罪,依法对犯罪嫌疑人李某、马某、梁某做出批准逮捕决定。

(王永祥　郑　燕)

仲裁与公证

【概　况】 年内,拉萨市司法局紧紧围绕贯彻落实中共十八大和十八届三中、四中、五中全会精神,按照党委政府部署要求,扎实开展司法行政各项工作,不断创新工作方式,突出打造亮点和特色,在促进拉萨经济社会发展,维护拉萨社会和谐稳定中发挥了重要作用。

【法治宣传教育】 年内,拉萨市"六五"普法圆满通过验收,自治区检查验收组对拉萨市"六五"普法依法治理工作给予了高度评价。据统计,在市普法办统筹协调下,全市各部门行业按照"谁执法、谁普法"要求,共投入资金70余万元,举办各类集中法制宣传服务活动119场次,举办各类法制讲座225场(次),开展法治宣传咨询服务200余次,开办各类法治培训班4期,印发各类法治宣传资料、法律读本29万余份(册),编写发送群发信息9000余条,累计受教育人数超过60万人(次)。市普法办根据市委统一部署,制定《关于全面加强青少年法治宣传教育的意见》,对市属学校法治副校长和法治辅导员进行重新选聘;牵头组建拉萨市青少年法治讲师团;联合市教育局共同编纂《拉萨市小学生法治教育读本》和《拉萨市中学生法治教育读本》投入全市中小学校课堂使用。实施"谁执法,谁普法"责任制和领导干部带头学法用法工作,制定实施意见报经市委办公厅、市政府办公厅联合行文印发全市贯彻执行。市普法办创新工作方式,打造法治宣传亮点。投入124万元,在拉萨市药王山公园和河坝林公园改建法治主题公园;组织全市公务员法律知识竞赛,在全市掀起了学法用法高潮;制作和播放法治宣传微电影6部,在拉萨市电视台夜间黄金时间播出,进一步拓宽了法治宣传途径、增强了法治宣传效果。

【人民调解】 全市共有人民调解组织449个,乡镇(街道)调委会65个,村(居)调委会274个,其他调委会28个;企事业单位调解组织共82个;司法所工作人员65人,调解员2460人。年内,继续推进人民调解组织规范化建设,向市财政争取专项经费14.7万元,对16个调委会实施规范化建设;积极配合、指导条件成熟的6个部门建立专业性行业性人民调解组织,不断拓展人民调解工作领域;加强人民调解员业务培训,全年培训调解员2000余人次,发放藏文版人民调解手册3000余册;强化矛盾纠纷预防排查化解工作,在"三节""萨嘎达瓦""大庆"等重要敏感节点开展集中大排查大调处活动。全年各级人民调解组织共排查纠纷641次,预防纠纷69件;受理纠纷583件,调解成功564件,调解率为100%,调解成功率为97%,涉及当事人1793人,涉及金额11794万元。

【安置帮教】 年内,拉萨市共有在册刑满释放人员506人(2015年新增122人),一般帮教对象413人,重点帮教对象93人。进一步健全完善刑满释放人员衔接制度,加强排查走访力度,了解掌握情况,做好安置帮教工作。大力开展刑满释放人员就业培训,以"短、平、快"技能培训项目为主,投入资金17万元,为40名刑满释放人员开展了驾驶技能、烹饪技能、企业技能、挖掘机技能培训,收到了较好效果。结合拉萨市安置帮教工作实际,撰写安置帮教工作课件,开展安置帮教专项业务培训,培训基层安置帮教工作人员100余人。加强特赦人员安置帮教工作,及时了解掌握特赦人员的基本情况、改造表现、家庭情况,释放日期等信息,将特赦人员全部纳入刑满释放人员重点帮教范围。

【社区矫正】 年内,全市登记在册社区矫正对象153名。严格落实组织机构、规章制度、教育监管"三个到位",打牢社区矫正工作基础。加强保外就医社区服刑人员监督管理工作,对拉萨市保外就医人员进行集中病情复查;召开了全市推广"司法通"管理模式会议,启用社区服刑人员GPS定位管理模式;认真贯彻落实十二届全国人大常委会《关于特赦部分服刑罪犯的决定》,根据司法部、自治区司法厅关于特赦部分服刑罪犯的相关要求，开展了特赦部分社区服刑人员工作。

【法律援助】 年内，拉萨市各级法律援助中心共办理法律援助案件802件，提供法律咨询服务5266人次，代写法律文书189余份，探索案外调解65次。办理政府、信访督办案件64件。对2004年11月以来领取“法律援助工作者证”的所有人员进行重新核实、登记和统计。全市持有“法律援助工作者证”人员48人，仍在法律援助岗位的22人。开通“12348”法律服务热线，解答群众法律疑问和咨询，普及法律知识和宣传法律援助政策知识。将军人军属、老人、妇女、农民工等群体作为重点援助服务对象，设立绿色通道，优先受理，并简化受理审查程序，最大限度维护他们的合法权益。

【法律服务】 年内，局属律师事务所增加至14家，律师增加至95人。全年各律师事务所共计办理各类案件819件，提供法律咨询及代写法律文书1000余人次，为137家企事业单位担任法律顾问。先后组织召开全市律师工作会议2次，律师事务所主任会议1次，研究部署新形势下全市律师工作。根据律师法相关规定和拉萨市律师事务所发展现状，积极筹备成立拉萨市律师协会。拉萨市阳光公证处共计办理公证8571件。全额上缴财政公证收费631.53万元，接受群众公证法律咨询6000余人次，代写法律文书6000余件。

【队伍建设和反腐倡廉】 年内，组织党组理论中心组学习16次，季度学习讨论汇报会4次，科室部门业务讲座10次，干部职工集中学习30余次，干部职工撰写心得体会500余篇，记录学习笔记人均达到1万字。投入资金6万元，建成干部职工图书阅览室，选派干部70余人次参加各级各类培训班。组织干部职工观看反腐倡廉教育电教片、《筑梦中国》纪录片，开展党风廉政教育专题培训讲座10余次。认真落实党风廉政建设各项主体责任，开展廉政风险防控评估工作，“三公”经费支出持续显著下降。扎实开展“三严三实”和“忠诚干净担当”专题教育活动，开展“百名专家下基层服务活动”，组织司法行政业务专家、律师法律专家分批次深入全市8县（区），为240名基层司法行政人员、司法助理员、人民调解员提供业务培训；为800多名基层群众普及法律知识提供法律帮助；向部分县（区）村委会“农家书屋”捐赠法律、党建类图书500多册，向农牧民群众发放各类法律宣传资料、宣传画册2000多份。

（伍玉梅）

群众团体

拉萨市总工会

【概　况】 年内，全市基层工会组织980个（其中机关单位279个、农民工组织113个、事业单位32个、非公企业508个），职工84202人，会员总数78059人（其中农民工29909人，机关单位17231人，事业单位9343人、非公企业21576人），已建会企事业单位职工入会率92.7%。共有专（兼）职工会干部1776人（其中专职工会干部95人）。拉萨市已建会的公有制企业厂务公开、职工代表大会建制率达到100%，非公企业厂务公开、职工代表大会建制率达到75%。

截至年底，新建基层工会组织58家，发展会员1.2万人（其中农牧民工工会组织42个，会员9483人）。举办女职工“金牌销售员”、困难职工子女计算机操作和农民工装载机、挖掘机操作培训班各1期，培训人数221人，投入培训资金42.26万元。先后两次对在档困难职工进行生活慰问“全覆盖”，慰问困难职工1233人次，落实慰问金117.02万元。“三大节日”期间对驻守一线的驻村工作队、驻寺干部、公安干警、环卫工人等进行走访慰问，落实慰问资金15.6万元。为拉萨市17名困难职工发放（重）大病救助及生活救助金12.4万元。资助528名困难职工子女上学，发放2015年助学金171.8万元。开展拉萨市首届劳动模范和先进工作者推荐评选表彰工作，成功召开拉萨市首届劳模和先进工作者表彰大会，推荐评选出拉萨市首届劳动模范21人，先进工作者16人。加强对全国、全区劳模和全国“五一劳动奖章”获得者的管理与服务，经常联系走访慰问。全年共计发放劳模荣誉金和慰问金39.06万元。积极开展工资集体协商提质增效工作，确定工资集体协商要约企业9家，规范企业7家，提升企业5家，示范企业2家。以“安康杯”竞赛为载体，全面推进企业安全文化建设，推动落实工会劳动保护管理工作。全市参赛单位76家、参赛班组353个、参赛职工7274人。推进女职工特殊权益保护工作，把《女职工劳动保护特别规定》内容纳入集体合同之中，为105名女职工进行“两癌”筛查。加大工会干部教育培训力度，先后选派190余名工会干部参加工会干部培训。认真落实成都、北京、林芝三次全国工会援藏工作会议精神，紧紧围绕援藏工作四项工程，重点向基层、民生援藏、能力建设和民族交流交融倾斜，分别与北京市总工会、江苏省总工会对援藏项目逐个进行商洽对接，确定2015—2018年援助项目资金共计1732万元（其中北京市总工会1000万元，江苏省总工会732万元），2015年落实援藏资金724万元，受援工作取得良好开局。开展以送温暖、送文化、送法律、送政策、送医送药为主要内容的服务职工系列活动9场，受益职工1000余人。先后开展9次法律宣传活动，向职工群众发放工会法、职工代表大会条例、劳动法等法律法规宣传手册1.5万余册。

【全国工会对口援藏工作对接】 1月12日—20日，拉萨市工会对口援藏协调衔接工作组在市总工会党组副书记、主席余刚带领下一行11人（包括8县区总工会负责人），到北京市、江苏省总工会开展全国总工会2015—2018年对口援藏项目对接工作，并圆满完成了项目对接工作。

【十届三次全委会议召开】 4月30日，拉萨市总工会召开十届三次全委会议，八县（区）总工会主席和市直机关、国有企业、规模以上非公企业等单位工会负责人参加会议。市总工会党组副书记、主席余刚代表拉萨市总工会十届常委会作工作报告，市委副书记、统战部部长达娃作重要讲话。

【首届拉萨劳动模范和先进工作者推荐评选工作启动】 5月28日，正式启动拉萨市首届劳动模范和先进工作者推荐评选工作，成立了拉萨市首届劳动模范和先进工作者推荐评选委员会和办公室。

【江苏省总工会领导来访】 7月5日，江苏省总工会党组成员、副主席张海涛一行到拉萨市总工会就2015年落实全国工会对口援藏工作进行了座谈，副市长孙晓南出席并讲话。

【2015年全国工会对口援藏工作座谈会】 7月9日，市总工会主席余刚带队一行4人到林芝参加2015年全国工会对口援藏工作座谈会。

【拉萨市首届劳动模范和先进工作者表彰大会召开】 10月10日，拉萨市首届劳动模范和先进工作者表彰大会在市政府会议中心隆重召开，大会对评选出的21名劳动模范和16名先进工作者进行了表彰。

【全市工会工作年度目标责任考核】 11月16日—18日，市总工会分两个考核小组分赴各县（区）总工会对2015年全市工会工作目标责任完成情况进行考核。

【“三大节日”慰问活动】 1月27日—29日，市总工会党组班子成员陪同市委慰问团领导先后前往达孜县、墨竹工卡县和尼木县、林周县等地对工会在档困难职工进行了慰问，带去了党和政府对广大困难职工（农牧民工）的关爱之情。

【“金秋助学”“大病救助”兑现仪式】 2月5日，对2014年全市符合“金秋助学”的311名困难农牧民工子女送去助学金103.6万元，对全市符合医疗救助的74名患病困难职工送去医疗救助金为54.6万元。

【慰问活动】 2月10日—15日，拉萨市总工会组织开展2015年春节藏历新年送温暖慰问活动，对八县（区）及市直单位和企业在工会帮扶系统内建档的困难职工628户进行了全覆盖慰问，每户900元、共计慰问金56.52万元。同时，对公安干警、劳动模范、社区环卫工人、安保人员、医护人员以及在艰苦边远及高海拔地区的驻村、驻寺干部进行了慰问，共计150余人，总资金为15.4万元。

【“三八”妇女节送关爱、送健康免费体检活动】 3月1日—31日，在西藏卓玛医院为20名妇女同志开展送关爱、送健康免费体检活动。

【结对认亲活动】 3月28日上午，市总工会党组书记白玉福带队，在纳金乡塔玛村委员会对与市总工会“结对子”的16名困难党员进行了慰问。

【“五送”系列服务活动】 4月24日，在堆龙德庆县工业园区（西藏力泰钢结构有限公司院内）开展以送温暖、送文化、送法律、送政策、送医送药为主要内容的“温暖职工心贴心 工会服务在基层”系列服务职工活动。

【“全民阅读进机关、进企业、进基层”活动】 4月28日，由拉萨市总工会、堆龙德庆县总工会联合开展的“全民阅读进机关、进企业、进基层”活动在堆龙德庆县工业园区（西藏力泰钢结构有限公司院内）正式启动。

【捐款活动】 5月5日，组织干部职工为“4·25”地震灾区捐款，捐款总计6.18万元。

【安全宣传活动】 6月17日，在拉萨市宇拓路开展以“加强安全法治，保障安全生产”为主题的安全宣传活动。

【道德模范、身边好人进企业巡讲、巡演活动】 9月22日，联合人社局开展道德宣讲活动，拉萨市敬业奉献道德模范候选人边巴卓玛发表了感人事迹。

【劳动法律法规宣传活动】 10月30日，市总工会工作人员走上街头设置宣传咨询台，开展劳动法律法规宣传咨询活动。

【2015年“金秋助学”活动启动】 市总工会争取到的3.9万元助学金，救助了10名低保职工子女。其中，考入区外重点高校5名，每人资助5000元；考入区外普通高校3名，每人资助1000元；同时对考入区内的2名学生各资助1000元。此次共发放救助资金4.1万元。

【“金秋助学”兑现仪式】 11月12日，组织第一批救助困难职工及学生代表参加西藏自治区总工会2015年度“金秋助学”兑现仪式。此次为38名困难职工子女兑现助学金12.4万元。

【困难职工生活慰问】 12月14日，根据西藏自治区总工会法律保障部《关于在已建档困难职工中普遍开展生活救助活动的通知》文件要求，对经过筛查后在册建档的605户困难职工家庭进行全覆盖式生活救助，共计发放慰问金60.5万元。

【乡镇（街道）工会主席培训班】 5月25日—27日，组织开展乡镇（街道）工会主席（负责人）业务培训，全市65名乡镇（街道）工会主席（负责人）参加培训。

【拉萨市工会干部到江苏培训】 6月23日—7月2日，组织拉萨市八县（区）工会、市（中）直单位工会、市属国有企业工会中从事工会工作的干部42人到江苏南京参加为期10天的工会业务培训。

【企业民主管理培训】 9月20日—9月22日，组织来自市直各系统（企业）工会、八县（区）企业工会以及拉萨市经济技术开发区管理委员会、柳梧新区管理委员会下属企业工会的70名工会干部参加为期3天的企业民主管理业务知识培训。

【全区工资集体协商培训班】 10月8日，组织拉萨市23名工会干部到林芝参加为期4天的全区工资集体协商培训班。

【计算机教育培训】 10月30日，由拉萨市总工会、市就业局主办，西藏千里马职业技能培训学校承办的计算机培训班举行开班仪式，本次培训为期1个月，来自拉萨市七县一区的30名农牧民学员参加培训。

【农牧民装载机技能培训】 12月3日，由拉萨市总工会、市就业局主办，西藏吉萨职业技能培训学校承办的装载机培训班举行开班典礼，本次培训为期1个月，来自拉萨市的30名农牧民学员参加培训。

【全区工会重点工作调研组到拉萨市开展调研】 5月7日—8日，由自治区党委常委、区直机关工委书记多托和自治区政协副主席、自治区总工会主席洛桑久美率队的全区工会重点工作调研组，到拉萨市墨竹工卡县、达孜县、城关区和经济开发区的部分乡镇、企业（国营、非公）、街道和社区工会，围绕工会基层组织建设、工资集体协商、“五险一金”和企业民主管理（厂务公开）等四个重点内容和基层工会业务工作开展情况进行了调研。市总工会党组班子成员和市委副书记、统战部部长达娃全程陪同。

【组织开展基层工会工作点调研】 11月2日—20日，市人大常委会副主任、市总工会主席平措朗杰带队先后对八县（区）总工会，经开区、柳梧新区工会，部分乡镇（街道）、国有企业及规模以上非公企业工会工作开展情况进行了调研。

【自治区总工会调研组到拉萨市调研】 12月19日，以自治区政协副主席、区总工会主席洛桑久美为组长的区总工会调研组一行5人对拉萨市工会重点工作开展情况进行了调研督导并听取工作汇报。市人大常委会副主任、市总工会主席平措朗杰就2015全市工会重点工作开展情况进行了汇报，市委副书记、市人大常委会党组书记、统战部部长达娃主持并讲话。

（张兆鑫）

共青团拉萨市委员会

【概　况】 截至年底，全市共有各级团组织941个、其中基层团组织531个、基层团工委1个、团总支51个、团支部706个；发展共青团员29438名，其中在14—35岁青年中，团青比例达28.9%；共有团干部1032人，其中专职团干部541人、兼职团干部491人；

向县、乡、村级团组织充实优秀青年团员4069人。年内，8县（区）、65个乡（镇、街道）、267个村（居）团组织书记配备率和乡、村基层团支部书记进班子率达100%、100%、100%、100%。已建团组织368家，其中乡镇实体化“大团委”直属团组织210家，农村专业合作社组织36家，团员12342人。新建122家直属团组织中机关事业13家、文体4家、企业19家、社会组织2家、其他84家。

普法工作。以“青春与法”——青少年法律大课堂活动为载体，充分发挥学校法制副校长（辅导员）的作用，通过举办法制讲座、图片展览、主题书法比赛、主题班会、模拟法庭、发放宣传资料等形式，教育青少年自觉学法、知法、守法、用法。2015年以来，活动达30余场次，发放各类宣传资料1万余份，覆盖5万余人次。利用官方微信发布法律常识、典型案例，收到了很好的宣传效果。突出执法工作。组织文化、工商、公安等多方力量大力整治校园及周边社会文化环境，加强校园及网吧、游戏厅、无照摊贩等周边社会环境的整治。共组织执法人员100余人次，检查网吧30余家，处罚网吧5家，检查音像、书籍报刊经营场所20余家，清查了全市15个音像店和5个书报刊经营场所，口头警告、书面发出整改通知书20余份，发放法律法规宣传资料100余份。专门设立举报箱，接受群众的监督；组织市、县（区）两级“青少年维权岗”单位开展青少年维权岗行动和争创“优秀青少年维权岗”活动；及时督促指导全市18家“拉萨市青少年法律咨询联络工作（站）点”和“拉萨市青少年关爱中心”，认真开展好青少年群体法律援助工作；实施“合适成年人”出庭制度，市预青办选配专门工作人员与相关部门审理3个未成年人案件，共有8人次的合适成年人出庭。重视调研工作。配合市人大开展预防未成年人犯罪法调研工作，采取实地调研、听取汇报等方式找准了全市在做好此项工作中的问题，明确了措施。梳理形成10多篇理论性和实践性都比较强的调研报告。

调整充实市预防未成人犯罪工作专项组，督促各成员单位切实承担起各自职责。在已有法院、检察院、党校等系统的4名专业人士组成重点青少年群体服务管理和预防犯罪工作专家顾问组的基础上，协调13名高校心理学、教育学专家和社科院专家加入到帮教队伍中。5月，关爱重点青少年彩虹示范项目在市综治办的大力支持下，在全市范围内全面开展。10月22日—23日，市预青办协调中国预防青少年犯罪研究会理事、中国教育学工读教育分会副秘书长、北京市海淀区青少年心理健康教育中心主任刘燕，为拉萨市服务帮教重点青少年的21名人生导师进行了重点青少年心理疏导、心理健康成长相关内容的培训，为深入开展重点青少年帮扶工作奠定了良好的基础。统筹工作制度。研究制定《拉萨市2015年预防青少年违法犯罪工作要点》，确定了工作的指导思想、时间、范围、进度安排、目标要求，明确了各成员单位工作职责，制定了任务安排明细表；积极发挥领导小组职能，制定了《信息资源共享机制》《动态掌握重点青少年群体数量及基本信息工作机制》《重点青少年领导机制建设制度》，每半年召开一次预青工作联席会议，通报工作总体进展情况，研究解决工作中存在的突出问题。每月向市综治办报送1期简报，并梳理、总结当月工作进展情况。统筹工作经费。根据《关于贯彻落实遂宁会议精神 进一步加强重点青少年群体服务管理和预防犯罪工作的通知》文件要求，市财政每年向团市委拨付11万元预青专项工作经费，全市现已实现各县区每年5万和各乡镇每年不少于1万元的预青专项工作经费，全市共计119万元，为开展好工作提供了比较充足的经费保障。统筹家庭、社会、学校力量。构建以家庭为基础的青少年初次社会化监护体系。及时提供专项经费，成立108所家长学校，拓展家长教育的领域。构建以学校教育为主体的青少年素质教育体系。认真开展社会主义核心价值观教育、法制教育、心理健康教育、青春期教育和自我保护教育五类专题教育。探索建立以青少年事务社会工作者为核心的社会监护体系。

年内，针对流浪乞讨青少年开展救助工作，2015年共救助150多名流浪乞讨未成年人，投入资金30余万元。针对农村留守儿童、孤儿、单亲等特殊群体开展帮教工作，截至年底，组织了500余名留守儿童、孤儿、单亲儿童体验城市生活，参观博物馆和爱国主义教育基地，并发放学习用品和衣物；教育部门在中小学校设立“心灵导航站”“心语小屋”或“阳光工作关爱室”等心理咨询室，配备心理辅导教师。针对社会闲散青少年开展教育引导及技能培训工作。针对服刑在教人员未成年子女开展帮教工作，2015年共投入帮扶资金6万余元，走访慰问50余人次，心理疏导和学业辅导共60余人次，确保了他们不失学、能就业。针对有不良行为和严重不良行为青少年开展教育矫正工作，2015年全市共有30余名有不良行为的在校学生得到了矫正。同时按照行政区域划分,基层司法行政机关按照有别于成人的方式,单独制定帮教计划。针对在押青少年开展法律援助和心理疏导工作,市、县两级全部实现了共青团和司法行政机关双向授权,互设“拉萨市青少年法律援助工作站”“拉萨市青少年维权岗”,为青少年开辟法律援助“绿色通道”,及时为青少年提供法律帮助。

年内,根据拉萨工作的实际,在紧紧围绕总目标的基础上,不断拓展工作内容,丰富工作载体。充分利用“先进双联户”平台,开展联户寻访交流。积极发挥网格长、联户代表协调沟通作用,组织县(区)重点青少年群体帮教工作领导小组办公室的工作人员、青年志愿者、社区(村)干部同重点青少年家人交心谈心,了解他们的生活、生产现状和思想动态,倾听他们的心声,疏导他们的情绪。开展未成年人需求调查。进一步了解联户内重点青少年的需求,特别是因服刑在教形成的“单亲家庭”,讲解监护人的责任和义务,为未成年子女营造温暖、宽松、正常的家庭环境,同时发挥联户作用,帮助解决生活、生产上的实际困难。开展“一封家书 续接亲情”主题活动,以各种佳节为契机,发挥网格长、联户代表作用,组织动员农村留守儿童给在外打工的父母写信,汇报自己的学习、生活情况。

年内,团市委荣获2015年度拉萨市目标绩效争先进位考核市直单位党群类争先一等奖、自治区创先争优强基础惠民生活动优秀组织单位、拉萨市民族团结进步模范集体、拉萨市蝉联“全国文明城市”工作先进单位、拉萨市“四业工程”先进单位、拉萨市民族团结知识竞赛优秀组织奖、西藏自治区首届大学西部计划西藏专项志愿者男子篮球联赛第四名、优秀组织奖等诸多荣誉。

【2014年全市共青团述职会议】 2月9日,团市委党组书记、书记洛色主持召开了2014年全市共青团述职会议,并作讲话。会议主要总结了2014年共青团各项工作,安排部署了2015年重点工作。各县(区)团委书记或负责人进行述职,市直机关团工委负责人、团市委各部室负责人列席会议。

【共青团拉萨市九届三次全委(扩大)会议】 3月9日,团市委召开共青团拉萨市九届三次全委(扩大)会议,市委副书记、统战部长达娃和团区委副书记李亚祥出席会议并作重要讲话。与会委员听取审议了团市委书记洛色代表团市委作的《适应新常态,开创新业绩,推动新发展,团结带领全市团员青年为全面推进市委“六大战略”贡献青春力量》的工作报告。会议还确认了团市委委员的卸职递补,与各县(区)团委签订了2015年共青团工作目标考核责任书。8县(区)委分管同志,团市委委员、候补委员,非委员、候补委员的县(区)团委、市直机关团工委、拉萨师专团委、市教育局团委、市公安局团委负责同志,团市委各部门负责同志,少先队辅导员、大学生西部计划志愿者、社会青年代表,共148人参加会议。

【市委常委会专题研究群团工作】 5月15日,自治区党委常委、拉萨市委书记齐扎拉主持召开八届市委第103次常委会议,听取市总工会、团市委、市妇联工作开展情况汇报,就进一步做好群团组织工作提出强学习,把握工作方向;讲政治,服务中心工作;顾大局,维护合法权益;勇于创新,开创工作新局面四点要求,明确提出积极解决实际困难,研究制定全市特别是农村党建带团建的工作思路。

【全市共青团上半年工作交流会】 6月17日,组织各县(区)团委负责人、市直机关团工委负责人、师专团委负责人,团市委各部门负责人召开了2015年全市共青团上半年工作交流会。各县(区)团委和团市委各部门负责人围绕重点工作、存在的问题及努力方向、下半年工作计划进行了交流。

【拉萨市大学生志愿服务西部计划2014—2015年度工作总结暨表彰大会】 7月20日,召开了拉萨市大学生志愿服务西部计划2014—2015年度工作总结暨表彰大会,团区委志工部、市委组织部、各县(区)团委负责同志和全体西部计划拉萨市志愿者300余人参加大会。会上,志愿者们以PPT的形式展示了全市志愿服务的开展情况,各县(区)项目办就本县(区)的特点志愿服务项目或志愿服务理念进行了交流,并通过公开评选,层层推荐的方式评选出拉萨市优秀志愿者45名,优秀项目办及优秀小组7个,对98名服务期满将要离岗返回故乡的志愿者送上了纪念品以作留念,对志愿者服务工作进行了总结,对延期志愿者、县(区)项目办和志愿者管理委员会下步工作提出了具体要求。

【全区“六五”普法工作汇报会】 7月31日,在团拉萨市委举行全区“六五”普法工作汇报会。以区党委政法委副秘书长王建雷带队的自治区“六五”普法检查组和拉萨市副市长、市普法领导小组副组长陈文强为组长的迎检工作领导小组出席了会议。团市委分管预青工作的副书记任映绮汇报了团市委“六五”普法工作的开展情况。并详细介绍了团市委在“六五”普法工作中以预防青少年违法犯罪工作和优化青少年成长成才环境为重点，采取的“五坚持，五突出”措施。会后，王建雷等一行领导参观了青少年活动中心，对青少年活动中心的暑期培训班等工作给予了肯定。

【西部计划志愿者2015年中秋节座谈会】 9月25日，在团市委快乐书苑举办了西部计划志愿者2015年中秋节座谈会，让志愿者们过上一个温馨、快乐的中秋佳节，同时了解志愿者的生活、工作情况，表达项目办对志愿者的关怀与问候。团市委党组成员、副书记任映绮，拉萨市篮球队队员代表及留藏志愿者代表共50人参加。

【市2015年度共青团员民族团结闪光行动表彰座谈会】 9月29日，团市委举办拉萨市2015年度共青团员民族团结闪光行动表彰座谈会，对5家先进集体、10名优秀个人进行集中表彰，共发放奖金25000元，拉萨市政协副主席、市民宗局党组书记刘惠兴出席并讲话，进一步提升了民族团结闪光行动品牌。区党委常委、市委书记齐扎拉专门作出批示，指出“工作很主动、很扎实。青少年是祖国的未来，是加强民族团结工作重点，民族团结闪光行动和牵手行动是拉萨市开展民族团结创建的重要抓手，请团委以总书记“9·30”重要讲话为指导，继续深入、持久地抓好推进工作”。

【拉萨市委党的群团工作会议】 11月16日，在全区率先并首次召开拉萨市委党的群团工作会议，自治区党委常委、拉萨市委书记齐扎拉出席会议并作重要讲话。全市各级团组织认真学习贯彻齐扎拉、达娃在市委党的群团工作会议上的讲话精神，准确领会精神实质，切实把握市委对新时期群团工作的新部署新要求，适时召开了县（区）党委党的群团工作会议，深入研究新时期青年工作的特点，以改革创新的精神推动共青团事业实现新发展。

【各县（区）共青团工作集中展示交流考核答辩会】 11月30日，举办2015年度各县（区）共青团工作集中展示交流考核答辩会，旨在贯彻落实中央和区市党委党的群团工作会议精神，努力探索深化共青团改革；践行“三严三实”和“忠诚干净担当”要求，切实向从严治党的标准看齐，从严从实管团治团；认真落实市委“团要管团，从严治团”的重要指示，推动全市团干部队伍建设，在改革创新中推动共青团事业不断前进。团市委书记班子、各部门负责人，各县（区）、乡（镇）及社会青年代表60人参加会议。

【“4·25”西藏地震灾区捐款】 5月4日，组织团员青年、大学生服务西部计划志愿者、在职及退休干部职工300余人向“4·25”西藏地震灾区捐款，共捐款3万多元。捐款仪式上，团市委党组书记、书记洛色代表共青团拉萨市委员会、拉萨市青年志愿者协会作了捐款倡议。

【“奋斗的青春最美丽”——拉萨市2015年“五四”表彰暨视频分享会】 5月4日，成功举办了“奋斗的青春最美丽”——拉萨市2015年“五四”表彰暨视频分享会，优秀学生团员、优秀大学生西部计划志愿者、天路卫士、企业团组织、基层团组织等先进典型分享各自围绕市委“六大战略”，在本职岗位上的奋斗历程和实现中华民族伟大复兴中国梦“拉萨篇章”的追求与梦想，激励更多的青年积极进取、不懈奋斗，在改革发展稳定第一线建功立业。

【“红领巾相约中国梦——情系灾区心手相连”共度“六一”儿童节活动】 5月29日—6月2日，邀请地震重灾区日喀则市聂拉木县樟木镇中心小学20名少先队员到拉萨，与拉萨少先队员结对交朋友一起过“六一”，开展了亲切关怀、亲情陪护、体验城市生活、教育引导、座谈交流5个类别10个具体活动。区党委副书记、政府主席洛桑江村专程到拉萨市青少年活动中心，看望慰问灾区少先队员，赠送精美礼品并致以节日祝福。活动除被区、市各主要媒体深入报道外，还被人民网、新华网、光明网、凤凰资讯、网易、搜狐等数十家国内各大主流媒体多次转载。

【“七彩足迹我的中国梦”拉萨市青少年活动中心快活林美术班学生美术作品展】 5月30日—6月7日，在西藏自治区博物馆举办“七彩足迹我的中国梦”拉萨市青少年活动中心快活林美术班学生美术作品展，共展出300余幅拉萨市青少年活动中心快活林美术班学生的美术作品。全国政协委员、中国文联委员、中国西藏文化保护与发展协会常务理事、中国美协理事、西藏文联主席、西藏美协主席、西藏书画院院长、现代画家韩书力出席作品展并题词“七彩美梦”。团市委党组书记、书记洛色,西藏博物馆负责人出席作品展并致辞。

【拉萨市首届青年创新创业电视大赛荣获一等奖】 6月2日,由团市委举办的拉萨市首届青年创新创业电视大赛结束,为获奖青年创业者颁发证书和扶持资金共计125万元。其中,当雄县羊八井畜产品加工销售专业合作社项目和墨竹工卡县的残障人士友谊合作社项目荣获大赛一等奖,各获得扶持资金15万元;城关区“堆秀唐卡”“卡娃坚”藏族服饰和堆龙德庆县朗巴村生猪养殖合作社三个项目获二等奖,各获得扶持资金10万元;尼木县吞·曼仲藏香制作社、城关区卓梦培训中心等项目获三等奖,获得扶持资金8万元。

【第六届“红领巾相约中国梦”素质拓展暨民族团结进步教育夏令营活动】 7月29日—8月4日,开展了拉萨市第六届“红领巾相约中国梦”素质拓展暨民族团结进步教育夏令营活动,并在8月4日专程到城关区净土健康产业园区参观学习。

【“走进青年、转变作风、改进工作”大宣传大调研活动】 9月24日,团市委党组牵头,会同各县(区)团委组成9个调研组,到全市8个县(区)、65个乡(镇、街道)、267个村(居),采取自主调研和委托调研相结合的形式,综合运用问卷调查、座谈交流、个别访谈、听取汇报等方式,深入开展了为期20天的“走进青年、转变作风、改进工作”大宣传大调研活动。深入宣讲了《中共中央关于加强和改进党的群团工作的意见》和中央、区党委党的群团工作会议精神,征求了基层团干部和团员青年对共青团改革创新的意见建议,转变了团干部的工作作风,提升了服务青年的工作能力。

【拉萨市青少年活动中心快活林美术班颁奖典礼】 12月13日,举办拉萨市青少年活动中心快活林美术班颁奖典礼,300名美术班学生和他们的家长参加,团市委党组书记、洛色,市青少年活动中心主任及培训班教师出席并颁奖。年内,拉萨市青少年活动中心快活林美术班81名学生荣获由中国教育研究院、中国少儿美术教育研究会、中美少儿美术教育交流中心主办的第十六届“雏鹰杯”全国青少年儿童书画大赛金、银、铜奖,39名学生荣获由上海市青少年活动中心、樱华国际贸易(上海)有限公司、中国美术家协会少儿美术艺术委员会学术研究中心主办的“我和你在一起汇聚民族风”第三届全国青少年美术作品大赛一、二、三等奖和樱花奖。

【生态环保实践】 组织志愿者、中小学生、青年干部、部队官兵300余人在“拉萨解放军青年林”补栽树苗3000余株;各县(区)都种有共青团青年林,总面积3000多亩,植树3万余株。

【“禁白”活动】 年内,结合创建国家环境保护模范城市,组织志愿者成立了1个专项“禁白”环保服务队和8个环保服务小组,组织环保志愿者3250人次在拉萨河周边植树6000余株,回收各类白色垃圾37立方米,全面参与“禁白”行动。

【网上工作】 年内,整合团内信息资源和平台,创新运用网络文化新媒体,建立了微信公众账号“青春拉萨”、微博“拉萨共青团”,每周二、五编辑发送相关内容。全年共编辑发送微信300余条,阅读量突破万余次,广受拉萨青年关注,成为宣传拉萨青年和共青团的重要载体。2015年11月,开通了拉萨“青年之声”互动社交平台,组建了涵盖青少年维权、服务青年创业就业、生态保护、藏医药等领域的20名专家队伍,及时解答广大团员青年的问题。截至年底,8个县(区)“青年之声”互动社交平台已全部开通运营,将为全市3万团员、10万青年提供更加方便、快捷的交流模式,真正实现了面对面服务;推进网络宣传队伍建设,组建了拉萨网络文明志愿者队伍,来自各行各业的1526名优秀青年成为“网军”的一员,在网络上理性发声、正确发声,对模糊认识进行引导,对错误言论进行驳斥,进一步弘扬网上主旋律、凝聚网络正能量。

【受援工作】 共青团对口支援西藏工作会议上,团市委与北京、江苏两地共青团拟定了3年对口支援拉萨工作项目,落实对口援藏资金1373.8万元、实施项目6类34项。年内,团市委成立了专项工作领导小组,专人负责日常工作;先后召开6次专题会议,确定本年度活动开展时间、具体内容、参加人员、活动地点、活动形式、所需资金等；制定了年度受援工作计划进度表，按照进度表及时与援藏单位沟通协调；7月、10月，安排班子成员赴江苏省、北京市实地推动共青团援藏工作；8月、10月，江苏、北京青年代表团到拉实地推动共青团援藏工作。2015年度以交往、交流、交融为主要内容的援藏工作已基本落实，涉及受援资金215万元，完成7类35个项目。

【创业创新】 年内，按照区党委常委、市委书记齐扎拉提出的“鼓励和引导社会各界、广大市民积极踊跃加入到大众创业、万众创新的洪流中来”的指示要求，以“四业工程”为依托，2015年争取资金150万元成功举办了拉萨市首届青年创新创业电视大赛。近50个项目踊跃参赛，15个项目得到扶持，13家单位联手承办。同时以传统电视为主要手段，并借助土豆视频、西藏电视台微信官网、青春拉萨微信平台等新媒体发布赛事活动，营造了大众创业、万众创新的浓厚氛围，形成了人人关注、人人参与创业创新的良好氛围。团区委书记程四曲专门作出批示：“拉萨市团组织举办的首届青年创新创业大赛准备充分、形式新颖、内容丰富、特点鲜明、成效很好，值得肯定，也望再接再厉。并以团情要讯印发各地市团委、区直团工委、各高校团委交流学习”。

【希望工程·圆梦行动】 年内，整合社会资源，扩充资助名额，争取4个助学项目、助学金额达105万余元、资助251名学子，其中自治区青基会“国酒茅台”资助120名、每人5000元奖学金，“芙蓉学子”资助20名、每人5000元奖学金，江苏省“金穗爱心圆梦大学”资助90名、每人3000元奖学金，北京“学子阳光”资助21名、每人4000元奖学金，是历年圆梦助学行动金额最多、学生最多的一年。区党委常委、市委书记齐扎拉专门作出批示，“这是一件很有意义的事项，请继续抓好。”

【大学生志愿服务西部计划专项工作】 年内，团市委对全市各单位进行岗位需求统计，最终通过公开招募、自愿报名、组织选拔等方式，308名大学生志愿服务西部计划志愿者全力服务拉萨基础教育、青年工作、农业科技、医疗卫生。团市委制定并完善了《拉萨市大学生服务西部计划管理办法》，促进了西部计划志愿者管理和服务工作规范化、制度化、科学化；成立了县（区）级项目办和志愿者自主管理委员会，加强了管理，增强了志愿者自身发展；建立了党、团组织；组织开展了学雷锋志愿者服务月、共青团联系服务农村青年月、保护母亲河、交通文明劝导、自治区成立五十周年庆典、“三关爱”“我们的节日”“雪顿节”、体育赛事等志愿服务活动100余场次，累计参与人数1万余人次，服务时间累计10余万小时，取得了较好的社会反响。区党委高度重视西部计划西藏专项工作，陈全国书记对西部计划西藏专项工作作出两次重要批示。区党委常委、市委书记齐扎拉专门作出批示，“活动很好，工作落实扎实顺利，望再接再厉。”

【青年文明号创建活动】 年内，为做好青年文明号单位评定和审核工作，团市委对现有青年文明号单位进行了全面的筛查，对2012年前不合格的青年文明号单位进行了信息摸底，并开展了新一批申报、创建工作、网上注册工作。拉萨现有“青年文明号”国家级15个、自治区级10个、市级75个，遍布全市各行各业。

【青联换届工作】 年内，拉萨市青年联合会秘书处对拉萨市24名区青联八届委员会建议人员所在单位和相关部门进行了信息复核，于11月27日—12月3日在拉萨市政府门户网上进行了为期7天的公示，公示期满后将提名人选报市委组织部门和统战部门进行最终审核，确定最终名单。拉萨市青联换届工作正在积极筹备，将切实加强青联委员队伍建设，优化界别设置，重点加强对青年中的新阶层、新组织、新群体的联系和吸纳，突出青联组织的统战功能，为服务大局、服务青年做出积极贡献。

【各族青少年交往交流交融】 年内，组织基层优秀青年代表、优秀农牧民创业能手、少先队辅导员、青少年学生150余人与内地优秀青少年结对交流、观摩学习。开展“手拉手”行动，在中小学范围内组织动员不同民族的老师与学生展开真诚交流、不同民族学生交换结对卡，通过互相督促学业、介绍民族特色、体验风俗习惯等形式，在校园中形成和谐互助团结共进氛围。组织全市300余名各族青少年前往西藏军史博物馆、清政府驻藏大臣衙门、根堆群培纪念馆参观学习，进一步树立“三个离不开”思想。充分发挥市青少年活动中心在民族团结教育中的阵地作用,开设各类青少年素质拓展班,吸纳各族少年儿童进行课外素质拓展,一千多名各族少年儿童集中学习、娱乐。同吃同住同体验,不同民族青少年集中训练、体验、观摩、学习、交流、劳动、游戏,弘扬民族精神、体验军民深情、促进青少年交流、拓展青少年素质,进一步深化青少年爱国主义和民族团结教育。2015年第六届"红领巾相约中国梦"素质拓展暨民族团结进步教育夏令营活动得到团区委高度肯定,以团情要讯印发各地市团委、区直团工委、各高校团委交流学习。

【平安建设志愿服务活动】 年内,成立平安建设志愿服务活动领导小组,统筹安排相关工作,对每一名平安志愿者的服务地点、联络方式、个人信息全部建立档案。制定《关于开展2015年拉萨市平安建设志愿服务工作方案》,明确了活动的目的意义、组织形式、服务内容、工作步骤及相关要求。邀请政法综治专家对300余名大学生志愿服务西部计划西藏专项志愿者进行岗前培训,确保平安建设志愿服务活动有序开展。市、县两个层面组织300余名平安志愿者下沉至社区居委会网格和县城重点部位,协助村(居)委会、网格长开展安全检查1300余次、引导疏散160余次;协助社区对流动人口和出租房登记管理1400余次,对248户人家进行了流动人口计划生育情况的普查登记;网格数据录入2万余条,合基层工作人员制作信息宣传栏、撰写材料、信息等180余份;开展"三月综治宣传月"宣传活动,发放预防青少年为犯罪和青少年法律知识读本2500余本,发放拉萨市民族团结进步条例和宣传单3000余份;开展学习雷锋志愿服务活动40余场次,协助乡镇街道办事处组建"网络文明志愿者"队伍12支,集中开展"我为雷锋精神点赞""我为核心价值观代言""我为两会点赞"等青春正能量之声活动18场次,点赞1632个,形成网上、网下青春正能量的全覆盖;以"世界防治结核日"为契机,协助开展"你我共同参与、依法防控结核"主题宣传活动23场次,发放宣传资料12000余份;在"3·28"当天,协助开展新旧西藏对比展、升国旗唱国歌仪式等各种形式的"百万农奴解放56周年纪念日"活动55场次,覆盖3万余人。

【拉萨市青年马克思主义者培训工程第十一期团干部暨第五期少先队辅导员培训班】 11月1日—6日,成功举办了拉萨市青年马克思主义者培训工程第十一期团干部暨第五期少先队辅导员培训班,来自全市72名专兼职团干部和97名少先队辅导员,共168人参加了培训。首次邀请江苏省8名专家赴拉进行授课,市政府副市长吴亚松和团区委副巡视员、青年统战部部长强巴欧珠出席开班仪式并讲话。

【学习贯彻党中央加强和改进党的群团工作的意见精神】 年内,把学习贯彻《中共中央关于加强和改进党的群团工作的意见》、中央和区党委党的群团工作会议精神作为长期坚持的政治任务,通过专题读书班、座谈会、青马工程、大宣传大调研活动等方式,利用各种载体组织开展学习100余次,受教育5000余人次。

【"中国梦"宣传教育】 年内,将"中国梦"宣传教育与"老西藏精神""两路精神"教育结合起来,组织广大团员青年开展"美丽家园幸福拉萨·我的梦"主题教育实践活动60余场次,覆盖团员青年1万余人。

【教育引导】 年内,紧紧围绕维护祖国统一和促进民族团结这个中心,以"反对分裂、维护稳定、促进和谐"为主题,充分发挥爱国主义教育基地的作用,依托节日契机,开展"红领巾相约中国梦""中国梦·青春行""我为社会主义核心价值观代言"等主题系列活动100余场次,覆盖95%以上学校。

【拉萨青少年校外教育阵地建设】 年内,为充分发挥市青少年活动中心的品牌优势和社会教育培训机构的资源优势,请示市委同意后,创新性采取合作办学模式,2015年市青少年活动中心开设艺术类、体育类、文化类、综合类四大类13个项目32个班次,培训人数达1500余人次。申请拨批43.3万元,用于建设市青少年活动中心监控系统,完善人防、物防、技防的管控模式,提高安全防范能力。从自治区体育局申请经费50余万元用于市青少年活动中心体育健身区升级改造,满足全市青少年日益增长的体育健身需求。首次从上级团组织申请课外活动场所补助资金80万元,对多功能活动室、新宫大厅、给排水系统、才艺交流室等进行功能完善。为全市未成年人提供更加优质的课外活动场所和教育资源,培养他们的兴趣爱好,满足他们的课外生活需求,实现快乐学习、全面发展、健康成长。

【共青团员民族团结闪光行动】 年内，在以往工作经验基础上，以建强一支队伍、巩固两个阵地、搭建三个平台、深化四项行动“1234”为重点，深化共青团员民族团结闪光行动，促使广大团员青年成为民族团结进步事业的生力军。以建党日、国庆日、“五四”青年节、“3·28”“9·17”等节庆点宣传教育活动为契机，充分利用图片展、板报展、演讲、征文等多种形式，在各族青少年中广泛持久开展“民族团结是福、分裂动乱是祸”主题反分裂教育活动100余场次，覆盖农牧区、高中、初中、中职、小学、部队、企业、合作社等青少年群体5万余人。深入开展《拉萨市民族团结进步条例》宣讲活动，推进民族团结教育进机关、进企业、进社区、进乡村、进学校、进军营、进寺庙。开展学习贯彻中共十八大和十八届三中、四中全会精神300余次，受教育1万余人次，发放各类宣传资料1万余份，激励和引导团员青年投身于“六大战略”实践中。

【预防青少年违法犯罪工程实施】 年内，按照中央综治委2015年预防青少年违法犯罪专项组计划方案的部署，主动适应新形势新变化，坚持以法治为引领，深入推进重点青少年群体服务管理和预防犯罪工作，全面净化青少年成长的社会环境，积极推动完善青少年相关的政策制度和法治保障，不断健全全市预青工作组织体系和工作机制，坚持“四坚持、四突出”的措施推进预青工作，收到了较好的效果。

【青少年自护教育活动推进】 年内，联合公安、消防、市电视台等单位，持续开展“青春自护 珍爱生命”系列活动，深入走进村居（社区）、走进校外教育基地、走进孤儿院等地，以青少年喜闻乐见的形式开展了系列青少年自护教育活动，从交通、医疗、饮食、消防等全方位、多角度地向青少年宣传普及安全防范知识，活动达30余场次，播放各类教育宣传片20余次，展览各类宣传展板30余次。同时，市预青办为进一步提高拉萨市广大青少年识毒、拒毒、防毒意识和增强自觉抵制毒品的能力，组织在校学生、社会闲散青少年、外来务工青年等100余名青少年到拉萨市公安局禁毒支队教育基地开展“青春自护 关爱生命”之远离毒品参观学习活动。加大对弱势群体的关爱力度，帮助青少年系统掌握常见伤害知识及正确应对方法，全面提高青少年自护自救能力。

（栾　天）

拉萨市妇女联合会

【概　况】 年内，全市妇联组织645个，妇联干部1345名，其中市（县）妇联组织9个，专职妇联干部53名；市（县）直机关妇委会199个，妇联干部594名；乡（办）妇联65个，兼职妇联干部111名；村（居）妇代会267个，村（居）妇代会主任267名，100%为女性，100%进“两委”班子；“两新组织”妇委会71个，妇委会干部165名；寺管会妇委会34个，妇委会干部155名。

【妇女创业就业平台搭建】 年内，市妇联与农行、财信担保公司联合印发了《农村妇女小额担保财政贴息贷款实施细则》，为29名妇女发放妇女小额担保财政贴息贷款245万元，为广大妇女提供了创业启动资金，解决了妇女创业发展的瓶颈问题。

【妇女就业技能培训】 年内，全市各级妇联组织共争取培训资金191.85万元，开展SYB创业、民族手工、藏毯编织等各类技能培训44期，培训农牧民妇女1748人，培训就业率达到80%。

【项目带动妇女发展】 年内，为增强妇女群众“造血”式致富能力，各级妇联提供政策、资金、项目等服务，争取“大地之爱·母亲水窖”项目资金20万元；争取“全国三八绿色工程”——堆龙德庆县古荣乡嘎冲村“三八绿色工程”示范基地建设资金10万元，自治区“三八绿色工程”示范基地——尼木县续迈乡安岗村自治区“三八绿色工程”建设资金3万元；市妇联重点扶持了4个市级“妇”字号基地，投入资金40万元，各县（区）累计投入扶持资金9.98万元，扶持“妇”字号合作社11个，带动100名当地农牧民妇女实现就业，提高了农牧区妇女进入市场的组织化程度。

【维权工作社会化】 年内，在全市157个“110便民警务站”成立了“妇女儿童维权服务岗”和在市信访局挂牌成立了2个“妇女儿童维权服务岗”，落实维权工作经费52万元，把妇联的维权服务职能更直接地面向妇女儿童；在城关区和堆龙德庆区法院均建立了“妇女维权合议庭”，实现了司法诉讼和妇联调解的有效对接，拓展了妇女维权平台；在全市大力推广城关区木如社区妇女信访代理员示范点的成功经验，发展妇女信访代理员366人，发放了4万元的工作经费，将妇女维权工作的触角延伸到社区，最大限度把矛盾化解在基层；同时依托“妇女之家”“12338”维权热线等重要载体，向妇女儿童和家庭提供便捷的服务和帮助，健全维权网络和社会化工作机制。

【基层组织建设】 年内，在县乡村妇联组织100%覆盖的基础上，将组织触角向“两新”组织、尼姑寺庙延伸。年内，全市妇联组织645个，新增妇委会40个。

【阵地建设】 年内，全市共有“妇女之家”362个，实现乡、村（居）“妇女之家”全覆盖，其中村级“妇女之家”267个，乡级“妇女之家”65个，县级“妇女之家”6个，尼姑寺“妇女之家”21个，“两新”组织“妇女之家”2个，部队“妇女之家”1个。年内，建立示范“妇女之家”24个；挂牌成立自治区级“妇女之家”4个；成立了“儿童快乐家园”4个，争取到价值20万元的设施，努力延伸妇联服务妇女群众的手臂，积极探索儿童工作融入社区的新模式。

【女性参政议政】 年内，拉萨市人大女代表74名，占代表总数的30%，政协女委员76名，占委员总数的27%；全市女干部总数10398名、占干部总数的43.76%，地（厅）级女干部3名，占同级的4.8%，县级女干部196名，占同级干部的21%，科级女干部1887名，占同级干部的40.16%；党外人士地（厅）级女干部1名，占同级的1.6%，党外人士县级女干部5名，占同级的0.4%；全市女共产党员15253人，占党员队伍总数的33.2%。

【寻找“最美家庭”活动】 年内，全市各级妇联进一步弘扬新风，传播正能量，在全市掀起了建设家庭文明的热潮，推荐候选“最美家庭”81户，其中14户家庭荣获自治区“最美家庭”称号，全国“最美家庭”薄金清的家庭事迹被收录至《全国“最美家庭”故事汇》，16户自治区级“最美家庭”的家庭事迹被收录到《家和万事兴—寻找西藏“最美家庭”百户实录》，扩大了活动的社会影响和教育效果。

【“双学双比”“巾帼建功”活动】 年内，争取北京、江苏援藏支持，先后组织了21名致富女带头人、巾帼专业合作社负责人，赴北京、泰州市学习考察，组织了300名农牧民妇女，在区内其他地（市）、本市各县（区）内就近就地学习参观，促进了妇女之间的沟通交流；在2015年“第二届中国西藏旅游文化国际博览会”上，堆龙德庆区妇女成交2笔订单，卖出3万元的藏毯。

【妇女儿童公益活动】 年内，重点加大“蓝天春蕾”“两癌救助”“母亲邮包”“贫困儿童营养改善”等妇联关爱品牌项目的推进工作。年内，为308名“蓝天春蕾女童”发放资助金85.04万元；为57名贫困母亲“两癌”患者发放救助金57万元；落实母亲邮包451件，总价值11.53万元；落实“母亲健康快车”项目受益人达2.5万人；发放“恒爱行动”毛线130公斤，组织招募“爱心妈妈”为孤残儿童编织“爱心毛衣”76件。

【基层妇联干部培训】 年内，各级妇联组织举办村（居）妇代会主任培训班17期，培训242人；市妇联选派了26名市、县妇联干部，参加了在北京、井冈山等地举办的提高妇联干部能力建设培训班9期；曲水县、尼木县、林周县妇联先后组织农牧民妇女赴泰州、义乌和山南、日喀则开展学习交流。

【维权与维稳有效结合】 年内，各级妇联组织坚持维权与维稳并重，开展多种形式的“平安家庭”创建活动，向市政法委申报“平安家庭”50户，拉萨市妇联表彰了10户“平安家庭”，各县（区）妇联表彰了72户“平安家庭”；坚持开展矛盾纠纷排查调处，为妇女儿童提供信访、法律援助、人民调解、心理咨询“四位一体”的维权服务，，拉萨市各级妇联接待来信来访165件，信访调解率100%，调解成功率98%。

【基层群众生活关注】 年内，结合“三严三实”和“忠诚干净担当”专题教育、强基惠民、精准扶贫活动，为基层群众办实事、做好事，为驻在村群众办实事、解难题16件涉及资金29.9万元；争取到总投资40万元的基础设施和生产发展项目4个；走访慰问老党员、贫困户和村干部、贫困群众96人次，党员结对子32对；“三八”妇女节期间，各级妇联组织及妇委会，面向维稳一线妇女，基层寺庙尼姑，驻寺、驻村工作队妇女干部，弱势、困难妇女，开展送温暖、献爱心、送医送药等慰问服务活动，发放慰问金和慰问品33.47万元。

（冉龙平　刁　莉）

拉萨市工商业联合会

【概　况】 截至年底，市工商联会员总数1294个，直属企业会员167个，团体会员4个368人（拉萨市美容美发协会208人、拉萨市糖酒饮品协会30人、拉萨市土特产品协会120人、拉萨市天珠研究所10人）。

年内，全市非公有制经济市场主体52588户，同比增长14.5%；非公有制企业7731户、注册资金达997.97亿元，同比增长40.1%、78.1%；个体工商户43965户、注册资金33.38亿元，同比分别增长8.3%、16.5%。全市非公有制税收达53.7亿元，同比增长10.6%，占全市税收总额的95.89%。

【春节藏历新年慰问老干部活动】 2月4日，市工商联党组副书记、主席格西哈姆和党组成员、副主席次仁顿珠分别带队到拉萨市8名离退休老干部家中走访慰问。

【慰问困难群众活动】 2月5日，市工商联党组成员、副主席次仁顿珠率领相关工作人员前往当雄县羊八井镇甲玛村，集中慰问了18户困难群众、村两委班子和驻村工作队，为他们送去了糌粑、大米、食用油、砖茶等生活物品和慰问金，折合人民币20000余元。

【捐款“献爱心”活动】 5月4日，市工商联组织干部职工和拉萨市部分非公有制企业开展了向日喀则地震灾区捐款“献爱心”活动。发扬“一方有难、八方支援”的中华民族传统美德，干部职工纷纷慷慨解囊，捐出自已对灾区人民的一片赤诚的心意。这次捐款活动，市工商联干部职工捐款10950元；拉萨市非公有制企业共向灾区捐款捐物424.2万元，其中：现金312万元，物资折合人民币112.2万元。

【“萨嘎达瓦”宗教活动期间维护社会稳定工作】 5月18日，市工商联党组副书记、主席格西哈姆主持召开维稳专题会议，传达学习了市长张延清在“萨嘎达瓦”安排部署会议上的讲话精神以及相关文件精神，研究部署“萨嘎达瓦”宗教活动期间维护社会稳定工作。

【“我们的节日·中秋”主题活动】 9月26日，市工商联在三楼会议室举办“共度‘家’节、人月两圆”主题晚会，旨在弘扬中华民族优秀传统文化，不断丰富群众精神文化生活，引导市工商联干部职工进一步了解传统节日、认知传统节日。市工商联主席格西哈姆致辞，全体干部职工共计25人参加。

【拉萨市第二次非公经济发展大会】 4月22日，召开了拉萨市第二次非公经济发展大会。出台了《中共拉萨市委员会 拉萨市人民政府关于进一步促进非公有制经济健康发展的意见》文件，进一步明确了促进非公经济发展的更多优惠政策，为非公经济发展创造了良好条件。会后，充分发挥桥梁纽带助手作用，细化分解相关文件确定的政策措施，完成拉萨市非公经济发展工作领导小组成立的协调工作。

【非公党建工作】 5月28日，拉萨市非公党工委副书记格西哈姆主持召开会议，通报拉萨市非公党工委2014年工作开展情况，安排部署了2015年非公党工委工作，研究通过了拉萨市非公经济组织工作委员会人员调整建议名单和拉萨市非公经济组织工作委员会议事制度。

【三届五次执委会】 6月19日，拉萨市工商业（总商会）三届五次执委会在嘎吉林酒店举行，会议传达学习中共十八大，十八届三中、四中全会，区市党委八届六次全委会，区市经济工作会议，全市第二次非公经济发展大会和自治区工商联五届四次执委会精神，听取审议常委会工作报告，审议通过《工作报告的决议》。会议由市工商联副主席、调研员杜凤斌主持。自治区工商联党组成员、巡视员旺堆出席会议并作重要讲话。市委统战部副部长、调研员公保太，自治区工商联会员处副处长多布杰应邀参加会议。市工商联三届执委会主席、副主席，总商会会长、副会长，常委、执委，各县（区）工商联负责人、会员代表共计90余人参加会议。

【“网络信息安全与舆情监控”专题座谈会】 9月23日上午，市工商联举办“网络信息安全与舆情监控”专题座谈会。北京金山安全管理系统技术有限公司副总裁张旭东紧紧围绕网络信息安全与舆情监控，结合西藏地区实际情况，通过理论讲解、案例分析等方式，从拉萨市网信安全的特殊性、必要性与急迫性三个方面并结合北京金山安全管理系统技术有限公司的具体业务，深入浅出地讲解了新常态下西藏乃至拉萨市开展并完善网信安全与舆情监控工作的重要性和可行性。市委统战部、市委政法委、市网信办、市发改委、市工信局、柳梧新区、经开区等相关单位负责人共计25人参会。

【“四川省阿坝州藏族羌族自治州工商联（总商会）投资考察”专题座谈会】 9月28日，市工商联举办四川省阿坝州藏族羌族自治州工商联（总商会）投资考察专题座谈会。座谈会上，为两地非公企业相互投资、互利共赢，更好地服务两地非公经济发展达成了共识。拉萨市工商联与阿坝州工商联签署了“友好商会协议”。市工商联主席、总商会会长格西哈姆，四川省阿坝州工商联主席、总商会会长喻林超及拉萨市非公企业家代表、四川省阿坝州非公企业家代表、市工商联相关科室负责人共计25人参会。

【“中央第六次西藏工作座谈会精神”宣讲报告会】 10月21日，市工商联举办“中央第六次西藏工作座谈会精神”宣讲报告会，邀请到市委宣讲团成员、市委党校副校长刘晨光作专题报告。报告会全面系统地阐释了中央第六次西藏工作座谈会提出的新思想、新要求、新部署，宣讲思路清晰、重点突出、分析透彻、内容丰富，使广大参会人员对中央第六次西藏工作座谈会精神实质有了深刻的了解。市工商联干部职工、非公企业党务工作人员、非公经济人士共45人参加报告会。

【市民营企业与第二职校学生就业对接洽谈会】 11月12日，由市工商联和拉萨市第二职业学校联合举办的拉萨市民营企业与第二职校学生对接洽谈会在拉萨市第二职校举行，市工商联组织了21家民营企业参加洽谈会，提供370多个就业岗位，涉及专业技术人员、办公室文员、车间操作员、服务员、保安等30多个专业。第二职校283名学生前来了解和应聘，最后签订劳动用工协议意向的有152人。

【“三八妇女节送关爱、送健康”免费体检活动】 3月5日，由市工商联精心组织，联合市妇联、市总工会、西藏卓玛医院于在西藏卓玛医院举行了“三八妇女节送关爱、送健康”免费体检活动启动仪式。市工商联，市妇联、市总工会、西藏卓玛医院负责人和部分体检代表共计60余人参加活动启动仪式。此次活动时间为3月1日—31日，活动免费体检人数80人，体检对象为女劳模、三八红旗手、女企业家、女工会主席、女职工等。

【“三月份综治宣传月”活动】 3月12日—18日，市工商联组织干部职工通过进企业、进社区紧扣“创新社会治理方式，提高社会治理水平”为主题，开展了一系列形式多样的宣传活动。通过发放宣传手册、法律知识读本、悬挂横幅等活动，进一步调动了全民参与社会综合治理工作的积极性和主动性，加强了普法宣传教育，提高了公民法律意识。

【西南片区饮品行业共享新知峰会】 3月24日—25日，应世界500强企业西得乐集团邀请，市工商联组织拉萨山泉、大昭圣泉、白玛甘泉、藏御圣水等10余家企业，参加了西得乐集团和利乐加工系统联合举办的西南片区饮品行业共享新知峰会，为各核心生产企业提供了一个交流平台，探讨当前和未来行业趋势、能源价格、消费需求、设备的创新、运营的提升、包装的革新等用科学的方法引领创新。

【安全生产工作宣传活动】 6月8日，市工商联副主席次仁顿珠带领相关科室工作人员深入劳动密集型企业开展安全生产宣传工作，并深入生产车间、实地了解企业安全生产情况，针对企业安全制度建设和安全告示牌建设不完善等安全生产工作方面存在的不足提出了整改意见。

【自主创业高校毕业生参访优秀企业】 6月9日，市工商联协同市人社局组织30余名自主创业高校毕业生参访拉萨市净土产业公司、曲水才纳净土产业园、西藏奇圣土特产、西藏藏之梦地毯有限公司、西藏天佑德青稞酒业有限责任公司、西藏高原天然水有限公司等6家优秀典型企业。

【拉萨商业转型升级和投资机遇发展论坛】 8月7日，由自治区工商联、自治区商务厅、拉萨市人民政府主办，拉萨市工商联、拉萨市商务局协办，中太建设集团、区烹饪餐饮饭店业协会承办的2015拉萨商业转型升级和投资机遇发展论坛在拉萨举行。自治区政协副主席、工商联主席、总商会会长阿沛·晋源，拉萨市委常委、常务副市长洪家志，自治区商务厅副厅长龙大克出席论坛并分别致辞。自治区工商联副主席旺堆、廖贻东、刘洪，以及拉萨市工商联、市商务局等相关部门负责人和拉萨市近500名企业代表参加论坛。

【京东商城负责人参加雪顿节招商引资活动】 8月22日，市工商联诚邀京东商城一行30余人参加了2015年中国拉萨雪顿节净土健康产业招商引资项目推介会以及有关考察活动。在推介会上京东商城与拉萨市政府签订战略合作协议，并举行了京东商城拉萨净土健康产业馆上线仪式。拉萨市政府将与京东实现信息共通，资源共享，并提供相应的政策支持，进一步开展自营特色农产品采购、传统企业转型升级，助推拉萨净土健康产品走出去，促进拉萨净土健康产业向集约化、智慧化、链条化发展。

【“中国梦·西藏行——大美西藏”巨幅画展开幕式】 11月20日上午，市工商联组织企业代表200余人，参加了在拉萨市群众文体中心举办的“中国梦·西藏行——大美西藏”巨幅画展开幕式，并观摩了中国书画院《大美西藏》创作历程纪录片和描绘拉萨全景的《大美西藏》巨幅国画。

【企业用工需求调研】 3月23日—26日，市工商联协同市“四业办”对圣美家超市、瑞吉酒店、坎巴嘎布卫生用品公司、藏之梦地毯、厚北医院、百益集团、协合汽贸、雄巴拉曲神水藏药厂等13家企业进行了企业用工需求抽样调查，调研企业涉及民族手工艺、生物制药、商贸、宾馆、酒店、汽修、纺织等8个行业，调研采取座谈询问、问卷调查、实地察看等形式。

【农业部农业特产示范基地协会秘书长周亚东考察拉萨市非公净土健康产业】 6月23日下午，市工商联副主席次仁顿珠陪同农业部农业特产示范基地协会秘书长、上海大资源绿色食品董事长周亚东前往拉萨市净土健康产业企业西藏圣香海螺民族产品开发有限公司高海拔玫瑰种植基地、藏香水生产车间、产品展示厅进行了考察，并对圣香海螺公司产品做特做精方面提出了意见建议。

【区政协副主席、工商联主席阿沛·晋源调研尼木县非公企业】 7月16日，自治区政协副主席、区工商联主席阿沛·晋源在市工商联党组副书记、主席格西哈姆陪同下，到尼木县企业乌米农业综合开发示范区、西藏天润农牧业开发有限公司和北京德青源源农业科技股份有限公司调研，随同调研的有尼木县政协主席赵志强，援藏县委副书记、常务副县长彭松涛，分管经济的副县长索朗次仁，县区工商联汪杰主席以及县净土办相关人员。

【市人大调研组专题调研拉萨市非公经济发展情况】 7月28日—30日，由市人大财经委、市发改委、市工商联、市工商局、市税务局等部门组成的调研组先后深入拉萨国家级经开区、城关区、达孜工业园区就拉萨市非公经济发展情况进行了专题调研。调研组先后深入天佑德公司、高原之宝、琅赛房地产公司、宏发盛桃公司、罗占民族手工艺公司等非公企业进行实地调研，并召开5次座谈会，听取相关部门的工作汇报和非公企业反映的意见建议。

【林周县非公企业调研】 9月16日，市工商联主席格西哈姆一行深入林周县绿林农产品综合开发有限公司、南天科技责任有限公司、晋藏兴牧种养殖责任有限公司等非公净土健康企业进行调研，详细了解企业的生产经营情况和发展中存在的困难、问题与意见建议。提出企业要充分抓住机遇，发挥自身优势，大胆创新、创造企业的自主品牌，把企业做大做优做强，同时也要接地气，多多争取县区工商联的帮助，多为地方经济经济建设贡献力量。市、县工商联要全面提高服务意识，在经济资讯和金融支持、产品宣传、企业对接、市场推广等方面为企业排忧解难。要加强联系拉萨市工商联会员企业超市，为企业产品进入拉萨市场创造条件，打通入市绿色通道。

【全国工商联检查验收组验收“五好”县级工商联建设工作】 11月13日，由黑龙江省工商联党组成员、副主席孙毅夫带队的全国工商联检查验收组一行4人前到拉萨市城关区工商联和堆龙德庆县工商联进行了“五好”县级工商联建设工作检查验收。自治区工商联副主席、巡视员旺堆和市工商联副主席次仁顿珠陪同验收。

【北京招商引资活动客商邀请】 11月17日，拉萨市“净土健康专题招商”北京专场活动在北京西藏大厦举行。市工商联邀请到北京食品饮料商会、北京投融资商会、北京住宅房地产商会、北京医药商会以及北京华联集团、北京安氏集团、北京汇源集团、北京康贝尔集团等涉及食品、饮料、保健、房地产、太阳能、医药、旅游、农产品等九大类的50多家北京知名企业参加此次招商引资活动及产品推介。推介会上，市工商联招商引资项目1个、总投资规模2.7亿元的西藏纳木错实业有限公司与北京安氏集团4万吨水的销售合同。战略签约1个，北京华联集团与西藏七芝堂实业有限公司签订全面推广拉萨净土健康产品合作协议。

【全市净土健康饮用水、饮料生产企业负责人培训】 6月3日，市工商联举办“拉萨市非公净土健康饮用水、饮料生产企业负责人培训班。拉萨市26家从事非公净土健康饮用水、饮料生产的企业负责人共计60余人参加培训。培训班邀请到世界500强企业西得乐集团培训中心负责人张鑫，讲师胡雅、刘捷和那秀君4名老师授课。此次培训围绕拉萨市饮用水产业发展，安排了饮用水包装技术、质量控制、市场营销等方面的内容，将进一步提高拉萨市从事饮用水生产企业管理人员及营销人员的能力和水平。

【非公有制经济人士理想信念教育实践活动专题讲座】 6月15日下午，市工商联邀请到自治区党校副校长、研究生部主任、副教授房玉国举办了以“守法诚信”为主题的非公有制经济人士理想信念教育实践活动专题讲座。各县(区)工商联主席，各企业党支部书记及企业负责人40余人听取了讲座。

【“经济类知识”专题讲座】 7月3日上午，市工商联组织30余名非公经济人士参加了在市委老干部活动中心举办的经济类知识专题讲座。非公经济人士认真聆听了北京大学光华管理学院应用经济学系教授、北京大学经济政策研究所所长陈玉宇作《长期经济视角下的结构变化和宏观政策》专题讲座。

【全市规模以上非公企业负责人新三板、企业上市知识培训班】 7月20日，市工商联举办了全市规模以上非公企业负责人新三板、企业上市知识培训班。邀请到中投证券四川公司负责人孙浙晰，信永中和会计事务所重庆分所主任侯黎明，西藏大学教授、经济学博士、律师孙文革授课。主要讲解了《新三板情况介绍与发展展望》《我国资本市场概况》《中小企业融资、上市与收购兼并》《投资银行与资本市场》等四个方面的知识，并现场解答了培训学员的疑问，让培训学员深受启迪。各县(区)工商联负责人及全市规模以上企业负责人85余人参加培训。

【全市工商联系统负责人业务培训班】 8月10日，市工商联举办“全市工商联系统负责人业务培训班”。邀请到北京市工商联副主席、高级工程师、在读工学博士郑勇男为培训学员讲解了当前经济形势和新常态下工商联的战略定位、工商联工作平台建设、工商联的工作方法，以及在经济工作领域对宏观经济、微观经济、企业经营的学习等方面的知识。各县(区)工商联负责人，拉萨市14家非公企业代表共计40余人参加培训，市委组织部人才科负责人应邀参加培训。

【区市非公经济扶持资金申报】 年内，市工商联为8家非公企业申报自治区非公经济扶持资金1500余万元。完成11家申报市级非公经济发展专项资金500万元的前期申报审查工作。

【政协委员提案答复工作】 年内，拉萨市非公经济人士代表在拉萨市政协十届四次会议上积极建言献策，对非公经济发展提出了很好的意见及建议。涉及市工商联的提案共6件，其中主办3件，协办3件，市工商联高度重视，安排专人进行了落实，提案答复广泛征求政协委员、各有关部门的意见建议，政协委员满意后，用藏汉两种文字及时进行了答复。

（张正鹏）

拉萨市残疾人联合会

【概　况】 年内，深入贯彻落实中共十八大、中央第六次西藏工作座谈会和国家、自治区关于促进残疾人事业发展的重要精神，扎实开展残疾人康复服务、就业创业、教育培训、社会保障、权益维护、政策研究、项目建设等工作，进一步增强为残疾人服务的能力，努力进取、真抓实干、开拓创新，积极推进拉萨市残疾人事业又好又快发展。

【“三严三实”“忠诚干净担当”专题教育活动】 根据中央、区市党委总体部署，组织召开“三严三实”和“忠诚干净担当”专题教育会议，织全体干部职工开展了集中学习活动22次、理论中心组学习14次、邀请市委党校专家集中授课2次；安排三个中心各自组织学习共36次，每名党员干部撰写学习笔记达22000字以上，撰写心得体会5篇，发放学习资料人均10份、完成信息22期。

【“创先争优强基础惠民生”活动】 拉萨市残联驻夏萨苏第四批工作队坚持把学习、宣传、贯彻落实中共十八大精神贯穿于驻村工作的始终，认真扎实开展驻村五项工作任务。为10名预备党员举行转正仪式，从为民办实事经费中支出5600元对28名新老党员进行慰问；协调辖区爱心企业捐资3.6万元、社区拿出1.5万元、工作队从“为民办实事”资金中解决2.55万元共计7.65万元，对社区85户贫困家庭开展了“送温暖、献爱心”活动；组织社区和派驻单位全体党员与社区37户居民群众开展“进村入户结对认亲交朋友活动”，落实帮扶资金2.42万元；从办实事经费中解决社区文化站改造费用2.8万元；协助社区为辖区905户居民发放领袖像；从办实事经费中拿出1.337万元对江金达果大院一楼公厕进行“无障碍设施”改造；协助社区开播“惠民之声”广播，使党的各项路线、方针、政策进入到社区千家万户。

（罗雪梅）

经济综合管理

宏观调控

发展和改革

【概　况】 拉萨市发改委是主管全市国民经济和社会发展的综合职能部门，担负着研究提出经济社会发展战略目标和重大政策、措施，编制全市经济社会发展中长期规划和年度计划，编制重点项目计划，审批管理权限内固定资产投资项目，协调产业发展、宏观经济运行，协调经济体制改革，负责物价监测、价格认证、市场监管、价格举报调处等。同时兼管市粮食局。委机关现有干部职工 59 人，其中县级干部 11 人。委机关内设 11 个职能科室，下设粮食局(二级单位)。年内，年度完成地区生产总值 376.73 亿元，比上年增长 11.2%；全社会固定资产投资达 546.04 亿元，增长 19.9%；社会消费品零售总额突破 250.8 亿元，增长 14.1%；公共财政预算收入 62.43 亿元，比上年下降 3.7%。

制定年度发展计划。科学制定《拉萨市 2014 年国民经济和社会发展计划执行情况与 2015 年国民经济和社会发展计划的报告》，提交市十届人大第五次会议审议通过。增强经济形势分析能力。及时召开全市经济运行、固定资产投资等会议，坚持每季度经济运行分析和每月投资运行分析，研究提出针对性的措施建议，及时为领导决策和部门工作提供重要参考。开展重大问题调查研究。围绕市委、市政府关心的重大问题开展调研，形成《关于推进债务置换和产业基金设立有关问题的报告》《拉萨市在国家“一带一路”发展战略中的地位及核心发展理念》《西藏自治区成立 50 年来拉萨经济社会发展的辉煌成就》等一批有参考价值的调研报告，得到市委、市政府主要领导肯定。

【“十三五”规划编制】 牵头开展拉萨市“十三五”规划纲要编制和专项规划编制，在规划的编制过程中凝聚各方智慧、发挥各界力量，广泛听取意见，先后组织 8 次专题讨论、20 多次实地调研，11 次集中修改，先后形成了规划思路、市委规划建议稿和市政府规划纲要(草案)，最终通过市人大十届六次会议审议。《纲要》共分 17 章 61 节，主要从发展基础、发展定位、发展路径、发展保障四个层次进行了科学谋篇布局，明确了基本思路和重大任务举措。同时积极申报“十三五”规划项目，涉及农牧林、交通水利、城镇基础设施、政法政权、环境保护、信息化等领域。协同研究机构，完成“十三五”规划 7 个重点课题研究工作。指导有关单位开展 22 个专项规划和县(区)规划编制。编制完成《拉萨市国民经济动员“十三五”规划》，指导编制《空港新区“十三五”时期国民经济和社会发展规划纲要》。

【投融资平台建立】 投资平台工作稳步推进。注册成立拉萨平桥投资管理有限公司，进一步拓宽投融资渠道，弥补项目建设资金和前期工作经费不足，满足债务置换和产业基金设立等方面需求；产业基金设立工作加快进行。债务置换稳妥推进。积极推进预算管理制度改革，通过内部转移、外部置换两阶段，以期实现债务清偿，实现真正意义的“零负债”。

【项目投资】 加大上争力度。积极争取落实国家投资（含援藏投资）。紧扣国家确定的五大领域20个专项，超前谋划、扎实做好专项建设债券项目的申报与落实工作，拉萨市生产资料物流中心确定为专项债券项目，三年滚动专项建设债券投资项目30项，投资448.63亿元。切实解决项目前期工作经费。采取多渠道筹措解决前期工作经费，滚动使用的方式，2015年共解决前期经费560万元。扎实做好储备库建设。根据《国务院关于投资体制改革的决定》和自治区政府投资项目有关管理办法，制定《拉萨市发展和改革委员会政府投资项目储备库管理暂行办法》。

【项目建设】 交通路网更加健全。纳金大桥、慈觉林大桥、拉林高等级公路过境段工程、堆龙工业园A区市政道路、嘎玛贡桑路建成使用，拉日铁路拉萨段火车站公共配套工程投入使用，林周县春堆乡至洛巴堆村公路工程、林周县卡孜乡克布村至懂村公路工程、林周县旁多乡加格村至阿郎乡卡多村公路工程、堆龙德庆县德庆乡邦村延伸段公路、堆龙德庆县羊达乡帮古村延伸段公路等乡村公路项目顺利完工。水利设施进一步完善。澎波灌区郭当子灌区、吉热子灌区、纳木区子灌区、甲沟子灌区投入使用。

【产业发展】 提升农牧业发展。全年落实农牧业投资10.02亿元，以净土健康产业为重点实施20项农牧业项目，以大幅度提升水利保障能力为重点实施34项水利项目，以建设“生态拉萨、美丽拉萨、绿色拉萨”为重点实施林业项目8项，以全力推进精准化扶贫为重点实施127项扶贫项目，促进了农牧业平稳发展。农作物播种面积62.54万亩，粮食产量达到18万吨。发展壮大第二产业。产业项目完成投资240亿元，一产完成投资14亿元，二产完成投资110.17亿元，三产完成投资115.83亿元。随着电力紧张局面的缓解，“十二五”产业项目的陆续建成投产，实施建设文化旅游项目10个，完成投资1.54亿元。年内，接待国内外游客1150万人次，增长24%；实现旅游收入150亿元，增长35%，旅游收入占全市GDP比重持续保持在20%以上。

【节能减排】 开展608个公共机构单位和62家工业企业能耗统计，完成全市2015年度节能控制温室气体排放和“万家企业”节能目标责任现场评价考核，全年审批各类节能项目163个。顺利通过国家发改委组织的拉萨市餐厨废弃物资源化利用和无害化处理试点实施方案评审，拉萨市被列入全国试点城市。扎实开展循环经济示范城市申报工作，拉萨市成功列入全国循环经济示范试点城市（县）建设地区。

【改革开放】 市属国有企业20家，国有企业资产总额322.6亿元，增长2倍多；国有净资产（所有者权益）总额200.4亿元，增长近4倍；市属国有企业实现利润1.83亿元、上交税费2.8亿元；国有企业解决就业岗位50256人。财税体制改革稳步推进。税收收入年平均增幅超过了30%，增值税、营业税、企业所得税、个人所得税“四税”占税收总收入的比例超过80%。选择市直36家预算单位进行部门预决算和“三公”经费公开，占市级预算单位的55%。年内引进国内500强企业17家，投资规模上亿元项目77个，涉及农畜产品加工、特色产品开发、旅游、文化、商贸、科技、房地产、矿产开发等领域行业。深化行政审批制度改革。精简调整全市行政审批项目共471项，精简调整后为282项，精简调整率为64.68%。2015年1月1日，开始试点实施《拉萨市整合优化政府职能部门服务热线建设工作方案》和《拉萨市“三证合一”登记改革实施方案及工作规则》，并于10月1日和全国同步实施“三证合一、一照一码”登记改革。构建开放型经济体制。全市对外贸易实体企业不断扩大，有进出口业绩的企业增至100余家。境外投资企业17家，对外投资实际金额超过1000万美元的企业3家，企业投资总额1.6亿美元。物价粮食改革不断深化。继续在财政预算内安排1000万元作为价格调节基金的固定来源，努力保障市场供应充足和物价水平基本稳定，全年居民消费价格指数控制在2.3%以内。按照“公司+基地+商户”的模式，在人口相对集中的社区选定11家门店，设立便民蔬菜直销店，由市城投公司开展平价牦牛肉、酥油投放，市场零售价格大大降低。拿出50万元专项经费在市区8个农贸市场为农牧民提供230个自产自销免费摊位。

【援藏工作】 积极探索援藏新模式。北京、江苏援藏工作紧紧围绕惠民生、促团结等重点领域，大力实施经济援藏、就业援藏、教育援藏、干部人才援藏、科技援藏,提升与援藏省市的交流合作层次,不断增强拉萨内生发展动力,全年援藏资金实际到位 7.06 亿元。科学编制北京、江苏援藏规划。根据国家发改委《对口支援西藏经济社会发展规划编制工作的通知》要求,援受双方成立规划编制工作机构,北京市对口支援西藏"十三五"规划初稿已形成,北京市对口支援西藏"十三五"产业专项规划、交往交流交融等专项规划也已形成初稿。江苏省对口支援西藏"十三五"规划初稿已形成。

【自身建设】 教育活动扎实开展。深入开展"三严三实"和"忠诚干净担当"专题教育学习活动,紧密结合发展改革工作实际,组织开展"书记讲党课"活动,并取得明显成效。机关党建成效明显。深入学习习近平总书记系列重要讲话、十八届五中全会、中央第六次西藏工作座谈会精神,以学促用、工学相长,整个党员队伍的党性修养和政策理论水平明显提高。严格落实党建"两个责任",党建工作不断加强。积极开展"法律知识进机关"活动,进一步提高干部群众的法律意识。廉政建设取得实效。落实《中国共产党廉洁自律准则》《中国共产党纪律处分条例》等法律法规,执行党风廉政"一岗双责",扎实推进惩治和预防腐败体系建设,严格执行干部任前廉政谈话工作制度,对提拔、岗位调整干部进行任前廉政谈话 5 次,提拔使用县级干部 2 名、科级干部 3 名。强基惠民活动深入开展。全面落实驻村各项措施,慰问五保户、贫困户、"三老"人员 219 户,发放慰问物资总计 4.58 万元。积极联系百草益寿中药房连锁有限公司对阿朗乡阿布村、嘎列村 37 名在读贫困大学生及高中生进行助学捐助,捐资金额达 7.4 万元。

(吕文治　王祥磊)

财　　政

【概　况】 年内,全市财政收入完成 110.67 亿元,增长 22.56%,其中,公共财政预算收入完成 62.42 亿元,比上年下降 3.7%,占全区公共财政预算总收入的 45.52%;全市公共财政支出完成 200.40 亿元,比上年增加 30.91 亿元,增长 18.24%。大力实施积极财政政策,全力确保政府财政"零负债"。

【政府预算】 年内,在强化公共财政预算和政府性基金预算编制的基础上,将国有资本经营预算和社会保险基金预算纳入预算编制体系,将政府收支活动全部纳入了预算管理;推进信息化建设,完善市级部门预算项目库,提高基层财政的预算编报能力和水平;扎实推进"三公"经费公开试点工作,启动全市预决算公开试点工作,市级部门预决算公开面达到 55%。

【财政收入】 年内,做大做强净土健康发展等支柱产业,做好土地经营文章;配合做好税源调研和分析,着力抓好重点税种、重点企业和重点环节的征收;加强国有资本收益管理,完善国家以所有者身份参与国有企业利润分配制度,落实国有资本收益权;全面推进各县(区)及市直部门单位票据电子化管理,从源头控制收费项目。

【财政支出】 年内,严格控制政府性楼堂馆所建设、财政供养人员以及"三公"经费等一般性支出;清理规范碎片化投入,整合资金、集中财力,进一步增强重点领域和薄弱环节的财政保障能力;清理规范财政支出挂钩事项,在本年度预算编制中逐步取消三农、教育、科技、文化等重点支出同财政收支增幅或生产总值挂钩事项,均按照实际需求和财力可能进行安排;加强结转结余资金管理,市县财政按照自治区要求及时清理存量资金,并按照存量资金管理办法及时安排使用于经济社会发展急需的项目。推进政府购买公共服务,年内,购买公益性岗位 5070 个,支付岗位工资及社保补贴支出达 1.4 亿元;严把"三公"经费支出控制关,全年全市"三公"经费支出节约率达 18.3%。在全市各行政事业单位全面推行公务卡改革。

【预算执行】 年内,预算执行中除救灾等应急支出通过动支预备费解决外,没有出台增加当年支出政策;强化国库资金管理,全面清理整顿财政专户;健全预算绩效管理机制,年内选择四个市直项目,各县(区)各选择三个项目进行预算绩效评价,逐步将绩效管理范围覆盖各级预算单位和所有财政资金。

【政府采购】 年内,建立违规违法举报制度,向社会公开采购目录及采购限额标准,设立市级政府采购评审专家库,制定并实施《拉萨市非公开招标方式暂行办法》和《政府采购方式及工作流程》,规范采购方式和流程,扩大政府采购规模和范围,提高公开招标比重。年内,共组织实施政府采购 539 批(次),采购预算金额达 6.9575 亿元,采购执行金额 6.0257

亿元，节约资金 9318 万元，资金节约率 13.4%。

【投资评审】 年内，实行投资评审回避制度，完善内总复核机制，确保财政投资评审公正客观。完成竣工决算审核项目 77 个，评审项目资金 14.89 亿元，审定资金 14.11 亿元，审减资金 0.78 亿元，审减率达 5.24%。预算审核项目 142 个，评审项目资金 1.99 亿元，审定资金 1.51 亿元，审减资金 0.48 亿元，审减率 24.12%，有效提高财政资金的使用效益。

【重点工程保障】 年内，落实区市两级基本建设支出 52.74 亿元，用于支持城市供暖工程、南山造林工程、市政道路基础设施、水利基础设施、乡镇干部职工周转房、供排水管网、农村公路、城镇功能配套、驻藏大臣衙门、城乡幼儿园小学中学、政法基础设施、旅游基础设施、城市绿化提升改造、公租房棚户区改造等建设。落实西藏自治区成立 50 周年“大庆”综合整治工作经费 2.05 亿元，用于市区街景改造前期运行、市政设施日常维护、绿化带防护栏购置、井盖购置安装、城区道路交通指挥系统改建等。

【社会保障支出】 年内，社会保障和就业支出 10.44 亿元，同比增长 24.58%，用于城乡低保补贴、新型农村养老保险财政补贴、城镇居民及寺庙僧尼养老保险、“三老”人员补助、农村“五保”户供养、住房公积金配套等，兑现干部职工住房公积金财政配套资金 1.94 亿元。年内，城镇居民最低生活保障标准由月人均 540 元调整至 640 元，兑现区市县三级财政配套资金 8728 万元；农村居民最低生活保障标准调整由每人每年 2350 元调整至 2450 元，兑现区市县三级财政配套资金 3263 万元；落实区市县三级财政配套孤儿保障金 936 万元、60 岁以上老人基础养老金 6765 万元、“三老”人员生活补助提标资金 130.62 万元、五保户供养资金 82.55 万元、“三大节日”慰问资金 984.61 万元；按照市委、市政府决策部署，进一步提高村（居）干部补助标准，提标后全市村（居）党支部书记和村（居）民委员会主任基本报酬和业绩考核奖励补助每人每年达到 3 万元；村（居）党支部副书记和村（居）民委员会副主任基本报酬和业绩考核奖励补助每人每年达到 2.4 万元；村（居）“两委”委员基本报酬和业绩考核奖励补助每人每年达到 1.8 万元。城市社区党支部书记和居民委员会主任基本报酬和业绩考核奖励补助每人每年达到 3.3 万元；城市社区党支部副书记和居民委员会副主任基本报酬和业绩考核奖励补助每人每年达到 2.7 万元；城市社区“两委”委员基本报酬和业绩考核奖励补助每人每年达到 2.1 万元。兑现优秀村（社区）“两委”班子奖励资金 160 万元；社区年度运行经费达到 45 万元、行政村达到 5 万元。实施积极就业政策，落实就业及创业补助 308 万元；“4・25”地震救灾捐助 300 万元；加大城市公交事业扶持力度，落实公交运营补贴 9780 万元；兑现旅游客运班线补助资金 7893.92 万元；落实居民燃气补贴 2026.68 万元。

【教育科技投入】 年内，足额安排教育支出预算，教育支出达到 31.74 亿元，同比增长 31.59%。其中，市级投入教育配套资金 2.2 亿元，重点用于教职工住房公积金、职业教育、临时工工资、农村教师交通补贴、非义务教育阶段贫困生补助、全纳教育、教育城项目等支出。落实学前教育阶段农牧民子女补助和中小学教育“三包”及学前和城镇困难家庭子女助学金共计 6230 万元。年内，科学技术支出 4496 万元，用于支持全市农牧业、社会公益事业、医药卫生、交通运输、软件开发等重点科技项目加快实施并发挥效益。

【文化发展投入】 年内，文化体育与传媒支出达到 3.81 亿元，同比增长 50.59%。落实市级文化事业费 5392 万元、文化产业发展专项资金 2573 万元。支持春节藏历新年晚会、雪顿节、牦牛博物馆建设、《文成公主》大型藏文化史诗剧、民间文艺调演、农村文化建设、农村精神文化建设、文体中心事业发展、拉萨古城申报世界文化遗产等工作；《拉萨晚报》免费年赠送量达 63571 份，达到藏文版覆盖到户、汉文版覆盖到乡机关学校的要求。落实市广播电视台藏语频道上星工作经费 1070 万元，用于市电视台到区卫星上行站传输系统、供配电及应急电源系统、机房环境监测及监控安防系统建设，打造全数字化演播室。

【卫生医疗保障】 年内，卫生医疗支出 6.8 亿元，同比增长 44.98%。兑现 2015 年全市干部保健体检经费 1869 万元、全民健康体检费 4171 万元、城镇居民基本医疗保险 2381 万元、城镇职工基本医疗保险 17642 万元、村医基本报酬资金 488.16 万元、村级动物防疫员基本报酬 312.12 万元。

【企业培育扶持】 年内，投入资金 1.69 亿元扶持公益性企业营运补贴，落实资金1449.82万元支持9个中小企业发展项目，支持全市中小企业结构调整、增强发展能力；为新设立的国有企业安排注册资金2.9亿元；落实资金756万元，保障"藏博会""雪顿节"招商引资工作。

【支农支出情况】 年内，农林水事务支出19.74亿元，同比增长42.01%。支持发展高效农业、农业综合开发、水利事业、净土健康产业、南山绿化、"四业工程"、扶贫开发、贫困村互助、南山山体改造、造林绿化工程编制、净土健康产业政策补贴、拉日铁路火车站配套工程、重点区域生态公益林建设、扶贫项目考核奖励、农村人居环境建设和环境综合整治、小型农田水利、农牧民技能培训、农牧科技推广、农机具购置补贴、农作物补贴、牲畜良种补贴、野生动物肇事补偿、动物保护区管护、测土配方施肥、森林生态效益、菜篮子工程建设、农牧民合作组织、农牧业特色产业、气象监测点建设等。

【财政资金监管】 年内，市财政组织力量专门对教育、卫生、文化、扶贫、民政救助、医疗救助等部门专项资金使用情况进行监督检查，及时纠正财政资金使用过程中的违规违纪行为。对各县(区)民生政策兑现、村级公益事业"一事一议"奖补资金和部分市直单位财政存量资金进行了专项治理检查，下达处理决定3份，下达整改通知5份，上缴通知6份，收回财政存量资金4195.96万元。为确保县(区)财政、市直部门、市属企业财务管理规范，重点确定18个行政单位、4家国有企业、各县(区)及经开区、柳梧新区等32个单位为加强财务管理专项整治对象，开展自查自纠和专项整改。协调市直各行业管理部门和各县(区)对涉农项目资金开展专项检查行动，按照审计署等部门要求做好各项审计整改任务，进一步完善体制机制，在财政制度化、规范化建设方面迈出新步伐。

(肖伟利)

税　务

【概　况】 截至年底，累计入库各项收入560356.11万元，较上年同期增收62175.81万元，同比增长12.48%。

【依法治税】 认真贯彻落实涉税行政审批项目，清理税务行政处罚权力事项，把好重大税务案件审核关，截至年底，共受理3起重大税务案件。严格贯彻落实各项税收优惠政策，加强政策跟踪问效。召开"营改增"专题座谈会和税企座谈会，对已纳入试点行业的纳税人加强后续跟踪管理，拉萨市"营改增"试点纳税人达4280户。认真开展年所得12万元以上个人所得税自行申报、企业所得税汇清缴工作。有序推行增值税发票系统升级版，推行户数达2192户。认真落实小微企业税收优惠政策，享受小微企业增值税优惠政策的纳税户23148户，享受小微企业营业税优惠政策的纳税户14311户。小微企业所得税减免税户数达6091户，减免税款652.57万元。加大涉税违法行为查处力度，开展税收专项检查，加大对制售假发票"卖方市场"打击力度，成功捣毁2处制售虚假发票窝点，抓捕犯罪嫌疑人2人，缴获各类虚假发票2984份，检查4户制售虚假发票案件，查处虚假发票50份，累计入库稽查查补各项收入3619.68万元。

【税收征管】 夯实税收征管基础，制定《提高数据质量实施方案》《涉税数据质量管理工作规程》《征管档案管理办法》和《定期定额户核查方案》。集中三个月时间对基础数据进行专项整治，依托税控收款机用户卡和移动介质数据采集，强化票表比对，对税控数据异常的核定征收户现场补税，对税控数据异常的查账征收户开展税务约谈。强化风险管控，出台《税收风险管理实施方案》，选取堆龙德庆县局、直属分局和柳梧分局3个试点单位开展行业评估，积极探索"项目+行业"的税源专业化管理模式。对工程机械租赁行业、房地产行业、现代服务行业、汽车销售行业、建筑业和投资管理咨询行业的33户纳税人进行纳税评估，分析行业风险点和涉税管理要点，补征税款达1537.53万元。制定《拉萨市提供第三方涉税信息工作实施方案》和《第三方涉税信息管理工作规程》，规范第三方涉税信息采集应用和跟踪问效。做好金税三期推广上线工作，结合实际完善管理制度，严格推行"一把手"负责制，不定期召开座谈会、推进会以及部署会，环环相扣、加班加点，确保金税三期工程优化版在全市顺利上线并成功平稳运行。制定"三证合一"改革推进工作实施方案和应急预案，召开专题会议，开展业务培训，调整市区征管范围，编发宣传单，自查推进情况，有序推动登记制度改革。

【纳税服务】 大力推行网上报税和电子缴库业务，共有4140户查账征收纳税人实现网上申报，入库税款7.9亿元；共有564户核定征收的纳税人通过财税库银横向联网电子缴税，入库税款640.73万元。深入落实纳税服务规范，加大办税服务厅标准化建设，为纳税信用A级纳税人、老弱病残孕等特殊需求纳税人开设“绿色通道”，完成辖区内26517户企业手机号码清理补录，启用“拉萨国税”微信公众号，推出便民办税宣传册，向社会公开企业纳税红黑榜名单，向A级企业上门授牌。做好“纳税服务之星”和星级办税服务厅考核评价，有68名办税服务厅人员获得“纳税服务之星”荣誉，对市区办税服务厅邀请第三方明察暗访。组织开展纳税服务规范电视竞赛，户外LED、公交车载视频与车内挂牌宣传。多次召开“互联网＋纳税服务”专题会议，开展专题调研，梳理纳税人痛点与管理难点问题，思考符合拉萨国税系统实际的“互联网＋”行动计划和切入点。

【干部素质提升】 加强干部队伍建设，实行领导班子考核及“一报告两评议”。全面分析干部队伍结构与现状，选拔任用8名科级干部，对部分干部进行了交流调整，完善科级后备干部管理。加强干部廉政教育，组织收看《拒腐防变每月一课》，参观廉政警示教育基地，开展科级干部任前集体廉政谈话。专题召开党风廉政建设和目标绩效争先进位工作会议，签订《党风廉政目标责任书》。组织真查实改转作风工作会议，对全市国税系统进一步落实“八项规定”、纠“四风”、转作风问题进行再安排、再部署。加强干部教育培训，出台自创学习活动奖惩办法，有序开展每周一题、每月一课、每季一测、读一本书、业务比拼和全员考试等活动，加强学习效果评价监督，严肃教育培训纪律，举办各类培训38期，参训人数706人。每月召开全体干部学习大会、每周五召开支部学习会，定期邀请党校老师进行宣讲。加强组织建设，贯彻落实党内各项规章制度，严格培养和发展党员，落实“三会一课”制度，充分发挥基层党组织的桥梁和纽带作用。深入开展创先争优活动，积极在县局、分局中争创全国税务系统“青年文明号”、拉萨市文明单位等荣誉，组织拍摄精神文明建设专题片。与市委同步提前介入，全面开展“三严三实”专题教育活动，统筹全区税务系统“三项教育活动”。深入开展创先争优强基础惠民生活动，修建蔬菜温棚、启动牧家乐、举办驾校培训班、开展蔬菜养殖技能培训，“一对一”帮扶贫困户，投入资金累计70余万元，使驻地群众切实得实惠。

【行政绩效提升】 高度重视维护稳定工作，把安全稳定作为第一中心任务，认真落实维稳工作及各敏感日值班、带班及不定期巡查工作，落实“三不出”要求，全面排查安全隐患。加强财务管理，认真编制用款计划，强化国库集中支付改革，做好经费预算执行，均衡预算执行力度，规范财务收支管理。加强基本建设、政府采购工作，严把程序和质量关。加强政务、事务管理，积极提供后勤保障。以制度加强管理，严格执行领导干部外出报批报备制度，规范干部职工请（销）假管理办法，制定《公益性岗位人员管理办法》。全面推行绩效管理3.0版，认真总结2014年绩效管理工作，根据区局3.0版绩效考评指标及相关办法，结合拉萨市具体实际制定市局系统绩效管理实施办法、机关绩效管理实施办法，明确系统绩效考评规则，出台个人绩效管理实施办法，实现组织与个人绩效全覆盖。探索“大督查”模式，启动综合大检查，明确13个大项、56个小项检查要点，内容覆盖税收管理、服务、行政多个层面，对基层工作进行全面摸底，通报问题并限期整改，实地督查落实，倡导形成马上就办、办就办好的工作作风，确保决策落实，政策落地。

（谢东萨）

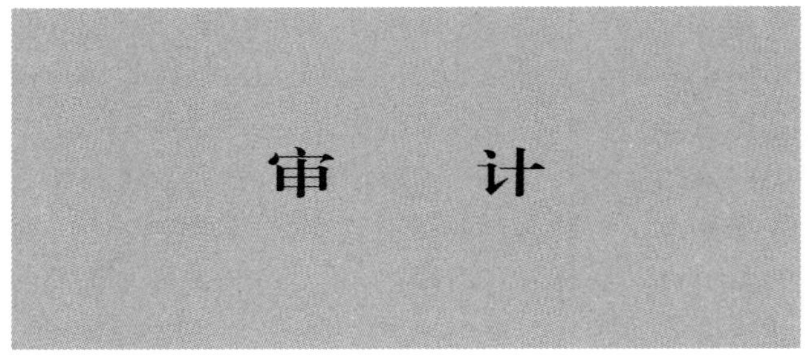

审　计

【概　况】 年内，拉萨市审计局人员编制48人，在编47人，领导职数6名。设有办公室、法规科、财政金融审计科、基本建设投资审计科、行政事业审计科、经济责任审计处、经贸企业审计科、农业与资源环保审计科、信息中心。年内，共完成审计项目17个，出具审计报告、决定43篇，提出审计建议46条，被采纳46条。

【预算执行情况及其他财政收支情况审计】 年内，开展当雄县2009年至2014年预算执行情况和财政收支审计,对全市相关部门的预算执行情况及其他财政收支等方面进行延伸审计;按照国务院统一部署和审计署统一要求,对稳增长、促改革、调结构、惠民生、防风险政策措施落实情况进行跟踪审计,促进有关政策的落实。提出审计建议6条,被审计单位采纳6条。

【行政事业和专项资金审计】 年内,完成了拉萨市民政局2013年至2014年财政收支审计。开展对全区教育系统"三包经费"专项审计、2014年铁路护路联防工作经费收支情况审计、拉萨市2011年至2014年强基惠民短平快项目及为民办实事经费收支审计和拉萨市2014年城镇保障性安居工程跟踪审计。提出审计建议14条,被审计单位采纳14条。

【经济责任审计】 年内,拉萨市审计局完成了拉萨市人民政府驻北京联络处原主任扎西平措离任审计、林芝地区墨脱县县长任中审计、阿里地区札达县县长任中审计、拉萨晚报社总编辑刘斌离任审计、尼木县三公经费使用情况审计、拉萨市堆龙德庆县马乡马勇、达瓦次仁任中审计、西藏拉百商贸有限公司原董事长羊智勇离任审计。提出审计建议12条,被审计单位采纳12条。

【固定资产投资审计】 年内,拉萨市审计局进一步加大了对重点投资、重点工程建设项目的审计力度,截至年底,完成了加荣路市政工程项目竣工决算审计、东城区三路市政工程项目竣工决算审计和城关区人民法院审判用房建设项目竣工决算审计。提出审计建议5条,被审计单位采纳5条。

【企业审计】 年内,拉萨市审计局完成了拉萨市城市规划设计院财务收支审计、曲水县净土产业投资开发有限公司财务收支审计、拉萨市城关区净土农业开发有限公司财务收支审计。提出审计建议3条,被审计单位采纳3条。

【农发项目专项资金审计】 年内,拉萨市审计局不断加强对涉农资金的审计力度,完成了拉萨市2013年农业综合开发土地治理项目资金审计、拉萨市2010年城市周边重点区域建设项目工程资金审计和拉萨市曲水县2013年农发产业化项目资金收支情况审计。提出审计建议3条,被审计单位采纳3条。

（杨立涛）

工商行政管理

【概　况】 截至年底,全市市场主体达53208户,注册资金达1167.48亿元,私营企业7684户,注册资金961.82亿元,个体工商户43988户,注册资金33.46亿元,农牧民专业合作社887户,注册资金8.76亿元。

【商标注册】 截至年底,全市商标总量达3819件,驰名商标13件,著名商标47件,地理证明商标1件。"神水藏药及图"商标、"优·敏芭古藏香 Menpa 及图"商标被认定为中国驰名商标。

【市场监管】 大力推进市场主体年度信息报告公示工作,落实"双随机"抽查工作机制,建立信用约束机制。制定《集中执法办案工作制度》,执法办案向集中化、专业化方向发展。立足提升监管效能,制定《商品交易市场信用分类监管办法》《关于深化商事制度改革加强事中事后监管意见》等,共查处各类违法案件953件,罚没款341.8万元。

【消费维权】 围绕消费维权年主题,积极宣传贯彻落实新消法。扎实推进12315规范化建设和"五进"工作,建立维权联络点120个,消费投诉举报站12个,受理消费者咨询、投诉、举报1987起,受理12345转办49件,挽回经济损失203万元,调解率达到100%。制定《12315"诉转案"工作机制》,办理"诉转案"18件。定期对投诉举报申诉等数据进行汇总分析,了解掌握消费者咨询、投诉的热点问题,发布消费警示25次。

（其美央金）

质量技术监督

【概　况】 市质监局围绕市委、市政府确定的发展思路和工作目标，坚持“抓质量、保安全、促发展、强质监”工作方针，以服务观念转变经济发展方式为主线，努力践行“三严三实”“忠诚干净担当”专题教育，深入开展“创建全国质量强市示范城市”活动，开创了拉萨质量建设事业科学发展新局面。

【产品质量安全】 年内，共抽检工业产品17种209批次，合格189批次，平均抽检合格率为90.43%；监督抽查22家重点食品23批次，合格22批次，合格率达到95.65%。

【质量强市】 年内，市质监局以质量强市推动产业强市，全面启动创建“全国质量强市示范城市”，召开全市“净土拉萨，质量引领”示范创建动员大会、“名牌培育，质量强企”动员大会、“迈向质量时代，建设质量强市”质量月大会，以市政府名义对上年推进品牌建设的5家先进单位进行通报表彰，质量强县、强企、强业工作全面启动。市质监局先后与七县一区建立了质监工作承接联系单位，初步构建了政府主导、各级各部门协调联动、社会共同参与的大质量工作机制。品牌培育力度不断加强，

正式启动拉萨名牌产品评选工作，申报28家企业（38种产品）拉萨名牌，组织企业10名选手参加全国品牌故事演讲比赛拉萨分赛区比赛，推动净土健康产业品牌发展，提升品牌竞争力。贯彻落实国务院《质量发展纲要（2011—2020）》，全面启动拉萨市政府质量奖评定工作。质量月活动丰富多彩。邀请市人大、政协等30人现场观摩西藏自治区质检所和西藏康达机动车检测线；组织四大实体质量牵头部门负责人参与电视台专题访谈节目；开展送法律、送服务进企业、进学校、进社区“三进”活动；开展“光明计量进校园”活动。

【特种设备安全监察】 年内，全市拥有各类特种设备6678台，市质监局加强特种设备安全运行监管，真抓实干，打响“三大战役”（电梯、锅炉、油气管道），全面组织开展全市特种设备安全生产大检查、大排查、大整治活动，监督检查229家特种设备生产经营使用单位，发现146起安全隐患，督促整改消除138起安全隐患。拉萨市“96333”电梯安全应急指挥中心项目建设完成并投入试运行。首次引进内地专家技术援藏，对学校、医院等62家高危使用单位的567台在用特种设备开展安全评价活动，发现安全附件等共性安全问题3起，严重隐患52起，整改合格率达100%。全年送检液化石油气钢瓶4.8万只，依法回收处理报废钢瓶3.2万只。免费培训特种设备作业人员687人次。

【标准计量】 年内，市质监局积极推进标准化战略，尼木藏香、堆龙古荣糌粑、拉萨藏毯成功获批国家地理标志保护产品；圣美家超市、四川会馆成功获批省级服务业标准化试点单位；市民服务中心成功申报国家级服务业标准化示范单位并顺利通过实地验收初审。积极推荐尼木县普松雕刻、雪拉藏纸、藏红花、青稞红曲申报国家地理标志保护产品，并会同相关部门帮扶锦镁朵工贸有限公司开展哈达地方标准制定工作。全年共办理组织机构代码证6174件。

【执法监督】 年内，“12365”受理1起投诉案件，咨询类38起，均已调解处理完毕。组织开展3次执法宣传，发放宣传资料3000余份，现场受理咨询600余人次，出动执法人员30余人次。

（贾伟萍）

安全生产监督管理

【概　况】 截至年底，全市共发生各类生产安全事故202起，死亡71人，伤171人，直接经济损失1075.04万元（其中生产经营性事故37起，死亡13人，伤28人，直接经济损失624.66万元），与上年同期（发生安全生产事故212起，死亡102人，伤193人，直接经济损失4849.85万元）相比，事故总起数下降5%，死亡人数下降31%，受伤人数下降12%，直接经济损失下降78%。

【道路交通事故】 年内，全市共发生事故147起，死亡62人，伤170人，车物直接经济损失143.1万元（其中生产经营性事故21起，死亡7人，伤28人，直接经济损失27.52万元）。其中，城区发生事故102起，死亡31人，伤96人；林周县发生事故2起，死亡3人，

伤3人；曲水县发生事故8起，无死亡人员，伤20人；墨竹工卡县发生事故9起，死亡3人，伤17人；堆龙德庆县发生事故9起，死亡7人，伤5人；达孜县发生事故8起，死亡6人，伤16人；当雄县发生事故7起，死亡11人，伤13人；尼木县发生事故2起，死亡1人。与上年同期（发生事故156起，死亡93人，伤190人，车物直接经济损失4174.68万元）相比，事故总起数下降6%，死亡人数下降34%，受伤人数下降11%，车物直接经济损失下降97%。

【火灾事故】 年内，全市共发生事故46起，无伤亡人员，直接财产损失38.03万元。其中，城关区发生事故38起，无伤亡人员；曲水县发生事故1起，无伤亡人员；堆龙德庆县发生事故3起，无伤亡人员；墨竹工卡县发生事故1起，无伤亡人员；尼木县发生事故1起，无伤亡人员；达孜县发生事故1起，无伤亡人员；当雄县发生事故1起，无伤亡人员。与上年同期（发生事故48起，无伤亡人员，伤2人，直接财产损失57.09万元）相比，事故总起数下降5%，均无死亡人员，直接财产损失下降34%。

【工矿商贸事故】 年内，全市共发生工矿商贸事故9起，死亡9人，受伤1人，直接经济损失889.7万元。其中，建筑领域发生事故5起，死亡5人；金属非金属矿领域发生事故2起，死亡2人；工商贸及其他领域发生事故2起（其中1起为电力事故），死亡2人。与上年同期（发生工矿商贸事故7起，死亡8人，受伤1人，直接经济损失568.08万元）相比，事故起数上升29%，死亡人数上升13%，受伤人数持平，直接经济损失上升57%。

【铁路交通事故】 年内，全市铁路交通未发生人员死亡事故。

【特种设备事故】 年内，全市未发生特种设备事故。与上年同期（发生事故1起，死亡1人）相比，事故起数、死亡人数均下降100%。

【较大安全事故】 年内，全市共发生4起较大道路交通安全事故，死亡13人，伤6人。

【安全生产形势】 年内，全市各类生产安全事故占全年控制指标333起的61%，死亡人数占全年总控制指标127人的56%。各类生产安全事故起数中，道路交通事故占72.77%，火灾事故占22.77%，工矿商贸事故占4.46%；各类生产安全事故死亡人数中，道路交通事故死亡人数占87.32%，工矿商贸事故死亡人数占12.68%，总体形势持续稳定。

【责任落实】 年内，层层落实责任，周密安排安全生产各项工作。统筹考虑，合理分配2015年全市各类安全生产控制考核指标，并与驻市自治区直和市直各单位、市安委会各成员单位、各县（区）人民政府、重点企业签订《安全生产目标责任书》；按照“五落实五到位”的工作要求，在各类生产经营、仓储企业、旅游客运企业中推行“五落实五到位”工作，落实企业的安全生产主体责任；印发了《拉萨市安全生产党政同责、一岗双责暂行办法》，调整充实全市安全生产委员会组成人员，由市委副书记、市长张延清担任市安委会主任，其他常务副市长、副市长担任安委会副主任，市安委会成员单位主要负责人为安委会组成人员，全面实现了全市各县（区）、乡（镇、街道）、村（居）均成立了安委会。印发了《拉萨市安全生产考核奖励办法》，对全市安全生产考核的原则、方式方法、范围、内容、评分标准、奖罚办法等都做了详细的规定。

【非煤矿山安全监管】 年内，严格审查企业复工安全条件，对不符合安全要求的坚决不予复工生产。对正式投入生产企业，责成各县（区）安监局在按照“属地管安”原则与企业签订安全生产目标责任书的同时，对率先制定并实行的“出入井安全确认制度”（即入井前提前进行安全条件的确认）和企业安全隐患自查自纠台账制度落实情况进行严格检查。并反复多次加强对企业的安全生产检查，对排查出的各类安全隐患实行跟踪销号，对无法确保安全的坚决进行停业整顿。实施专家会诊制度，即检查中邀请专家随同检查，由专家查隐患，提出合理化建议，为监管部门的执法提供依据。积极推行地下矿山安全避险“六大系统”建设工程，截至年底，已有3家企业通过专家的检查评估验收。通过在企业中宣传、指导等方式有效促进企业安全生产责任“五落实五到位”工作的落实，并针对墨竹工卡县年内5月、6月连续发生2起（共死亡2人）矿山安全事故情况，启动安全生产的约谈机制，约谈墨竹工卡县分管安监工作的副县长和县安监局局长及企业相关负责人。严厉“打非治违”力度，对于西藏巨龙铜业有限公司巨龙铜多金属尾矿库未批先建行为进行了通报并停产整顿。

【危险化学品安全监管】 年内，严格《危化品经营许可证》申请、延期、换证工作，对新申请、延期、换证企业严格要求企业进行安全条件论证，并邀请专家核查企业安全条件合格后再予以发放许可证。在强化日常安全监管的基础上，在各敏感时段、节点开展不间断的安全巡查、检查工作。督促企业建立健全各项安全管理制度和应急预案，并适时开展演练。

【烟花爆竹安全监管】 年内，为严格对烟花爆竹许可证的发放工作，要求各县（区）按照“总量控制、合理布局、规范管理”的基本原则予以落实的同时，通过聘请专家开展培训，做到销售人员考试合格后持证上岗。并联合工商、质监、治安、消防等部门对经营店面的安全间距、人员持证上岗、制度建设、销售实名登记、消防安全等开展全面检查，对不符合要求的坚决予以责令整改，对整改仍达不到要求的予以停业取缔。严格对烟花爆竹储存仓库的监督检查，查仓库人员职守、规章制度建立、出入库登记、消防安全措施落实、日常安全隐患自查自纠等情况。联合公安、治安等部门对部分不符合质量安全要求的和过期失效的470余件烟花爆竹和近4281枚（件）礼花弹实行了集中销毁。

【安全监管执法】 年内，针对直接监管的矿山、危化、烟花爆竹企业共开展执法检查260余家/次，排查出各类安全隐患86处，已整改84处，对未整改隐患的均下达了责令整改指令书，并跟踪落实整改。

【职业健康安全监管】 年内，积极推进职业健康各项工作。针对职业健康监管工作起步晚，职业病防治工作体制机制尚不健全等实际情况，征求各县（区）和重点企业对职业健康工作的意见和建议，参加由自治区组织的各类职业健康培训；利用“安全生产月”和“职业病防治宣传周”，印发了《中华人民共和国职业病防治法》《职业健康常识》和《职业健康工作监管手册》为内容的宣传单、册、挂图等；邀请专家赴经济技术开发区、柳梧新区面向具体监管人员和企业进行了集中授课；在征求市卫生局、市人社局、市总工会、市发改委、市财政局、市科技局等相关部门意见的基础上，出台了《拉萨市职业卫生监管联系会议制度》。

【重点行业领域安全监管】 年内，为严格落实“安全生产大检查专项行动方案”，全面强化道路交通、人员密集场所、油气领域、民爆物品、烟花爆竹、矿山、建筑施工、特种设备等重点领域安全生产检查工作。共出动警力10.26万人次，车辆2.16万台次，查处各类道路交通违法行为122043起，接受处罚108446人次，其中饮酒驾驶16起，查处醉酒驾驶7起，无证驾驶1195起，超速行驶12952起，依法行政拘留179人，扣留机动车1536台，扣留驾驶证518本，吊销驾驶证11起，收缴罚款近2200万元。其他行业领域共检查企业次数10611家/次，下发督办通知27份，查处隐患12814处，已整改12201处，整改率95.22%，下发行政监察等文书（含强制措施决定书、处罚决定书）3548余份，罚没193.26万余元，取缔关闭5家，停业整顿85家，行政拘留3人。

【宣传教育】 年内，利用“安全生产月”和“法制宣传月”等有利契机，重点对国家安全生产法律、法规和安全生产知识进行了宣传讲解。充分利用LED显示屏、新闻媒体及通信工具，刊发安全生产新闻，播放安全生产宣传短片，发送安全知识短信，鼓励群众积极参与安全生产工作。在开展各种安全生产检查时，结合被检查对象的实际情况，向从业人员有针对性地宣传安全生产法律法规。以“强化红线意识、促进安全发展”为主题，结合新《中华人民共和国安全生产法》的实施，采取安全生产宣传咨询日定点宣传、观看安全生产专家访谈等群众喜闻乐见的形式，组织全市36家安委会成员单位参加了“安全生产咨询日”、安全生产宣传“五进”“万名大客车驾驶员安全宣誓”“安康杯”知识竞赛等活动，营造了浓厚的安全生产氛围。

（李金凤）

食品药品安全

【概　况】 年内，根据拉萨市机构编制委员会《关于拉萨市食品药品监督管理体制调整的通知》文件精神，拉萨市食品药品监督管理局由拉萨市卫生局管理的副县级机构调整为拉萨市人民政府工作部门（正县级)。保障重大活动驻地餐饮服务安全24次;受理办结988件餐饮服务许可申请和122件药品医疗器械许可;对全市范围内近4000家餐饮服务单位进行监督检查;共立案30起,均已结案,结案率达100%,罚没款共计人民币16.2万元;处理各省市协查来函125件,向区外发出协查函4件,处理投诉举报37起,办结率达100%;完成655个批次的食品抽检任务,62批次胶囊剂样品抽检任务。

【食品药品监管机构改革】 截至年底,市食品药品监管局稳步推进食品药品监管改革,年初从自治区食品药品监管局承接200余家三星级以上酒店、宾馆、大中专院校餐饮服务单位的监管工作,7月17日,承接了拉萨市食品安全委员会办公室食品安全综合协调、组织查处食品安全重大事故的职责,10月28日,承接食品生产环节行政审批和监管职能,并积极发挥职能作用。年内,建立全市食品行业风险隐患排查档案,健全信息通报、联合检查、隐患排查和事故处置等协调联动机制,组织各食品安全成员单位共检查食品生产经营户25144次;处理投诉举报5 7起,办结率100%;责令整改113户;检查批发市场、集贸市场等各类市场检查438次;农牧部门蔬菜农药残留快速检测样品1003份,检测合格率99.4%;查收过期农药60袋;查扣非法屠宰牲畜27头;开展联合检查19次;下发督办通知6件;协调处理举报16期;行业法规宣传16137户次,发放宣传资料画册11920余册,光碟25张,展出展板27张,接受群众咨询310人次。11月6日,组织全市83家食品生产企业召开食品生产企业培训,并签订诚信生产承诺书。根据食品安全风险监测、风险评估结果和食品安全状况等,确定监督管理的重点、方式和频次,实施风险分级管理。截至年底,已完成40家食品生产企业(含延续申请和新申请办理)的现场监督检查工作。

【餐饮服务环节监管】 年内,共受理餐饮服务许可申请1460件,办结988件,退件213件;发放988本餐饮服务许可证;受理保健食品经营许可及换证申请20件,办结20件。截至年底,共出动执法人1112人次,对全市范围内近4000家餐饮服务单位进行监督检查,检查学校食堂食品安全及餐饮服务环节食品卫生28家;完成餐饮服务单位肉制品、盒饭、学生餐、果蔬汁饮料等食品655个批次的抽检任务。2015年开展安全保障工作24次,未发生一起重大食品安全事故。将餐饮服务环节"明厨亮灶"工程作为拉萨"首府城市"工作亮点进行推广,2015年已完成530家的改造升级工作,完成了2015年底全市10%餐饮服务单位完成"明厨亮灶"改造升级的工作目标。年内,全市餐饮业、集体食堂餐饮服务食品安全监督量化分级管理率≥95%,有效落实了餐饮服务经营者主体责任,推进餐饮服务食品安全信用体系建设。

【药品及医疗器械监管】 2015年共受理办结药品医疗器械许可122件(其中新办零售企业4家,新办医疗器械经营企业11家,医疗器械换证9家,药品医疗器械许可事项变更55件,药品零售企业经营质量管理规范认证113家),受理报送自治区级审核的初审资料21件,受理二类医疗器械备案33件。截至2015年年底,共出动执法人85人次,检查县级医院5家,乡卫生院16家,村卫生室8家,检查药品批发企业57家次,医疗器械经营企业60余家,药品零售企业202家次,20家药品使用单位;抽取胶囊剂样品53批次。开展问题中药饮片和风湿消炎片等问题药品清查工作,银杏叶药品清查工作以及含可待因复方口服液体制剂管理工作,共检查药品批发企业50余家次,药品零售企业180余家次,清查过程中,共协助召回问题银杏片药品1611盒。加快推进药品经营(零售)企业GSP认证工作,年内完成换发证113余家。完成药品不良反应信息收集和网上上报报表60余份,完成药物滥用信息收集和网上上报报表100份。

【查处食品药品违法案件】 大力开展打击食品药品安全违法犯罪活动,年内,共立案30起,均已结案。罚没款共计人民币16.2万元;处理各省市协查来函125件;向区外发出协查函4件;处理投诉举报37起。

【简政放权】 2015年5月,向七县一区食品药品监管局下放的药品经营许可证和餐饮服务许可证行政审批项目,开展业务培训并进行业务培训效果测试,此次参加培训的七县一区食品药品监管局执法人员有16人,收到良好的效果。将药品经营许可证和药品经营质量管理规范认证证书2项许可合并为1项;取消医疗器械第一类产品生产注册许可,改为备案管理;取消二类器械许可,改为备案管理。

(德　曲)

统　　计

【概　况】 全年，实现地区生产总值376.73亿元，同比增长11.2%，完成城镇居民人均可支配收入26908元，同比增长16.7%。

【常规统计调查】 年内，加强对基层统计报表的审核，按时完成常规统计报表的年报、月报、季报工作。开展基本单位名录库核查，依据“先进库、再有数，不在库、不出数”的原则，及时将达到“四上”标准的企业纳入名录库。

【重大国情国力普查】 年内，继续抓好第三次全国经济普查后续工作，在《拉萨晚报》分一、二、三号发布了《拉萨市第三次全国经济普查公报》，汇编印刷了《拉萨市第三次全国经济普查主要数据公报》，编辑了普查年鉴、研究开发经济普查相关课题。扎实推进了1%人口抽样调查，成立调查工作协调小组及其办公室，落实调查经费、制定了工作计划、完成了人员培训、样本抽取、摸底调查、底册编制、地图绘制、物资准备等工作，开展涉及全市七县一区、柳梧新区的63个街道、乡镇的101个调查小区，调查人口约3万人的入户登记，检查督导，全面完成行业、职业编码、事后质量抽查各项工作。积极筹备第三次全国农业普查，完成《拉萨市关于第三次全国农业普查方案设计前期调研提纲的报告》，组建拉萨市第三次全国农业普查领导小组及其办公室。

【社情民意调查】 年内，开展拉萨市城市天然气供暖工程使用状况问卷调查、外来人口状况调查、乡村医生队伍建设情况调查、全市出租车、公交车满意度调查、全市纳税人满意度调查、2015年群众安全感调查、公民科学素质抽样调查等。

【统计基础建设】 年内，市编办就加强全市基层统计，专门下发通知，将县区统计机构由原来的县发改委二级局均设置为县（区）政府工作部门（正科级），每个县区统计局明确不少于3名行政编制，设立社会经济调查队，增加统计事业编制3名，特别是明确城关区事业编制增加到6名，同时对园区和乡镇统计工作人员配备也提出了要求。

【统计法制建设】 年内，加强了法制宣传、加大检查力度，强化统计法制建设。开展普法宣传教育4次，对贸易、工业、服务业等企业统计人员宣讲了统计法律法规相关知识，开展“学习宪法、遵法守法”主题活动，组织干部参加全市行政执法培训及考试，完成了市政府“12345”热线知识库的编制和有关统计工单的处理。

【统计信息化建设】 年内，完成内部局域网的新建设，实现各科室资源共享。加强和规范县区VPN接入统计内网的管理工作，全面清理重建统计系统VPN账户，对所有内网机安装安全防护客户端，确保统计信息网以及数据报送过程中的网络安全。

【统计改革】 年内，推进重点领域统计改革和统计监测。启动投资统计改革试点工作，建立实施固定资产投资统计常态化检查机制，将投资数据统计纳入市委、市政府开展的“集中开工项目专项督查活动”重要内容。推进服务业统计改革，对规模以上服务业实行联网直报，调查制度由定报改为月度，加大监测频率。推进城乡住户一体化调查，对全市所有城乡样本进行清理、核查、轮换。

【统计服务】 年内，参与全市机关效能、党风廉政建设考核工作。围绕市委、市政府中心工作，撰写《统计分析》62篇、《统计专报》6篇、《统计工作动态》190余篇、《统计研究与报告》30篇，为党政领导提供《2015年月度主要经济指标小册子》《领导干部手册》600余册。编印《2014年统计研究与报告》和《2015年拉萨市统计年鉴》，在《拉萨晚报》刊登《2014年拉萨市统计公报》。《50年铸华章》一书为自治区成立50周年献礼，并由区党委常委、市委书记齐扎拉亲笔题序。《拉萨市全面建成小康社会指标体系研究》课题通过专家学者的验收，为全市“十三五”规划编制提供科学依据。每月通过拉萨市政府网、区局、总队和市局队统计信息网及时公布全市统计工作动态和经济运行数据，全年答复个人和单位要求提供的统计相关数据30余次。

【统计培训】 年内，制定《2015年全市统计教育培训计划》,面向各县区、企业统计人员开展专业培训10期,受训500余人次;派员参加国家统计局、区局总队举办的培训班7期,受训人员30余人次;邀请北京、江苏对口省市统计专家来拉萨进行2期统计专业知识培训,受训人员150多人次。

（王莉荣）

净土健康产业

【净土健康产业体验馆开设】 年内,拉萨市净土健康产业投资开发有限公司与西藏睿天下投资管理有限公司合作组建拉萨净土产品展销有限公司,并宇拓路上开设西藏第一家拉萨净土产业专题展馆——拉萨净土健康产业体验馆。旨在构建“拉萨净土”品牌统一的推广和宣传平台以及全市净土健康产业系列产品的物流集散中心,同时也为西藏实力厂家提供一个正规的宣传平台,并通过对质量的把控,对品牌的宣传,提升“拉萨净土”区域公用品牌的知名度、影响力。体验馆大体分为食品、饮品体验区、手工艺品体验区和超市提货区三个部分,同时又在体验区细分出14个主题区域,包括玛咖体验区、净土文化展示区、有机食品区、藏药材区、藏香区、藏式挂毯区、藏式服装区、唐卡展示区等,全方位展示高原特色“食品、饮品、药品、饰品”。

【“杭交会”“昆交会”】 年内,拉萨市净土健康产业投资开发有限公司参加“杭交会”“昆交会”,向内地厂商展示、推广拉萨净土健康产品。通过体验馆销售,内地代理商、参加展销会、组建拉萨净土电子商务有限公司开启网络销售等多种营销模式,已在淘宝、京东上代销拉萨净土产品,全面开启拉萨净土产品的营销时代。

【非公净土健康生产企业开展“参观学习交流”活动】 10月22日,市工商联组织15家非公净土健康生产企业负责人参观了西藏圣龙实业有限公司办公区域、GMP生产车间、产品区。参观后企业家们紧紧围绕净土健康产品的提升、创新、营销、优势、困难等方面进行了广泛热烈的交流,并就各非公企业在生产、经营、宣传等发展中遇到的各种问题,存在的困难和对政府的意见建议设想等进行了分享。此次活动搭建了会员之间、企业家之间、非公净土企业之间的零距离交流平台。

【拉萨非公净土健康产品销售网点对接活动】 10月29日—11月5日,由党组副书记、主席格西哈姆带队,组织西藏睿健净土生物科技有限公司等11家非公净土健康企业,前往四川成都市和海南省三亚市进行市场考察与商务洽谈。促成了成都百益长城店愿意划出面积65平方米的最好位置作为“拉萨非公净土健康产品”集中形象展示区,并在商场中厅黄金位置调整出20平方米用于产品展示与宣传。并通过多种宣传途径和营销方式推广拉萨非公净土健康产品。西藏睿健净土生物科技有限公司与三亚市“福乐多超市”在设立拉萨净土健康产品体验馆等方面达成了合作意向,并将尽快实施运作。拉萨百益商贸有限公司将在三亚开设一个占地近3000平方米的便利店,主推拉萨非公净土健康产品。

【净土健康产业】 此次推介会,全市招商引资目标任务单位及部分参会企业共发放招商项目册及宣传画册4500余册,北京电视台京视媒及驻拉十余家媒体参不仅对此次推介会所有情况进行了全程报道,还充分报道了拉萨市以“净土、净水、净空、净心”为基础打造的净土健康产业所取得的丰硕成果,使广大区内外客商对拉萨市净土健康产品的认知度有了更高的提升。

【奶牛、生猪、藏鸡、高原特色设施园艺净土健康产业发展】 年内,全市奶牛养殖示范村达10个,比上年增加5个;示范户320户,比上年增加100户;奶牛养殖小区达19个,全市奶牛存栏8万余头,比上年增加0.5万余头。生猪养殖基地达25个,比上年增长2个,生猪出栏7.08万头,比上年增长0.35万头。藏鸡养殖基地达到28个,比上年增长2个。藏鸡存栏55万只,比上年增长14万只,出栏33.3万只,比上年增长1.3万只。设施蔬菜面积达到0.118万公顷,与上年同比增加0.008万公顷,年产量达到15.1万吨,比上年同比增加2.99万吨,共引进各类蔬菜瓜果新品种55个,引进草莓新品种5个60000株苗。

【全市净土健康产业发展总结大会召开】 1月7日，全市净土健康产业发展总结大会召开。会议总结2014年全市净土健康产业发展工作，安排部署2015年净土健康产业发展工作，八县（区）作经验交流发言。明确全市净土健康产业发展的重点工作：要主动适应经济发展新常态，以“拉萨净土”为统领，根据净土健康产业发展态势以及市场走向的变化，遵循国际国内经济发展规律，大力发展特色优势产品，发挥资源比较优势，形成区域化、专业化生产，提高净土健康产品和产业的市场竞争力。

（郭　凯）

民生工程

【富民之策】 深入推进“四业工程”，创新培训方式，提升培训效果，大力开展就业技能和技能提升培训，增强二、三产业吸纳就业能力，培训3.2万人，新增就业1.5万人，劳务收入增长18%以上。完善就业创业服务体系，创建充分就业社区、市级劳务品牌，做好高校毕业生、退役军人、残疾人就业服务，援助困难家庭就业，搭建人力资源供需平台，动态消除零就业家庭，确保有就业意愿的高校毕业生就业率100%，城镇登记失业率控制在2.2%以内。促进群众增收致富，落实强农惠农政策，办好“十件实事”，兑现各项补贴，发展壮大后续致富产业，健全精准扶贫机制，实施30个扶贫项目，减少贫困人口2万人，提高群众从事种植业、养殖业、加工业和服务业的市场竞争能力。

【安民之责】 完善社会保障机制，充实社会保障基金，提高基础养老金、村组干部待遇、环卫工人工资，五险扩面3000人，环卫工人实现五险全覆盖。完善社会救助制度，建设未成年人救助保护中心、老年护理中心、荣军院和7个残疾人托养康复服务中心，实现孤残弃儿童集中供养率、孤寡老人意愿集中供养率100%目标，不断提高特殊困难群众生活保障水平。完善住房保障体系，优先改善低收入人群住房条件，建设1个农牧民集中居住区，建成3800套周转房、二三期园丁苑。完善驻村机制，围绕“五项任务”，坚持“七个着力”，加大基层政权建设投入，确保村（居）年均运行经费达到5万元，努力实现“六个提升”。

【利民之事】 优先发展教育，深化教育体制改革，加强教师队伍建设，提升教育教学质量，促进教育均衡发展，加快建设教育城二期和北京、江苏实验中学智能化工程，迁建特殊学校，新建体育馆，完成40所学校宽带网络“校校通”建设改造任务，完善两所职校设施，改善学前教育办学条件，推进继续教育，健全终身教育体系。促进体育发展，完善体育设施，构建全民健身服务体系，建设高水平运动队，举办各类体育赛事。提升医疗服务水平，做好免费健康体检工作，强化基层藏医药服务能力，推进市县医院标准化建设，开工建设拉萨新医院，支持民营医疗机构发展壮大，防治重大传染病、地方病，完善农牧民基本医疗保障体系，每个行政村培养1名卫生员、1名接生员，城乡居民基本医疗补助分别提高到380元、420元。加快推进食药监管改革，整顿规范市场秩序，提升风险监测水平，保障群众饮食用药安全。

【便民之举】 落实菜篮子市长负责制，完善“农超对接”“农校对接”“农企对接”机制，健全便民超市、直营菜店、流动餐车等社区服务网点，引进大型农贸批发企业，做大做强东嘎农贸市场，优化“菜篮子”直销车布局，丰富果蔬品种，平价供应市民。落实社会保障标准与物价上涨挂钩联动机制，健全临时价格补贴机制，加强粮油肉蛋菜等重要生活必需品储备调运，加强市场监管，严厉打击制假售假、哄抬物价等违法行为，确保供给充足和价格稳定。

【社会事业发展基础不断巩固】 拉萨市实验小学分校、第九幼儿园、儿童福利、三县“五保”老人集中供养服务中心、人民医院高压氧仓、残疾人综合（托养）康复服务中心、尼木县3个乡镇卫生院等一批民生项目投入使用。

（朱文俊）

对口援藏

援藏重大活动

【产业合作】 年内,拉萨市设立产业扶持专项资金,支持堆龙德庆农业示范园区、工业园区和城关奶牛基地建设,提升推进拉萨市健康净土产业发展;促成一批产业合作项目,如:宁算科技集团在拉萨投资135亿元建设“天上西藏、智慧光谷”项目,德青源投资4亿元建设藏鸡保护与开发项目,京西隆电商集团投资2.6亿元开发玛咖灵芝保健饮料等。

【智力援藏和交往交流】 年内,拉萨市安排1100万元推动智力支持和人才援藏,帮助拉萨培训各类人才2200人;开展京藏交往交流交融活动,70多批次社会各界捐助6000多万元资金;首都艺术家拉萨行举办12场文艺演出和8场书画笔会交流。

【选派教师到拉萨江苏中学任教】 年内,拉萨市选派48名具有丰富教育教学经验的援藏教师到拉萨江苏实验中学任教,把江苏先进的教育理念与拉萨实际相结合,推动拉萨中等学校教育质量的提高。该校2015年首届高考,大专以上上线率达80.16%。其中,藏文科大专以上上线率达73.32%,超过自治区17.21%;藏理科大专以上上线率达96.25%,超过自治区17.25%。协调联系江苏省8家企业代表到拉萨开展“科教爱心拉萨行”活动,向对口支援四县31所乡村小学捐赠40套乐高小学机器人创新实验室教学设备,总价值约108万元。

【扶贫帮困】 年内,拉萨市组织江苏援藏医疗队赴林周、墨竹工卡和达孜县开展大型义诊活动,共为1500余名群众进行义务诊治,免费发放药品和计生用具价值3万多元,让广大农牧民患者在家门口就能免费享受专家门诊服务。将拉萨符合手术条件的先天性髋关节脱位和先天性食管闭锁患儿送至江苏,实施免费治疗,直接免除医疗费用和患者家庭食宿费。全体援藏干部深入各自驻村点,平均每人结对帮扶贫困农牧民2户以上,结对帮扶贫困大学生至少1名。援藏干部共计捐赠慰问金、助学金和慰问品共计17.2万元,帮助协调、解决实际困难260多个。继续开展“援藏情·一家亲”民族团结进步创建活动,鼓励引导援藏干部子女与在江苏的西藏内地班学生结对子,切实帮助他们解决学习生活上的实际困难。在2015年“4·25”抗震救灾公共卫生应急工作中,根据自治区统一部署,省疾控中心援藏干部独立携带应急防疫物资和快速检测装备,第一时间深入灾区开展卫生防疫工作,为灾后防疫工作做出积极贡献,受到灾区干部群众好评。

【教育卫生领域合作】 年内,拉萨市组织9批共78人次的苏拉教育卫生考察团开展互访考察活动,进行学术交流、专题研讨、项目合作。组织多批次拉萨骨干教师、中小学校长、疾控和医疗骨干技术人才到江苏进行培训进修,帮助增强拉萨市师资和卫生队伍能力。加大职业教育帮扶,安排一批西藏生源到江苏职业院校学习,推动初高中未就业毕业生职业技术培训全覆盖。省教育厅与拉萨市合作成立职业教育课题组，安排8位专家进藏，为拉萨市职业教育发展与改革，提供咨询服务和智力支持。组织江苏省11名教育管理和学科教学专家赴藏送教，为200多名拉萨中小学校长和骨干教师进行授课培训。组织江苏8批共70余名卫生医疗顶尖专家赴藏，开展20个专题培训，培训当地医技人员600余人次。组织苏大附属医院10余名临床主任医师，到拉萨市人民医院开展为期1个月的短期援藏，帮助提升当地的诊疗水平。

省民政厅向拉萨市民政局捐赠200万元帮扶资金，专项用于拉萨市老年福利院建设。省商务厅组织15家净土健康企业与苏宁易购进行对接，推动净土健康产品接入电子商务销售平台。省审计厅牵头组织淮安、宿迁等市审计局，与拉萨市审计局建立联系、交流业务。省质监局特检院安排4名安全检测专家，专程进藏对特种设备进行安全检测评估，为西藏自治区50周年大庆提供安全保障。省科技厅邀请江苏农科院专家，帮助编制完成《拉萨市净土健康食用菌产业发展方案》。南京市及所属江宁区、秦淮区、鼓楼区等组织党政代表团，赴墨竹工卡县推动合作交流；年内，先后安排拉萨当地10名处级干部、50名科级干部、42名专业技术人员到南京学习轮训或挂职锻炼；安排墨竹工卡县乡两级共56名党建工作业务骨干，首次组织35名以优秀村“两委”干部和联户长为主要成员的农牧民代表团，分别到宁参加学习交流培训；组织20名藏传佛教僧尼代表团到南京开展宗教文化交流。苏州市邀请林周县党政代表团赴苏进行回访考察，并先后派出7批50余人次赴林周县交流工作；积极协调后方乡镇向林周县各乡镇投入党建帮扶、基层基础工作经费400余万元；组织企事业单位、爱心人士开展捐资助学，改善林周当地医疗卫生条件，累计捐款捐物达280余万元。镇江市组织达孜县基层党政干部、教育卫生人才和企业中层干部174人，分6批次赴苏学习培训；组织特、高级教师到达孜县中心小学任教。泰州市总工会与曲水县签署四年共93万元的项目补助资金；泰州团市委、妇联分别资助曲水县每年10万元的活动经费，泰州市妇联挂钩资助10名大学生。

【县域经济社会事业发展】 年内，拉萨市主动作为，助推县域经济社会事业发展。把推动经济社会发展放在首位，加快新农村建设，实施民生项目和乡村安居工程，推进“四业工程”，加大劳动力技能培训和转移，提高了广大农牧民就业和收入水平。

墨竹工卡县邀请江苏省政府参事室调研组赴墨竹调研，率先开展边疆民族地区县域建设全面小康社会指标体系研究工作。联系南京师范大学旅游系专家组，对大思金拉措景区进行高标准规划。在南京市援藏干部助推带动下，前三季度，该县主要经济指标占拉萨市比重进一步提升，墨竹成为自治区推进新型城镇化试点县，甲玛乡成为自治区推进产城融合试点乡。达孜县把工业园区和净土健康产业作为全县经济发展驱动核心，在招引内地企业落户、引导园区企业投资扩产的同时，强力推进青稞醋等重点项目。以援藏资金投入为主的藏鸡、奶牛养殖基地也已建成使用，以种养殖业为核心的净土健康产业初具规模。截至年底，该县净土健康产业企业已发展到9家。林周县坚持以鹏博健康产业园区建设为重点，以招商引资为抓手，截至10月底，累计有14家企业落户产业园。苏州援藏干部主持修编完成《林周县旅游发展总体规划》，重点打造林周热振藏布生态旅游景区基础建设项目；根据拉萨市将林周确定为空港新城战略定位，对县城发展规模、土地利用等重新修编总体规划，完成《林周县城市总体规划（2014—2030）》编制。曲水县依托国家级农村改革试验区和才纳乡国家级现代农业示范区的政策优势，不断加强招商引资力度。依托优质水资源，年内，先后引进3家天然饮用水企业，总投资达4.5亿元；与三峡集团签订曲甫沟水源开发意向性合作协议，为促进水产业做大做强奠定基础。

（陈连合　王铁山）

援藏项目

【北京援藏项目建设】 年内，北京市全年共投入援藏资金2.8亿元，安排援藏项目29个，全部开工并建成北京幼儿园、文化产业大厦、SOS儿童村活动中心、堆龙德庆文化中心、党建示范基地等项目。同时着力抓好项目后期运营管理，拉萨文体中心举办20多项活动，参与人员超过85000人次。

【江苏援藏项目建设】 年内,江苏省投入援藏资金近1.6亿元,重点建设拉萨市人民医院环境改造等一批项目,其中,拉萨江苏实验中学、拉萨市东城人民医院已建成并投入使用。考虑拉萨市基层群众需求,对“十二五”规划项目资金安排进行调整,投入400万元,建设完善拉萨市疾控中心和11个乡镇儿童计划免疫规范化门诊,并为拉萨市疾控中心配备大型冷库、疫苗运输车和应急指挥车,提升了拉萨市免疫网络,让广大儿童能够享有安全、规范的预防免疫服务。省疾控中心帮助拉萨市疾控中心升级改造病毒血清学实验室,提升了拉萨市的病毒检测能力。

（陈连合　王铁山）

北京援藏

【北京·拉萨对口支援暨慰问援藏干部交流座谈会】 6月28日,北京·拉萨对口支援暨慰问援藏干部交流座谈会召开。听取北京市第七批援藏工作汇报及部分援藏干部援藏工作开展情况汇报。区党委常委、拉萨市委书记齐扎拉出席并讲话,北京市委组织部副本部长闫成、北京市市直机关工委副本书记景玉宝、市直机关工会主席时代新,拉萨市委领导龙志刚、马新明、袁训旺出席。

【教育和卫生援藏工作】 年内,拉萨北京实验中学高考和中考成绩创历史新高,北京“成建制”教育援藏得到中央领导的肯定并推广;46名援藏教师开展为期两年的援藏工作;开通运行首个京藏教育合作网,选送35名藏族学生赴石景山北京师范大学附属中学分校就读。选派15位医生“组团式”援助拉萨市人民医院,形成医疗援藏的北京特色。全年免费治疗50多例先心病、胯关节脱位、唇腭裂儿童,为当地群众谋福祉。

【北京第二期援藏医疗队工作】 年内,北京市第二期援藏医疗队共接诊普通门诊病人1.2万人次,重大疑难会诊病人150人次,抢救危重病人126人次,开展各类手术240余台,义诊巡诊1950人次。

【援藏干部】 年内,北京市援藏医疗队健全各项规章制度,关心关爱援藏干部,强化廉洁自律教育管理,完成援藏干部公寓采暖和供氧工程;开展“三学两课”活动,举办丰富多彩的文体活动。开展“三严三实”专题教育,组织援藏干部集中学习12次,举办各类研讨和座谈会7次,修订完善60多项制度编印成《援藏干部手册》,形成制度保障、领导带头、全体援藏干部开拓奉献的良好局面。

（陈连合）

江苏援藏

【概　况】 2015年,是西藏自治区成立50周年。中央召开第六次西藏工作座谈会,对进一步推进西藏经济社会发展和长治久安工作作出战略部署。年内,江苏前方指挥部以“治国必治边、治边先稳藏”战略思想为遵循,始终坚持“依法治藏、富民兴藏、长期建藏、凝聚人心、夯实基础”重要原则,以省委、省政府提出的“江苏援藏工作继续走在全国前列”的目标要求和年初省委省政府主要领导的重要批示精神为指引,发扬“老西藏精神”和新时期江苏精神,以着力保障和改善民生为出发点,实施经济援藏、教育援藏、卫生援藏、就业援藏、科技援藏和干部人才援藏,加强统筹、完善机制、狠抓落实,各项工作进展顺利。

【江苏省第七批、第八批援藏干部领队交接工作会议】 10月1日,拉萨市举行江苏省第七批、第八批援藏干部领队交接工作会议。欢迎胡洪、方桂林、王国臣等第八批援藏干部和江苏省援藏干部领队接送工作组全体成员,送别陈勇、王晖、孙晓南等第七批援藏干部。区党委常委、市委书记齐扎拉主持并讲话,江苏省委组织部常务副部长、江苏省援藏干部领队接送工作组组长王奇宣读江苏省委决定,市委领导张延清、达娃、斯朗尼玛、袁训旺、次仁旺堆、洪家志、占堆、彭祎涛出席。

【援藏项目实施】 年内,江苏省坚持援藏资金向基层倾斜、向农牧区倾斜的原则,全年安排援藏项目33

个，援助资金4.25亿元，重点投入一批涉及教育、卫生、就业和基础设施的民生工程。截至年底，江苏省2015年21个建设类项目中，开工19个，开工率达90.5%，完工项目8个。

【资金使用效率提高】 年内，江苏省组织审计单位完成对11个江苏“交钥匙”援建项目的竣工结算审计，核减造价11.05亿元，总核减率达15.22%。同时，配合西藏自治区做好2014年度援藏资金使用情况的专项审计工作。针对审计提出的意见建议，就项目管理、资金拨付、竣工结算以及苏拉资金、人才智力援藏资金管理等，主动会商拉萨市受援办、市财政局等单位进行优化完善。6月，省对口支援办公室组织的联合检查组，专项检查19个援建项目，对项目实施情况给予较高评价。

【基层党建援助新模式】 年内，江苏援藏指挥部努力提升基层党建服务水平。全体援藏干部在履行好本职工作的同时，投身基层党建工作实践，取得明显成效。中央政治局委员、中央统战部部长孙春兰，西藏自治区党委书记陈全国分别对由江苏省援藏干部主要负责、部分援藏干部积极参与的拉萨村居“两委”换届工作做出重要批示，肯定拉萨换届工作的特色做法和经验成效。整合援藏资金5000万元，在对口支援四县实施村级组织活动场所示范点建设和整体提档升级工程。截至年底，12个村级组织活动场所示范点建设项目主体结构全部完成，该项目受到区、市各级领导干部和广大农牧区基层党员群众的普遍欢迎，西藏自治区党委常委、组织部长曾万明对江苏援藏资金支持基层党建工作，多次给予充分肯定和高度评价。西藏自治区根据拉萨的做法经验，已经着手启动全区村级组织活动场所标准化建设工作。南京市援藏干部联系中央党校党建教研部，在墨竹工卡县建成中国少数民族地区首个“党建研究联系点”，为推进农牧区基层党建工作创新提供有力的理论指导。

组织“联姻”，开展相互嵌入式结对共建。搭建共建平台，通过开展形式多样的结对共建活动，强化基层党组织整体功能。省委组织部高度发挥牵头抓总作用，全年相继安排拉萨市县两级组织部门12名党建工作业务骨干，分两批到对口四市跟班学习、挂职锻炼。徐州市委组织部与拉萨市委组织部达成结对共建协议，互派4名组工干部到两地挂职。泰州市与曲水县建立基层党建学习互助机制，选派曲水县2批共25名新任村党支部书记，到泰州开展履新党建工作业务培训、跟班锻炼。指挥部党委与拉萨市药王山武警中队党组织，就发展警政警民关系、基层党组织携手并进等工作建立了互助帮建关系，并投入10万元为军营修建水塔、购买党建图书资料，丰富军营文化等帮建载体，受到了干部战士的欢迎。

【援藏干部人才队伍】 年内，江苏援藏干部加强学习宣传，营造促进援藏工作深入开展的良好氛围。及时传达学习中央第六次西藏工作座谈会、中央和省委全会等重要会议精神，深刻学习领会新时期中央治藏方略和省委、省政府关于做好援藏工作的各项要求，不断提升援藏干部人才的政策理论水平。积极组织全体援藏干部人才参加“三严三实”专题教育，开展“读好书，提素养”读书活动，巩固党的群众路线教育实践活动成果，继承发扬“老西藏精神”，加强民族团结，密切党群干群关系。根据自治区统一安排，组织好第七批援藏干部人才宣传工作，配合省委组织部和拉萨市委组织部拍摄制作《格桑花开》专题片，办好《高原放歌》、指挥部工作简讯，激发江苏第七批援藏干部人才服务西藏、奉献高原的正能量。

管理服务并重，维护援藏干部人才的良好形象。加强援藏干部人才管理，建立完善谈心谈话制度，及时了解掌握干部的思想动态和工作表现，做到严格要求、严格教育、严格管理、严格监督，确保前方指挥部整体工作高效运转。真诚关心关怀，着力完善援藏干部人才各项配套保障机制。通过召开全体援藏干部人才大会、支部学习会，举办援藏干部高原讲堂等方式，统一援藏干部思想，激励援藏干部人才更好地投身援藏工作。加强援藏干部公寓内部管理，为全体援藏干部人才提供良好的生活环境。协调帮助援藏干部人才解决家庭困难，确保援藏干部人才安心在藏工作。组织援藏干部人才开展义务植树、书画摄影比赛、乒乓球比赛、趣味体育比赛等文体活动。

做好第七、八批援藏领队轮换交接，确保各项工作平稳、有序、顺利进行，保持江苏省援藏思路和项目建设的稳定性、连续性。10月1日，拉萨市召开江苏省第七、八批援藏干部领队交接工作会议。西藏自治区党委常委、拉萨市委书记齐扎拉，江苏省委组织部常务副部长王奇出席会议并讲话，充分肯定江苏省第七批援藏干部领队在援藏工作中的突出表现，对第八批援藏领队提出殷切期望和具体要求。

第七批援藏干部领队进藏三年来，以高度的政治责任感、顽强拼搏的毅力和敢于担当的精神积极投身援藏事业，完成省委、省政府和拉萨市委、市政府交给的各项工作任务，为开创江苏省“真情援藏、科学援藏、持续援藏”新局面，推动拉萨经济社会发展和长治久安做出突出贡献。第八批援藏干部领队进藏以后，主动适应工作生活环境，迅速转变角色，投入工作。在第一时间深入乡村和企业等基层一线开展调查研究，了解熟悉西藏和拉萨实际情况，适应边疆民族地区工作特点；同广大干部群众广泛交流、打成一片；准确把握西藏和拉萨工作重点，做好“十二五”收官工作；顺利完成“十三五”规划编制的各项工作；明确指挥部内部工作要求，优化工作机制；完善援藏干部服务教育管理办法，强化纪律意识，强化制度执行，突出从严管理干部。

（王铁山）

国土资源管理

国土资源管理

【概　况】 年内，共供应国有建设用地 52 宗，面积 257.8764 公顷（合 3868.146 亩）。其中：全市出让土地供应 27 宗，面积为 109.9283 公顷（合 1648.9245 亩）；划拨用地总供应 25 宗，面积为 147.9481 公顷（合 2219.2215 亩）。完成拉萨市规划范围内 15 宗土地挂牌出让，涉及面积 717136.9 平方米（合 1075.7 亩）；共完成对 63 宗土地评估工作，面积 162.5 万平方米。

【耕地保护】 年内，完成 2015 年高标准农田 15000 亩设计评审工作，截至年底，该项目将按程序组织施工招标；扎实开展永久基本农田划定管理工作，完成 1011 个耕地图斑的逐一核实对比工作。

【国土业务】 年内，完成昌都大厦、区儿童福利院、区监察办案基地等 17 宗用地以及顿珠金融产业园征地工作，共计征收土地 4732.62 亩；完成东一路南现场段市政工程建设、拉林高等级公路城关段项目建设等道路征地工作，道路总长 8.626 公里；完成市政工程北绕城线项目拉萨市国土资源局负责 30 家单位和公司的征地拆迁任务，其中 24 家单位已经签订了《征地协议》；完成拉萨医院 400 亩土地的征收工作。

【地籍管理规范化】 年内，共受理各类土地登记 3039 宗。累计发放国有土地使用证约 7220 本、土地他项权利证明书 308 本；截至年底，共计发放宅基地集体土地使用权证共计 19943 本，依法保护了土地所有者、使用者合法权益。同时结合拉萨实际，出台了《拉萨市农村宅基地使用权确权登记颁证工作的实施办法》，有针对性地解决了在确权登记过程中发现的一些问题，切实减少了宅基地确权登记发证工作阻力，确保了工作的顺利推进。

【国土资源执法监管】 年内，认真抓好卫片执法检查工作。2013 年度土地卫片共查出违法图斑 496 个，土地 355 宗，涉及违法用地面积 7190.63 亩（其中耕地 2605.01 亩）。截至年底，已整改到位的图斑 252 个；2014 年度土地矿产卫片查出土地核查图斑 1812 个，查出违法用地 444 宗，土地面积 9955.83 亩（其中耕地面积 2174.22 亩，核查矿产图斑 243 个，查出违法图斑 44 个，占核查图斑 18%。

【不动产统一登记】 及时成立了拉萨市不动产统一登记工作领导小组，全面统筹协调不动产登记职责和机构的整合工作；派专人赴江苏省徐州市国土资源局进行跟班学习，为拉萨市不动产统一登记工作奠定了坚实的基础；拉萨市机构编制委员会下发了《关于整合不动产登记职责的通知》。截至年底，确定不动产登记为正科级的机构级别、两名行政编制及 5 名事业编制。

【矿产资源管理】 年内，共受理年检报件 130 个，其中：探矿年检 57 件，采矿年检 23 件；受理备案报件

23个,其中:探矿权备案17件,采矿权备案6件;受理延续报件17个,其中:探矿权延续4件,采矿权延续13件;新立矿权1件;办理变更采矿权4个;补办采矿证1个;处理超时年检4件。收取矿产资源补偿费35934172.34元;完成《拉萨市非金属矿业权设置方案》的外业调查工作;《拉萨市矿产资源总体规划》及环评编制合同均已签订,拉萨市非金属矿矿业权设置方案编制项目野外实地核查工作圆满结束。拉萨市共设置非金属矿业权161个,其中:已设采矿权保留40个,空白区新设121个。

(江雪琴)

防震减灾

【概　况】 年内,市地震局全面贯彻国务院防震减灾工作联席会议精神,认真落实自治区防震减灾工作联席会议的工作部署。坚持预防为主,防御与救助相结合的工作方针;坚持统一指挥、协调联动的工作机制;坚持突出重点、全面防御的工作思路;坚持走防震减灾与经济建设融合式发展道路,统筹推进监测预报、震害防御、应急救援和科技创新"3+1"体系工作;按照防大震、抗巨灾的要求,不断强化震情跟踪监视,夯实抗震设防基础,认真做好应急预案和各项应急准备工作。

【全市防震减灾工作会议】 5月6日,经市政府批准,召开全市防震减灾工作会议,贯彻落实国务院2015年防震减灾工作联席会议和2015年自治区防震减灾工作联席会议精神,回顾总结2014年全市防震减灾工作,研究分析形势,安排部署2015年防震减灾各项工作任务。

【地震发生情况】 年内,拉萨市行政区域内发生有感地震1次:2015年11月25日13时02分,拉萨市尼木县(北纬:29.9度;东经:89.9度)发生3.1级地震,未造成人员伤亡和财产损失。

【防震减灾科普宣传】 年内,利用"5·12"防灾减灾宣传周、"7·28"纪念唐山大地震宣传日以及科技宣传周等活动期间,通过开展防震减灾宣传、散发宣传册、布置展板、悬挂横幅等方式,使广大群众了解和掌握应急预防和避险自救的基本技能,提高安全意识,增强自我保护和互救能力。组织人员分别到拉萨第八中学、城关区塔玛社区、堆龙德庆县马乡等,开展防震减灾知识进校园、进社区、进农牧区活动。共发放防震减灾宣传册550份,发放印有防震减灾宣传知识内容的鼠标垫550份,布置展板18块。

【"平安中国"防灾宣导公益活动】 年内,以第四届"平安中国"防灾宣导系列公益活动为载体,以防震减灾建设"平安校园""平安社区""平安乡村"为主题,以防灾减灾文化电影季、防震减灾科普视频短片宣传为主要内容,开展系列公益活动。分别向拉萨市第二中学、拉萨江苏中学、拉萨市第二高级中学、拉萨市第四高级中学、拉萨北京实验中学、拉萨师范附小等6所学校的4300余名学生放映《地震灾害预防》《"5·12"汶川不相信眼泪》《前方、后方》《惊天动地》《乐乐熊奇幻追踪》等6部防震减灾科教片、故事片、动画片等,通过利用数字电影放映平台和新媒体等传播媒介进行展播,满足不同年龄电影观众的需求。

【首期全区地震业务培训】 6月,组织单位工作人员参加在拉萨举办的全区首期地震业务培训班,主要学习和掌握了地震应急、地震监测手段、地震预测预报、防震减灾法律解读、防震减灾科普宣传及地方地震部门职责等业务知识。

【全国较大地市地震部门行政执法培训】 9月,组织单位工作人员参加在浙江杭州举办的较大地市地震部门行政执法培训班,主要学习了防震减灾法制建设、防震减灾法规体系、防震减灾法治化进程等内容。

(穷　啦)

城市建设与管理

住房和城乡建设

【概　况】 截至年底，实施市政项目和保障性住房建设项目14项，总投资48.39亿元，完成投资31.92亿元。

【城乡建设项目实施】 年内，市住建局负责实施的重点项目13个，总投资40.99亿元，完成固定资产投资25.87亿元。负责实施的城市路桥、重点场站项目13个，其中续建项目5个，实施的主要项目有次角林大桥、东嘎水厂、垃圾填埋场二期工程、污水处理厂二期工程、供暖拓展工程；新建项目8个，实施的主要项目有环城路（北段）市政工程、拉林高等公路过境段工程、城市亮化及街景改造工程、自治区政协东侧支巷改造工程、民兵训练基地民兵武器装备仓库工程、污水处理厂二期排水主干管网工程、市政府东迁大院后续景观工程、雪林多吉颇章引水工程。通过以上项目的实施提升了城市形象，完善了城市功能，增强了城市承载能力。推进柳东大桥及水环境综合整治工程、东城区6条市政道路、两座天桥及百淀片区污水处理厂工程等重点项目前期工作，所有工程已完成可研及初步设计概算，为项目实施奠定了坚实基础。年内，全市各县（区）共投入资金5.3亿元，实施40个基础设施建设项目，主要包括各县（区）县城及重点村镇的道路、给排水、景观绿化等项目。这些项目的实施对改善县城及重点村镇的基础设施和人居环境，完善综合服务功能发挥了重要作用。年内，全市住建系统紧紧围绕全市“七城同创”工作的总体要求，对照指标，采取了有力措施，加大了创建宣传工作力度，重点开展了垃圾填埋场二期、污水处理厂二期等基础设施建设工作，同时加大建筑工地文明施工管理力度，截至年底，共开展专项检查30余次，参与整治活动100余人/次，设置建筑工地围挡约8.2万余米。同时，积极带动农牧民群众增收，在项目建设中，主动配合全市“四业工程”，积极组织农牧区富余劳动力1000余名参与项目建设。统筹谋划“十三五”期间拉萨住房和城乡建设的总体思路，积极开展专题调研及项目申报工作，截至年底，申报“十三五”住房保障类项目4个，投资约105.05亿元，申报城乡基础设施类项目245个，投资约375.76亿元，为《拉萨市“十三五”住房和城乡建设规划》编制的顺利进行提供了科学依据。

【保障性住房建设】 继续推进保障性住房建设。年内，全市新建保障性住房（含乡镇干部职工周转房）6153套（户），总建筑面积33.14万平方米，总投资7.4亿元（不含县区配套资金），截至年底，开工6153套（户），开工率100%；续建保障性住房2892套（户），除城关区加措273户棚户区改造因整体搬迁，改造难度较大，进度相对缓慢外，其余2619套（户）基本竣工，完成新建和续建保障房投资6.05亿元；发放2015年度租赁住房补贴721.82万元，基本完成了自治区下达拉萨市的保障性住房建设任务。同时，全市各县（区）还出台了一系列政策措施，使保障性住房的管理得到进一步加强和规范，保障性住房的分配更加公开公正透明。截至年底，拉萨市第一、二批

习和调研活动相结合的学习培训。同时，邀请江苏省规划系统知名专家学者“请进来”，在拉萨举办为期3天的“拉萨市城乡规划系统第二次业务培训讲座”，系统讲解了西藏特色城市、城乡规划法重点内容解读、建筑工程规划管理、综合交通规划新理念等方面的规划理论知识，全局、各县区、管委会80余名规划专业干部参加培训。

（赵　欣）

市政市容工作

年内，拉萨市市政市容管委会（拉萨市城市管理综合执法局）认真学习贯彻中共十八大，十八届三中、四中、五中全会和中央第六次西藏工作座谈会精神以及习近平总书记系列重要讲话精神，深化“党的群众路线教育实践活动”成果，深入开展“三严三实”和“忠诚干净担当”专题教育，立足“环境立市”，以构建美丽家园、幸福拉萨为目标，以迎“大庆”综合整治工作为抓手，扎实有效开展工作。

（张欢欢）

市政公用管理

【市政设施维护】 年内，维修全市路灯5300余盏、处理电缆故障259起、更换电缆约2500米；更换布达拉宫广场玉兰灯及灯罩各900个；完成滨河路景观灯抢通工作，维修路灯130盏。在柳梧大桥刷新栏杆1.24万米、翻新中央隔离带花盆268个、维修人工草坪及隔离带3320平方米、新装反光灯228个。完成道路、人行道等市政设施管养工作，维修人行道5.382万平方米，沥青水泥路面2.3万平方米，五岔路口整体罩面9200平方米。完成罗布林卡路、娘热路绿化带栏杆新装工作，共1.2万米；对市区人行道、绿化带栏杆进行维修刷新，共2.3万米；完成十字路口右转路面绿化带拆除工作。将布达拉宫广场周边道路检查井井盖更换为球墨铸铁材料井盖，共410个。实施太阳岛污水泵站维修和拉鲁桥下方倒虹管疏通及沉砂池建设工作，在天海路西侧新设雨水管。对道路积水问题进行整治，新设雨水管636米；对全市下水管网进行清掏，清理垃圾34吨，更换检查井井盖280套、雨水井井盖330套，新建检查井21座、雨水井53座。

【公共供水】 年内，通过做好全市管网和附属设施的巡查检修和维护水厂相关设备、新增水源井的方式，确保全市正常供水。在敏感节点、节假日，扩大采水范围、加大水质检测频次，做好水质检测。全年安全供水1.2亿吨，向困难群众免费供水133万吨。

【污水处理】 年内，完善市污水处理中心管理体制及规章制度、操作规程，健全工作台账，制定设备保养计划，对厂区重要设备及时维护保养，加强员工业务培训和思想教育，提高工作效率。共处理污水1632.1万吨，经自治区环境监测站检测，出水水质各项指标合格率达100%。产生污泥4368吨，清运垃圾1200吨。

【燃气供热行业管理】 年内，提请市政府出台了《关于进一步加强城镇燃气供热安全管理工作的通知》，全面落实城镇燃气供热安全管理属地和市职能部门的监管责任，明确燃气企业、供热自管单位安全主体责任，共同做好行业安全管理工作。做好《拉萨市燃气管理办法》《拉萨市供热管理办法》的实施、宣传和供暖供气价格调整的宣传工作。组织市安监局、市公安消防支队、市暖心公司等单位开展加气站安全管理联合检查9次，发现各类安全隐患9个，下发整改通知书28份，整改隐患8个，督促各县政府落实属地管理责任，确保全市气站安全。牵头组织市直相关单位对巴尔库路8家餐饮单位开展燃气安全联合检查及燃气安全宣传。及时处理教育城那曲二高在供热管道上非法修筑建筑物、嘎玛贡桑路改造工程破坏燃气管线等存在安全隐患的问题。督促市暖心公司做好城镇燃气管线日常维护及管理工作，确保城市燃气主次管线、小区庭院管线及燃气设施的安全运行。

（张欢欢）

自来水

【概　况】 拉萨市自来水公司成立于1979年，1993年改制为事业单位企业化管理，2010年以前隶属于拉萨市建设局，根据市政府机构改革精神2010年2

月1日划转到市政市容管委会，2015年10月划转到拉萨净土水务有限公司。公司下设14个部门：药王山水厂、北郊水厂、西郊水厂、献多水厂、安装公司、管网所、营业所、水质化验室、生产技术科、稽查室、财务科、办公室、保卫科、工会。主要负责市区自来水的生产、供给及上水安装工程、市政管网维护等业务。共有职工313人（在职207人、退休96人）。

2015年供水量13191万吨。四个水厂及八个泵站日供水能力超过33万吨，供水人口约50万人，城区供水普及率98%，供水范围为拉萨市区、柳梧新区、堆龙德庆县，供水面积55平方公里，截至年底，供水管网长度约761.46公里。水厂水源主要含水层岩性为砂卵石，深60米，采用地下集中式开采方式，生产工艺采用取水—排沙—沉淀—蓄水—消毒—加压配入城市供水管网。供水形式为联网式供水。

【水质检测】 年内，拉萨自来水公司检测自来水水源水、出厂水、末梢水水样304个，累计项目6691个，合格率99.46%；拉萨市防疫站每季度对四个水厂出厂水、末梢水进行监测；自治区环保厅水质监测站按照地下水质量标准每月对四个水厂源水进行检测；每年并出具相关数据报告；每年5月、8月委托西安市自来水公司水质检测中心按照地下水质量标准对四个水厂源水进行39项全分析，水质达到国家地下水Ⅲ类标准。

【自来水水价】 根据西藏自治区物价局《关于调整拉萨市自来水价格的批复》文件，拉萨市自来水水价标准：

生活用水：1元/吨；

生产用水：1.4元/吨；

商业、服务业用水：1.2元/吨；宾馆、娱乐业用水：1.5元/吨；

市政用水：0.9元/吨；

城镇居民（老城区）用水：无表户3.6元/人/月；有表户0.6元/吨；

暂时没有安装水表用户：城镇居民私房、退休基地（包括流动人口）6元/人/月；无独用龙头的餐厅、饭馆、理发店用户100元/户；建筑施工用自来水供水按施工图纸面积4元/平方米计收。

截至年底，拉萨市的自来水收费标准是全国乃至西藏地区最低的，十几年从未调整过。从2008年开始，自来水公司就开展了水价调整工作，先后多次组织人员赴内地各水司调研，与主管部门、物价部门召开数次会议，多方协调论证，并委托内地具有资质的专业部门成都动能科技有限公司于2014年完成《拉萨市自来水公司供水价格调价方案研究报告》。

【一户一表】 自2007年以来，拉萨市就开始试安装水表，并在全市推行“一户一表”制度，采取公司补贴人工费，用户出部分资金的办法，降低改表费用，减轻用户负担，对低保户等困难群众按有关程序适当减免。截至年底，“一户一表”工程已完成整个城市自来水用户的85%，下一步将加大“一户一表”工程的推广工作并逐步完成。

【服务形象提升】 年内，拉萨市自来水公司自筹资金约3000万元在色拉北路建设综合业务楼，实现报装、收费、抢修一站式服务，提升对外服务形象。

【安全供水】 年内，拉萨市自来水公司成立安全供水保障工作领导小组，明确责任分工，将各项任务分解到位；加强各水厂、泵站设施设备的维护保养工作，确保供水设施设备的正常运行；加大市政供水管网及消防设施的巡查检修力度。提供24小时供水管网抢修热线“6388711”，随时受理市民反映的各种用水问题；加大供水稽查力度，对偷盗水现象进行严厉处罚；分管领导负责制，不定时带领水厂负责人检查施工现场、水源地、供水设施设备等，发现问题及时提出整改措施；报请上级部门协调市政、园林绿化用水错时取用自来水或是取用地表水、中回水进行浇灌；缓解城区部分供水水压不足的现状，先后投入资金累计约1000万元：建设娘热乡加压泵站；在西郊水厂增加1眼水源井、安装1台加药机、3台二氧化氯发生器（2用1备），北郊水厂增加1眼水源井、更换3台二级泵房离心泵等设备；针对北城片区用水问题，协调解决夺底路泵站用地问题，建设夺底路泵站；配合市环保、水利等单位对饮用水源地开展“一源一策”治理，明确饮用水水源地环境保护目标、任务和政策措施，实施水源保护区环境卫生整治，确保饮用水水源地水质安全。整洁的园林式水厂受到了前来视察的区、市领导的一致好评。

【节水宣传】 年内，根据住建部确定2015年5月10日—16日为第24个全国城市节约用水宣传周，主题是“建设海绵城市,促进生态文明”。拉萨市自来水公司组织开展形式多样的宣传活动。通过广播宣传车、发放宣传册、悬挂横幅、媒体刊登等方式宣传城市节水知识,倡导科学用水、自觉节水的社会行为,共同打造节水型城市。采用广播车在全市范围内循环播放介绍《拉萨市城镇供水用水管理条例》(藏汉双语)内容;组织人员随宣传车辆以游街形式和定点形式向过往人群分发自来水用户报装流程图、自来水用户服务征求意见表、拉萨市自来水公司致市民的一封信、及节水宣传图片、节水知识、手册等,并进行节水知识讲解;悬挂贴切2015年节水主题的过街藏汉文宣传横幅30条;组织媒体记者(市电视台、拉萨晚报、西藏商报)在市内主要报刊介绍和宣传本次活动内容,让市民们感知水资源的宝贵与节水的重要性,真正带动身边的每个人加入到节水行列中来。

【应急演练】 年内,拉萨市自来水公司完善拉萨市自来水公司供水应急预案,组织人员开展供水应急演练活动。演练主要包括在紧急情况下的责任人在岗、领导指挥、车间部分停机、区域范围内关闭总阀、水质分析、应急储备物资仓储及调运、水电工的实际操作等。通过演练,增强拉萨市供水保障和安全防范意识,提高供水人员的综合处置能力,检验和提高各部门应对供水突发事件的反应力和协同作战能力,也是对各水厂应急供水系统保障能力的实操检验。同时通过应急演练来发现和改进工作中存在的不足和问题,全面提升城市供水突发事件的防控能力,确保拉萨市遇到类似突发状况时,能够有序组织开展专项应急反应,处置得当,确保市民饮用水安全和生产、生活用水的正常运行。

(高　兰)

市容及环境卫生管理

【市容市貌】 年内,对市区不雅广告进行全面查处,共整改道路指示牌143块、公交站台153座、报刊亭66座;对市区主要路段的陈旧破损门店招牌下发整改通知书260余份,整改率达98%;拆除市区2400块陈旧破损的公益广告牌。开展楼顶违规广告拆除工作,共拆除楼顶广告牌及违规设置的广告牌139块,督促经开区、柳梧新区及曲水、达孜、堆龙德庆县开展户外广告整治工作。加强市区洗车场管理,开展3次专项整治行动,对市区120家洗车场进行全面检查,取缔不符合条件的洗车场11家,向52家洗车场进行备案登记。推进停车场规范管理,开展全市停车场摸底调查工作,制定出台《拉萨市停车场管理办法》,向停车场业主及市民发放宣传资料170余份。完成流浪犬收养中心二期工程,收养中心运行良好,共收养各类犬只6870条。

【环境卫生】 年内,对全市环卫保洁情况进行巡回检查,共开展巡回检查4214次。清理乱堆乱倒地段的建筑渣土、生活垃圾共1.69万吨,协调权属单位修建围墙3000米,办理渣土准运证456份、生活垃圾准运证61份,与施工单位签订《拉萨市建筑工地渣土处置责任书》45份,对69家因店面装修而乱堆装修垃圾的店面负责人进行教育并责令及时清理。加强环卫设施管理,新装果皮箱253个、维修94个、拆除损坏果皮箱192个,确保城区168座公厕有专人保洁。对市区各道路的“牛皮癣”小广告采取涂料覆盖、手工刮擦等方法进行清理,共清理“牛皮癣”小广告约8万条(张)。确保垃圾日产日清,共转运各类垃圾6.57万吨、填埋各类垃圾22.63万吨,垃圾卫生填埋率达98%。

(张欢欢)

迎“大庆”综合整治

【概　况】 自4月9日综合整治工作动员大会召开以来,市综合整治工作领导小组及指挥部认真贯彻落实自治区常务副主席邓小刚、拉萨市委书记齐扎拉的重要讲话精神,按照会议提出的“三个全面强化、七个方面整治”的工作要求,严格遵守中央“八项规定”、自治区“约法十章”、拉萨市“八项要求”,统一思想认识,明确工作目标,细化实施方案,完善工作机制,迅速行动、周密部署、挂图作战、多方协调、跟踪落实,市容市貌明显改善,城市亮化美化效果明显,环境卫生成效显著,市政设施管护有力,综合整治工作取得明显成效。

【方案制订】 自治区成立50周年大庆是全区各族人民政治生活中的一件大事、喜事,拉萨是西藏自治区成立50周年大庆的主会场、主战场、主阵地。按照区党委、政府的决策部署和拉萨市委、市政府的具体要求,迅速行动、通力协作、集中攻坚,在时间紧、任务重、协调难度大的情况下,做到早安排、早布置、早行动,扎实有序推进综合整治工作。

建立健全组织机构。市委、市政府及时制定并印发了《拉萨市综合整治工作实施方案》。成立了由市长张延清任组长、市“四大班子”有关地级领导任副组长、市直相关部门主要负责人为成员的领导小组。领导小组下设指挥部及办公室，指挥部下设城市亮化及街景改造、户外广告、环境卫生、城市园林绿化等18个综合整治专项工作组。另外，按照属地管理原则，成立了五大片区责任组。

制定完善管理制度。指挥部及时制定并印发了《拉萨市综合整治工作手册》，制定下发了分片督查、定期集中排查、及时报告、限期办结、跟踪落实、工程进度上墙等一系列工作制度。领导小组与自治区和拉萨市共196家目标责任单位签订了《拉萨市综合整治工作目标责任书》。

从严开展督查工作。指挥部办公室专设督导检查组，采取日常巡查与定期巡查相结合的方式，重点督查了城市园林绿化提升改造、市容市貌、户外广告、环境卫生、交通道路安全等工作，将存在需整改问题汇总并明确整改时限下发至各成员单位及时解决。

【环境整治】 开展综合整治工作，既是一项重要的政治工程，也是一项重大的民生工程，时间紧、任务重、标准高、要求严，各级各部门坚持“严”字当头，“快”字为先，“实”字为本，突出抓好重点区域、重点问题、重点行业，努力在“亮化、美化、净化”上下功夫，做到雷厉风行，集中攻坚，高效推进，努力确保各项综合整治工作落到实处。

市政市容明显改善。按照“为民、利民、便民”的原则，对相关市政设施进行了全面的维护和保养。维修人行道面积约48万平方米、路灯3500柱，更换路灯灯泡5163个、镇流器3965个、电缆2000米，处理路灯电缆故障126次，调整路灯开关时间13次；维修刷新柳梧大桥栏杆1.3万米、维修刷新花盆268个、维修刷新隔离带3320米、维修桥面石板人行道271平方米；完成绿化带栏杆和人行道栏杆刷漆2.3万米、更换栏杆3800米、维修栏杆900米；更换检查井井圈井盖280座，雨水井330座，新建检查井21座，新建雨水井53座；主干道沥青罩面9000平方米；改造升级公交站台179个；在城区内11条道路新建97个二级道路指示牌、12个一级道路指示牌，登记并安装完成23条道路地名标志126个，安装大门牌1764个、中门牌1860个、小门牌16437个。另外，为增加迎“大庆”主题宣传广告，市区及拉贡高速沿线新设广告牌24处，征用广告牌101处，拆除楼顶广告和不规范广告牌139块，整治不雅广告牌362块。

城市亮化明显提升。街景亮化及街景改造工程运用现代节能材料和技术，发挥景观照明美学特点，在夜景亮化设计上，以“黄、蓝、白”为主色系，勾勒传统藏式建筑艺术轮廓；以亮化城市大型公共建筑为重点，分层次亮化普通临街建筑及市政景观，充分彰显城市活力，营造高原特色的城市夜景。此次立面改造共涉及90栋建筑，其中沿河景观廊道35栋（除4栋建筑业主不同意立面改造外，其余31栋建筑立面改造工作已全部完成）、主城区10栋（除1栋建筑业主不同意立面改造外，其余9栋建筑立面改造工作已全部完成）、拉林公路城区段45栋。亮化工程共涉及334建筑，其中沿河及市区6条主干道242栋，八廓街、宇拓路、大昭寺、南山、三号闸73栋，教育城5栋建筑亮化工程，柳梧新区11栋。

城乡环境明显优化。围绕“三渠一河”，坚持属地管理的原则，集中治理垃圾乱堆、乱放、乱扔现象；积极营造良好的迎大庆卫生环境，8月16日—18日和8月24日—26日，先后两次组织号召区（中）直单位、企事业单位、市直各部门、驻市各部队积极开展迎“大庆”环境卫生大清扫活动；为大庆专门设计、定制、悬挂特色灯笼24456个，彩条7.5万米，彩旗3000面，横幅776条，刷新墙体公益标语286条，粉刷墙面22696平方米，手绘吉祥八宝347幅，更新门面招牌260块，设置“主旋律”公益广告画面227幅。在贡嘎机场、拉萨火车站、拉贡高速入口处新建大型户外五代领袖像，积极营造良好的迎大庆氛围。严格落实“门前三包”责任制，合理设置垃圾箱等环境卫生设施；加大日常巡查力度，加强对河道周边、主要街道两侧、城乡接合部等重点部位和区域建筑垃圾清理；新增一批洒水车，保证城区路面不间断洒水。通过“白色垃圾集中整治”，收缴白色垃圾塑料袋5万多个；通过企业“三废”治理，检查矿企103家、工业企业73家、施工场地421处、采石采砂场24个、饮用水源地4个；通过城乡接合部乱象乱点综合整治，累计拆除损坏老化果皮箱118个，维修果皮箱68个、喷漆翻新果皮箱50个，新装果皮箱143个，清理各类垃圾6500余吨，修建围墙共2000余米；通过“牛皮癣”治理，清理小广告2万余条（张），覆盖乱涂乱写电话号码1.5万余条。

园林绿化明显提升。城市绿化提升改造一期工程涉及37处节点，二期工程涉及17处节点，涉及19

条道路、8 座公(游)园、38 处街旁绿地和六条道路的花箱摆放。对种植密度不够的绿化带进行了补植,对已经坏死的花草树木进行了移除和补栽,对不达标的草坪和苗木进行了补种和更换,对设计不达标的园艺进行了重新设计建设,共计新增绿植 250 多万株。原有 2 万平方米草皮被改建为灌木绿地,增加了侧柏、冬青、云杉等常绿树种种植面积,新增六条花卉街景和 3 个特色花园。摆放各类花卉 9 万余盆,对主要景点进行装饰。

市场环境明显改善。以“十大市场”治理建设为依托,不断规范市场运营秩序,优化市场运营机制,力求改变相关专业市场布局不合理、市场不集中、管理不规范现状。推进市场搬迁。二手车、虫草、木材等市场正在抓紧建设,铁器电焊加工市场一期搬迁工作已完成(搬迁户共 378 户);开展食品药品大检查。对全市 200 家社会医疗机构进行大检查,没收销毁过期药品 12 种,核减 37 家超范围诊疗科目,检查餐饮服务单位 22826 户次,处理投诉举报 53 起,责令整改 113 户,监督抽查食品 320 批次,行业法规宣传 15177 户次;规范市场秩序。清理流动商贩、占道经营 5832 次,暂扣经营品和经营工具 1831 余件,立案 59 起,罚款 23320 元,清理强买强卖、尾随兜售、非法拉客等违法违规人员 350 人次暂扣经营品 700 余件,接受旅游投诉 14 起。

空港环境明显改善。坚持“循序渐进、水到渠成”的原则,按照“边组建机构、边开展工作”的要求,及时开展机场周边环境综合整治、机场公路改扩建工程、管委会办公室筹建等工作。坚持务实节约,做好办公室筹建工作。在区党委常务副书记吴英杰、拉萨市委书记齐扎拉、区常务副主席丁业现的指导关心下,积极做好管委会办公室的各项筹建工作,积极与公安厅协调,将原拉贡交警大队办公场所借给西藏空港新区管委会办公室作为临时办公场所,投入 380 万元对临时办公场所进行维修改造;坚持特事特办,做好公路改扩建工程。在时间紧、任务重、协调难度大的情况下,坚持特事特办、急事急办,5 月 1 日正式委托江苏省交通厅公路设计院开展规划设计,5 月 4 日进场施工准备,5 月 10 日开工建设,7 月 5 日全面完工,历时 55 天。机场公路整治改扩建工程,起点为雅江大桥连接线与省道 101 交叉处,到机场大门,按照一级公路设计标准即双向 4 车道进行改扩建,总长 2.739 公里,同时,实施了路面沥青整体罩面和机场公路南侧架空线路电缆入地工程;体现民族特色,做好美化亮化。协调配合贡嘎县、甲竹林镇做好机场临街建筑外立面改造及沿街商铺招牌整治等工作,对机场公路沿线 34 栋建筑实施了亮化工程,对沿街 32 户民房进行立面美化整治,协调自治区交通运输厅、贡嘎县等单位,对机场公路沿线户外广告进行了统一规划、征用、整治,征用大庆主题宣传广告位 46 个,新建大型单立柱广告位 4 个,并对主题广告内容进行了更新。

【问题整改】 各县(区)、各单位总体上高度重视综合整治工作,实践中准备充分、工作扎实,进展迅速、配合有力,较好地推进了全市综合整治工作,但也存在一些问题。进展不平衡。市直个别部门重视不够,工作滞后,牵头负责的专项整治工作落实不力,造成部分工作推进缓慢,力度不够,在规定时间内没有及时完成目标任务;沟通协调难。个别区中直单位对综合整治工作认识不足,协调难度大,主要表现在城市亮化和街景改造及广告牌设置等方面,在沟通衔接过程中存在一定的困难,造成有些工作不能及时有效妥善解决;职责不清。综合整治工作中,面对违章、违规及城乡接合部环境死角等现象,存在责任主体不明、管理边界不清的问题,因此而相互推诿扯皮的现象时而出现。

对以上这些问题,市综合整治工作领导小组和指挥部及时发现问题、分析问题,实时制定切实可行的运行机制,采取针对性强的措施和办法,均予以解决,确保大庆前和大庆期间不出半点纰漏,努力向自治区党委政府和全市各族群众交上一份满意的答卷。

【工作做法】 回顾全市整个综合整治工作全过程,值得总结的地方很多,吸取的经验也很多,之所以能够圆满完成迎“大庆”综合整治工作成功做法体现在三个方面。

始终强调责任明确。按照任务分工和具体实施方案,紧扣时间节点,沉下身子、靠前工作、积极作为,逐项逐条进行排查,对于未完成或未达标的,及时查漏补缺、全力攻坚克难,确保全市综合整治工作让自治区党委政府满意,让广大人民群众满意。

始终强调协调配合。对于需要多方参与、多处发力,才能完成的综合整治工作,各牵头单位和配合单位站在讲政治、讲大局的高度,不讲困难、不讲条件,齐抓共管、形成合力,确保在规定时间内共同把综合整治工作做好、做实、做到位。

始终强调督查落实。市综合整治工作指挥部办公室、市监察局、市委市政府督查室全程采取明察与暗访相结合、定期检查与突击抽查相结合的方式，督环节、督进度、督结果，强化对全市综合整治工作的督导。市委宣传部、市政管委、市林业局、城投公司、养护处、市环卫等单位安排专人每天早上六点开始对相关街道进行巡查，努力做到绿化、亮化、美化、氛围营造等设施得到及时有效维修维护。

【市容环境卫生】 迎“大庆”期间，成立工作领导小组和四个片区责任组，分别由委班子成员负责。主要领导及分管领导靠前指挥，完成建筑垃圾整治、新建户外广告位、和平鸽放飞等多项重点任务。制定户外广告宣传位设置、节庆装扮、市政设施综合整治及环境卫生综合整治工作方案，形成领导小组例会制度，召开专题会议共6次，每周向市指挥部、市政府督查室报送工作小结。领导小组下设办公室，对四项重点工作及日常工作进行督导检查，四个责任片区每天对辖区进行巡查，发现问题均迅速整改。

【整治成效】 迎“大庆”期间，在全面加强市政设施管理、市容环境卫生管理等日常工作的基础上，完成嘎拉山隧道南北出口、机场快速通道、市政府广场和空港新区共6块公益广告牌的新建项目和拉贡高速路沿线及市区共66块广告牌、市区主要路段共9处大型显示屏的征用工作。

紧急召集市、区两级环卫局、布达拉宫广场管理处及委属相关部门主要负责同志召开布达拉宫广场清洗部署会议，组织环卫工人及机械，对布达拉宫广场地面进行了高压清洗。

完成“大庆”灯笼、彩条的定制、悬挂工作，在全市各路段和纳金大桥、柳梧大桥及教育城、火车站、空港新区等重点部位悬挂灯笼、彩条，共悬挂灯笼24456个、彩条7.5万米，在全市各路段及活动场所周边悬挂彩旗3000面、在布达拉宫广场悬挂国旗70面、在江苏路悬挂横幅8条。

“藏博会”准备期间，在机场高速路沿线设置大型户外广告7处、在市区设置大型户外广告6处、协调市区内8块大型LED播放宣传口号，在藏博会场地周边悬挂彩条3.11万米、设置刀旗3000面、悬挂横幅81条。

迎“大庆”期间，强化燃气供热行业管理，共查出安全隐患问题9个，下发《整改通知书》8份，并对仁和、圣洁、德旺3家存在重大、较大安全隐患的企业责令停业整顿。

（张欢欢）

市政环境建设“十二五”规划项目

【公共停车场】 年内，为增加市区公共停车场的数量，在市区备选了10处地点新建公共停车场，与市交警支队、市城投公司对新建公共停车场的选址进行了现场踏勘，拟新建2处地下公共停车场。编制完成《拉萨公共停车场（库）建设项目可行性研究报告》，并征求市直部门的意见。

【餐厨废弃物资源化利用和无害化处理项目】 年内，开展拉萨市餐厨废弃物资源化利用和无害化处理项目申报工作，5月19日被列为国家第五批试点城市，并完成项目选址。现项目用地各项手续、环评手续等正在办理中。按照“有实力、有技术、有绩效”的要求，与国内具有实力的餐厨废弃物处理企业洽谈了项目具体事宜。

（张欢欢）

城市管理探索

【城市管理改革】 年内，于7月开展城市管理和行政执法体制改革前期工作，参加拉萨市城市管理和行政体制改革会议6次，根据国务院《关于深入推进城市管理和执法体制改革的意见（征求意见稿）》指导精神，形成《关于深入推进拉萨市城市管理行政执法体制改革的报告》。同时，对拉萨市行政综合执法权力清单进行梳理，对理顺城市管理机制、体制、执法范围、权限提出意见建议。开展市政设施管理和养护分离调研工作，对市政工程养护管理处基本情况、城关区、各园区、管委会的市政设施管理养护机制体制、运行情况等进行调研，起草《市政工程养护作业全市场化运作报告》，提升市政设施管理精细化、科学化、规范化能力。

【数字化城市管理】 年内，组织座席人员开展《拉萨市城市管理部件、事件参考手册》及“12319”热线系统服务用语规范等10次业务培训，提高指挥中心规范化服务水平，完成指挥中心设备及软件系统的维护和指挥中心与“12345”政府服务热线平台的对接工作。

强化与城关区执法局、市联动支队等部门的沟通协调，共受理各类案件3897件，向职能部门派遣案件3897件，结案3861件，结案率99%。"12345"政府服务热线，共收工单131份，办结73份（根据职责，驳回58份）。

（张欢欢）

管委队伍能力提升

【维稳内保】 年内，成立工作领导小组，制定完善维稳工作方案和应急预案，突出重点敏感区域、时段和敏感人群，做好春节、藏历新年、"3月敏感月""萨嘎达瓦"宗教活动、迎"大庆"等重点活动期间的维稳工作，并成立督查组对全委系统维稳值班情况进行明察暗访，确保维稳各项措施落实到位。

【驻村工作】 年内，组织开展驻村工作，取得良好成绩，荣获市"强基惠民"优秀组织单位。驻村工作队严格做到入户走访百分百、调查问卷百分百、群众满意度百分百。组织开展习近平总书记论"群众路线"的重要论述、《中华人民共和国土地管理法》《中华人民共和国未成年人保护法》等法律法规及党和政府各项惠民政策等方面的宣传12次。开展走访慰问9次，涉及群众700余人，投入资金30余万元。切实为群众办好事实事11件，投入资金90余万元。落实白纳村奶牛养殖项目，投资211万元惠及农牧民群众50人。

【队伍管理】 年内，完成"64号"文件退休人员上报、人事档案规范整理等工作。针对机关党支部不健全问题，形成报告报市直机关工委。对合格的3名预备党员进行转正，考察吸收预备党员15名。

【党风廉政建设】 年内，召开党风廉政安排部署和总结会议，强化党组和第一责任人党风廉政建设主体责。完善党风廉政风险防控体系建设，所有"三重一大"事项均及时向纪委报告，并上报廉政风险防控体系建设总结报告，开展惩治与预防腐败工作检查，完成正科级干部个人有关事项报告工作。

【机构变动】 年内，中共拉萨市委于7月13日决定成立拉萨净土水务（集团）有限公司党委。中共拉萨市企业工作委员会于11月16日同意拉萨净土水务（集团）有限公司成立党委。根据拉萨市直属机关工作委员会及拉萨市企业工作委员会下发文件内容，中共拉萨市自来水公司党支部、中共拉萨市自来水公司退休党支部和中共拉萨市污水处理中心党支部划归中共拉萨净土水务（集团）有限公司党委。

（张欢欢）

电力供应

【概　况】 国网拉萨供电公司位于拉萨市当热路4号附4号，始建于1961年，2008被国家电网公司确定为全国29家大型供电企业之一。2015年设11个职能部门，5个业务支撑机构，在职员工445人，其中藏族员工占40.2%，汉族员工占48.1%，其他民族员工占11.7%；具有本科以上学历为30.3%，大专学历40.2%，中专学历为9%，高中及以下学历为18.4%；具有中级以上专业技术职称为5.2%；初级专业技术职称为58.2%；具有高级技师资格0.7%，技师资格10.1%，高级工资格31.7%，中级工资格为15.7%。

公司担负着拉萨市七县一区和山南部分地区的供电任务。供电面积2.9万平方公里，电力客户8.2万户，其中低压电力客户为7.9万户，高压电力客户为0.3万户，供电人口约为60万。年内，公司完成固定资产投资4.71亿元，同比增长216.47%；完成售电量19.17亿千瓦时，同比增长13.17%；综合线损率10.98%，同比下降2.62个百分点；营业收入11.70亿元，同比增长11.16%；利润9.15亿元。

截至年底，拉萨供电公司所辖110千伏线路50条（含农网），总长1929.98千米，35千伏输电线路54条，总长994.156千米。拉萨公司管辖35千伏及以上变电站59座，变电站容量：1522.25兆伏安；其中，110千伏变电站20座（含用户变1座），变电容量：1233.3兆伏安，35千伏变电站39座，变电容量：288.95兆伏安，其中，2座城网变电站，变电容量：36兆伏安，37座农网变电站，变电容量：252.95兆伏安，拉萨公司所属资产及运维的变电站21座；变电容量1502.25兆伏安；110千伏变19座；35千伏变2座。拉萨供电公司所辖10千伏线路205回（含城网126回、农网79回），总长774.179千米（不含农网）。

年内，拉萨电网新增110千伏变电站三座（唐噶果、佳木、桑珠林变电站）；扩建110千伏变电站#2主变；新增110千伏输电线路6条，10千伏线路9条。

截至年底，拉萨供电公司调管羊八井一、二厂总装机台数8台，总装机容量为2.418万千瓦，平措、纳金、献多三个电站总装机台数14台，总装机容量为1.54万千瓦。共计3.958万千瓦。

【安全生产】 年内，国网拉萨供电公司开展安全大整顿和安全大检查等专项活动，电网设备长期积累的一批隐患和缺陷得到有效整治，安全生产基础得到巩固加强。组建公司安全生产执规队，配齐各级专职、兼职安全员，加大投入进一步提高员工人身安全防护装备水平。开展技改大修和春（秋）检预试工作，加强西农线、北水线等“卡脖子”线路问题整治，10千伏线路故障停电时间缩短32分钟，跳闸率降低24个百分点。公司全年没有发生人身伤亡、电气误操作事件，没有发生信息、交通、消防、保密安全事件。

【电网建设】 年内，国网拉萨供电公司完成拉萨“十三五”电网发展规划报告编制及审定，并将规划纳入拉萨城市发展总体规划。完成纳金、教育城、聂当110千伏输变电工程所有支持性文件的办理；纳金110千伏输变电工程等5个项目通过自治区发改委的可研评审；110千伏经开2#主变扩建工程启动投产，八廓110千伏输变电工程已完成调试工作。10千伏城夺线中低压改造等20项户表工程完工投运，10千伏东木线中低压改造等9项户表工程正在开展停电改造，曲水等五县农网升级改造工程完成转序工作。

【供电服务】 年内，国网拉萨供电公司统筹工程施工、业扩搭火、设备检修停电计划，强化一停多用，减少停电时间。严格落实业扩报装管理，简化手续流程，提高办电效率。编制印发《低压客户电能表故障抢修服务实施细则》，落实营配末端融合工作职责。开展重要用户安全用电检查，完善59家重要用户政府认定机制。积极拓宽缴费渠道，科学布局营业网点，新增网银、手机银行等电子化缴费方式，极大方便客户缴费。加强配网抢修管理，抢修到达现场及时率提高至99.78%。加强供电服务舆情监控和安全用电宣传，维护公司良好形象。完成自治区成立50周年庆祝活动保电任务，全年共完成重要保电180次、特别重要保电103次。

（陶　魁）

八廓古城管理

【概　况】 年内，八廓古城管委会全体上下认真贯彻落实区市党委、政府的决策部署，按照市委、市政府相关会议精神和领导指示精神，结合八廓古城管委会的工作实际，不断强化思想政治理论学习，统一思想，上下联动，齐心协力，不折不扣抓好各项工作，在具体工作中，管委会得到了老城区三个街道办事处的大力支持、积极配合，保证了以维稳为重点的各项工作的完成。

【老城区社会局势稳定和治安安定】 认真按照自治区、拉萨市、城关区三级党委、政府和上级维稳部门的安排部署，坚持把做好各个重大节日、各个敏感时段的维稳工作提上管委会的重要日程，召开各种维稳会议70余次，确保各项工作的有序开展做好思想准备，为全力推进各项工作奠定了牢固的理论基础。

制定了《八廓古城管理委员会2015年度维稳防控工作总体方案》等10个方案、预案，每个方案、预案都紧密结合管委会的工作实际，逐一细化责任、逐一明确任务、逐一强化措施、逐一狠抓落实，很好地保证了各项维稳工作的有力、有序、有效开展。

为确保各个敏感时段的稳定和安全，八廓古城管委会适时调整工作思路，要求每个干部职工在每天完成自身业务工作的同时，将全体干部职工下沉至社会面的大街小巷开展清查、巡逻和排查工作，及时发现各种安全隐患、及时叫其整改、及时落实各项防控措施，有效杜绝不安定的因素，全年老城区未发生一起维稳案件、一起大的治安案件、一起火灾事故、一起安全生产事故、一起交通事故。

坚持落实敏感期间动态信息和督查专报制。做到政令畅通、信息畅通，及时为上级领导决策提供依据。年内，先后上报下发各类文件85份，上报工作信息36期，上报各种专刊189期，上报各种汇报材料20余份。

精心组织，周密安排，全力推进“双联户”工作。管委会先后20余次组织召开公安、办事处、社区居委会、“双联户单元”等会议，督促落实“双联户”工作制。通过老城区各单位、部门和基层组织的共同努力，此项工作得到了长期深入和有效推进。

年内，八廓古城管委会积极开展人民内部矛盾纠纷的排查调处工作，先后调处了因珠峰伟业、民贸商场改造商户搬迁引发纠纷矛盾等10起，调解、阻止流动商贩违规摆设地摊矛盾纠纷5起，全年未发生一起越级上访案件。

按照拉萨市、城关区及上级相关工作的安排部署，年内，管委会组织人员圆满完成陪同国内至国外、中央至地方各种团队200余个。工作中坚持做到思想统一、认识统一、行动统一，保证工作不出差错，保证安防等任务顺利完成。

【老城区社会治理】 针对藏医药路段流动商贩、地摊、编扎辫子等行为屡禁不止的现象，及时制定了《老城区市容市貌综合整治方案》，整合管委会各部门人员24名，长期在拉萨电影城处设立固定的整治点，常年落实早上9:00—晚上10:00工作制，力争做到发现一个、清理一个、劝阻一个、引导一个。年内，管委会共出动工作人员8640人次，共清理流动商贩12000人次，清理地摊17600人次，清理编扎辫子19070人次。通过长期的清理整治，已收到明显效果；管委会加强与老城区公安安检口的协调联动，力争堵住进入老城区核心区的机动车、非机动车，防止携带危险物品进入老城区核心区，限制一切货车在早上8:00—晚上22:00之间进入老城区核心区；年内，管委会共出动工作人员2160人次，劝堵违章进入核心区的机动车320余辆，劝其下车推行非机动车人员17890余人次，清理强买强卖人员520余人次，清理流浪乞讨人员390余人次，清理尾随兜售人员870余人次，清理整治店外店、占道经营商户6970户次；管委会结合老城区核心区市政市容管理实际，自年初开始，整合机关干部职工、公益性岗位人员、驾驶员、临时工，放弃所有双休日、节假日，每天分别在八廓南街（管委会大门西侧）、八廓北街、八廓东街（玛吉阿米）设立三个卡点，每个卡点定点2人，实行每晚9:00—11:00间对流动商贩、地摊的清理整治，年内，管委会共出动工作人员3240人次，清理劝阻清理整治流动商贩、地摊人员5700人次；针对人员复杂、治安秩序混乱，以袖筒生意、占道经营为主的冲赛康等区域，成立专项整治工作组，组织所辖公安、基层干部、社区治保等，长期有针对性地开展整治；加强同公安、民政等部门的联系，对日常巡逻清理整治中屡教不改、屡劝不听的流浪乞讨等人员，及时给予强行清劝和遣送。据统计，全年共清理遣送流浪乞讨人员16人。通过一系列的综合整治，老城区的治安日趋好转，社会秩序进一步井然，城市环境日益美化，人与自然更加和谐。

【市政基础设施靓化】 老城区疏通下水道3445米，其余乡办疏通排水管道1995米；老城区辖区更换印有八廓古城字样井盖171套，其余乡办共更换79套，修缮雨水井3处，更换消防栓1处；三老城区维修732座，其余乡办共维修123座，维修太阳能路灯114座；加强城市路面维护，对石板路面破损严重的藏医院路、清真寺路、夏萨苏一巷、夏萨苏二巷、翁堆兴卡路等处进行了维修。维修石板路面2324平方米，更换石板892块，其中老城区维修石板路面2018.5平方米，其余乡办维修石板路面305.5平方米，另重修水泥路面11103平方米，维修沥青路面26973米；加强城市绿化栏杆维修维护，共更换绿化栏杆34处，更换铁制绿化栏杆3475米，其中更换和拆除藏医院路沿街两侧的破损严重石头栏杆29处2405米，其余乡办共更换绿化栏杆1070米；针对藏医药路段、鲁固路段、丹杰林路等路段乱停乱放非机动车现象，城市靓化工作组先后组织人员对其路段和大昭寺广场西南侧等区域进行了规划，并修建了非机动车停放围栏，有效规范了非机动车的停放，城市环境得到明显改善。管委会结合老城区非机动车停放实际，先后共规划非机动车停车场7处，修建铁栏杆围栏510余米。

【城市景观维护】 积极协调拉萨市综合执法联动支队对“鲁固阿玛甜茶馆”楼顶、“香巴拉宾馆”电梯等违规建筑进行了拆除；坚持强化属地管理，重点围绕美好城市环境，有针对性地开展城市主次干道两侧户外广告、店招牌匾的整治，先后在北京东路、纳金路、色拉路、江苏东路、夺底路等主干道清除户外广告和店招牌匾2466处，其中老城区清除户外广告和店招牌匾1743处，其余乡办清除户外广告和店招牌匾723处，另撤除楼顶广告牌4处，更换招牌71处，清除非法小广告“牛皮癣”19501处，清除LED显示屏1个，更换大门84扇，窗户71扇；加强老城区核心区现代设施的撤除，及时发现和督促商户、居民清理撤除老城区核心区与传统民族风貌不协调的现代电器空调10台；积极组织各单位部门按照属地原则，加强各自责任区域特别是老城区街景的装饰美化。据统计，全区4乡8办共安装香波（布）8万余条、放置盆栽装饰花12万余盆，涉及5万余户。其中老城区97条主干道、大街大巷沿线窗台上安装香波（布）11816条、放置盆栽装饰花23937盆，涉及3728户。

【财政支持】 为保证巩固“六城同创”成果、迎接中央文明办2015年复检验收、迎接西藏自治区政府成立50周年大庆和深入推进“拉萨古城申遗”工作，管委会及时向财政部门汇报工作，力争得到支持帮助。据统计，在迎大庆城市靓化工作中，城市靓化工作组先后向市财政申请专项资金285万余元，即争取到更换大昭寺广场、丹杰林路石板路面和绿化石头栏杆资金86万元；争取到修补藏医院路、清真寺路路面资金22万余元；争取到维修电路和更换灯泡、灯具、电控开关资金177万元。

（达瓦央宗）

布达拉宫广场管理

【概　况】 年内，广场管理处实现了“政企分开、管养分开、科学管理、养护提质、社会监督”的目标，完成了园林绿化服务外包、音乐喷泉维修养护服务外包、垃圾清运服务外包，投入资金357万余元。三项服务外包工作的市场化运作提高了广场的工作效率，广场管理处职能走上了科学化、规范化、精细化轨道。为了理顺工作机制内部成立了园林绿化科、制定了布达拉宫周边环境卫生网格化管理体制，划分出了12个网格，网格长负责网格内的环境卫生及安保工作，网格的划分进一步提升广场管理处服务管理水平、提升了广场和公园环境质量。同时在宗角禄康并入广场管理处工作后，为了切实解决历史遗留问题，提高保洁人员的工资待遇，激发保洁人员的工作积极性。截至年底，保洁人员的工资达到3300元。

【环境维护】 年内，拉萨市园林绿化提升改造工作将广场的绿地80%进行了提升，清除了三叶苜蓿草对草坪的侵蚀。对所有草坪周边种植了绿篱，广场绿化环境得到了明显的改善，大庆前此项工作全部完成。3月，管理处专门组织技术人员对地埋灯和景观灯、广场内的碎裂石板、音乐喷泉的电缆和水下电机进行了系统、广场两侧路灯灯罩全部进行更换和维修。

【广场工作】 管理处继续加强内保工作，同时积极协助广场派出所、广场便民警务站、武警部队抓好广场维护稳定工作。加大广场安检工作力度，配合安保部门做好广场安全“过滤线”设置工作，保障安检设备电源不间断供电，确保了广场安检工作的万无一失；严格执行24小时值班和领导带班制度，随时保持与相关部门的信息联系；对单位内保工作落实情况进行常态化检查，查漏补缺；加强情报信息收集工作，严格执行每日“零报告”制度，对各种隐患做到“早发现、早报告，早处置”，确保广场秩序井然；为了在大庆前营造布达拉宫周边的节日氛围，市政府办公厅牵头成立了由布达拉宫广场管理处、派出所、市联动执法支队布达拉宫大队、旅游局、民政局、救助站，大庆期间综合整治领导小组，对布达拉宫周边的尾随兜售、流浪乞讨、黑导拉客等现象进行整治，效果明显。

（格桑德吉）

农　业

种植业

【概　况】 年内，拉萨市大力实施提高粮食单产行动，采取“四良”（造良田、用良种、推良法、建良制）稳步提升粮食产量。为提高种植业综合生产力，确保粮食的有效供给，壮大以曲水县、堆龙德庆区、林周县等六个商品粮基地县区为主的青稞生产基地，面积为1.796万公顷，青稞产量达11.65万吨，壮大以堆龙德庆县岗德林蔬菜生产基地、林周县边角林当杰村基地、城关蔡公堂科技示范园等集中连片设施农业基地，设施蔬菜面积0.118万公顷，产量为15.1万吨。年内，全市农作物总播种面积4.17万公顷（含复种0.265万公顷），其中粮食作物种植面积2.689万公顷（其中青稞种植面积1.82万公顷、小麦种植面积为0.855万公顷、豆类作物种植面积为0.038万公顷、经济作物种植面积为0.904万公顷（其中油菜种植面积为0.433万公顷、蔬菜面积0.471万公顷）饲草作物种植面积为0.573万公顷。

【粮食作物生产】 拉萨市粮食作物以青稞为主，次为小麦、豌豆等，粮食作物主导品种主要有“藏青320”“山冬6号”“藏青2000”“喜马拉雅22”，全市粮食作物种植面积2.689万公顷（比上年增加0.02万公顷）。年内，在曲水、堆龙德庆、林周、达孜、墨竹工卡、尼木六个商品粮基地县，按照“九个统一”，落实标准化生产和高产创建示范田1.6万公顷；按照“125”种子繁供体系的要求，落实粮油作物良种繁育田22828亩（0.152万公顷）；为改善土壤结构，拉萨市开展测土配方施肥示范田2万公顷，较上年增建1.2万公顷；按照“新品种新技术推广示范”建设要求，年内推广农作物新品种示范种植面积0.97万公顷；按照“专业化、规范化、社会化、规模化、集约化”发展的统防统治新要求，结合病虫害防治工作等，组建4个专业化防治队伍，采取理论授课、实地查看操作、图片展示等方式，对农牧民进行病虫害防治技术培训，提高农牧民对病虫害的认知及防治水平；在农业生产关键时节、重要节点，组织安排市、县、乡三级农技人员共102人深入到六个粮食主产县农业生产一线，开展技术服务工作，将标准化种植、测土配方施肥、科学防治病虫害等重要技术落实到田间，农田科技承包面积占粮油播种面积的90%以上。

年内，粮油总产19.31万吨，粮食产量达到18.15万吨，比上年增加0.18万吨，其中青稞产量（含冬青稞、春青稞）达到11.65万吨，比上年增加0.65万吨。

【经济作物生产】 年内，经济作物种植面积1.067万公顷，主要种植作物为油菜、蔬菜等。油菜作物种植面积0.433万公顷，油菜产量为1.15万吨。蔬菜生产面积达到0.47万公顷，与上年同比增加0.01万公顷，上市蔬菜品种100余种，包括白菜、萝卜、西红柿、花菜、黄瓜、草莓、南瓜、茄子等；年产各类蔬菜达到28万吨，与上年同比增加1万吨，其中设施蔬菜面积达到0.118万公顷，与上年同比增加0.008万公顷，年产量达到15.1万吨，比上年同比增加2.99万吨。

【农田土壤培肥】 年内，共计调运化肥10300吨（其中尿素3970吨，二铵1815吨，复混肥3360吨，氯化钾1155吨）；完成农家肥积造105万吨以上；订购农药128.98吨（其中，杀虫剂36.35吨，杀菌剂16.43吨，除草剂76.2吨）；调剂良种257.64万斤。落实测土配方施肥示范面积2万公顷，在6个商品粮基地县树立样板，展示测土配方施肥技术效果，引导农民科学施肥。

【农业机械化】 推广良机作业，年内，落实国家农机购置补贴资金两批共4050万元，农机总动力达到53万千瓦，比上年提高1.07万千瓦，综合机械化水平达到79%，比上年提高1%。

【农牧业项目建设】 年内，实施的农牧业基本建设项目共20个，总投资17179.49万元，其中续建项目10个，总投资4595万元，涉及乡镇综合服务中心、青稞基地、退牧还草等项目；新开工项目10个，总投资12584.49万元，投资完成率达79.6%。

【农业自然灾害】 年内，重点针对去冬以来的雪灾、低温霜冻、大风、洪涝、泥石流、干旱等自然灾害加强监测、防范和应急处置，安排防抗灾应急资金300万元，同时争取自治区防抗灾资金270万元。

【农牧业产业化经营】 起草颁布了《西藏自治区关于农牧业产业化经营龙头企业认定和管理暂行办法》《关于引导和促进农牧民合作社规范发展的实施意见（试行）》；完成拉萨市雪顿节项目推进会，邀请区内外客商20余人，共洽谈净土健康产业项目7个；配合自治区农牧厅开展自治区级龙头企业评定工作；组织参加第十三届中国国际农产品交易会，其中三家企业荣获参展产品金奖；参加第十八届中国农产品经济洽谈会并获得优秀组织奖；开展了“2015年拉萨市净土健康招商引资北京专场招商活动”共计签订招商引资项目5个，金额达13.4亿元。年内，全市农牧业龙头企业总资产16亿元，实现总产值9.9亿元；农牧民专业合作社达746家，营业收入达3.7亿元。举办三期培训（农村管理干部、合作社、龙头企业管理人员、市政协农业界委员等）230人次；成功为4家企业合计申报贴息贷款89.91万元；解决企业难题2个，成功协助2家合作社完成注册商标。

【科技兴农】 年内，完成了2014年全国基层农业技术推广体系改革与建设补助项目；已经完成林周南天牧业、曲水新希望两处大中型沼气工程的评审工作，项目资金800万元已经到位。聘请组织区、市两级农牧业专家和技术骨干185名围绕农牧业主导产业及主导品种开展指导工作，有效转变了种养殖户的种养殖方式；编制了《拉萨市2015年新型职业农牧民与农村实用人才培训工作方案》等文件；培育提升现代农牧业科技试验示范基地（场、园区、企业、农牧民专合组织）和产业亮点60处，启动了土壤有机质提升试点工作；新培育农牧业科技示范户1480户，培育提升农牧业科技示范户累计达到近6000户。积极稳妥推进农村土地承包经营权确权登记颁证试点工作，全市共完成10012户、15.55万亩农村土地承包经营权确权登记颁证工作，农村土地确权试点工作基本结束，确保粮食面积达到62.9万亩。

【拉萨市“互联网＋农业”助推现代农业发展步伐】 拉萨市通过“互联网＋农业”模式，在林周县甘曲镇江角村开展2500亩的青稞新品种“藏青2000”高产创建及绿色增产模式攻关田试点工作，对2500亩的青稞新品种建立了自动土壤墒情监测系统。该系统可适时对2500地块的空气湿度、温度、降雨量以及20cm、40cm、60cm三个不同土壤耕层的含水量、土壤墒情进行信息数据采集，并通过移动SIM卡将所采集的数据传输至农业技术员及农户手机上，从而便于农技人员通过数据分析对农田进行精准指导和管理，促进了全市信息化与农业的有效对接，提升了农业生产信息化水平，加速了转变农业发展方式和步伐。

（牛小红）

畜牧业

【概　况】 年内，全市饲草种植面积达到0.573万公顷，其中饲草玉米种植面积达到0.08万公顷，比2014年增加0.01万公顷。畜牧业生产以发展净土健康产业为契机，大力发展奶牛、藏鸡、生猪等特色养殖业，奶牛存栏 8 万余头；藏鸡存栏 55 万只，出栏 33.3 万只；生猪出栏 7.08 万头。年内，肉、奶、蛋产量分别为 4.3 万吨、5.8 万吨、870 吨，比上年（4.2 万吨、5.2 万吨、856 吨）分别增长 2.4%、11.5%、1.6%。

【畜牧业生产】 年内，拉萨市提前进行维护暖圈和羔宫，切实加强春季接羔育幼工作，加强对母畜和仔畜的饲养管理。全年新生仔畜 44.43 万头（只），成活 43.05 万头（只），成活率为 97%。成功举办了 2015 年优良奶牛竞赛活动，共为农牧民奶牛养殖户发放奖励资金 39.9 万元；累计奶牛养殖示范村达到 10 个，示范村达到 320 户，2015 年发放补贴资金 244 万元。完成 2014 年草原生态保护补助奖励机制工作，兑换资金 7341.45 万元。有序开展虫草采集工作，发放采集证 16656 本，累计采集人数 18062 人，采集虫草 1352.9 公斤，实现现金收入 1.77 亿元。做好基本草原划定前期工作、草原资源与生态监测等工作。

【动物疫病防控】 春秋两季动物防疫工作均采购并及时发放猪“口蹄疫”、牛羊“口蹄疫”、猪瘟、猪蓝耳病、禽流感等疫苗及驱虫剂，按照“应免尽免、不留空档”和“六不漏”的要求，抓好春秋两季重大动物疫病防控工作，应免尽免率达 100%。坚持 24 小时值班制度和日报告制度，密切关注动物疫情动态。多次在八一、娘热等大小农贸市场突击检查，及时没收销毁未经检疫猪肉，共出动 96 人次，车辆 28 台次，检查大小农贸市场 66 个（次）。年内与市工商局联合处理了药王山冷库部分超期肉。完成建设并使用了市级疫苗冷藏库和应急物资储备库建设；制定了《村级动物防疫员管理办法》，提高了基层动物防疫员的绩效奖励与保险待遇；以“走出去”的方式组织拉萨市基层兽医检疫技术人员赴京进行岗位锻炼培训；分批次开展全市 962 名村级防疫员上岗取证培训；做好执业兽医资格考试工作。

【农产品质量安全管理】 加强源头治理，正确引导农牧民科学使用农牧业投入品；年内，加大“三品一标“认证工作，全市共认定无公害农产品生产基地 13 个，认证无公害农畜产品 73 个。认证无公害蔬菜、瓜果产品 67 个，认证的无公害畜禽产品 6 个。开展无公害农畜产品复查换证基地 2 个，产品 14 个。认证的绿色食品 4 个。加大对违法生产、经营、使用违禁药品行为的打击力度，每月定时对 50 家种子、农药经营门市、25 家兽药饲料门市进行检查。结合节日节点和春耕秋耕备耕季节，组织 9 次农业投入品市场的联合检查。开展农资打假工作中，出动执法人员累计 160 人（次）车辆 40 台（次），累计检查农资门市 438 个（次）。

【藏香猪（生猪）产业发展】 生猪存栏 5.19 万头，出栏 6.73 万头，生猪出栏量占全市 85% 以上。全市生猪存栏 50 头以上的养殖户 96 户，20 头以上规模养猪户 190 户，其中外来养殖场（户）56 户。

【强农惠农富农政策】 年内，农作物良种繁育补贴 87.228 万元、农作物良种推广补贴 634.1 万元、农药政策性补贴（区市县三级补贴 85%、群众自筹 15%，其中市级补贴 25%，即 196.80 万元）、农机购置补贴资金 4050 万元、畜牧良种补贴 652 万元、草原生态保护补助奖励机制兑现 7341.45 万元（2014 年度）、产业化经营龙头企业贷款贴息 89.91 万元。

【全市农牧科技现场会】 7 月 20 日—7 月 21 日召开全市农牧科技现场会，市委常务副书记龙志刚、市委常委副市长周普国、自治区农牧厅副巡视员强巴曲扎三位领导出席会议进行指导；九县（区）分管农牧业副县长（副区长）、市委农工办、市财政局、市农发办、市科技局、市气象局单位负责人出席会议；九县（区）农牧局局长、八县（区）农业技术推广站站长、兽医站站长以及市农牧局各县级领导、市农牧局各科室科长、市农牧局下属各单位负责人参加会议。会议紧紧围绕以农牧业科技促进步的主题，组织各参会代表对堆龙、曲水、城关、达孜、林周、拉萨市禽类良种保护研究推广中心、拉萨市农技推广总站共 18 个观摩点进行了参观观摩，全面覆盖拉萨市种植业、畜牧业以及现代设施农业发展情况及发展亮点，系统展示拉萨市现代农牧业“优质、高产、高效”的发展前景。

【全市农牧业工作会议】 3 月 17 日，拉萨市召开 2015 年全市农牧业工作会议。会议有三项议程：市农牧局书记其米旺姆作工作报告；签订《2015 年度重大动物疫病防控责任书》及《2015 年度农牧业经济发展责任书》；市委常委、副市长周普国作重要讲话。

（牛小红）

林　业

【概　况】 全局行政编制25名，其中行政编制15个，政治专项编制4个，机关后勤3个，机关事业编制3个，县级领导职数5名，科级领导职数11名；事业编制132名。内设行政机构5个，分别为行政办公室、造林绿化科（绿化委员会）、资源林政管理科、森林公安局、政工人事科；参照公务员管理单位2个：雅江中游河谷黑颈鹤自然保护区管理局、林政木材检查站；事业单位3个：市中心苗圃、林业勘察设计所、市园林局；1个临时性机构：创园办。主要职责为组织、协调、指导、监督全市造林绿化工作、湿地保护工作、荒漠化防治工作，野生动植物资源的保护和合理开发利用、森林防灾工作、公园建设和管理；负责林业系统自然保护区、森林公园的监督管理，承担推进林业改革职能，统筹协调创建国家生态园林城市，推进城市生态园林建设等职责。

【造林绿化】 年内，造林绿化总任务88737.1亩，完成造林88737.1亩，完成率100%。其中，重点区域生态公益林建设工程面积12501.1亩；拉萨周边建设工程面积25600亩、封育40700亩；拉林高等级公路建设工程面积1026亩；拉日铁路建设工程面积1787亩。完成义务植树造林6100亩。

【南山树上山工程】 为进一步改善拉萨人居环境，建设绿色拉萨、生态拉萨，加快生态园林城市创建步伐，扩大城市林地总量，向高山要绿，美化、绿化拉萨城市周边山体，建立布局合理、物种多样、景观优美的山体绿地系统，年内，南山计划植树造林1023亩，栽植各类苗木202342余株（栽植品种24种），引水工程2500米。截至年底，南山共栽植各类苗木203117株，草类覆盖186165平方米。

【义务植树活动】 年内，为了使义务植树工作开展得有成效、有质量，提前安排义务植树地块，编制《拉萨市2015年义务植树活动实施方案》，提前安排画线布点、标识牌的安装和植树区域示意图的制作等工作。义务植树活动安排部署早、组织措施得力，义务植树活动井然有序地开展。全市共160家单位、15000余人参加义务植树活动植树面积约72亩，栽植各类苗木13048株，栽植品种有雪松、云杉、油松、塔柏、榆树、山杏。

【林业重点项目建设】 年内，实施科技厅项目《拉萨山地造林环境调控技术与耐旱树种筛选研究》项目，投资680.99万元（其中金银花由农牧部门实施），及时成立了项目工作领导小组和实施小组，完成玛咖、金银花等新品种种植，种植金银花1万亩，各县（区）完成玛咖种植16164亩，金银花种植完成任务为2862.6亩。完成了拉萨市科技项目南山生物多样性——菜叶树种生长适应性示范项目的申报工作。总投资25万元，已拨款70%，17.5万元，完成了苗木调运和苗木栽植工作。完成了2013年科技项目《高原干旱造林技术研究示范项目》项目验收的各项前期准备工作，包括自验。完成了自治区发改委《拉萨市细叶红柳繁育基地建设项目》的一系列前置手续包括环评、节能减排备案、项目投资风险、土地预审、选址申请等。

【城市园林绿化建设和管理水平】 年内，为了西藏自治区成立50周年大庆，城市园林绿化工作按照年度绿化计划和上级的安排，开展了城市绿化提升改造一期、二期工程。通过实施城市绿化景观改造提升工程，将城区绿化做到“绿色性、观赏性、植物多样性、高原特色性”合理布置植物搭配、达到“一街一景、一园一色”的景观效果。城市绿化景观提升改造内容涉及37个点，即10条道路、5座公园游园、22处见缝插绿。总共栽植乔木7987株、灌木38085.46平方米、共有雪松、樱花、侧柏、万年青、月季、贴梗海棠等35个品种、土方换填25285.44立方米、草坪36567.52平方米。为提高苗木成活率，在苗木补植季节，每天出动11台水车进行苗木浇灌工作，确保苗木生长所需水分。完成了春节、藏历新年、自治区成立50周年大庆等重要节日城市美化亮化布置工作，共用仿真花15000余盆、绢花6万余朵，悬挂灯笼和饰品1万余盏。共办理各类报批手续10余件，处理违章事故20余起。城市园林理顺体制改革，人、财、物均已划转至城关区，职能、职责待市委研究确定后执行。

【野生动物资源保护】 年内，认真开展野生动物保护和管理工作，完成雅江中游黑颈鹤国家级自然保护区第二期基础设施建设项目建设，积极落实野生动物肇事损失事件补偿工作。经过全年的统计、审核工作，全市肇事损失共涉及7个县，肇事金额为1488.6055万元。在全市范围内开展“雷霆行动”，共查获象牙工艺品12件、鹿头工艺品2件，牦牛头工艺品一件，藏羚羊头工艺品1件，鹦鹉1只。

【林政资源管理】 年内认真贯彻执行《森林法》《西藏自治区林地管理办法》和《占用征用林地审核审批管理办法》，强化林地管理，对因工程建设确需征用、占用林地的，按法定程序和期限严格把关，及时审核上报，严禁未批先占、少批多占林地。年内共办理征占用林地11宗，使用林地面积为700多公顷。进一步加强拉萨市林地资源的保护管理，严厉打击违法占用林地行为，在各县（区）开展辖区内非法侵占林地清理排查专项行动工作。在达孜和林周县境内查处非法侵占林地面积520多亩。为做好公益林管护工作，促进公益林健康持续发展，增加农牧民收入，中央财政森林生态效益补偿基金2232.23万元，由市财政局下拨到各县（区）财政局，各县（区）已在年底将管护资金兑现到管护人员手中，并对全市3280名管护人员管护合同书的续签工作已完成。确定林周县唐古乡作为公益林专业管护队组建试点县。5名专业管护队员的选拔、培训和聘用合同的签订工作顺利完成。

【中心苗圃建设】 年内，拉萨市中心苗圃先后栽植苗木6015株，苗圃共出圃苗木3938株。主要品种有：雪松、樱花、苹果树、葡萄树、柳树、榆树等近十个品种。做好苗圃基地苗木灌溉工作，按照苗木区域分类，指定专职人员分工负责浇水，避免在工作过程中出现漏洞现象，同时对各类苗木进行修剪、整形，清理杂草、清除死树等。邀请资深专家对员工进行技术方面的传帮带。对个别苗木进行了栽植前的修根、杀菌消毒，苗木栽植后及时输入营养液，喷洒叶面蒸腾剂，按照统一规格对新栽苗木进行修剪并涂上糊涂药剂，针对上年栽植的白皮松出现发黄的问题，及时进行了跟粉、上肥料的专业技术处理。

【森林病虫害防治】 年内，全市林业有害生物防治率达85%以上，测报准确率达到85%，林木种苗产地检疫率达到90%，基本上实现“有虫不成灾”的目标，有效防止全市林业有害生物不扩散、不蔓延，保护了森林资源，维护了生态安全。在柳梧新区、曲水县春尺蠖发生重点区域开展春尺蠖无公害防治试点工作，防治试点工作以无公害防治技术措施为主，主要在树基部用森防塑料胶带粘贴阻隔带、阻隔雌成虫上树、“挖蛹”来防治春尺蠖等有害林业生物为目的。举办春尺蠖无公害防治工作，培训人员总计210人，培训人员包括森防工作人员、护林员、农牧民群众，试点面积约84亩，防治树种为杨树、柳树，总计4500棵。与自治区林业厅签订了《2015—2017年重大林业有害生物防控目标责任书》，明确了新的防控目标和相关责任。对全市调进调出的植物及其制品、包装材料等进行严格的检疫检查，严禁带病苗木及其制品进入市场流通；对调进苗木及其制品的复检工作，一旦发现带病的苗木及其制品就地销毁；建立健全林业有害生物防治的检疫监督机制、检出苗木销毁机制、责任追究机制。建立监测预报网络，及时掌握最新林业有害生物信息；加强信息报告制度，加强植物疫情报告制度，确保生态环境的健康发展。经常深入到乡（镇），大力宣传《中华人民共和国森林病虫害防治条例》《中华人民共和国植物检疫条例》以及相关法律法规，使广大群众了解了开展林业有害生物防治工作的重要性。

（刘荣志）

水利管理

【概　况】 全年水利重点工程完成投资6.1亿元，超额完成了年初批复的5.03亿元投资计划，完成率达到121%。澎波灌区建设全面竣工，拉萨河干流治理工程正式启动，农田水利重点县建设成效显著，拉萨市在2015年全区水利综合目标考核中位列第三，其中水政和安全生产两个单项考核排名全区第一。

【重点水利工程建设】 年内，全市启动实施了拉萨河干流整治部分工程、中小河流治理工程、城市防洪工程、澎波灌区改造工程、水土保持工程、2014年度公益性维修养护工程、病险水库除险加固工程、重点县小农水工程、寺庙饮水安全工程、农村饮水安全工程、水质监测能力建设等共11类。2015拉萨市水利工程建设任务5.03亿元，已完成6.1亿元，占年度建设任务的121%，其中完成中央投资5.1亿元，完成市财政投资1.0亿元。截至年底，拉萨市到位资金5.76亿元，支付4.07亿元，支付完成率71%。

【民生水利建设】 截至年底，农村饮水安全项目规划内建设任务完成率达到100%，其中2006—2013年期间共建设完成了1230处供水工程，累计完成投资2.45亿元，其中国家投资为2.2亿元，地方配套0.25亿元，解决了29万人的饮水安全问题；完成了《拉萨市2014—2015年巩固提高改善农村饮水安全项目》方案编制，涉及七县一区近6.5万人；完成了171座寺庙通水工程建设任务；2014年拉萨市小型农田水利重点县建设批复投资8061.74万元；2015年尼木县小型农田水利重点县建设项目批复投资1169.5万元。

【水资源监管保护和“十三五”水利规划编制】 年内，全市水资源费征收达到280余万元；出台《拉萨市实行最严格水资源管理制度考核办法》，细化市、县两级政府的水资源管理责任；实施拉萨市城市水资源实时监控与管理项目；2015年12月11日，拉萨市人民政府下达了《拉萨市人民政府关于〈拉萨市水利发展“十三五”规划〉的批复》。经初步估算，“十三五”拉萨市水利投资规模约为137.7亿元。

【生态文明建设】 2#闸、4#闸项目建设正式启动；3#闸项目投入运行；南山绿化工程按计划完成供水任务；对拉萨河城区段开展了河道环境清理，初步实现了“通畅、水清、岸绿”的目标。

【水利体制改革】 市级层面，新设立“拉萨市水土保持监测站”“拉萨市水利工程质量检测中心”和“拉萨河闸站管理所”三个机构，全额事业编制。进一步提升了水利社会管理职能。县级层面，全市已组建农牧民用水户协会128个，其中注册了101个，参与农户数达到5.35万户，占比70%以上。

【水利援藏】 拉萨市水利工程质量检测中心项目是江苏省水利厅和水利部淮委共同援建项目，总投资823.97万元，江苏省水利厅援助资金623.97万元，水利部淮委援助资金200万元。工程位于拉萨市城关区纳金乡拉萨河畔，占地4900平方米，建筑面积2522.6平方米，由材料实验楼、配套业务与办公楼及附属设施等组成。工程于2013年7月15日开工建设，于2014年7月15日完工。

【防洪抗汛】 年内，全市建成了山洪灾害非工程措施，实现了水情、雨情到村预警。重点完成了对拉萨河、澎波河、堆龙河等河段的抢险任务。全年无人员伤亡事故发生。

（龙　波）

扶贫开发和农业综合开发

【概　况】 年内，共争取项目201个，总投资42888.48万元（国家投资30889.38万元）。扶贫开发项目183个，总投资2.66亿元（国家投资2.25亿元）。农业综合开发项目18个（增量资金1个，区级立项4个），总投资16304万元（国家投资8400万元，自治区财政配套4819万元，项目区群众投劳折资及项目单位自筹资金3085万元）。落实“雨露计划”培训项目35期，国家投资607.4万元，培训4723人。以净土健康产业为依托，以扶贫专项资金作为建档立卡贫困户的股份，进行参股、入股。2015年投入国家资金4854万元，配合实施种（养）植业等净土健康产业项目。

【精准扶贫】 易地扶贫搬迁。2015年10月以来，市委、市政府多次召开专题会议，传达学习中央、自治区有关易地扶贫搬迁工作重要指示精神，安排部署全市易地扶贫搬迁工作，并专门成立了以区党委常委、市委书记齐扎拉为组长的拉萨市易地扶贫搬迁领导小组，各县（区）也相应成立了以党委书记为组长的领导小组和指挥部，形成了“党委统一领导、党政齐抓共管、扶贫部门组织协调、各级部门密切协作”的良好格局。2015年年底，市扶贫办编制完成了《2016年扶贫搬迁试点实施方案》，并协同市发改委完成了《拉萨市“十三五”易地扶贫搬迁规划》。同时，制定了为每个搬迁户提供1—2个月薪在2000元以上就业岗位的特惠政策，以实现搬迁群众有业可就、稳定脱贫。

整村推进（旅游试点）。随着整乡推进工作全面收尾，整村推进（旅游试点）工作拉开序幕，市扶贫办在每个县选择2个贫困村，并按照“一村一策、一户一案”的要求，编制完成了整村推进扶贫项目的实施方案，截至2015年底，4800万元整村推进项目资金已下达八县（区），项目正在稳步推进中。

重点乡村确认。根据齐扎拉书记批示精神，市扶贫办工作人员按照“说办就办”的工作要求，经各县（区）委、政府再分析再研究后，确定了4个重点县（林周县、墨竹工卡县、当雄县、尼木县），32个重点乡（镇），124个重点行政村，为扶贫攻坚战打下基础。

定点扶贫。年内，承担拉萨市定点扶贫任务的104个单位领导高度重视，及时调整充实本单位定点扶贫工作领导小组，指定一名领导专门负责定点扶贫工作，协调落实年度定点扶贫工作中遇到的问题，抽调有农村工作经验的定点扶贫工作队进驻联系点，全年，拉萨市确定的定点扶贫人员1211名（厅级干部54名，县处级干部285名，一般干部961名），派出考察人员1425名。

金融扶贫。以财政扶贫资金扶持为主导，以信贷资金市场化运作为基础，以扶贫体制机制创新为保障，切实解决农牧民担保难、贷款难的问题，进一步放大扶贫资金效益，加快贫困地区，贫困农牧民增收致富步伐。截至年底，共发放贷款1.2亿元。

【社会培训】 以“转移一人，脱贫一户”为目标，以农牧民增收为中心，以订单定向为就业保障，不断创新工作方法，有计划、有组织、有规模地开展了农牧民培训和劳动力转移。充分考察市场需求，大量走访公司企业争取订单，坚持“贫困优先”的原则，督促参训人员与培训机构签订协议，强化培训措施确保培训质量，就业率达98%，达到“一体两翼”的工作成效，充分提高贫困农牧民的劳动技能，达到真正的脱贫致富。

【农业综合开发】 加强组织领导，强化技能培训。始终把科学制定农发规划放在首要位置，实现经济发展的中长期发展规划。各县（区）都成立了由县政府主要领导任组长的农业综合开发领导小组，有效确保了农业综合开发的高效率、标准化实施。通过项目实施保证了项目区旱季能灌溉、汛期能排涝。通过加大对科技措施的投入，一手抓实用技术普及，一手抓种养技能培训，农业综合生产能力显著增强。

土地治理增产，产业化经营增效。成功扶持产业化龙头企业，以市场为导向，大力发展订单农业，按“企业+农户+基地”模式扶持龙头企业，吸纳群众就业，带动群众增收能力逐步显现。坚持“民建、民管、民受益”的原则，培育发展了多家农牧民专业合作社。紧密结合拉萨市净土健康产业的发展需求，积极扶持温室大棚建设和奶牛、牦牛育肥等养殖项目，为全市净土健康产业发展做出了积极贡献。全年共实施土地治理项目7个，总投资11265万元（国家投资6970万元）；产业化项目11个（区级立项3个），总投资5039万元（国家投资1430万元）。

（冯　剑）

拉萨河（城区段）综合整治工程

【工程概况】 拉萨市拉萨河城区段综合整治工程是拉萨市“十二五”期间重点建设项目之一，也是环境立市战略的重要举措。项目通过实施挡水拦河闸及治导工程建设，使拉萨河城区段能够常年蓄水，不仅有利于完善城市防洪体系、改善城市环境条件、增加含氧量和湿度、提高城市综合能力、提升城市品位，提高地下水位，而且还具有巨大的生态效益和社会效益，对拉萨市的国民经济发展和生态环境保护具有深远的历史意义和重大的现实意义。

根据《拉萨市城市总体规划（2009—2020）》，遵循现有城市机理，结合地形地貌，依据水利的挡水拦河闸及治导工程建设规范，以生态建设为基础，以城市结构为依据，规划新建4个拦河闸挡水工程，整体规划已完成并通过自治区水利厅审查。4个拦河闸挡水工程均为Ⅰ等大（1）型工程，挡水建筑物按100年一遇洪水设计，按200年一遇洪水校核，闸坝下游防冲销能力按100年一遇洪水设计，河道治导工程按20年一遇洪水设计。永久性主要建筑物为1级，次要建筑物为3级，临时建筑物为4级。

【3#拦河闸工程情况】 拉萨河（城区段）综合整治工程3#闸项目位于太阳岛下游约1.04千米、柳梧

大桥上游约1.4千米、青藏川藏通车纪念碑处。建设内容由闸兼桥、非溢流土石坝及上、下游辅助建筑物组成。坝顶全长851米，闸顶高程3646.80米，闸顶交通桥高程3646.10米，最大闸高9.8米。3#拦河闸河道治导工程轴线布置为上起太阳岛卡口河段，下至3#拦河闸闸址，并向闸下游延伸400米，中间以圆滑曲线相连接，并配合河道清淤疏浚。上、下游治导工程，左岸总长度为2192.363米，右岸总长度为2011.963米，两岸合计轴线长度为4204.326米。由于太阳岛卡口河段控制，治导工程形成的拉萨河主槽宽度最小为220米，最大为851米。河道中心线回水长度约2380米，平均水深2.5米，回水面积93.16万平方米，工程总投资为5.56亿元。

该项目在拉萨河上已修建的水利工程中实现了"三个最、四个首次"，即最宽挡水宽度581.0米，最多孔数30孔，最大单孔跨度16.0米；首次采用拦河闸与治导工程结合、拦河闸与桥梁结合形式，同时满足河道整治、景观蓄水及河道两岸交通连接等综合要求，首次运用治导工程技术改善河道水流条件，首次使用液压启闭机，首次运用门顶溢流技术。为拉萨河综合整治工程建设提供了宝贵的技术参数与工程施工经验。

根据拉萨市拉萨河城区段综合整治工程（3#闸）投入运行以来周边空气有明显的增湿效应，最大增湿上升幅度为12%；风沙、扬尘遏制效应显著，最大遏制约30%；人居环境与水鸟栖息地生态系统改善明显，活动量增加20%；改善城市地下水补给措施，有力缓解城市地下水位下降趋势。待2#、4#投入运行，将形成水面群为拉萨河主城区段形成较大的水面，不仅有利于完善城市防洪体系、改善城市环境条件、增加含氧量和湿度、提高城市综合能力、提升城市品位等起到重要作用，实现生态效益和社会效益共赢。

【2#拦河闸橡胶坝工程建设情况】 拉萨市拉萨河城区段综合整治工程（2#闸）为拉萨市拉萨河（城区段）综合整治规划自下而上的第2座拦河建筑物，位于柳梧大桥下游1.53千米处，继3#拦河闸后拉萨市委、市政府自筹资金26924.78万元即将实施的水生态文明建设、合理配置水资源、落实中央关于生态文明建设决策部署的重要举措。

2#拦河闸由橡胶坝、调节闸、分流岛、充排水泵房、导流堤及上下游河道等组成，新建橡胶坝长516米，设7跨，每跨长72.00米，坝高2.20米，单跨充水量541立方米，调节闸布置在橡胶坝右侧，设5孔，单孔净宽8.0米，调节控泄流量为400.0立方米/秒，橡胶坝和调节闸之间设分流岛。该工程将营造宽阔的滨水景观和生态湿地绿色长廊，对改善空气含氧量、提高大气湿度、回补城区地下水等方面具有非常重要的作用，将进一步改善拉萨市人居环境，提升城市形象，为城市发展提供良好的基础。该工程于2015年5月开工建设，工程建成后拦蓄水量102万立方米，回水长度约1.69千米，形成水面约1.02平方千米。

【4#拦河闸橡胶坝工程建设情况】 4#拦河闸橡胶坝工程位于已建成的次角林大桥下游136米处，工程的主要任务为改变城市水环境、改善水生态水环境营造生态湿地等综合功能，具有显著的旅游效益、土地增值效益、巨大的生态效益和社会效益，工程的实施对拉萨市的国民经济发展具有重要而深远的意义。

4#闸包括挡水墙、防冲墙、调节闸、橡胶坝、蓄水池、充排水泵房及上、下游辅助建筑物组成。橡胶坝全长526.5米，共分为6跨，单跨长86.5米，中隔墩宽1.5米，坝高2.2米；橡胶坝底板顺水流向长度11米，厚度为2.5米，钢筋砼结构；坝上游设塑性混凝土防渗墙，墙宽0.6米，高8.1米；下游设钢筋混凝土防冲墙，墙宽0.6米，高7.2米。左岸设控制室一座，蓄水池一处。调节闸共5孔，孔口尺净宽8.6米。底板高程3644米，闸顶高程3652米，最大闸高8米。调节闸上游设格宾石笼护底。工程于2015年11月开工建设。

（达杰次仁）

工　业

工　业

【概　况】拉萨市工信局紧紧围绕贯彻落实中共十八大，十八届三中、四中、五中全会和第六次西藏工作座谈会精神，按照区市经济工作会议、工信工作会议的决策部署，大力实施"产业强市"和"党建统市"战略，全力推进以净土健康产业、工业园区建设、产业招商引资、重大项目建设、节能降耗减排、信息惠民工程等为重点的工业和信息化工作发展，确保全市工业经济各项目标任务顺利完成。

【全市工业经济运行情况】全市实现工业增加值43.82亿元、工业产值107.78亿元，分别增长15.7%、13.7%；完成工业税收9亿元，同比增长20%；截至年底，园区累计实现工业总产值37.78亿元、工业增加值14.42亿元、工业销售产值36.72亿元、工业税收4.5亿元，分别比上年同期增长32.2%、30.7%、30%和30.1%。截至年底，新增入库规模以上工业企业8家。较好地完成了市委、市政府下达的目标任务。

【园区发展情况】年内，"两区四园"累计注册企业4260户，比上年同期净增934户；其中，工业企业249户，比上年同期净增64户。实现工业总产值37.78亿元，同比增长32.2%，占全市工业总产值的35.1%；实现工业增加值14.42亿元，同比增长30.7%，占全市工业增加值的32.9%；完成税收总额76.32亿元，同比增长19.3%，其中工业税收4.5亿元，同比增长30.1%，占全市工业税收50%。完成固定资产投资118亿元，同比增长11.3%。园区内规模以上企业达到39家，其中产值过亿元企业达到11户，产值过5000万元企业10家。

【全市工业经济发展工作会议召开】2015年3月26日，召开全市工业经济发展工作会议，市直相关部门、各县（区）政府、各县（区）工信局、全市规模以上工业企业、驻市金融机构、电信运营公司、市供电公司负责人130余人参加会议。会议对2014年全市工业和信息化工作进行总结，对2015年工作进行安排部署，对先进集体和先进个人进行表彰，各县（区）在会上签订2015年工业经济发展目标责任书。

【园区发展推进工作会议召开】2015年4月3日，召开园区发展推进工作会议，市直相关部门、各园区管委会、园区规模以上工业企业、驻市金融机构、市供电公司负责人60余人参加会议。会议对2014年园区发展建设工作进行总结，对2015年工作进行安排部署，对先进园区进行表彰，副市长杨安文代表市政府与各园区签订2015年发展目标责任书。

【园区发展】切实发挥"两区四园"的引领作用，加快园区基础设施建设，做大做强净土健康产业、旅游文化产业、高新技术产业和战略性新兴产业。全力推进园区重点项目建设，积极采取定向招商、网络招商、以商招商、博览会等形式，围绕产业延伸、升级，着力引进产业链节点项目和龙头企业；积极争取政策支持，推动园区上档升级，协助园区完善相关材料；着力把园区打造成布局更合理、功能更完善、管理更高效的品牌园区，提升工业经济发展质效。积极推进园区管理体制和运行机制创新，制定《拉萨市园区建设发展考核办法》，每月定期召开园区工作例会，各园区积极交流发展建设先进经验，并及时解决各园区企业存在的困难和问题。

【水产业健康发展】 按照全市净土健康产业发展大会的指示精神，全力推进天然饮用水产业发展。全市拥有饮用水生产企业 25 家（两年新增 7 家饮用水生产企业），其中已投产运营的 15 家（全市已投入生产运营的饮用水企业数占全区的 54%），在建或筹建 10 家。年内，全市饮用水企业实现产量 34 万吨，实现产值 27 亿元。全市饮用水规模以上企业有 3 家，其中产值亿元企业 3 家，年产值超 1000 万元的企业 7 家。其中年设计产能 10 万吨以上的 5 家。大昭圣泉、5100 矿泉水、高原天然水等规模企业利用其资金、人才、技术优势，打造知名品牌，推动产业规模化、集约化发展，产品销售辐射北京、上海、广州等一线城市。

【水产品品牌推广】 借助拉萨旅游城市的优势，通过报纸、网络、电视、推介会等多途径宣传“西藏好水、世界共享”的理念，组织全市 20 家饮用水企业参加雪顿节商品展销、上海第七届水博会、藏博会、福州农交会等产品展销会、项目推介会等活动。仅在上海举办的项目招商推介会上签订了 10 亿元的项目合作协议和 8 万吨的销售合同。组织开展银企对接会，积极为水企业搭建投融资平台。主动帮助企业联系大型超市、酒店宾馆，帮助企业扩大产品销售服务渠道，大力宣传和推销拉萨市水产品。

【企业扶持政策】 6 月，由市工信局、市财政局联合行文向各县（区）及“两区四园”印发《关于认真组织 2015 年全市中小企业发展专项资金项目申报工作的通知》。积极组织企业申报 2015 年拉萨市中小企业发展专项资金项目，各县（区）工信局、各园区和财政局完成项目申报、现场审核，并组织专家组召开了项目评审会，原则通过了净土健康产业、高原特色产业、文化旅游产业、高科技产业以及现代服务业等 11 个项目，落实中小企业发展专项资金 950 万。

【企业扶持力度】 积极推动拉萨市中小企业公共服务平台建设，加快构建支撑力强、辐射面广、资源聚集、布局合理的中小企业公共服务平台体系建设，为中小企业在政策、信息、咨询、培训等方面提供全方位服务。缓解中小企业融资需求。年内，拉萨市信用担保公司为全市 17 家企业融资担保 8970 万元，有力缓解中小企业融资难题。

（张　丹）

国有资产监管

【概　况】 拉萨市国资委坚持以中共十八大及十八届三中、四中、五中全会，第六次西藏工作座谈会精神为指引，认真贯彻落实市委、市政府推进大国资发展格局的部署，大力实施六大战略，按照齐扎拉书记 2015 年 5 月 26 日在全市国资国企改革发展大会上提出的国资监管工作要实现“横向到边、纵向到底”的指示精神，紧紧围绕深化国资国企改革发展、确保国有资产保值增值这一核心任务，全力推进全市国资管理体制改革，努力实现国有经济整体发展速度、质量和效益的新提升，较好地完成了各项目标任务，呈现出国有经济平稳增长、国有企业健康发展、国资监管工作得到加强的良好发展态势。

【国有企业实力增强】 年内，全市国有资产规模呈“几何式”增长，全市国有企业资产总额 322.6 亿元，完成 3 年 500 亿元目标的 64.5%，完成 5 年 1000 亿元目标的 32.3%，为完成短中期目标打下了良好的基础；国有净资产（所有者权益）总额 200.4 亿元，企业经营水平保持了稳步提高，主营业务收入快速增长，营业收入跨亿元的企业有柳梧城投、市城投公司、公交集团公司，2015 年实现营业收入 48 亿元；效益贡献明显提升，2015 年市属国有企业实现利润总额 1.83 亿元、上交税费 2.8 亿元。拉萨城投公司资产总额突破百亿元，达到 110.23 亿元，暖心热力公司资产总额破百亿元；全市国有企业解决就业岗位 50256 人。

【国有企业数量增加】 新组建拉萨净土文化传媒有

限公司、拉萨市圣地生态园林建设投资有限公司、拉萨净土商贸有限公司、拉萨经开区投资发展有限公司、西藏慈觉林文化创意投资有限公司，5家公司完成工商注册，均已完成内部机构设置。拉萨市圣地生态园林建设投资有限公司于2015年4月完成注册工作，2015年实现利润总额2000余万元；拉萨净土文化传媒有限公司、拉萨净土商贸有限公司重组工作稳步推进，两家公司对拉百商贸、润通公司、恒立、新华书店清产核资、资产评估工作已正式启动。

【国资国企改革工作深化】 年内，启动管理创新工作，研究起草完善国企领导干部管理、国企考核与薪酬管理、国企重组整合、加强国有资产管理等新的制度及方案。5月26日，市委、市政府组织召开“全市国资国企改革发展大会”，会议明确未来1—3年国资国企改革发展的指导思想、目标任务、工作措施以及工作要求，研究出台《中共拉萨市委员会 拉萨市人民政府关于进一步深化国资改革 促进国企发展的意见》《拉萨市企业国有资产监督管理试行办法》《拉萨市国有企业负责人经营业绩考核试行办法》《拉萨市国有企业负责人薪酬管理试行办法》等政策性文件（简称“一个意见三个办法”）。

【国有资产监管】 年内，市国资委坚持做好每月全市国有企业报表收集、汇总、上报工作，加强对履行出资人职责的企业及其下属企业国有产权转让、重大资产处置、国有资产评估项目及国有产权重新登记情况进行综合检查。2015年10月，召开“2015年拉萨市国有企业年度目标考核责任书签字仪式暨动员大会”，与15家国有出资企业签订《2015年拉萨市国有企业年度目标考核责任书》。

【国企选聘人才平台搭建】 6月2日，与市委组织部、市人力资源和社会保障局高校中心联合举办的“拉萨国企招募有为青年”活动，成功在西藏大学举办。参加现场招聘会的大中专毕业生达2200人次，初步达成843个就业意向，23家企业共收取843份就业意向书，其中，国有企业646份、占就业意向总数的77%，“两区四园”企业197份、占就业意向总数的23%。

【国企管理人员培训渠道拓宽】 采取“请进来”的方式，从北汽集团、南京大学等知名企业和高校邀请5名企业高层管理人员、资深教授来到拉萨市。7月8日—7月10日，“拉萨市国有企业管理人员培训班”顺利举办。培训班对市属国有及改制企业管理人员、市直相关部门、各县（区）国资委约150名同志进行技能实战培训，培训内容为《转型时代企业文化构建思考》《资产负债表与公司价值》《企业上市培育工作及上市后资本运作实务》《CFO的并购思考与实践》《企业法人治理》。

【国有企业党建】 切实发挥企业党工委工作职责，认真落实中央“八项规定”和区党委“约法十章”“九项要求”和市委“八项要求”，制定《拉萨市企业党工委、工信局（国资委）系统制度汇编》，涉及规范控制“三公”经费管理；加强党风廉政工作，规范国有企业“三重一大”决策机制，建立健全监督制约机制等制度56项。

【国有企业及改制企业历史遗留问题化解】 涉及40—45退休问题，市委、市政府作为民生工程，解决职工后顾之忧，为企业减负，让企业轻装上阵，参照自治区相关政策，截至年底已支付1735.06万元，解决24家企业362人的离岗待退；雪域之光职工38名职工得到妥善分流和安置，有力保障了民生；着力解决债权债务问题，及时成立雪域之光市政公司资产清算小组，稳妥推进雪域之光市政公司资产清算工作。

（张　丹）

国有企业

拉萨市城市建设投资经营有限公司

【概　况】 年内，公司经济运营实现稳步增长。资产总额和全年产值双双突破100亿元，提前完成市委、市政府下达的“双百亿”目标。

【房产项目建设】 为不断增强公司主业核心竞争力，

保持房地产开发在行业内的强势竞争地位,促进房地产市场平稳健康发展,截至年底,共完成房屋建设52.59万平方米,相继开发建设了雅美生态家园、吉旭生态家园、吉曲玉景、水岸御园、卓美商业广场、八廓二期、玉美商业广场、教育城教师产权房一、二、三期和幸福家园小区、农牧民安居工程等15个房产项目。

【专业市场建设】 为实现资源的最大利用,减少因盲目建设、重复建设等带来的资源浪费。公司遵照市委、市政府的部署,相继开发建设系列专业市场,各大市场项目估算总投资约31亿元,建成后按"入行归市、科学管理"的市场机制运营,在实现各大市场的科学布局、规范运作的同时更有力地促进行业的健康发展。年内,铁器电焊市场、木材市场、清真牛羊屠宰厂、二手车市场全面完成施工建设;生产资料物流中心(钢材市场)、工程机械租赁市场、旧货交易市场、虫草市场等专业市场的建设工作正在稳步推进。

【重大项目】 公司针对重点项目建设切实加强领导,进一步强化工作措施,夯实工作责任,加快项目建设进度,实现各项目建设按计划交付投入使用。拉萨市嘎玛贡桑道路改造工程、拉萨市蓝天市政道路改造工程、中国西藏文化旅游创意园(六条)市政道路、拉萨市会展中心通纳金大桥市政工程、拉萨洛学大道段市政道路工程、拉萨河综合整治项目3#闸绿化工程、色拉寺综合文化业务用房项目、自治区人大退休基地道路改造工程、拉鲁湿地国家自然保护区监测站点工程、领袖像工程、机场空港管委会维修工程、大佛岛苗圃苗木栽植及附属工程、拉萨市委大院外院绿化工程、拉萨市妇幼保健院住院病房维修改造项目、拉萨市贡嘎机场公路(部分)改造工程、城关区政府楼立面改造工程、城市亮化及街景改造、拉萨市检察院干警应急备勤用房等项目已全面竣工,环城路全线建设项目全面开工,南山绿化工程已完成约21万株树苗地栽种工作并进入全面养护阶段。

【惠民牦牛肉、酥油销售】 年内,公司共设立惠民牦牛肉、酥油销售点5个,销售酥油176887.62斤,销售牦牛肉105544.57斤,为满足百姓需求,平抑市场物价取得良好成效。

（赵鹏程）

西藏圣城建设集团有限公司

【概　况】 集团现有职工246人,其中:内退人员35人,离岗待退85人,在岗职工112人,聘用的工程技术人员100多人。实现营业收入14亿元,上缴税费共计7156万元。实现利润共计5727万元。

【房地产业务】 截至年底,"圣城·锦苑"正在建设中总占地面积为47355.67平方米,建筑面积约114855.26平方米,投资为4.1亿元。

表2

项目名称	开工年份	招投标	投资总额	工程进度
拉萨市党校景观建设项目	2015	已招标	200万元	100%
中国西藏文化旅游创意园市政道路	2015	已招标	20100万元	80%
哲蚌寺文化综合业务用房建设项目	2015	已招标	1300万元	100%
色拉路综合业务用房建设施工项目	2015	已招标	1200万元	100%
八廓商城三期	2015	已招标	2500万元	100%
八廓美食城	2015	已招标	1000万元	100%
拉萨市检察院住宅	2015	已招标	2000万元	100%
东西城售楼中心	2015	合同已签	600万元	100%
拉萨市公交站台	2015	合同已签	500万元	100%
贡嘎机场路	2015	已招标	3300万元	100%
城投办公楼装饰	2015	未招标	2100万元	100%

【困难职工慰问】 集团充分发挥党组织、工会的作用,党组织和工会是集团党委的得力助手,是公司与员工之间的纽带。公司在节日期间,由工会组织,去看望困难的在职职工、退休职工、困难党员及退休党员安排好他们的生活,营造了一个健康和谐的企业环境。

（雷　华）

石油天然气销售

【概　况】 中国石油西藏拉萨销售分公司是中国石

油天然气股份有限公司西藏销售分公司下设的地市级经营单位，主要在拉萨地区从事成品油批发和零售经营业务，公司下辖29座加油站覆盖拉萨市七县一区的行政区域。全年成品油销量达到30余万吨，确保拉萨市场成品油的正常供应。

【履行责任】 公司始终坚持“奉献能源，创造和谐”的企业宗旨，秉承“爱国创业，求实奉献”的企业精神，认真履行国有企业的政治、经济、社会责任，为实现地方经济跨越式发展和社会长治久安发挥了积极作用。紧紧围绕拉萨市经济社会发展，深入市场调研，及时调配市场所需油品类型，严格执行发改委定价，有效保障了拉萨市成品油市场的稳定；每年组织公司油罐车前往唐古乡、拉萨市周边7个县农牧民田间耕地送油下乡，助力群众春耕生产；响应强基惠民活动，深入开展为民服务创先争优，解决班戈县保吉乡驻村地牧民群众水源、通信、照明难题，“一对一”帮扶特困户，引导帮助牧民创业；作为中石油西藏公司高校毕业生就业见习基地下属公司，2015年接收37名大学见习生；积极主动上缴税费，大力实施“金秋助学”，深入孤儿院、盲童学校爱心帮扶，定期慰问困难员工及其子女，解决职工困难，帮扶重症患者，实现企业内部和谐稳定，为地方经济社会的发展、国防的巩固和社会的稳定做出了积极贡献。

【实名卡推广】 西藏自治区117号令明确要求所有进站加油车辆必须保证驾驶证、行驶证和身份证三证均符合并登记好的情况下，加油站方可给车辆加油，在认真落实此项政策过程中，为了方便广大客户加油，减少加油等待登记时间，公司积极同自治区维稳一线指挥部、拉萨市公安局三处等部门协调，为广大顾客推行中国石油IC实名制加油卡，截至年底，所有加油站均具备实名制IC加油卡的办理、充值、消费等功能，为顾客消费真正体现方便、快捷等功能。

【网络完善】 参照市场调研分析结果，结合拉萨市规划和建设发展重心，大力推进教育城、东城区、经济开发区网点新建工作，持续完善现有网点功能。配合拉萨城市发展规划，完成1座加油站新建、4座新建加油站选址工作，初步形成了与拉萨市经济社会发展相适应的成品油销售网络。

【信息化建设】 29座加油站资金平台上线使用，加油站四大应用系统全面推行，远程监控指挥系统初步建成，电子公文、网上报销操作不断规范，层级系统运维和应急管理机制不断健全，加油站日常操作与监管实现信息化。

【精细化管理】 坚持业绩导向、顶层设计、程序至上、注重执行、量化评价的原则，从基础管理、预算管理、成本控制、服务管理、客户管理、绩效考核诸方面入手，细化各项工作措施，明确个体工作责任，量化评价员工工作，科学考核员工绩效，管理工作日渐规范、精细。

（张　粉）

拉萨布达拉旅游文化集团有限公司

【概　况】 年内，拉萨布达拉旅游文化集团有限公司不断深化企业改革，依托拉萨特色旅游文化资源，打造纳木错国家公园景区、慈觉林中国西藏文化旅游创意园区《文成公主》藏文化大型史诗剧、迎亲大桥商业街、拉萨河水上游、江苏生态园大酒店等重点项目。并组建拉萨雪域明珠旅游汽车子公司，承接自治区旅游汽车改制任务。

【纳木错景区建设】 年内，拉萨纳木错景区开发有限公司持续推进纳木错景区基础设施建设与规划环评等重点工作。启动了电子门禁系统，增设了游客服务中心，拓展了网上销售平台。经营业绩较上年稳步增长，累计门票收入达到7400.92万元，共接待游客64.41万人次。

【《文成公主》藏文化大型史诗实现营收1.3亿元】 年内，《文成公主》藏文化大型史诗剧演出179场，总出票35万余张，实现销售额1.3亿元。

【雪域明珠国际旅行社接待游客2209人】 年内，雪域明珠国际旅行社重点推出19条旅游线路，接待游客2209人，营业收入156.17万元。

【拉萨雪域明珠旅游汽车运输有限公司注册成立】 年内，公司投资1.5亿元组建了全资子公司拉萨雪域明珠旅游汽车运输有限公司。购置了各类小中型旅游汽车370辆，组建了管理团队，制定了管理制度，培训了相关人员，妥善解决了旅游汽车改制过程中360多人的就业问题。

【旅游文化产业链建设】 年内，创造性地整合和挖掘拉萨河水上游、迎亲大桥商业街以及拉萨江苏生态园大酒店项目的潜力。完成了江苏生态园大酒店的交接工作；完成迎亲大桥商业街全部招商任务；在做好拉萨河水上游的运营同时，进一步加强宣传推广与基础设施建设。使这三个项目形成遥相呼应、深度融合、相得益彰的有机整体。

（旺 姆）

拉萨置地投资开发有限公司

【概 况】 公司累计融资总额为104000万元，均为银行抵押贷款，偿还贷款本息共计20383万元（本金18600万元，利息总计1783万元），其中：拉萨河3#闸项目综合整治工程贷款29500万元，顿珠金融园土地收储40000万元，拉萨教育城土地一级开发贷款34500万元，金融城土地收储40000万元。公司承建项目总投资额约72234万元，截至年底，完成各项固定资产投资额度约38241万元，占投资总额的52.9%，其中：本年投资总额约13948万元，占投资总额的19.3%。新增项目前期费支出约304万元。

【拉萨教育城项目】 项目审计投资总额为37477万元，截至年底，支付回购款37477万元，回购节约投资成本1445万元。供配电工程合同总价为7298万元，已完成总工程量的92%，截至年底，支付工程款4000万元，占合同总价的54.8%。景观水系工程目概算投资总额约为7311万元，该项目已完工。截至年底，垫付工程款1100万元，占概算总额的15%。

【拉萨城市规划展览馆展示工程】 该项目总投资约5554.5万元，该项目决算审计工作已结束。截至年底，支付工程款4793万元，占投资总额的86.3%。

【中国西藏文化旅游创意园区基础设施建设工程BT项目】 项目投资总额为14734万元，截至年底，支付工程回购款14734万元，节约成本302万元。

【拉萨顿珠金融产业园项目】 年内，开展的3条市政道路（约2.29千米）项目工程量完成约50%左右，截至年底，项目前期费支出总额为304万元。

（段媛媛）

拉萨市净土产业投资开发有限公司

【概 况】 年内，拉萨净土产业投资开发有限公司扩大了公司规模，并进一步完善了公司治理结构。共下设综合管理部、投资发展部、资金财务部、产品研发销售部四个职能部门。现有八一农场、拉萨净土产品展销有限公司等11家子公司，其中国有独资企业5家，国有合资2家，混合所有制企业4家（三家为国有控股）；现有工作人员27人，其中公司班子成员9人，员工18人。

【藏鸡产业发展新模式探索】 年内，在加强基础设施建设，提升企业管理水平的基础上，大力拓展销售工作。藏鸡蛋通过“8小时”配送车新鲜配送、入驻市内各大超市、进入农贸市场等方式，已全面打通市场销售渠道，消费者反馈良好。另外，公司还与北京德青源农业科技股份有限公司、尼木县净土产业投资开发有限公司合作组建了西藏德青源农业科技有限公司，在做好拉萨白鸡、藏黑鸡、雪山草鸡繁育推广的同时，按照保种、扩繁、产业化的途径进行藏鸡保护与开发。

【拉萨玛咖系列产品产业链打造】 年内，公司与西藏睿健净土生物科技有限公司、曲水净土产业投资开发有限公司合作组建拉萨净土睿健生物产业发展有限公司，该公司以建设一条集种植、收购、研发、加工和销售为一体的玛咖产业链为目标，奋力开展各项工作，已形成玛咖干果、切片、压片糖果系列等系列产品。还与曲水县净土公司、西藏睿天下投资管理有限公司合作组建拉萨净土玛咖酒业有限公司，并在2015年雪顿节期间，与贵州茅台集团达成共识，强强联合，签订合作协议，推出黑色、紫色、黄色三款“贵州茅台拉萨玛咖酒”，销售火爆，首批订单销售额已达到1亿6千万。

【“阳光体育”绽放雪域高原】 年内，公司已成立西藏首家篮球俱乐部——拉萨净土男子篮球俱乐部有限公司。7月10日，中国篮球协会正式批准，拉萨净土男子篮球俱乐部有限公司承办2015年度NBL开幕式暨揭幕战。球队已经顺利完成2015年全国男子篮球联赛全部赛程，并取得了联赛第七名、全华班第一名的优秀成绩。足球俱乐部在10月初，组织球队前往湖南参加了全国足球业余联赛。通过参加各大体育赛事，更有利于宣传打造“拉萨净土”区域公用品牌，同时也有效地提升了公司竞争软实力。

（郭　凯）

拉萨暖心燃气热力有限公司

【概　况】 年内，从区内、区外招聘应急抢险、入户安检等方面工作人员20名，进行燃气、电焊、客户服务、安全知识等培训七期，培训人员达200余人次。12月，根据企业经营发展需要，结合公司东、西城区输配、应急抢险和调度指挥中心项目的建设计划，公司办公地点搬迁至曲林南路新教育厅后面。

【教育城集中供暖项目建设】 7月，教育城集中供暖项目建设完成。

【查漏补缺供暖工程建设】 年内，公司根据城市供暖工程建设项目建设指挥部的统一部署，以分片区的形式对拉萨市建成区内零散住户进行了注意核查，共统计出104个遗漏项目、12638户居民需补装供暖供气系统。12月，工程完成率为95%，通气供暖率为98%。

【防护栏安装工程】 年内，公司完善了《立管防护装置方案》，在东嘎镇和琅赛七区、八区等分别进行加装立管防护栏工作，并统计出共需加装调压箱防护网911个、34059套立管防护栏。截至年底，已基本完工。

【智能燃气信息化系统建设】 年内，智能燃气信息化系统建设项目的招投标工作完成，项目建设的前期工作已陆续开展，职能OA、SCADA等系统的软件开发工作，机房、调度中心的硬件建设与东城区输配、应急抢险中心建设同步实施。

【生产运营】 年内，保障已建供暖供气项目安全平稳运营，实现全年零事故的既定目标。制定和不断完善各项应急预案。定期组织应急抢险队员开展燃气三级应急抢险演练。成立东、西郊两个应急抢险小分队和车巡小组，定期组织43名应急抢险人员采取徒步和车巡的形式，对已通气的主、次干管网、小区庭院燃气管网，通气小区、调压箱、阀室和阀井分片区巡检和维护。购置专用抢修车辆、电焊机、PE管焊机、防爆电机、防爆工具等，按公安消防部门要求配备消防设施和消防设备。户内维护中心分片区定期开展户内管道天然气设施检查和预约维修工作。通过报纸、电视台、入社区宣传等方式向用户发放宣传册、悬挂警示牌、播放宣传动画片等安全用气宣传；将“96188”客服热线用户来电细分为灶具类、客户服务类、工程建设类、停气\漏气类、业务咨询类、投诉建议类和预约新安设备类等类型，截至年底，用户来电办结率98.25%，热线回访率为100%，回访满意率为98%。

（孙敏娜）

拉萨市公共交通集团公司

【概　况】 截至年底，集团现有干部职工8400人，下属有10家子公司，经营业务涉及城市公交、出租汽车、站务管理、旅游客运、物业保洁、广告经营等。根据集团产业集群化发展的布局，汽车维修公司、汽车检测公司、电召出租汽车公司正在抓紧组建。公司运营公交车485辆，出租汽车1668辆，旅游车2995辆。经营公交线路34条，运营总里程668.2公里；经营3个在西藏境内的国家一级客运站，分别为西郊客运站、北郊客运站、柳梧客运站。

【智能信息运用】 为解决市民出行难、等车难的问题，“车来了”智能APP平台已投入运行，该软件也是一个全国性的平台，只要进行城市切换就可以使用。投资340万元，对486辆公交车智能信息化系统进行了全面改造升级，实现了智能调度、3G实时监控、GPS藏汉语音自动报站、调度数据统计、违章捕捉等一体功能。与移动公司合作，投资900万元，先期在8路公交线路示范建设公交电子站牌，各项前期工作已准备到位，在5月底投入示范运营。

【IC卡种类新增】 与银联西藏分公司建设银行、中国银行等驻市商业银行、中国电信、中国移动等单位通力合作，投资1200万元，在公交车和出租车业务板块实施金融IC卡和手机闪付项目，是全国省会（首府）城市第一个在城市公共交通领域实施的全覆盖、全开放平台。同时，在原有三个公交IC卡售充点的基础上，在北京中路邮局新增设一处售充点。

【节能减排】 年内，市政府在财力十分紧张的情况下，出资7350万元采购新能源公交车147辆，其中气电混合动力公交车120辆，纯电动公交车27辆。采购了8辆比亚迪E6纯电动出租汽车示范运营，总投资248万元。自治区发改委安排110万元专项资金开展公交车“油改气”试点工作，改造传统公交车11辆。新能源公交车和出租车运营情况良好，节能减排效果十分明显。气电混合公交车节能26%，减排98%，纯电动公交车和出租车节能60%，减排100%，发动机噪音也得到了十分明显的下降。油改气公交车节能13%，减排98%。

【职工实践活动】 3月3日，召开了“三严三实”和“忠诚干净担当”专题教育活动动员大会，此项活动是巩固拓展教育实践活动成果的有效方式，是深入实施“党建统市”战略的主要内容，也是加快推进公交集团跨越式发展和长治久安的迫切需要。资助对象为与集团公司签订劳动用工合同的所有干部职工和柳梧村村民子女。与柳梧乡开展社区服务和党员干部进村入户结对认亲交朋友等活动，并帮助德阳村村委会改善办公条件。5月13日，在拉萨市召开全国城市公交企业职工之家建设研讨会暨“携手拉萨公交 行业爱心互助”活动捐款使用情况调研会。开展为期165天的“喜迎自治区成立50周年暨行业形象整体提升专项行动”，各项工作任务及指标已如期完成。深入开展“安全生产月”“安全生产西藏行”“安康杯”等活动。强化安全教育培训工作。全年公交运营公司共组织12个批次培训，参训驾驶员达500余人次。两家出租汽车公司组织46个批次培训，参训人数达11607人次。

【便民设施】 新增了300辆出租汽车、92辆新能源公交车，更新了458辆出租汽车、55辆新能源公交车，新增公共自行车网点15处，现有478个车桩，上桩公共自行车240辆，机柜15个，售卡点4处。

【企业文化发展】 为进一步加强西部城市公交企业的沟通交流，密切公交企业的联系，第15届中国西部城市公交企业年会于9月20日在拉萨由集团公司举办召开，13个西部城市的公交企业主要负责人以及相关特邀单位到拉萨参加了此次会议；加强党群团组织建设。现有正式党员88人，流动党员43人，退休党员20人，28岁以上职工4065人，截至年底，递交入党申请书的469人，发展入党积极分子40人；为了进一步促进企业文化发展，建立稳定、和谐的劳动关系，维护职工的合法权益，有效提高干部职工的文化素质，2015年9月，成立了拉萨市交通产业集团公司工会联委会，集团各子公司也成立了工会。根据集团公司发展需求，常州公交集团先后委派6名业务骨干至集团公司进行为期半年的技术和业务指导，取得了较好成绩。集团先后组织10余批次部门相关人员赴苏州、深圳、天津、昆明、成都等地，学习业务知识和内地省市先进管理理念、做法，业务水平、管理能力和服务水平逐步提升。

（李彩霞）

八一农场

【概　况】 年内，农场实现销售收入2261万元，上缴税金285万元，上缴国有资本经营收益201万元，国有资产保值增值率1.03%，截至年底，农场资产总额为32019万元，其中固定资产17176万元，土地资产12872万元。

【产业发展】 年内，农场积极建设标准化蔬菜生产基地（二期）工程项目，总投资为560.99万元，新建高效节能温室26栋，智能温室2栋。年内，农场在大佛岛特色种植、养殖基地种植黑枸杞200亩，金银花500亩。在2015年拉萨市净土健康产业发展第一次推进大会上，大佛岛金银花种植基地作为示范观摩点，市领导对相关工作给予了高度评价。

【民生工作】 年内，农场投入23.9余万元为职工办实事。藏历新年期间，自筹17.96万元慰问“老党员、老干部、特困户及农场退休困难职工”。为考入区内外大学的14名职工子女发放共计2.5万元考学补助资金。累计慰问生病住院及去世职工家属32人次，送去慰问金2.36万元。国庆节期间，走访慰问民主改革之前参加工作的36名老党员、老干部，送去慰问金1.08万元。通过与各联营单位积极协调，对符合用工条件的职工家属、子女积极推荐实现就业19人。

【驻村工作】 年内，农场驻堆龙德庆县马乡设兴村工作队先后争取到24万元“短平快”项目资金，新建设兴村集体门面房。农场自筹资金6.1万余元开展了各种帮扶慰问工作，其中，为该村考上区内外大学的学生11人发放考学补助金共计1.1万元。

【综治工作】 年内，农场严格按照上级有关部门的部署和要求，扎实做好维护社会稳定工作。坚持24小时值班和领导带班制度，同时，农场针对40—45职工退休政策落实后，综治力量薄弱问题，新招聘保安10人来加强综治工作力量，强化防控措施。年初与各支部签订《社会治安综合治理目标责任书》，将干部职工全年的综治工作完成情况纳入全年目标考核中。并于年末召开了2015年度综治工作表彰暨2016年综治工作部署会议，做到奖惩分明，责任追究到位。年内，农场综治工作共计投入资金82万余元。

【企业体制改革】 年内，农场认真学习领会《中共中央国务院关于深化国有企业改革的指导意见》《中共中央关于全面深化改革若干重大问题的决定》和齐扎拉书记在全市国资国企发展改革大会上的讲话精神，为深化企业改革打下坚实的理论基础。深入贯彻落实农业部农垦局对口援建的指示精神，积极与北京首都农业集团有限公司对接，协商具体援建事宜，深入交流关于深化国有企业改革的问题。

【八一农产品市场】 拉萨市八一农场八一农产品市场位于拉萨市西郊八一南路，占地17000平方米，经营面积20000平方米，是全区首家建成使用的以农产品批发为主的大型市场。为改善市场经营条件，给广大消费者提供更加舒适整洁的购物环境，八一农产品市场先后进行了一期、二期、三期工程项目升级改造。截至年底，市场拥有经营户407户，其中门面房137间，摊位310个，蔬菜品种90余种，蔬菜销售量每天在60吨左右。市场长年设有农牧民自产自销摊位25个，供农牧民销售当地特产。八一农产品市场是拉萨市西郊规模最大的菜市场，也是西郊唯一的农产品零售市场，在满足市场供应、稳定物价、维护社会稳定等方面发挥着重要作用。

（张晓琴）

拉萨净土水务有限公司

【概　况】 年内，公司在市委、市政府的坚强领导下，在市国资委、市环保局、市水利局、市政市容委及市直各企业等相关部门的业务指导和大力帮助下，公司班子紧密团结、统筹安排，圆满完成了公司组建工作及各项工作任务。

【公司组建】 按照市委、市政府中共拉萨八届市委第104次常委会会议纪要，公司于8月初依照《拉萨净土水务公司组建方案》开始公司筹备事宜，9月23日国资委对公司董事会及监事会进行了批复，10月8日在拉萨市工商局注册登记成立，公司办公地点设在色拉路34号（自来水水公司综合办公楼）。根据公司人员结构，统筹考虑，设综合服务部、财务审计部、发展规划部、党群工作部四个工作部门，已面向区内外招聘专业人才19人。筹备组建期间，班子成员多次前往各自来水厂、泵站、污水处理中心、“三渠一河”等地实地调研。了解“红山泉”天然饮用水相关情况，积极争取“红山泉”天然饮用水品牌再放活力，多次与自治区水利厅、市水利局商讨取水许可证办理相关事宜。放弃节假日休息时间，对所辖自来水公司和污水处理中心的运营情况和员工结构等进行调查了解，做到了底细清、情况明，为水务公司下一步发展的方向、思路及推进措施提供了有力依据。在自治区成立50周年大庆前夕，自来水公司部分退休人员要求补发西藏特殊津贴，声称准备集体上访，造成很大的不稳定隐患。得知此事后，公司班子立即成立专门领导小组，分小组开展工作。经过上门安抚了解情况，自来水公司上访人员情绪得到了安抚，不稳定因素得到了及时排除。9月15日协调市委组织部、市人社局、市财政局、市政市容委、市国资委、市自来水公司退休干部职工代表召开专题协调座谈会，妥善调处了退休人员要求补发西藏特殊津贴上访事宜。为深入贯彻中央、国务院“8・23”“9・24”、区市党委政府关于国有企业改革的要求，积极探索、大胆创新。根据拉萨净土水务（集团）有限公司组建方案，公司拟内设7个职能部门，经公司班子仔细研究，考虑现有人员结构，对公司内设7个部门暂时整合为4个综合职能部门。对自来水公司和污水处理中心要采取“老人老办法、新人新办法”的解决途径，确保了职工队伍思想稳定。为进一步做大做强拉萨市天然饮用水产业，多次积极与内地相关公司衔接，依托“红山泉”天然饮用水优势，达成联合开发意向。

【经济指标完成情况】 年内，安全供水1.2亿吨，（其中售水量7363万吨；水途损失646万吨；绿化供水3984万吨，免费供水约133万吨），实现收入7129万元，比上年同期6272万元增长857万元，增长14%。年内，共处理污水1632.1万吨，日处理量为4.9万吨，出水水质综合指标合格率达到100%；污泥产量4368吨，平均日处理量为13.08吨，脱水后污泥含水率平均在79.1%，污泥运至拉萨市高争水泥厂用于合法生产用途；垃圾清运1200吨。

【安全供水保障】 突出抓好供水管网维护。通过日常巡查、市民来电等方式，对全市市政道路管网、单位小区管网及附属设施存在的问题及时检修维护，全年共计大型维修287次，小型维修558次，其他维修786次，免费维修金额49万元；加强水质安全监测。自来水公司每周二采取各水厂的源水、出厂水、末梢水，每次取4至8个水样，时逢敏感月、重大节假日加大水质监测频次，扩大采水范围。全年共采水样254个，检测水质项目5576个，所检项目全部符合生活用水（GB5749—2006）卫生要求。8月，将四个水厂源水样委托西安市自来水公司水质检测中心进行了39项全分析，检测结果符合《地下水质量标准》。

【污水处理】 加强和规范内部基础管理。按照污水处理的生产要求，进一步完善了岗位职责，安全生产制度，设备操作规程、应急预案等一系列制度。在实际工作中狠抓制度落实，严格考核管理，层层落实工作责任制，确保了各项工作有条不紊、按部就班推进；保证生产的正常运行和设备、设施的综合性能，提高工作效率。根据生产的实际需要和设备、设施的运行状况，建立健全了各类生产运行数据台账、在线监测设备台账、设备维护保养台账、生产办公用品台账、消耗品台账等资料，保证了正常的生产运行。

【公司党建体系理顺】 经公司党政联席会一致同意，公司党委下不设党总支部委员会，直接设各党支部委员会。各支部按照公司党委的决策和工作部署，围绕公司中心工作，认真履行职责，对各自责任区内的党风廉政建设进行认真研究、部署和落实，做到了制度完善、警钟长鸣，防微杜渐。

【党风廉政建设】 认真落实党风廉政建设责任制，明确划分公司领导班子成员、各部门负责人责任区，提出责任目标。坚持围绕落实全面从严治党责任，充分发挥企业党组织作用，把党的政治优势转化为企业发展优势。不断加强领导班子建设水平，提高班子成员思想认识，转变工作作风，增强为民服务意识，切实做到把群众的事当自己的事办，推动全体党员干部全面进步、全面过硬。

【综合治理】 公司将社会管理综合治理和平安建设工作纳入企业发展计划中，成立了以总经理为组长的社会治安综合治理领导小组，下设办公室具体负责综治工作。贯彻落实中央、自治区、拉萨市关于维稳的一系列决策部署，切实抓好了企业范围内的维稳各项工作，维稳工作制度、人员、经费、责任全部落实到位。调处了拉萨市自来水公司退休人员要求工资补发事宜，先后召开专题调处会议2次，邀请拉萨市委组织部、市人社局、财政局、国资委、市政市容委等相关部门负责人参加调处座谈会1次，有效化解各类矛盾。严格落实企业安全生产主体责任。把安全生产纳入企业安全生产发展总体布局，建立健全安全生产应急救援体系和应急机制。公司组建前、大庆期间、国庆期间公司领导分别前往各水厂、泵站、污水处理中心检查安全生产情况，确保了公司正常运营。

（王　龙）

拉萨净土商贸有限公司

【概　况】 为认真贯彻落实拉萨市委、市政府的部署和要求，推进拉萨净土商贸有限公司的组建，公司自经营班子成员任职到岗后，积极推进相关的组建等工作。根据八届市委104次常委会关于组建拉萨商贸集团的纪要精神，公司结合目前筹备初期的工作实际，先后四次召开总经理办公会对筹建过程中拟开展的相关工作进行了认真梳理和安排部署，主要围绕公司组建设立、员工招聘、办公场所选址租赁、拉百等三家企业的资产重组和股权回购、电商公司筹建及商贸仓储物流等前期工作进行了研究和具体分工，切实做到早谋划、早安排、早部署，确保任务层层分解，责任落实到人，事事有人抓、件件有回音。

【公司登记设立】 按有关规定履行完成了《公司“两会”请示》《公司章程》、企业预准核名等报批报备手续,并于9月25日取得了工商部门颁发的公司营业执照。

【员工招聘】 8月,公司通过在拉萨晚报、西藏商报、拉萨人才网等报刊、网络媒体发布招聘公告,面向社会招聘公司员工。已招聘4名员工。

【办公场地租赁】 为解决公司固定办公场所,公司对拉萨写字楼市场进行考察,并与多家公司进行协商谈判,经国资委批准同意,公司与西藏群英信息公司签订了办公用房租赁合同。装修施工已基本完成,办公设备也在积极落实中,12月中旬正式入驻办公。

【拉百等三家企业资产重组及股权回购开展情况】 8月8日,召开拉百等三家企业见面座谈会,向各企业通报市委、市政府关于组建商贸集团有关决策和精神。公司成立企业调研工作领导小组,要求各企业对资产重组等工作予以积极配合,开展企业调研。于9月1日—9月2日,对西藏拉萨百货商贸有限公司、拉萨润通商贸有限公司、拉萨恒立工贸有限公司三家改制企业进行了调研摸底,听取了三家国有改制企业两会成员及职工代表对组建集团公司的意见。针对回购重组中存在的政策措施、企业职工思想动态、国有产权划转和归口管理、股权回购、职工身份确认等问题进行了认真分析研究并形成专题报告,上报市国资委和市委市政府分管领导。并提出了明确政策措施、国有资产确权及资产划转、明确集团公司阶段性业务开展方向、降低回购成本减轻集团公司负担、职工安置给予优惠措施等几个方面的意见建议。

在调研摸底和研究分析的基础上,公司就回购工作需要亟待解决的重要事项进行了梳理和罗列,形成请示件上报市国资委。国有资产的划转及归口管理事宜,申请尽快将三家改制企业的国有资产(土地、建筑物)及其收益划转到集团公司,变更国有资产产权持有主体资格,确立集团公司同各改制企业的归口管理关系;进行清产核资,对三家企业进行全面的清产核资工作,将政府项目性投入纳入到国有资产范畴,并对企业提出的无形资产或涉及知识产权等做出明确界定,完成资产的清理、确权和评估工作;申请研究确定回购方式。

配合国资委积极参与协调拉萨恒立工贸有限公司的对外债权投资、内部管理、土地边界确权等遗留问题。多次与企业负责人和员工座谈,要求该企业对追缴回来的资金单独挂账不得擅自使用,并及时向国资委汇报和请示,确保了追缴资金的安全。对该公司内部的人员、工作、资产的管理也做好衔接与安排,确保了该公司资产划转前的稳定与运转。

【电子商务公司筹备组建】 为了积极稳妥地推进电子商务,构建拉萨市成熟公平的电子商务机制,公司结合拉萨实际,把握"互联网+"国家产业战略发展脉搏,紧跟信息服务产业发展热点,以建设区域电子商务平台,打造西藏最具活力的特色产业网上销售平台,拓宽拉萨市特色资源产品的销售渠道为构想,按照公司组建方案就筹备组建电子商务公司,有序开展前期工作。对拉萨电子商务发展情况进行了调研,草拟了《拉萨市电子商务发展模式分析》,积极为公司组建电子商务公司夯实基础,理清思路;积极与清华同方等知名电商和高科技公司接触,就合作发展区域电子商务平台的事宜进行了沟通交流,完成了《筹建电子商务公司打造区域电商平台的方案》初稿,并与特奢汇电商公司进行磋商洽谈有关电商合作事宜。公司结合实际拿出切实可行的电子商务公司筹建方案,经公司董事会审议通过按程序上报批准实施。另外,公司于12月中下旬赴江苏省洽谈电子商务筹建等有关事宜。

(李国庆)

开发区·工业园区

西藏空港新区

【概　况】 2015年4月14日，八届区党委第110次常委会决定成立空港新区管理委员会，把空港新区定位为“安全稳定示范区和重要的国际航空枢纽、现代物流、现代服务业区”。空港新区位于雅鲁藏布江中游河谷地带，距拉萨56公里，毗邻区内最大军、民两用航空港—拉萨贡嘎机场，所在地海拔3600米，为甲竹林镇行政区划范围内，总面积378.85平方公里，下辖6个村（居）委会，常住人口共有2692户8653人，暂住人口753人，流动人口5000余人。

【托管移交】 2015年9月，空港新区管委会筹备办公室负责起草了《关于将贡嘎县甲竹林镇托管移交西藏空港新区管委会办公室工作的实施方案》，经多次修改审核，形成征求意见稿，并送至山南地区征求相关意见建议。托管领导小组办公室积极与山南地区贡嘎县进行协调对接，妥善解决交接工作中出现的问题，确保各项交接工作顺利推进。13个专项工作小组成员及甲竹林镇的干部群众，在移交过程中讲政治、讲大局、讲纪律，坚定目标，形成合力，按照“循序渐进、水到渠成”的原则，以实际行动支持和服从移交管理，做到了思想不乱、队伍不散、工作不断，确保各项交接工作顺利完成，双方于2015年12月17日正式签订了托管移交协议。

【规划工作】 积极开展空港新区“十三五”编制工作，实现以拉萨贡嘎机场为依托，带动航空、现代物流、现代服务、净土健康、休闲旅游等产业的蓬勃发展，力争在“十三五”期间主要基础设施和项目建设基本完成，城市形态和框架基本确立，经济社会功能统筹兼顾，使空港新区率先崛起成为服务全区、辐射西部、面向南亚的西部空港经济中心，最终打造成西藏空港产业的国际化、生态化、现代化的新型航空城。

【精准扶贫】 根据拉萨市相关文件精神，统计后确定精准扶贫对象280户878人，易地搬迁共100户359人，为有效推进扶贫工作，初步拟定了24个精准扶贫项目，总投资5988万元，其中：产业项目10个，投资3900万元；基建项目14个，投资2088万元。

（宋　赟）

拉萨经济技术开发区

【概　况】 年内，经开区面对工业经济持续下行的压力和挑战，主动作为，深挖潜力，加强对经济运行的调度和管理，集中力量抓发展，实现了稳中求进。全年实现地区生产总值56.75亿元，增长28%；实现税收52.96亿元，增长14%；实现财政收入18.66亿元，增长2%；实现工业总产值24.84亿元，增长28%；实现工业增加值10.6亿元，增长47%；实现工业销售产值24.96亿元，增长43%。

【拉萨经开区注册企业突破2000家】 截至年底，注册企业达2124家，注册资金489.56亿元，其中2014年新增注册企业691家，新增注册资金178.51亿元，现有落地企业129家，园区基本形成了以藏医药、生物科技、民族手工业、绿色食品、民族土特产加工业等为主的净土健康产业群。

【招商引资】 年内，经开区加大对项目的服务力度，积极抓好在谈项目积极接洽，签约项目加大跟踪，落地建设企业加快进度，强力推进了项目建设。截至年底，经开区注册企业2786家，累计注册资金772.17亿元，其中，新增注册企业740家，新增注册资金274.14亿元。落地企业131家，项目总投资198.42亿元，已投产运营项目60个，总投资59.66亿元；在建项目38个，实现招商引资到位资金15.38亿元。入区项目主要以农畜产品深加工及高原特色食饮品产业为主，基本形成了以藏医药业、生物科技、民族手工业、绿色食品、民族土特产加工业、新能源及高新技术产业等为主的净土健康产业群。

【基础设施建设】 年内，经开区加快推进基础设施等重点项目建设，积极为企业构建完善的服务硬环境。年内全力推进B区供水管网等重点项目的开工建设，进一步完善配套设施。截至年底，完成了B区柳东路、波玛路等主干道路建设，实现了区内道路与国道、拉萨市政道路网的无缝对接。同时，完成了经开区总规修编前期准备工作，促进“产”“城”融合协调发展，使经开区的功能区分、空间布局更为合理。

【生态园区建设】 年内，经开区园林绿化投资4220万元，其中，A区投资1820万元，完成改造树池3000个，移栽新栽雪松、云杉、青皮柳、红叶李等3000余棵，B区投资2400万元，完成13条市政道路21.65公里行道树、中央隔离带绿化。投资504万元改造办公区广场和林琼岗路环岛，修建B区11.23公里围墙，实现办公区、生活区、博达路两侧商户亮化，对投资大厦、五彩金幡、金凯新能源、华钰矿业等企业亮化进行财政补贴，为进一步打造高原生态园区打好基础，起好步。

【优化服务】 年内，经开区在全区率先实现“三证合一、一照一码”，并举行首发仪式，进一步纵深推进注册登记制度改革，全力优化市场主体发展环境；年内经开区金税三期工程如期上线运行，满足了纳税人多方位服务，提高了办税效率和便利度，简化涉税事项。经过精心培育，西藏金凯新能源有限公司于4月14日在“新三板”成功挂牌上市，成为经开区首家“新三板”上市企业，填补了全区“新三板”上市企业空白。

（谢永杰）

高新技术开发区

【自治区高新技术开发区获准批复】 年内，自治区级高新区已获准批复创建成功，成为西藏自治区首个高新技术产业园。

【征地拆迁和规划编制】 年内，“高新区”建设完成核心区4700余亩的征地，兑现征地款1.5亿元。截至年底，已编制完成了高新区的总体规划、产业发展规划、控制性详细规划，国家级申报材料已报国务院和相关部委。

【基础设施建设】 年内，加紧推进，栖创路、藏创大道、栖慧大道，以及标准化厂房和仓库、栖慧湖景观、沿山防洪渠、10千伏电力施工进展顺利；拉萨顿珠金融产业园建设工作自2014年12月启动以来，通过加快征地拆迁（征地总面积2202.5亩，拆迁户139户，兑现征地补偿款2.57亿元，签订112户拆迁协议）。截至年底，8条市政道路中已有奋进路、金融路、广场路3条路完成工程量的三分之二，其余5条道路拟于年内进行施工招投标。

（李　宾）

柳梧新区

【概　况】 年内，新区完成地区生产总值21.55亿元，同比增长26.99%，完成目标任务的108.56%；完成公共财政预算收入5.28亿元，完成目标任务的106%；完成社会固定资产投资57.51亿元，同比增长35.93%，完成目标任务的113.20%；完成招商引资到位资金48.28元，同比增长38.74%，完成目标任务的107.48%；完成农牧民人均纯收入10401.35元，同比增长16%；全年新增注册企业500家，同比增长59.24%，完成目标任务的335.57%，新增注册资金215.96亿元，同比增长193.32%，累计注册企业总数达1024家，总注册资金达325.94亿元。

【基础设施建设】 柳梧新区管委会提供1.7万平方米打造企业孵化器，为年纳税额500万元以上的企业免费供应30平方米的办公场地。2015年入驻国际总部城企业64家，其中国内500强企业7家，从业人员1000余人；成立拉萨众创空间投资管理有限责任公司，组建专业团队，联合市委组织部、市人社局将大学生创业园纳入众创项目，首批创业者已开始招募。

年内，共投入5794万元用于绿化升级、建筑亮化，进行城市管网维修清理，拓宽步行道和非机动车道，购置环卫车辆，升级改造公交站台。与中国移动合作打造“智慧柳梧”建设（总投资5988万元），建设完成了包括小区短彩信、WLAN、智慧云平台、智慧管井监控系统、电子警察、土地资源管理系统、智慧柳梧APP、智慧信息服务站等项目。

截至年底，新区个体工商户达到492家，从业人员2000余人，临时居住人口达到1.3万人，新区实有人口达到2.5万人。

【民生发展】 投资932万元实施了两所小学和4所幼儿园建设，新配备了3辆校车。年内考入内地初中班6人（柳梧乡多年来的第一次），考入各类大中专院校学生58人，小学和幼儿园入学率均达100%；农牧区合作医疗、养老保险参保率均达100%；办理56家餐饮许可；公益性岗位和环卫工人、铁路护路队员等就业岗位收入达到4000元/月；在乡村环卫队、市政卫生、物业安保、乡村车队等安排解决本地群众就业300余人。

（李　宾）

西藏文化旅游创意园区

【概　况】 2015年5月，西藏文化旅游创意园区管委会成立，9月，被科技部认定为“国家级现代服务业产业化基地”。园区规划总面积约8.147平方公里，总投资约300亿元。园区总体定位为“藏文化的世界总部基地、藏文化旅游产品标准输出地、藏文化创意发祥地、高端休闲度假地”。

【健全体制机制】 西藏文化旅游创意园区管委会（筹备）于2013年3月正式成立，管委会（筹备）按照“边推进工作，边报批机构”的原则，加快推进机构编制报批工作。2014年自治区政府批准成立西藏文化旅游创意园区。2015年1月慈觉林村实现托管，2015年5月市政府发文明确园区管委会“三定”方案，园区为市政府正县级派出机构。园区管委会下属平台公司——西藏慈觉林文化创意投资有限公司于2015年8月正式注册成立，负责园区土地储备、融资筹资、基础设施建设、文化旅游项目开发与经营等事宜。

【基础设施建设】 园区二期市政道路3条主干道5.49公里，概算投资2.7亿元，2015年4月，全面进场施工，现已完成80%工程量，全部工程于11月完成。高压线路搬迁工程，概算投资1.3亿元。西藏电力总公司制定的园区高压线路搬迁可行性研究方案已通过初审，正在进行优化修改，110千伏高压线路搬迁工作已于12月正式启动。水系综合整治项目，概算投资1.7亿元。2015年9月8日，通过市水利局组织的初审，12月进场施工。园区自来水厂提升改造工程，概算投资1500万元。2015年8月25日，通过市住建局组织的初审，12月进场施工。

【招商引资】 截至年底,园区已签订正式开发协议项目14个,总投资30.91亿元,已到位资金4.5亿元。签订框架性协议项目3个,总投资29亿元。中国美术创作研究基地、藏文化创意孵化中心、西藏藏经博物馆、古代藏汉纺织品艺术园等4个正式签约项目已动工建设。此外,途友网、易极淘两家国内著名旅游门户网站已落户园区。园区还与西藏电子商务有限公司签订了合作协议,共同打造以线上旅游集散中心为目标的电子商务产业园,年内土地出让收益款为4亿元。

【融资工作】 年内,园区管委会先后就融资事宜约谈了自治区工商银行、国家开发银行、中信银行、中国银行等6家金融机构,并同中国进出口银行成都分行、西藏银行达成初步协议,最终促成了中国进出口银行和中国银行西藏分行组成的银团为园区提供4亿元政策性贷款。

【民生问题】 慈觉林村整体移交园区管委会管理,全村全年没发生一起群体事件,全年保持平稳安定的生产生活状况。全村积极开展精准扶贫帮扶工作,通过成立工程运输队,提升改造村藏戏团,参与文成公主大型实景剧演出等具体措施,全村扶贫工作取得了显著成效,截至年底,全村贫困户数量已由2014年的38户降为4户。

(姚　旺)

达孜工业园区

【概　况】 达孜工业园区规划总面积为10平方公里,现已初步形成以高原特色生物及医药医疗产业、民族手工业产业、科技型新兴产业、现代服务业产业为依托的"一个品牌,四大产业"发展格局。截至年底,入驻企业584家,其中实体企业58家,正式投产运营、涉及的净土健康产业28家,其中,规模以上企业10家,涉及净土健康产业企业数占85%以上。截至年底,累计解决就业已达4112人次。年内,园区完成工业总产值11.5亿元,税收10.5亿元。

【孙晓南副市长到园区调研外贸型企业】 3月13日,拉萨市政府副市长孙晓南、自治区商务厅外贸处处长杨国良等相关领导来园区考察外贸型出口企业发展情况。达孜县委书记徐申锋,达孜县县委副书记、县长阿努次仁,达孜县县委副书记、常务副县长孙健等领导陪同随行。

【自治区人大常委会副主任许雪光到工业园区调研】 6月26日,自治区人大副主席许雪光等领导在达孜县县委副书记、人大常委会主任达娃,达孜工业园区主任王斌忠等县级领导的陪同下到西藏藏缘酒业有限公司、圣信工贸有限公司调研指导工作。

【自治区政府金融办、证监局、市工信局等相关领导来园考察珠峰实业拟上市情况】 7月15日,自治区政府金融办、自治区证监局、自拉萨市政府办公厅、拉萨市工信局相关领导实地参观了西藏珠峰实业有限公司,听取了该公司上市的工作汇报。

【西藏电视台记者就援藏项目建设情况来园访谈】 7月24日,西藏电视台记者陈妍希来园访问援藏项目建设情况。达孜县委书记徐申锋,达孜县县委副书记、常务副县长孙健等领导陪同应访。

【拉萨市"两区四园"工作例会在达孜工业园区管委会召开】 8月5日,拉萨市"两区四园"工作例会在达孜工业园区管委会隆重召开。副市长杨安文主持并召开了此次会议。拉萨市政府副秘书长张长祥、市工信局副局长成建华、市发改委副主任张腾、市财政局副局长任玉萍、市国土局副局长许安海、市质监局副调研员翟喜玲、市规划局副局长曹国华、市环保局科长唐丽琼、国网拉萨供电公司以及"两区四园"的相关负责人出席了会议。

【自治区总工会副主席原成刚、拉萨市总工会党组书记白玉福到园区调研企业工会组建情况】 8月6日,自治区总工会副主席原成刚、拉萨市总工会党组书记白玉福到园区调研企业工会组建工作。

【国家农业部调研组到园区参观调研】 8月7日,国家农业部、区农业厅相关负责人组成的调研小组一行到园区进行参观调研,达孜工业园区管委会相关领导陪同调研。

【镇江市党政代表团来园参观调研】 8月11日，镇江市常务副市长张洪水一行到园区参观调研，达孜县委书记徐申锋、县长阿努次仁、园区管委会主任王斌忠、副主任李军等领导陪同随行。

【自治区政协副主席、自治区工商联主席阿沛·晋源来园调研非公经济发展情况】 8月26日，自治区政协副主席、自治区工商联主席阿沛·晋源，区工商联党组副书记、副主席谭永寿等领导来园调研非公经济发展情况，达孜县委书记徐申锋、达孜县工商联主席米玛、达孜工业园区管委会主任王斌忠、副主任李军等相关领导陪同座谈并调研企业。

【江苏省常委、组织部部长王炯到园区参观调研】 9月7日，江苏省省委常委、组织部部长王炯等领导一行到园区进行参观调研，达孜县委书记许申锋、达孜县县长阿努次仁、达孜县县委副书记、常务副县长孙健等相关领导陪同调研。

【藏缘绿色、净土、健康食饮品放彩中博会】 10月10日，第十二届中国国际中小企业博览会在广州开幕。本届中博会上，藏缘集团以“青稞食饮品，天然饮用水”为主的绿色、净土、健康产品在展览会上大放异彩。中共中央政治局委员、广东省委书记胡春华，广东省省长朱小丹，西藏自治区副主席姜杰等领导来到藏缘集团产品展柜前，向集团董事长管新飞详细询问了“藏缘”产品的价格和销售情况，并对公司的发展表示关心和支持。

【招商引资连年创优】 园区招商工作以突出“内外兼治”方法进行项目的招引和盘活。对内：突出软环境的优化工作，切实贯彻“全程代办”“贴身服务”“限时办结”“特事特办”等服务承诺，不断提高行政效率，从而提升投资环境“软”实力；突出对园区企业闲置资产的清查和重组，以存量引增量，尝试采取增资扩股、收购兼并、合作经营等二次招商模式对老企业进行输血再造。对外：围绕主导产业实施产业链招商。围绕产业结构调整、产品换代和产业升级，以四大产业为导向，积极开展领导带头招商、专业招商、小分队招商和点对点招商，努力打造产业集群；依附藏苏经济发展平台，充分实现两地优势资源共享。年内，园区共掌握项目信息177个，已落户项目177个，项目落户率达100%，招商引资实际到位资金达16.8亿元（含注册企业）。

【项目建设推进】 截至年底，园区重点推进了28个工业项目建设进度，总投资294910万元。主要包括西藏吉顺生物科技有限公司、西藏宏发盛桃食品股份有限公司、西藏延长医疗器械第三方物流有限公司、木材交易市场（一、二）期、北草地生物、运高新能源、吞米岭藏艺文博园等优势项目。

【基础架构】 截至年底，园区基建项目20个，总投资56748.3万元，已投入45310.7万元。其中市政道路9个，总投资：12865.7万元，已投入16741.7万元。其中，焦山北路、金山大道北段、南山路、句容路、句容路北段、镇江路、扬中路、虎峰支路8条主、支干道路已全面竣工。重点项目11个，总投资43882.6万元，已投入28569万元。其中，园区（一、二）期绿化工程、三杆迁移及电力建设工程、318国道改造绿化工程、展销中心及附属工程、园区通信线路改造、电网改造、给排水管网改造、中小企业孵化基地（一期）、110千伏变电站已全部竣工。

【服务平台】 园区管委会充分利用各种渠道为企业发展壮大铺平道路。充分利用园区中小企业扶持资金、科技创新资金及人才发展资金等专项资金，帮助企业申报高新技术企业、研发中心、专利示范企业等；帮助企业申报各类科技计划项目，向上争取产业发展、技术改造等专项资金；帮助企业开展产学研合作、组织各类鉴定和认证，定期举办技术交流，整合上下游企业资源，完善产业链；帮助企业申请专利、著作权和商标，建立知识产权发展战略，协调各类知识产权纠纷；建立了由县主要领导牵头的联席办公会议制度，县四个班子领导分包重点企业，定期进企业考察，帮助企业解决运行中的困难和问题。坚持“有诉必应、急事急办、特事特办、跟踪服务”的原则，建立例会制度，协调解决企业反映的困难和问题。对刚落地的重点项目，协调相关职能部门一线办公，集中解决项目备案、环评、规划、征地、用电等问题，确保企业放心投资、放手发展。

【品牌创立】 园区成功打造了“优·敏芭”系列藏香、藏香水、“藏缘”“羌塘布”青稞酒、“赛牦岗”“圣雪源”羊牛绒纺织品、“吉顺”青稞醋、“盛桃”芫根饮品等近20个品牌。其中“藏缘”“优·敏芭”为国家级驰名商标。"十二五"期间,西藏优格仓工贸有限公司获得西藏自治区"科技型中小企业"荣誉称号、"全国民族特需商品生产定点企业"和首届藏博会"旅游商品大赛二等奖"。西藏春光食品有限公司获得青岛"国际农产品交易会金奖"、拉萨市"科技进步二等奖"。西藏圣信工贸有限公司牦牛绒系列产品的研发项目被列为自治区科技厅重点科技项目,并被拉萨市国税局评为市十家纳税诚信A级企业。西藏珠峰实业有限公司荣获第三届西藏旅游商品大赛最佳旅游商品"铜奖"。西藏罗占民族手工艺发展有限公司获得中国科协及财政部共同颁发的"全国科普惠农兴村带头人"、自治区人民政府办公厅命名罗布占堆为"自治区非物质文化遗产代表性传承人"以及西藏自治区文化产业协会"常务理事单位"。园区品牌建设成果突出,品牌带动效应日益增强。

【激增就业】 园区管委会采取各种方式竭力为农牧民创造就业机会。通过对接附近职业院校的毕业生入企就业;通过周边村镇、企业农牧民职工获取本地农牧民求职信息;通过对接人社局、四业办开展专场招聘会解决当地农牧民就业难题。截至年底,园区新增就业236人,累计解决就业已达4112人次。

【农牧民致富创收】 深化运作"企业+农户+基地"的运作模式,帮助农牧民致富创收。园区卓玛手工艺公司带动了近1000户农牧民从事家庭纺线,年创收近1500万元;园区高原食品企业向农民年收购青稞6000余吨,带动1万余亩优质青稞种植和就地加工转化;圣信、第三极等企业年收购牛羊毛3000余吨,每年兑现给农牧民的收购资金3000多万元。藏缘青稞酒业在企业自身发展的同时,带动了当地农牧民群众的增收,解决了许多农牧民子女的就业问题。

(覃雨菲)

堆龙德庆县工业园区

【园区概况】 堆龙德庆县工业园区位于区城以西9公里处,2013年获得管委会机构编制调整批复,2015年,拉萨市第十届人民政府第32次常务会原则同意堆龙德庆县工业园区创建市级园区。园区规划总面积6.07平方公里,其中拉萨市城投开发建设1450亩。园区自成立以来,县委、县政府举全区之力建设工业园,使堆龙德庆县工业园步入一个快速发展时期。截至年底,园区建成面积3.1平方公里,共入驻企业58家,投产企业达到30家,规模以上企业4家。年内,园区企业藏泉酒业有限公司被西藏自治区政府部门授予全区"爱心助残"企业,首届"优秀社会主义建设者"企业,"民族团结和谐企业"荣誉称号,被国家工信部评为"全国品牌推广示范企业",西藏牦牛王生态食品开发有限公司获得第十三届中国国际农产品交易会金奖。年内,美国驻华大使马克思·博卡斯大使和夫人梅洛迪·哈尼斯参观园区企业西藏圣香海螺民族产品开发有限公司,对当地企业发展给予高度赞扬。

【经济运行】 年内,园区实现工业总产值6.53亿元,同比增加36.87%;工业销售产值6.85亿万元,同比增长54.75%;工业增加值2.76亿元,同比增长37.28%;工业税收4657万元,同比增长20.26%;实现固定资产投资5.14亿元,其中县政府投入基础设施建设资金6701万元。年内,招商引资实际到位资金1.46亿元,新增规模上企业1家(西藏宝利沥青有限公司)。

【配套设施完善】 年内,园区基础设施续建、新建项目共7个,总投资1.9亿元,其中续建项目堆龙110变电站建设工程已竣工,新建项目即园区上下水管网、强弱电入地,滨河路、东环路市政道路建设已竣工,初步验收已完成,园区生产生活垃圾转运站及中小企业服务中心项目于年底开工,这些基础设施的进一步完善,将有力提高园区整体形象,降低企业入驻成本。

【工业项目建设推进】 年内,园区企业新建、续建项目17个,固定投资2.07亿元,其中西藏航龙钢铁物流有限公司、天津矿业有限公司西藏分公司、安顺物流有限公司、神水藏药卓品药材有限公司、天工机械加工厂、阿卓商贸等。

【招商引资质量提升】 年内,园区储备项目20个,通过联席会议准入驻项目7个，获得县政府常务会同意立项批复项目7个，县委常委会土地批复5个，其中电商、云计算、万控变电柜三家企业已开始办理项目前期相关手续，大有同仁八味秦皮胶囊项目进入土地挂牌阶段，吾羊矿产品加工项目及志成制氧项目待土地批复，总投资4.73亿元，税收达3670万元，可解决360人就业。这些企业的开工建设，将有力提高A区整体活力，增强园区竞争力。

【企业安全生产加强】 园区坚持“安全第一，预防为主”的方针，全面落实“一岗双责”制度，推行安全生产网格化管理，坚持源头治理、过程管控，突出抓好消防安全、建筑施工安全、企业生产安全、道路交通安全、食品卫生安全和危险化学品安全监管，有效消除安全隐患，做到主体责任、监管责任落实到位，防范措施、长效机制有效健全，确保社会安全稳定。年内，园区同企业签订安全生产责任书及大庆期间维稳安全责任书60份，召开安全生产专题会7次，排查企业安全隐患4次，下令整改企业5家。

【服务企业水平提高】 园区始终树立服务理念，积极发挥政府与企业间的桥梁纽带作用。年内，开展企业调研90余次，及时形成调研分析报告，充分利用“两区四园”专题会议，积极向上级部门反映企业存在困难。做好招商项目后续服务工作，全年协调解决企业施工纠纷10起事件，办结率100%。年内，为迎接美国驻华大使夫妇到园区企业西藏圣香海螺民族产品开发有限公司参观考察，从园区招商经费中解决10万元资金用于改善企业环境。充分利用各类大小型推介和考察活动，大力宣传园区企业及产品，全年接待区内外考察团30余次，累计人数300余人。针对企业招工难问题，园区联合同市工信局，县人社局组织企业开展2次人才招聘会。鼓励企业节能降耗，帮助申报循环化改造项目，年内，珠穆拉瑞企业燃煤锅炉升级，耗煤减少，达到节能减排目的。全年，园区完成工作简报52篇，红头文件51篇，相关总结材料25篇，“两区四园”经济工作汇报材料10篇。

【土地利用工作】 年内，按照县巡视二组关于工业园区闲置土地反馈意见，确定涉嫌园区闲置土地9宗，用地性质不符1宗。园区牵头成立了由县11家部门组成的领导小组，组织动员，摸清企业情况，制定实施方案，细化清理范围，明确处置方法、步骤等各项工作。其中无偿收回闲置土地企业1家，其余9家企业按照“一宗地、一方案”的原则，充分分析政府原因和企业自身原因，合法合规，实事求是的态度对闲置土地拟定解决方案。计划两年内实现各闲置土地盘活，各项工作稳步推进中。及时核实安顺物流企业一期建设土地占用及投资情况，协助区国土局收回高明商砼企业多占土地、催缴企业拖欠土地款4起。

【产业规划布局】 为适应区域工业经济发展环境的变化，充分发工业园区产业聚集效应，构建产业承接基地，使园区成为推进堆龙经济社会跨越式发展的引擎，在综合考虑现有企业布局、优势资源和区位交通条件等因素的基础上，2010年11月，堆龙德庆县委托中国航天建设集团有限公司编制了堆龙德庆县工业园区产业规划和堆龙德庆县工业园区控制性详细规划，2015年进行再次修编，重点发展新型建筑建材业、绿色净土健康产业、藏医药业、民族手工业及生产性服务业。

【党风廉政建设】 年内，园区以深入学习“三严三实”专题教育活动为契机，有效推进党风廉政建设，加强干部的思想建设、组织建设、作风建设和制度建设。全年组织党员干部集中学习10次，完成57课时的学习计划，完成专题简报28篇，心得体会120篇，发言稿56篇。开展一对一谈心谈话16次，针对作风建设累计走访企业86次，征集各类意见建议5件，已解决2件，其他2件协商中。召开专题民主生活会2次，解决班子自身存在的问题21条。园区前后开展了“庆三八迎春风”“民族团结”茶话会、“畅想中国梦、颂歌献给党”七一文体比赛等形式多样，内容丰富的活动，进一步增强党组织的凝聚力和向心力。按照县委组织部实施的“在职党员到村党组织报到服务群众活动”，为通嘎村贫困户送去慰问金、各类生活必需品共计5000余元。年内，在园企业独立建立党支部3家，建立工会企业4家，建团组织3家。

（德　吉）

曲水县雅江工业园区

【概　况】 曲水县雅江工业园区由聂当工业集中区和县城工业集中区组成,成"一区两园"结构,总规划面积12.4平方公里。按照"二产抓重点"的发展思路,曲水县委、县政府立足自身实际,提出了"工业强县"的发展战略。为增强自身造血功能,2005年自筹资金建立了聂当工业集中区,入驻该集中区的企业主要以建筑建材、民族传统手工业、高原特色产品开发为主。2006年,曲水县自筹资金建立了县城工业集中区。入驻该集中区的企业主要以农副产品加工、藏药生产、高新技术产品开发为主。按照大园区的发展构思,2007年,在自治区、市党委和政府的大力支持和帮助下,曲水县将县城工业集中区和聂当工业集中区统一规划,2010年雅江工业园正式成立。

【园区定位】 根据现有产业优势,雅江工业园产业定位为:以新型建筑建材行业、民族手工业、净土健康产业、电子科技及再生资源循环利用为主导的产业集群。

【园区企业】 截至2015年底,曲水县雅江工业园区共有实体企业58家。其中,聂当工业集中区集中区实体企业有48家,初步形成了以建筑建材产业和民族手工业集中的产业集群;县城工业集中区实体企业有10家,初步形成了以食饮品生产、农副产品加工、藏药产业、再生资源利用的产业集群。

【园区经济】 年内,曲水县雅江工业园区工业销售产值完成117500万元,同比增长96%;工业增加值完成52000万元,同比增长83%;上缴税金8500万元,同比增长42%。

【工业性投入】 年内,曲水县雅江工业园区固定资产投资完成58640万元,同比增长33%。

【品牌建设】 年内,园区金哈达藏药厂研制的曲扎胶囊的开发与运用获得拉萨市科学技术奖,并获得了自治区专利技术,神泉颐康投资开发有限公司雅江源天然饮用水获得米兰国际博览会金奖,此外,拉萨净土睿健生物产业发展有限公司的玛咖酒正在进行质量标准体系认证申报。

（张　钰）

商　业

综　述

【概　况】 年内，全市实现社会消费品零售总额205.48亿元，占全区社会消费品零售总额408.08亿元的50.35%，同比增长13.59%，高于全区1.59个百分点。全年落实招商引资项目319个，其中新建154个、续建165个，项目总投资653.23亿元，实际到位资金244亿元，同比增长11.53%。为七县一区农牧民配送碘盐1713.48吨，全面完成各项目标任务。根据拉萨海关统计数据，受尼泊尔地震影响，全年进出口贸易总额41.29亿元人民币，同比下降67.61%。

【对外贸易】 年内，全市完成进出口贸易总额41.29亿元，与上年同期相比下降67.61%。其中：出口31.33亿元，与上年同期相比下降74.43%；进口9.97亿元，与上年同期相比下增加101.09%。

【市场运行环境】 针对全市牛羊肉、酥油、猪肉市场价格波动的情况，积极组织相关企业开展惠民投放工作，全年累计投放惠民牛羊肉1481.50吨、猪肉9.8吨、酥油86.6吨。进一步拓展“农超对接”空间，截至年底，拉萨市有123家团体单位与9家蔬菜种植基地实现产销对接，农超、农校、农企对接上市蔬菜比农贸市场同类蔬菜价格低5%—10%。深入组织开展了全国第五批肉类蔬菜流通追溯体系建设试点城市工作，项目前期工作正扎实有序推进。

【招商引资】 年内，实际落实招商引资项目319个，项目总投资653.23亿元，实际到位资金244亿元，同比增长11.53%。招商引资项目上缴税金1.37亿元，解决就业总人数5955人，其中：解决农牧民就业人数3513人；支付就业人员工资7900万元，其中：支付农牧民就业人员工资4400万元。招商企业投入公益事业6100万元。同时，加大“走出去”“请进来”力度。组织各县（区）、园区和特色产品企业参加第三届中国南亚博览会暨第23届中国昆明进出口商品交易会；在杭州举办拉萨市特色产业项目推介会，签约19个项目，总投资29.5亿元；成功举办拉萨雪顿节净土健康产业招商引资项目推介会、茅台拉萨玛咖酒新闻发布会等活动，在会上共签订79个项目，总投资194.85亿元。

（张文清）

雪顿节经贸活动

【概　况】 根据年初市委、市政府对招商引资工作的安排，进一步扩大招商成果，加强拉萨与内地企业的沟通与联系，达成更多合作意向。在市委、市政府的大力支持下，在经开区、柳梧新区、创意园区、各县（区）及市直相关部门的大力配合下，由拉萨市人民政府主办，市商务局承办的 2015 年拉萨雪顿节净土健康产业招商引资项目推介会圆满召开，并取得了较好的成效。

【统筹协调】 拉萨市商务局承办了 2015 年雪顿节净土健康产业项目推介会、京东进藏新闻发布会暨拉萨净土健康产业馆揭牌仪式，协办了茅台拉萨玛咖酒新闻发布会和“茅台拉萨玛咖酒”品鉴活动，组织区外客商参观拉萨净土健康产品展销会和拉萨净土健康产品体验馆。通过方案细化再细化、人员分工再分工，确保每一项活动衔接顺畅，达到了预期效果。

【活动内容】 借助此次推介会这一平台，举办了净土健康产业招商引资项目推会，推介会内容较往年更为丰富，拉萨市净土健康产业经过两年的大发展，形成了一定的规模，开发生产了一批上档次上水平的净土健康产品，为进一步扩大净土健康产品知名度，拓宽产品销售渠道，在推介会上专门安排由市净土公司推介全市净土健康产品。在项目签约仪式上，市政府副市长孙晓南与尼泊尔总商会会长拉杰西·岗孜·斯瑞斯塔签署经贸合作备忘录。同时，会上还签订一批净土健康产品销售合同签约项目；举办京东进藏新闻发布会暨拉萨净土健康产业馆揭牌仪式；协助市委净土办举办茅台拉萨玛咖酒新闻发布会、“茅台拉萨玛咖酒”品鉴活动等活动，活动内容十分丰富，形式活泼，成效显著。

【会议档次】 经过积极努力，2015 年雪顿节净土健康产业项目推介会会议档次、规模、质量都创历史之最。江苏省农委主任、自治区工商局、自治区工商联、自治区商务厅、自治区招商局主要负责人和京东集团副总裁、贵州茅台酒厂、尼泊尔总商会会长出席会议。会议规模达到 500 人，其中邀请区内外 350 家知名企业参会。通过细化方案，责任到人、多次演练、确保活动成功举办。

【签约项目】 此次推介会上，拉萨市所签约 79 个项目，总投资额达 194.85 亿元，其中上亿元项目 36 个，总投资额达 171.29 亿元，占全部签约项目总投资额的 87.9%；上 10 亿元以上项目 4 个，总投资达 73 亿元，占全部签约项目总投资额的 37.5%。

【签约主体】 在推介会上，市政府与尼泊尔总商会签署经贸合作备忘录，为进一步深化拉萨市与尼泊尔之间的友好经贸合作关系，携手参与“新丝绸之路经济带”奠定了良好基础；突出以商招商。在以往各类招商活动签约仪式上，主要是政府招商主体与企业签约，且偏重投资类签约项目。2015 年在经济新常态的发展趋势下，出现了企业与企业的合作签约。同时，增加了 7 个商贸类的签约项目，合同金额 10.67 亿元。

【民营企业】 2015 年参加雪顿节净土健康产业项目推介会的各县（区）、园区、市直各部门主要负责人以及各新闻媒体约 150 人外，其余贵州茅台集团、京东集团、以及来自北京、上海、江苏、湖南、广东、贵州等省市企业家、及本地商会和本地知名企业家共 350 人参会，招商主体呈现多元化趋势。

【方案制订】 市委、市政府高度重视 2015 年拉萨雪顿节净土健康产业招商引资项目推介会活动。市商务局于 6 月初制定并逐步完善了《2015 年拉萨雪顿节净土健康产业招商引资项目推介会活动方案》。市政府副市长晓南高度重视活动各项工作，亲自安排布置活动的每个细节，先后召开了 3 次专题会议和 1 次现场会议，专题推进，听取相关单位的工作进展情况汇报，并针对汇报情况提出了具体要求。同时，为确保活动各项工作圆满完成，将各项任务分解细化，明确具体落实责任人、完成时限，确保各项工作有条不紊地推进。

【筹备工作】 各县（区）、园区、市直相关单位、市属企业尽职尽责，按照“节约办会、务求实效”的原则，精心安排，细致缜密部署，从制定方案、积极邀请客商、筛选签约项目、对接签约细节、制作项目宣传资料、参会的组织等各个细节，都进行了的研究，出色地完成了各自所承担的筹备工作。

【协调配合】 本届会议规格高、规模大、内容多、要求严。各县（区）、园区、市直各参会单位在市委、市政府的统一指挥下，以大局为重，各司其职，不计得失，积极参与，协调运作，狠抓落实，高效率、高质量地完成了各自承担的工作，为开好此次雪顿节净土健康产业招商引资项目推介会提供了良好的保证。

【国外商会】 通过积极与自治区商务厅沟通协调，

此次推介会上，邀请了尼泊尔总商会会长拉杰西·岗孜·斯瑞斯塔先生一行6人的代表团参会，并邀请了20家尼泊尔企业参加特色产品展示展销活动，为拉萨市本地企业提供一个接触国外投资商的机会，同时，也为拉萨市特色产品“走出去”搭建了一个合作的平台。

【商务活动】 本届推介会与过去相比的一个突出特点是，大大减少了各招商引资目标任务单位的推介讲话，增加了确有实效的、有针对性的各项招商和商务活动。将招商活动与商务活动有机融合，互惠互赢。在举办雪顿节净土健康产业招商引资项目推介会的同时，在西藏会展中心举办了拉萨净土健康产品展示展销活动，不仅为拉萨净土健康产业招商项目、拉萨净土健康产品提供了宣传推介的平台，同时为本地企业生产的各类产品提供了一个展示展销的平台。

【招商引资成果】 拉萨市共79个签约项目，总投资194.85亿元，超额完成市政府下达签约目标任务的258.08%（市政府下达签约目标任是75.5亿元）；其中正式签约项目50个，总投资85.21亿元；意向签约项目29个，总投资109.63亿元。在这79个签约项目中，商贸类签约项目7个，合同金额10.67亿元。会上签约项目28个，总投资91.58亿元。

（张文清）

商贸业

【流通基础设施建设】 继续深入实施城市商业体系“优结构、提品质”计划，充分发挥项目带动作用，全年实施项目49个，总投资122.53亿元，建成了泰和商业中心、颐堤半岛、柳梧城市综合体商业区等一批大型商贸服务业项目，城市商贸服务功能进一步提升；通过大力实施蔬菜直销车、牛羊肉直销店、再生资源绿色回收网点建设项目以及进一步扩大社区连锁超市、再生资源绿色回收网点范围，社区商业利民便民服务环境进一步改善；加大农村综合开发项目实施力度，支持企业开展“万村千乡市场”工程提升改造工程，进一步健全完善农牧区流通消费网络；积极争取国家项目资金扶持，不断完善物流、电商体系，电子商务日渐活跃。成功申报西藏金哈达羊绒制品有限公司为商务部2015—2016年度电子商务示范企业。协助在京东商城设立拉萨净土健康产品馆、在苏宁易购设立中华特色馆拉萨馆和西藏七芝堂实业有限公司获得京东商城西藏馆运营权，帮助蓝月谷公司获得其运营权。

【展示推广和节庆促销】 联合市统计局先后多次深入市属20余家流通企业开展调研，召开各类会议5场（次），经过认真比选，年内新增5家企业纳入限额以上统计，并对多家企业进行重点培育，进一步发挥重点企业对消费增长的拉动作用。先后举办以美食展、车展、特色产品展示及啤酒畅饮等为主要内容的“五一黄金周”“中秋、国庆双节”促销活动以及“拉萨市第三届消费节”活动等，活动期间，参与企业数量、展会规模、销售额均创下了历史最好成绩，城乡消费市场进一步繁荣。组织承办“2015雪顿节净土健康产品展销展示会”、开设第二届“藏博会”拉萨馆等，大力推介全市净土健康特色产品，期间，入驻企业达70余家，设立净土健康产业展位61个，净土健康系列产品品种多达360余种，参观人数约3.6万余人，销售总额达180余万元，评选出20余种净土健康产业精品。

（张文清）

物流业

【概　况】 近年来，在国家、自治区战略政策的指引下，在自主发展和对口援建的推动下，拉萨交通基础设施建设不断加强，物流业得到快速发展，为带动拉萨市乃至全区经济社会发展发挥了积极的促进作用。

【发展现状】 “十二五”期间，伴随着拉萨市产业体系的日益完善、经济总量的提升和对外开放的深化，拉萨市物流业初步完成了产业资源的整合和产业布局的集聚。

产业规模不断扩大。拉萨市登记注册的货运、物流企业(个体工商户)达到124家,较大的货运设施主要有汽车货运站和拉萨火车站西货站,另有拉萨生产资料物流中心、保税物流园区等项目处于建设规划中,可提供面向全市的生产和生活所需的仓储、运输、装卸、冷链配送等相关物流服务。

交通网络日趋完善。西藏自治区不断加快发展交通运输业,构建了公路、铁路、航空一体化的交通运输体系。铁路方面。形成了以青藏、拉日铁路为主的交通运输体系,改善了拉萨市的交通运输条件,带动了火车站周边货运站场和仓储设施的建设。公路方面。川藏、青藏公路穿市而过,与周边地(市)公路基础完善,市属县(区)交通便利,机场高速、拉林高速等高等级公路基本达到通行条件,交通运输体系日趋完善。航空方面。形成了以拉萨贡嘎机场为主,周边地(市)机场为铺的空中交通网络,基本实现了拉萨市与部分外省市、周边国家主要城市及自治区部分地区的航空联系。

物流服务能力快速提升。拉萨市乃至全区物流服务主要围绕公路与铁路运输开展。经过多年的发展,公路货运规模趋于稳定;随着青藏铁路通车,铁路货运规模呈现快速上涨。以2014年为例,拉萨货物运输量达1010.25万吨,同比增长47%,其中公路货运量973.37万吨、铁路货运量36.88万吨。随着青藏铁路货运能力的全面释放,拉萨市的物流服务中枢地位将进一步强化。此外,随着机场的扩建和航线的拓展,拉萨市航空货运也将逐步扩容,拉萨市物流国际化和现代化水平也将进一步提升。

物流基础设施不断优化。依托拉萨市日趋完善的立体交通网络,拉萨市已初步形成公路——铁路、公路——航空联运能力,并依托于铁路站场和公路干线形成西郊货运站和拉萨汽车货运站两大物流节点。

(张文清)

服务业

【家政服务业】 千里马技能培训学校实施情况。该学校分别于2011和2012年实施家政服务人员培训项目,共培训家政服务人员2485人次,申请补贴资金372.7万元,补贴资金用于学习培训管理。近三年,累计培训家政服务人员700－800人次。

【早餐工程】 自早餐示范工程实施以来,拉萨市共有2家企业参与,享受专项资金共计600万元。

旺西特食品有限责任公司:该公司自2007年5月成立以来,相继投入900万元资金,其中:2010年享受早餐示范工程专项资金300万元。有生产车间、库房、检验室、办公区等部门,拥有员工42人,建成营养粥生产线、传统小吃生产线、全自动馒头包子生产线、全自动米饭生产线、净菜烧菜蒸菜生产线等,主要以批发配送形式为主,主要对学校、单位团体、宾馆等批量配送。

赛康集团阳光营养早餐分公司:该公司于2009年8月入选拉萨市区的“早餐示范工程”承办单位,共计投资789.5万元,其中:2010年享受早餐示范工程专项资金300万元。由于投资回收年限长、后续资金无法跟进,从2012年5月开始处于停滞阶段,直营店、加盟店在与公司合作协议到期后,不得不独立经营、自负盈亏,基本是游离于公司管理之外。

【再生资源回收工程】 拉萨市再生资源集散市场。由拉萨市城关区亿鑫废旧回收有限公司建设。该市场位于堆龙德庆区,占地面积120亩,总投资2600万元,于2012年建成投用。截至年底,该市场入驻商户20多家,涉及再生资源回收、加工、销售等,从业人员230余人。2015年该市场回收再生资源10万吨,深加工再生资源近1万吨,产值约1亿余元。

【再生资源分拣中心】 由拉萨城关区亿鑫废旧回收有限公司和拉萨市城关区振兴物资回收有限公司各承建1个。

拉萨城关区亿鑫废旧回收有限公司分拣中心:位于拉萨市城关区空指路烈士陵园西侧,占地面积60亩,总投资3800万元,年处理再生资源达5万吨。2015年回收分拣各类再生资源共计6.5万吨,实现销售收入3000万多元,从业人员30人。

拉萨市城关区振兴物资回收有限公司分拣中心:位于拉萨市堆龙德庆县南嘎村七组,占地面积35亩,总投资900万元,年加工处理回收有色金属、塑料、废纸等1500吨。年内,回收分拣各类再生资源共计600吨,实现销售收入120万元,从业人员6人。

(张文清)

粮　食

【概　况】 截至年底，全市国有粮食收储企业收购粮食160吨，收购油菜籽15吨，收储企业采购粮食3900吨；采购食用植物油150吨，粮食购销企业销售粮食4000吨；销售食用植物油及料折油204吨，粮食企业库存粮食1706.30吨；库存食用油及料折油99.35吨。

【储备粮安全】 年内，市粮食局与林周县、墨竹工卡县、当雄县三个自治区储备粮代储库签订《自治区储备粮管理责任书》《自治区储备粮代储合同》《自治区储备粮财务管理责任书》。定期不定期对代储库进行检查，并成立粮食库存交叉检查工作小组前往那曲地区对三个库点进行检查。

【粮食收购许可证年审】 年内，拉萨市取得粮食收购资格的经营户有22家，其中：国有粮食企业9家，非国有粮食企业13家（个体工商户3家）。

【放心粮油工程】 年内，拉萨市强化放心粮油质量监管及督查日常管理工作和年底的考核工作；协调落实县（区）粮油品牌合作营销事宜；定期深入放心粮油店开展质量检查、粮油抽样进行送检；深入拉萨市一家放心粮油配送中心和六家放心粮油店进行考核初验。

【全市粮食仓储设施专项调查统计】 年内，拉萨市做好2015年度全社会粮食供需平衡调查工作，抽样具有代表性的40户农牧民、35户城镇居民、18家餐饮企业和33户纳入统计范围的非国有粮食企业进行调查；认真开展七县一区、拉萨市粮油经销公司、拉萨市粮油工业总公司的9名统计人员粮食流通统计制度培训；开展全市粮油加工企业统计工作。拉萨市纳入统计范围的重点粮油加工企业7家（国有粮油加工企业1家，其余非国有6家）；全面调查了解拉萨市农户存粮基本情况。市粮食局对林周县、墨竹工卡县、达孜县、堆龙德庆县、当雄县的19个乡（镇）40户（其中：农户32户、牧民8户）农牧民存粮情况开展调查工作；为确保当地青稞的安全，做好本地青稞调研工作。

【基础设施完善】 年内，拉萨市积极落实基础设施建设和危仓老库维修的项目，确保储粮安全。年内，已申报2015年基层粮食仓库维修项目5个（墨竹工卡县工卡镇粮库、当雄县粮食周转库、林周县加荣粮库、曲水县才纳乡粮库、堆龙德庆县德庆乡粮库）。

【市级粮油储备】 年内，根据拉萨市人民政府批复文件，确定市级粮油储备130万公斤。年内，完成《拉萨市市级粮油储备管理办法》的起草、征求意见和修改完善工作，并以市发改委、财政局、民政局、粮食局、农发行西藏分行五家名义联合行文下发，经市政府批准已确定由林周县粮食公司委托贷款。按照拉萨市人民政府批复文件，市级储备粮油的贷款利息、轮换费和保管费由财政解决的要求，市粮食局已与市财政局进一步衔接并测算相关费用。

（巴　桑）

旅游业

综 述

【概 况】 年内，接待国内外旅游者1179.02万人次，同期增长27.35%，实现旅游收入154.93亿元，比2014年同期增长38.73%，其中接待入境游客11.8万人次，实现外汇收入6351.9万美元。旅游业带动直接就业人数11.33万人，带动间接就业人数20万人。

（魏 雪）

旅游宣传

【第十一届海峡旅游博览会参会情况】 由国家旅游局与福建省人民政府联合主办，福建省旅游局、厦门市人民政府承办，台、港、澳旅游机构联合协办的海峡旅游博览会于5月7日—10日在厦门举行。已成功举办了十届，成为两岸旅游交流合作的重要平台、旅游招商引资的重要渠道和推进海峡西岸旅游区建设的重要载体，也是大陆唯一面向两岸四地旅游业界的品牌展会。市旅游局充分利用此次海峡旅游博览会契机，通过发放旅游宣传资料、受理旅游咨询，积极解答游客提出的问题，充分展示拉萨旅游的良好形象，展现拉萨独特自然景观和厚重的历史文化，让更多的游客选择前往拉萨旅游，深度体验拉萨壮美的自然风光、人文景观、扩大"美丽家园 幸福拉萨"旅游品牌影响力。

【第七届中国国际旅游商品博览会参会情况】 本届博览会由国家旅游局和浙江省人民政府共同主办，5月27日，在浙江义乌市隆重举行。为推动拉萨市旅游商品创新发展和促进旅游业转型升级，市旅游局带队组织城关区旅游局、墨竹工卡县旅游局及旅游商品企业参加了此次博览会。拉萨市共参展8大类共32件旅游商品，参展的尼木藏香系列产品获得博览会银奖。

【2015南京休闲度假旅游房车展参会情况】 本次展会由南京市旅游委员会和德国斯图加特公司于5月29日—30日在南京博览中心举办，围绕休闲度假主题，细分"自助游及主题游、自驾游、房车露营生活及户外休闲"四大板块，向游客呈现一份别具风格的旅游休闲大餐。在参展期间，紧扣"自驾游、休闲游"的主题，向游客和媒体推介拉萨自驾游、休闲游的经典线路和特色旅游产品，并向游客解答关于拉萨"自驾游、休闲游"的有关问题，包括交通线路、食宿及安全方面的注意事项，同时也向游客发放拉萨旅游宣传资料共计10000份，其中"拉萨旅游指南""拉萨旅游地图""玩转圣地四季游"深受广大游客的喜爱。期间，还播放《美丽家园 幸福拉萨》旅游宣传片，得到广大游客的热烈欢迎，并获得由南京度假休闲及房车展览会组委会颁发的2015南京度假休闲房车

展览会“最佳组织奖”。

【北京国际旅游博览会参会情况】 本次博览会由北京市旅游发展委员会主办，于6月26日—28日在北京国家会议中心举行。北京及周边环渤海地区是拉萨市最重要的旅游客源地之一，通过近年参加北京旅博会的结果显示，北京及环渤海市场对拉萨及西藏旅游误区已逐渐减小，有效地推动拉萨市旅游市场的快速发展。

【2015中国旅游产业博览会参会情况】 本次博览会由国家旅游局和天津市人民政府共同主办，于9月18日—21日在天津梅江会展中心举办。展会期间，邀请传统手工艺人及企业向国内外观众展示唐卡、藏香等自治区传统手工艺产业。在博览会上，以“美丽家园・幸福拉萨”为主题，通过播放拉萨市旅游宣传片、发放宣传资料和受理旅游咨询等形式，大力宣传拉萨独特的旅游资源和民俗文化，提升拉萨旅游品牌知名度和美誉度。市旅游局还针对区外游客对拉萨冬季有认知误区的特点，有针对性地宣传冬季旅游资源，以好客藏家 — 邀您一同过藏历新年、行走日光城等鲜明而有特色的活动，极大激发当地旅行社对拉萨冬季旅游资源的关注和热情。此外，中国旅游产业博览会西藏自治区代表团收获颇丰，拉萨市旅游产品“吞弥牌尼木藏香空灵梵韵系列八盒礼装”获得中国百佳旅游商品，有力推动自治区旅游商品的研发。通过参加此次博览会的西藏自治区参展商，市旅游局在参展的同时也借此次机会深入与来自国内其他地区与世界各地的参展商交流，学习他们的旅游产品设计理念、营销方式以及管理模式等，以丰富西藏自治区旅游产品形式，更好地推动拉萨旅游产业的健康发展。

【第十届海峡两岸台北旅展参会情况】 本次博览会由国家旅游局主办于，11月6日在台北世贸展览馆召开，由海峡两岸旅游交流协会与台湾观光协会共同主办的第十届海峡两岸台北旅展在台北世贸展览馆召开，在展览会上，市旅游局以“美丽家园・幸福拉萨”为主题，通过发放宣传资料、游客咨询等方式，着力宣传拉萨市旅游资源和民俗文化，提升拉萨市旅游品牌知名度和美誉度。期间，市旅游局共发放旅游宣传资料共计10000余份，受理旅游咨询2000余条。

【第四届北京旅游商品博览会参会情况】 本次博览会由北京市旅游发展委员会，于10月24日—26日在中国国际展览中心（老馆）举办。全国16个省市以及北京市16个区县的千余家优质旅游企业参展，参展商来自美国、韩国等56个国家和地区。在本次旅商会上，市旅游局组织拉萨贡德泥塑发展有限公司，重点推出具有民族特色的手工作品“擦擦”。每一件古老的“擦擦”都有其自身的宗教、艺术、文化和收藏价值。随着旅游商品市场的不断发展，越来越多的游客青睐民族手工艺品。在本次旅商会上，也受到很多游客的喜欢。同时，市旅游局还展示藏香、藏纸等旅游商品，得到游客及组织单位的欢迎和肯定。

【2015成都国际旅游展参会情况】 本展会由赛美斯（北京）会展公司主办，新加坡会议与展览管理服务有限公司承办，于12月3日—5日在成都世纪城新国际会展中心举办。作为成都首屈一指的旅游交易及消费展，这为拉萨提供了一个绝佳的展示平台，促进拉萨市旅游资源的对外宣传、展示。

【拉萨旅游宣传片】 投资375万元的美丽家园幸福拉萨旅游宣传片于4月20日通过终审，正式发布。为时5分钟的宣传片从旅游的角度对拉萨市区及郊县的自然生态旅游资源、历史人文景观、宗教文化特色、民俗节庆活动等进行了拍摄，并突出拉萨作为全国连续五年排名第一幸福指数最高的城市，当地人民和境内外游客在这座城市生活和旅游时的幸福感。

【旅游宣传片投放】 经市政府同意，市旅游局在腾讯网四个地区性网站首页投放“美丽家园 幸福拉萨”旅游宣传片，并取得良好宣传效果。据统计四个网站覆盖QQ网友超过2亿，7月15日投放当日点击达到275万余次，转发和收藏超过4万次，截至9月10日，点击率达到874万次，在线完全播放达137.5万次，有效地向全国游客展示了拉萨旅游产品和城市形象，吸引近20万名网友留言点赞，成为腾讯视频里点击率最高的视频。

（魏　雪）

大型活动

【“2015春风桃花青藏行—乘专列”专题专列活动】 此次专题专列活动共接待游客1270人，其中首批360人于3月21日抵达拉萨，市旅游局领导代表拉萨人民向远道而来的客人献上洁白的哈达，并表示热烈欢迎。活动期间游客游玩拉萨布达拉宫、大昭寺、罗布林卡等景区（点），市旅游局还积极协调布达拉旅游文化集团有限公司，同环球旅行社一起组织广州电视台、佛山电视台、广州日报和羊城晚报等20余人媒体团赴拉萨河乘船参观拉萨新景点“河变湖”。为让媒体团的成员进一步了解拉萨市丰富的旅游资源，市旅游局还发放《拉萨旅游指南》等宣传资料，并在观光船上播放“美丽家园 幸福拉萨”旅游文化宣传片。此次活动不仅拉开拉萨旅游的序幕，并实现2015拉萨旅游开门红。此项工作还受到市委市领导的高度赞扬和肯定。

【“5·19”中国旅游日宣传活动】 5月19日，市旅游局积极开展“5·19”中国旅游日宣传活动。在活动前期，市旅游局积极同市政府、市公安局和市政市容管委会沟通协调活动当天安保及场地等相关事宜，确保活动成功举办。在活动现场，市旅游局向过往的行人发放旅游宣传资料共计3000余份，受理游客旅游咨询200人次，并耐心耐讲解进藏须知，得到了游客好评。

【第九届拉萨——纳木错徒步大会活动】 年内，第九届纳木错徒步大会于8月16日—8月20日成功举办。本次活动共有区内外赛员108名组成，其中年龄最大的75岁，最小的7岁。与以往不同，为了更好地让选手适应高原环境，体验拉萨乡村旅游发展，根据活动内容，市旅游局还特地安排夺底沟适应性徒步，同时组织捡拾垃圾等公益性活动内容，参赛者在领略乡村风光的同时也提高了环保意识。为了增加比赛过程中的乐趣，市旅游局在活动中还安排具有民族特色的小游戏，包括射箭、搬运大石头、扛木头、看图找地名等，增加活动乐趣，让赛员能够在轻松快乐的心情中感受纳木错的圣洁美丽。活动期间，市旅游局还邀请到中央电视台新闻联播主持郎永淳以及柴璐作为嘉宾出席本次活动，中央电视台1套、4套、5套、13套以及区内各相关媒体对活动进行宣传报道。新浪、凤凰网等主流媒体和人民日报、西藏日报、拉萨晚报等平面媒体也纷纷进行持续的宣传报道，达到非常好的宣传效果。

【拉萨首届旅游商品设计大赛（展）活动】 本次活动开展以来，市旅游局积极给各县区旅游局下放通知，要求各县区旅游局积极挖掘农牧民传统民族手工艺品，同时在网上进行宣传报道，共征集到作品两百余件，其中设计类的作品有24件。8月7日，市旅游局邀请相关专家对参赛作品进行评选，并按照网友投票分占60%的权重+专家评审占40%权重进行评审，共选出一等奖1名，二等奖2名，三等奖3名，优秀奖20名，并于8月16日在洲际酒店举行颁奖仪式。活动开展期间，拉萨市相关媒体，包括拉萨晚报、西藏商报以及拉萨电视台等纷纷进行宣传报道，为进一步丰富拉萨旅游商品市场起到积极的宣传作用。本次评选活动宣扬西藏的艺术魅力，更重要的是吸引大量来西藏旅游的消费群体。

【首届拉萨旅游摄影图片大赛】 本次活动开展以来，共征集到参赛图片1865张，网络点击率及投票率突破百万，活动开展期间，拉萨市相关媒体，包括拉萨晚报、西藏商报以及拉萨电视台等纷纷进行了宣传报道，达到了很好的宣传效果。9月14日，市旅游局邀请了文化、工艺等方面的专家对所有参赛入围摄影作品本着公平、公正、公开的原则进行评审，最终评选出一等奖1名。二等奖2名，三等奖3名，优秀奖20名。此次活动不仅推进西藏以及拉萨旅游业的发展，同时更好地促进拉萨旅游占领更大的市场奠定了夯实的宣传基础。

【第二届西藏旅游博览会】 根据市委、市政府有关工作要求，第二届藏博会市旅游局承担的主要任务是负责拉萨展区的设计、搭建以及拉萨展区旅游板块产品的组织、布展和展览展示工作。其间，市旅游局特邀请北京旅游委、江苏旅游局代表团参加此次博览会，希望通过面对面交流增强对拉萨旅游文化产业的了解。为了确保圆满完成任务，特成立藏博会专办小组，与文化、商务、净土一起召开协调会，分配工作任务，圆满完成工作任务。

（魏　雪）

旅游管理

【全市旅游发展大会召开】 12月28日，全市旅游发展大会召开。自治区党委常委、拉萨市委书记齐扎拉出席并讲话。自治区政府党组副书记、政府顾问孟德利应邀出席指导。市委副书记、市长、市委政法委书记张延清主持并做总结讲话。自治区政府办公厅、自治区文化厅、自治区旅游发展委员会主要负责人应邀出席。马新明、胡洪、洛桑旦巴、诸伟敏、斯朗尼玛、周普国、次仁旺堆、陈军、洪家志、果果、占堆出席。平措朗杰、吴亚松、崔晓峰、方桂林、次仁平措、田建设、郝涛等地级领导，以及各县（区）、市直各单位主要负责同志，企业代表参加会议。会上，与会人员观看了拉萨市旅游业发展宣传片。齐扎拉、孟德利为西藏文化旅游创意园区授牌"国家级文化产业示范（试验）园"和"国家级现代服务业产业化基地"。与会人员还围绕贯彻落实齐扎拉书记重要讲话精神和《中共拉萨市委员会拉萨市人民政府关于加快旅游业发展的决定》进行了深入热烈的分组讨论。

【最具高原和民族特色的世界旅游目的地打造】 根据《拉萨市城市总体规划（2009—2020）修改（2014版）》，拉萨市旅游发展的总体定位是最具高原和民族特色的世界旅游目的地。拉萨市将以藏民族文化为主导方向，建设以世界屋脊地脉和独特藏族文脉为特色的世界旅游城市；旅游空间结构将形成"一环、一带、六区"空间布局。一环是指圣湖天路生态旅游环；一带是指茶马古道风情旅游带；六区包括圣城拉萨遗产旅游核心区、羊八井高原藏式温泉旅游区、纳木错天湖生态旅游区、林周达孜山林河谷生态旅游区、墨竹工卡圣人圣地旅游区、尼木曲水藏式民俗旅游区。

【诚信旅游建设】 年内，加强旅游联合执法工作，全年累计开展检查200余次，检查旅行社100余家，检查20余家拉萨重点景区（点）周边的旅游市场环境，深入检查古城周边客流量较多的100余家宾馆（饭店），100余家社会旅馆，检查旅游团餐点25余处，通过护城河卡点检查过往旅游车辆160车次，导游人员例行检查200余人次。对涉嫌经营"填坑团"的5家旅行社给予停业整顿一个月的行政处罚；违规招揽游客的4家旅行社进行停业整顿1至3个月不等的行政处罚；查处"黑社"1家；对参与上街拉客的3家旅行社给予罚款30000元；对谩骂殴打游客的导游予以吊销导游证处罚；对擅自更改行程的9名导游予以停团一个月，对雇佣黑导的5家旅行社予以罚款5000元。加强诚信建设，推选一批较具规模和口碑良好的购物店，截至年底，已选出7家购物店作为首批诚信购物店，举行了揭牌仪式。继续开展"旅游通道"备案工作，共备案旅游团队40602个，人数共计578525人。开展诚信旅游宣传月活动，通过拉萨市城关区政府门户网站、拉萨市电视台、拉萨晚报、商报等媒介，多次滚动式对外发布评选拉萨诚信购物店的相关信息，积极营造了"人人知晓，商家积极参与"的活动氛围。

【行业监管】 加强行业监管，下发了《关于进一步规范星级宾馆（饭店）和A级景区（点）管理征求意见的通知》，计划将AAA和3星级以下景区（点）和星级宾馆（饭店）评定权限下放至各县（区）旅游局。二是开展旅行社登记备案工作，对驻市旅行社进行法人、旅行社和导游人员信息资料归档工作，共整理档案100余份。三是开展星级复核工作，对拉萨市现有140家星级酒店进行阶段性复核检查，对2家宾馆进行了摘星处理，对31家星级宾馆下发了限期整改通知。四是开展问卷调查工作，为全面准确了解游客花费情况，共计发放调查问卷500份，回收有效问卷454份，占总量的90%，为政府决策提供了依据。

【企业诚信经营氛围加强】 为贯彻落实市委、市政府关于打造拉萨诚信购物一条街的有关精神。同时，市旅游局召集工商、税务、商务、质监、物价、城关区旅游局、古城管委会等部门，召开拉萨诚信购物店评选审核会。市旅游局结合拉萨旅游实际，为更好地开展此项活动，以游客较为集中的八廓街作为试点，推选一批较具规模和口碑良好的购物店，为游客提供可信度高的商家，并以此让更多的游客和市民融入"诚信经营、文明旅游、理性消费、依法维权"的和谐旅游环境中。截至年底，已选出西藏小屋、阁孜商店、藏缘天珠珠宝店、西藏特色古玩城、西藏郎卓工贸有限公司、曼斋品藏艺屋、西藏自治区拉萨皮革有限责任公司7家购物店作为首批诚信购物店，举行了揭牌仪式。

【旅游绿色通道备案】 为全方位开展好拉萨维稳工作，按照拉萨市一线指挥部的要求，市委、市政府决定由旅游、公安共同开展"旅游绿色通道"备案工作，工作内容是审核拉萨所有旅行社团队和游客的基本信息。截至2015年12月，共备案旅游团队40657个，人数共计579147人。市旅游局按照拉萨要全面实现智能化网络管理的工作要求，委托内地专业公司联合开发"拉萨诚信旅游及绿色通道备案管理系统"。市旅游局对驻市140余家旅行社工作人员进行了系统网上团队信息的操作培训，为全面智能化诚信旅游及绿色通道备案工作奠定了基础。随着各项前期准备工作陆续完成，截至年底，已有100余家旅行社顺利实现网上备案，此举，既减轻了旅行社的工作量，也提高了旅游局的办事效率，更为西藏旅游业规范、有效发展提供了一个有利的平台。2015年11月1日开始，将全面实现网上备案。

【游客投诉解决】 年内，市旅游局本着态度热情、有诉必接、及时办理、协查移交、认真督办、维护形象的原则，加强轮流值班制，建立投诉处理机制，首问责任制等规章制度，坚持24小时畅通投诉电话，积极受理游客投诉，解决旅游纠纷问题，确保第一时间解决游客在拉萨游览期间遇到的各种困难和问题，依法保障广大游客的合法权益。截至年底，共接到旅游咨询、投诉电话1000余起，受理有效投诉151起，妥善处理151起，比上年同期下降31.7%，结案率100%，为游客挽回经济损失139101元。其中，从12345市长热线转办案件40件，市信访局转办案件10件，市政府门户网站转办案件21件，旅游投诉热线80件。市旅游局数据显示，以上旅游投诉主要集中在旅行社、导游、景区。其中，投诉旅行社104件，占投诉总数的69%；投诉导游27件，占投诉总数的18%；投诉景区9件，占投诉总数的6%；投诉宾馆（饭店）4件，占投诉总数的2%；其他投诉案件7件，占投诉总数的5%。

【酒店星级评定与复查】 全市共有旅游星级宾馆（酒店）140家。其中五星级2家，四星级27家，三星级50家，二星级21家，一星级6家，星级家庭旅馆34家。截至年底，已对8家星级酒店和家庭旅馆进行了评定及初评，其中4家已获准旅游星级宾馆资格。

【景区等级评定与复查】 全市A级景区已经达到16处，其中，国家AAAAA景区2处，AAAA景区4处（新增一处），AAA景区3处（新增一处），AA景区5处，A景区2处，国家森林公园1处。年内，完成纳木错AAAAA景区、西藏牦牛博物馆AAAA景区和吞巴AAA景区的评定及景区申报工作，其中、西藏牦牛博物馆及吞巴景区评定为国家AAAA及AAA级景区。

（魏　雪）

项目建设

【"十二五"旅游基础设施项目及中期调整项目情况】 年内，拉萨市"十二五"规划确定的旅游基础设施项目共8个，总投资1.0896亿元。已完工的项目4个（墨竹工卡县直贡替寺景区基础设施建设项目，完成投资240万元；墨竹工卡县德仲温泉景区基础设施建设项目，完成投资2102万元；墨竹工卡县达普天文历算台景区基础设施建设项目，完成投资740万元；拉萨邱思旅游景区，完成投资1430万元。）正在实施的项目2个。（墨竹工卡县旅游自驾营地建设项目，投资预算为350万元；拉萨市根培乌孜景区基础设施建设项目，预算投资1110万元），已完成前期工作、计划年内开工的项目2个。（乡村旅游点（6个）旅游基础设施建设项目，总投资为2375万元；次角林旅游景区基础设施建设项目，投资预算为2759万元），自治区旅游局统一实施的项目1个（拉萨市信息化建设项目，投资预算为900万）。"十二五"旅游基础设施项目中期调整项目1个（念青唐古拉山国家风景名胜区保护设施建设项目，预算投资590万元）。

【“十三五”项目申报】 围绕建设国际旅游城市目标，在前期深入调研基础上，经认真研究、筛选，梳理了“十三五”拉萨市旅游项目。截至年底，与区、市发改委对接后，上报了5个大项目，22个小项目，总投资17.578亿元。其中，包括援藏投资、企业投资、中央预算投资等，科室将积极与上级相关部门衔接沟通。争取明年开工1—2个项目。

【旅游基础设施建设】 年内，拉萨市旅游信息化建设项目已完工，为了将拉萨旅游信息网运营好，已委托西藏畅游网运营。市内安装旅游标识标牌项目（新建136个标识牌，宣传灯箱17个），方便了市民和游客的出行。年内，自治区旅游发展资金到位471.4万元，建设4个停车场和8个厕所。新增申请475万元，修建7座旅游厕所。本级财政配套资金117.2万元修建哲蚌寺停车场和厕所。自治区财政资金240万元，修建旅游厕所三个。申请2015年国家发展资金1140万元改善景区基础设施：纳木错乡乡村旅游基础设施建设项目385.11万元，蔡公堂白定村乡村旅游基础设施建设项目370.99万元，娘热乡加尔西村乡村旅游景区停车场和厕所55.08万元，林周县强嘎乡黑颈鹤景区停车场和厕所75.02万元。

（魏　雪）

培训与管理

【安全生产监管】 认真贯彻落实自治区党委常委、市委书记齐扎拉和市委副书记、市长、市安委会主任张延清关于全市安全生产工作的重要指示批示精神，按照《2015年全市安全生产大检查、大排查、大整治专项行动工作方案》的要求，为实现“重特大旅游安全事故零发生”的工作目标，在吸取往年工作经验的基础上，按照区市两级安委会的工作部署，召开全市旅游安全生产工作动员部署会议，制定《全市旅游行业安全生产工作方案》，与140家驻市星宾馆（饭店）签订2015年安全责任书。“五一”“十一”和雪顿节等节假日期间，开展安全生产大检查活动，要求企业明确安全生产管理机构，健全安全生产管理制度，制定和完善应急预案，截至年底，共开展安全生产检查126次、检查星级酒店136家，景区（点）16处，开展特种设备安全生产专项检查80余次，下发整改通知书50份，切实消除了各类安全隐患。同时，市旅游局牵头组织市审计局、市交警支队、市科技局、市水利局等单位组成第三督导组对堆龙德庆县、当雄县的安全生产活动进行督导检查20余次，听取专项汇报17次，有效防范和坚决遏制旅游重特大事故发生。

【文明旅游】 在主要景区（点）、星级宾馆（饭店）、宣传点等开展文明旅游劝导和监督工作，共计检查企业100余家，发放文明手册1000余份，规范不文明行为，营造文明出游的浓厚氛围。向驻市星级宾馆（饭店）餐饮场所发放文明餐桌提示标牌200余份，检查56家宾馆（饭店）开展文明餐桌情况，查出未按要求开展文明餐桌活动的宾馆（饭店）21家，责令立即整改。开展以文明旅游为主题的道德讲堂，倡导环保、文明、绿色旅游，提升旅游企业的行风建设工作。巩固“禁白”工作成果，对A级景区（点）及重点旅游沿线进行大检查，共计检查景区（点）30余次，查出问题8处，下发整改6处。开展旅游景区清洁日活动，共发放宣传资料1000余份，提供咨询服务50余次。开展以“世界环境日”为主题的宣传活动，发放宣传册1000余份。

【旅游人才培训】 对尼木县吞巴景区50多名农牧民旅游从业人员开展了为期20天的旅游理论知识及实践相结合的培训，100%实现就业。借助援藏优势从北京旅委邀请专家开展星级酒店、旅行社、A级景区（点）开展从业人员培训工作。本次培训人员共计180人。举办了城关区范围内星级宾馆（饭店）统计人员培训，共计140余家企业200余企业统计人员参加。积极争取北京援藏项目，开展旅游执法人员岗位挂职锻炼培训工作，共选派14人赴北京市旅游发展委员会及6个区县进行为期2个月的挂职学习，有效提升了旅游执法能力。开展旅游行政管理人员培训工作，选派20名管理人员赴江苏南京旅游职业学院进行为期15天的学习，有效提升了旅游行政管理能力。

（魏　雪）

交通 · 运输 · 邮政

交 通

【概　况】 年内，全市交通运输系统充分发挥区位优势，准确把握形势，认识新常态，适应新常态，紧紧围绕市委提出的"六大战略"目标要求，围绕精准扶贫需要，研究新思路，寻求新举措，主动新作为，优先发展以交通为主的基础设施互联互通，构建"通乡达村"公路网络，加快推进现代综合交通体系建设，努力满足人民群众出行新需求，为全市经济社会发展提供了有力支撑。

【《拉萨市公路交通运输行业 2015—2020 年安全生产应急预案汇编》通过评审】 1 月 27 日，市交通运输局审议通过了《拉萨市公路交通运输行业 2015—2020 年安全生产应急预案汇编》。

【《拉萨市城市公共交通规划（2014—2020）》专项规划通过评审】 4 月 27 日，市交通运输局召开《拉萨市城市公共交通规划（2014—2020）》专项规划评审会，专家组评审通过专项规划。

【新嘎拉山隧道和雅江特大桥全线贯通】 5 月 31 日，全长 8.37 公里的新嘎拉山隧道和雅江特大桥全线贯通。新嘎拉山隧道瓷砖已铺设完毕，全长 2447 米隧道按照限速 40km/h 的速度，6 分钟左右就能通过，安装了 686 盏灯，10 台国内最先进的风机。雅江特大桥以及上下机场高速路的立交桥也已完工，实行单向通行。

【农村公路数据库补充调查】 6 月 29 日—7 月 5 日，市交通运输局组织开展了农村公路数据库补充调查工作。

【创建绿色交通城市调研座谈会】 9 月 18 日，市交通运输局召开创建绿色交通城市调研座谈会。

【《拉萨市"十三五"综合交通运输发展规划（2015—2020）》中间成果汇报会】 10 月 15 日，市交通运输局组织召开《拉萨市"十三五"综合交通运输发展规划（2015—2020）》中间成果汇报会，提出了拉萨市"十三五"综合交通发展目标和重点任务。

【当雄县羊八井镇境内山体塌方】 10 月 5 日，国道 109 线 K3813+950 米处，当雄县羊八井镇境内发生山体坍方，市交通运输局及时赶赴现场开展抢险保通工作，当晚 9 点 40 时该路段交通得到恢复。

【农村公路建设情况】 年内，全市农村公路通车总里程达到 3494 公里，拉萨市 65 个乡镇、261 个行政村、1267 个自然村、225 座寺庙中，乡镇全部通畅；258 个行政村通畅，通畅率达 98.88%；1256 个自然村实现通达，543 个实现通畅，通畅率 42.9%；217 个寺庙实现通达，119 个实现通畅，通畅率 52.9%。拉萨市的农村公路通达、通畅率均居全区第一位，充分发挥了首府城市首位度作用。

【**曲水县达嘎乡色甫村公路工程**】 7月31日，曲水县达嘎乡色甫村公路工程竣（交）工验收。拉萨市曲水县达嘎乡色甫村公路工程位于拉萨市曲水县达嘎乡色甫村，全长14.214千米，其中主线长13.746千米。全线按四级公路标准建设，计算行车速度20千米/小时，主线路基宽度5.5米，路面宽度4.5米，支线路基宽度4.5米，路面宽度3.5米，主线路面为4厘米沥青混凝土面层，18厘米厚水泥稳定沙砾基层，15厘米厚天然沙砾垫层，支线路面采用20厘米水泥混凝土。项目于2014年6月9日开工建设，于2014年11月20日完工。

【**当雄县龙仁乡龙仁村公路工程**】 9月10日，当雄县龙仁乡龙仁村公路工程竣（交）工验收。该项目位于拉萨市当雄县龙仁乡龙仁村境内，路线全长6.685千米，其中主线长3.538千米，支线一长2.078千米，支线二长0.812。全线采用四级公路技术标准，设计速度20千米/小时，路基宽度5.5米，路面宽度4.5米。主线及支线一路面采用20厘米厚水泥混凝土面层+20厘米天然沙砾垫层，支线二采用20厘米厚水泥混凝土面层+15厘米天然沙砾垫层，支线三路面采用15厘米天然沙砾面层。该项目2013年7月20日开工，于2013年11月1日完工。

【**当雄县宁中乡萨孜岗公路工程**】 9月10日，当雄县宁中乡萨孜岗公路工程竣（交）工验收。该项目位于拉萨市当雄县宁中乡萨孜岗境内，路线全长10.502千米，项目含4条支线。全线采用四级公路技术标准，设计速度20千米/小时，路基宽度5.5米，路面宽度4.5米，主线及支线一、三、四铺筑20厘米厚水泥混凝土路面，支线二采用10厘米厚天然沙砾路面。该项目2013年9月3日开工，于2014年10月30日完工。

【**墨竹工卡县尼玛江热乡玛热村公路工程**】 11月20日，墨竹工卡县尼玛江热乡玛热村公路工程竣（交）工验收。该项目位于拉萨市墨竹工卡县尼玛江热乡境内，全长9.261千米（主线8.447千米，支线0.814千米），全线按四级公路标准建设，计算行车速度20千米/小时，主线路基宽度8米，支线路基宽度6.5米，路面宽度5米。路面采用15厘米厚天然沙砾石垫层，15厘米厚5%水泥稳定层，18厘米厚水泥混凝土路面（过村路段）。该项目2014年8月29日开工，于2015年8月19日完工。

【**墨竹工卡县尼玛江热乡宗雪吊桥工程**】 10月20日，墨竹工卡县尼玛江热乡宗雪吊桥工程竣（交）工验收工作。该项目位于拉萨市墨竹工卡县尼玛江热乡宗雪村，桥梁全长175米，桥跨长125米，桥宽2.5米，主塔为钢筋混凝土门型结构，桥面采用横梁槽钢，桥面板采用抗滑花纹钢板。项目于2012年7月18日开工，于2012年12月18日完工。

【**墨竹工卡县扎西岗乡巴洛村公路工程**】 2014年12月8日，墨竹工卡县扎西岗乡巴洛村公路工程竣（交）工验收工作。该项目位于拉萨市墨竹工卡县工卡镇、扎西岗乡，全长22.157公里，全线按四级公路标准建设，计算行车速度20公里/小时，路基宽度5.5米，路面宽度4.5米，全线4厘米厚AC—16沥青混凝土面层。项目于2014年7月10日开工，于2015年8月20日完工。

【**达孜县雪乡雪普村公路工程**】 12月11日，达孜县雪乡雪普村公路工程竣（交）工验收工作。该项目位于拉萨市达孜县雪乡，全长15.706公里（主线长14.701公里，雪寺支线长1.005公里），全线按四级公路标准建设，计算行车速度20公里/小时，路基宽度6米（支线为5.5米，村庄过境段为4.5米），路面宽度4.5米（村庄过境段4.0米），主线路面采用4厘米AC—16中粒式沥青混凝土面层、20厘米厚水泥稳定沙砾基层，支线与村庄过境段采用20厘米厚水泥混凝土面层。项目于2014年5月30日开工，于2015年8月12日完工。

【**曲水县曲水镇茶巴朗村公路工程**】 12月11日，曲水县曲水镇茶巴朗村公路工程竣（交）工验收工作。本项目位于曲水县曲水镇茶巴朗村，路线全长10.062公里（其中主线长4.192公里；支线1长2.093公里；支线2长2.177公里；支线3长1.6公里）。全线按四级公路标准建设，计算行车速度20公里/小时，主线路基宽度5.5米，路面宽度4.5米，支线1与支线2路基宽度4.5米，路面宽度3.5米，支线3路基宽度5.5米，路面宽度5米，底基层采用15厘米天然沙砾垫层，路面采用20厘米水泥混凝土面层。项目于2014年5月5日开工，于2015年5月5日完工。

【当雄县宁中乡曲才村公路工程】 12月24日，当雄县宁中乡曲才村公路工程竣(交)工验收工作。拉萨市当雄县宁中乡曲才村位于拉萨市当雄县宁中乡曲才村境内，路线全长8.336千米(含支线1.805千米)，全线按四级公路标准进行改建。主线路基宽度4.5米，路面宽度3.5米，支线路基宽度5.5米、路面宽度4.5米，计算行车速度20千米/小时，主线采用15厘米天然沙砾路面，支线20厘米厚水泥混凝土路面。项目于2013年9月3日开工，于2014年11月12日完工。

【当雄县格达乡至尼木县续迈乡公路工程】 12月24日，当雄县格达乡至尼木县续迈乡公路工程竣(交)工验收工作。该项目位于拉萨市当雄县格达乡和尼木县续迈乡境内，路线全长51.9千米，全线按四级公路标准进行改建。路基宽度6.5米、路面宽度4.5米，计算行车速度20千米/小时，路面采用4厘米沥青混凝土面层，18厘米水泥稳定沙砾基层，15厘米厚天然沙砾垫层。项目于2014年6月1日开工，于2015年5月30日完工。

【达孜县章多乡拉木村(甘丹)公路工程】 12月28日，达孜县章多乡拉木村(甘丹)公路工程竣(交)工验收工作。项目位于拉萨市达孜县章多乡拉木村(甘丹)，路线全长16.313千米(含3条直线6.942千米)，全线按四级公路标准进行改建。路基宽度6.0米、路面宽度5.0米，计算行车速度20千米/小时。主线为沥青混凝土路面和条石路面，Z1恰村七组支线K0+000—K0+620段和Z3拉木村三组支线为沥青混凝土路面，Z1恰村七组直支线K0+620至终点段和Z2恰村五组支线为18厘米水泥混凝土路面。项目于2015年5月1日开工，于2015年10月30日完工。

【堆龙德庆县德庆乡门堆村公路工程】 12月30日，堆龙德庆县德庆乡门堆村公路工程竣(交)工验收工作。项目位于拉萨市堆龙德庆县德庆乡，路线全长34.846千米(含支线0.76千米)，全线按四级公路标准进行改建，计算行车速度20千米/小时。路基宽度6.5米、路面宽度5.0米，桥涵设计荷载采用公路—Ⅱ级。路面为4厘米沥青混凝土面层，22厘米水泥稳定沙砾基层18厘米厚天然沙砾垫层。项目于2015年4月20日开工，于2015年11月30日完工。

【2013年危桥改造当雄县羊八井中桥工程】 11月19日，2013年危桥改造当雄县羊八井中桥工程竣工验收工作。该项目位于拉萨市当雄县羊八井镇。上部结构为3—16米预应力砼空心板，下部结构为钻孔灌注桩，桥台为采用U型桥台扩大基础。项目于2014年8月5日开工，于2014年11月10日完工。

【2013年危桥改造当雄县桑曲中桥工程】 12月18日，2013年危桥改造当雄县桑曲中桥工程竣工验收工作。该项目位于拉萨市当雄县乌玛塘乡。上部结构为3—20米预应力砼空心板，下部结构为钻孔灌注桩，桥台为采用U型桥台扩大基础。项目于2015年4月8日开工，于2015年7月30日完工。

【拉林铁路全面施工】 拉萨至林芝铁路总投资366.74亿元、全长435公里，沿途设38个车站，全线90%以上路段位于海拔3000米以上的高原地区，将16次跨越雅鲁藏布江，。拉林铁路是西藏东部地区的第一条铁路，设计时速为每小时160公里，预计7年建成，到时从拉萨到林芝只需要3个小时左右，比现在坐汽车省5小时。

【城乡交通发展】 截至年底，已建成乡村公路320.72公里，乡镇通畅率100%，行政村通路率85.4%，拉林高速、拉林铁路开工建设，拉日铁路建成通车，落实公交“七个优先”政策，推广清洁能源公交，增加公交出租运力，整顿规范客运市场，城乡居民出行更加方便快捷。

(张彦凯　靳景春)

运　　输

【春运工作】 2月4日—3月15日，拉萨市开展了为期40天的春运工作。

【公交优先发展战略与整体提升策略汇报会】 3月19日，市交通运输局召开公交优先发展战略与整体提升策略汇报会，听取了拉萨市公交优先发展战略与整体提升策略研究报告。报告从项目背景分析、项目研究概述、公交发展现状及趋势、公交发展战略任务、公交整体提升策略、公交建设行动计划6个板块阐述了拉萨市城市公交今后一段时期的发展方向，提出了5项策略、15条措施、47个行动计划。

【抗震救灾运力储备】 4月25日尼泊尔地震发生后，市交通运输局积极组织全市客运、班线、旅游和货运企业为抗震救灾做好应急运力储备工作。

【联合应急演练活动】 7月29日，为提高全市“两客一危”企业道路运输应急救援能力，加强道路运输行业各项应急准备工作，增强行业安全防范意识，拉萨市10家危化品运输企业开展了联合应急演练活动。

【100天无重大道路交通事故活动】 7月29日，为进一步做好全市道路运输企业安全生产检查工作，喜迎自治区成立五十周年大庆，拉萨市举行了100天无重大道路交通事故活动启动仪式。

【“无车日”宣传】 9月22日，宇拓路开展了以“首选公交，绿色出行”为主题的“无车日”宣传活动。

（张彦凯　靳景春）

邮　政

【概　况】 全年完成业务收入6252.67万元，比上年增加143.46万元，比增2.35%。企业成本实现7545.36万元，比上年增加1134.51万元，比增17.7%，收支差额实现–1648.20万元，全员劳动生产率实现27.18万元，比增14.45%，用户服务满意率达到92%。

【空白乡镇网点接收】 制定了《拉萨市分公司乡镇邮政网点运营方案》，确保乡镇邮政网点建设运营方案的稳步、顺利实施，完成全市43处空白乡镇网点的接收，实现空白乡镇网点全部运营，推进乡邮服务水平的全面提升。

【投递深化】 为应对电商小包增长带来的投递压力，以调动员工积极性为基础，打破原有的“大锅饭”分配体制，全力推动“投递计件制”改革。充分利用社区居委会和小区物业等社会力量，与其签订委代投协议代投邮件，通过实现邮件二次接转，有效解决最后100米投递问题，成功发展两岛、堆龙和西郊支局部分代理投递点，有效缓解投递压力。为进一步理顺投递关系，缓解投递压力，在城北和城东建立了两个投递分局。

（张　兰）

信 息 化

信息化建设

【概　况】 年内，拉萨市工业和信息化局以建设公共服务综合应用平台和推进工业企业实现信息化和工业化（简称“两化”）融合为着力点，坚持把公共服务综合应用平台和“两化”融合作为推动产业优化升级的重要抓手，积极探索符合本市发展实际的信息化发展道路，采用信息技术提升传统产业，不断提升全市产业创新能力、发展水平和综合竞争力，全面推进信息化工作实现新突破。

【拉萨市信息惠民工程建设】 将《拉萨市公共服务综合应用平台工程建设项目》改为《拉萨市信息惠民工程建设项目》上报，拓展为“一个中心，十二个信息惠民项目”（信息惠民中心项目、社会保障信息惠民项目、健康医疗信息惠民项目、优质教育信息惠民项目、养老服务信息惠民项目、就业服务信息慧民项目、食品药品安全信息惠民项目、公共安全信息惠民项目、社区服务信息惠民项目、家庭服务信息惠民项目、生态环保信息惠民项目、门户网站群及网上政务服务大厅信息惠民项目、电子商务信息惠民项目），总投资10亿元，其中国家投资90000万元，拉萨市本级投资10000万元。委托专业咨询机构编制完成《“十三五”拉萨市信息惠民工程建设项目简介》，并进行“拉萨市信息惠民工程建设项目”需求分析报告及项目建议书的编制，对项目的可行性进行论证。

【农村综合信息服务工作加强】 拉萨市农村综合信息服务站建设已实现全覆盖（空港新区除外）。及时组织各县（区）开展网站试运行的测试工作。配合区工信厅完成拉萨市农村综合信息服务站建设工程（四期）49个站点的选点、建站及信息员配备等工作。

【信息化项目推进】 积极组织达孜工业园区管委会申报“国家新型工业化产业示范基地”，完成自治区电子政务外网一期工程全面建设调试，对西藏宁算信息科技有限公司的“天上拉萨，智慧光谷”项目进行审查，将其作为拉萨市2014—2015年国家信息消费试点市（县、区）建设重点项目推荐至区工信厅。

（张　丹）

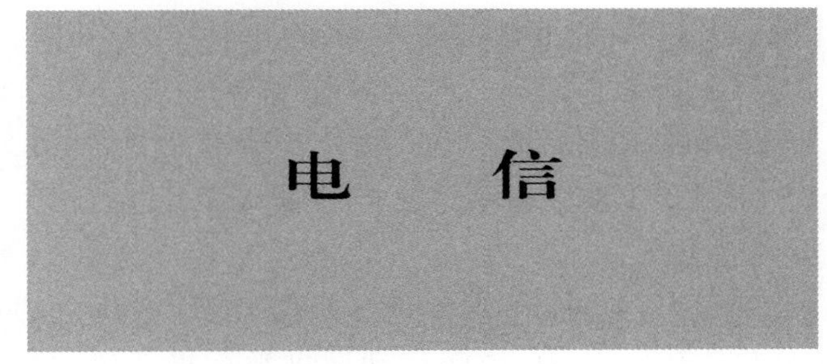

中国电信拉萨分公司

【概　况】 年内，中国电信拉萨分公司为全面贯彻落实“宽带中国·光网城市”战略，加快落实西藏公司宽带领先重大战略部署，通过实施宽带大会战，拉萨城区及县城全面实现光网城市，具备20M以上接入能力，新建光端口8万多个，总端口数达到16万多个。在网固定电话用户12万户，移动电话用户28万户。

【“12345”政务热线开通】 年内，拉萨电信分公司与拉萨市政府办公厅合作，开通“12345”政府服务热线。通过整合政府各单位服务电话，建立健全前台接听、受理、交办，后台督办、回访、反馈、服务对象评价的工作机制，科学设计了受理、交办、反馈、回访、报结等工作流程，实行藏汉双语话务员24小时值班制，为基层群众开辟了极其方便的咨询、建议、求助、反映、投诉、举报等渠道，为广大群众提供了便捷、高效、优质的服务。热线接通率达95%以上，群众回访满意率达99.79%。

【关爱低收入客户活动】 年内，拉萨电信分公司针对低收入的双联户及环卫工人，开展了“赠送流量包”关爱活动。活动通过向每户赠送300M手机流量的形式，共投资费用22.5万元，参与用户近7000户。

【灾区爱心活动】 4月25日，拉萨分公司积极响应区市党委号召，组织全员向灾区捐款，共为灾区同胞募集到善款159370元。

（次仁巴姆）

中国移动拉萨分公司

【概　况】 年内，中国移动西藏公司拉萨分公司（以下简称“拉萨移动”）以提升行业竞争能力，实现以规模、份额和价值为核心的新跨越式发展为目标，围绕4项工程，落地16项举措，全面提升生产效益，持续创造价值。

【公益慈善】 年内，拉萨移动通过举行捐款仪式，倡议全体干部职工向尼泊尔地震灾区捐款献爱心。该项活动共捐款29840元，并通过地区民政局统一汇往日喀则受灾地区。

6月28日，拉萨移动党委组织部分党员代表利用工作闲暇时间，前往林周县敬老院看望孤寡老人，帮助孤寡老人打扫卫生、洗头发，陪老人聊天等，并组织党员领导干部、员工缴纳特殊党费共15800元，为老人购买药品及生活用品。

8月28日，拉萨移动第四批驻村工作队以中央召开第六次西藏工作座谈会和庆祝自治区成立50周年为契机，深入开展“感党恩、算富账、要稳定、求发展”主题教育活动，慰问了2015年考取大学的26位准大学生，并向每位大学生发放红包表示祝贺。

【应急保障】 年内，拉萨移动针对驻藏某部军演区域及纳木错等旅游区域，通过驻点补盲、派驻应急通信车等方式，积极开展7×24小时通讯保障，5月至9月，累计产生2266.94ERL话务量，1715.87GB数据流量，为军演区域及纳木错等旅游区域提供了良好的通信服务。

【信息惠民】 年内，拉萨移动联合拉萨公交公司将“互联网+”内容延伸至智慧公交项目，该项目以智慧站台、车载Wi-Fi为主体，以公交8号线为切入点，遵循可靠、实用、稳定、先进、兼容等原则，践行环保理念，落实每个站点的建设工作，力争实现线路信息查询、动态到站预测、车载Wi-Fi连接等一系列便民功能，为市民出行带来便利。

【精准扶贫】 年内，拉萨移动党委按照“尊重两委、广泛调研、慎重选项、珍惜投资、反对浪费、效益为首”的驻村项目建设原则，与林周县久荣村两委商讨，为其新增藏香猪20头和引进半细毛羊110只。截至年底，该项工作为久荣村村委实现创收6至7万元，突破村委收入零的目标奠定扎实基础。

【社会责任】 年内，拉萨移动按照《中共拉萨市委、拉萨市人民政府关于成立迎接2015年全国城市文明程度指数测评指挥部的通知》的统一部署，通过加强宣传教育，全面提升广大干部员工对创建工作的知晓率、支持率、参与率和赞同率，增强创建全国文明城市的主人翁意识；充分发挥基层党组织的战斗堡垒作用和广大党员的先锋模范作用，对柳梧立交桥到罗布林卡南支路部分承包路段安排专人负责，明确整治标准，佩戴统一标识，开展不间断巡查工作，确保各项工作任务部署及时，责任到位，把各项工作做深做细做扎实，切实推进迎检工作开展。

（秦新萍）

中国联通拉萨分公司

【概　况】 中国联合网络通信有限公司拉萨市分公司（以下简称“拉萨联通”）共有员工215人，下设八个职能部门、四个城区经营部和六个县分经营部。自有营业厅14个，合作营业厅40个，县级下属网点14个。

【网络建设】 年内，拉萨联通建设完成U900双模基站31个，完成3G基站119个，完成4G基站151个，实现城区4G网络的初步覆盖；对宽带接入网进行光进铜退改造，提高宽带接入速率、降低宽带及固话故障率，整合机房资源。在对大数接入电缆退网的同时，对宽带端口不足的区域进行FTTH改造。

【促销活动】 拉萨联通充分发挥自有、社会渠道的主力军作用，大力发展新增用户，抓住返乡人流高峰期和iPhone6S新品上市时间点，以本地套餐和全国套餐融合为主，开展营业厅炒店，终端年底钜惠，校园众筹，“6+3”合约，宽带名单制等新型活动，做好用户高中低三档细分，实现精准营销，拓展了新增用户规模。

（石志刚）

金融业

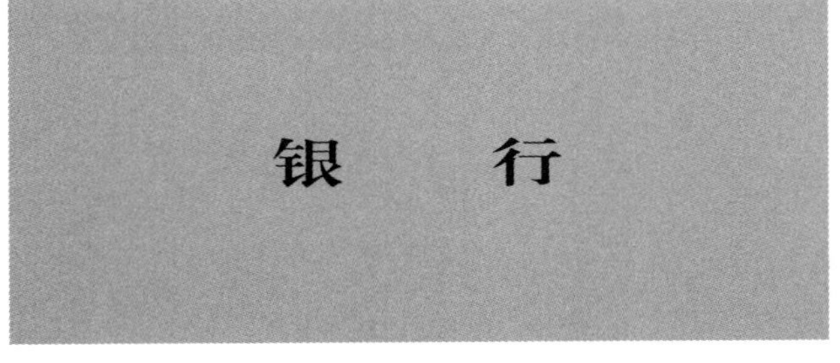

中国人民银行拉萨中心支行

【概　况】 中国人民银行拉萨中心支行深入贯彻落实中央第五次、第六次西藏工作座谈会精神，用好、用活、用足中央赋予西藏的特殊优惠金融政策，全面深化金融改革、着力提升金融服务水平，牢守不发生系统性金融风险底线，圆满完成各项工作任务，有力地支持和推动了地方经济社会的发展。

【存、贷款实现预期目标】 年内，全市金融机构本外币各项存款余额为2130.37亿元，比年初增加292.14亿元，增长15.89%，增速比上年下降1.22个百分点；全市金融机构本外币各项贷款余额为1209.61亿元，比年初增加277.46亿元，增长29.77%，增速比上年下降22.04个百分点。"涉农"贷款余额152.19亿元，较年初增长67.94%，占各项贷款的12.58%。中小微企业贷款余额423.06亿元，较年初增长15.98%，占各项贷款的34.98%。全年新增贷款主要投向制造业，建筑业，交通运输、仓储和邮政业，房地产业，租赁和商务服务业，水利、环境和公共设施管理业和个人贷款，上述行业新增贷款246.56亿元，占全部新增贷款的88.86%。

【金融服务】 年内，全市试点财政补贴资金通过银行卡发放。IC卡快捷闪付、手机支付、近场支付等现代支付工具在拉萨市示范逐渐推开。年内，设立助农取款服务点396个，填补空白行政村74个，金融空白乡镇填补实现全覆盖。拉萨市共建立农牧户小额信用贷款档案约68940户，建档面达94.8%，评定"信用乡(镇)59个、"信用村"230个、"信用户"67260户。评定信用县3个，当雄县、墨竹工卡县、尼木县。拓宽财税关库银横向联网系统覆盖面，加快全区财政国库支付电子化建设。积极探索国库直补领域，成功实现了西藏首批涉农补贴资金从国库账户"点对点"直接拨付到农民个人收款账户业务。

【金融改革】 国家《存款保险条例》于2015年5月1日正式实施，为了确保《存款保险条例》在辖区顺利实施，成立存款保险制度实施领导小组，建立工作机制，加强舆论宣传和引导，合理安排，西藏银行顺利加入国家存款保险体系。金融组织体系更加完善，新设立了西藏自治区金融租赁公司、中信银行股份有限公司拉萨分行，华林证券有限公司注册地迁入拉萨。人行拉萨中支专门成立普惠金融发展研究小组，形成《2015—2020年西藏普惠金融发展工作规划》。探索"三权"抵质押贷款和保险保证贷款，不断加大涉农贷款投放力度。制定出台了《西藏自治区2015年度政策性涉农保险实施方案》，适当扩大了涉农保险范围，提高了部分险种保险金额，加大涉农保险支持力度。

【金融管理】 年内，对银行业金融机构执行金融管理规定情况进行了综合评价，并对部分商业银行开展了综合执法检查及跟踪评估，规范金融机构经营行为。组织对西藏金融租赁公司、中信银行拉萨分行、华林证券等金融机构进行开业管理与服务，新设机构顺利加入人民银行与外汇管理金融管理与服务体系，积极支持在拉萨新设金融机构。督促引导金融机构延伸服务，增加营业网点，提升服务水平，扩大机构、服务覆盖面。收集银行、证券、保险业重大事项报告，提升重大事项的处理力度，发挥重大事项报告在风险防范中的作用。

【金融风险监测】 年内，撰写《西藏自治区金融稳定报告(2015)》，对经济、金融风险状况进行全面评估。定期对西藏经济金融景气状况进行监测，银行、证券、保险等行业进行分行业风险监测，加大对法人金融机构的风险监测、分析、评估，对银行负债业务管理、票据融资状况等进行专项评估，开展对银行业稳健性状况风险评估，探索开展证券业及保险业稳健性现场评估，加强金融风险监测风险能力，着力提升金融机构风险管理能力。

【外汇管理与服务】 积极推进小币种柜台挂牌工作，首次开展人民币兑尼泊尔卢比现钞汇率挂牌业务，实现小币种柜台挂牌突破。与拉萨海关协调，批准中行办理了调运尼币现钞出境和调运美元现钞进境事项，正式建通尼币现钞向尼跨境调运渠道。加强监测分析和合规监管，非现场核查数据近1.27万笔，挖掘非现场异常线索近500条。就“出口不收汇”等项目开展专项核查，抑制了辖内跨境流出大规模增长的趋势。组织开展了“两加强、两遏制”等10项跨境资金流动专项检查，督促有关问题整改完毕。立案13起，收缴罚没款36万元。受美元升值、人民币贬值、“4·25”尼泊尔地震因素影响，辖区跨境资金流出规模同比大幅增长。辖区涉外收支总额12.18亿美元，同比下降42.03%，其中：流出总额同比增长1.72倍。银行代客结售汇总额2.69亿美元，同比下降28.46%。

（格桑措姆）

农行西藏分行营业部

【概　况】 年内，中国农业银行西藏自治区分行营业部（下称“营业部”）坚持“普惠金融”的市场定位，围绕“政治责任第一、服务担当第一、市场份额第一”的工作总要求，充分发挥金融服务主力军作用，全面落实中央赋予自治区的优惠金融政策。截至年底，全辖本外币总资产518.62亿元，较上年末增加63.11亿元，增长13.85%。负债余额505.23亿元，较上年末增加60.53亿元，增长13.6%。年内，营业部内控合规部获评中国银行业协会颁发的“2015年度银行业维权与法律风险管理先进单位”荣誉称号；金珠支行、城关区支行分别获评中国银行业协会授予的“五星级网点”“四星级网点”荣誉称号。

【三农业务】 年内，营业部累放涉农贷款24亿元，涉农贷款总额占全行贷款总额的25.47%，其中：累放农牧户到户贷款13亿元，余额26亿元，占涉农贷款总额的42.84%，农牧户户均贷款达5.4万元。截至年底，涉农贷款余额达61.53亿元，较年初增加8.15亿元，增长15.3%；全年发放惠农卡10019张；辖内信用县3个，信用乡(镇)54个，信用村224个，累计发放贷款证8659张，发证面和使用率均达到98%以上；全年共发放惠农卡10019张，全行助农取款服务点已达到392个，其中年内新增20个；累计发放妇女小额担保贴息贷款1750万元，余额达1338.8万元。

【金融服务创新】 年内，在曲水县首推了西藏自治区推进农村土地承包经营权抵押贷款试点工作，向首批28户农户发放土地承包经营权抵押贷款148.5万元。

（钟双全　韩梅瑞）

中国银行西藏自治区分行

【概　况】 截至年底，中行西藏分行全辖共有24个营业网点，其中区分行营业部1个、拉萨城区支行15个、日喀则分行5个、山南地区分行1个、林芝地区分行1个、昌都支行1个，那曲地区支行、中银广场支行正在积极筹备中。截至年底，全行共有员工1036人，其中：少数民族员工556人、占比53.67%，本科及以上学历677人、占比65.35%，35岁以下员工648人、占比62.55%。

截至年底，中行西藏分行本外币资产总额570.88亿元，负债总额558.87亿元；人民币存款余额547亿元，贷款余额277亿元。其中，对公贷款已连续40个月保持“零”不良，资产质量领先系统内及当地同业，利润增速为系统内同组中排名第一。国际结算和跨境人民币业务四大行市场份额持续保持在90%以上。

【社会责任】 年内，中国银行西藏分行积极践行“担当社会责任，做最好银行”的发展战略，在推动普惠金融政策中主动作为，持续加大对小微企业和民生领域的支持力度。不断优化网点软硬件环境，努力打造最好银行的品牌形象，完成全辖12家网点的智能化改造，成功打造区内首家智能化网点旗舰店。

（胡　滔）

中国建设银行股份有限公司西藏自治区分行

【概　况】 年内，全行积极应对经济新常态挑战，认真贯彻落实“大资产、大负债”发展方向，全面提升综合金融服务能力，不断夯实发展基础，坚持合规稳健经营，规模、质量、效益稳步提升。

【存贷业务】 一般性存款时点余额795.6亿元，新增89.82亿元。一般性存款日均余额达到720.52亿元，新增102.45亿元，增幅16.58%。各项贷款余额471.36亿元，新增93.10亿元。实现中间业务毛收入1.19亿，同比增长1542万元，增速为14.77%，实现中间业务净收入1.04亿。

【经营能力】 负债经营能力不断提高。分行资金承接率达到60%。县级财政存款时点余额实现翻番。机关事业单位养老账户覆盖度达50%，区内第一。抓住商圈资金、社区资金回流、拉萨市周边村镇征地补偿资金，开辟了新的存款来源。代发工资户增速较快，增速180.26%。住房公积金存款余额市场占比四行第一。

资产业务保持了传统优势。对公贷款余额居同业第一，住房贷款市场份额保持全区第一。“三大一高”“水电立行”经营战略成绩显著，对实体经济的支持力度进一步加大，重点支持了拉林公路、拉林铁路、加查电站、觉巴电站、驱龙铜矿等一批重大项目，以及自治区“十二五”规划中基础设施建设项目和资质较高的区域龙头企业，基建贷款同比增长24.37%，水电行业贷款同比增长46.48%。

客户拓展取得新突破，数量质量双提升。对公结算账户新增2,990户，增长24.56%，其中基本账户新增27.84%；账户总量同业第二，增量同业第一。折算后对公有效客户新增3184户，增速12.15%。个人有资产客户新增44,476户，折算后个人有效客户增速19.18%。个人客户金融资产增速系统第二、私人银行客户增速第一。

对公对私产品创新推广成效显著，市场影响力不断提升。对公产品覆盖度3.98，个人产品覆盖度3.82，分别比上年提升0.66和0.19。

重点转型业务取得新进展。成功营销城关区17个居委会、村委会的账户，打破农行在该领域的垄断。公务卡和住建厅网上招投标项目成绩喜人，与39家预算单位成功签约公务卡，累计发卡1300余张，新开立投标项目账户265个。

自主发行“乾元”对公保本理财产品，募集资金15亿元，销售对公非保本理财产品约10亿元，实现对公理财业务中间业务收入共372万元，完成全年计划188%。养老金业务方面，与西藏开发投资集团有限公司签署年金集合计划管理合同，是2015年西藏区内唯一一家年金业务新增客户。

造价咨询业务快速发展，与云南行业务联动，中标林芝、昌都机场11.26亿元改造工程。信用卡发卡量、消费交易额稳居区内同业第一，发卡量首次破万、中间业务收入突破1000万，其中购车分期增速达847.37%，增速和市场占比居同业第一。基金销售额计划完成率209.7%。

【渠道建设】 渠道管理职责实现有效整合，网点转型持续深入推进，综合化建设通过总行验收，全行网点综合服务功能、综合营销能力、综合竞争力不断提高。

渠道不断完善，新建慈松塘支行，完成日喀则分行等4个网点装修建设，完成山南藏木分理处等3个网点升级，新建自助服务点15个，更新改造9个。“移动优先”战略有效推进，移动金融替代率提升迅速，电子银行账务性交易量占比85.93%。

加快产品创新推广，推出六字真言特色卡、公交IC卡等新型产品。推出“税易贷”“助保贷”、高校毕业生创业贷款等业务，积极支持中小企业和社会个人融资。与民生银行开办同业存放业务，实现零的突破。单位结算卡、对公通存通兑等产品增长迅速，“禹道”品牌的市场影响力不断提高。

班子队伍不断优化，全年共提拔使用16人次，平级调整6人次。新招聘77名应届毕业生，33名定向招聘员工实现转制。全年新聘专技人员61名，占比达到19.66%，客户经理人数达到96人。自主举办451期培训，选派参加区外培训学习457人次，其中境外培训29人次。

信息系统运行平稳，信息技术支撑保障作用日益凸显。“新一代2.2期”顺利推广上线，成为全国首家特色产品全部上收至总行新一代平台的一级分行。特色产品需求推动开发应用不断拓展，完成财政厅电子国库系统推广、自助缴费终端的版本研发，数据挖掘与分析运用能力进一步增强。

【风险管控】 定期召开季度预警跟踪高层分析会和诊断会，超额完成年度计划，信贷结构不断优化。放款中心建设基本完成，放款中心业务实现了双集中，贷中环节的风险控制能力得到加强。开展“百行千户、主动授信”专题活动，深入项目现场调研，提高了专业授信评估能力。加强不良贷款催收，不良资产的清收处置取得阶段性成果。2015年不良贷款额为1.42亿元，不良贷款率为0.3%。

强化内控合规转型体系建设，加强条线内控指标考核和结果应用，持续推进内部控制体系建设三年规划的实施。深入开展“合规管理年”活动，全面梳理规章制度，强化全员风险意识，推进风险管理文化建设。扎实开展“一个加强、两个遏制”专项自查，突出排查业务流程、机制上存在的问题或风险，坚持“边查边改”，着力提高审计整改工作成效，整改完成率达到98.48%。声誉风险管控有力。全面开展“平安建行”创建活动，落实维稳要求，案件防控到位，全年没有发生安全生产责任事故。

（雷　勇）

中国工商银行西藏分行

【概　况】 截至年底，各项贷款余额221.09亿元，比年初增加40.07亿元，增幅22.14%。其中，公司贷款191.73亿元，比年初增加33.66亿元，增幅21.29%。同期，全部存款（含同业）111.91亿元，存贷比高达198%，向总行借用资金109亿元，用于向自治区重点项目和重点企业提供金融支持，全力支持自治区经济社会跨越式发展。

【抗震救灾】 日喀则地震灾情发生后，分行第一时间启动抗震救灾金融应急服务机制，做好抗震救灾款项的汇划结算，畅通向地震灾区捐款的绿色通道，加强对受灾地区的信贷支持，做好各项金融服务，总行捐款500万元，分行100余名员工自发捐款4.22万元，分行党员以大额党费形式捐款6.2万元，帮助灾区人民重建家园。

【重点领域重点项目支持】 向总行申请并制定实施了一系列差异化信贷政策，通过增加信贷规模配置、保障信贷资金供给、优先安排项目审查审批、创新信贷服务模式和扩大业务授权等措施，持续加大对自治区国计民生领域和重点项目的贷款投放。围绕政府投资基础设施、重大项目施工企业和能源开发建设“三大版块”审批120亿元贷款；与内地分行联动，向建筑施工、矿产开发、交通运输及新能源“四大行业”新增贷款投放112亿元，投放量创历史新高；高度关注公路交通、电力能源、施工企业和基础设施“四大领域”重大项目推进情况，储备项目15户、贷款136亿元；与自治区旅游局签订了《支持旅游产业发展战略合作协议》，承诺在未来五年内为旅游及相关企业提供不少于200亿元的意向性融资支持。

【金融服务改进和产品创新】 对外营业网点由成立之初的1个增加至3个，自助服务设施达到11个，在全区建立第一家智能自助网点，开发区支行进入装修待开业状态。产品创新方面加快推进。深入分析区域内市场客户实际需求，先后将个人经营贷款、工银E校园、小微商户逸贷公司卡、信用卡现金分期、黑金卡、收款管家、投标保函等多项新业务、新产品推向市场，全年合计填补业务空白31项，已基本形成满足区域群众全方位需求的特色产品体系。同时，为了庆祝自治区成立50周年，研发投产贵金属祈福金卡和大庆纪念借记卡和贷记卡，并发行高收益大庆专属理财产品回馈社会。服务手段改进方面不断提升。通过产品和服务创新切实提高对财政系统和军队系统的金融服务保障力度。另外，开展一系列“金融知识送万家”和“第四届小微企业金融服务月”等金融知识宣传活动，向广大群众广泛宣传普及金融知识。

（张　芸）

中国邮政储蓄银行拉萨市支行

【概　况】 邮储银行拉萨市支行于2008年2月28日正式挂牌成立，现设有综合管理部负责行政和综合类工作，个人金融部/三农金融部负责个人金融业务和零售信贷业务，公司业务部负责机构金融业务和批发贷款业务；拥有自营网点14个，覆盖城市和县域，分别为营业部、国际城支行、西郊支行、堆龙支行、城西支行、大楼支行、河坝林支行、雪新村支行、金西支行、天海支行、娘北支行、林北支行、北郊支行、东郊支行。

【存贷业务】 通过开展旺季"余额争先排名"活动等，在行内营造"你追我赶"的活动氛围，深入开展和扶贫办联合举办的"扶贫济困、爱心驿使"活动。与美团网以"办邮储卡、快乐过周末"为主题进行合作，利用美团网平台的商户资源优势，达到客户绑定邮政银行拉萨市支行的邮储卡进行消费买单即可享受每单最高25元的优惠，以增加客户的消费体验，促进IC卡、信用卡、VIP卡的发卡率，提高交易量，培养客户使用邮储银行拉萨市支行产品的消费习惯，进而达到增强客户黏度的目的。为增强储蓄客户、理财客户与银行的业务黏度，拉萨市支行开展了"越积越精彩"交易积分回馈活动，客户可通过在网点内办理指定业务累积积分兑换礼品。在整个活动的开展期间，网点支行长、营业主管起到了"带头羊"的作用，积极投身到活动宣传工作中去。做好IC卡发卡工作和华西健康卡推广工作，进一步拓展与各意向学校的"校园一卡通"合作事宜、"19.9玩转全城""美团"等业务，抢占未来业务发展先机。强力宣传，打好绿卡发卡基础，稳固卡业务发展量。

【能力建设】 树立"以市场为导向，以客户为中心，以效益为目标"的经营理念，积极推进存款业务创新，根据不同客户需求制定产品包；完善VIP客户服务体系，并组织开展中高端客户理财沙龙；通过网银"手拉手"活动，推动电子银行业务发展；引入信贷新要素，顺利开办信用消费贷款、汽车消费贷款、小企业贷款、商务贷款、公司信贷等贷款品种和"公司+商户""消费信贷+信用卡"贷款模式。

【安保工作】 市行以"安保在我心中・九个一"活动和"安保知识我知晓"活动为抓手，逐步增强责任意识和管理技能；组织全辖学习《安全防范知识读本》，坚持按季报送安防、案防报表，及时掌握安全隐患情况；市行一直以来把"维稳"列为工作的重中之重，坚持一把手亲自抓，坚决响应市委和市政府的号召，"看好自己的门，管好自己的人，办好自己的事"，不惜一切代价全力抓好维稳工作。通过加强员工教育，作好网点服务，确保"大事不出、中事不出、小事也不出"目标；员工和员工亲属遵纪守法，确保了本单位的局势稳定，为全市局势稳定和金融稳定做出应有的贡献。

【风控管理】 据实完善风险管理和反洗钱等相关制度，定期召开风险防控联席会议，组织开展反洗钱自律评估。围绕禁止性规定落实情况、服务收费规范情况及投诉举报流程完善情况等，持续深入开展金融机构不规范经营行为专项整治活动。以"合规文化"为主题，组织开展合规征文竞赛、银行合规宣传活动，狠抓全行风险合规和反洗钱团队能力的提升，大力营造"人人主动合规""合规从我做起""在岗一分钟，合规六十秒"的合规文化氛围。

【反洗钱监测】 转发反洗钱相关制度汇编，定期召开反洗钱领导小组工作会议，每半年开展一次反洗钱自律评估工作，即2015年反洗钱5C评估回头看活动，分别对14类现象进行自评和问题查找。加强反洗钱新系统的运用，督促各二级支行认真落实反洗钱系统的使用，同时以新反洗钱系统为基础，持续深化客户洗钱风险等级分类、大额可疑交易分析报告等工作，积极研究大额和可疑交易报告数据的结果，为反洗钱工作提供决策依据，结合业务流程和岗位设置，定期或不定期认真梳理反洗钱运行制度，建立健全内部操作流程，将反洗钱各项内控制度贯穿于业务操作的各个环节，同时加强从业人员的履职管理，切实组织反洗钱业务培训，提升反洗钱工作能力，防范洗钱风险的发生。

【党建工作】 认真组织开展市委、市政府的"三严三实"和"忠诚干净担当"专题教育活动。为全面贯彻落实中央关于党要管党、从严治党的指示精神，巩固和拓展党的群众路线教育实践活动成果，通过开展"三严三实"和"忠诚干净担当"专题教育，不断提升党性、品格、境界和素质，以作风建设的新成效为改革发展稳定各项工作提供坚强有力的思想保证、政治保证和组织保证。弘扬企业精神，推进党建工作。

加快推进党的基层建设,定期组织各种党内民主生活会,通过批评与自我批评的环节,让各党员深入剖析自我,总结不足,优化改进。

(成志娟)

西藏银行

【概　况】 截至年底,全行资产达到366.66亿元,较年初增加111.42亿元,增长43.66%。各项存款余额309.25亿元,较上年新增98.93亿元,增幅为47.04%。各项贷款余额201.54亿元,较上年新增58.99亿元,增幅41.38%。存贷比为65.72%,不良率及不良额均为零。实现各项业务收入16.96亿元,较上年增加5.59亿元,增长49.16%。成本收入比为28.46%,资产收益率2.2%,净资产收益率14.89%。缴纳各项税款1.27亿元,比上年增加0.28亿元,增幅28.28%;实现税后净利润6.83亿元,完成计划的105.08%,全年计提一般准备金3.24亿元,累计计提一般准备金7.29亿元。三年累计缴纳各项税款2.64亿元。

【业务发展】 年内,开展了"一季度业务发展和市场营销活动"以及"总资产跨越三百亿、献礼三周年活动",打破了一季度存款负增长的惯例,取得了存款时点新增26.93亿元、二季度资产突破300亿关口的优异成绩。全行狠抓三级财政存款,积极拓展机关事业单位账户,努力争取区内优质企业存款,大力营销个人储蓄存款,取得了较好成果。截至年底,对公存款余额297.04亿元,较上年新增93.52亿元,增幅为45.95%,其中:财政性存款余额181.39亿元,较年初新增43.72亿元,占全部存款的58.65%,较上年下降6.81个百分点。储蓄业务有较大发展。截至年底,储蓄存款余额12.21亿元,较上年新增5.41亿元,增幅为79.56%。全行对私有效客户数10,021户,较上年新增5,424户,增幅为117.99%。全行代发工资户60户,较上年新增38户,增幅为172.73%。有效珠峰借记卡发卡22,348张,较上年新增8,728张,增幅64.08%。

【贷款投放】 在支持区内重大基础设施项目方面,累计向交通、能源等自治区重点建设项目投放贷款74.6亿元,特别是在拉林高等级公路项目建设中,先后两次向自治区交通厅授信合计72亿元,已发放48亿元;在拉林铁路项目建设中,已向建设单位授信4亿元。在支持小微企业发展方面,主要支持了商贸流通业、建筑建材业、服务业、民族文化产业等,累计受理31笔小微信贷业务,其中已审批项目24户,审批金额2.66亿元,累计发放贷款2.23亿元。实现了"三个不低于"的要求,小微企业贷款增速较各项贷款平均增速高出12个百分点,小微企业贷款户数较上年同期增加42户,小微企业申贷获得率不低于上年同期水平。在服务民生方面,在拉萨市供暖工程、教育城等项目建设中先后投放贷款7.9亿元。截至年底,对公贷款余额170.39亿元,较年初新增64.56亿元,增幅为61%。在个人金融服务方面,进一步优化了贷款流程,提高了工作效率,大力开展个人经营性贷款和住房按揭贷款,新推出了个人工程机械按揭贷款业务。个人贷款余额5.79亿元,较年初新增3.14亿元,增幅118.49%。

(张　娜)

国家开发银行西藏分行

【概　况】 截至年底,国家开发银行西藏分行资产总额169.76亿元,比年初增长110%;表内贷款余额130.51亿元,比年初增长98%;资产质量保持优良。

【银政合作】 总行领导与自治区领导多次进行高层会谈,出台了支持西藏发展新的指导意见。密切银政合作,加强与自治区政府办公厅、发改委、拉萨市政府等各级各部门的人员交流挂职。注重规划先行,参与全区"十三五"规划及自治区金融"十三五"规划的编制等,启动自身"十三五"业务发展规划编制。开发评审并重点支持了全区银行业迄今最大的银团项目—西藏自治区政府投资建设项目,合同金额221亿元。

【经营指标】 聚焦支持的重点,新增贷款发放主要投向区内的电力、公路、铁路、棚改、助学贷款等重点领域与薄弱环节,贷款项目100%属于开发性业务。围绕重点,创新模式,开发评审额度再创新高。经营指标再上新台阶。年内,实现资产额翻一番以上。

【区域金融稳定】 强化依法合规经营,明确合规发展是基本要求和底线要求。加强对重点风险客户、重点项目的风险防控,完成存量不良项目和新增不良项目的化解。积极支持区内金融业的改革发展与风险防范,促进金融稳定。强化管理,完善内控,提高经营管理水平,加强制度的建设、执行与检查。

(旦增顿珠)

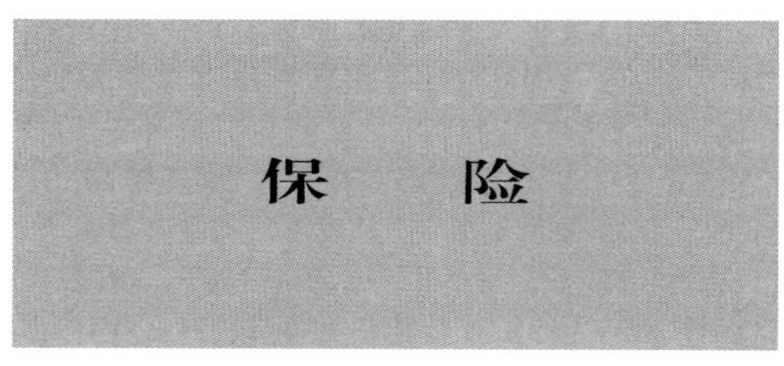

保　险

中国人保财险西藏分公司

【业务经营】 全年累计实现保费收入 10.42 亿元，同比增加 12.28%；累计赔付金额 6.29 亿元，同比增加 28.30%；累计承担风险金额 6245.36 亿元。

【客户服务平台构筑】 持续通过内、外部满意度测评、神秘人检测、满意在人保主题活动等，提升基本服务能力、质量和效率。建立有效客户投诉责任追究制度，对责任单位和责任人严格按照规定进行处罚，警示和教育，落实问责制。通过服务标准、服务监控和服务考核三个层面，加快城市营业网点改造升级，持续提升客户服务质量、水平和效率。

【理赔团队建设】 新招录理赔一线人员，进一步充实理赔队伍。持续推进人伤案件专业管理，继续深入推进专业化、一体化的人伤管理模式，优化工具，创新手段。进一步提升理赔稽查追偿专业化管理建设，加大诈骗案件的打击力度，遏制了诈骗案件的再次发生。推广和应用理赔 IT 技术，大力推广前端自动撮合交易机制，GIS 系统全面上线，形成自动调度为主，人工调度为辅的车险查勘调度模式，为客户提供了更加便捷的保险理赔服务。进一步加大和完善理赔考核力度，持续提升理赔服务水平。

【"4·25"地震救援、核灾核损和保险赔付】 "4·25"地震发生后，在总公司的正确指导下，在西藏自治区抗震救灾指挥部的统一指挥下，第一时间成立抢险救灾工作领导小组，迅速启动大灾应急预案，制定详细的抗震救灾保险理赔服务方案，全面部署救灾工作。第一时间派出多个抗震救灾小组奔赴灾区参与抢险救灾和保险查勘、理赔服务，并在灾区开通了理赔绿色通道，特事特办，快速赔付，累计支付赔款 2.44 亿元。

【拉林公路责任险查勘定损】 拉林公路第三者责任险保险标的损失严重、受灾面积广、查勘难度大。作为首席承保人，人保财险西藏分公司积极联合其他五家共保方，及时与当地政府、施工单位和项目指挥部联系、沟通，做到第一时间到现场查勘、协调，得到了客户的高度评价。

【政策性保险作用发挥】 涉农保险保障范围涵盖了 75 个县（市、区）280 万农牧民群众生产生活主要财产。积极扩大保险覆盖面，在过去保障范围的基础上增加新的品种，将马铃薯、大棚蔬菜和大棚主体框架纳入保险覆盖范围。开发具有西藏特色的新领域业务，推出《野生动物肇事保险》。大力推进三农保险服务网点建设。现共建成 10 个，已有 5 个投入使用，计划建设的还有 30 个。推进涉农保险承保理赔到乡工程（其中：拉萨市已实现理赔到户），实现各地市农业保险承保到乡，拉萨市承保到户。

【补充医疗保险】 成功开展首个城镇居民大病补充医疗试点工作，实现了西藏大病保险业务零突破。大额补充医疗保险已深入人心，案件赔付率及理赔服务效率均能达到政府要求，实现了让政府放心、让群众满意的目的。加强健康险理赔处理系统、渠道和网点建设，切实提高理赔团队专业性。设立社会医疗保险服务中心，有效提升社会医疗保险的理赔服务工作能力和市场竞争力。

【社会责任履行】 共组织 9 个驻村工作队，先后派遣五批员工分赴各个驻村点，为当地老百姓宣传党的富民政策、民族宗教政策，进行普法教育，直接出资 300 万元为全区 2 万余名强基惠民工作人员购买意外伤害保险。在连续四年的驻村工作中，每年拿出 1000 余万元保障工作队各项工作的正常开展，为当地老百姓修建人畜便利桥、修建磨面房和温室菜棚、购置生产设备、帮助经济困难群众寻医问诊、为特困户发放慰问金、购置生活用品，切实帮助农牧民群众解决生产、生活问题，力所能及地为老百姓办实事、办好事。认真履行了国有金融企业的社会责任。

（赵　娟）

中国人寿保险股份有限公司西藏自治区分公司

【概　况】 截至年底，中国人寿保险股份有限公司西藏自治区分公司实现总保费2.88亿，同比增长112.36%。其中长险首年标准保费、新单保费、首年期交保费、10年期及以上首年期交保费、短期险保费等指标增长率分别为50.63%、242.96%、50.95%、60.27%和29.17%。有效销售人力达到597人。

【理赔服务】 年内，共处理理赔案件2185起，总赔付3409.33万元，处理件数同比增长52.48%，赔付金额同比增长113.03%。其中，孕产妇案件1318件，同比增长58.4%，理赔金额1767.10万元，同比增长138.2%。年内最高单件理赔案赔付金额达到160万元，为公司成立以来给付的个人最大单笔赔款。

【社会责任】 在认真实施孕产妇保险、军人保险、城镇职工大额补充医疗保险等政策性保险业务的基础上，还与自治区公安厅签署了公安民警人身意外伤害保险服务协议，凭借丰富的经验和专业高效的服务，真正把党和国家的温暖送到百姓的心坎上。“4·25”地震发生后，成立了抗震救灾工作组，向社会公布8项服务举措，设立了三个“现场理赔服务点”，收集人员伤亡情况，共排查出7例出险客户，将理赔款送到了客户手中。积极参与社会公益事业，3月，组织社会公益人士为日喀则市教育系统捐赠价值25万余元助学物资；12月，向西藏自治区公安英烈基金会捐款30万元。

（绕　丽）

中国平安财产保险股份有限公司西藏分公司

【概　况】 截至年底，平安保险西藏分公司保费收入17533万元，比上年同比增长27.4%，共缴纳各项税款1001.38万元，代扣代缴税款1776.74万元。

【人才发展和机构建制】 截至年底，正式员工182人，营销员380人，少数民族员工占比30%。建立了5家中心支公司（日喀则、林芝、山南、那曲、昌都）和一个营销服务部（阿里），机构布局覆盖全区。并且与自治区邮政公司、农业银行、中国银行都签订了全区保险代理服务协议，确保服务深入县、乡、村镇。

【理赔服务】 截至年底，理赔立案18063件，赔款支出9767万元。“8·18”重特大交通事故公司赔偿金额总计870.84万元。拉林高速赔款1200万元，为自治区基础设施建设保驾护航，有效发挥了保险的社会稳定职能和经济补偿作用。

【社会责任】 为驻村点申请63万元修建蓄水池，申请93万元修建引水渠，解决农田灌溉问题，根据需求向市林业局申请1.5万元修建孜村围栏。同时，分公司多次号召和组织全国平安员工捐赠衣物和生活必需品送到村里。年内，获得了日喀则地区优秀驻村工作队称号。西藏分公司在经营发展的同时，积极参与各项社会公益活动和爱心善举行动，由平安投资105万元在西藏参与修建三所希望小学，并持续推动希望小学助学金活动。年内，共计为“林芝八一镇希望小学”“昌都察雅县烟多镇若普村平安希望小学”“日喀则地区江孜县龙马乡平安希望小学”三所希望小学的69名学生发放奖学金。为巩固对希望小学的支持，分公司每年还为每所希望小学投入2万元用于日常维护，并开展多种形式的助学支教活动。同时，西藏分公司积极参与驻村工作建设，驻村工作队连续被评为日喀则市先进驻村工作队。

（王　浩）

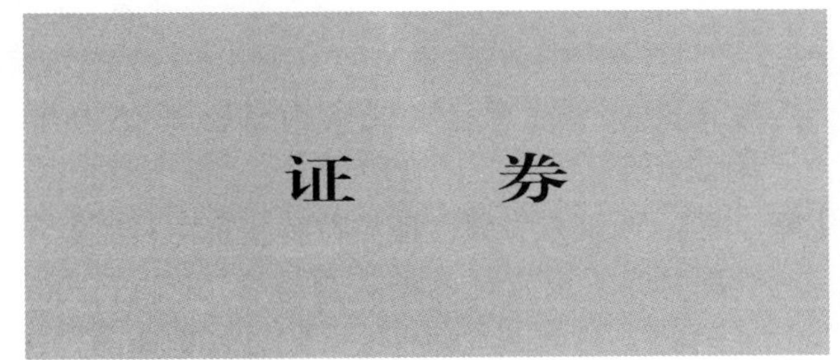

证　券

中国银河证券股份有限公司拉萨朝阳路证券营业部

【概　况】 中国银河证券股份有限公司拉萨朝阳路证券营业部（简称银河证券拉萨朝阳路营业部）位于西藏自治区拉萨市太阳岛西桥朝阳路2号，地理位置优越，交通便利。营业部成立于2014年5月6日，是中国银河证券股份有限公司在藏设立的第一家营业部。截至年底，有在岗员工4人，全部为正式员工。年内秉承“忠诚、包容、创新、卓越”的企业精神和“客户至上、员工为本”的经营理念，坚持“创造价值、增长财富”的企业使命，为客户增长财富，为社会创造价值，为投资者提供一流券商的超级服务。

【证券投资服务】 银河证券拉萨朝阳路营业部为个人和机构客户提供证券经纪服务，包括根据客户委托代理买卖挂牌交易的股票、基金、债券、信托计划、银行理财产品、期货和金融衍生品等金融产品。营业部依托员工丰富的经纪业务从业经验和对市场及产品的深刻理解，根据经纪业务客户风险承受能力和财富管理的需要为其提供专业、优质及差异化的服务，并通过资源整合及协同营销，为客户提供高水准的财富管理服务、专业的个性化投资理财解决方案和风险管理工具。

【金融业务创新】 银河证券作为行业领先的业务创新券商，能够在重要的新业务领域及时取得业务资格，融资融券、投资顾问、IB 业务、港股通业务、股权质押、债券质押、股票期权等创新业务发展迅速，在新业务上的先发优势和创新能力使营业部能够把握客户需求，在投融资解决方案、个性化财富管理产品和风险管理工具等方面为客户提供多层次的增值服务，实现从单一经纪服务提升至综合理财规划和投融资解决方案的“全能型”服务。

（黄　欣）

西藏东方财富证券拉萨北京中路证券营业部

【概　况】 西藏东方财富证券拉萨北京中路证券营业部（简称东方财富证券拉萨营业部）成立于 2001 年 1 月 19 日，是西藏唯一一家 A 类证券营业部。营业部秉承“同己待人，信达天下”的核心理念，以“源于西藏，服务西藏”的经营宗旨，提供专业、高效、前瞻性的金融服务，做好西藏投资者的投资理财工作，拓宽西藏企业的投融资渠道。

【财富管理业务】 东方财富证券拉萨营业部建立财富管理团队和投资顾问团队，致力于为广大投资者提供投资理财服务。通过产品组合和资产配置，为不同风险承受能力客户提供合适的投资理财方案。为客户提供“雪域投顾”投资顾问服务。

【机构金融业务】 在总部支持下，东方财富证券拉萨营业部致力于为西藏上市公司、拟上市公司、中小企业等机构提供全方位综合金融服务，包括债券融资、股权融资、财务顾问、新三板、股权质押等投资银行服务和资产管理业务、通道业务等服务。

【融资融券业务】 东方财富证券拉萨营业部有序开展融资融券业务，为有融资和融券需求的投资者提供融资融券账户开立、业务指导、投资策略等支持和服务。

（次仁桑珠）

中国中投证券有限责任公司
拉萨林廓西路证券营业部

【概　况】 中国中投证券有限责任公司拉萨林廓西路营业部成立于 2011 年 8 月 8 日，内设交易部、电脑部、创新业务部、财富管理部，正式员工 11 人。营业部以“规范运作，勤勉务实，强调风险意识，提倡勇于创新，积极奉献社会”为理念。在业务发展和文化探索中，逐渐形成具有自身特点的思想和行为规范。总公司中国中投证券有限责任公司（简称“中国中投证券”）是一家在深圳注册成立的全国性综合类证券公司，由中央汇金投资有限责任公司全资控股，注册资本金 50 亿元人民币。

【经纪业务】 公司主动顺应资本市场改革与创新深入推进、互联网金融蓬勃发展的新形势，针对高净值客户，公司提供量身打造的上市公司调研、资产配置报告、专题电话会议、高端经济论坛等定制化服务，以及“金中投及时通”“金中投迅赢宝”“金中投久富通”和“金中投组合宝”等个性化咨询产品。金融产品方面，公司致力于打造面向全球市场的金融产品池，结合高净值客户生命周期不同阶段的特点，提供差异化、个性化的资产配置服务。随着政策放开，以后还将提供账户管理综合服务。公司将在深圳、北京、上海等一线城市设立综合财富管理业务的旗舰店，直接面向高净值客户，服务高净值客户，共同打造高净值客户的财富人生。

【资产管理业务】 营业部协同总公司，已经形成涵盖集合、定向、专项等业务内容，拥有权益类、固定收益类、现金管理类、股指期货套利、指数化、结构分级、FOF 等丰富的产品线的综合高端财富管理中心。

年内，公司通过创新业务布局，树立核心优势，实现资产管理业务收入和排名的双提升。报告期内，公司受托资产管理业务净收入 1.71 亿元，较 2014 年增长 73.52%。净收入排名第 36 位，较 2014 年上升 2 位。

公司以打造投融资一体化的资产管理业务综合平台为目标，将现有资产管理业务类型分为投资管理类、投行类及平台创新业务三大类，2015 年新发行投资管理类产品 6 只、资产证券化产品 1 只、平台创新类产品 31 只。

【股权融资业务】 营业部协同公司总部，从事首次公开发行股票、上市公司再融资（包括增发、配股、公司债、可转换公司债、分离交易可转债等）承销及保荐业务、私募债承销业务；上市公司重大资产重组、收购兼并、资产证券化、企业改制等财务顾问业务；推荐挂牌等场外市场业务；投资咨询业务等。

（多吉旺堆）

科技·气象

科　技

【概　况】 年内，共落实资金2466万元，其中争取上级和援藏省市资金966万元，本级财政投入1500万元，共实施科技项目57项，带动社会投入5000余万元。

【科技投入】 “十二五”期间，实施科技项目183项，投入资金10700万元，比“十一五”期间分别增长49.72%、47.79%。其中，市级财政安排项目99项、投入资金3690万元，争取国家科技部、对口援助省（市）和自治区科技厅项目84项、投入资金7010万元。

【科技惠民】 加强优良品种引进，组织实施了“优质牧草新品种引进与种植技术集成研究”等项目，为当地群众发展致富打下坚实基础。紧紧围绕市净土健康产业发展需求，实施了玛咖、金银花、南北山绿化等十个科技专项，成效明显。开展了三元生猪生长性能研究、高原绿化新型草皮种植技术研究、紫青稞良种繁育与生产技术研究等基础研究工作，为净土健康产业发展提供技术支撑。积极实施好科技富民强县项目，年内，全市在建的有达孜油桃、城关传统民族服装、尼木藏鸡、当雄牦牛4个国家科技富民强县项目，项目的实施培育了县域特色产业，促进了县域经济发展。

【科技扶贫】 年内，有针对性地帮助邦堆村43户特困户依靠科技发展种养殖业，脱贫效果明显，贫困户人均增收2800元以上。安排151万元科技精准扶贫资金，帮助农牧民发展种养殖业、加工业、多种经营等，因户施策，一户一策。积极推进驻村点邦堆村“一组一品”发展，努力将邦堆村打造成“科技示范村”。

【工业科技】 不断支持新产品研发，实施了“藏香原料人工驯化种植及新产品研究”“抗高原缺氧性牦牛乳蛋白产品开发”“抗高原缺氧红景天新产品研究”等一批新产品研发项目，进一步提升了企业创新能力和竞争力；不断强化技术升级改造，实施了“西藏玛咖茶叶加工技术研究”“高原环境下青稞醋菌种开发及配套工艺研究”“坎巴嘎布湿巾系列产品配方升级研发”“藏香配方研究及藏香生产工艺提升”等一批技术升级改造项目，企业生产工艺水平得到进一步提升；大力扶持新能源产业，实施了“高原低温空气能设备适应性研究”“新能源汽车推广应用方案及配套政策研究”等项目，为新能源产业注入了强劲动力。

【食用菌产业】 年内，在曲水、堆龙德庆、达孜、林周四县建立了四个食用菌生产基地，种植面积达到近100亩，年生产双孢菇、黑姬菇、灵芝菌等菌类30万公斤，生产菌棒20万棒，一定程度上实现了产业化。借用自治区生物研究所和职业技术学院科研力量，积极开展了西藏金耳、羊肚菌、姬松茸、猴头菇、绣球菌等近20个天然蘑菇品种的分离纯化、制种、驯化培育等一系列基础研究工作，大力提升食用菌种植技术。组织2批10名区内外食用菌专家深入食用菌生产基地，开展了多次的人员培训和现场技术指导。

【科技创新】 高新技术园区已于12月初通过了西藏自治区批准，为下步申报国家级高新技术园区奠定了良好基础。文创园被国家科技部授予“拉萨国家现代服务业文化旅游创意产业基地”称号，对促进拉萨市科技文化融合工作具有重要意义。投资近200万元打造了拉萨市净土健康产业科技创新服务中心和众创空间建设，推进大众创新、万众创业，为创客和初创企业提供办公场地、创业融资、创业辅导、创业交流平台等服务。联合科研院所、企业、高校和咨询服务企业，组建了旅游文化创意、奶产业技术创新、青稞深加工创新技术等三个联盟。制定完成了《拉萨市知识产权奖励和资助办法》《拉萨市科技型中小企业认定管理办法》《拉萨市工程技术研究中心管理办法》等政策措施，为企业营造了良好的创新创业环境。通过合作、引进等方式，成立了拉萨知之科技咨询公司、北京技术市场协会拉萨分支机构、江苏盛典律师事务所拉萨办事处，为企业提供科技咨询、企业管理、项目谋划、专利申请、法律咨询等服务，大大提升了全市科技服务水平。在拉萨才纳乡创建科技服务超市，探索构建农牧区科技服务体系，为农牧民提供生产、加工、销售等全过程科技服务，进而在全市推广。

【科普工作】 以“五下乡”活动、学雷锋活动、世界环境日、低碳节能日、科普日、科技周、科技小发明家竞赛等活动为契机，积极组织开展科普宣传27次，开展科普讲座4次，发放科普图书90余种20000册，发放实用技术光碟5300余张，4万余城乡公众受到教育。积极创新科普宣传形式，采取编制农牧民科普图书、在中小学生中开展小发明活动、科技夏令营、歌舞表演、邀请北京江苏专家授课等方式创新科普宣传方式，大大提高了宣传效果。挂牌成立了达孜县现代农业产业园区、城关区智昭净土健康产业园区、曲水县才纳乡国家现代农业示范区等3家科技（科普）示范基地，并在大、小昭寺、哲蚌寺、楚布寺、色拉寺、甘丹寺等6家寺庙建立了科普活动站，将科普宣传工作的前沿阵地从城市延伸到了农村，延伸到了寺庙，为提升全民科学素养奠定了扎实基础。成功举办了“科学生命与健康”为主题的2015年学术交流年会，200余专家、学者、教师参加了年会。

【科技交流合作】 资金援藏力度持续增强，通过积极协调和争取，通过援藏渠道争取到了拉萨江苏青少年科技馆提档升级项目、江苏援助林周县、达孜县打造科普社区项目、北京科协援助建设校园科学探索活动中心（馆）项目、北京专家拉萨行活动等一批援藏项目，共争取援藏资金400余万元。援藏领域进一步拓展，全市五个县（区）分别与北京市、江苏省各市、区、县科协签订了受援合作框架协议，并落实了一部分项目，将科协系统援助省市的合作拓展到了基层。合作交流机制初步建立。与中国科学院微生物所、中国农业科学院农产品加工研究所、西藏大学、西藏民族大学签订了战略合作框架协议，有效整合了区内外顶尖科研院所和大学的科研资源，初步建立了学术交流机制，对攻克全市经济社会发展中遇到的重大技术难题将发挥重要作用。借助北京市和江苏省智力优势，帮助编制《拉萨市“十三五”科协事业发展规划》和《拉萨市科学与技术发展规划》，为科技创新和科协事业发展提供顶层设计。

【作风建设】 扎实开展“三严三实”和“忠诚干净担当”专题教育活动，局党组书记带头开展“讲党课”活动，局党组成员轮流讲党课6次，全局干部职工共计撰写学习心得体会和电影观后感50余篇，每位参学人员撰写学习笔记10000字以上，有效地保证了学习质量。完成了《拉萨市科技局各项制度汇编》，制定完善了《市科技局2015年度落实党风廉政建设主体责任工作计划》等5项制度性文件，进一步增强了内部管理和科技计划管理的科学性、规范性和合理性。狠抓党风廉政建设，明确了党组主体责任、党组书记第一责任、分管领导分管责任，按照一岗双责要求，层层签订了党风廉政建设责任书，制定了《拉萨市科技局廉政风险防控机制建设的实施方案》，坚持每季度召开一次党风廉政建设专题会议，做到年初有安排、年中有小结，年底有总结。

（王东红）

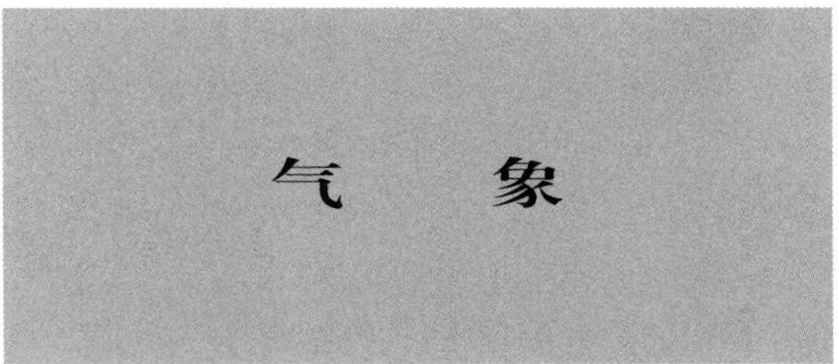

气　象

【概　况】 年内，拉萨市各地年平均气温在2.9～9.5℃之间，与历年平均值相比，除尼木正常外，其余各地偏高1℃；年降水量总量在211.4～457.0

毫米之间，与历年同期值相比，拉萨、尼木偏少3到4成，其余各地基本正常。

2015年拉萨四站年平均气温和年降水总量（表）

表3

平均气温		拉萨	尼木	墨竹工卡	当雄
2015年	实况	9.5	7.7	7.2	2.9
	历史平均	8.0	7.0	5.9	1.7
	比较	偏高	正常	偏高	偏高
降水量		拉萨	尼木	墨竹工卡	当雄
2015年	实况	286.8	211.4	457.0	389.2
	历史平均	426.4	341.1	544.2	459.3
	比较	偏少3成	偏少4成	正常	正常

【气候事件】 强降雪：1月7—8日拉萨市区出现一次较强降雪过程，累计降雪量5.5毫米，超历史同期极值4.1毫米。

道路结冰橙色预警信号：2月12—13日出现较强的降雪过程，累计降雪18.4毫米，超历史极值17毫米，较厚的积雪对交通、电力等行业及群众出行造成一定影响。拉萨市气象台发布道路结冰橙色预警信号，并于2月15日10时解除。

强降水：4月18日当雄一日最大降水量达到10.2毫米，超历史同期极值（1981年4月19日为9.4毫米）。

大风：12月18—19日北部当雄出现8级左右大风天气。

【气象灾害】 5月底到6月上旬拉萨市出现晴热少雨天气，根据西藏自治区气象局气候中心气象干旱监测报告，尼木和拉萨已出现中度气象干旱。因未开展调查，具体受灾情况不详。

7月13日17时30分许，尼木县辖区318国道4773千米—4774千米之间（卡如乡）发生约800立方米的泥石流灾害，造成道路临时中断，未造成人员伤亡。县政府组织相关部门开展抢通工作，三个小时后，被堵的180余台车辆、400余名乘客安全通过。在整个抢通过程中，没有发生任何事故和人员受伤。

【人工影响天气作业】 经市政府批准，全面实施《2015年拉萨市人工影响天气工作计划》，并在拉萨电视台等媒体公告。完成人影培训和年检工作，检查排查拉萨市所有人影高炮作业点人影炮弹、炮具存放安全防范情况，加强人工防冰雹作业，回收所有问题炮弹。进入5月以来持续的晴热天气，拉萨各地出现持续的高温少雨天气，与自治区人影中心配合，进行人工增雨（雪）作业，取得较好效果；为保障西藏自治区成立五十周年大庆、雅砻文化节和拉萨雪顿节开幕式的顺利展开，实施人工消雨保障作业，取得较好成果。年内，达孜县德庆镇、章多乡，墨竹工卡县工卡镇拉隆村，林周县强嘎镇、春堆乡春堆村，曲水县曲水镇等6个人工影响天气标准化作业点新建项目全部竣工验收并投入使用。

【气象防灾减灾】 年内，市政府下发《拉萨市人民政府关于加快推进气象现代化建设的意见》，4月7日区气象局党组书记王鹏祥与张延清市长就加快推进拉萨市在全区率先基本实现气象现代化试点建设工作和拉萨市首府城市便民警务气象精细化监测预警服务工作进行座谈。便民警务气象精细化监测预警信息实现公安、气象两个平台发布，覆盖率达到80%。年内，重点完成大昭寺古文物气象监测预警服务系统，开展和实时监测古文物气象温度、湿度、光照等气象指数；开展“拉萨河变湖”气象监测业务，与区局联合报送《拉萨河景观工程生态气象监测报告》和《拉萨市2003至2014年汛期降水特征分析》，为拉萨河“河变湖”工程气候环境影响评估提供科学依据。以上两项报告上，市委、市政府主要领导和区局主要领导作了批示，气象防灾减灾工作取得实质性进展。

【气象现代化建设】 年初，拉萨市气象局成立气象现代化试点工作建设领导小组及其办公室，主要领导担任组长。年内，从实施方案入手，通过前期多次调研，完成了《拉萨市首府城市便民警务气象精细化监测预警服务系统之气象防灾减灾监测预警应急指挥中心建设项目实施方案》《拉萨市墨竹工卡县气象防灾减灾指挥平台建设项目实施方案》，并通过区局评审。在硬件建设方面，完成拉萨市局办公环境和设施改造工程、墨竹工卡县气象局示范点园区建设工程、当雄县气象局基础设施综合改建主体工程等基建项目，还完成墨竹工卡县防灾减灾综合业务平台、拉萨市气象监测预警综合服务平台、拉萨市交通旅游气象服务平台、拉萨市气象影视演播系统、拉萨市便民警务气象精细化监测预警服务系统等业务软硬件建设项目，综合业务能力明显提升。新建当雄县纳木错景区六要素生态旅游自动气象站建设并投入业务运行，新增拉萨机场空港便民警务站的电子显示屏气象信息发布系统，并通过开发智能手机 APP 应用，扩大气象预警信息覆盖面和响应速度。

【气象为农服务】 拉萨市 2015 年初夏(4 月—6 月上旬)，主要农区气温显著偏高、降水偏少，虽下了零星雨，但降水分布不均匀，农业气象业务人员到墨竹工卡、林周、达孜以及城关区部分乡镇进行实地大田调查，零距离为当地农民提供气象服务，并通过调查、实况分析和预报预测，及时与市农牧局等单位联合发布《拉萨市由于持续高温伴随虫灾预警报告》。进入初秋，根据市政府的要求，特别制作林周县青饲料霜冻来临预报，与市农牧局、区农科院专家和当地涉农部门协同完成《拉萨市林周县可能出现的气象灾害对青饲料收割影响》可研报告。年内，共制作发布《春播春耕气象服务专报》10 期，《拉萨市 2015 年适宜收割预报》1 期，《秋收秋种气象服务专报》8 期，农用天气预报 4 期，定期农业气象情报 36 期，非定期农业气象情报 11 期。春耕春播、秋收秋播期间，密切跟踪天气变化，服务及时主动，服务产品发布具有时效性和准确性。

【科研项目】 年内，多典洛珠的《拉萨泥石流、滑坡地质灾害区划与强降水条件研究》立项局设课题，次仁多吉《CO_2 气肥增施技术在高原设施农业草莓种植中的应用实验研究》立项拉萨市科技局项目。2015 年全区气象科技论文交流会入选论文《基于作物生育期的潜在蒸散的时空演变特征及 R/S 分析》(甘臣龙)、《新型自动气象站几个关键问题及维修处理》(邹芳娥)、《2014.06.19 日夜间环流形势天气变化分析与人工增雨作业技术报告》(益西曲珍)、《气象水电解制氢设备青藏高原安全使用浅谈》(扎堆)在中国工业气体工业协会氢气专业委员会举办的“科学发展、安全发展”主题论坛会上被评为优秀论文。

(巴　桑)

教育·体育

教　育

基础教育

【概　况】 2015年内，全市教育系统继续深入贯彻落实市委、市政府《关于加快教育改革和发展的意见》《拉萨市振兴教育教学质量三年行动计划》，上下一心，齐抓共管，多措并举，深化教育改革，推进教育公平，提升教育质量，各项工作取得实质性进展。

年内，全市有各级各类学校263所，在校生共119063人。其中，教育部门办学：普通高等学校1所，在校生2756人；中职学校2所，在校生5954人；普通高中4所，完全中学2所，在校生12114人；初中15所，在校生21420人；完全小学73所，在校生51026人；幼儿园126所，在园幼儿13581人；特殊教育学校1所，在校生185人。社会力量办学：彩泉福利小学在校生42人；民办幼儿园38所，在园幼儿11985人。

全市高中阶段毛入学率达到89.5%。初中毛入学率达到102.59%、巩固率达到98.07%。小学适龄儿童入学率达到99.93%、巩固率达到99.04%。全市城镇学前三年幼儿毛入园率达到96%，农牧区学前两年幼儿毛入园率达到88%。青壮年文盲率控制在1%以内。

全市共有教职工10720人（包括退休1279人，其他190人），专任教师共计8323人。其中，教育部门办学：教职工9902人（师专272人、中职422人、中学3165人、小学3815人、幼儿园693人、特校66人、退休1279人、其他190人），专任教师7974人（师专228人、中职407人、中学2954人、小学3714人、特校59人、幼儿园612人）。民办教育：教职工共计818人（小学16人、幼儿园802人），专任教师349人（小学3人、幼儿园346人）。师专、高中、初中、小学专任教师学历合格率分别为96%、99.72%、100%、99.76%。

【党　建】 年内，在全市教育系统范围内扎实开展“三严三实”和“忠诚干净担当”主题教育学习活动，开展专题学习20场次，专题讨论10场次，专题讲座7次，参观学习3次，观看警示教育片10部，撰写心得体会千余篇。在社区开展以“助学、帮困、解难”为主题活动40余场次，参与人数近300人次，投入经费共计9万元，同时开展了暑期安全教育、惠民政策解读、重温入党誓词、道德讲堂等活动，搭建心理咨询室共享平台。实行党建工作目标管理，落实党建工作“一把手”负责制和责任追究制，与市直学校党支部、各县（区）教育局党组织签订《基层党建工作目标管理责任书》，制订《党建工作指导手册》3000本，完成全市教育系统基层党组织信息采集工作，向23所民办教育机构选派民办学校党建指导员7名，实现了教育系统党组织和工作的全覆盖。加强干部队伍建设，做好局系统县级和正科级领导干部个人事项报告相关工作，对市直学校正副科级后备干部进行推荐考察,协助市委组织部对部分学校领导班子进行调整,加强离退休干部职工的管理和服务,完成局机关和市直学校14名干部职工退休相关手续的办理工作。

【师资队伍】 年内,持续开展师德师风建设、教学技能竞赛、业务知识培训、名师骨干送教等活动,大力推进"一师一优课,一课一名师"工作,狠抓教师素质提升。构建和完善教师终身学习体系,逐步形成了以市级培训为龙头,县、校本培训为基础,以外援项目为重要补充力量的师资培训体系,全年开展10期580人次市级农牧区中小学校长和骨干教师培训,累计完成3102人次教师培训任务,其中国培计划1099人、区级培训287人、市级培训1716人次。全面推行事业单位岗位设置,做好教师定编定岗工作,把好教师入口和出口关;完成新任教师分配和安置工作,分配教师402人。努力营造尊师重教良好氛围,在第31个教师节表彰大会上,市财政拿出900余万元专项资金,为全市教师发放普惠奖,奖励130名优秀教师及11个团体;根据二、三、四类区不等的标准向2774名农牧区教师发放交通生活补贴400余万元;按照自治区要求分类对农牧区教职工生活补助进行提标,农牧区教职工生活补助提高到二类区400元/人·月、三类区800元/人·月、四类区1200元/人·月。

【职业教育】 年内,争取1亿余元资金,加强一职、二职两所职校实训车间建设、设备更新、专业建设、教师培训等。邀请县(区)中小学师生、村委班子参观校园,举办企业成功人士专题讲座,举行"发展职业教育、成就出彩人生"主题研讨会,吸引农牧子弟就读职校,两所职校在校生达5954人,比2014年增加2432人。力促产教融合,一职根据拉萨市净土健康产业、交通运输业发展需要,开设14个专业,一职根据拉萨市旅游、商贸流通、文化等产业规划需求,开设30个专业。两所职校积极引进和培养专业师资,加强实训室建设,大力开展校企合作,扩大与西藏大学、广东理工学院、江苏农林职业技术学院等区内外院校双向合作交流,强化实践教学,做好就业和培训工作,有效提高人才培养质量。截至年底,两所职校与35家企业单位建立合作关系,成功为学生搭建实训就业直通平台,共选派507名学生到企业进行顶岗实习;市一职就业93人,市二职187名学生签订就业协议和自主就业协议;两所职校加强与市"四业办"和其他培训单位的合作,完成培训3002人次。

【招生考试】 年内,全市组织各级各类招生考试11次,完成研究生、全国高等教育自学考试、计算机等级考试、英语等级考试、教师教育技术水平考试、普通高考、中考,服务考生19282人。参加硕士研究生全国统一考试报名确认的考生954人;高考参考人数为6216人,录取率达80.7%;中考参考人数为6399人,其中藏族及区内少数民族考生5605人,汉族及区外少数民族794人;对口高职考试279人;成人高考报名总人数为2565人;年内组织各类社会考试6次,包括全国计算机等级考试(春秋季)、全国英语等级考试(春秋季)、全国高等教育自学考试(春秋季),服务考生2869人。

【教育信息化建设】 年内,推进教育信息化工作,认真落实国家和自治区级培训项目的同时,结合全市电教队伍的实际情况,组织开展了一系列专题培训。先后受训人数4644人,其中564名中小学教师参加了自治区电教馆组织的"国培计划(2014)"——西藏自治区农牧区中小学教师远程培训项目,3006名教师参加了拉萨市电教馆组织开展的城关区中小学、幼儿园教师信息技术能力提升工程试点培训,275名高中理科教师参加了教育部——乐高"技术教育创新人才培养计划"2014年度教师培训项目,764名中小学教师参加了"国培计划(2014)"——网络研修与校本研修整合培训项目。同时,在江苏省教育厅的大力支持下,市电教馆选派22名市、县(区)及市直学校电教人员,赴江苏参加了教育信息化集中培训,另外,还选派13人,参加了内地举办的各类教育信息化专题培训。根据教育部要求"一师一优课、一课一名师"活动,3月,全市顺利完成了3052名教师的登记、注册。组织开展了80名电教员和学科教师网上工作室创建、网络教研、网上推优等内容集中培训,成立了"优课评审团",对他们进行了技术培训。截至年底,全市晒课共计1402节,其中向自治区推荐215节市优,35名教师评上自治区级优课,3名教师获得国家级优课。在往年基础上为全市中小学实现了"宽带网络校校通"全覆盖,建设了多媒体教学(交互式电子白板或触摸液晶一体机)"班班通"学校73所,占全市中小学的77.7%。全市学生用计算机 7240 台，生机比达 11.6 ∶ 1，师机比基本达到 1 ∶ 1。实施建设自治区数字化校园项目学校 22 所，8 月将投入使用。完成建设全市中小学 13 间录播教室、5 间电子备课室、3 间电子阅览室和教育资源软件。圆满完成了拉萨市教育专题片“立足民生抓教育，跨越发展谱华章”。顺利开通“拉萨教育”微信公众平台及微网站，发布文章 800 多篇，阅读次数达到 350769 人次，极大地改善了全市教育系统教育信息化软硬件环境。

【教育科研】 年内，召开教育科研立项课题推进暨经验交流会，加强对已立项的 17 个教研课题的管理研究。常态化开展蹲点指导、送教下乡活动，听评课 500 余节，专题讲座 10 余场。组织开展“2015 年度中小学教师课堂教学技能大赛”“拉萨市第二届高中教师课堂教学大赛”，全市 74 名教师晋级决赛；选拔 9 名教师参加由自治区教育厅组织的“全区小学教师教学大赛”，拉萨市以 5 个一等奖，2 个二等奖，2 个三等奖的优异成绩名列前茅；组织第三届“东方少年中国梦”新创意中小学生作文大赛（拉萨赛区），共 100 名中小学生和 100 名指导老师获奖；举办第三届中国汉字听写大会拉萨赛区选拔赛，拉萨市 3 名队员赢得入选全国赛的资格；开展教学质量监测，组织全市高中联考和义务教育阶段教学质量抽测，对结果进行分析并形成报告；调研中小学教师普通话使用情况，涉及拉萨市区 31 所中小学校、17 所县乡中小学共 1055 名教师；抓好语言文字规范化示范校创建工作，北京中学、当巴小学、实验小学、海城小学、江苏中学、市六中评为自治区级语言文字规范化示范校。

【惠民工作】 年内，规范“三包”经费管理，全面落实营养改善计划，“三包”标准再次提高，从秋期起每生每学年提高 100 元，人年均达 3000 元，已落实“三包”经费 2.63 亿元、营养改善计划经费 3799.2 万元。帮扶家庭经济困难学生，发放各级各类奖助学金 7 项，总计奖助 1504 人，奖助金额达 403.8 万元；发放 2015 年第四批、第五批高校毕业生学费、国家助学贷款代偿金 13.8 万元。按照就近原则，全市共解决 5000 余名进城务工人员随迁子女入学。落实国家对特殊教育的各项优惠政策，构建和完善特殊教育保障体系，争取特殊教育学校改造提升资金 1000 万元。大力推进全纳教育，继续鼓励和支持普通学校接收残疾学生随班就读。加强落实孤、残、弃儿童义务教育工作。城关区娘热小学接收自治区福利院儿童 41 人就学，海萨小学接收拉萨市福利院儿童 83 人就学。开展 2015 年“三大节日”慰问活动，慰问退休职工代表、优秀教师代表、贫困户等共计 233 人（户），发放慰问金 23.6 万元。

【办学条件改善】 年内，积极推进教育城建设，拉萨市特殊教育学校、实验小学教育城分校、城关区第九幼儿园主体已完工；实施名校办分校等举措，将柳梧新区红军小学和柳梧乡完小纳入拉萨市师范附小分校；积极优化办园模式，广西友谊小学附属幼儿园由民办转为公办。实施标准化学校建设工程，已实施项目 14 个，投资近 1.3 亿元，已完工 10 个。城关区开工建设 15 所公办幼儿园，已有 3 所幼儿园投入使用，年底城关区公办幼儿园达到 32 所（含 10 所村级幼儿园），将极大缓解城区学前教育“入园难”现状。大力实施信息带教战略，全面完成农牧区中小学宽带网络入校建设，全市农牧区学校宽带入校率达 100%；进一步提升全市中小学教育信息化基础环境，建设 124 间交互式电子白板和 4 间网络多媒体计算机教室，发放 270 套教学资源软件。

【学前教育】 全年全市共投入 2.1 亿元，新建、改扩建 29 所城乡幼儿园。通过新分、转岗、招聘等方式新增幼教师资 167 名，完成学前师资培训 300 人次。认真贯彻落实《幼儿园教育指导纲要》及《3—6 岁儿童学习与发展指南》，发挥示范性幼儿园的带动作用，规范办园行为，纠正“小学化”倾向。

【特殊教育】 投入 7040 万元迁址新建拉萨市特殊教育学校，争取到 1000 万元特殊教育专项补助资金配备康复及教学设备。大力推进全纳教育，积极鼓励随班就读，各县（区）残疾儿童全纳教育示范学校实现全覆盖，全市随班就读的残疾学生数量不断增加，解决随班就读补贴 70 万元。

【德育工作】 年内，积极培育和践行新时期社会主义核心价值观，强化对学生的爱国主义、民族团结教育；丰富德育载体，组织参加“红领巾心向党西藏发展我成长”主题队日活动，开展拉萨市中小学“少年向上 真善美伴我行”读书、征文、演讲比赛和“少年传承中华传统美德”系列教育活动，3 万余人次参加各类德育活动；完成第二批优秀校园示范校和心理健康特色学校的申报工作，拉萨市江苏实验中学、拉萨市第三高级中学成功申报校园文化建设示范学校，拉萨市北京中学评为心理健康特色学校；组织编写《拉萨市小学生法制教育读本》《拉萨市中学生法制教育读本》；组织参与拉萨市创建全国民族团结进步示范市活动，拉萨市教育局及城关区雪小学、城关区第一小学、拉萨市江苏实验中学、拉萨市第二中等职业技术学校列入“七进”试点单位。

【教育质量】 年内，狠抓《拉萨市振兴教育教学质量三年行动计划》落实。召开年度教育工作会议，与各县（区）签订《拉萨市教育局2015年度教育事业发展目标》。组团赴云南、四川考察学习教育改革发展先进经验，对拉萨市8县（区）教育改革发展工作情况进行实地调研，促进全市形成以提高教学质量为根本导向的有效性教育教学管理机制。积极推进拉萨市“双语”教育工作，加大“双语”教育教学资源利用力度，发放“藏汉智能语音教具点读课本”3722本及939张资源光盘。出台《关于进一步加强“教学五环节”实施意见》，着力短板，探寻提升西藏学生理科学习成绩的路径和方法。组织局属学校认真落实《拉萨市中学实验教学管理办法》，召开县区教育局长汇报会，制定《拉萨市初中实验教学评估细则（试行）》，对全市所有初级中学进行实验教学评估。聘任3名特邀督学，加强对学校办学水平和教育教学质量的督导评估，有效推动了县域义务教育均衡发展，堆龙德庆、墨竹工卡、尼木3县顺利通过自治区义务教育均衡发展评估验收和国家认定，曲水县在全区率先通过自治区中小学素质教育评估验收。组织开展“给孩子适宜的爱”2015年学前教育宣传月活动，多途径传播科学育儿理念和方法，取得积极成效。以打造优质高中教育为目标，健全与新课程相适应的教育教学管理制度，完善科学的教育质量评价体系，全面实施高中学业水平测试和综合素质评价。发挥拉萨北京实验中学、江苏实验中学的示范引领作用，探索组团式援藏新模式，第二批引进90余名优秀教师到江苏、北京两所实验中学任教，全市4000余名农牧子弟在两校接受优质教育。年内，拉萨市高考录取率达80.7%，内地西藏初中班录取340人，内地西藏高中班录取540人，连续位居全区前列。

【义务教育均衡发展】 全市全年共投入3.2亿元，新建、改扩建义务教育学校35所，尼木、当雄、城关3个县（区）投入分别达到本级财政收入的40%、27%、26%以上。堆龙德庆、墨竹工卡、尼木3县（区）通过自治区义务教育均衡发展评估验收和国家认定，曲水县率先通过自治区中小学素质教育评估验收。柳梧新区小学办成师范附小分校，名校带动作用有效发挥。城关区积极探索均衡发展之路，继续推进“盟校共同体”建设，校际界限有效打破，办学整体水平不断提高。初中实验教学得到加强，江苏中学、三中、堆龙德庆区中学和墨竹工卡县中学评为实验教学先进学校。

（次旦卓玛）

拉萨师范高等专科学校

【党建工作】 年内，学校党委下设4个党总支，26个党支部，党小组建立到班级。举办第32、33期业余党校，培养学员660余人。确定入党积极分子200余人，发展党员120余人。在不同民族的党员和群众之间结对282个，形成了民族团结的对子链。荣获区市两级驻村工作组织先进单位。青马工程和业余团校培训学生280名；20个学生社团1300多人，组织大小活动100余次。组织青年志愿者活动2000余人次。为日喀则地震灾区捐款18万元。

【师资队伍】 年内，通过公招考试，录用了2人；选派支教教师10人；学校教师11人到内地高校交流学习，培养研究生2人。

【人才培养】 年内，为全区输送毕业生861人，其中师范生682人，非师范生179人。在2015年意大利米兰世博会中国青少年优秀画作征集活动中，水彩《藏地金秋》获大赛三等奖。在全国第四届大学生艺术展演中，群舞《雅砻果谐》获舞蹈类二等奖，油画《旭日东升》获大赛美术作品二等奖。150名女生组成的大庆民兵方队，受到好评。

【科研成果】 年内，全校教师发表论文65篇（其中核心10篇），出版著作3部，完成科研项目19项。在研省级以上项目29项（其中国家级4项），新增校外科研经费59.6万元，在研总经费达136.6万元。

【社会服务】 年内，完成全区小学班主任培训、全区乡镇幼儿教师培训和5个“国培计划”项目，受益人数898人。在“国培计划”培训机构匿名评估中，所承担的五个项目中有4个项目获得全国第一，1个项目获得全国第二。4名教师获拉萨市优秀教师金、银、铜奖。学校获得全国文明单位荣誉称号。

【办学条件】 年内，建成图书馆、自治区双语师资培训中心、3栋教工周转房、1栋学生宿舍、全塑胶足球场、校史馆、民俗馆。成功举办建校40周年纪念活动。

（陈吉佳）

拉萨市第一中等职业技术学校

【概　况】 截至年底，学校共有教职工156人，其中正式教职工99人（“双师型”教师10人），外聘教师28人，临时工29人。校区内现有农林类综合实验室、产品质量检验检测实训室、工程机械模拟操作室和农机维修实训室各一间，专业课教学班28个，全日制寄宿学生1577人。

【党建工作】 校党委首次召开党风廉政建设工作会议，并与九个处（室）、教学部主要负责人分别签订了《2015—2018年度党风廉政建设责任书》，目的是贯彻落实市委八届六次全会精神和市纪委的安排部署，认真落实校党委党风廉政建设的主体责任，深入推进学校党风廉政建设和反腐败工作，为拉萨一职和谐发展提供坚强的政治保证和纪律保障。

【师资队伍建设】 从内地知名重点大学优秀毕业生中引进了9名专业人才，新增“双师型”教师6名。截至年底，共组织60余名教师参加了区内外的各级各类培训，整体素质师资力量有显著提高。

【专业建设】 秋季学期，新开设了果蔬花卉生产技术、农村经济综合管理、农村电气技术、农业机械使用与维修、汽车运用与维修、汽车整车与配件营销、食品生物工艺、民族风味食品加工制作等8个专业，开设专业总数达到19个。各年级专业技能课比例显著提高，专业师资配置明显优化。

【招生就业】 积极争取教育主管部门统筹安排，建立普教和职教均衡发展的招生体制，新生报到注册509人，新生报到率比上年提高了16.7%。通过就业指导、推荐，组织学生参加招聘会、到用工单位应聘，鼓励学生自主择业、自主创业，截至年底，毕业生为182人，其中80人参加对口高职，92人就业，5人自主创业，最终就业率为91.26%。

【职业技能培训】 学校紧紧围绕全市经济发展和净土健康产业的发展任务，以提高农牧民综合素质、促进农牧民增收为目标，以培养有文化、懂技术的新型农牧民，为推进拉萨市净土健康产业发展，促进农牧民增收为任务，展开了一系列农牧民培训工作。在住宿条件紧缺，资源极其紧张的条件下，仍完成“四业工程”培训（SYB创业培训和拉萨市小型旅游客运车辆从业人员岗前培训）362人次，社区教育40人。

【校企合作】 年内，继续深化了与西藏绿宝园林有限公司、西藏罗占民族手工艺发展有限公司、西藏蓝雪工贸有限公司、羊达现代设施农业示范园等5家企业的合作，提高了市一职在校学生的实训工作能力，也为相关企业的发展注入了活力，实现双赢。

【对外交流合作】 学校与江苏农林职业技术学院正式签订了《江苏农林职业技术学院支援拉萨市第一中等职业技术学校合作办学协议》。双方将在专业建设、实训基地建设、“双师型”教师培养、学校中层干部挂职培养锻炼、通过网络实现双方图书资料信息共享、项目建设及专业教材建设等方面开展深入合作交流。

（李宝鹏）

拉萨市第二中等职业技术学校

【概　况】 拉萨市第二中等职业学校创建于2013年9月，是一所全日制综合性中等职业技术学校，校园占地375亩，建筑面积12.4万平方米，总投资6.85亿元，规划学生规模6000人。拥有综合教学楼、图书办公楼、实训楼、学术报告厅、活动中心、学生宿舍、400米标准运动场等完备的基础设施，建有木工木雕、藏药制药、唐卡绘画、酒店服务、缝纫等8个现代化实训车间，设有护理、烹饪、民族音乐与舞蹈、计算机平面设计等30个专业。现有教职工291人，在校生4339人。

学校大力推行“工学结合、校企合作”的人才培养模式，选派学生到企业进行顶岗实习，并建立了校企合作的就业直通车。截至年底，三年级715名学生中已有493名在企业实习，200名学生签订就业协议和自主就业协议。开展“短平快”农牧民技能培训，累计培训2000余人次。2015年5月，首次组织学生参加2015年中国技能大赛——西藏自治区餐饮住宿行业技能竞赛，荣获团体优秀奖。

【新生军训】 8月25日—9月11日，在西藏军区77526部队的大力支持和具体指导下，圆满完成了2015级新生的军训工作。

【创新管理】 年内，严格遵循教书育人、管理育人、服务育人的基本原则，积极探索科学化、精细化、规范化常规管理，全面推行“12345”管理新模式；认真推行“安全求实，操作求精，管理求细，业绩求研”的实训车间管理模式，不断提高实训车间的使用率，增强实训效果。

【师资队伍建设】 年内，学校从自治区歌舞团等单位行业外聘教师22名；通过国培、区培、对口支援院校培训等渠道培养培训专业教师25名；广东理工学院选派1名专家到学校教育援藏，通过讲座、集中授课等方式，培训会计专业转型教师，帮助财经商贸教学部加强专业建设。

【专业建设】 年内，充分利用各级资金，基本建成现代化的实训基地。市财政投资355.5万元，建设天桥、实训车间改造项目。用好2014年中央和自治区财政下达的“中等职业教育质量提升计划”专项资金3108.3万元，完成声乐、舞蹈教室改造及设备采购，导游模拟设备、茶艺室设备、物流机房设备采购，办学条件进一步改善，基本建成现代化的实训车间。

【招生工作】 学校舞蹈、声乐特招班学生80名完成招生并如期开班。学校通过报纸、电视、手机短信、DM单、微信等平台加大招生宣传力度，完成1723名学生招生任务。

【校园文化】 3月25日，学校组织全体师生进行植树活动，绿化校园、美化家园；3月28日，“3·28”百万农奴解放纪念日升旗仪式、诗歌朗诵暨演讲比赛在校足球场举行；5月6日，学校组织26名学生参加2015年中国技能大赛西藏自治区餐饮住宿行业职业技能竞赛，最终学校校荣获大赛团体优秀奖，2013级学生旦增措姆荣获中餐烹饪金奖，2013级学生曲珍荣获中餐烹饪铜奖，2013级学生边巴旺堆荣获优秀厨师奖，仓啦等14名同学荣获优秀餐厅服务员奖，次仁曲旦等8名同学荣获优秀客房服务员奖；5月10日，职业教育宣传周活动启动仪式举行；5月11日，职业教育宣传周期间达孜县组织教育局、农牧局、人社局和县中学相关人员及中小学生30人进校园参观；5月13日，“发展职业教育、成就出彩人生”专题讲座在学校运动场隆重举行；5月13日，学校组织全校师生进行了地震疏散演练活动；5月14日，“发展职业教育，成就出彩人生”主题研讨会在学术报告厅举行；5月15日，“发展职业教育、成就出彩人生”主题演讲比赛精彩上演；5月18日，为期两个月的教师教学技能大练兵活动正式拉开帷幕；6月3日，学校教师礼仪培训班举行开班仪式，117名青年教师参加培训学习；10月21日，学校相关处室联合对学校食堂和商店进行了认真细致的食品安全卫生检查；11月9日—23日，以教学部为单位，学校有针对性地进行电子白板操作培训；11月12日，拉萨市首届“拉萨市非公企业与拉萨市第二中等职业技术学校学生就业对接洽谈会”在学校举行；11月26日，感恩教育主题演讲比赛活动在学术报告厅举行；12月1日，邀请拉萨市疾控中心专家开展青少年学生预防艾滋病专题讲座；12月4日，以部门为单位组织教职工、学生开展学习宪法活动；12月6日，以“技能改变命运、素质成就未来”为主题的学校首届职业技能大赛隆重开幕。12月22日，集中组织全校学生开展寒假安全教育。

【校企合作】 年内，积极探索“工学结合、校企合作”的人才培养模式，推进与企业之间的深层合作、良性互动，与京北方信息技术有限公司、瑞吉酒店、卓玛医院等30余家企业单位建立校企合作关系，并建成27个稳定的专业技能人才订单培养基地，共选派733名学生（其中包括二年级224名）到企业顶岗实习，建立了校企合作的就业直通车。

【职业技能培训】 年内，被拉萨市人力资源与社会保障局列为精细木工、缝纫、客房服务等相关技能人才定点培训机构，积极开展“短平快”农牧民技能培训、企事业单位员工岗前培训以及职业技能提升等各级各类社会培训，累计培训2400余人次，取得了良好的经济社会效益。

【对外交流合作】 年内，圆满完成作为西藏自治区成立五十周年大庆活动参观点的迎接任务。成功接待国家教育部、区、市党委、政府、人大、政协等相关部门领导到学校现场调研指导工作58次。7月，广东理工学院董事长叶念乔带领院长张相伟、副院长刘玉等相关人员，北海艺术设计学院副院长彭仁带领相关人员，到学校考察诊断指导专业建设，广东理工学院为学校捐款30万元。选派21名中层干部分两批赴贵州、云南、重庆等国家示范职业学校考察学习交流。

【领导关怀】 3月12日，市委常委、宣传部部长占堆在副市长吴亚松的陪同下，到学校调研舞蹈、声乐专业教学场地改造情况；3月19日，教育部职业教育专项调研组一行在自治区教育厅副厅长吴爱珍、拉萨市副市长计明南加及教育厅、市教育局相关人员的陪同下，到学校调研《中华人民共和国职业教育法》《国家中长期教育改革和发展规划纲要（2010—2020）》、全国职教会议精神落实情况；3月20日，自治区党委副书记、自治区常务副主席、自治区党委政法委书记邓小刚，自治区党委常委、拉萨市委书记齐扎拉，自治区党委常委、秘书长王瑞连，自治区人大常委会副主任许雪光，自治区副主席孟德利，自治区政协副主席罗松多吉和自治区相关厅局领导在拉萨市副市长计明南加及市教育局领导的陪同下，到学校考察维稳防控和学校管理工作情况；4月15日，以自治区人大常委会副主任赵合为组长，自治区人大教科文卫委员会主任委员李清波为副组长的检查组一行，在教育厅副厅长达瓦，拉萨市人大常委会副主任平措朗杰、市政府副市长计明南加，市教育局、市人社局、市财政局、市发改委相关负责人的陪同下，到学校检查《中华人民共和国职业教育法》的贯彻执行情况；5月10日，中央政策研究室调研组一行在拉萨市委书记齐扎拉、拉萨市副市长计明南加的陪同下前来学校调研；5月12日，教育部民族教育司司长毛力提在区党委常委、市委书记齐扎拉，市委常委、市委秘书长袁训旺，教育厅副厅长次仁多布杰及市教育领导的陪同下到学校调研职业教育开展情况；5月20日，自治区教育厅副厅长吴爱珍率调研组一行在市教育局相关人员的陪同下到学校调研职业教育办学情况；5月29日，美国驻华大使马克斯·西本·博卡斯和他的妻子梅乐迪·韩斯以及其他美国官员，在西藏自治区和拉萨市有关部门领导的陪同下，到学校进行访问考察；7月9日，参加全力推进“依法治藏”方略座谈会代表一行60余人在拉萨市市长张延清、副市长计明南加的陪同下前来学校参观考察；8月11日，自治区副主席房灵敏一行在区、市教育行政部门相关领导的陪同下，到学校调研指导工作；9月5日，自治区党委常委、拉萨市委书记齐扎拉，市委副书记马新明，市委常委、常务副市长斯朗尼玛，市委常委、秘书长、拉萨经开区党工委书记袁训旺，市委常委、市公安局党委书记次仁旺堆，市委常委、城关区委书记果果，市委常委、宣传部部长占堆，副市长计明南加一同到学校考察调研；9月8日，教育部副部长鲁昕在自治区副主席房灵敏、自治区教育厅厅长马升昌、拉萨市副市长计明南加及相关部门领导的陪同下，到学校考察调研职业教育情况；9月9日，庆祝西藏自治区成立50周年中央代表团到学校参观考察，中央政治局常委、全国政协主席、中央代表团团长俞正声，十届全国人大常委会副委员长、中央代表团副团长热地，全国政协副主席、中央代表团副团长帕巴拉·格列朗杰，中央军委委员、总政治部主任、中央代表团副团长张阳在西藏自治区党委书记陈全国及区市其他领导的陪同下，视察学校的物流、酒店管理专业实训车间，中央政治局常委、全国政协主席、中央代表团团长俞正声一行领导人与学校教师代表及部分中小学校长、优秀教师代表合影留念，俞正声主席发表重要讲话；9月24日，全国政协调研组一行在自治区政协副主席罗松多吉、拉萨市政协主席诸伟敏和区市相关部门人员的陪同下到学校调研；10月9日，江苏省教育厅厅长沈健一行在自治区党委常委、拉萨市委书记齐扎拉，自治区副主席房灵敏，拉萨市委常委、秘书长、拉萨经开区党委书记袁训旺，拉萨市副市长计明南加及拉萨市教育局相关领导的陪同下，到学校考察调研；10月15日，上海市教委一行在自治区教育厅副厅长吴爱珍、市政府副市长计明南加、市教育局局长中楚成及相关人员陪同下，到学校考察中等职业教育办学情况；10月28日，自治区党委改革办专职副主任汪晓东一行在拉萨市委副秘书长、市委政研室（农工办）主任曹恩洪，拉萨市教育局副局长龚晓堂的陪同下，到学校进行调研；11月4日，全区重点业余体校办学水平评估暨研讨会领导小组到学校对业余体校办学水平进行检查评估；11月19日下午，德国人权专员施特拉瑟一行6人在自治区党委常委、拉萨市委书记齐扎拉，区外侨办主任巨建华，副市长陈文强、市外事办主任张干及市教育局领导的陪同下,到学校进行访问考察。

(宾映祥)

体　　育

【概　况】 截至年底,拉萨市教育局(体育局)下设体育科1个行政科室,行政人员2人,事业在编4人,借调11人。拉萨市教育局(体育局)体育科始终围绕"全民健身"主题,深入贯彻落实八届市委第87次常委会议关于"积极举办各类体育赛事,促进拉萨体育事业健康有序发展"的精神,加快推进《全民健身条例》及《西藏自治区全民健身实施计划(2011—2015年)》的实施,加强学校体育和群众体育工作,积极发展壮大竞技体育,举办和组织参加各级各类体育赛事活动。

【中专(高中)招生考试体育测试】 截至年底,参加拉萨市2015年普通中专(高中)招生考试体育测试的考生共6276名。体育测试工作成立了拉萨市2015年普通中专(高中)招生考试体育测试工作组,3月5日,向各参加考试的学校下发《拉萨市教育局(体育局)关于做好拉萨市2015年普通中专(高中)招生考试体育测试工作的通知》,确定考试的项目和时间,工作组人员挂牌上岗,照章收费,严格考试,进行封闭式统分工作,整个体育测试工作各个环节接受纪检部门和社会群众的监督。

【体育法实施情况执法检查】 2015年4月8日,由市人大常委会副主任平措朗杰率领的执法检查组到市辖区、城关区、当雄县、曲水县各中小学、老年活动中心、特殊学校和敬老院等实地,全面检查拉萨市贯彻执行《中华人民共和国体育法》具体情况,并听取了市人民政府的专题情况汇报。通过检查,市人大常委会检查组对拉萨市的在贯彻执行《中华人民共和国体育法》的各项工作给予了充分的肯定。并在2015年5月14日召开的拉萨市十届人大常委会第20次会议上审议通过了《拉萨市人大教科文卫委员会关于〈中华人民共和国体育法〉实施情况执法检查的报告》)(以下简称《报告》)。《报告》中对拉萨市强化学习宣传,全民健身意识不断增强;狠抓设施建设,体育事业发展基础得到夯实;精心组织体育活动,全民健身运动蓬勃发展;大力发展体彩产业,体育发展后劲增强等五个方面给予了充分的肯定。同时深入分析了拉萨市在贯彻落实《中华人民共和国体育法》工作中存在的困难和问题,并提出了切实可行的意见和建议。

【拉萨市第八届中学生运动会】 4月20日—30日,拉萨市第八届中学生运动会举办。活动由拉萨市教育局(体育局)主办,市文体中心、市第二中等职业技术学校、城关区教育局(体育局)联合协办。共有20支参赛队1000余名运动员分甲、乙两组参加足球、篮球、乒乓球和田径4个大项目的比赛。球类赛事从4月20日—27日,田径赛事从28日—30日。

【拉萨市校园足球联赛(小学组)暨拉萨市U13少年足球通讯赛】 6月19日—26日,拉萨市教育局(体育局)举办2015年拉萨市校园足球联赛(小学组)暨拉萨市U13少年足球通讯赛。本次赛事实行7人制足球赛,拉萨市七县一区的23支小学组校园足球活动布点学校300余名运动员参赛。截至年底,拉萨市的校园足球布点学校涵盖小学、初中和高中,布点学校的数量已发展到51所,校园足球人口也已达到25000余人。

【全国男子篮球联赛(NBL)开幕式暨揭幕战在拉萨市举办】 7月18日,2015年全国男子篮球联赛开幕式暨揭幕战在拉萨市群众文化体育中心体育馆举办。拉萨净土男子篮球职业俱乐部于2015年2月15日正式成立,6月,正式确定由拉萨净土俱乐部承办2015年全国男子篮球联赛揭幕战,7月18日在拉萨市群众文化体育中心举办了此次活动的开幕式暨揭幕战活动。赛后,拉萨市委副书记、市长张延清向南京军区队赠予了"中国梦,雪域情,军民一家亲"锦旗。

【西藏自治区第十一届中学生运动会获佳绩】 7月22日—31日,由西藏自治区教育厅和拉萨市人民政府联合主办,拉萨市教育局(体育局)承办的西藏自治区第十一届中学生运动会在拉萨市举办。本次活动有昌都市、日喀则市、林芝市、山南地区、阿里地区、那曲地区、拉萨市、西格办中学、西藏民族大学附属中学以及拉萨中学共10支代表团的618名运动员参加足球、篮球、乒乓球和田径4个大项的甲、乙2个组别的比赛。为圆满完成此次承办重任，拉萨市教育局（体育局）先后多次召开协调会议、专题工作部署会议和工作推进会议，研究制定切实可行的实施方案并逐项落实，确保每项工作、每个细节、每个角落责任到人。同时，作为参赛单位之一，拉萨市代表团在本届运动会上共获得37项冠军，其中球类比赛项目获9项冠军，田径比赛项目获28项冠军，并在田径项目中打破了7项全区中学生运动会的纪录，荣获本届运动会冠军。

【江苏省体育局援助拉萨体育】 7月28日，拉萨市教育局（体育局）与江苏省体育局赴藏考察团一行举行座谈会，交流发展体育事业的经验，就推动拉萨市体育事业的发展建言献策。江苏省体育局局长陈刚表示江苏省高度重视援藏工作，他介绍了在《关于加快发展体育产业，促进体育消费的若干意见》的基础上出台的江苏本地实施意见，并就创建公共体育服务体系示范区分享了经验。近年来，拉萨市越来越重视发展体育事业，把体育工作作为民生工程来抓。拉萨市体育部门积极研究“十三五”规划，遴选出重大课题，虚心向江苏对口援藏单位请教。同时，将对高原地区如何搞好竞技运动项目做一系列前期研究和攻关，切实加强江苏和拉萨户外运动方面的合作，打造新的体育产业增长点。

【拉萨净土男子足球俱乐部有限公司成立】 拉萨净土男子足球俱乐部有限公司于2015年8月3日完成工商注册，注册资金1000万元。9月，俱乐部在网上及各媒体宣传渠道上发布拉萨职业男子足球俱乐部招聘公告，选拔出符合条件的运动员21名，其中藏族球员20名，球队的2名教练员均为藏族本土教练员。10月1日—5日，球队代表西藏赴湖南参加全国足球业余联赛，分别与四川玖玖爱、重庆庆源、湖南四海、新疆安淇拉进行了比赛。赛后，拉萨净土队获得了湖南省娄底市足协赠予的“高原雄鹰”题字，“拉萨净土”也出现在了2015中国足球俱乐部成绩百强榜之上。

【拉萨市第二届体彩杯足球联赛】 拉萨市第二届体彩杯足球联赛时间于8月8日—18日举办，赛事实行男子11人制足球赛，共有16个单位各自组队参加本次活动，参赛人数近350人。

【拉萨市成为西藏首个体育产业联系点】 国家发改委、国家体育总局于2015年年初开展了国家体育产业联系点申报工作。拉萨市结合实际，呈报了《拉萨市体育产业联系点城市工作方案》，并最终通过国家发改委和国家体育总局审批，成为全区唯一一个国家体育产业联系点城市。截至年底，拉萨市体育产业方面主要以体育彩票销售为主，全市共有体育彩票销售网点231个，拉萨市体彩中心建有64个彩票网点和6个社会网点。

【拉萨市代表团在中华人民共和国第一届青年运动会上获佳绩】 中华人民共和国第一届青年运动会于2015年10月18日—27日在福建福州举行，拉萨市代表团共35人组团参赛，其中，团部4人，教练8人，运动员23人，参加本次青运会田径、摔跤、柔道、拳击、乒乓球5个大项、15个小项的比赛。

【第二届拉萨篮球联赛】 第二届拉萨篮球联赛由拉萨市委、市政府主办，拉萨市教育局（体育局）和拉萨市群众文化体育中心承办。比赛时间为2015年10月25日—11月5日，比赛地点分布在拉萨市群众文化体育中心、拉萨市青少年活动中心以及拉萨市第三高级中学，共有57个参赛单位的700余名运动员参加。

【拉萨市首届民族州市体育产业发展论坛】 10月31日，由拉萨市委、市人民政府主办，拉萨市教育局（体育局）承办的拉萨市首届民族州市体育产业发展论坛举行。论坛由拉萨市副市长计明南加主持。原国家体育总局反兴奋剂中心主任何珍文，国家奥林匹克中心办公室主任郭红，国家体育总局监管中心竞赛部部长肖红安，北京市体育局体育场馆协会秘书长熊伟，湖北省体育局体育产业中心副主任邹洪波共5位领导和北京市政协委员、首都体育学院教授霍建新，北京鼎信体育设施有限公司董事长、北京鼎奥资本管理有限公司董事长、中国社科院博士周文信，上海体院经济学院副院长刘东锋3位专家以及新疆乌鲁木齐市等10个民族州市代表团的约50名代表应邀出席论坛。参加论坛的还有各县（区）副县（区）长、教体局局长，市直各校校长，市教育局（体育局）

在家领导及各科室负责人，部分企业代表约140人。

【拉萨市首届民族州市篮球邀请赛】 11月1日—7日，由拉萨市委、市政府主办，拉萨市教育局（体育局）承办的“拉萨市首届民族州市篮球邀请赛在拉萨市群众文化体育中心举行。新疆乌鲁木齐市、内蒙古呼和浩特市、吉林省延边州、云南省迪庆州、云南省文山州、云南省大理州、四川省阿坝州、青海省海西州和甘肃省临夏州等州市以及拉萨净土共10支队伍、160余名球员参加。

【2015年国家体育总局西部送教（西藏）教练员培训班】 11月19日—22日，由国家体育总局青少年体育司主办，总局教练员学院和西藏自治区体育局承办，拉萨市教育局（体育局）协办的2015年国家体育总局西部送教（西藏）教练员培训班在拉萨完成。悉尼奥运会跳水冠军李娜，男篮前国手莫科和来自国家体育总局教练员学员培训部、北京市体育科学研究所、广州体育学院等单位的5位受邀体育明星和专家学者通过理论与实践相结合，从青少年体能训练、足球教学方法、篮球教学方法、多媒体制作、如何评价一节体育课、体育游戏的选择与运用、体育教学设计及说课技巧等方面进行了讲学指导，使拉萨市辖区内不同学校选送的78名参训人员从中受益，并于22日上午获得了由国家体育总局教练员学院颁发的培训结业证书。

【西藏自治区全民健身工作评估】 根据西藏自治区体育局下发的《西藏自治区全民健身实施计划（2011—2015年）评估工作方案的通知》和《关于各地（市）体育局要抓好评估工作，做好迎接评估督察准备的补充通知》精神，拉萨市教育局（体育局）及时部署迎评任务，切实做好各项迎评前期准备工作。自治区评估组利用5天时间对拉萨市辖区、城关区、达孜县、墨竹工卡县、堆龙德庆县、当雄县以及曲水县进行了全面抽查考评。并于2015年11月27日上午，拉萨市在市政府515会议室召开迎接西藏自治区全民健身工作评估座谈会，全面汇报拉萨市2011至2015年全民健身工作开展情况。拉萨市副市长计明南加代表拉萨市委、市政府向自治区评估组作《拉萨市关于〈西藏自治区全民健身实施计划（2011—2015年）〉实施效果评估报告》。报告中指出：拉萨市委、市政府以科学发展观为指导，坚持体育为人民服务、为社会主义现代化建设服务的方针，以满足广大人民群众日益增长的体育文化需求为出发点，以增强人民体质为落脚点，高度重视全民健身工作，制定了《拉萨市全民健身实施计划（2011—2015年）》（以下简称《计划》），八届市委第87次常委会专题研究了全市体育事业，为拉萨全民健身事业的发展绘就了蓝图、指明了方向。在此基础上，全市上下广泛开展全民健身运动，促进了拉萨体育事业更好更快发展，提高了全市各族人民身体素质、健康水平和生活质量，构建了全民健身服务体系，使《计划》得到了较好的贯彻落实，全民健身事业取得了可喜的成绩。截至年底，全市经常参加体育锻炼的人数不断增多，参加体育锻炼活动每周不少于3次、每次不少于30分钟、锻炼强度中等以上的人数比例达到35%以上，学生在校期间每天至少参加1小时的体育锻炼活动，老年人、残疾人参加体育锻炼人数比例也有所提高。全市现有体育场地的单位共264个，各类体育场地达到708块；为满足“老、少、边、穷”地区日益增长的体育健身需求，拉萨市积极主动争取国家体育总局“雪炭工程”专项资金，截至年底，已争取到由彩票公益金援建的“雪炭工程”项目7个，每个项目资金为400万元，县级全民健身中心1个，项目资金623万，为继续加大综合性公共体育设施建设力度提供了有利条件；拉萨市获得社会体育指导员技术等级证书的人数达到658人，其中：国家级16人，一级455人，二级77人，三级110人。

【中华体育基金会“希望之星”少年足球训练营（拉萨）开营仪式暨全国校园足球特色学校授牌仪式】 经中国足协考察，西藏自治区拉萨市在场地设施、教练员执教水平及青少年足球普及程度和校园足球开展情况符合成立足球训练营所需条件，被列为“希望之星”少年足球训练营。12月14日，“中华体育基金会‘希望之星’少年足球训练营（拉萨）开营仪式暨全国校园足球特色学校授牌仪式”在拉萨市群众文化体育中心完成。

【拉萨市2015年二级社会体育指导员培训班】 12月15日—17日，拉萨市教育局（体育局）举办了拉萨市2015年二级社会体育指导员培训班。拉萨市辖区、七县一区范围内各行业各部门的优秀三级社会体育指导员50人参加本次培训。自治区社会和民族传统体育指导管理中心社体科科长蒋才均以及拉萨市的4名国家级社会体育指导员担任本次培训教练员职务。

【文体中心建设】 拉萨市群众文化体育中心是西藏和平解放60周年大庆奠基项目，是西藏地区规模最大、设施最先进、功能最完善的群众活动及文化体育中心。文体中心由北京市援建，总投资约7.6亿元，是全国援藏项目中单体规模最大、投资最多的项目，由“一场一馆”（体育场、体育馆）构成，占地面积25.8万平方米（约387亩），总建筑面积6.69万平方米，绿地率35%。文体中心现已成为拉萨市的地标建筑，位于西藏自治区拉萨市柳梧新区核心区域，其总体设计理念是牦牛眼和牦牛角，椭圆形的体育场取意牦牛眼，弧形排列的体育馆、室内广场和牦牛博物馆组成牦牛角，环绕在体育场的一侧。它规划用地呈方形，四周为城市道路，北依奥体大街，南临柳梧新村南路，西接察古大道，东靠拉萨市东环路，一条绿化景观水系南北向穿过整个中心。2014年10月建成并投入使用以来，拉萨市文体中心始终认真贯彻落实习近平总书记关于新时期体育工作的重要指示和八届市委第87次常委会议关于“积极举办各类体育赛事，促进拉萨市体育事业健康有序发展”的精神，健全机构、加强管理，主动学习内地先进经验，承担了一系列大型文化活动和体育赛事，文体中心今后将努力打造五大功能区，即综合体育区、体育用品展示区、体育公园区、体育培训区、餐饮娱乐区，真正成为集文化、体育、商贸、群众活动于一体的综合性公益场馆。综合体育区主要包括足球场、篮球馆、网球场、乒乓球馆、羽毛球场、攀岩。体育用品展示区主要是集各种体育企业文化的宣传、体育用品销售为一体的展示性区域。体育公园区是将拉萨市民感兴趣的体育健身项目和园区内生态园林环境巧妙地融为一体，是群众体育锻炼、健身休闲型的公共场所。体育培训区主要是为广大群众提供体育健身指导、基础体育培训、拓展培训，支持球类、游泳、舞蹈、棋牌、跆拳道等专业项目培训。餐饮娱乐区主要是集酒店、饮食、观光旅游、购物、娱乐为主，为大型赛事活动相关人员提供住宿，逐步形成餐饮娱乐一条街。

（德　庆）

文化·广电·新闻出版

综　　述

【概　况】 年内,全市文化新闻出版文物工作在市委、市政府坚强领导下,全面贯彻落实中共十八大,十八届三中、四中、五中全会,习近平总书记系列重要讲话精神和区、市文化新闻出版文物工作会议精神,按照“充分发挥首府城市文化首位度作用”总要求,以“文化兴市”为抓手,推进文化惠民,繁荣创作生产,狠抓传承发展,有力推动了文化领域各项工作上水平。

(杨睿楷)

文　　化

【公共文化服务体系建设】 按照《中共中央办公厅、国务院办公厅关于加快构建现代公共文化服务体系的意见》和《国家基本公共文化服务指导标准(2015—2020年)》要求,为进一步促进拉萨市公共文化服务标准化、均等化、社会化和数字化发展,全面提高服务效能、质量和免费开放水平,拉萨市成立了创建第三批国家公共文化服务体系示范区工作领导小组,制定了《拉萨市创建公共文化服务体系示范区实施方案》,编制了《拉萨市创建国家公共文化服务体系示范区建设规划(2015—2017年)》,起草了《拉萨市基层公共文化设施和管理服务标准化建设指标》;5月,参加了文化部、财政部在北京召开的第三批创建国家公共文化服务体系示范区(项目)评审工作,评审工作顺利通过专家评审,组派创建人员,参加“第三批创建国家公共文化服务体系示范区联络员培训”,进一步明确了创建意义及核心要求。8月,国家公共文化服务体系示范区(项目)创建工作领导小组下发了《关于公布第三批创建国家公共文化服务体系示范区(项目)名单的通知》,拉萨荣获第三批国家公共文化服务体系示范区创建资格;10月,拉萨市到山南开展国家公共文化服务体系示范区创建城市区域文化联动活动暨老年艺术团巡演活动,活动的开展标志着拉萨市国家公共文化服务体系示范区创建城市区域文化联动活动正式启动。

12月,召开“拉萨市创建国家公共文化服务体系示范区动员大会”,会上,市长张延清传达了区委常委、市委书记齐扎拉关于做好拉萨市创建公共文化服务体系示范区工作和开好此次动员大会作出的重要批示,并代表市委、市政府从完善公共文化设施网络,打好“阵地战”,强化公共文化产品供给,打好“攻坚战”,着力公共文化队伍建设,打好“持久战”三个方面做了深入动员讲话。

【文化民生保障】 加快建设拉萨群众文化活动中心项目,投资1.52亿元的市群众文化活动中心项目(新建市群艺馆、市歌舞团项目)于4月开工,完成投资

11451 万元，完成项目建设 75%；2014 年 12 月，完成全市 51 个乡镇文化站项目建设工作，使拉萨市乡镇综合文化站覆盖率达到 100 %，实现了全市 65 个乡镇（街道）“一乡一站”的目标基础上，年内，投资 765 万元完成 51 个乡镇文化站附属及乡镇文化站设备采购和配送工作；多次组织专人到八县（区）对各县县级文化活动中心及乡镇文化站工作人员编制落实情况进行实地调研，截至年底，已落实各县（区）乡镇文化站工作人员编制 248 个，落实人员到位 229 人，基本实现每个县文化活动中心专职人员不少于 4 个的目标，充分发挥其在统筹城乡文化发展、构建公共文化服务体系中的重要作用；实施县（区）文化活动中心达标建设，投资 3500 万元的堆龙德庆县综合文化活动中心项目动工并完成了主体建设工作。

【市民基本文化权利保障】 按照文化部关于公共文化服务设施免费开放的工作要求，拉萨市所有图书馆、博物馆、群艺馆和各级综合文化活动中心、乡镇综合文化站实现免费开放，其中西藏牦牛博物馆自上年开馆以来，共接待参观者 2 万余名，中外参观团队 54 个；市群艺馆继续打造提升“幸福拉萨规范舞”，学跳活动在“宗角禄康、罗布林卡”等全市 25 个点如火如荼开展，共开展学跳活动 800 余场次；以围绕自治区成立 50 周年为主题，投资 54 万元，在机场高速公路及市区内设立大型户外广告牌项目，正在加紧建设中。

【全市优势文化资源整合】 按照区市党委政府关于加强文化建设的相关部署，拉萨市文化（新闻出版、文物）局始终把基础文化队伍建设作为一个工作重点，成功举办拉萨市第二届民间艺术团文艺调演，从 48 个优秀作品中评分选出 6 个节目分获一、二、三等奖，近 700 人观看；以重大节庆日、文化科技卫生“五下乡”“百万农奴解放纪念日”“四进社区”等文艺演出为契机，全市七县一区文化队伍深入开展了广场文化、节庆文化、社区文化等文艺惠民演出 886 场次，参演演员 727 人次，观众 67 万人次；组派市歌舞团赴台湾参加“第十五届京味文化之旅”交流演出活动，活动演出 8 场，观众近万名，引发现场观众强烈共鸣，在台湾展示了西藏经典文化的魅力风采；成功举办首届拉萨市“克莱德曼杯”—幸福拉萨·少儿才艺大奖赛，最终分别确定了儿童组和少年组一等奖一名、二等奖两名、三等奖三名和优秀奖数名，吸引近千名群众观看。

【文化精品工程】 年内，围绕“深入生活、扎根人民”主题实践活动，市歌舞团开展了专业技术人员业务整训工作，为下一步完成《莲花瓣上的圣城》创作和歌舞《高原神韵》打牢基础；根据市委、市政府领导指示，按照市委宣传部要求，制定了《拉萨市第二中等职业技术学校招收培养舞蹈、声乐学员工作方案》并于 2015 年 3 月正式启动招生工作，4 月成立 3 个班，共 80 名学员，有 11 位专业老师负责授课。截至年底，第二中等职业技术学校艺术人才整班培养工作，进展顺利，收效明显；为推动拉萨市文化大繁荣大发展及曲艺艺术的发展，成功举办“首届拉萨曲艺创作研讨交流会”，以研讨交流会为契机，立足拉萨实际，依托全区曲艺资源，成功签约作品 6 个，达成意向作品 4 个。

【文化市场安全生产隐患排查整治】 为迎接西藏自治区成立 50 周年大庆，切实做好文化市场安全生产隐患排查整治工作，与全市 106 家歌舞娱乐场所和 283 名演出人员签订了《拉萨市娱乐场所政治安全责任书》和《拉萨市娱乐场所演出人员政治安全责任书》，并有序推进娱乐场所演员上岗证办理工作，办理 72 名；年初，完成对全市 647 家文化娱乐经营场所证照的年检工作，其中：互联网上网服务营业场所 119 家，打字复印店 210 家，音像店 133 家，歌舞厅、KTV83 家，朗玛厅、营业性演出场所 24 家，出版物经营单位 44 家，文化公司 17 家、印刷厂 5 家、艺术品经营单位备案 12 家；11 月开始新一轮年审工作，截至年底，已完成城区 162 家文化娱乐场所、网吧的年审换证工作；先后开展了“清源”“净网”“固边”“护苗”“秋风”专项行动，依法严厉打击了制售盗版音像、计算机软件、盗版教材教辅读物等各类侵权盗版行为，健全完善了互联网管理协调处突、违法网站信息通报和处罚联动工作制度，全面清除了网上淫秽色情和低俗信息，共检查经营场所 1590 家，查获各类违禁音像制品 3986 张，删除网上有害信息 4893 条，通过专项整治，有效净化了拉萨市社会文化环境，确保了意识形态领域绝对安全。

【文化人才培养】 为进一步加快拉萨市文化人才队伍建设，提高文化工作者素质，提升公共文化服务水平，按照自治区文化厅要求，拉萨市“三区”人才工作顺利有效进行。拉萨市“三区”人才工作共计选派人员 70 余人/次，培养人员 21 人，选派培养主要采取内地培养、市县之间、县乡之间、乡镇村之间人员交流形式。选派培养时间中、短、长期不等，最短为半个月，最长为一年期。截至年底，全市八县（区）“三区”工作共开展业务培训60余期，规模从2—3人至20—30人不等，培训人员涉及社区群众、农牧民群众及机关事业单位在职干部多个领域，全市受训人员达800余人次。

（杨睿楷）

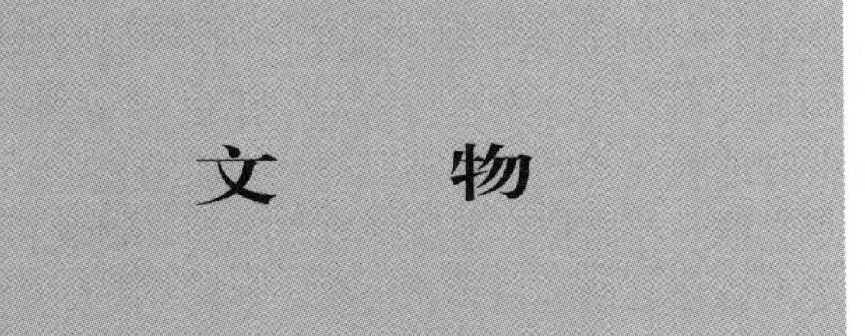

【非物质文化遗产保护】 为使非物质文化遗产代表作的传承得到有效保护、后继有人，在全区率先设立每人每年3000元的市级传承人保护补助资金，共45人，发放13.5万元补助金；按照全市文化工作年初工作要点，尼木县设立全市首个县级非物质文化遗产代表性传承人每人每年2000元的保护补助资金，选出9名县级传承人，发放1.8万元补助金；积极督促指导各县区名录建设工作，完善了县级保护名录项目71项，传承人85名，形成了国家、区、市、县四级非物质文化遗产名录体系。截至年底，拉萨市非物质文化遗产代表性项目147项，代表性传承人177名；随着非物质文化遗产保护工作的不断深入，“雪顿节”期间投入20余万元正式开通“中国·拉萨·藏戏网”并积极推进“非物质文化遗产数据信息系统平台”建设工作；11月，拉萨市第一次组织70余名非遗传承人（民间艺术团）参加武汉举办的“2015·中国长江非物质文化遗产大展”，收效明显，得到湖北省委、省政府高度评价。借大展契机，局长多吉次仁与长江流域10个参展城市签订《长江流域主要城市战略联盟协议》，共同推动长江流域非物质文化遗产的保护、传承、利用和发展。

【文物保护】 年内，组织实施多项全市重点文物保护工程项目，总投资9024.28万元。2015年复工的工程有8个，共投资5745.83万元，完成工程投资量4934.51万元，完成投资的85%。复工的工程，大昭寺壁画保护工程（1673万元）已完成，大昭寺安消防工程（1050万元）已完成，色拉寺安消防配套工程（993.95万元）已完成60%工程量。布旦康萨保护工程（250.04万元）已完成，朗孜厦保护工程（295万元）已完成，并通过自治区文物局验收。达龙寺保护维修工程（520.27万元）已完成，已通过自治区文物局验收。小昭寺安消防配套保护工程（487万元）已完成。关帝格萨拉康维修和展陈工程（476.57万元）修缮工程基本完成，展陈工程已完成70%工程量。年内，新开工的项目有4个，共投资3278.45万元，完成工程投资量2050.34万元，完成投资的62.5%。新开工的项目，公堂寺保护维修工程（829.92万元），主殿修缮完工，拉章维修现已完成80%的工程量。拉鲁颇章修缮工程（980.53万元）已完成，热振寺集会大殿女儿墙边玛草及屋顶装饰铜件维修工程（150万元）已完成，色拉寺文物设施抢救性保护项目梯庆康萨本体修缮及周边环境整治工程（1318万元）已完成30%。

【拉萨市“非遗”保护重实效】 截至年底，拉萨市共有非物质文化遗产项目76项，其中以拉萨雪顿节、觉木隆藏戏、拉萨朗玛等为代表的国家级非遗代表作20项，以拉萨堆谐、打阿嘎工序、直贡藏医等为代表的自治区级非遗代表作31项；非遗传承人66名，其中国家级传承人12人、自治区级传承人21人、拉萨市级传承人33人。整理出版《纳如谐庆》《拉萨朗玛》《当吉仁赛马》《普堆巴宣舞》等非遗音像图书。

【拉萨市文化保护与传承工作成效显著】 截至年底，全市各类文物点达934处，其中全国重点文物保护单位16处，自治区级文物保护单位86处，市县级文物保护单位167处，1条全国历史文化名街—八廓街、1座全国历史文化名村——吞达村；共有非物质文化遗产代表性项目76项，各级代表性非遗传承人92名。

（杨睿楷）

新闻出版

【新闻出版市场行政审批标准化建设】 为进一步提高拉萨市的政务服务水平，提升政府服务效能和社会公众满意度，加快推进服务型政府建设，根据《关于下达2013年国家级服务业标准化试点项目的通知》《关于印发〈服务业标准化试点实施细则〉的通知》精神，年内，认真落实政务服务标准化建设工作，先后完成新闻出版市场各项行政审批项目的受理服务范本和办理服务范本，并严格按照服务标准规范行政审批行为，形成一站式审批，杜绝体外循环，提高服务质量，保障市民权益。

【新闻出版市场审批权下放】 年内，协调城关区政府推动新闻出版市场审批权下放工作，共办结91项行政审批事项，无投诉。

【互联网上网服务营业场所转型升级】 积极配合文化厅组织的互联网上网服务营业场所转型升级现场交流会与各地区文化局交流转型升级的经验和做法。截至年底，拉萨市已有33家完成转型升级，经营效果良好。

（杨睿楷）

广播·影视

【概　况】 年内，拉萨市拥有广播电视台一座（含三个电视频道和一个广播调频）和县级电视转播台5座、县级调频广播转播台6座、县级模拟有线电视网6个。拉萨电视台汉语综合频道、藏语综合频道和文化旅游频道、拉萨人民广播电台91.4MHZ，通过无线发射方式覆盖拉萨市区及达孜县、堆龙德庆区两县（区）城，通过拉萨市广播电视台新闻上下传系统覆盖拉萨市林周、当雄、尼木、墨竹、曲水五县县城。藏语综合频道和文化旅游频道日播出时长18小时；汉语综合频道全天24小时播出；拉萨人民广播电台日播出节目时长14小时20分钟。拉萨有线电视模拟网络传输有线电视节目49套，模拟有线电视用户2000余户。全市拥有三星级城市数字电影院1座，农牧区数字电影接收管理平台一个，县电影管理站8个，流动电影放映队43个，农牧区电影放映点869个（其中室内放映点98个、室外放映点771个），年均放映场次1万场以上。已安装完成农牧区广播电视“户户通”和寺庙广播电视“舍舍通”直播卫星设备8万余套。截至年底，拉萨市广播电视综合人口覆盖率分别达到98.02%和98.3%。

【民生服务】 完成林周县、当雄县和尼木县高山台站改造项目前期工作；督促指导林周、当雄、尼木、墨竹工卡、达孜、曲水六个县实施完成天馈系统改造项目；为各县（区）发放600套“户户通”备用设备和960台二代加密机顶盒；为当雄、尼木、曲水三个县寺庙僧尼更新819套二代加密机顶盒；完成拉萨市青藏铁路和拉日铁路护路联防点干部职工直播卫星覆盖项目的调研申报工作；完成168套直播卫星设备发放、调试、安装工作；完成六县有线数字电视改造前期准备工作；完成六个县级转播台中央无线数字覆盖工程及32个乡镇无线覆盖补点项目；完成6517户农牧民群众一代清流机顶盒更换二代加密机顶盒工作。继续做好电影室外转向室内工作，积极与上级部门沟通协调，争取到129万元室内放映室配套设施购置资金，为全市98座室内放映室配置座椅和窗帘。

【境外电视网络接收设备专项整治】 市广电局联合市文化综合执法支队、市扫黄打非办、市公安局、市工商局等14家成员单位，共出动执法人员178人（次），出动执法车辆30台（次），收缴非法卫星广播电视地面接收设施机顶盒137台、高频头1512个、接收天线（直径45厘米）207面、（直径60厘米）5面、接收天线（直径75厘米）6面、信号线8圈，总值12万元。

【农村电影放映】 年内，完成农牧区公益放映任务11187场（次），观众60余万人（次）。

【拉萨广播电视台汉语综合频道自办节目】 拉萨广播电视台汉语综合频道自办节目包括《拉萨新闻》（汉语）、《零距离》《格桑梅朵》《警方热线》《生活第一线》等。

【拉萨广播电视台藏语综合频道自办节目】 拉萨广播电视台藏语综合频道自办节目包括《拉萨新闻》（藏语）、《相约》《国际时讯》《金钥匙》《奇趣大自然》《法在身边》《吉曲的祝福》《周末影院》等。

【拉萨广播电视台文化旅游频道自办节目】 拉萨广播电视台文化旅游频道自办节目包括《拉萨新闻》(汉)、《食客准备着》《文化旅游资讯》《玩转拉萨》《文化拉萨》等。

【拉萨人民广播电台自办节目】 藏语栏目:《幸福拉萨》《拉萨新闻》《天籁之声》《生活百科》《嘻哈客栈》《岗拉梅朵》《雪域印象》《聚焦三农》《教育园地》《魅力西藏》。汉语栏目:《新闻快报》《都市导航》《乐在味中》《圣地音符》《你的故事我的歌》《岁月如歌》。

【自主译制】 译制播出《拉萨新闻》365期,《国际时讯》104期,《法在身边》32期,《奇趣大自然》32期,《阳光课堂》52期。

【"十三五"规划】 "十三五"规划共五个项目,分别是:拉萨市广播电视台整体搬迁项目,总投资13.5亿元;拉萨市广播电台、电视台数字化建设项目,总投资6942万元;县级广播电视中心建设,涉及林周、达孜、墨竹、尼木、曲水五个县,每个县投资400万元,合计2000万元;广播电视"户户通"项目,实施"十二五"规划以来全市新增11687户农牧民的广播电视"户户通"项目,将6.8万套清流机更换为二代加密型机顶盒,总投资3013.2万元;广播电视"舍舍通"项目,做好全市新增399间僧(尼)舍的"舍舍通"工作,总投资83.79万元。

【藏历新年电视文艺晚会】 2月7日晚,拉萨市2015年春节藏历木羊新年电视联欢晚会在拉萨市民族文化艺术宫完成录制。晚会于2015年2月19日(大年初一)早8:00在拉萨市广播电视台综合频道、文化旅游频道、藏语综合频道同步播出,并先后在中央电视台、中央人民广播电台、央广网络、中央电视台中文国际频道(亚洲版、美洲版、欧洲版)、北京卫视、康巴卫视和西藏卫视等区内外媒体播出。

【藏语综合频道拉萨至北京的信号传输链路开通】 拉萨市广播电视台于2015年4月16日顺利开通了拉萨至北京的信号传输链路,藏语综合频道信号传送到总局卫星中心。

【藏语综合频道上星播出】 5月18日3时拉萨广播电视台藏语综合频道实现上中星9号直播卫星试播出直播卫星试播出。

【藏语综合频道节目改版升级】 上星播出后的藏语综合频道,设置早、中、晚三档全新剧场和周末影院,译制播出国内外优秀电影和电视剧;将《拉萨新闻》播出时间由原来的23:00提前到22:00;新增《法在身边》《金钥匙》《奇趣大自然》《周末影院》四档自办栏目;将原有的《文化拉萨》《吉曲的祝福》两档风格、定位相似的栏目整合为一档栏目《吉曲的祝福》;将《幸福拉萨》栏目升级并更名为《相约》;成立了节目专家组和技审组,建立健全了《拉萨新闻》(藏语)翻译、制作、审片等各个流程的工作制度和责任制度,完善了《拉萨新闻》(藏语)的《三级审片制度》和《责任追究制度》。

【跨年演唱会录制播出】 首次与西藏电视台联合主办,采用市场化运作模式,成功举办"最心灵・你好拉萨"2016群星跨年演唱会,于2015年12月31日晚在拉萨广播电视台综合频道和文化旅游频道同步播出。

(刘　毅)

拉萨晚报

【概　况】 根据市委宣传部统一部署安排,报社以"三严三实"和"忠诚干净担当"为内容的深化党的群众路线专题教育活动,于2015年3月正式启动,12月15日前圆满完成了动员部署、学习教育、查摆问题、组织生活会等各项工作。

【作风建设】 为深入贯彻落实中央"八项规定"和区、市党委具体规定精神,坚持党要管党、从严治党,强化作风建设,努力适应作风建设新常态,进一步纠正"四风",切实把作风建设各项工作落到实处,认真贯彻落实市委宣传部部署安排"作风建设年"的具体要求,确保拉萨晚报社"作风建设年"活动落实到位并取得成效。2015年初,成立了报社作风建设年活动领导小组,由报社主要领导负责此项工作,奠定了坚实的组织基础。为把主体责任落实到位，报社领导班子把开展作风建设年活动与推进本单位中心工作结合起来，统筹兼顾，综合施策，带头抓好具体措施的落实。党支部书记严格履行抓作风建设第一责任人的职责，以上带下、上率下行，切实把责任扛在肩上、任务抓在手上。通过内强素质，外树形象，健全制度，强化监督，使报社作风建设取得了明显成效。年内，报社无任何违反中央“八项规定”和廉洁自律现象。

【规章制度】 年内，报社新的领导班子针对报社长期以来存在的各类突出问题，狠抓制度建设，建立健全了一系列规章制度，做到用制度管人、用制度管事，并狠抓各项规章制度的执行。除对综合治理制度、印刷厂工作制度等仅有的几项制度进行（较大补充）完善外，截至年底，已新研究制定并下发了《拉萨晚报社“三重一大”制度》《拉萨晚报社考勤、请休假制度》《拉萨晚报社财务管理制度》《拉萨晚报社赴地市和区外采访相关规定》《拉萨晚报社关于采编人员工作量、稿费及全体工作人员夜班费、加班费、下乡补助费等规定》《拉萨晚报社汉文报值班副总编辑、值班主任岗位职责》《拉萨晚报社车辆管理制度》《拉萨晚报社车辆油料管理制度（试行）》《拉萨晚报社专版、软文、活动及赞助费等奖励办法》《拉萨晚报社广告部业务管理及提成办法》《拉萨晚报社发行工作管理办法》《拉萨晚报社社会新闻部奖惩制度（试行）》《拉萨晚报社总编室管理办法》《拉萨晚报社一版轮值主任工作准则》《拉萨晚报社微机室管理规章》《拉萨晚报社网络管理办法》《拉萨晚报社版面校对工作制度》等17项规章制度。

【总编办公会制度健全】 在严格执行《拉萨晚报社“三重一大”制度》的基础上，始终将事关报社全局的大事、要事提交总编办公会研究。做到公开透明、公平公正、程序规范，充分发扬民主，严禁“家长制”、杜绝一言堂，扎实推进报社领导班子民主、科学、规范决策，进一步提高了廉洁从政能力，从源头上防止腐败现象滋生。同时，每次总编办公会后，及时将所研究决定的事宜以会议纪要形式印发各部门，保障干部职工的知情权、监督权，受到广大干部职工的拥护和欢迎。

【聘用人员管理】 年初，报社召开了首次全体聘用人员会议，为适应报社发展新常态需要，进一步明确聘用人员与报社双方的权利义务，最大限度地保障聘用人员的晋升机制与合法收入，营造公平、有序、舒心的工作环境和用人机制，报社及时全面修改完善了《拉萨晚报社聘用人员聘用合同》，并与聘用人员分别签订了《拉萨晚报社与社会聘用人员协议书》和《拉萨晚报社与采编聘用人员协议书》等。另外，先后调整提高了聘用人员休假包干路费、采编费、夜班费、工资晋升标准，将聘用人员正常休假年限缩短为一年半一次。同时，内聘提拔1名聘用人员为部门副主任，先后选派招聘人员赴江苏、浙江、四川等地学习培训和采访考察，使广大招聘人员真正享受与在编人员同等待遇，进一步调动了他们的工作积极性，进一步营造了在拉萨晚报社“有干头、有盼头”的用人机制和良好氛围，进一步激发了他们干事创业的热情。

【宣传报道】 作为拉萨市委机关报，紧紧围绕市委、市政府中心工作，做好新闻宣传工作，“抢占制高点、唱响主旋律、打好主动仗”是我们肩负的神圣职责。年内，拉萨晚报按照中央、区市党委的整体部署，结合市委、市政府的中心工作，深入贯彻落实习近平总书记提出的“胸怀大局、把握大势、着眼大事”的总要求，坚持正确舆论导向，坚持“三贴近”原则，坚持“走转改”，主动作为、不断探索、勇于改革、克服困难，新闻宣传工作迈上了新台阶。

【中共十八届五中全会宣传报道】 中共十八届五中全会召开当天，按照上级要求，在一版配图及时刊登中共十八届五中全会会议公报、人民日报评论员文章；采用新华社稿件、图表在相关版面就会议精神进行深入解读，为全市干部职工学习会议精神提供了权威平台，充分发挥了舆论引导作用。同时，设立“学习贯彻十八届五中全会精神 夺取全面建成小康社会伟大胜利”专栏，就全市各单位、各县（区）学习贯彻落实会议精神情况进行及时、深入报道。

【《中国共产党纪律处分条例》和《中国共产党廉洁自律准则》宣传报道】 在重要版面及时刊发中共中央关于加强《条例》和《准则》学习的有关要求，同时做好拉萨市委、市政府以及市直部门学习《条例》和《准则》的有关新闻报道，营造了学习贯彻落实《条例》和《准则》的良好舆论氛围。

【庆祝自治区成立50周年大庆活动的宣传报道】 根据市委宣传部关于自治区成立50周年大庆宣传报道方案精神，及时细化报社宣传报道方案，成立宣传报道小组，设立了“辉煌50年——庆祝西藏自治区成立50周年”“喜迎自治区成立50周年”等栏目，在头版刊登拉萨市各项事业发展成就相关稿件，并在报眼处陆续刊登迎接西藏自治区成立50周年宣传标语口号。同时，全力做好庆祝活动期间的宣传报道工作。除庆祝大会召开消息报道外，还及时、全面、深入报道了中央代表团在拉萨市调研慰问等活动，及各县（区）、各部门、各行业开展相关庆祝活动等情况。

【中央第六次西藏工作座谈会宣传报道】 8月24至25日，中央第六次西藏工作座谈会在北京召开。在做好会议消息宣传报道的同时，及时设立“学习贯彻中央第六次西藏工作座谈会精神”栏目，及时报道拉萨市直各单位、各县区学习贯彻会议精神情况，并在重要版面连续转发人民日报、西藏日报评论员文章，以及新华社有关会议贯彻落实的系列稿件，取得了良好的宣传效果。

【专题栏目报道】 按照全市各项目标任务，围绕市委、市政府中心工作，除做好常规性宣传报道外，年内，先后开辟了“三严三实”和“忠诚干净担当”“培育和践行社会主义核心价值观”“推进六城同创 打造碧水蓝天生态拉萨”“创先争优强基础 尽心竭力惠民生”“巩固禁白工作成果”“新旧西藏对比”“打造平安拉萨 构建和谐社会”“美丽家园幸福拉萨”“贯彻四个全面 实施六大战略”等栏目，进一步加大了拉萨市在推进长足发展、实现长治久安等方面的新举措、新成效的宣传报道力度。

【“治边稳藏”宣传报道】 稳定是第一责任，发展是第一要务。围绕习近平总书记关于“治边稳藏”系列指示精神，在一版、二版开辟专栏，持续关注和报道“3·28”百万农奴解放纪念日、“强基础惠民生”“老西藏精神”、民族团结宣传教育和“八看”“一算账”“一揭批”“四增强”感党恩主题教育等活动。使广大干部群众进一步明白了惠从何来、惠在何处，进一步增强了维护祖国统一、加强民族团结的责任感和使命感；进一步认清了十四世达赖集团的反动本质；进一步坚定了全市广大干部群众感党恩、跟党走的信心和决心；进一步筑牢了维护社会和谐稳定的强大思想基础。2015年9月，拉萨晚报社荣获中共西藏自治区委员会、西藏自治区人民政府授予的“2015年西藏自治区民族团结进步模范集体”荣誉称号。

【“三严三实”和“忠诚干净担当”专题教育宣传报道】 围绕“三严三实”和“忠诚干净担当”专题教育，集中人员力量、整合采编队伍、创新宣传载体、开设专题专栏、强化正面引导，将“三严三实”和“忠诚干净担当”专题教育不断引向深入，使全市各族人民看到了党和政府立规执纪、立行立改、积极向上、干事创业、风清气正的政治生态，真真切切感受到了专题教育取得的明显成效。

【市委八届七次全委会宣传报道】 12月7日—8日市委八届七次全委会召开。按照市委宣传部的整体安排和报社制定的细化方案，全力做好会前、会中和会议公报的宣传报道。同时，会后采编了大量消息，营造了全市学习贯彻会议精神热潮；及时撰写推出社论及系列评论员文章9篇、专家解读“十三五”规划建议3篇。设立“学习贯彻市委八届七次全委会精神 如期全面建成小康社会”栏目，跟踪报道全市学习贯彻落实会议精神情况，大力宣传“十二五”改革发展成就，为“十三五”开局奠定了良好的思想舆论基础。

【贯彻“四个全面”实施“六大战略”宣传报道】 全力做好贯彻“四个全面”，实施“六大战略”宣传工作。结合“党建统市、环境立市、文化兴市、产业强市、民生安市、依法治市”六大战略，在一版开设“贯彻四个全面 实施六大战略”专栏，集中采访报道了全市各族各界、各行各业和广大干部职工对贯彻“四个全面”、实施“六大战略”的具体举措。同时，集中宣传展示特色亮点工作成果，开设“美丽家园 幸福拉萨”专栏，以系列报道的形式，大力宣传拉萨新发展、新变化、新生活、新蓝图。

“树上山”初见成效；“河变湖”，水景改造和夜游拉萨顺利推进；“暖入户”造福人民、温暖人心；“净土健康”产业蓬勃发展；老城区保护修旧如旧，彰显古城文化魅力；教育城建设着眼教育改革，合理调整中心城区学校布局，着力改善城乡办学条件，职业教育走在全区前列；“网格化”管理和“联户平安、联户增收”的“双联户”工作实现全覆盖且成效显著；创新社会管理，和谐模范寺庙建设迈上新步伐；各民族和睦相处，民族团结之花处处绽放；以大型史诗实景剧

《文成公主》为代表的文化产业已成为拉萨文化大发展、大繁荣的品牌和对外宣传的名片。

【全面深化改革宣传报道】 根据市委宣传部安排部署，设立“全面深化改革 建设美丽家园幸福拉萨”专栏，推出综述和涉及农村、文化改革在内的专题报道，大力宣传拉萨市全面深化改革取得的成绩，取得了良好的宣传效果。

【深化全国文明城市创建活动宣传】 围绕巩固深化全国文明城市创建成果工作，设立“巩固文明城市创建成果 建设美丽家园幸福拉萨”专栏等，就拉萨市创建巩固全国文明城市卓有成效的工作进行全方位、多角度报道。同时，开设“创建为民 共建共享——巩固全国文明城市创建”专栏；加大文明交通、文明旅游、文明餐桌活动的宣传报道。设立了“文明出行——做谦恭有礼的中国人”“勤俭节约——我们在行动”等栏目，宣传报道讲文明、树新风志愿服务、身边好人好事，及时曝光不良行为，倡导全社会文明旅游、遵守交规、勤俭节约的良好风尚。年内，拉萨蝉联全国文明城市，拉萨晚报社荣获了市委、市政府授予的“先进单位”称号。

【培育和践行社会主义核心价值观宣传】 精心组织开展道德模范学习宣传活动，大力宣传道德模范的感人事迹和崇高精神，在全社会形成强大的社会道德正能量。深化“我们的节日”主题活动宣传报道，设立“我们的节日——春节”“我们的节日——藏历新年”“我们的节日——清明”“我们的节日——端午节”等栏目，引导广大市民过文化节、文明节、爱国节、仁爱节和传承节。根据中央文明办、区市文明办提供的公益广告素材，在重要版面长期刊登宣传社会主义核心价值观24字内容。讲政治、顾大局，及时免费刊登市委、市政府和相关职能部门的公告、法规、致市民一封信等。对第二届拉萨篮球联赛、拉萨市首届民族州市篮球邀请赛、精准扶贫、藏博会、拉萨市旅游发展大会等进行了全方位报道。同时，报社高度重视、热心公益事业，年内，被拉萨市慈善总会授予热心少年儿童公益事业“突出贡献单位”荣誉称号。

【评论员队伍建设】 社论和评论员文章是党报之魂。为进一步提高舆论引导力，树立党报权威，拉萨晚报组织成立了由汉编业务部门主任（副主任）、中级和副高职称人员等组成的报社评论员队伍。年内，本报共撰写刊登社论和评论员文章50余篇，不仅充分发挥了党报的喉舌作用，而且进一步提高了舆论引导水平，锻炼了队伍，进一步增强了拉萨晚报的公信力、影响力。

【《拉萨晚报》创刊30周年宣传】 2015年7月1日是拉萨晚报社成立、《拉萨晚报》创刊30周年的重要节点，区党委常委、拉萨市委书记齐扎拉高度重视，在百忙之中专门作出重要批示，对报社工作给予充分肯定并寄予厚望，使报社全体同志倍受鼓舞、倍感亲切、倍感振奋。为认真回顾总结30年的辉煌历程，进一步扩大报纸的覆盖面和影响力，进一步增强全体干部职工的自豪感和使命感，顺应时代发展，组织并成功举办了报庆30周年座谈会、创刊30周年有奖征文活动，策划推出了《拉萨晚报》创刊30周年特刊，受到了广大读者的一致好评和市委、市政府的充分肯定，有力提升了拉萨晚报的整体影响力。

【藏文版舆论导向】 年内，藏文报围绕中心、把握大局，面向广大基层农牧民读者，严把政治关、编译关、校对关，始终坚持正确的舆论导向，充分发挥党报的喉舌作用。加大县区专版的报道力度，将党的路线方针政策快捷有效准确地传达到了基层和千家万户，有效引导了社会舆论，为拉萨经济社会长足发展、长治久安发挥了主阵地作用。

【报纸印刷】 为了保障拉萨晚报藏、汉文版的安全及时出版，印刷厂全体工作人员不断增强政治意识、安全生产意识、责任意识、大局意识，针对印刷机超过报废年限且超负荷运行的实际，他们不等不靠，对机器设备进行维护保养，克服诸多技术难题，多次及时排查解决技术故障和安全隐患，保质保量完成了全年印刷工作任务，取得了全年安全生产零事故的工作业绩。

另外，报社还制定建立了新闻纸采购和板材、油墨等耗材申请报告及出入库制度，不仅封堵了管理、采购等环节的漏洞，做到公开、公正、透明办事，而且为报社节省了大笔资金，受到了广大职工的一致拥护和欢迎。

【报纸发行】 年内，广告部在诸多困难和挑战面前，不断转变理念，积极开拓市场，探索经营方式的多样化。除自主经营外，继续采取部分业务交由广告公司代理，不仅弥补了报社自身的短板和困难，而且千方百计将经营风险降到最低,确保了报社整体经济效益不受影响,圆满完成了年初确定的目标任务。

【门面房管理】 截至年底,已与所有商户签订了2016年房屋租赁合同,提高门面房租金。对小区内存在的诸多突出问题,总编办公会高度重视、研究对策、狠抓落实。全年未发生盗窃、火灾、综治及安全生产等案件、事故。

【困难职工和退休老职工关心关爱】 截至年底,报社对10名在职困难职工、体弱多病职工进行了集中慰问。春节、藏历新年期间,报社领导亲自上门,对60名退休干部职工逐一进行了慰问,发放慰问金6万余元。

【基层组织建设】 工作队与赤康村党支部积极配合,有计划、有重点地抓好党员发展工作,认真培养吸收带头致富的优秀青年、复退军人、文化素质较高人员以及外出务工青年入党,共吸收预备党员8名,壮大了基层党员队伍。

【学习培训】 工作队经常为村"两委"班子成员上文化课、上党课、上理论政策课,扎实开展"三严三实"和"忠诚干净担当"专题教育活动,提高了村"两委"班子的理论水平和服务群众的能力。

【群众实际困难解决】 7月1日,工作队对20名"三老"人员、优秀党员和五保户进行了走访慰问,送去了价值7000元的慰问物资。

【精准扶贫工作实施】 召开村"两委"班子、下沉干部、村民小组长和联户长会议,对全村贫困人员进行认真摸底筛查,确定了帮扶对象。截至年底,正在制定精准扶贫措施。

(牛 军)

拉萨市人民政府门户网站

【概 况】 作为拉萨市委、市政府的官方门户网站,拉萨市政府网始终坚持"围绕中心、服务大局"的办网宗旨,以文明办网、绿色上网为理念,严格按照互联网管理的规定,创新务实、严谨细致,坚持正确的舆论导向,发布政府权威信息,传播先进文化,搭建政府与群众之间的沟通桥梁,更好地发挥好了政府网"信息公开、舆论宣传、政民互动、办事服务"的作用。

年内,拉萨市政府门户网站共发布各类信息9105条,其中工作动态类信息3320条、视频信息367条,信息公开182条。办理市民来信462件,信件答复率达87%以上。网站点击量达97.3万人次,日均点击量2667人次,历史最高点击量为9月7日的5184人次。

年内,通过拉萨政府网全体干部职工的共同努力,网站信息数量和质量、领导信箱办理有了新的跨越,使政府网站逐步树立了网络新型主流媒体的权威和公信力,使之成为市委、市政府传递政策和信息、掌握舆论主动权、实施舆论监督的重要平台,成为政府紧密联系群众的重要桥梁,成为拉萨市对外开放、展示形象的重要窗口。

【思想政治、专业技术教育】 始终以国家互联网管理法律法规、专业技术知识为统领,加强办站人员相关培训和教育,认真落实《拉萨市政府信息公开保密审查暂行办法》和《拉萨市政府门户网站信息审核发布管理暂行办法》,严格信息发布审核,对互动栏网民来信进行严密审查,对网站上传的所有新闻信息、转载的新闻信息实行严格管理。

【信息来源】 拉萨政府网上的所有信息来源主要是转载和发布本单位编发的信息。转载源头为中央、自治区、拉萨市官方新闻媒体,如新华网、中国西藏网、西藏新闻网、《西藏日报》、西藏电视台、西藏人民广播电台、《拉萨晚报》、拉萨电视台、拉萨人民广播电台等。所有信息均注明了时间、来源及作者姓名,杜绝对原始信息进行歪曲报道。

【网站集群建设】 年内,政府门户网站集群规模扩大三个,即市人社局网站、市质监局网站和拉萨市大学生就业网站。截至年底,市政府门户网站子站群达到10个。以现有网站的子站模板,为市民服务中心建立了市民服务中心信息发布门户。

【领导信箱】 "政民互动"栏目不仅备受广大网民关

注，成为党委、政府与网民的重要沟通纽带和桥梁，更成为构建服务型政府的一道窗口、一张名片。充分利用互动栏目的短信提示功能，安排专职人员及时有效对网民来信进行查阅和办理，并对办理过程实行实时跟踪，确保及时高效办理。年内，领导信箱共收到市民建议、意见、投诉、感谢类信件共462余件。根据来信的具体内容，通过网站信访系统对每一件来信都予以高度重视，进行认真分类和办理，并对办理情况进行季度通报，将办理工作纳入各单位年终绩效考评。通过各单位的大力支持和共同努力，使所有来信件件有办理、事事有落实，得到了网民的高度评价。

【对外宣传】 拉萨市政府网紧紧围绕市委、市政府的中心工作，服务大局，积极做好对内对外宣传工作，为拉萨市经济社会跨越式发展，为建设幸福拉萨、文明拉萨营造了良好的网上舆论环境。创新形式，丰富宣传内容。年内，拉萨市政府网在确保信息公开、政务公开工作有效开展的同时，还密切配合市委、市政府中心工作和重大新闻宣传活动，制作了"中央第六次工作座谈会"等；不断提升对外宣传力度。为使拉萨电视台的新闻节目能够服务区外、国外的民众，将拉萨电视台每日播放的《拉萨新闻》在拉萨政府网站同步播出，每天有数以千计的民众通过拉萨政府网观看拉萨电视台的《拉萨新闻》节目，拉萨政府网的点击量不断攀升。同时，拉萨政府网站集中发布关于拉萨经济、社会发展成就信息。通过一系列方式进一步提升了拉萨政府网站对外宣传的力度。

【信息公开】 加强指导。结合拉萨市信息公开工作实际，及时起草并下发《关于进一步加强2015年政府信息公开工作的通知》，明确了各部门2015年政府信息公开主要目标任务，进一步规范各部门信息公开工作。开展自查。根据《西藏自治区人民政府办公厅关于对政府信息公开工作进行自查和督查的通知》要求，下发专门文件，在全市范围内开展信息公开工作自查，并汇总全市自查情况形成专门报告上报。政府门户网站普查。5月，全国政府门户网站第一次普查工作开始以来，按照自治区电子政务中心的要求，对拉萨市范围内政府主体的门户网站进行了检查、自查。对政府网站的可用性、信息更新情况、互动回应情况和服务实用情况进行了摸底，网站普查工作圆满完成。

【信息安全】 拉萨市政府网作为拉萨市唯一的官方网站，其关注度和遭受攻击的频率相对而言比同级别城市政府网高很多。为确保政府网站系统和信息的绝对安全，在安全管理制度完善、及时更新维护系统软硬件等方面做足了"功课"。强化网站安全管理制度。为了进一步提高拉萨政府门户网站管理水平确保网站发布内容及时、准确和规范，杜绝信息安全隐患，拉萨市政府办公厅结合拉萨政府网站实际情况，制定了拉萨市政府门户网站管理制度，进一步明确了信息发布审核责任制和工作岗位责任制。同时，对拉萨政府网站管理制度进行了梳理，建立完善了拉萨市政府门户网站链接网站管理制度、拉萨市政府门户网站关键词过滤制度等；及时更新维护系统软硬件，确保服务器硬件系统健康高效运转和数据库系统的绝对安全。年内，市政府网站与国内知名网络安全商合作，对网站系统运行情况进行实时监测，并定期形成网站安全性能检测报告，分析研究不同阶段网站遭受安全威胁的程度，有针对性地进行有效加固和防范，确保了网站的安全、有效运行。年内，拉萨政府网未出现过信息安全事故，未出现网站网页停止访问等影响网民访问的事件；加强机房管理。机房在实施数据基础架构虚拟化整合项目的基础上，进一步对机房设备安全进行规范化管理。随着入驻市政府门户网站平台的网站数量增加和互联网安全局势的恶化，为提高机房网络安全防御能力，中心结合机房实际情况，对机房安全设备进行更新和升级。加强值班巡检。为确保市政府门户网站安全运行，市电子政务中心对网站机房实行每日巡检和重大、敏感日期间24小时值班制。

（朱文俊）

藏语文工作（编译局）

【概　况】 年内，拉萨市藏语文工作委员会办公室（拉萨市编译局）编制18人，其中县级编制3人，科级编制8人；内设综合科、语管科、校审科、翻译科。全市藏语文工作按照《中华人民共和国民族区域自治法》《西藏自治区学习、使用和发展藏语文若干规定》和《拉萨市社会用字管理办法(试行)》等法律法规要求,认真开展各项工作,加快推进拉萨市藏语文工作与经济增长协调发展,进一步促进社会用字的规范性。

【社会用字规范】 年内,为贯彻落实全区藏语文工作会议精神,全面推动拉萨市藏语文工作及“四有”要求,在深入调研的基础上,起草了《拉萨市关于进一步加强藏语文工作意见》,已上报市委、市政府审议出台。积极配合协助广电部门前往春节藏历新年晚会彩排和节目录制现场,对节目内容进行审核把关;积极配合雪顿办、大庆办、藏博会组委会,参加全市迎“五十大庆”市容市貌改造整治工作,提供各种社会用字的翻译服务,为雪顿、大庆、藏博会宣传材料、横条幅、产品介绍等材料提供翻译和校审服务,为雪顿、大庆、藏博会的顺利开展提供了有力的保障。按照谁主管谁负责、谁收益谁负责的属地管理原则,制定拉萨市社会用字规范整治工作方案,成立拉萨市社会用字规范整治工作组,采取日常巡查、突击检查、集中检查、联合检查等方式开展了3次全市性的社会用字大检查。全年共检查市、县(区)35586家单位和商户,其中存在问题的商户共有845家,存在的问题主要分为:错字漏字370户,比例严重失调386户,无藏文110(均为门窗上的经营性广告)户,LED无藏文79户。同时对问题较为严重的20余家商户及时下达整改通知书,要求限期整改,截至年底,已整改825户,整改率达到98%以上。检查中整治工作组对存在问题的商户做到了及时沟通协调,为商户们提供免费的现场翻译服务,得到了市区商户的一致好评。

【藏语文社会用字规范整治】 共为群众发放《拉萨市社会用字管理办法(试行)》宣传单500张、藏语文字典30本、藏汉“双语”书《走遍拉萨·300句》20本。同时,对市内商铺、路标、横幅、广告等520处的藏语文社会用字情况进行排查;对错译、比例失调的15家商铺当即下发整改通知书。

【业务培训】 年内,在先后派7名专业干部前往区内外参加各类培训的基础上,为深入贯彻落实中央民族工作会议精神,推动藏语言文字翻译事业科学发展,8月,举办了由中央民族干部学院和自治区藏语委办(编译局)主办,拉萨市藏语委办(编译局)承办的全区藏汉双语翻译培训班,全区80多名藏汉翻译干部(其中包括拉萨市各县(区)、各乡(镇)以及市直各相关单位的50名翻译骨干人员)参加了此次培训。

【文件材料翻译】 年内,完成“两会”材料、首届拉萨象雄文化学术研讨会系列材料、藏历新年晚会串词、拉萨市城镇国有土地使用权出让和转让办法、反邪教口袋书、拉萨市供热、燃气管理办法、警示教育基地讲解词、拉萨市实施集会游行示威法办法、拉萨市安全生产党政问责暂行办法、旅游汽车营运合同、拉萨市村(居)务监督委员会工作细则、拉萨市“六个精准”扶贫培训教材、《中华人民共和国食品安全法》等各种文字材料以及各种广告牌、主要街道路标、指示牌、公交站广告牌的翻译,以及拉萨市(中)直部门所有红头文件文头以及道路交通等各种管理办法、制度、条例的翻译;市直各机关、企业及商户送来的各种社会用字公益广告翻译校审;拉萨市出租车整治工作相关材料、全市双联户表彰工作相关材料的翻译,共涉及30多个部门,全年翻译量达到90多万字,比上年同期增长12%左右。同时市民服务中心“翻译服务窗口”坚持以“马上就办”为服务原则,全年为3000余名社会各界前来寻求翻译人员提供免费的翻译服务。2015年被市民服务中心评为“民族团结先锋岗”。

【职称评定】 年内,召开职称评审会专题会议,对拉萨晚报、拉萨电视台的2名中级职称和11名初级职称人员进行职称评定,为调动他们的工作积极性,提供了保障。

【优秀作品推选】 年内,按照自治区翻译协会下发的推荐相关优秀翻译作品的要求,收集《拉萨市非物质文化遗产名录》《拉萨古籍目录》《拉萨珍贵古籍图录》《绿松石》《西藏历史大事年表》《西藏近代史略》《绿野仙踪》以及译制剧《延安锄奸》等全市社会各界11部翻译作品参加全区优秀翻译作品评选活动。

【驻村工作】 年内,以转变作风、打造服务型党员干部队伍为关键,建立党员干部联系服务群众制度,并结合强基惠民活动,党员“1+1”结对认亲交朋友,共结对18户,办实事28件,涉及资金3万余元。

(丹增旺姆)

档案·党史·地方志

档案编研

【概　况】 年内，充分发挥档案保管利用的服务职能，不断强化服务意识，尽最大努力满足利用者需求。充分发挥档案保管利用的服务职能，不断强化服务意识，优化服务，通过接待查询，电话咨询、上门服务等多种形式提供查档服务，尽最大努力满足利用者需求。为区党委组织部、市委、市政府、市文化局等单位机构和社会各界人士提供档案参阅 8954 卷（次），接待档案利用者 562 人（次），为领导决策、经济建设、撰写名人传记、编史修志、调解矛盾纠纷、法制建设、举办大型活动、工作参考提供了原始依据，深受档案利用者的好评。

【县级国家综合档案馆建设】 年内，根据区档案局关于“十二五”期间县级综合档案馆建设的总体部署，在完成了林周县、曲水县档案馆建设项目的基础上，及时督促其余六县（区）加快县级综合档案馆建设，推动了六县（区）综合档案馆的资金及时足额到位。按照县级国家综合档案馆建设标准、区档案局实地检查后所提的指导性整改要求，及时督促提前垫资修建县级档案馆的城关区、堆龙德庆县、达孜县、尼木县 4 个县区从建筑实用性角度就档案库房面积、安装防盗措施及爱国主义教育基地等方面进行整改，并通过区档案局业务处的认可；督促墨竹工卡县、当雄县的县级综合档案馆在 2015 年立项或开工建设，稳步推进县级国家综合档案馆建设。

【档案法制宣传活动】 年内，为不断增强社会档案意识、扩大档案工作的影响力，积极开展档案法制宣传活动。开展“6·9”国际档案日主题宣传活动。根据全区档案工作会议精神及区档案局《2015 年档案宣传工作要点》的总体安排，在“6·9”国际档案日，在市档案局（馆）大门附近，通过设立档案咨询点、制作电子屏幕、粘贴档案宣传画、发放档案知识宣传手册及《中国的世界记忆遗产》、查阅服务指南、设置“中央关心 全国支援”“经济建设突飞猛进”“民族团结社会和谐”等 59 幅新旧对比档案展板等方式，开展了形式多样，内容丰富多彩的宣传活动，向过往群众发放宣传资料 300 余份，现场解答群众咨询 60 余人次；10 月 1 日，积极配合区档案局在宇拓路积极开展了《西藏自治区实施〈中华人民共和国档案法〉办法》5 周年宣传活动，大力宣传档案工作的重要性，努力营造依法建档、管档、用档的良好氛围。

【档案业务监督检查】 根据全年档案工作计划，为确保 2015 年市直单位到期档案移交进馆工作顺利开展，结合市直各单位需求，积极组织业务人员分批次深入市安监局、市科技局、市商务局等 30 多家市直单位，面对面开展档案归档业务指导，分别从各门类、各载体档案收集整理是否规范齐全，案卷目录、全引目录是否完整等方面进行了指导，及时督促市直单位做好各类文书档案整理工作。

【数字化档案工作启动】 年内，在区档案局的大力支持下，完成了383卷尼木古藏文档案的全文数字化工作，有步骤地开展纸质档案的全文数字化工作，填补了市档案局（馆）没有数字档案的空白。

【档案移交进馆】 年内，根据国家档案局9号令《各级各类档案馆收集档案范围的规定》，接收市政府、市政府办公厅2009年—2010年文书档案875卷、10792件，其中永久330卷2900件、长期545卷7892件；检索工具一套，其中归档文件目录6本、电子目录光盘一张；接收进馆市科技局1982年—2010年文书档案239卷，其中长期（1993年—2010年）63卷，永久（1982—2010年）176卷。

【拉萨古城申报世界文化遗产档案收集】 年内，根据拉萨古城申报世界文化遗产工作总体部署，开展了拉萨古城申报世界文化遗产相关档案查找工作。通过和自治区档案馆、城关区档案馆、市委宣传部、市委党史办、市地方志办公室、市文联、城关区古城管委会等单位进行沟通联系，将查找、收集到的涉及拉萨八廓街四周商铺名册（1923年）、老拉萨城地图等9件珍贵藏文版档案资料、拉萨古城若干大事件记录、古城概述、文物古迹、大事记、拉萨市城关区行政区划图、20世纪40年代拉萨老城区位置平面图等文字资料以及拉萨新旧对比图片57张、拉萨古城老照片80张，拉萨党史照片162张以及老城区危房改造影片资料等及时移交给市申遗办，确保了拉萨古城申报世界文化遗产工作顺利开展，得到了各级领导的肯定。市委常委、秘书长、拉萨经开区党工委书记袁训旺在市档案局（馆）《关于拉萨古城申报世界文化遗产档案工作进展情况的报告》上批示：档案局为拉萨古城申遗工作积极主动提供档案服务，得到相关领导和部门的肯定和赞许。望再接再厉，始终围绕中心工作，自觉服务大局，开拓创新，不断取得新的成绩。

【西藏自治区成立50周年活动档案收集整理】 年内，为全面做好西藏自治区成立50周年活动档案工作，积极加强和市大庆办的沟通协调，加强业务指导力度，积极开展大庆档案的接收整理工作，规范化整理西藏自治区成立50周年活动档案26卷293件，包括综合类、财务类、宣传类、安保类、会议类，其中永久12卷，122件；长期14卷，171件，确保了大庆档案整理规范、齐全完整。

【江苏省对口援藏档案】 年内，积极开展了江苏省对口支援拉萨市前方指挥部2011—2015年档案资料收集整理工作，共规范化整理东城人民医院、江苏中学等18类、80卷、1162件对口援藏档案，并顺利移交江苏省对口援藏指挥部，得到了市政府办公厅、江苏省对口支援拉萨市前方指挥部的充分肯定和好评。

【农村土地承包经营权确权登记颁证档案】 年内，根据全市农村工作领导小组的总体部署，选派4名业务人员全程参与拉萨市农村土地承包经营权确权登记颁证验收工作，对八县（区）、柳梧新区农村土地承包经营权确权登记颁证档案工作中存在的问题提出了整改要求，确保全市农村土地承包确权登记档案的收集齐全、整理规范、安全保管和有效利用。

【档案业务培训】 年内，继续坚持以岗代训、现场指导、选派业务骨干前往内地省市学习交流等培训方式，强化对档案工作人员的业务培训工作。为市人大、市司法局、市农开办、市住房和城乡建设局、市科技局、市财政局等单位以岗代训档案工作人员50余人（次），有效增强了档案新手对档案规范化整理归档的技能；积极选派业务骨干、市直各单位档案人员前往北京、山东、四川等内地省市交流学习，不断提升档案工作人员的思想观念和档案业务水平。

【档案行政执法检查】 年内，以国家档案局副局长、中央档案馆副馆长许仕平为组长、全国人大法工委、国务院法制办、国家档案局有关司（室、处）负责人为成员的档案行政执法检查组一行先后深入到市档案局（馆）、堆龙德庆县岗德林村级档案室、城关区俄杰塘社区档案室、当雄县档案馆等地对拉萨市“十二五”期间实施档案法的情况进行档案行政执法检查。在实地检查和听取汇报后，国家档案局行政执法检查组充分肯定了拉萨市在“十二五”期间认真贯彻落实档案法，积极开展馆库建设、档案资源建设、数字档案馆建设、档案培训等工作，特别是以国家档案局副局长、中央档案馆副馆长许仕平为组长的行政执法检查组到拉萨市检查指导工作后，一致认为拉萨市创造性地开展了档案工作，有特点、有亮点。市档案局（馆）荣获“全国档案系统先进集体”的荣誉称号，名副其实，当之无愧。拉萨市的档案工作，与东部发达地区相比也不逊色。特别是在检查堆龙德庆县岗德林村村级档案室时，许仕平饶有兴趣地观看了市档案局（馆）驻村工作队制作的53幅藏汉双语新旧对比宣传展板，认为市档案馆发挥自身职能优势，利用馆藏资源，精选图文资料，开展感党恩教育，做得非常好。同时，也认为市档案局建立的村级档案室在全国也是先进的，为当地老百姓查阅资料、服务民生等方面将发挥重大的作用，做得非常好。

（刘淑娟）

党史研究

【概　况】 2015年1月出版发行《中共拉萨党史大事记（2001—2012）》。全书共53万字67幅图片。该书坚持“广征、核准、精编”的工作原则，采用编年体和纪事本末体编纂体例，收集整理了2001年至2012年期间拉萨发生的大事、要事，收录了党和国家领导人在拉萨的视察调研活动，中共拉萨市委贯彻执行党的路线方针政策作出的重要决定、召开的重要会议等，突出体现了党组织在拉萨的工作思路和发展沿革，全面反映了拉萨市在经济、政治、文化、社会、生态文明建设等方面的主要做法和取得的重大成就。

【《中国共产党拉萨简史》课题启动】 为认真落实习近平总书记关于“知史爱党、知史爱国”重要论述精神，充分展示拉萨市在中国共产党领导下发生的历史巨变，拉萨市委党史研究室与区党委党校党史党建教研部合作，启动《中国共产党拉萨简史》编纂工作。截至年底，形成10余万字的初稿。

【《拉萨党史》刊物出版发行】 年内，出版发行《拉萨党史》4期。按照党史工作“七进”（进机关、进农村、进社区、进学校、进企业、进寺庙、进部队）要求，《拉萨党史》发放到各县（区）中小学校、各乡镇、村委会，反响良好，受到拉萨市离退休老同志的好评。

【业务交流】 2015年4月，北京市委党史研究室考察团在拉萨交流党史工作，就共同推进党史工作座谈。11月，成都市委党史研究室在拉萨交流党史工作，双方进行座谈并签订《成都市拉萨市党史工作框架协议》。

（桑荣瑞）

地方志编纂

【概　况】 截至年底，拉萨市地方志出版综合年鉴9部，拉萨市年鉴1部，县（区）年鉴8部。

【修志工作】 年内，采取社会化修志、市场化运作方式，充分利用社会力量，推进了第一二轮修志工作，通过多种形式，加强对各县区地方志工作的督查跟踪，推进了县区修志编鉴工作。截至年底，尼木、曲水、当雄等三县在2016年内完成第一轮修志，各县区的第二轮修志进展良好。

【领导机构】 年内，成立了新的拉萨市地方志编纂委员会，并督促各县区成立了相应的编纂委员会及下设工作机构，修志、年鉴编纂工作进一步加强。

【工作交流】 年内，加强了与中国地方志指导小组办公室的联系，就全国年鉴工作、中国年鉴精品工程试点单位工作进行了衔接，为下一步年鉴试点工作创造了条件。

【《全国地方志事业发展规划纲要（2015—2020年）》的实施意见】 年内，草拟了“拉萨市人民政府关于贯彻落实《西藏自治区贯彻落实〈全国地方志事业发展规划纲要（2015—2020年）〉的实施意见》的实施办法”，截至年底，初稿已经完成。

【县志工作】《堆龙德庆县志（2001—2010年）》已完成初审、复审终审及验收工作，进入总编阶段。县志办先后查阅各类档案、文献资料5000多卷（册），抄录整理卡片资料20多卷，2000多页，召开各类座谈会18次，共搜集资料140多万字，形成了共12篇51章92万字的较为成熟的志稿。县地方志办公室完成《堆龙德庆年鉴(2015)》的编纂工作并向自治区和拉萨市供稿。

【综合年鉴编纂】 年内,拉萨市地方综合年鉴出版9部,其中《拉萨年鉴(2015)》1部,《拉萨城关年鉴(2015)》1部,《堆龙德庆年鉴(2015)》1部,《墨竹工卡年鉴(2015)》1部,《曲水年鉴(2015)》1部,《当雄年鉴(2015)》1部,《达孜年鉴(2015)》1部,《林周年鉴(2015)》1部,《尼木年鉴(2015)》1部。

(张玉虎)

拉萨市、区、县地方志工作机构情况一览表

表4

市、区、县	机构情况	挂靠单位	工作人员数
拉萨市	常设	市政府办公室	2
城关区	临时机构	县政府办	2
堆龙德庆县	临时机构	县委宣传部	4
达孜县	临时机构	县政府办	1
墨竹工卡县	临时机构	县政府办	1
林周县	临时机构	县委宣传部	1
曲水县	临时机构	县政府办	1
当雄县	临时机构	县编译局	1
尼木县	临时机构	县政府办	1

医疗·卫生

综　　述

按照国务院《关于深化医药卫生体制改革的意见》及医改工作“保基本、强基层、建机制”总体要求，突出重点，统筹兼顾，因地制宜，积极协调卫生项目建设、医改资金补偿和医保报销等环节的工作，使医改工作深入推进。

【农牧区医疗保障能力提升】 农牧区医疗制度运行良好，管理水平进一步提高，政府年人均补助标准提高到420元，新提标40元资金全部纳入大病统筹基金并落实到位，农牧民群众年累计报销封顶线不低于6万元，农牧民个人筹资额提高到25—30元，筹资率达到100%。20种特殊疾病纳入农牧区医疗制度门诊报销范围。认真贯彻执行农牧民大额补充商业保险政策，可实现年最高赔付额为7万元，群众参保率达100%，农牧区医疗保障体系进一步完善。继续巩固农牧区医疗制度“先诊疗、后结算”成果，已实现七县一区农牧区医疗制度“先诊疗、后结算”模式100%覆盖和常规化执行。7家农牧区医疗制度定点民营医院已纳入“先诊疗、后结算”范围，进一步扩大了群众就医选择范围。

【公共卫生服务优化】 年内，基本公共卫生人均服务经费由上年度的45元提高至50元；继续实施在编僧尼和城乡居民免费健康体检和建立健康档案工作，体检率分别达到100%、99.9%；为3386名农牧区育龄妇女补服叶酸；继续开展包括“两癌”筛查在内的妇女疾病普查普治工作，检查率达100%；全面实行基本药物“零差价”销售，拉萨市基本药物“零差价”已覆盖村、乡、县、市四级医疗机构；深入学校、乡村、人口聚集区开展健康教育宣传咨询46次，受益人数达35000余人次，发放宣传资料48万余份；乙肝等九苗接种率达99.47%；加强Ⅱ型糖尿病服务，建档管理697人，管理率99.3%；规范高血压患者服务，建档管理19968人，管理率99%；重型精神病患者建档管理248人，管理率95.1%；肺结核病人系统管理率达95%以上；未发现重大食源性疾病。加强卫生监督协管服务，共开展饮用水卫生安全巡查93次，学校卫生巡查160次，公共场所卫生监督巡查499次，非法行医和采供血巡查6次。

【基本药物“零差价”全覆盖】 年内，拉萨市在实现乡、社区、村政府办公立医疗机构实行国家基本药物“零差率”销售的基础上，全面实行市、县医院国家基本药物“零差率”，率先在全区实现了基本药物“零差率”销售全覆盖，基本药物品种达520种，群众医药负担显著降低，落实基本药物“零差价”销售补贴资金711万元。

【建设医疗卫生项目26个】 年内，拉萨市实施和续建医疗卫生项目26个，总投资25.7亿余元。拉萨市“一卡通”项目升级为“居民健康卡”项目。项目实施使拉萨市医疗卫生基础条件和服务功能得到不断完善。

【医院内涵建设强化】 继续在全市各级各类医疗机构中开展以“三好一满意”“医疗质量万里行”“平安医院”创建和“百名医师下基层”“万名专家支援农村”“群众满意的乡镇卫生院”等行业活动为载体，切实加强医疗机构内涵建设，加强医疗质量管理与控制，强化医德医风和卫生骨干队伍建设，各级医疗机构综合服务能力不断增强，医疗质量不断提高，拉萨市5家乡镇卫生院被评为国家级“群众满意的乡镇卫生院”，人民满意度进一步提升，全年无重大医疗安全事故发生。

【社会办医】 贯彻落实国务院出台的“鼓励和引导社会资本创办医疗机构的政策”，加强对民营医疗机构服务管理和监管力度，积极支持民营资本进入医疗行业、支持民营医疗机构发展壮大，积极鼓励民营资本申办医疗机构，2015年接受递交申办民营医院的申请书2家，下达设置批准1家。

【首批“组团式”援藏医疗人才】 8月，北京市15名专家组成的“组团式”医疗援藏队伍抵达拉萨，在提升市人民医院管理水平、强化临床医疗与人才培养，开展新项目和重点专科打造等方面取得进展，同时团队积极开展边远地区义诊、巡诊、社区出诊、科普宣传等活动，在加强民族团结方面发挥了积极作用。

【强基惠民成果巩固】 选派本系统4名优秀干部分赴尼木县尼续村、城关区当巴社区开展强基础惠民生驻村工作，加强对驻村干部教育管理，支持选派干部在村(居)开展工作。年内，先后两个驻村点投入资金9.2万元，帮助引进资金45.48万元，帮助上项目4个。当巴社区工作队荣获自治区级“先进驻村工作队”称号，尼续村工作队获市级“先进驻村工作队”称号。建立了党员志愿者服务队伍，组织党员干部开展进社区、进村入户结对认亲交朋友活动，共结对认亲20户，党员干部个人先后投入资金28000余元，资助贫困大学生2名。开展在职党员到社区报到志愿服务活动，党员自愿筹集资金8600元，免费开展义诊2次，送医送药1万余元，慰问党员结对贫困户6000余元开展了小小心愿慰问活动。

【全民体检】 全民健康体检应检人数341868人，完成341527人，体检率99.9%；在编僧尼应检人数4623人，完成4623人，体检率达到100%；继续开展妇女疾病普查普治工作，应检妇女人数105728人，检查率达100%；继续做好先心病儿童筛查救治工作，实现工作常态化，确诊先心病患者全部安排免费救治手术；积极开展儿童唇腭裂、先髋筛查救治工作，检查率达100%。

【特色卫生民生工作】 率先在全区全面推开县级公立医院改革工作，在对口援助省市的无私援助下，各县医院切实加强骨干培训和重点专科建设，在临床手术方面实现了由简单手术向复杂手术的转变，群众可就近享受方便、安全、有效的基本医疗服务，对县医院满意度不断提升。拉萨市率先在全区实现了儿童预防接种规范化门诊项目市县全覆盖，进一步方便了城乡儿童就近接受预防接种服务，提高了拉萨市预防接种工作的规范性和安全性；率先在全区开展了前十位慢性疾病的预防干预监测工作。前十位慢性疾病预防监测率达90%，僧尼慢性病监测率达95%。率先在全区开展上消化道癌筛查工作，筛查病人257人；率先在全区开展家庭医生上门服务工作。以社区卫生服务中心和乡镇卫生院为依托，以城乡居民免费体检档案为依据，率先在全区开展家庭医生上门服务工作，通过向群众印发上门服务医疗卡和开展上门巡诊、集中义诊、健康教育等活动。

（曾新祥）

医疗机构

【概　况】 2015年底，全市共有医疗卫生机构487所，其中：自治区级医疗卫生机构8家；市级医疗卫生机构3家；县级医疗卫生机构15家；乡镇卫生院52家，社区卫生服务中心7家，村卫生室200家；16家民营医院和186家诊所医务室门诊部。

【拉萨市人民医院】 拉萨市人民医院是拉萨市属唯一一所集医疗、教学、科研、急救、保健、康复、健康体检为一体的综合性医院，医院法定床位240张，实际开放257张，年门诊量12万余人次，年住院病人7000余人次。

【拉萨市妇幼保健院】 拉萨市妇幼保健医院是拉萨市属唯一集妇女儿童保健、临床、管理、培训、科研、信息统计、健康教育于一体的妇幼专科医院。医院建筑面积 8589 平方米，人员编制 86 人，床位编制 60 张。

【社会医疗机构】 2015 年底，全市有社会医疗机构 202 所，其中：民营医院 16 家，分别是西藏卓玛医院、拉萨神猴藏医院、拉萨康松藏医骨病专科医院、阜康医院、阜康妇产儿童医院、阜康心脑血管医院、阜康体检中心、拉萨现代妇产医院、拉萨恒大医院、拉萨阳光泌尿生殖医院、拉萨维多利亚整形医院、拉萨阳光妇产医院、广升医院、厚北医院、厚兰医院、雅博士口腔医院。186 家诊所、医务室、门诊部。

【其他工作】 圆满完成 2015 年度全国卫生专业技术资格考试拉萨考考务工作，以及卫生系统党务、人事、编制、工资、卫生信息等统计工作；

圆满完成年度重大活动和敏感时段医疗保健、卫生应急任务，共抽调医护人员 270 人次，出动救护车 54 台次、工作车 18 台次，参与高原 1 号应急维稳演练工作，抽调救护车 3 辆、医务人员 10 名、工作人员 2 名；

积极参与“4·25”地震灾后卫生防疫和卫生应急工作，选派 7 名卫生防疫人员赴灾区开展为期 20 天的灾后卫生防疫工作，储备输送 30 余万元的应急物质和药品用于灾区卫生防疫和伤员救治；抽调多名外科、妇产科及麻醉、护理专业业务骨干参与医疗应急，累计开展门诊手术200余例，免费发放药品价值5000余元；

圆满完成贡嘎县“6·10”交通事故医疗救治工作，共抽调医护人员 61 名，出动救护车 11 辆；积极落实五下乡工作任务。累计组织各级医疗卫生战线医务人员开展卫生下乡 364 次，发放药品 9319 种价值 678050 元，惠及群众 209061 人，发放宣传资料 1184 种共计 57760 册。

（曾新祥）

疾病预防控制与卫生监督

【概　况】 年内，以防控重大突发公共卫生事件为重点，坚持预防为主的方针，加强疾病预防控制机构绩效考核，建立健全岗位责任制，认真落实各项防控措施，重大传染病得到有效控制，公共卫生监督城镇覆盖率达 100%。

【免疫接种】 年内，全市继续保持无脊髓灰质炎状态，八县（区）卡介、脊灰、百白破、麻风（麻疹）、麻风腮（麻腮）、乙肝首针、A 群流脑、A+C 群流脑、甲肝等九类疫苗接种率均达到 99.47% 以上。拉萨市率先在全区实现了儿童预防接种规范化门诊项目市县全覆盖，方便了城乡儿童就近接受预防接种服务，提高了拉萨市预防接种工作的规范性和安全性。

【传染病防治】 全年无突发公共卫生事件发生，无甲类传染病报告，有效处置了楚布寺水痘疫情、林周县水痘疫情，有效处置鼠间鼠疫 13 起；加强艾滋病等重大传染病监测报告和干预工作，重大传染病和地方病得到有效控制；完成 2400 份碘盐监测任务，碘盐监测率和食用率均达到 99% 以上；卫生监督覆盖率城镇达 100%，农牧区达 95% 以上。

【健康教育】 年内，共开展各级各类培训工作 80 余次，受训人次达 3715 人次；开展各类宣传活动 645 场次，发放宣传册（画）4069 种 31000 余份，展出展板 90 块、播放卫生知识音像磁带 17 次，健康教育受益人数达 34 万余人。

（曾新祥）

妇幼卫生与农牧区、社区卫生

【概　况】 年内，继续开展妇幼死亡评审工作，孕产妇住院分娩和农牧区适龄应检妇女常见病检查率大幅度提升。继续贯彻落实农牧区医疗制度和农牧民大病补充医疗保险制度。

【妇幼卫生】 成立了全市首个妇幼死亡评审专家组，严格实行死亡案例责任追究制，有效提高了全市死亡评审工作技术质量。继续完善孕产妇住院分娩和婴儿住院“绿色通道”,继续实行孕产妇住院分娩和婴儿住院救治费用100%报销。认真执行农牧民孕产妇住院分娩补助政策,对4171名孕产妇兑现186.65万元生活补助经费。率先在全区开展了包括“两癌”(乳腺癌、宫颈癌)筛查在内的妇女疾病普查普治工作,筛查率达100%。孕产妇住院分娩率达100%,孕产妇和婴儿死亡率分别比上年同期下降11.4/10万和7.54‰,妇幼卫生工作继续保持走在全区前列。

【农牧区医疗制度】 年内,农牧区基本医疗保障制度覆盖率继续保持100%,农牧区医疗制度财政补助标准由2014年的年人均380元提高到420元,农牧民群众年累计报销封顶线不低于6万元,农牧民个人实际筹资29.11万元,个人筹资额提高到21.25元,筹资率达100%。认真贯彻执行农牧民大额补充商业保险政策,20种重特大疾病纳入保险范围,可实现年最高赔付额为7万元,农牧民群众参保率达100%。

(曾新祥)

爱国卫生和创建国家卫生城市

【概　况】 拉萨市委、市政府全面启动创建国家卫生城市工作,全市按照建设美丽家园幸福拉萨的总体要求,以改善环境、保障健康、促进发展为目的,全力开展市容环境卫生整治活动,2015年3月,拉萨成功获得国家卫生城市命名。

【爱国卫生月活动】 2015年4月是全国第27个爱国卫生月,4月18日为拉萨城市清洁日。驻市各单位开展以“爱国卫生人人参与,健康生活人人享有”为主题的全市性爱国卫生月活动,城市卫生面貌得到较大改善。

【病媒生物防治】 年内,按照2015年病媒生物防治专项工作方案,与内地消杀公司合作开展了病媒生物防治工作,通过自治区爱卫办专家组的考核验收并达到国家规定标准。

【国家卫生城市创建成功】 年内,按照市委、市政府创卫既定目标,协同驻市各单位再接再厉开展创建国家卫生城市攻坚工作,3月,拉萨获“国家卫生城市”荣誉称号。

(曾新祥)

人口和优生优育

【概　况】 年内,继续落实“一孩、双女”户困难家庭扶助制度和西藏特殊子女家庭特别扶助制度,抓好国家免费孕前优生健康检查项目,加强对流动人口计划生育服务与管理工作。

【人口和优生优育惠民政策】 落实两项扶助制度。截至年底,拉萨市受助人数达5058人,投入奖扶资金601.044万元。其中“一孩双女”户困难家庭奖励扶助人数4167人,落实受助资金400.032万元,西藏特殊家庭扶助制度扶助人数达891人,落实扶助资金201.012万元。

【出生人口素质提高】 开展国家免费孕前优生健康检查和出生缺陷干预项目工作,项目工作在全区率先实现项目县全覆盖,全年共出动工作人员34人,医务人员182人。拉萨市免费孕前优生健康检查项目目标人群七县一区全覆盖,2015年目标人群为3000对,已完成3288对,检查率109.6%。出生缺陷一级干预项目目标人群2200对,检查完成2173对,检查完成率98.8%。为7500对免费孕前优生健康检查及建档工作。筛查出梅毒128人,开展随访6845人次,提出优生建议6845份。

【流动人口卫生计生服务管理工作】 大力实施“属地化管理、市民化服务”的工作原则,透过城市流动人口服务管理各项制度政策,不断开创流动人口卫生和计划生育工作新局面。落实流动人口卫生计生服务管理工作,围绕流动人口卫生和计划生育基本公共服务均等化示范点这一中心任务，扎实开展流动人口健康教育、计划免疫、传染病防控和监测、孕产妇及儿童保健管理、计划生育和优生优育、关怀关爱等均等化服务。在城关区设立100个监测点，完成10000份动态监测抽样框编制，2000份入户调查，39份社区问卷调查及入网工作。因地制宜在流动人口聚居地城关区落实流动人口社会融合示范点项目，争取国家投入资金10万元，着力促进流动人口社会融合示范工作。

【队伍建设】 选派19名市（县）人口计生业务骨干到北京、江苏、西安、厦门等地参加国家级业务培训；落实好西藏自治区"六千人才工程"，安排6名医务人员到拉萨市人民医院进行为期半年的培训；开展3次七县一区计划生育专（兼）职人员培训，培训人次达54人次。

【依法行政】 落实行政审批项目权限下放工作，有效简化办证程序，建立岗位责任制，推行服务承诺制、限时办结制，首接责任制。年内免费办理独生子女证1333件、生育证2113件、流动人口婚育证70件；流动人口一孩生育审批14件、办理"单独二孩"生育证114件。深入学习党的十八届五中全会精神，召开全面实施两孩政策的座谈会，探讨了实施全面两孩政策对未来人口发展的走向，征求了28家单位的意见。发放1700余份生育意愿调查表，为自治区适时实施全面两孩政策提供可靠的科学依据。

【计划生育协会工作】 庆祝中国计生协会成立35周年纪念日及计生协会第17个"会员活动日"，开展了形式多样内容丰富的协会活动，在5月29日当天广泛开展了送知识、送健康、送关爱、送文艺，送宣传活动。落实计划生育"特殊家庭"帮扶项目。在城关区举办了计划生育"特殊家庭"帮扶项目计生特殊家庭集体庆生活动，为城关区特殊家庭老人送去酥油桶77个、慰问金22022元，合计金额44100元。深入七县走访慰问了164户失独家庭，投入资金82000元。对八县区713户计划生育特殊家庭送去棉被一套、三件被套一套，慰问金每户140元，计99820元；曲水县、尼木县、城关区、当雄县四县区为辖内共计120户计划生育特殊家庭开展"藏医义诊及健康知识讲座活动"，活动经费计40000元。落实幸福工程，救助贫困母亲项目。在达孜县、城关区落实了幸福工程，救助贫困母亲项目的基础上，年内在曲水县落实了"幸福工程——救助贫困母亲行动"项目，项目惠及了44户贫困母亲家庭。

（曾新祥）

藏医药事业

【概　况】 坚持"藏西医并重"的方针，各县医院继续加大藏医专科能力建设，藏医藏药诊疗技术广泛应用于治疗高原性慢性疾病等疾病并取得积极成效。"十二五"期间，拉萨市基层藏医药服务依托逐步完善的医疗卫生服务体系，强化藏医专科机构能力建设，全市藏医药服务网络基本建立，服务能力和水平进一步提升，实现藏医药服务覆盖100%，80%以上乡镇卫生院可提供藏医理疗、藏医外治等适宜技术，基本满足了群众对藏医诊疗的需求，藏医药诊疗技术广泛应用于治疗高原性慢性疾病和公共卫生服务领域。年内，拉萨市达孜县被国家中医药管理局复审确认为"全国基层中医药工作先进单位"。藏医药文化在基层医疗机构得到了较好的继承和发展。

【藏医重点专科建设】 各县结合深化县级公立医院改革和自身需求，明确本县专科建设重点，强化妇产科、藏医专科、外科、儿科、急救等重点专科建设。

【县、乡、村三级藏医药服务能力建设】 投入184万元用于基层藏医药适宜技术服务能力建设项目和基层藏医药服务能力提升工程，实现基层藏医药服务覆盖率100%，现有的藏药品种基本能够满足藏医药服务的需求。

【藏医药人才培养】 全年组织31名基层藏医参加藏医住院医师规范化培训、藏医全科医生培训和全区乡村医生藏医药知识与技能培训。

【净土健康产业】 加大藏药材种植工作力度，全市共计种植藏药材8310.8亩，涉及藏木香等10余个品种。

【藏医药服务网络建设】 在基层藏医药服务网络建设方面，注重“硬件”和“软件”建设。强化县综合医院龙头作用。在乡镇卫生院、街道医疗机构和村卫生室设置藏医科和藏药房，配备相应人员、基本藏医诊疗设备，满足群众藏医药服务需求。到2015年底，县级综合医院设置有藏医科、藏药房、开设藏医诊疗，藏医诊疗人次达10.7万人次，约占县级医院总服务量的30%以上。95%的乡镇卫生院和社区卫生服务中心设置规范的藏医诊室、藏药房，藏医诊疗人次约17.3万人次；30%的村卫生室能够提供藏医药服务；乡镇卫生院、社区卫生服务中心和村卫生室藏医药服务量约占总服务量的30%。

【基层藏医药人才培养】 加强县级医疗机构和乡镇卫生院藏医人员培训，选派30多名基层藏医药工作人员参加藏医住院医师规范化培训和藏医全科医师培训等。争取政府“四业工程”培训项目，培养“能藏会西”的村级医务人员94名，充实到村卫生室工作。基层藏医药服务能力得到进一步提升，实现藏医药服务覆盖100%，全市80%以上乡镇卫生院可提供藏医外治、理疗等适宜技术，基本满足了群众对藏医诊疗服务需求。

【藏医药适宜技术推广】 为发挥藏医药特色优势，以推广藏医药适宜技术为突破口，重点推广了咔嚓、放血、艾灸、推拿、拔罐、敷贴、药浴等藏医药适宜技术，广泛用于常见病、多发病、慢性病防治。县级藏医医疗机构能够提供10种以上的适宜技术服务，50%以上乡镇卫生院和社区卫生服务中心能够开展包括拔罐、艾灸、推拿、敷贴等在内至少5种藏医适宜技术服务。藏医药适宜技术深受广大老百姓欢迎。

【藏医药预防保健服务开展】 积极创造条件为藏医药发展服务，把乡镇卫生院、社区卫生服务中心和村卫生室提供藏医药服务作为城乡居民合作医疗保险定点医疗机构的必备条件。把近百余种藏医药服务项目和藏成药以及自种、自采、自用藏草药纳入城乡居民合作医疗保险补偿范围予以核销。全市基层医疗机构藏医年门诊量达28万余人次，藏医药治疗疾病参与率达85%。县、乡藏医专技人员积极参与公共卫生服务，逐步提高居民健康档案藏医体质辨识的比例。实施藏医药健康管理项目，在儿童、孕产妇、老年人等重点人群和高血压、糖尿病等慢性病患者健康管理中积极运用藏医药方法，提高重点人群和慢性病患者藏医药健康管理率。

【服务能力提升工程实施】 “十二五”期间，国家和自治区对拉萨市藏医药事业发展投入资金总计1516.2万元。完成了林周、墨竹工卡、当雄、达孜、尼木和堆龙德庆等6个县级藏医医疗机构适宜技术服务能力推广项目，促进了医疗设施设备改善、诊疗项目增加和制剂能力提升，以及重点专科建设、名藏医工作室建设和“治未病”项目得到推广；全市44个乡镇卫生院的和91个村卫生室的藏医诊疗环境得到明显改善，通过项目进一步推动了藏医药服务进社区工作；全市基层藏医药专技人员共计60余人次接受了全科医师培训、住院医师规范化培训和藏医技术骨干培训等；我市2家社会医疗机构分别得到了藏医重点专科和传承工作室建设补助资金。

【藏医药各项政策落实】 发挥新农合政策对藏医药的支持作用。将药浴、外治和理疗等藏医非药物诊疗技术和符合条件的医疗机构藏药制剂纳入基本医疗保险及新农合报销范围。鼓励社会力量在基层举办藏医医疗机构，鼓励有资质的藏医专业技术人员特别是老藏医在乡、村开设藏医诊所或个体行医。

（曾新祥）

民　　政

概　　况

拉萨市民政局机关及下属单位共有工作人员112人（其中行政人员22人，事业人员90人），内设有办公室、政工人事科、规划财务科、社会救助科、优抚安置科、基层政权和社区建设科、救灾科7个科室，下设有：中国拉萨SOS儿童村、市老龄办、市救助管理站、市儿童福利院、军休服务管理中心、烈士陵园管理中心、救灾物资储备中心、居民家庭核对中心等9个事业单位。民政工作坚持“以民为本、为民解困、为民服务”的宗旨，围绕“保民生、促发展、保稳定”中心，发挥“政府主导、社会参与”两种力量，解决“困难群体、优抚群体、三孤特殊群体”三个群体的实际困难，突出抓好社会救助，双拥优抚，社会福利，基层组织和社区建设，专项社会事务管理等重点工作，抓好“保障民生、扩展民权、服务社会”各项工作。

（周永平）

社会救助

【概　况】 截至年底，共为9100户城镇低保对象落实低保金2118.24万元；为7444户农村低保对象落实低保金767.85万元，救助2321人；落实医疗救助资金1199.68万元，向1260位五保老人兑现供养资金147.5万元。

【城乡最低生活保障】 城乡困难群众是社会中的弱势群体，为了确保困难群众基本生活，全市民政部门全面落实低保政策，做到困难群众应保尽保。在城乡低保审批工作中，严格坚持民主评议、“三榜”公示、入户调查、集体研究决定等制度，认真执行本人申请、村组评议、乡镇审核、民政审定的审批流程，全面打造“阳光低保”。年内，拉萨市城乡居民最低生活保障标准为月人均640元和年人均2450元，月人均补助水平达到548.99元和108.91元。截至年底，为城镇低保对象9252户14600名落实低保金9618.39万元，同比增长10.1%，为农村低保对象6652户24966名落实低保金3262.93万元，同比增长11.9%。将116名散居拉萨市的麻风病治愈人员纳入城镇低保。为41710人发放一次性慰问金2140.74万元，为301名困难僧尼发放慰问金15.05万元，为12家福利机构100名服务人员发放慰问金19万元，为80户困难家庭发放慰问金4万元。争取自治区以奖代补资金1701万元，减轻市、县两级财政配套资金压力。出台《拉萨市城乡居民低收入家庭经济状况核对实施细则》，开展全国最低生活保障信息系统推广应用和低保信息系统数据采集录入工作。县、乡（镇）两级政府“一门受理，协同办理”服务窗口全面建立。建立市政府社会救助联席会议制度和社会救助应急制度，切实解决社会救助工作中存在的热点难点问题。为进一步推进简政放权，将区、市（中）直单位城镇低保对象2337户

4309 人行政审批权限下放至城关区民政局。

【城乡医疗救助】 进一步完善大病医疗救助办法，合理制定救助标准、简化了救助程序，建立分类救助台账，扩大救助对象覆盖面，全市有 14 家医院纳入“一站式”即时结算服务范围，“一站式”医院占区、市、县医疗机构的 80% 以上，县级实现了全覆盖，有效缓解了困难群众看病难、看病贵问题。自治区下拨拉萨市医疗救助资金 1627.13 万元，为 4231 名城乡困难群众落实医疗救助金 2098.05 万元，同比增长 10.67%。

【其他社会救助】 积极发挥其他社会救助托底线、补短板作用，起草《拉萨市救急难试点工作推广方案》，为 452 名临时困难群众落实临时救助资金 121.36 万元。为 369 名困难家庭大学生兑现 2014 年度高校一次性教育救助金 106.2 万元。协助教育部门审核“三包”学生 85 名。协助住建部门审核租赁住房补贴 307 户。

（周永平）

救灾救济

【救灾救济】 逐步完善冬春、旱灾、突发灾害应急救助和灾后恢复重建工作规程，严格救灾款（物）下拨、发放管理，确保“三无户”和重灾群众生活不出问题。年内，全市受干旱、洪水等自然灾害影响，受灾人口 36161 人，农作物受灾面积 7458.4 公顷（其中，农作物成灾面积 711508 公顷，绝收面积 342.6 公顷），损坏房屋 180 间，因灾死亡牲畜 28 只，造成直接经济损失 2306.89 万元。给各县（区）下达 2014 至 2015 年受灾群众生活补助资金 1200 万元（其中，口粮资金 790 万元，衣被褥资金 410 万元），为林周县洪水灾害下拨资金 521.2 万元。加强救灾物资储备，自治区民政厅在市级代储 40 万元救灾物资，在曲水、当雄、达孜三县代储 51.02 万元救灾物资（至此，自治区级在市级及八县区均有代储物资），市本级在当雄、曲水、尼木、林周、墨竹工卡、达孜六个县易灾乡村代储 288.92 万元救灾物资。自治区民政厅为八县区发放 8 辆价值 480 万元的救灾专用车辆。提高应急工作能力，开展基层灾害信息员培训和以“科学减灾 依法应对”为主题的第七个全国防灾减灾日活动。推荐城关区娘热乡加尔西村委会、堆龙德庆县马乡设兴村委会、达孜县邦堆乡林阿村委会为国家级减灾示范社区。同时，全市为日喀则“4·25”地震捐款 1000 万元，通过自治区民政厅渠道捐款、物资合计 153.17 万元。

【农村“五保”供养和孤儿保障】 按照自治区和市政府对“双集中”工作目标要求，拉萨市全力推进“双集中”工作，扎实做好“五保”对象应保尽保工作，规范了申请审批程序，建立新增五保人员核查制度，拉萨市现有农村“五保”集中供养服务中心 9 所，“五保”供养对象 1223 人，其中集中供养 1046 人，分散供养 177 人，设计床位 1707 张，集中供养率 85.5%，意愿集中供养率 100%，兑现供养资金 508.48 万元，同比增长 16%。全市集中收养孤儿 645 名，孤儿集中收养率 100%，兑现孤儿保障资金 934.69 万元。同时，将杰素·丹珍保育院的 59 名孤儿全部收养到市儿童福利院。截至年底，拉萨市除一家民办福利院外（拉萨彩泉福利学校集中收养相关工作正在协调中），其余民办福利机构全部被取缔或注销，机构内孤儿全部集中在拉萨市儿童福利院。政府为“双集中”机构统一采购 1952 万元设施设备，提升了福利机构硬件水平。召开全市五保集中供养和孤儿集中收养工作现场会，切实贯彻落实好全区五保集中供养和孤儿集中收养工作现场会精神。

（周永平）

优抚安置及双拥创建

【双拥创建】 拉萨市双拥工作机制不断完善，双拥活动不断丰富，双拥宣传氛围日益浓厚，双拥创建工作扎实推进。顺利通过全国双拥工作调研督导组对拉萨市全国双拥模范城（县）终期考评，获得充分肯定和高度评价：认识摆位高，组织领导坚强有力；军政军民团结氛围浓厚；拥军服务积极主动，支持部队建设力度大；关爱军人军属优待安置政策落实举措务实；拥政爱民工作成效显著。同时，新制作 32 个双拥工作宣传展板，制作拉萨市双拥工作画册《雪域高原见证军民鱼水情深——拉萨市第六届全国双拥模范城工作巡礼》。全面落实优抚待遇。慰问驻市部队、执勤点、基层部队26个，慰问优抚对象、军休人员1474人，慰问经费266.86万元。完成2015年夏秋征兵工作。规范军休服务，保障军休人员各项待遇，接管27名军休干部，落实经费5280.5万元。

【军地共建】 窗口单位设立“军人优先”服务牌，为现役军人、伤残军人办理706张免费拥军公交卡；为68名义务兵家庭发放“光荣之家”荣誉牌。成立拉萨市涉军维权人民调解委员会并挂牌，建立健全工作机制，涉军维稳工作成效明显。各县区结合实际也相应建立了涉军维权人民调解委员会。驻市部队支持地方建设，积极参加抗震救灾、送温暖等活动，调动部队10余次500余人。发挥烈士陵园爱国主义教育基地作用。开展清明祭扫和公祭烈士活动。根据市委、市政府主要领导指示，做好拉萨烈士陵园计划整体搬迁请示上报工作。

（周永平）

社会福利事业

【老龄事业】 开展第五次全国老年人抽样调查和经济困难失能老人、高龄老人普查工作。全市55周岁以上老年人有47100人（其中：55—59岁13127人，60—69岁18736人，70—79岁10636人，80—89岁4094人，90—99岁482人，100岁以上25人）。开展“孤寡、空巢、困难”老人及五保老人慰问、义诊和“敬老月”尊老敬老、爱老助老系列活动，发放慰问金11.55万元和价值8000余元药品。为4609名高龄老人发放2014年度健康补贴221.565万元。举办拉萨市第二届老年人运动会，全市20个代表队269人参加；成立老年合唱团并开始进行节目排演。起草《关于加快养老服务业创新发展的实施意见（征求意见稿）》，城关区白林社区开展居家养老服务试点工作。

【老龄工作发展】 年内，拉萨市80岁、90岁、100岁以上高龄老人健康补贴年标准分别达到450元、750元、1200元，为4609名80岁以上高龄老人发放健康补贴221.57万元。年内，落实《老年人权益保障法》，做好寿星老人高龄津贴发放工作，全面推进高龄老人津贴提标扩面工作；开展农牧区空巢老人和拉萨市区城市居民60周岁以上老年人基本情况调研；完成第五次全国老年人抽样调查工作；开办拉萨市第二届老年人运动会；解决涉及广大老年人利益的热点、难点问题；推进养老服务体系建设，着力推进老龄工作快速健康发展。

【流浪乞讨人员救助和福利慈善事业】 抓好流浪乞讨人员乞讨救助管理工作。针对重大节日、敏感节点、宗教活动及“寒冬送温暖”专项活动期间，制定专门救助工作方案。对转经道、古城区、繁华街面及人流量较多的地段实施主动救助宣传工作并协助相关部门做好“三无”人员“云游僧尼”的后勤保障工作。全年共救助2575人（其中，自愿救助523人，流浪乞讨728人，三无人员1275人，云游僧尼49人；未成年人170人），提供返乡车票589人；落实救助资金177万元。认真做好未成年人救助保护工作。认真贯彻《关于加强流浪未成人工作的意见》，将救助、保护相结合，教育流浪少年儿童，让他们成为对国家、社会和人民有用之人为已任，努力创建良好的社会救助环境，在进行救助的同时加强与户籍所在地政府间的联系，已书面形式告知户籍所在地人民政府该未成年人基本情况、流浪乞讨原因、家庭环境等信息，以便户籍所在政府能更加妥善地安置与做好后期教育管理工作。共救助170人，其中医疗救助28人、临时救助142人，护送返乡6人，移交各办事处117人。同时，创新工作模式，开展夜间巡查救助工作。除法定工作时间外，市救助站还借鉴其他兄弟省市的做法，在入冬后开展夜间巡查救助工作，对露宿街头人员进行主动救助，对不愿来站救助人员免费提供被褥和食品。共发放被褥30余件、发放方便面10余箱，受助人员达40余人次。推动“公办民营”。拉萨市社会福利院与西藏卓玛医院有限责任公司达成合作，实行“一院两型，分类管理”和“医、养、护”相结合的养老模式，推进养老福利机构“公办民营”社会化发展路子。在院社会老人已达14名，有入住意愿的报名者30人，“公办民营”的社会养老基本实现了收支平衡、略有盈余的经济效益。增强慈善救助能力。上报《关于加快推进拉萨市慈善事业发展的意见》《拉萨市慈善募捐管理办法》,拉萨市首家慈善超市正式投入运营,社会反响较好。拉萨市慈善捐助中心正式挂牌成立,组织开展书法义卖、图书捐赠、爱心助学、创维扶贫惠民等活动,营造了良好的爱心捐助氛围。

（周永平）

基层政权和社区建设

【村(居)组织建设】 巩固村(居)委会换届成效,深入开展村务公开民主管理,制定《拉萨市村(居)民监督委员会工作细则》,全市各村依法推选产生了村务监督委员会。调研摸底,健全村(居)委会基本情况和建设工作等台账。推动城乡社区一体化。

【社区"一站式"服务】 大力开展社区服务中心(站)建设,加快推动社区"一站式"服务。开展达孜县农村社区建设试点工作,把农村社区建成基层群众的管理中心、服务中心、保障中心,实现与新农村建设无缝对接。

【全国服务创新实验区申报】 结合实际,申报城关区为全国服务创新实验区,为开展全国服务创新实验区工作,促进拉萨市治理和服务创新提供了坚实基地。

（周永平）

行政区划与地名管理

【行政区划】 对县级行政区划深入调研,提出科学设置建议,经申报,国务院已批准堆龙德庆撤县设区,成为拉萨市第二个区。起草《拉萨市人民政府关于达孜县撤县设区的请示》,相关资料已上报市政府。上报尼木县吞巴乡政府搬迁请示。衔接做好山南地区贡嘎县甲竹林镇民政工作移交空港新区管委会事宜。完成城关区与达孜县、达孜县与扎囊县、堆龙德庆区与当雄县、堆龙德庆区与林周县、墨竹工卡县与工布江达县、尼木县与班戈县、尼木县与曲水县、曲水县与堆龙德庆区第四轮县级行政区域界线第二阶段联合检查工作。

【地名管理】 根据《西藏自治区第二次全国地名普查实施方案》,开展拉萨市第二次全国地名普查工作。完成当雄县、达孜县、林周县地名普查试点工作,其他县(区)地名普查工作正在开展中。为迎接西藏自治区成立50周年,开展地名清理整顿工作,对城区新建11条道路命名,新装、修复、更换道路指示牌233个;安装门牌20061个。指导尼木县、达孜县,协助林芝市八一镇完成城区和乡镇道路指示牌罗马字母拼写工作。开展中心城区、堆龙德庆区77条道路命名调研和申报工作。城区主干道地名管理权限拟下放至城关区民政局,现正在协调中。

（周永平）

社会事务管理

【民间组织管理】 依法加强社会组织管理,规范社会组织行为,严把社会组织年检关口,逐步规范社会组织自律行为。全市市级社团有30家,民办非企业有8家。市民政局在做好民间组织登记工作的同时注重加强监督管理,上报《拉萨市社会组织管理办法》,协助市综治办起草《民间组织清理整顿实施意见》。开展20家社会组织年检工作,通过年度检查督促其规范内部管理,依法、依章程办事,加强诚信与廉洁自律,增强活力,健康发展。推进社会组织党工委工作,明确社会组织党工委工作职责,完善各项制度,举办社会组织党建工作培训。指导城关区和堆龙德庆区建立社会组织党工委。

【收养及婚姻登记】 加强婚姻登记"窗口"建设,确保依法办理婚姻登记。全年,全市办理婚姻登记4964对(其中:结婚4809对、离婚116对、复婚39对),婚姻登记合格率达100%。认真按照《收养法》做好儿童收养登记工作，全年共办理收养登记26件（其中：送养24件、弃婴2件），维护了妇女儿童的合法权益。

【殡葬管理】 开展天葬调研工作，为自治区人大拟出台《西藏自治区天葬事务条例》提供了立法依据。上报了《拉萨市"十三五"天葬台建设项目报告》。自治区民政厅拨款450万元用于墨竹工卡县直扎梯寺天葬台建立遗物焚烧厂，从而进一步保护其周边环境。

（周永平）

民政基础设施建设

【项目建设】 尼木县、当雄县、堆龙德庆县三县社会福利院合并建设、拉萨市儿童福利院扩建和拉萨市老年护理院三个项目续建工程均于7月竣工并投入使用，完成总量投资783.82万元。投资600万元的拉萨市流浪未成年人救助保护中心及救助管理站维修改造项目、投资653.71万元的拉萨SOS儿童村室内活动中心项目（北京援藏项目）已完工。投资323.5万元的拉萨市老年护理院服务中心项目已完成主体框架。完成拟投资7000万元的拉萨市精神病人福利院项目选址（选址在达孜县邦堆乡叶巴村）。投资1009万元的拉萨市荣军院项目已完成地勘、环评等前置手续，可研和初步设计已批复。作为红色遗迹保护项目的当雄、尼木两县烈士陵园总投资390万元已竣工并完成纪念馆布展。积极督促指导各县（区）"十二五"项目建设工作，全市"十二五"期间99个项目，总投资40478.32万元，截至年底，已完工91个，总投资39528.32万元，开展前期工作8个投资950万元，前期工作基本完成。完成总工程量的91%，总投资的98%。

【"十三五"规划编制工作启动】 启动拉萨市民政事业发展"十三五"规划编制工作，申报"十三五"期间民政重点项目162个，拟申请国家投资48826.5万元（其中，中央专项彩票公益金19900万元，中央预算内资金28926.5万元）。

（周永平）

残疾人事业

【残疾人民生项目实施】 扎实开展惠及残疾人切身利益的各类补贴发放工作。年内，落实农村贫困残疾人危房改造资金118.1万元，受益户数为240户；落实阳光家园计划资金239.82万元，受益人数为3997人；落实"十二五"贫困残疾人家庭无障碍改造项目资金41.3万元，受益户数为118户；落实区财政厅机动轮椅车燃油补贴配套资金69.642万元，受益人数为2475人；落实残疾重点关爱对象特殊护理补贴66万元，受益人数110人；落实0—16岁残疾儿童康复补贴194.4万元，受益人数为810人；为接收全市737名残疾儿童随班就读的100所学校落实残疾人全纳教育工作专项经费73.7万元；按"8∶1∶1"的比例落实兑现残疾人"两项补贴"993万元，其中：领取残疾人护理补贴人数2641人，补贴资金为316.92万元；领取困难残疾人生活补贴人数11268人，补贴资金为676.08万元，做到切实将党和国家对残疾人的关怀及优惠政策落到实处。

【康复工作】 进一步加大残疾预防、康复训练和国家对残疾人康复救助各项政策的宣传，开展6次集中宣传活动，参加人数740人/次，发放宣传册4500余份。年内入户调查347名持一级精神、智力、肢体、视力、多重残疾人证的残疾人、707名接受康复训练服务的0—16岁残疾儿童、83名智力残障儿童、167名需配备各类辅助器具的残疾人，并建立分类档案1304套；为全市96名各级各类残疾人康复服务人员提供培训，共开展市级培训5期、县级培训11期、乡村级培训9期；完成白内障复明手术125例，唇腭裂修复手术16例，肢体残疾儿童矫治手术13人，肢体残疾人假肢和矫形器适配12人，残疾人辅助器具发放280余副，智力残障儿童康复救助30名，盲人定向行走训练24人，智力残疾儿童和家长康复训练指导服务44人，残疾人就业、康复、就医、入学转介服务30人，全市16个残疾人康复服务站为残疾儿童提供康复训练和家访指导服务6051人/次，解决残疾儿童及陪护康复资助金 19.2 万元，为 40 名残疾儿童和残疾妇女开展了健康体检服务并建立翔实的档案，通过自治区母子保健项目扶持 17 名残疾妇女创业，落实扶持资金 6.6 万元。

【残疾人就业】 年内，全市党政机关、企事业单位安排残疾人 194 名，收缴残保金 634.98 余万元；全年实现就业 31 人，残疾人职业介绍 18 人 / 次，求职登记 14 人，登记需安排残疾人就业用人单位 6 家；完成残疾人职业培训和就业状况实名制统计录入。年内，拉萨市残疾人人口库中就业年龄段残疾人数为 7673 人，实际录入 7148 人，录入率为 93.2%；与各县（区）协调，切实做好残保金扶持残疾人就业、创业项目工作，截至年底，累计扶持项目 28 个，涉及酒店餐饮、百货经营、美发造型、手工加工、牲畜养殖、作物种植、盲人按摩、绘画雕刻、干洗保洁等多领域，落实创业资金 492 万余元，174 名残疾人就业。

【残疾人教育培训】 继续推动残疾人全纳教育工作，完成全市随班就读残障学生的统计核查，2014—2015 学年全市共有 737 名各类残障学生就读于 100 所普通学校中，占全市在校生 100696 人的 0.63%；认真做好 260 名未入学适龄残疾儿童少年残疾类型、残疾等级、受教育情况信息核查；协调落实残疾人全纳教育工作专项经费 73.7 万元，落实残障应届毕业生和成人获取学历助学补贴 4.7 万元；为在 8 所全纳教育示范学校随班就读的 161 名残障学生购置了价值 6 万元教学辅助用具。年内从各县区选送了 35 名有就业愿望的残疾人参加电脑、唐卡绘画、缝纫、家具彩绘、盲人按摩、卡垫编织、“互联网 +” 万人就业等项目的培训；为残障少儿提供乐器演奏培训，全年累计授课 77 节；顺利完成第二期藏手语班为期 8 个月的培训，累计授课 64 节，培训 394 人 / 次。

【残疾人合法权益维护】 按照市委、市政府的要求及时安装了“12345” 政府服务热线，由信访工作人员每天关注动态，安排专人接待残疾人来信来访，及时解决残疾人在生活、工作、辅具及康复救助等方面遇到的急事、难事，做到了残疾人来信来访件件有回复，事事有回音；为了明确工作职责，与各县（区）签订了信访责任书、重点关爱残疾人安置服务管控责任书、二代残疾人证办理责任书，确保责任的层层落实。全年办理《残疾人证》11268 本。

与自治区肢残人协会一同组建了由 20 名肢体残障人组成的“拉萨市残疾人轮椅篮球队”，举办了以“平等参与　凝聚爱心” 主题的运动会，为轮椅篮球队购置价值 38.03 万元的交通工具、服装、专用轮椅等；在特校残障少儿艺术队的基础上，在 3 所残障学生较为集中的全纳教育示范学校中新建 3 个残障少儿乐队，购置了价值 5.838 万元的乐器，并拨付给三所学校共计 0.15 万元的乐器耗材费和共计 2.7 万元的学年乐队活动经费。

【残疾人服务基础设施重点项目建设】 按照国家和自治区的相关要求，切实做好中央专项彩票公益金支持西藏残疾人综合服务中心基础设施建设项目工作。在项目涉及的拉萨市六个县（墨竹工卡、曲水、尼木、堆龙德庆、当雄、林周）进行了残疾人综合服务中心项目建设，项目总投资为 2280 万元，每个县各 380 万元。

（罗雪梅）

人力资源与社会保障

概　况

年内，全市新增就业和再就业人员15760人，完成全年目标任务的105%，开发就业岗位16700个，完成全年目标任务的256.9%。实现农牧区劳动力转移就业19.78万人次，完成全年目标任务的104.1%，实现转移收入55000万元，完成全年目标任务的139%。动态消除零就业家庭14户14人，继续保持城镇零就业家庭动态清零，城镇登记失业率控制在2.2%以内。拉萨籍应届高校毕业生就业率达98%以上，有就业愿望困难家庭高校毕业生就业率达100%。社会保险参保人数达到46.71万人，养老、医疗、生育、工伤、失业五大保险分别为24.60万人、11.75万人、3.95万人、4.93万人、1.48万人。人才发展体制机制不断完善，人才服务体系进一步健全，干部队伍配置日趋合理。劳动关系调处达到3个100%：督促检查的企业职工劳动合同签订率达到100%，劳动人事争议案件结案率达到100%，劳动监察举报案件结案率达100%。

（邓　立）

人事人才

【机关事业单位年度考核】 年内，全市应参加考核的行政机关公务员（工作人员）11561人，实际参加考核11505人，其中：优秀等次1624人，称职（合格）等次9588人，基本称职等次3人，不称职等次9人，未定等次281人。全市事业单位工作人员应参加考核13014人，实际参加考核12914人，其中：优秀等次1330人，合格等次10693人，不合格等次10人，未定等次881人。

【人才队伍建设】 年内，全市各类人才总量达2.5万余人，其中住建、交通、水利、能源、信息、环境、卫生等行业和部门专业技术人才总量逐年增加，基本满足发展需要。通过公招选调、人才引进、招聘、对口挂职交流、双向培养、定向培养等多种方式集聚补充各级各类人才790人，其中为医疗卫生、教育等部门引进急需紧缺专业技术人才102人。2名专业技术人员获批自治区学术技术带头人。

【人才发展环境】 为支持企业人才集聚，做好人才服务，根据《拉萨市引进人才优惠政策实施细则》要求，对2015年引进的102名各类急需紧缺专业人才，按照博士生8万、研究生5万、本科生2万元的标准一次性发放安家补助费，共兑现引进人才安家补助费213万元。

【基层人才调研】 深入全市57个乡镇、街道开展了基层人才结构调查研究工作，规范干部辞职、交流、调配等工作程序。选派15名基层乡镇公务员参加北京、江苏基层公务员初任培训。

【公务员考录笔试】 年内，按照自治区公务员局相关要求，顺利完成西藏自治区2015年高校毕业生第一二批公开考录公务员、事业单位工作人员和专业技术人员笔试拉萨考区各项考务工作。

【公务员派遣】 年内，针对基层和偏远县人才缺乏实际，结合高校毕业生所学专业与农牧区基层需求，向艰苦边远地区派遣高校毕业生和部队生源毕业生462人。

【军转干部管理】 年内，拉萨市共接收自主择业军转干部410人，占全区军转干部总人数的50%。先后在区外建立了成都、重庆、西安、昆明、拉萨、贵阳6个党支部，主要职能是开展自主择业军转干部的管理教育、党组织关系接转、党费收缴、组织支部生活、开展引导性就业（创业）培训、医保住院报账。开展爱国主义教育，分别在西安、成都、重庆、昆明组织开展了庆祝西藏自治区成立50周年等系列纪念庆祝活动，1000余人参加了活动。组织召开了基层党组织建设研讨会和军转政策分享会，看望慰问居住在偏远艰苦地区的军转干部。在重庆、成都建立拉萨市自主择业军转干部创业（就业）培训基地，为广大自主择业军转干部提供优质全面的培训内容和建设性的指导意见。全年，为自主择业军转干部出具相关证明900余份，为410余名自主择业军转干部发放了工资卡，审查军转干部子女中（高）考工龄加分140余人次，切实维护自主择业军转干部子女平等享受在藏工龄加分的权益。及时向市财政申请专项资金，解决了拉萨市3353名自主择业军转干部的冬季取暖费。

【事业单位人事管理】 年内，稳步推进事业单位岗位设置管理实施工作，审核批准事业单位岗位设置方案409家。

【专业技术人才队伍建设】 年内，通过初审、考察顺利完成职称评聘工作，共委托、推荐参加专业技术资格评审人员677人，其中：推荐高级人员133人，中级人员387人，初级人员157人。按照相关程序共确认428人中级专业技术任职资格，共聘任78人中级专业技术职务，报请市政府聘任8人高级专业技术职务。选派10名西藏特殊培养人选参见学习培训，2人获批自治区学术和技术带头人。

【专技人员培训考核】 年内，承担区直、市直和各县（区）5758人专业技术人员职称政治科目考试工作，组织实施2729人职称外语考务工作、736人公需科目考务工作、1326人经济科目考务工作。

（邓　立）

劳动关系

【劳动者合法权益保障】 年内，完善和落实拉萨市建设领域农民工工资支付管理办法，确保全市农民工工资按时足额发放，在全市范围内实行民工工资保障卡制度。从源头上预防和治理建设等领域拖欠民工工资问题，变事后追讨为事前预防，被动治欠为主动防欠，确保工人工资发放及时，杜绝包工头恶意欠薪以及组织民工恶意讨薪的行为。

【劳动监察案件处理】 年内，共受理劳动监察案件179起，同比上升11.88%，涉及537人，为劳动者追回工资622.76万元。督促42家企业缴纳民工工资保证金3798.58万元，督促缴纳工伤保险达285.38万元。

【劳动人事纠纷处理】 年内，共受理劳动争议案件142起，涉及人数230人，涉及金额1560.5万元。经调解、裁决处理142起，为劳动者追回工资、生活费、工伤赔偿、补缴社会保险等854.4万元，按期结案率达到100%。

【专项检查】 年内，开展了人力资源市场清理整顿、建筑工程项目联合大检查、农牧民工工资支付情况专项监察、用人单位遵守劳动用工和社会保险法律法规情况专项检查共4次，检查各类企业、建筑工地167家，涉及劳动者7622人。

【工伤案件处理】 年内，受理工伤案件305起，结案

305起，撤诉3起。

【工资审批】 年内，完成了各县（区）、市直机关事业单位1.42万人次职务（职称）变动、各种固定、浮动等工资审批工作。

【工资定级】 年内，及时对新录用的971名乡镇公务员、公安部门公务员、部队招录的乡镇公务员、非西藏生源定向生、引进生、事业单位工作人员、教育系统新分配人员进行了工资定级。

【企业薪酬调查】 年内，对全市109家企业的人工成本和在岗职工工资情况进行了试调查，完成全市29家国有独资和国有控股企业负责人工资情况的摸底调查工作，完成全市121名在职集体工工资审批。

（邓 立）

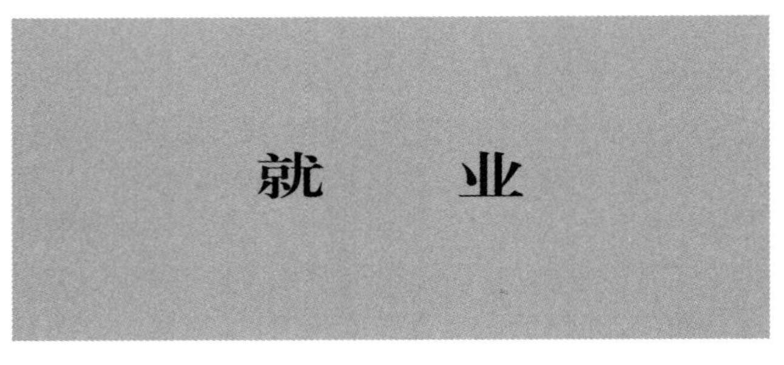

就 业

【高校毕业生就业】 年内，4195名高校毕业生实现就业，就业率达98%以上，离校未就业高校毕业生实名制统计结果，86名学生未就业（均属在家复习继续参加公招考试），有就业愿望困难家庭高校毕业生就业率达100%。

【高校毕业生创业】 年内，积极开展创业培训工作，继续落实《拉萨市扶持高校毕业生自主创业补贴实施办法》，为自主创业高校毕业生发放创业奖励资金和生活补贴78400元，向3名创业者发放贷款人均10万元。联合拉萨经开区高创项目孵化中心有限公司创建拉萨市大学生创业服务网，为大学生创业提供信息平台，引导大学生积极创业。针对各行业创业高校毕业生开展SYB培训120人，IYB培训27名。全年召开4次拉萨市大学生自主创业交流会，进一步了解创业存在的困难及问题。协商市工商联带领27名成功创业高校毕业生参访拉萨市净土产业有限公司等六家企业，学习经营理念和先进经验。组织成功创业大学生赴北京、上海、福建、成都等地参观学习各高校创业孵化基地、创客咖啡以及优秀企业的创业理念和先进的管理经验，推广拉萨市特色产业及优秀传统文化。

【高校毕业生培训】 年内，组织区内外离校未就业高校毕业生参加每月15日举办的小型人力资源洽谈会、“2015年西藏民族学院高校毕业生专场招聘会”及“拉萨市国有企业人才进校园专场招聘会”，参与学生3000余人，通过各类招聘会，200余人实现企业就业。对七县一区离校未就业大学生和西藏大学、西藏职业技术学院等学院应届毕业生400余人开展引导性培训，广泛宣传高校毕业生就业优惠政策。

【高校毕业生就业见习制度】 年内，累计推荐147名高校毕业生参加就业见习，发放见习生活补助101.2万元，落实区外就业高校毕业生生活和路费补贴7.1万元。

【高校毕业生区外就业服务】 年内，先后赴北京市人社局、江苏省人社厅协调2015年就业援藏工作，初步达成了赴藏开展就业援藏招聘会、对口支援人力资源市场建设和人才智力培训等援助项目。7月18日成功举办了“2015就业援藏—北京市面向西藏籍高校毕业生专场招聘会”，65家用人单位为西藏籍高校毕业生提供了164个就业岗位，达成就业意向30余人。

【基层就业服务平台建设】 年内，制定了《拉萨市基层劳动就业社会保障公共服务平台建设实施方案》，并以市政府名义下发，计划提前1年（2016年底）完成自治区建成108个基层平台的目标。截至年底，平台建设工作已全部完成，即将开展322名平台工作人员招录和岗前培训工作，确保2016年实现平台正式运转、人员全部上岗。

【新型就业培训模式探索】 年内，制定《拉萨市农牧民技能培训计划》，深入七县一区对5000余名农牧民开展就业引导性培训，引导农牧民转变就业观念，鼓励外出就业或自主创业。年初，对全市8个劳务品牌分别开展了1期劳务品牌扶持培训。组织举办技能培训管理人员培训班，对市直各承训单位及县

(区)人社局负责人和业务经办人员进行培训,规范技能培训相关工作。

【就业服务质量提升】 年内,为企业求职者提供优质服务。推广职业介绍、职业指导、政策咨询、劳动事务代理等"一站式""零收费"服务机制。全年共开展市级大型人力资源洽谈会1期、小型人力资源洽谈会9期、指导县区开展人力资源洽谈会8期,累计组织企业540家,提供就业岗位信息14523余个,达成就业意向2950人。

【就业援助帮扶】 年内,组织开展"送温暖、送岗位、送信息、送政策、送培训"系列就业援助活动,着力解决就业困难人员、零就业家庭和农牧区富余劳动力的就业问题。开展春风行动,积极宣传各项就业优惠政策法规、农牧民工进城维权知识和岗位信息,现场发放《2015年春风行动企业用工岗位信息》《农民工进城就业指南》《就业再就业优惠政策汇编》《中华人民共和国就业促进法》《中华人民共和国劳动合同法》等宣传资料8000余份,提供就业岗位1000余个。

【公益性人员流动】 年内,组织开展拉萨市首期公益性岗位转岗就业引导性培训,对7县及市直各单位的3200余名公益性岗位人员进行培训。

【转岗就业服务】 年内,对拉萨市900余名小型旅游客运车辆从业人员开展岗前培训,提升其就业能力和职业素养。对拉萨市铁器、电焊、铝合金加工行业从业人员转岗就业提出8项具体转岗就业措施,开展一对一的就业服务推动其转岗就业。

【职业技能鉴定】 年内,开展职业技能鉴定1120人。

(邓　立)

社会保险

【基本养老保险】 年内,城镇职工基本养老保险、城乡居民养老保险参保人数分别达到3.595万人、21.01万人,城乡居民参保率达99.98%;征缴养老保险费38700万元、1995.42万元,发放养老金16800万元、6297万元。

【医疗保险和生育保险】 年内,职工医疗保险参保52475人,征缴职工医疗保险基金28800万元,待遇支付22658人次,统筹基金总支出9308万元;城镇居民医疗保险参保64977人,征缴居民医疗保险基金2599万元,待遇支付26643人次,基金支付9205万元;职工生育保险参保39475人,征缴生育保险基金893万元,待遇支付821人次,基金支出766万元。

【工伤保险】 年内,顺利推进机关事业单位工作人员参加工伤保险,完成工伤保险待遇支付权限下放工作。全年工伤保险参保49300人,征缴工伤保险3394万元,待遇支付1500万元。

【失业保险】 年内,失业保险参保达14820人,征缴失业保险金2100万元。

【社会保险政策】 年内,全市人力资源和社会保障系统扎实开展政策宣传、基础养老金兑付、参保登记审核、基金征缴扩面等工作,年内,全市企业退休职工基本养老金月人均水平达3296.30元,城乡居民基础养老金月人均达140元,城镇居民基本医疗保险政府补助标准提高到年人均440元。

(邓　立)

四业工程

【概　况】 年内,投入培训经费3995.865万元,城乡劳动力培训439期,培训人数36367人。其中,计划内实用技术培训134期17382人,合格率达91.56%;转移就业培训178期9747人,就业率达82%;创业培训32期980人,成功率达75%;其他培训10期886人。计划外培训85期7372人。全市城乡劳动力技术技能和思想素质全面提升，为全市经济健康发展、社会长期稳定提供了有力的人力支持。

【转移就业】 年内，共组织各用工企业开展岗位下乡活动16次，开发就业岗位7561个，组织新增转移就业15496人。“四业工程”还大胆探索“部队化建制、军事化管理”的劳务输出管理模式，把劳动者按班、排、连、营统一编制，统一调配，集中组织在重点建设项目上务工。截至年底，共输出城乡劳动力42952人次，输出机械及车辆5891台次，城乡劳动者就业途径更加广阔。

【特殊人群培训】 年内，全市各级党政组织培训特殊人群1148名（含重点人员），其中驾驶员138人，寺庙僧尼280人，保安员620人，刑满释放人员50人，残疾人60人，已就业968人，全市经济发展和社会稳定的和谐因素不断增加。

【城乡劳动力实现增收】 年内，全市农牧产品产量增加、质量明显提高，农牧民收入快速增长，生活水平得到改善。全市近30000名农牧民普遍提高了一产收入，增收2亿多元；近7000名富余劳动力实现就业增收3.05亿元；劳务创收1.96亿元；机械及车辆输出增收近3000万元，全市城乡劳动力人均收入稳步提升。

（刘翔德）

自身建设

【组织领导】 年内，全市各级党政组织把“四业工程”作为实施“民生安市”“法治稳市”战略的重要工作强力推进。市委把“四业工程”列入重要议事日程，与全市社会稳定工作、经济工作、农牧区工作、净土健康产业等工作同研究、同动员、同部署。各县（区）也先后制定了县（区）“四业工程”发展规划，并纳入工作重要议事日程，建立健全工作机制，全面贯彻落实市委重大决策，强势推进工作，开创了全市“四业工程”工作新局面。

【机制建设】 年内，为规范工作程序，提高工作效率，先后制定了《拉萨市“四业工程”城乡劳动力培训管理办法（试行）》《拉萨市“四业工程”工作领导小组办公室文件传阅规定》等制度，明确了内部职能部门、成员单位工作职责和任务，用制度管人、用制度管事、用制度管权，提高了办事效率和工作质量。对“四业工程”工作抽调人员实行双重管理，以“四业工程”办公室管理为主，逐步建立了一支政治可靠、业务精湛、干练高效、廉洁自律、相对稳定的“四业工程”工作队伍。

（刘翔德）

民族·宗教

综　　述

年内，市民宗局坚持以科学发展观为指导，切实按照习近平总书记“治国必治边，治边先稳藏”的重要战略思想和俞正声主席“依法治藏，长期建藏、争取人心、夯实基础”的工作原则，紧紧围绕市委、市政府工作中心，全面贯彻落实党的民族宗教方针政策，创新工作载体、整合各种资源，民族工作“抓发展、创特色、促团结”，宗教工作“抓管理、促和谐、保稳定”，成效显著。

（贺得胜）

民族工作

【概　况】 根据全国第六次人口普查数据，全市常住人口 84 万人，其中藏族人口占 87%，汉族、回族、蒙古族、傣族、门巴族、珞巴族等 36 个民族，并有少量夏尔巴人和僜人共占 13%。全市七县一区中，常住人口中藏族人口比重较高，城关区低于全市水平，为 58.67%；七县的藏族人门比重均达 85%以上。其中，当雄县 97.96%、尼木县 97.4%、林周县 97.24%、墨竹工卡县 96.96%、达孜县 95.89%、曲水县 93.83%、堆龙德庆县 85.68%。

【流动人口】 截至年底，通过务工经商流入拉萨人口占流入总人口的 70.03%，随迁家属占 6.75%，学习培训占 5.85%，其他原因占 17.37%。在全部流入人口中，藏族人口为 3.57 万人，占 31.92%；汉族人口 7.00 万人，占 62.5%；其他民族人口为 0.62 万人，占 5.55%。

【民族团结】 经自治区人大审议批准，颁布了《拉萨市民族团结进步条例》，确定每年 9 月 17 日为拉萨市“民族团结进步节”，认真开展“民族团结进步模范”表彰活动，大力推进民族团结教育活动进机关、进企事业单位、进部队、进学校、进乡村、进社区、进寺庙、进家庭。在全市共产党员中深入开展“民族团结先锋”活动，在广大团员青年中开展“民族团结闪光”活动，在少先队中开展“民族团结牵手”活动和 56 个民族形象代表“民族情·雪域行”活动，充分展示了拉萨各族人民群众共同创建民族团结典范城市的浓厚氛围。

【服务群众促进发展能力提高】 年内，市民宗局共选派两批 8 名干部职工赴尼木县卡如乡赤朗村开展驻村工作，驻村工作队累计投入资金 80 万元，实施了一系列民生项目、产业项目。争取自治区民宗委的促进少数民族地区经济社会发展的资金，投入资金 818 万元，实施 17 个少数民族发展资金建设项目。

【2015年民族团结进步模范集体、模范个人表彰】 年内，按照“自上而下、层层评选、全面审核、客观公正、注重实绩”的评选原则，表彰2015年度涌现出的拉萨市民族团结进步模范集体61家，民族团结进步模范个人67人（其中23个模范个人和15家模范集体受到自治区的表彰）。

【少数民族发展资金】 年内，编发《拉萨市财政扶贫少数民族发展资金项目（兴边富民行动）工作指南》。截至年底，共争取少数民族发展资金947万元、项目20个，实施2个少数民族特色村寨建设。

【民族团结进步创建活动】 年内，以创建全国民族团结进步示范市为契机，制定《拉萨市创建全国民族团结进步示范市“七进”工作实施意见》及《测评指标体系》，在全市确定了新一批创建试点单位。制定《拉萨市少数民族流动人口服务管理体系建设试点工作实施方案》，在河坝林社区居委会等4个社区居委会先行开展少数民族流动人口服务管理体系建设试点工作。

【全国民族团结进步示范市创建】 年内，拉萨市全面开展创建全国民族团结进步示范工作，并成立领导小组，起草完成《拉萨市创建全国民族团结进步示范市三年规划（2013—2015）》《拉萨市创建全国民族团结进步示范市工作方案》《拉萨市创建全国民族团结进步示范测评指标体系》《拉萨市创建全国民族团结进步示范“七进”工作实施意见》《拉萨市创建全国民族团结进步示范市“七进”工作测评指标》等文件。

【少数民族流动人口服务管理体系建设试点工作启动】 年内，根据国家民委办公厅《关于开展第五批城市少数民族流动人口服务管理体系建设试点工作的通知》精神，结合拉萨市实际，起草了《拉萨市少数民族、流动人口服务管理体系建设试点工作实施方案》，并将流动人口较多、外来朝佛人口较多、穆斯林群众较集中、外来务工人员较集中的社区居委会作为试单位，先行开展少数民族流动人口服务管理体系建设试点工作。6月5日，正式启动拉萨市少数民族流动人口服务管理体系建设试点工作。

【利寺惠僧政策落实】 年内，全面落实“六个一”“9+5”“一覆盖”“一教育”“一工程”“三保一低”免费健康体检、意外伤害保险等各项利寺惠僧政策的同时，以“联寺健康、联寺平安”活动为载体，协调卫生部门在寺庙开展巡回义诊活动，共发放15万元的药品。争取资金7783万元对全市172座有寺有僧，庙僧舍进行维修或重建，争取资金1735.53万元，对全市20座“十二五”规划重点宗教活动场所进行维修。

【2015年拉萨市朝觐工作】 年内，根据《关于做好2015年度朝觐名额分配及有关事项的通知》精神，按照属地管理的原则，会同相关部门按照《中国穆斯林出国朝觐报名排队办法》规定（试行），20名穆斯林信徒赴沙特朝觐。

【“古尔邦节”慰问活动】 年内，在伊斯兰教传统的“古尔邦节”来临之际，拉萨市民宗部门对穆斯林群众进行慰问、组织召开座谈会。自治区人大常务委员会副主任马如龙参加。

（贺得胜）

宗教工作

【概　况】 拉萨市广大人民群众主要信仰的宗教为藏传佛教。少数人信奉苯教、伊斯兰教、天主教，其中信仰伊斯兰教的约2228人（2008年）、信奉天主教的约600人。全市共有藏传佛教宗教活动场所288座，其中寺庙162座，拉康84座（小佛堂），日追29座（无僧人，修行闭关人的住所），嘎巴15座（人死后举行葬礼的场所，当雄县牧区较多）。全市在编僧尼4679人，其中僧人3359人、尼姑1320人。藏传佛教最大的教派格鲁派的六大寺中有3座在拉萨市，分别为哲蚌寺、甘丹寺和色拉寺。藏传佛教五大派在拉萨市都有自己的寺院，其中格鲁派201座，噶举派48座，宁玛派22座，萨迦派16座，苯教1座。伊斯兰教清真寺2座。市属寺庙5座，包括大昭寺、色拉寺、哲蚌寺、甘丹寺、楚布寺。

【宗教活动】 拉萨宗教团体组织有传召大法会、浴佛等各种宗教活动。小传召：藏历每年二月下旬举行，为期10天。法会期间，拉萨三大寺僧侣在大昭寺参加辩经，选拔二等格西，规定规模小于传召大法会，故名。浴佛节。又名佛诞节。每年的农历四月初八日，是佛教徒纪念佛祖释迦牟尼诞辰的一个重要节日。佛教徒将寺院打扫一新；殿堂佛像擦拭一净。寺院幢幡宝盖遍布，香花灯饰及各色供品林立。香花丛中的几案上安放一个铜盆，盆中注满紫檀、郁金、龙脑、麝香、丁香等配制成的香汤，汤中立有释迦太子像。寺院主持率领全寺僧众礼赞诵经，随后持香跪拜、唱浴佛偈或念南无本师释迦牟尼佛，僧众和居士们一边念一边依次拿小勺舀汤浴佛，浴完佛像后再用一点香汤点浴自己，表示洗心革面、消除灾难。若参加的人多，则由僧人手持杨枝蘸浴过佛得净水为信众点浴。伊斯兰教的节日主要有："开斋节"和"古尔邦节"。"开斋节"在伊斯兰教历的10月1日，该教规定伊斯兰教历9月为斋日。按照伊斯兰教教义，斋月是伟大、喜庆、吉祥和尊贵的月份，因为安拉是在这个月降示《古兰经》的。在斋月里，每天东方刚刚开始发亮至日落期间，除了患病者、旅行者、乳婴、孕妇、哺乳妇、产妇、月经期妇女及作战的士兵外，成年的穆斯林男女必须严格"把斋"，不吃不喝、不吸烟不饮酒、不行房事等。直到太阳西沉，人们才进食。"古尔邦节"也叫"忠孝节"或"献牲节"，是穆斯林最盛大的节日，在伊斯兰教历每年12月10日举行。主要内容有：举行会礼。穆斯林聚集在大清真寺或公共场所，举行盛大的礼拜、仪式和庆祝活动；宰牲口。牲口必须要健康、五官端正，主要有骆驼、牛、羊，根据家庭经济情况而后定，穆斯林将宰后的肉分成三份，分别留作自用、施舍给穷人、招待客人。

【政策落实情况】 西藏和平解放后（1951年），拉萨市贯彻落实国务院《宗教事务条例》，并于2006年5月18日经西藏自治区人民政府第11次常务会议通过，发布了《西藏自治区实施（宗教事务条例）办法（试行）》，落实宗教信仰自由政策。拉萨市贯彻宗教信仰自由政策，相继恢复和新成立了宗教工作机构，恢复了一批传统的民族宗教节日，新增了众多宗教场所，国家拨出专款用于维修大昭寺 、哲蚌寺、色拉寺、甘丹寺。并投资5500万元，历时五年维修布达拉宫；资助专款670万元、黄金111千克、白银2000余千克及大量珠宝，维修五世至九世班禅灵塔、祀殿。

【寺庙设施】 截至年底，拉萨市168座（有寺有僧，不含4座分寺）寺庙僧尼宿舍维修改造工程分两年实施完成（2014—2015年）。项目总投资为：8710.44万元，其中：自治区财政补贴2344万元（人均5000元），各县（区）县级财政配套5280.14万元，寺庙自筹资金1086.3万元。维修改造僧舍4688间，维修总面积140640平方米（人均30平方米）。拉萨市除有寺无僧的寺庙未列入"9+5"活动中之外全市寺庙通路达85.3%。，通水达57%，通电达91.7%；全市所有寺庙的国旗、领袖像、报纸、电影（电视）、文化书屋实现了全覆盖；在全市寺庙管委会中正在落实和基本落实"5有"工作达80.4%，其中建造垃圾池为97% 、洗澡堂为86%、温室为78%、集体食堂为56%、卫生员为85%，并根据拉萨市寺庙是否设立健身器材场地及周边群众是否一同受益等实际，向自治区民宗委申请解决了哲蚌寺、色拉寺、甘丹寺、达孜县桑阿寺、林周县杰堆寺、墨竹工卡县曲龙寺、当雄县羊八井寺和康玛寺、城关区曲桑寺等9个寺庙健身器材的配备，其中哲蚌寺和色拉寺已基本完成安装，并投入使用。

【"六建"工作、"9+5"工程成果巩固】 年内，强化"9+5"工程推进措施，全市寺庙实现国旗、领袖像、报纸、电影、文化书屋和广播电视实现全覆盖，水、电、路基本实现保通目标，寺管会综合业务用房建设项目工程接近完成。

【"联创平安、结对帮教"工作模式实施】 年内，通过开展"交一个朋友、进行一次家访、办一件实事、建一套档案、畅通一条渠道、形成一条机制"的"六个一"活动，建立了驻寺干部与僧尼"一对一、多对一"的联系、谈话、交友工作新模式，畅通了寺管会与僧尼家庭、僧尼所在基层组织之间的沟通联系渠道，形成维稳工作联抓联管、矛盾纠纷联排联调、安全隐患联防联控、平安创建联创联享、学习教育共帮共助、交心谈心共信共行、排忧解困共衷共济的工作机制。

【社会保障制度落实】 年内，根据《西藏自治区寺庙僧尼参加社会保险暂行办法》，不断完善持证僧尼社会保障落实措施，全市持证僧尼实现了养老保险、医疗保险、最低生活保障、人身意外伤害团体险全覆盖。协调有关部门，进一步完善全市在编持证僧尼的健康档案，使寺庙僧尼病有所医、老有所养。

【“四证”管理服务】 年内，及时对5座宗教活动场所的藏传佛教宗教场所登记证、藏传佛教宗教场所法人代表证进行了变更，对漏登、错证、丢失的774人的藏传佛教教职人员证书和3人的藏传佛教活佛证进行了更换。同时，要求市属各寺管委会、各县（区）民宗局尽快结合各自的实际制定具体的“四证”管理长效机制，进一步发挥“四证”在规范宗教事务管理，建立藏传佛教正常秩序中的作用。

【教职人员登记备案】 年内，开展宗教教职人员登记备案工作，建立健全寺庙管理长效机制，完善教职人员管理制度，提高藏传佛教事务管理规范化、法制化水平，维护宗教秩序和寺庙的和谐稳定，维护宗教活动场所和教职人员的合法权益。

（贺得胜）

外　事

综　述

年内,拉萨市外事工作紧紧围绕涉藏斗争大局,认真贯彻落实中央、区、市关于外事工作的基本路线、方针、政策,全面服务拉萨经济发展大局、服务拉萨社会局势稳定大局。全市外事工作取得了新成绩。

（拥　措）

接待工作

【概　况】 2015年拉萨市接待和协助接待了来自美国、英国、俄罗斯、德国、加拿大、法国、尼泊尔等30个国家和地区的党宾、国宾、新闻记者41批372人次。

【德国驻华大使柯慕贤一行来藏访问】 经自治区外事工作领导小组批准,德国驻华大使柯慕贤一行4人于4月14日—17日到藏访问。在藏期间,柯慕贤大使一行乘火车赴日喀则参观了扎什伦布寺,在拉萨参观了世界文化遗产布达拉宫、大昭寺、西藏大学,与自治区卫生厅、自治区红十字会、德国尼玛协会进行了座谈。自治区党委副书记、自治区常务副主席、自治区党委政法委书记邓小刚宴请了柯慕贤大使一行。

【澳大利亚驻华使馆副馆长韩家斯到西藏访问】 经自治区外事工作领导小组批准,4月21日,澳大利亚驻华驻华使馆副馆长韩家斯一行4人来藏访问,在藏期间,韩家斯一行主要活动在拉萨及山南开展,在拉萨,韩家斯一行参观了布达拉宫、大昭寺、色拉寺、清政府驻藏大臣衙门,与自治区发改委、民宗委进行座谈,了解了西藏自治区近年来经济社会发展情况以及民族宗教基本情况;与自治区商务厅、计生委、自治区红十字会等部门进行了座谈。通过实地参观,韩家斯一行对宗教信仰政策、世界文化遗产的保护等情况有了初步了解,对拉萨市依法保护宗教场所、投入大量资金保护八廓古城、大昭寺等世界文化遗产的做法给予了高度评价。

【美国驻华大使马克斯·西本·博卡斯到拉萨访问】

中美关系是当今世界最重要、最富活力和最具潜力的双边关系之一,为进一步深化双方合作及交流,经外交部批准,美国驻华大使马克斯·西本·博卡斯一行19人于5月27日—5月30日来西藏自治区进行了为期4天的参观访问。本着“以我为主,正面宣传”的原则,根据美国驻华大使马克斯·西本·博卡斯一行提出的要求,结合西藏实际,安排外宾参观了纳木错、布达拉宫、拉萨圣香海螺藏香厂、色拉寺、大昭寺、八廓街、拉萨市第二中等职业技术学校、拉萨市儿童福利院、西藏大学新校区，并前往当雄县当曲卡镇当曲村牧民家进行家访，观看了《文成公主》实景剧。参观内容涉及民族宗教信仰、世界文化遗产保护、环境保护、藏文化的传承与保护、教育发展、改善民生等内容。

【法国驻华公使衔参赞白良到西藏自治区参观访问】 经外交部批准，法国驻华公使衔参赞白良一行3人于6月7日—12日来西藏自治区进行了为期6天的参观访问。本着“以我为主，正面宣传”的原则，根据自治区外事工作领导小组办公室安排，白良公使一行参观了布达拉宫、纳木错、色拉寺、大昭寺、甘丹寺，并前往西藏大学新校区、拉萨市第一小学、西藏登山学校进行了参观。自治区党委常委、拉萨市委书记齐扎拉会见并宴请了法国驻华公使衔参赞白良一行。

【意大利议会“中国之友”协会代表团访藏】 经外交部、自治区外事工作领导小组批准，意大利议会“中国之友”协会代表团一行5人于7月8日—11日访藏，根据代表团一行访藏日程，拉萨市负责的接待活动主要是协助安排意大利议会“中国之友”协会代表团一行参观大昭寺、八廓街、清政府驻藏大臣衙门、西藏牦牛博物馆，并前往柳梧新区一农户家进行家访。参观内容涉及民族宗教信仰、世界文化遗产保护、藏文化的传承与保护、改善民生等内容。

【韩国驻华大使金章诛到藏访问】 经自治区外事工作领导小组批准，韩国驻华大使金章诛一行13人于7月10日—12日到藏访问，在藏期间，金章诛一行在拉萨参观了布达拉宫、大昭寺、色拉寺、西藏博物馆，与自治区发改委、民宗委进行座谈，了解了西藏自治区近年来经济社会发展情况以及民族宗教基本情况；与自治区商务厅、计生委、自治区红十字会等部门进行了座谈。在有关部门的大力支持和协助下，拉萨市圆满完成了此次外事接待任务，取得了良好效果。

【中非新闻交流中心记者到藏参观采访】 经外交部、自治区外事工作领导小组批准，中非新闻交流中心记者一行10人于7月12日—18日到藏参观采访，区市党委政府高度重视此次采访活动，自治区党委书记陈全国就该团接待工作作出了专门批示。根据日程安排，中非新闻交流中心记者一行10人在拉萨市的活动主要有7项，即参观采访自治区藏药厂、拉萨啤酒有限公司、拉萨河“河变湖”工程、纳木错、大昭寺、八廓街，观看大型实景剧《文成公主》。

【哈萨克斯坦网络和媒体记者代表团到藏参观采访】

受全国友协邀请，经外交部、自治区外事工作领导小组批准，哈萨克斯坦网络和媒体记者代表团一行12人于7月31至8月2日到藏参观采访。采访内容涉及民族宗教信仰、改善民生等内容。根据采访内容，通过与相关部门进行协调，哈萨克斯坦网络“大V”和媒体记者代表团一行参观了大昭寺，并前往柳梧新区一农户家进行家访。在区、市党委政府高度重视下，在各相关部门的通力合作下，代表团一行圆满结束了在拉萨市的参观访问活动，飞往昆明，进行下一站的访问。

【阿根廷、哥伦比亚驻华大使到藏参观访问】 经自治区外事工作领导小组批准，阿根廷、哥伦比亚驻华大使一行8人于8月1日—6日到藏参观访问。大使一行在拉萨市的主要活动为：参观甘丹寺、色拉寺、大昭寺、拉萨啤酒厂、藏药厂、清政府驻藏大臣衙门、游览八廓街，并前往柳梧新区一农户家进行了家访。中国与阿根廷、哥伦比亚在经济、科技、文化等方面都有着密切的交流与联系，习近平总书记更是两次到访拉丁美洲，为进一步促进中国与拉美各国的合作搭建了良好平台。区市党委、政府高度重视此次阿根廷、哥伦比亚驻华大使访藏事宜，要求各相关部门切实做好此次外事接待工作。8月6日，驻华大使一行圆满结束了在西藏自治区的参观访问各项活动，返回北京。

【韩国青年国会议员代表团到藏访问】 经自治区外事工作领导小组批准，韩国青年国会议员代表团一行9人于8月13日—16日访藏，根据代表团一行访藏日程，拉萨市负责的主要接待活动是协助安排韩国青年国会议员代表团一行参观大昭寺、色拉寺、拉萨城市规划展览馆。参观内容涉及民族宗教信仰、世界文化遗产保护、城市未来发展方向、改善民生等内容。通过实地参观，代表团一行了解了市政府为“建设美丽拉萨，创建幸福家园”做出的努力，并给予了高度评价，为拉萨市社会经济又好又快发展创造了良好的国际舆论环境，并取得了良好的对外宣传效果。

【西班牙胡安·卡洛斯一世到藏参观访问】 经自治区外事工作领导小组批准,西班牙胡安.卡洛斯一世一行13人于8月18日—20日到藏参观访问。在藏期间,自治区领导会见并宴请了西班牙老国王胡安.卡洛斯一世一行,西班牙老国王胡安.卡洛斯一世一行还参观了罗布林卡、布达拉宫、大昭寺。对拉萨市依法保护宗教场所、投入大量资金保护八廓古城、大昭寺等世界文化遗产的做法给予了高度评价。

【印度名流迎取圣水代表团到藏】 经自治区外事工作领导小组批准,印度名流迎取圣水代表团一行16人于9月10日—16日到藏。在藏期间,代表团一行赴阿里地区,朝拜神山,并前往圣湖饮取圣水。在拉萨参观了世界文化遗产大昭寺、布达拉宫。通过实地参观,代表团一行了解了寺庙的悠久历史文化及寺庙修缮工作,亲身感受了西藏自治区、拉萨市实施的民族宗教信仰政策。

【美国国会众议院少数党领袖佩洛西到藏访问】 经中央批准,美国国会众议院少数党领袖佩洛西一行32人,于11月9日—11日对西藏自治区进行了访问。佩洛西一行在拉萨市期间参观了大昭寺、清政府驻藏大臣衙门、卓番林手工艺品制作中心,西藏大学、拉鲁湿地、色拉寺,并游览了八廓街、与西藏大学师生座谈、走访了纳金乡4户藏族农牧民家庭,同时参加自治区党委常委、拉萨市委书记齐扎拉的会见、宴请。

【不丹政府官员代表团到藏参观访问】 经外交部、自治区外事工作领导小组批准,不丹政府官员代表团一行6人于11月16日—19日到藏参观访问。根据日程安排,代表团一行在拉萨市的活动主要有7项,即参观大昭寺、游览八廓街;参观自治区藏药厂、拉萨火车站;参观哲蚌寺、色拉寺、拉萨城市规划建设展览馆。

【外国驻华媒体代表团到西藏自治区采访】 为配合国家整体外交大局,主动开展工作,展示西藏自治区发展稳定和谐成果,外交部组织美国彭博新闻社、俄罗斯全国广播电视公司、哈萨克斯坦"24KZ"电视台、路透社、法国费加罗报、西班牙ABC日报社、意大利安莎通讯社、韩国联合通讯社、日本每日新闻、英国金融时报、德国明镜周刊共11家外国驻华媒体的14名记者于11月16日—20日到西藏自治区采访,该团采访活动主要在拉萨市开展。根据自治区主要领导批示精神,市委、市政府高度重视、科学统筹,在自治区党委、政府的坚强领导下,本着"以我为主、高度自信、有礼有节、内紧外松"的原则,扎实稳妥地做好接待相关工作,确保了外国驻华记者团参观采访平稳有序、圆满顺利。

【德国联邦政府人权专员施特拉瑟到藏访问】 根据2015年西藏高级别外宾"请进来"工作要求,经中央批准,德国联邦政府人权专员施特拉瑟一行6人于11月26日—28日访问西藏。

【外交部部长王毅在藏考察调研】 12月26日—30日,外交部部长王毅一行到西藏自治区考察,期间作了国际形势专题报告会,报告会全面介绍了当前国际大势和发展态势,深刻阐述了中共十八大以来中央外交思想、政治体系和中国特色大国外交丰富实践,并从国际、国内两方面阐明了"一带一路"建设的重大战略意义,分析了当前涉藏外事工作面临的新形势、新任务、新要求。在拉萨调研期间,王毅部长在自治区党委常委、拉萨市委书记齐扎拉等拉萨市领导陪同下参观了大昭寺、八廓街。

(次仁旦珍)

涉外管理与服务

【概　况】 年内,拉萨市外事办公室根据自治区党委常委、拉萨市委书记齐扎拉的重要批示精神,进一步依法加强对在拉萨市开展活动的境外非政府组织的调研以及属地管理与服务工作。

【拉萨境外非政府组织的办公点走访调研】 截至年底,由市外事办牵头联合相关部门对拉萨市属地13家境外非政府组织实地进行了走访和调研,全面了解项目开展情况、人员情况，以及协议条款遵守及履行情况，为有效地开展管理和服务提供依据。

【因公出国(境)管理与服务】 截至年底，全市因公出国(境)团组总计8批17人次，其中地级领导1人次；县级领导8人次；科级及以下干部4人次；国有企业人员4人次。出访国家有韩国、瑞典、捷克、西班牙、尼泊尔、法国、新加坡、澳大利亚、新西兰等，出访任务涉及友好访问、学习交流、参加培训或会议等。

【市政府商务调研团赴尼泊尔调研】 8月21日—25日，拉萨市副市长吴亚松率拉萨市商务调研团一行5人赴尼泊尔就酒店业方面情况进行调研。此次调研立足实际，放眼国际，创造性地开展工作，了解了尼泊尔加德满都市酒店业的运营、软硬件设施情况，并于目标酒店开展并购意向谈判。

【中国西藏—尼泊尔经贸洽谈会参会情况】 11月17日—21日，拉萨市净土商贸有限公司总经理陈强、拉萨市净土产业投资开发有限公司副总经理纪伟师、西藏拉百商贸有限公司巴桑仓决、陈春良四位同志随团赴尼泊尔参加2015年中国西藏—尼泊尔经贸洽谈会。此次参会深入实施国家“一带一路”战略，推进西藏自治区南亚大通道建设，进一步促进中尼经贸持续健康发展。

（拥　措　赖保灵）

领事工作

【概　况】 年内，市外事办有序推进邻国领事各项工作，协助自治区外侨办、市公安局出入境管理处按照“有理、有力、有节”的原则做好邻国领事工作。

【尼泊尔总统亚达夫到西藏自治区访问】 应邀参加2015年博鳌论坛开幕式后，亚达夫总统于3月29日—4月1日再次到西藏自治区访问。根据自治区党委政府统一安排部署，亚达夫总统一行在拉萨市参观了拉萨啤酒厂、西藏牦牛博物馆。自治区党委常委、市委书记齐扎拉，市委副书记、市长张延清宴请了尼泊尔总统亚达夫一行，齐扎拉向贵宾致辞，并简要介绍了西藏自治区区情、市情。

【美国驻成都总领馆领事艾立仁到藏进行公务访问】 经外交部批准，美国驻成都总领馆领事艾立仁一行2人于11月3日—4日到藏进行公务访问，参观西藏牦牛博物馆；自治区党委常委、市委书记齐扎拉会见并宴请艾立仁一行。此次访问是艾立仁第二次进藏来访，市委、市政府高度重视此次外事活动，为使各项工作落到实处，确保万无一失，有效展示拉萨市各族人民在中国共产党领导下，在生产生活等方面发生的翻天覆地的变化。

【第一期尼泊尔青年培训班到藏参观访问】 经自治区外事工作领导小组批准，第一期尼泊尔青年培训班一行20人于11月18日—20日到藏参观访问。在藏期间，自治区领导会见并宴请了尼泊尔青年培训班一行，此团行还参观了罗布林卡、布达拉宫、大昭寺、西藏大学新校区。

（次仁旦珍）

友城工作

【概　况】 年内，市外事办着力配合我国“一带一路”建设，充分发挥西藏自治区面向南亚的国际通道，一方面积极巩固与尼泊尔加德满都的友好关系，加强两市的交往合作。同时，积极谋划希望借助全国友协以及自治区外侨办的渠道，主动走出去到南亚其他国家传递友谊，争取朋友，建立友城关系。

【拉萨市向友城尼泊尔加德满都市伸出援手】 尼泊尔发生地震后，计明南加副市长代表拉萨市政府第一时间前往尼泊尔总领馆进行慰问，并请总领馆向友城加德满都市转交拉萨市捐赠的100万元，作为支持该市灾后重建的资金。同时市外事办协助《文成公主》实景剧文化公司，通过尼泊尔总领馆捐款10万元。

（赖保灵）

侨　务

【概　况】 年内,市外事办全面配合自治区外侨办,开展各项侨务工作,实现了市外事办侨务工作的新突破。

【国侨办主任裘援平到藏进行调研考察】 为全面了解西藏自治区侨务工作开展情况,8月9日—12日,国侨办主任裘援平一行9人到藏进行调研考察。根据日程安排,裘援平主任一行在拉萨市的主要活动有到富有民族特色的私营企业堆龙德庆县圣香海螺藏香厂进行调研,出席“侨爱工程——点亮藏区牧民新生活”西藏项目启动仪式。8月12日上午,国侨办主任裘援平一行圆满结束了在西藏自治区的各项调研考察,返回北京。

【侨爱医疗队义诊】 8月26至30日,由北京市侨办组建“首都侨爱医疗队”一行12人,赴拉萨市城关区及堆龙德庆县人民医院开展义诊、医疗培训活动。“首都侨爱医疗队”代表步长集团将价值11.2万元共计15个品种的药品捐赠给堆龙德庆县人民医院、城关区纳金乡、八廓古城社区卫生服务中心,期间,7名北京专家赶赴拉萨开展为期5天的义诊。

（赖保灵）

环境保护

环境保护与污染防治

【概　况】 年内，拉萨市把生态环境建设作为推进拉萨跨越式发展和长治久安的保障，着力创优生态环境、提升人文环境。从国外引进先进技术，实施市区南北山绿化工程，增加城市绿化面积。实施拉萨河综合整治工程，扩大水域面积，增加空气湿度。保护原始生态环境，加大湿地和野生动植物的保护力度，为市民营造一个优美的工作生活环境。开展以旅游、建设、交通、市场和市容环境为重点的城乡环境综合整治行动，优化投资环境、夯实发展基础。整体而言，拉萨生态环境优美、人文环境浓厚、发展环境优越，处处展现雪域高原人与自然、人与社会、人与人和谐相处的最美画卷，为实现拉萨可持续发展打下坚实基础。年内，拉萨市全年空气优良天数达324天（获得有效监测数据338天），空气质量优良率达95.9%；集中式饮用水水源地水质达标率常年保持100%；城市建城区绿化覆盖率达37.8%，人均公共绿地面积9.7平方米。

【环境监管】 年内，拉萨市受理建设项目申报表613个，审批建设项目环评文件647个，审查规划环评4个，出动工作人员150余次实地勘查现场。按照《排污许可证管理条例》的有关规定，组织实施排污申报登记与排污许可制度，2015年全市重点更换、核发国控、区控、市控企业等排污许可证共计146个。组织县（区）环保部门集中清理全市在建设工程领域存在的“未批先建”“擅自实施重大变动”等环境影响评价违法项目，对3236个“未批先建”环境影响评价违法建设项目（完善备案2577个、整顿规范279个、淘汰关闭380个）和3个“擅自实施重大变动”环境影响评价违法建设项目（西藏晨阳涂料有限公司、西藏天威英利新能源有限公司、西藏屋脊之宝生物科技有限公司）予以认定。坚持立足实际、注重实效，全面推进排污量核定与排污费征收工作，严格实行“收支两条线”，2015年度全年共征收排污费978万余元。

【污染防治】 年内，拉萨市完成“十二五”总量减排任务。截至年底，化学需氧量、氨氮、二氧化硫、氮氧化物等四项主要污染物排放总量均控制在目标责任范围内。开展黄标车及老旧车清理排查工作，截至年底，淘汰黄标车及老旧车1850辆。全面整治淘汰燃煤小锅炉，淘汰燃煤锅炉14台，取缔3家使用燃煤土锅炉的小作坊。开展水污染防治专项检查。重点开展对太阳岛、仙足岛354家排污单位排污情况、污染设施运行情况等的排查整治工作，下发限期整改13份，截至年底，已整改到位。

【生态保护】 年内，拉萨市拆迁拉鲁湿地周边鱼庄八处。投入资金1亿多元对拉鲁湿地核心区29户居民实施搬迁安置，使拉鲁湿地总面积由原来的12.2平方公里增加到12.26平方公里，核心区面积增加0.06平方公里。实施北干渠、流沙河引水工程，减少湿地沙化面积，涉水面积比以前增长30%。继续加强拉鲁湿地垃圾清理及河道清淤工作，封堵14个排污口，改善南干渠的恶臭水质。同时与环境保护部南京环科所沟通协调，建成全区首个国家级自然保护区生态监测站。稳步推进生态创建工作。年内，对全市111个行政村（社区、居委会）及20个乡（镇）进行了申报。其中66个行政村被命名为自治区级生态村，10个乡（镇）成功被命名为自治区级生态乡（镇）。加强农村环境综合治理，突出以生态村、生态乡创建为抓手，不断加大资金投入和环境基础设施建设力度。墨竹工卡县2015年县财政安排1000万元用于农村环境综合整治，及时配套完善各项环卫基础设施建设，建立城乡一体化垃圾处理体系，农村环境显著改善。

【基础设施建设运营】 年内，西藏自治区危险废物处置中心的建成并投入运营，实现全市医疗废物集中无害化处置，2015年共处置医疗废物622.879吨。同时投入200万元，完成对厂区视频监控、防雷、消防设施升级等工作。开工建设农村饮用水水源地保护项目140个，投资共计1400万元，完成总投资为5397万元拉萨河源头重要生态功能保护区一期及拉萨周边湿地保护区建设项目。推进拉萨市环境监察移动执法系统平台及拉萨市重点工业企业污染源在线监控（监测）建设，实现13家国控重点工业企业，6个饮用水源地，2个机动车尾气检测中心，1个污水处理厂，1家危险废物处置中心的联网。对全市12家重点企业派驻环境监察员或聘请环保监督员，实现横向到边纵向到底的监管工作模式。

【饮用水源安全服务】 年内，拉萨对全市11个集中式饮用水水源地进行环境安全隐患排查，并结合拉萨市环保工作和民生利益问题，督促整改4个集中式饮用水水源地，并编制完成《拉萨市集中式饮用水水源2014年度环境状况评估自查报告》。

【水质监测服务】 年内，拉萨市完成达孜（东经90°59′51.12″、北纬29°38′02.04″）、东嘎（东经91°22′10.66″、北纬29°40′55.18″）、色麦（东经90°55′45.48″、北纬29°26′33.66″）、才纳（东经90°32′17.46″、北纬29°15′39.18″）4个地表水国控断面监测4次，均符合《地表水环境质量标准》（GB3838—2002）Ⅲ类标准；完成市内4个主要饮用水水源地（药王山水厂、北郊水厂、西郊水厂、献多水厂）监测12次，每月1次，饮用水水源地水质均符合《地下水质量标准》（GB/T14848—1993）；2015年获得有效监测数据338天，其中优良天数324天，优良率占有效数据的95.9%。

【环境信访】 年内，拉萨建立环保、国土、规划、工信、住建、安监等部门的联动执法工作机制，同时，发挥“12369”环保举报热线作用，畅通信访渠道，积极处理各类环境举报，2015年共受理环境信访举报333起。处理率达100%，办结率达100%。

（梁剑豫）

机制建设

【审批权限下放】 年内，拉萨市下放自治区环保厅委托的所有评价等级为登记表的建设项目环境影响评价审批权限，共10个大类43个小项。同时下放建设项目环境保护竣工验收审批、排污许可证办理和排污费征收权限，此次审批权限下放率达到60%。2015年各县（区）环保局受理、审批建设项目环境影响评价485件；核发排污许可证409个；征收排污费86万余元。

【环保执法检查】 年内，拉萨市实行“划片包干、定人定岗、定位定责”的网格化环境监管模式，将日常监管和专项工作任务和职责落实到各县（区）政府，使网格内各重点排污单位、主要环境问题得到有效监管。突出企业环境监管与生态专项检查工作力度。2015年共检查企业、重点项目等1689家（次），下达限期整改通知76份，查处未批先建、违法违规企业11起，罚款110.5万元。开展生态创建专项检查8次，现场提出整改意见56条，审查申报的111个行政村（社区）及20个乡（镇）初审材料263次，提出整改意见289条。

【环保考核】 年内，拉萨市健全企业信用环保评价制度，开展重点企业动态量化考核。对城关区、墨竹工卡县等6个县（区）30家企业开展了信用等级评价工作，考核的结果将作为企业诚信办理、审批限制、绿色信贷的重要依据。

严格环境保护污染防治属地治理原则，严格落实“一岗双责”和“党政同责”的环保考核责任追究制，加大督促考核，将考核结果作为全市“争先进位”的重要依据及领导干部综合考核评价的参考依据。建立健全环境经济的长效发展模式，推进净土健康产业发展。整改2014年全区环保考核中存在的问题并落实到位。

【环保宣传】 年内，拉萨市开展“4·18”城市卫生清洁日、禁止白色污染、“6·5”世界环境日宣传活动，向各族人民群众发放新环保法和《全民环保知识实用手册》等资料约50000份，悬挂横幅20余条，摆放展板60多个，发放环保袋5000条并邀请自行车队骑行宣传环保。

（梁剑豫）

区情县情

城关区

【概　况】 城关区地处雅鲁藏布江支流拉萨河中游河谷平原地区，地势南北高、中间低，平均海拔 3658 米。城关区辖区东与达孜县接壤，西与堆龙德庆县（现已改名为堆龙德庆区）相邻，南与山南地区贡嘎县、扎囊县接壤，北靠林周县，东西跨距 28 公里，南北跨距 31 公里，面积为 554 平方公里。城关区属高原温带半干旱气候：年最高气温 29.6°　C，最低气温零下 16.5°　C，年平均气温 8℃；年降雨量 500 毫米左右，降雨集中于 7、8、9 月份，多夜雨；年长达 3000 小时以上。全年多晴朗天气，降雨少，夏无酷署、冬无严冬，可谓气候宜人。城关区境内的水资源、矿产资源及农资源也及为丰富，地下水储备由于拉萨河及周围高山、冰川等条件作用下，境内形成了数百平方公里的地下水库。矿产资源十分丰富，主要有铁、石灰石、花岗石、瓷土等十多种。

城关区是西藏政治、经济、文化的中心和交通枢纽，也是西藏人流、物流、信息流的中心。公元 633 年松赞干布统一西藏后迁都于此。1961 年 4 月 23 日，拉萨市城关区成立。截至 2015 年年底，城关区辖 12 个乡（街道办事处）、51 个村（居）委会，其中 12 个乡（街道办事处）分别是蔡公堂乡、纳金乡、娘热乡、夺底乡、金珠西路街道办事处、两岛街道办事处、八廓街道办事处、吉日街道办事处、吉崩岗街道办事处、札细街道办事处、公德林街道办事处、嘎玛贡桑街道办事处。城关区聚居着藏、汉、回等 31 个民族，藏族占多数。截至年底，城关区属人口数 60771 人，其中农牧区人口 13843 人，城镇人口 46928 人。

【经济建设】 年内，城关区地区生产总值（GDP）196.95 亿元，比上年增长 10.6%；完成公共财政预算收入 8.1 亿元，比上年下降 0.1%；固定资产投资总额达到 206.63 亿元，比上年增长 5.2%；社会消费品零售总额达到 166.35 亿元，比上年增长 14.4%；工业增加值完成 43.82 亿元，比上年增长 15.7%；农牧民人均可支配收入 13784.88 元，比上年增长 11.7%。主要经济指标占全市比重不断提高，经济社会保持持续健康发展态势，获全市争先进位目标考核一等奖。完成年初既定的各项目标任务，实现了“十二五”经济发展圆满收官。

【党建工作】 年内，城关区全面加强党的思想建设、组织建设、作风建设、反腐倡廉建设、制度建设，挂牌成立区委党校，选派 337 名干部下沉到村（社区），326 家单位 17002 名在职党员到联系社区报到，兑现居民群众微心愿 1486 个。社区年度工作经费达到 45 万元，在职村居干部误工补贴提高到 4 万元，设立 1000 万元的村级集体经济扶持资金，新建提升 6 个基层组织活动场所。持续开展干部驻村驻寺工作，创先争优强基惠民活动成效显著，党的执政基础更加牢固。推行机关 OA 办公系统，提高政府行政效能。做好“12345”政府服务热线，群众满意率达到 100%。规范政府采购，加大财政资金支付进度，“三公”经费同比下降41%。实施经济援藏、人才援藏、技术援藏，促进了各民族团结交融，援藏工作实现新进步。

【产业发展】 年内，城关区净土健康产业加速发展，投资5.8亿元，实施净土产业项目15个，解决就业岗位332个，惠及4930户14947名群众增收致富，实现净土产业产值8792.7万元，大昭圣泉天然软水品牌影响力、知名度进一步提高。国有企业迅猛发展，产值达2.6亿元，实现质的飞跃。旅游文化产业蓬勃发展，接待游客953.3万人次，实现收入20.02亿元，分别增长48%、19.5%。创建12处文化产业示范点，投资178万元扶持26个文艺团体。商贸服务业快速发展，实现收入19541.6万元，同比增长9%。亨通物流园区建成并投入使用。100台蔬菜直销车充分发挥平抑物价作用，实现销售额5760.55万元，让利群众2304.22万元。招商引资洽谈项目45个，实现到位资金23.2亿元。

【城乡环境】 年内，城关区推进城乡环境卫生综合治理，严格作业标准，环卫机械化作业率达到69.8%。接管城市园林绿化管养任务，注册成立洁达园林投资公司，实行园林管养任务市场化、标准化。强化城市综合执法管理，加强土地非法买卖依法处理，征收土地1264亩，拆除建筑面积42422.3平方米，兑现补偿资金3.19亿元，确保拉林高速等重大项目顺利实施。嘎巴村农村土地确权登记颁证试点工作涉及3个村民小组、241户群众、845块耕地，面积达2215.42亩，确权承包耕地面积达1771.23亩。强化环境执法监督，申报鲁固社区、雄嘎社区等19个行政村（社区）为自治区级生态村（社区）。完成铁器加工市场一期358户商户搬迁工作，营造整洁有序、四季常绿的城乡环境。

【民生事业】 年内，城关区教育支出达到6.87亿元，开工建设15所公办幼儿园，认真落实教育“三包”经费、教育教学质量奖3000万元、贫困在校大学生资助金1600万元等教育惠民政策，学生营养午餐配送试点成功，幼儿园设备采购全部到位，质量保证，环保达标。发放低保资金3859.45万元，双集中供养率达100%，五保供养高出全区年平均水平5380元。就业培训1632人次，转移就业1937人，劳务输出1926人，实现增收6615万元，招录公益性岗位549名。城镇居民养老保险、医疗保险参保分别达到25753人、41114人，城镇职工医疗保险参保6239人，为2389人发放70岁以上老年健康补贴金119.45万元。生育、失业和工伤保险参保分别达到5319人、4289人、31849人。公租房销售495套，投资3.71亿元开工建设乡镇干部职工周转房1505套，占全市总指标40%，2015年6月份全部投入使用。科学合理保障干部职工休假、出差等相关待遇。投资523.69万元，为海拔4000米以上的四座寺庙和区机关会议室安装供氧设备。组织驻寺干部30人、村（居）干部29人赴海南、成都疗养。医疗卫生投资达7298万元，启动开工实施雪、热木其社区卫生服务中心建设。保障农牧民医疗报销比例达到80%，孕产妇住院分娩率达100%，居民群众及寺庙僧尼免费健康体检率达99.8%，实现孕产妇零死亡，成功创建了首家国家级慢性非传染性疾病综合防控示范区和艾滋病综合防治示范区。有效整合扶贫资金3955.25万元，实施16个扶贫项目，实现脱贫72户222人。

【文化事业】 年内，城关区投资1160万元，实现乡办文化阵地全覆盖，广播电视综合人口覆盖率达100%。投资251万元新建“城关区职工之家”，开展“五下乡、四进社区”活动18场次，观众达61万余人次，宣传覆盖面达90%以上。在市区5个点，普及“幸福拉萨”规范舞，丰富群众的精神文化生活。举办“城关区第二届干部职工运动会”和首届油桃采摘节，组队参加拉萨市第二届体彩杯足球赛、拉萨市第二届篮球联赛等，组织各族各界干部群众参加雪顿节、藏博会、自治区成立50周年大庆等系列庆祝活动，营造“我参与、我运动、我快乐”的浓厚氛围。

【社会治理】 年内，城关区严格落实自治区十项维稳措施，深化平安创建，持续开展反分裂斗争，完成50周年大庆等重大维稳安保任务，实现城关区社会局势持续稳定、长期稳定、全面稳定，获“自治区和拉萨市两级‘先进双联户’创建活动先进区”称号。层层落实安全生产责任，强化安全生产隐患排查，实现重特大安全生产事故零发生。化解信访隐患，开展涉法涉诉信访工作，信访案件化解率达95%，实现重大信访案件零搁置。开展民族团结创建活动，民族团结创建覆盖率达100%，实现“三无、三不出”目标。

（谢　静　贺向前）

堆龙德庆县

【概 况】 堆龙德庆县地处西藏中南部、雅鲁藏布江中游、拉游河南拐弯处及其支流堆龙河南岸，地势西高东低。最高海拔5500米，最低海拔3640米，相对高差约1860米，平均海拔4000米。堆龙德庆县东邻拉萨市城关区、林周县，西部、北部接当雄县，南连贡嘎县、曲水县。区境地跨东经90° 27′—91° 01′，北纬29° 26′—30° 39′，东西最大距离约80千米，南北最大距离约63千米，总面积2704.25平方千米，占拉萨市总面积的9.25%，占西藏自治区总面积的0.22%。西北部为堆龙河谷区，有明显的高原河谷垂直气候特征。东南部属拉萨河谷区，地势平坦开阔。属高原温带半干旱季风候区。雨季降水集中，空气稀薄，太阳辐射强烈，气温低，日照时候长，无霜期短。年日照时数3000小时左右，年无霜期约120天，年均降水量约440毫米。境内常见的自然灾害有旱灾、雹灾、霜冻、雪灾、虫灾、洪水等。县境内水及水能、太阳能、地热等资源十分丰富，主要矿产资源有煤、铁、粘土、铅、锌等，野生动植物资源有獐子、鹿、水獭、棕熊、豹子、黑颈鹤、藏马鸡、虫草、贝母、雪莲花等。

“堆龙”藏语意为“上谷”，“德庆”藏语意为“极乐”。解放前，西藏地区政府在此设有3个宗政权，均隶属于西藏噶厦政府。1959年9月，德庆宗改名德庆宗办事外，隶属于拉萨分工委领导。1959年9月成立堆龙德庆县人民政府和西郊区人民政府，隶属拉萨市人民政府。1960年2月两县合并为堆龙德庆县，县驻地迁至西郊区驻地东嘎镇。2015年10月撤县设立拉萨市堆龙德庆区，以原堆龙德庆县的行政辖区为堆龙德庆区的行政辖区。

堆龙德庆县总面积为2682平方公里。截至2015年年底，全县辖6个乡(镇)、34个村民委员会，其中6个乡(镇)为羊达乡、古荣乡、马乡、德庆乡、东嘎镇、乃琼镇。藏族是堆龙德庆的世居民族。和平解放后，尤其是改革开放以来，部分汉族和其他民族人员来此工作或经商，尤以党政机关和工矿单位人员为主。据2010年第六次人口普查数据，堆龙德庆县藏族人口44768人，占总人口的85.68%；汉族6886人，占总人口的13.18%。此外还有回族、土族、苗族、蒙古族、满族、门巴族等民族。

堆龙德庆县是以农业主为、农牧并举的县，1983年被指定为西藏自治区商品粮生产基地县。全县耕地面积为94969亩，盛产小麦、春小麦、青稞、豌豆、蚕豆、马铃薯等。畜牧业为本县第二支柱产业，饲养奶牛、绵羊、山羊、家禽等。

【国民经济】 年内，全县实现地区生产总值21.98亿元，比上年增长6.8%；公共财政预算收入完成5.02亿元，为年初预算的100.4%；全社会固定资产投资58.01亿元，比上年增长29.6%；工业增加值8.39亿元，比上年增长4.8%；全社会消费品零售总额完成8.36亿元，比上年增长13%；农村居民人均可支配收入达到11148.25元，比上年增长12.3%。

一产传统农业稳步推进。全年实现粮食总产2.3万吨，蔬菜总产7.27万吨。春秋两季牲畜免疫率均达100%，牲畜年末存栏总数11.38万头(只匹)，出栏率35.7%。全年兑现强农惠农补贴资金7083.32万元，落实4118.35万元实施了12个农牧科技项目和28个扶贫农发项目。“支部(能人)+合作社+农户”的农牧业经营体系日渐完善，全年新增25家农牧民专业合作社，带动周边群众3264人。现代农业大力实施“一带多点、两线作战”的净土健康产业发展战略。投入2361万元，实施巴热村、帮普村藏鸡养殖和马乡金银花种植等净土项目；整合援藏资金和本级资金7714万元，在古荣乡、马乡和德庆乡建设314栋高效日光温室；探索特色藏药材种植，试种藏林芝、藏红花等各类药材；建成净土产品展销厅，在区外建设产品体验店及配送中心，实现销售自主净土产品10余种；开展净土健康产品研发、推广工作，举办青色麦田青稞系列新产品、品牌发布会。

二产工业强县步伐加快。全年完成工业总产值24.8亿元，比上年增长29.17%；完成工业销售产值24.75亿元，比上年增长27.44%；完成工业增加值10.6亿元，比上年增长31.09%；完成工业税收2.61亿元，比上年增长19.94%。加强工业园区建设，年内完成堆龙德庆县工业园区产业发展规划，全年投入1.9亿元实施工业园区A区给排水管网、强电入地、园区市政道路建设，启动工业园区B区建设工作，实施了园区生产生活垃圾转运站建设。招商引资成效显著，全年完成招商引资项目49个，项目总投资

64.1亿元，实际到位资金15.68亿元。

三产富县迅猛发展。全年投入资金1393万元，实施桑木民俗度假村色拉庄园修缮、马乡聂村油菜花风景园项目和23座寺庙的历史石碑篆刻。成功举办第一届加木沟徒步旅游活动和第一届楚布沟自行车体验赛。全年接待游客84万人次，实现旅游收入2700万元。商务工作稳步推进，着力推动消费结构转型升级，积极引导商贸企业扩大促销，积极开拓农村市场，加快推进城乡集贸市场升级改造，全县消费品市场呈现稳定增长的良好态势。

【城乡建设】 年内，堆龙德庆县城乡建设成效明显，全年投入5.1亿元，围绕基础设施、产业发展、社会事业、基层政权、社会管理、生态环境保护等6个重点领域，实施羊达乡派出所、县城主干道亮化绿化及穿衣戴帽工程、村级公路延伸工程等114个基建项目，城镇功能得到提升，城镇化率达43.9%。全年投入1200万元，对全县7个村组实施人居环境综合整治工程。投入4302.39万元实施涉及水利、道路、桥梁等群众生产生活急需的75项为民办实事项目。开展农村宅基地确权登记颁证工作，编制《堆龙德庆县特色村庄规划设计》，开展7.32万亩农村土地承包经营权确权测量登记颁证工作。主动与拉萨城区对接，实施50个单位、小区的供暖建设。

【社会事业】 年内，堆龙德庆县教育事业快速发展，坚持将本级财政收入的20%投入到教育事业领域，2015年以自治区第一名的成绩通过国家义务教育均衡验收。改善办学条件，全年投入5390万元新建县第二幼儿园、县中学改扩建等39个教育项目，教改项目全面收尾。推进素质教育，巩固和提高“两基”成果，控辍保学；加强教学信息化建设，推动优质教育资源共享，促进学生德、智、体、美、劳的全面发展。提升机制保障水平，实施非教育义务阶段奖励救助政策；坚持以制度推动师资队伍建设，实施新课程改革，提升教研能力。

卫生事业健康发展。加强医疗卫生阵地建设，实施县人民医院放射科、发热门诊基础设施建设和4个乡（镇）卫生院标准化改扩建。增强医疗卫生服务能力，推进县级公立医院改革，推行“先诊疗、后结算”优质医疗服务机制，实施零差率药品政策，实现药品实际平均销售价格、人均门诊费、人均住院费均下降10%左右。提升公共卫生保障水平，做好妇幼保健工作，开展妇女“两癌”检查工作，实施贫困白内障患者复明工程。

文化事业繁荣进步。完善公共文化服务体系，三级文化公共文化体系服务能力增强。全县广播电视覆盖率达99%，率先在全市设立非遗保护专项资金，积极开展文物保护、历史文化研查研究和抢救性挖掘等工作，成立觉木龙藏戏民俗服饰传习基地、那嘎藏戏合作社、措麦藏戏合作社等示范性文化产业实体，并将合作社申报为市级非物质文化遗产，有2名藏戏师申报为市级非物质文化遗产传承人。加强文物保护工作，申报直龙寺苯教遗址、达扎寺等5个区级文化保护单位和楚布寺、觉木龙寺等2个国家级文物保护单位。年内，本县获得“全国文明城市”提名。全县二轮修志工作，成绩显著，在全自治区70多个县（区）中第一个通过自治区验收。

社保体系日趋完善。实施“四业工程”，全年实现转移就业2123人，实现重点项目劳务输出6344人，实现创业197人，农牧民创业就业人均增收4586万元，城镇登记失业率严格控制在2.2%以内。增强保障能力，开展城乡社会养老保险工作，全年向2.4万参保人员发放养老金732.69万元。开展社会救助工作，全年向1191户城镇、农村低保兑现低保金609.24万元；开展临时救助工作，全年救助城乡贫困群众103人，发放临时救助金12.3万元。开展城乡医疗救助工作，向660名城乡困难群众兑现救助资金435.6万元。开展弱势群体服务工作，加强全县社会福利院基础设施建设，全县五保户集中供养率达80.1%，意愿集中供养率达100%。开展保障性住房工作，投入3630万元建成64套公租房和184套乡镇干部职工周转房。开展食药工作，发挥国家级餐饮服务食品安全示范县引领作用，健全监督检查机制，全年未发生一起食品药品安全事故。

【环境保护】 年内，堆龙德庆县推进污染减排工作，确保氨氮、二氧化硫、氮氧化物等污染排放指标均控制在有效范围内；推进生态村创建工作，桑木村、贾热村、那嘎村等18个行政村获自治区级生态村称号。把握绿色底线，加强森林防火和疫源疫病监测工作，全年投入1285.24万元实施1.46万亩造林和4169.51亩防沙治沙项目。以迎接自治区成立50周年为契机，开展城乡环境综合整治工作，依法依规治理污染商户、违章建筑和占道经营等问题，实施109国道绿化提升、县城绿化补植补造工程。投资2132.55万元，在辖区内实施2宗土地开发整理项目，整理土地832.95公顷，新增耕地20.42公顷，异地补充土地671.2公顷，实现耕地总量占补平衡。

【社会综合治理】 年内，全县实现派出所全覆盖。强化基层治理，巩固深化网格化管理模式和“双联户”运行模式，在网格化的基础上，延伸1523个联户单位，整合联户代表、驻村工作队、下沉干部等基层群防群治力量。强化宗教管理，全年投入1917.85万元对9座寺庙进行僧舍维修。开展“六建”“六个一”法制宣传主题教育、和谐模范寺庙暨爱国守法先进僧尼创建评选活动，深化“教育服务管理”三项职能，确保全县宗教域的持续和谐稳定。强化信访工作，推行领导包案化解和分级受理办结制度，全年受理来信来访案件59件，涉案资金1892万元，办结率100%。强化安全生产，全年消除安全生产隐患830余处，安全生产工作继续位居全市前茅。

【援藏惠民】 年内，堆龙德庆县体制外受援工作深化，与德胜街道缔结友好往来协议，两地行政机关、事业单位和人民团体之间的互访交流进一步加强。全年投入援藏资金近亿元，实施县工业园区A区给排水建设、县文化活动中心等6个项目，为全县经济社会发展注入强劲动力。通过“请进来”“走出去”人才交流机制，为全县培养农村实用技术人员30余名。援藏医生协调县医院与北京医科大学附属医院和北京301医院签订对口支援协议，指导县医院完成首例腹腔镜胆囊切除手术，安排16名患先天性疾病的儿童赴北京儿研所开展手术治疗。

（赵建科）

达孜县

【概　况】 达孜县位于西藏自治区中南部，拉萨河中游。县城距拉萨市中心20公里，素有拉萨“东大门”之称。全县平均海拔4100米，河谷最低海拔3730米。东靠墨竹工卡县，南接扎囊县，西与城关区毗邻，北与林周县相连，总面积1373平方公里。北纬29.40°—29.667°、东经91.21°—91.35°。地势南北高、中间低，北部和南部分别是东西横贯的恰拉山、郭嘎拉日山，中间为拉萨河谷地，是典型的“U”型地貌，全县平均海拔4100米，河谷最低海拔3730米。达孜县属高原温带半干旱季风气候区。年平均气温7.5℃，年平均日照3065小时，平均降雨量450毫米。空气稀薄，气温低，日温差大，冬春干燥，多大风，年无霜期130天左右。年降水量444毫米，80%～90%集中在夏季，多夜雨。自然灾害主要有旱、涝、山洪、泥石流冰雹、霜灾、虫灾等。县城内珍贵动植物种类繁多，矿藏资源丰富。生物资源主要有獐子、野羊、雪鸡、虫草、贝母等。矿产资源主要有铬、铜、金等。

达孜，藏语意为“虎峰”。达孜宗初建于1354年，1959年民主改革后，原达孜宗、德庆宗合并为达孜县，隶属于拉萨市。

年内，全县共辖6乡（镇）、20个行政村，其中6乡（镇）分别是德庆镇、邦堆乡、塔杰乡、唐嘎乡、雪乡、章多乡。全县总人口29152人，民族以藏族为主，还有汉族和其他少数民族。

农牧业为全县经济主体，耕地面积6.85万亩，主要农作物有小麦、青稞、油菜、萝卜、土豆等；畜牧业以牦牛、黄牛、绵羊等养殖为主，近年来黄牛改良、生猪养殖、奶牛养殖、藏鸡养殖、肉鸭养殖等优质、高效、特色畜牧业也得到快速发展。工业为县域经济发展的龙头，达孜县逐渐形成为高原生物和藏医药产业功能区、藏文化和民族手工业功能区、新能源和机电制造业功能区。

【农牧业发展】 年内，达孜县落实农作物播种面积7.4万亩，实现粮食作物产量4840.6万斤，经济作物产量8000.21万斤，饲草作物产量2211万斤，5个主导品种大田统供率达85.5%；年末牲畜总存栏8.74万头（只、匹），出栏总数3.266万头（只、匹），出栏率达35.3%以上；落实强农惠农资金共计1185万元；新发展农牧民专业合作社17家，累计发展152家，注册资金4668.64万元，吸纳社员达到1733人，辐射带动农户3589户，户年均增收1.2万元。发展设施农业和特色产业项目，县农业产业园区被认定第二批国家农业产业化示范基地，现已累计建成农业产业园区内温室1102栋，种植各类果蔬近60种，年总产值达2500万元。结合达孜农业优势产业和农业产业化发展规划和净土健康产业发展，形成以蔬菜生产、青稞生产、草莓种植、生猪养殖、藏鸡养殖、黄牛改良、奶牛养殖、藏中草材种植、花卉种植等为主的特色产业原料基地，产业化组织基地建设面积达3000亩，辐射带动全县近4500户，13000余人，户均增收近8000元。全县净土健康产业龙头企业生产规模不断壮大，辐射带动能力明显增强，截至年底，净土产业企业49家，实体性企业39家，销售产值近4.5亿元，带动固定性就业985人，人均增收14400元。

【生态环境建设】 年内，达孜县生态环境不断优化，城乡面貌有新变化。立足县情，以“绿色达孜”和“生态达孜”创建为抓手，在交通、道路、河流沿线及居民集中居住地等生态脆弱区，实施公益林建设、县城绿化、村庄绿化绿化等林业工程，新增造林面积达14623.9亩。争取到20个农村饮用水源地的保护项目，完成省道、318国道等五条生态旅游通道建设，改善了县域生态环境，为达孜县生态旅游发展奠定良好基础。

【招商引资】 年内，达孜县依附藏苏经济发展平台，实现两地优势资源共享。全年，园区掌握项目信息177个，落户项目177个，项目落户率达100%。截至年底，入驻企业共584家，其中实体型企业58家，招商引资实践到位资金16.8亿元。

【工业建设】 年内，达孜县依托工业园区，采取“突破一个点，拉动一条线，带动一张面”的工作思路，以完善四大产业链为突破口，以培扶规上企业为着力点，强调产业招商，优化服务质效，促进园区工业经济发展壮大。全年，园区实现工业总产值115148万元，比上年增长27.3%；工业销售产值：139150万元，比上年增长20%；工业增加值28696.6万元，比上年增长41%；工业税收：1942.04万元，比上年增长10%。

【城乡建设】 年内，达孜县以“绿色达孜”和“生态达孜”创建为抓手，在交通、道路、河流沿线及居民集中居住地等生态脆弱区，实施公益林建设、县城绿化、村庄绿化绿化等林业工程，新增造林面积达14623.9亩。争取到20个农村饮用水源地的保护项目，完成省道、318国道等五条生态旅游通道建设，改善了县域生态环境，为达孜县生态旅游发展奠定良好基础。加强市政基础设施建设，对县城环境进行综合整治。以迎“大庆”为契机，实施县城园林绿化提升改造工程、318县城路灯维修工程、县城西区路灯延伸工程等14个小型大庆项目，总投资397.90万元的2015年82户棚户区改造项目顺利完工，提升县城形象；投资854.6万元，为乡村、旅游景点配备6辆垃圾装运车、24辆四轮手扶拖拉机、130辆三轮电动车，用于收集转运区域内垃圾；总投资970.39万元的达孜县垃圾转运站全面完工即将投入使用；总投资5400.13万元达孜县污水处理及收集系统工程前期工作完成，进入招投标阶段；新建农村公路项目总里程14.482公里，桥梁112.8米，落实国道318线达孜吊桥弯道处的道路防撞墙修建及弯道两侧设立减速带及安全配套设施工作，全县交通条件改善。

【教育事业】 年内，达孜县优先发展教育事业，完善幼儿园建设，投资83万元的桑珠林村幼儿园改造工程竣工投入使用；县幼儿园综合教学楼建设项目前期手续及初步设计完成；投入70.7万元为各乡村幼儿园补充配备玩具、桌凳、学生床等设施设备。2015年3月，投资1.8亿元的县中心小学开课。全年累计拨付“三包”经费1048.97万元，学生营养改善计划经费250.4万元。

【医疗卫生】 年内，达孜县投资50万元购置血库设备、改造血液中心，满足临床病人的用血需求；投入198万元扩建13个行政村卫生室及购置附属设备；投入220万元为5个乡购买救护车、配备医疗血液分析仪和尿液分析仪；投入650万元完善乡村基层医疗卫生设施，农牧民合作医疗筹资率达100%，医疗覆盖率达100%；全面完成2015年农牧民健康体检工作，体检率达100%。

【文化事业】 年内，达孜县开展各类宣讲场次123场，宣讲覆盖面达100%，宣讲受益人数达5万人次；巩固和扩大全县广播电视覆盖面，广播电视综合覆盖率分别达99%和98%。

【社会保障】 年内，达孜县建立城乡社会救助体系，全年兑现各类民政资金1197.06万元，基本实现低保对象动态管理下的应保尽保，五保老人有意愿集中供养率达100%；推进保障性安居工程建设，2015年建成100套公租房和359套周转房；实现劳务输出累计19867人次，完成农牧业实用技术培训5343人，累计转移7856人，实现增收14990万元。

【社会管控】 年内，达孜县完善社会治安防控体系，强化维稳协调联动机制，完成重要时段和节点维稳任务，实现“三不出”工作目标。推进“双联户”工作，细化联户单位划分，新增联户单位42个，共改选、增选或连任联户代表681名。深化干部驻村工作，第三批与第四批驻村干部顺利交接。提升网格化管理水平，调整充实网格员队伍565人，发放务工补贴10余万元，夯实基层基础。打击各类违法犯罪，人民群众的安全感和满意度继续保持在95%以上。

【民族团结】 年内，达孜县培育和践行社会主义核心价值观，贯彻落实民族政策，依法加强宗教事务管理，增强民族团结意识，尊重民族风俗习惯和宗教信仰，促进各民族手足相亲、守望相助、和睦相处、和衷共济、和谐发展。开展“六五”普法宣传教育工作，推进依法治县进程，共开展宣讲50余场次，受教育人数2万余人次。

【矛盾纠纷化解】 年内，达孜县完善信访和矛盾纠纷排查调处工作联席会议制度，多次召开矛盾纠纷排查调处专门工作会议，安排部署矛盾纠纷排查化解工作，实行领导包案制度，强化领导干部接访下访，调处化解矛盾纠纷60件，调解率达100%，受理来信来访案件48件289人次，化解44件，化解率达91.66%。

【寺庙管理】 年内，达孜县严格落实寺庙属地管理责任和领导干部联系寺庙制度，“六建”工作不断巩固，“六个一”活动常态化发展，“9+5”工程全面完成。全年创建评选表彰和谐模范寺庙8座、爱国守法先进僧尼158人次，表彰资金15.8万元。投入464万元对5座寺庙主殿、食堂等进行维修；投入159万元对全县14座寺庙僧舍进行维修。

【安全生产】 年内，达孜县对道路交通、非煤矿山、危险化学品、消防安全等重点领域进行拉网式排查治理，开展安全生产专项行动53次，落实整改各类隐患60处，全年无较大安全事故发生。执行客运车辆“两限一警”规定，保障人民群众生命财产安全。

【双拥共建】 年内，达孜县全面加强国防动员、民兵预备役和拥军优属、拥政爱民工作，驻县各部队和民兵预备役人员踊跃承担急难险重任务，军政军民关系更加密切。

【政府建设】 年内，达孜县深入开展党的群众路线教育实践活动，贯彻落实中央“八项规定”和区党委“约法十章”“九项要求”及市委“八项要求”，改进调查研究，精简会议文件，加强督促检查，完善管理制度，“三公”经费支出比2013年比上年下降30%。扎实整改“四风”问题，整改完成率达98%以上，将“为民务实清廉”落到实处，县政府党组班子成员深入生产生活一线开展调查研究10余次，撰写调研报告10篇、个人心得体会20余篇、民情日记1万余字，为群众做好事、解难事、办实事18件，政风行风建设得到全面加强。推进依法行政。坚决落实县委决策部署，自觉接受人大监督，支持政协履职，认真听取工商联和无党派人士意见，办理人大代表建议56件、政协提案37件，答复率100%，满意率达92%以上。促进政务公开。达孜县政务服务中心正式运行，15家行政审批单位入驻，方便群众办事。全面推行政务、乡务、村务、校务、财务公开工作，及时公布各级财务及重大事项，促进政务服务提速提质，圆满完成村（居）换届，群众的知情权、参与权、表达权、监督权得到有效保障。

（亓　昊）

林周县

【概　况】 “林周”藏语含义为天然形成的沃土，位于拉萨市东北，距离市区65公里。林周县地理中心坐标为东经90° 51′ 至91° 28′，北纬29° 45′ 至30° 08′，地处西藏中部，拉萨市东北方向，拉萨河上游及澎波河流域，东连墨竹工卡县，西接堆龙德庆县，北临当雄县，南抵拉萨市城关区，总面积4512平方公里，国土面积4512平方公里，耕地23万亩，天然草场505万亩，人工草场8万亩，水域5.4万亩，是拉萨市6县2区中的第一产粮大县、第二牧业大县。全县南北狭长，跨度达180公里。念青唐古拉山支脉一恰拉山横贯全境，将林周县分割为南北两大部分。北部属拉萨河上游及其源流区域，素有“三河一流”的美称（即热振河、达龙河、乌鲁龙河、拉萨河流域），平均海拔4200米，气候干燥，年平均气温2.9摄氏度，以牧业生产为主。南部地区属拉萨河支流澎波河流域，平均海拔3860米，谷地开阔，气候温和，雨水充沛，年平均气温5.8摄氏度，主产小麦、青稞、油菜、土豆等，是拉萨市的主要粮食生产基地。林周县主要矿产资源有铅、锌、重晶石、煤、石膏等。特色产品有氆氇、卡垫、火盆、花盆、油壶、酒壶等。

林周县风光秀美、山川壮丽、人杰地灵，人文历史底蕴深厚，是拉萨的“北花园”。全县分布有黑颈鹤保护区、白唇鹿保护区等国家级、自治区级自然保护区5个；全县有寺庙38座，著名的藏传佛教寺庙热振寺坐落在北部群山之中，距今已有千年历史，周围有风景秀丽的热振国家级森林公园。林周境内山青水碧、草木葱郁、飞鹤成群，是体验青藏高原人文风光的极佳之地。

年内，全县辖10乡（镇）、45个行政村，其中10乡（镇）分别为甘旦曲果镇、边交林乡、春堆乡、江热夏乡、卡孜乡、阿朗乡、旁多乡、强嘎乡、松盘乡、唐古乡。总人口为63800人。人口以藏族为主，另有汉族、蒙古族、满足、苗族、回族等民族。

林周县是西藏主要粮食生产县之一，也是西藏自治区科技示范县之一。近年来，现代农牧业稳步发展，净土健康产业深入推进，奶牛养殖、设施农业和饲草种植初具规模，完成江热夏乡斯曲亚玛现代奶牛养殖基地、高产奶牛现代化牧场建设、澎波半细毛羊和牦牛育肥基地等多个项目，全县高产奶牛、选育牦牛、半细毛羊、生猪养殖、饲草种植、蔬菜种植、玛咖试种以及其他经济作物种植均有较大发展。近年来，在曲水境内，光伏发电项目正式开工，藏能光伏发电、高争净露饮用水等项目也将落地，新型产业格局正在加速形成。第三产业发展有效推进，各方面基础设施逐步完善，尤其是旅游业、商贸业、物流业等方面均有较快发展。

【经济发展】 年内，林周县把握经济社会发展主动权，主动适应经济发展新常态，坚持“发展产业强实力、促进和谐聚合力、转变作风增活力”工作思路，全力完成“十二五”工作目标。年内，地区生产总值达15.18亿元，比上年增长10.09%；县级财政收入达1.09亿元，比上年增长2.05%；实现全社会固定资产投资19.22亿元，比上年增长20.2%；社会消费品零售总额1.51亿元，比上年增长14.4%；农村居民人均可支配收入9154.62元，比上年增长11.7%。

【农牧业发展】 年内，林周县净土健康产业投资达8500万元，其中投资3000万元完成以江热夏乡斯曲亚玛现代奶牛养殖基地为中心、6个养殖小区为辐射点的高产奶牛现代化牧场建设，投资2000万元新建澎波半细毛羊和牦牛育肥基地，全县高产奶牛、选育牦牛、半细毛羊规模达到1312头、20.1万头、5.6万只，生猪养殖项目出栏达2900余头；规模化饲草种植9万余亩，成功试种玛咖2363.8亩，其他经济作物种植2.42万亩，现代农业示范园区蔬菜年产量达8520吨。落实标准化生产与高产创建面积15.4万亩。粮油总产达7.05万吨，粮经饲比例64.6 ∶ 11.6 ∶ 23.8；全县牲畜存栏24.32万头（只、匹）、出栏8.5万头（只、匹），肉产量0.78万吨、奶产量0.71万吨、禽蛋产量237.1吨。投资280万元新建4个乡镇农牧综合服务站，现代农业发展的基础更加牢固。

【工业经济发展】 年内，林周县实现工业投入5.15亿元、比上年增长22%，工业销售产值2.8亿元、比上年增长5.1%，工业税收完成2350万元、比上年增长2.5%。总投资1.3亿元的藏电林周县一期10兆瓦分布式并网光伏发电项目正式开工，藏能光伏发电、高争净露饮用水等项目成功落地。

【旅游业发展】 年内，林周县接待游客11.49万人次、比上年增长460%，实现旅游收入850万元、比上年增长190%。

【改革开放】 年内，林周县完成16.07平方公里的农村宅基地确权登记颁证工作，开展非法买卖农村集体土地整治专项行动，农村土地确权登记颁证工作基本完成；推进全县小型水利工程管理体制改革，中小型水利项目管理得到加强。实现投融资体制创新，健康产业园进驻企业13家；落实新预算法，推行财政预算制度；落实商事制度改革，全年新增市场主体464户，新增注册资（本）金3.63亿元，比上年增长57.71%、91.96%。统筹城乡义务教育资源均衡配置，完成义务教育均衡化迎“国检”核准；落实食药监管改革，组建成立县食药监局；完成机关事业编制人员养老金改革的衔接。对外开放力度加大，全年投入援藏资金1.08亿元实施10个项目，实现招商引资实际到位资金5.5亿元，比上年增长22.5%。

【城乡建设】 年内，林周县投资1350万元完成中小企业孵化基地建设，投资5760万元新建的384套周转房，投资528.8万元118户棚户区改造工程和投资5250万元的苏州北路、甘曲路工程顺利推进。完成总投资7219万元11条农村公路建设，实施投资859万元的旁多新集镇道路建设，全县乡镇、行政村公路通达率进一步提高；实施4个乡(镇)改水改厕示范工程，正式启用甘曲镇垃圾填埋场，总投资1亿余元的林周县农网改造工程进展明显，城乡基础条件更加完善。总投资813万元实施湿地功能保护区工程和拉萨河源头生态功能保护区保护规划一期建设项目。完成造林和封育面积6000亩，落实公益林管护办法，完成唐古乡生态公益林管护站建设。

【四业工程】 年内，林周县实现劳务输出9321人，实现经济收入1730.3万元；完成转移就业3140人，实现经济收入3073万元。

【教育事业】 年内，林周县本级财政投入2143.4万元支持全县教育事业发展，义务教育阶段均衡化水平不断提高，助学助教体系不断完善；完成总投资2153万元9个教育基建项目和4个教育采购项目。

【卫生事业】 年内，林周县投入资金1552.6万元用于基础设施建设和其他卫生事业发展，巩固农牧区医疗制度全覆盖，实现“村有卫生室、乡有卫生院”的目标，县乡村三级医疗服务网络初步形成。

【社会保障】 年内，林周县城乡居民养老保险参保36783人，参保率99.5%，发放养老金1200.68万元。精准识别“五个一批”贫困人口1881户8325人，完成贫困户易地搬迁选址工作。兑现县级财政投入2116万元办理10件民生实事。

【文化宣传】 年内，林周县开展县委理论中心组集中学习16次，开展各类专题讲座共计56次、受众人数5万余人。加强社会主义核心价值体系建设，推动社会主义核心价值观进机关、进校园、进军营、进企业、进农牧区、进寺庙。不断加大主流宣传工作力度，每周向拉萨晚报、西藏日报提供新闻素材5—6篇，2015年全年共发送300余篇；每个工作日通过“林周之窗”微信平台发布信息2—3条，已发布800余条；每个工作日向林周县政府新闻网上传新闻素材5—10篇，已上传2000余篇。截至年底，各级各类媒体宣传报道林周达200余次，各类报刊报道林周县68次，林周电视台已播出新闻稿件158条。悬挂横幅120余条，刷新户外平面广告100余平方米。编辑和印发《林周之窗》3期。年内，开展文化经营许可、藏语文社会用字等检查，开展打击“藏独”反宣品专项清查行动，清理整治非法音像制品、非法卫星电视广播地面接收设备，全年开展20余次执法活动，出动人员100余人次，车辆40余台次，下达责令整改通知书2份，并对2起网吧违规经营案件进行立案审查，针对校园周边环境开展专项整治8次。集中组织“五下乡”活动30余场次。发放强农惠农政策、法律法规、疾病防治等各类宣传图册9万余册，免费发放药品价值6万余元，义诊群众达3000余人次，开展志愿服务活动70余次，组织文明单位、文明乡村开展“道德讲堂”40余次，推荐全国道德模范候选人3人，1人被确立为第四届西藏自治区道德模范。

【党建工作】 年内，全县共有基层党组织185个，其中党委15个、党总支9个、党支部161个。年内，对原有的县直机关事业单位党支部进行整合，整合后为15个；党员总数5291名，其中农牧民党员3886名，占全体党员的73.4%；全年发展党员196名。强化干部队伍管理，全县行政编制631名，实有人数553名，缺编78名；事业编制1418名，实有1004名，缺编414名；县级干部36名，科级干部274名，事业编制343名。年内，组织全县239名小学学历的村干部参加6期拉萨市村干部学历提升培训班，组织196名干部参加上级部门开展的业务培训；利用150万元援藏资金，分9个批次选派168名党政干部、教师、医务工作者、村致富带头人、青少年学生、下沉干部赴苏州交流学习。下移工作岗位，全县共下沉217名干部。年内，共推荐4名符合条件的优秀村党支部书记进公务员队伍。年内，制定完善实施经济规划31项。年内，县财政投入106万元选择10个偏远村组新建文化活动室。投入1050万元重点实施卡孜乡卡孜村、边交林乡当杰村、甘曲镇朱加村3个村级综合服务中心建设项目。全县10个乡镇和县直机关单位共有党员志愿者1365名，成立16支志愿者队伍，开展服务活动150余次。全县共建立县级干部、乡镇、县直部门指导基层党建工作联系点160个，在县级领导干部中拓展联系结对131对，其中帮扶群众结对64对、联系村29个、联系寺庙38座；县直单位拓展联系结对166对，其中帮扶群众结对 99 对、联系村 33 个、联系寺庙 34 座；乡（镇）拓展联系结对 56 对，其中帮扶群众结对 30 对、联系村 12 个、联系寺庙 14 座。年内，全县 45 个村集体经济结合驻村工作队“短平快”项目资金，新建村集体经济 26 个，改进原有村集体经济 70 个。

【和谐构建】 年内，林周县持续打击各类违法犯罪，完善“双联户”管理模式，“幸福家园”微信平台覆盖率 85%；排查调处矛盾纠纷 70 起、化解率 94%；“12345”热线处理工单 20 件、满意度 98%；完成“帕邦塘廓”宗教活动和自治区 50 周年大庆维稳安保工作。全面落实利寺惠僧政策，加强宗教事务管理，开展法制宣传主题教育活动，推进和谐模范寺庙暨爱国守法先进僧尼创建表彰，评选表彰县级和谐模范寺庙 20 座、爱国守法先进僧尼 886 名；开展民族团结进步创建活动，全面推进民族团结工作。开展安全隐患排查和治理，加强重点行业和企业安全生产监管，全县安全生产总体平稳，事故起数及死亡人数均控制在区、市下达指标之内。

【作风建设】 年内，林周县组织 15 家单位主要负责人现场述责述廉，接受现场提问质询。利用县机关办公楼走廊的公共空间，悬挂党风廉政建设相关规定、廉政警语、劝廉书，积极打造“走廊文化”。年内，对 124 名新提拔、平职交流的干部进行任前廉政谈话，提醒谈话 4 人。同时，在全县范围内实名通报 19 人，做出党纪轻处分和组织处理 4 人。

（梅青松）

墨竹工卡县

【概　况】 墨竹工卡县是拉萨属县之一，位于西藏自治区中部、拉萨市境东部，拉萨河中上游、米拉山西侧，地处青藏高原中南部，念青唐古拉山南麓的雅鲁藏布江河谷地带。县城距拉萨市区 79 千米，地理坐标为北纬 29° 8′ 、东经 91° 77′ 。东与林芝市工布江达县相邻，西靠拉萨市达孜、林周两县，北连那曲地区嘉黎县，南接山南地区乃东县，是拉萨市的“东大门”，平均海拔 4200 米以上。县域总面积 5492 平方公里。属温带高原季风气候，日照充足，年均温 5.4℃，年均降水量 526 毫米，属多冰雹地区。墨竹工卡县素有“天边之乡”的美誉，矿产资源有金、铜、锡、铅、锌、金、钼、大理石、石灰岩等十几种矿藏等，蕴藏量丰富，品位高，有很高的开采价值。野生动植物资源有黑颈鹤、斑头雁、虫草、雪莲花、贝母、红景天等。县境内名胜古迹众多，旅游资源得天德厚，距今 850 多年历史的直孔梯寺闻名国内外，具祛病美容效用的日多温泉、德仲温泉和有“财神湖”之称的思金拉错等自然景观独具魅力，唐加古墓遗址、甲玛乡藏王松赞干布宫殿遗址具有很深的文化底蕴。

墨竹工卡藏语意思为“墨竹思金”神往的中间白地。清代为驿站要道，后设墨竹工卡宗，1959 年 9 月 10 日撤宗设县，墨竹工卡县人民政府正式成立，政府驻地工卡镇。

全县辖 8 乡（镇）、40 个行政村，其中 8 乡（镇）分别是工卡镇、甲玛乡、唐加乡、扎西岗乡、日多乡、尼玛江热乡、扎雪乡、门巴乡。年内，全县人口 5 万余人，民族以藏族为主，还有汉族和其他少数民族。

农牧业为全县经济基础产业，除基础农牧产品外，直孔水磨糌粑、斯布牦牛等农畜产品更是驰名区内外。近年来，墨竹工卡县以矿产开发为突破口，采矿业、运输业、建材业等产业得到快速发展。交通区位优势较为明显，川藏公路（318 国道）横穿而过，302 省道过境，羊皮筏子从拉萨河直接连通县城和拉萨市区。依托着得天独厚的旅游资源，墨竹工卡旅游业已经发展成为县域经济的支柱产业之一，以松赞拉康、松赞干布纪念馆、霍尔康庄园、甲桑古道徒步为重点的藏王松赞干布出生地甲玛景区已并对游客开放，西藏首家民间博物馆墨竹工卡县群觉古代兵器博物馆于 2015 年 5 月建成开馆。

【经济发展】 年内，全县地区生产总值完成 23.53 亿元，公共财政预算收入完成 2.7 亿元；农牧民人均可支配收入 10681.53 元；完成社会固定资产投资 75.18 亿元；工业增加值实现 8.43 亿元；社会消费品零售总额达到 2.95 亿元，城镇登记失业率控制在 2.2% 以内，完成县十二届人大三次会议确定的各项目标任务。

【经济结构】 年内，墨竹工卡县三次产业比重由 15∶72∶13 调整为 11∶77∶12，结构性调整日趋优化，县域综合实力大幅提升。农牧经济健康发展。财政支农资金累计达到1.47亿元,建成高标准农田1.5万亩,改良黄牛1万头,引进推广藏青2000等新品种7000亩,粮食总产量达到2.43万吨,农牧业总产值实现4.33亿元,比“十一五”末增长1.66倍。推动绿色、健康、低碳发展,农牧民专合组织达107家,实现净土产值7562万元,带动950户农牧民实现增收。工业经济迅速发展。落实招商引资226亿元,重点推进“三大矿区”建设,引进中金新联、那菲药业等新兴产业,全县规模以上工业企业达到6家,累计工业投入达到222.03亿元,实现工业销售产值70.1亿元。旅游经济蓬勃发展。累计投入9322.7万元,改善景区基础设施。注册成立县旅游文化公司,收回兆氏金公司甲玛景区经营权。五年累计接待游客286万人次,年均增长18.6%,实现旅游收入5821.6万元,年均增长16%。

【城乡面貌】 年内,墨竹工卡县强化项目支撑先后实施基本建设项目721个,完成投资252.89亿元。城乡规模更加扩大。坚持规划先行,“多规合一”,完成七乡一镇集镇规划和甲玛乡“产城融合”新型城镇化规划编制。累计投入5.2亿元,完成政府搬迁、跨河大桥、新区水厂等重点项目49个,县城规模从0.8平方公里扩大到5.29平方公里,县城承载能力不断增强。累计投入3.6亿元,修建防洪堤30.7公里、建设农村安全饮水工程34处、实施农网改造206处、新增和改造提升农村公路491.5公里,农村安全饮水率达到100%、通电率达到100%、行政村道路通畅率达到87.5%。城乡环境更加优化。完成植树造林3.9万亩,治理唐加受灾林地484.44亩,兑现林补资金435.53万元,兑现护林员管护资金3861.1万元,全县森林覆盖率达37.5%。累计投入7543.84万元,实施人居环境改造51处、新建环保厕所11处、购置垃圾压缩车10辆、电动保洁车和小四轮拖拉机45辆,建成县城人工湿地污水处理等基础设施。加大生态修复,基本完成两家自治区挂牌督办企业生态修复整改工作,环境保护考评被自治区评为合格。连续两年分别投入1000万元推进生态县创建,6个乡镇、40个行政村成功创建为自治区级生态乡镇、生态村。

【社会事业】 年内,墨竹工卡县社会事业累计投入15.8亿元。教育事业持续进步。全面完成教改工作和“两基”巩固任务,撤并教学点14个,新建乡村幼儿园29所,学前三年入园率达91.5%,小学入学率、巩固率分别达到99.84%、99.86%,初中入学率、巩固率分别达到101.78%、99.57%。注重关爱学生生活,落实1.02亿元“三包”经费基础上,额外补贴500万元用于购买学生校服及生活装备,县城幼儿园实现校车免费接送。着力提升教学质量,中考平均成绩比五年前整体提高100余分。卫生服务持续优化。简化医疗救助程序,在全区率先实现“一站式”结算服务。改善软硬件设施,投入778.6万元,配备救护车9台、CT影像设备1台,县医院建成二级乙等医院,县乡村卫生服务实现全覆盖,全县医疗水平大幅提升,免费健康体检率达到99.95%,孕产妇住院分娩率达到99.7%,婴儿死亡率控制在10.78‰以内。文化建设持续提升。开放运营西藏首家民间博物馆,建成8个乡镇综合文化站、28个村级文化活动室,农家书屋、寺庙书屋、电影放映等惠民工程实现全覆盖,五年累计文化事业投入3129.29万元。广播和电视“村村通”“户户通”覆盖率分别达到99.2%、99%。弘扬社会主义核心价值观,开展“孝老爱亲先进模范”评选活动,集中表彰“孝老爱亲”模范和先进个人198名。社会保障持续完善。投资5896万元新建全区标准化县级五保集中供养中心,五保意愿集中供养率达到100%。调整城乡最低生活保障标准,分别达到月人均640元和年人均2450元,建立五保集中供养标准增长机制,达到年人均10020元,高出拉萨市4650元。社会参保人数达到3.2万余人,养老保险、医疗保险、生育保险实现应保尽保。实施“四业工程”,累计培训1.2万人,转移就业2700人。推进扶贫开发,累计投入7854万元,实现脱贫13171人。

【社会治理】 年内,墨竹工卡县创新社会治理。全面落实十项维稳措施,推行网格化管理、便民式服务,建立“双联户”单位757个,重要部位设立警务站9个。全面构建和谐矿区,完成涉及294户1774人的巨龙矿区搬迁、天仁矿区搬迁和斯布搬迁,落实搬迁补偿资金2.58亿元。成立甲玛工贸公司、甲玛城乡发展公司,矿区运输矛盾得到有效整治。夯实基层基础。选派驻村干部388人,向村“两委”下沉优秀干部127人。村干部待遇由2010年的年人均8000元提高到年人均4万元。推进“六建”“六个一”“9+5+2”工作,成立13座寺庙管委会、选派117名干部驻寺。投入5496万元关心关爱寺庙和僧尼,开展和谐模范寺庙和爱国守法先进僧尼评选,宗教领域和谐稳定局面得到全面巩固。构建和谐社会。维护社会公平正义，刑事案件、治安案件、信访案件得到及时有效解决。严守“三条底线”，2015年未出现一例农牧民群众上访，无一例较大安全事故、无一例环境污染事故、无一例危安案件。

【民生工作】 年内，墨竹工卡县倾力打造民生工程，不断提升群众幸福指数。压缩“三公”经费，把更多的资金投向民生工程，五年来“三公”经费年均降低20%以上，民生领域投入的本级预算资金达到80%以上。办好民生“十件实事”，连续五年提标扩面。在全区率先全面实施“三大民生”工程，1332名大学生享受全县“两免一补”政策，4975名农牧民群众得到县政府免费医疗救助，3809名60岁以上农牧民群众按时足额领到本级发放的幸福养老金，真正实现老百姓“少有所教、病有所医、孝有所敬”。安排专项资金4000万元，回应300件“群众期盼”，人大建议、政协提案答复率和满意率分别达100%、95%，真正把钱花在惠民刀刃上，把事做到群众心坎里。为方便墨竹籍群众就医，设立“墨竹工卡县驻拉萨医疗卫生服务站”，打通群众就医绿色通道，实现群众“无障碍”救治。实施白内障“免费复明”手术130例，完成唇腭裂、先心病、髋关节脱位等先天性疾病患儿免费救治43名。设立爱心大病救助基金，257人得到关怀救助。

【环境优化】 年内，墨竹工卡县突出优化发展环境，释放发展活力。200万元以下政府投资项目全部实行抽签制，交由本地具备资质的农牧民施工队承建，同时，对承建的66个项目进行考核，保证建筑工程项目的质量和安全。按照法定程序，挂牌出让14宗土地、公开拍卖一宗590平方米的国有建设用地使用权。政府采购只定市场、不定企业，五年累计采购300余次，节约财政资金500万元，涉农物资邀请群众代表共同参与采购。严把干部调出、调入关，新录用及调入人员全部安排到边远乡镇。为民办实事敢于管坏事。始终坚持敢说、敢做、敢管、敢得罪，严厉打击非法买卖、非法占用集体土地和私搭乱建等破坏公平的违法行为，清理整治28起非法买卖和占用集体土地案件，拆除违法建筑10处，取缔关停砂石场14家，对产品质量不达标的28家砖厂依法关停整顿，捣毁聚众赌博窝点一处，尽最大努力引导群众走勤劳致富之路、和谐稳定之路。

【区域联动】 年内，墨竹工卡县做好受援工作，强互动，促共赢。“十二五”期间共实施援藏项目18个，落实1‰以内援藏资金2.46亿元，争取1‰以外援藏资金1.06亿元。先后选派233名党政科级干部、专业技术人员和106名村干部、群众代表到南京学习参观或挂职锻炼，组织93名青少年代表到南京等地互动交流。签署教育和卫生援助协议，邀请16名南京专业医疗人员赴墨竹挂职，27名南京优秀教师赴墨竹指导教育工作。利用“互联网+”，开通远程医疗服务。坚持真情援藏，设立南京“格桑花开”爱心基金，救助干部群众214人，发放救助金193.3万元。援藏干部把墨竹作为第二故乡，结对子、认亲戚、交朋友，视墨竹儿女为自己的子女，主动融入他们的家庭、真心关爱他们的生活，让他们得到更大的关怀和温暖，“南京墨竹一家亲、藏汉人民心连心”的民族团结之情得到全面深化。

（王吉泽）

曲水县

【概　况】 曲水县隶属于拉萨市。曲水县地处西藏中部、拉萨市西南部，位于拉萨河下游，地理坐标为东经90° 72′ 82″，北纬29° 36′ 05″。总面积1624平方公里。整个地形东、西部稍高，中部的拉萨河与雅鲁藏布江交汇处较低，念青唐古拉山的一条山脉逶迤北部。谷地最低海拔3501米，山峰最高海拔5895米。曲水县属高原温带半干旱季风气候区。日夜温差较大，日照时间长，辐射强，年日照时数近3000小时，无霜期短，年无霜期150天，年降水量441.9毫米。矿产资源主要有铜、钼、刚玉、石灰岩、花岗岩、泥炭等；植物资源主要有贝母、虫草、黄莲、党参、雪莲花、红景天等数十种；野生动植物资源主要有岩羊、野鸡、獐子、金钱豹、狗熊、鹿、山鸡、黄鸭、灰鸭、雪鸡、天鹅、黑颈鹤、狼、狐狸及虫草、贝母、黄莲、党参、雪莲花、红景天等。

“曲水”藏语意为“流水沟”。民主改革前设曲水宗，1959年8月将曲水宗和色麦宗合并设立曲水县，隶属于拉萨市至今。年内，曲水县辖6个乡（镇）、17

个行政村，其中6个乡（镇）分别为达嘎乡、才纳乡、南木乡、聂当乡、茶巴拉乡、曲水镇。年内，常驻人口3.53万人，其中农牧业人口3.26万人。人口以藏族为主，占总人口的97%，其余还有回族、满族、蒙古族等少数民族。

曲水县属半农半牧县，其中耕地面积6.67万亩，林地面积19万亩，草场160万亩。农作物主要有青稞、冬小麦、春小麦、豌豆、油菜等，为西藏商品粮生产基地县之一。主要饲养牦牛、黄牛、山羊、绵羊、马、驴、猪、鸡等。近年来，曲水县工业得到较快发展。县域内现有14座小型水电站，总装机容量1780千瓦，年发电400万千瓦时，另有农具厂、粮油加工厂、民族手工业等一批乡镇企业。曲水特色旅游景点包括雄色寺、卓玛拉康、俊巴村、萨玛扎寺、拉日则阿峰、降曲林寺等，集中了自然资源与人文资源的精华。这些旅游资源为曲水旅游业的发展创造了有利条件。

【综合经济实力】 截至年底，曲水县地区生产总值11.36亿元，比上年增长13.9%（可比价）；农牧民人均可支配收入10071.48元，比上年增长12.3%；规模以上工业增加值23547.60万元，比上年增长13.1%；全社会固定资产投资完成额28.55亿元，比上年增长31.1%；社会消费品零售总额2.49亿元，比上年增长13.2%。清理、清偿政府债务，实现本届政府“零负债”目标。成为国家生态保护与建设示范区、全国农村宅基地制度改革试点县、全国积极发展农民股份合作赋予农民对集体资产股份权能改革试点县、全国第二批新型城镇化综合试点县、全国第二批信息进村入户试点县。

【净土健康产业】 年内，曲水县净土健康产业发展势头强劲。培育以玛咖、雪菊、玫瑰、藏药材为主的高原河谷特色种植业和以奶牛、藏鸡、生猪为主的高原特色养殖业及天然饮用水产业，推进结构转型升级。全力打造净土健康产业园，完成包括现代农业试验观光区、特色产品展销区、农耕藏药材博物馆、高标准智能温室、玛咖加工厂、辅酶Q10厂、科技实验楼、现代农业服务中心、育种育苗以及高原球根花卉种球繁育中心等一期、二期建设，成为全区第一个集中引进新品种试种推广的先行区、全区最大的玛咖种植和加工基地、全市第一个学研一体化科技中心，充分发挥了示范引领作用。引进贵州茅台集团、天瑞藏宝、睿健净土等10余家企业，生产贵州茅台拉萨玛咖酒、辅酶Q10牙膏、维生素K6、冰酒、红葡萄酒、玫瑰系列产品等30余种系列净土产品，延伸产业链，提升净土健康产业附加值。向国家有关部门申请13项实用技术专利，其中玛咖、藏红花、玫瑰、黑青稞、高原球根花卉等5项已获得国家技术专利。全县净土健康产业财政贡献率达50%以上，带动农牧民增收近2亿元。

【农牧业】 年内，曲水县严守12.3006万亩耕地红线，粮食作物产量25154.31万斤，油菜产量2023.45万斤，蔬菜产量27.2095万吨，牲畜存栏47.8276万头（只、匹），牲畜总出栏22.0163万头（只、匹），出栏率41.81%。

【工　业】 年内，曲水县完成工业总产值42.51亿元，销售产值43.02亿元，完成工业增加值17.87亿元，税收3.72亿元，利税超过百万元的企业达9家，开发出一批市场竞争力强、科技含量高的优势产品，开创产业发展的新局面。

【旅游服务业】 年内，曲水县全力抓好旅游资源开发工作，共接待国内外游客88.96万人次，旅游收入达4517.64万元，初步实现净土健康产业与文化旅游业的有机融合。

【援藏工作】 年内，曲水县接受援藏资金达2.44亿元，重点实施县城道路改造、现代农业示范基地、县中学教学综合楼、远程会诊中心、318国道沿线村容村貌整治等22个援藏项目，极大改善产业、市政、教育等基础设施条件，推动了曲水经济快速发展。

【新型城镇化建设】 年内，曲水县实施基础设施项目24个，总投资17854万元，建设保障性住房942套，总投资11997.56万元，完成棚户区改造218户，总投资872万元。以50大庆为契机，投资500多万元新建乡镇垃圾转运站23处，购置垃圾转运车44台，垃圾收集率、处理率达95%以上。投资3250万元实施达嘎乡、茶巴拉乡、曲水镇人居环境整治及城区、扬州路、政府大院提升改造工程，组建曲水友谊自来水公司和曲水美洁城市园林绿化有限公司，保障城乡居民用水、维护市政市容、园林绿化、城乡环境，宜居指数大幅提升。

【交通设施建设】 年内，曲水县投资17267.63万元，建设159.85公里的乡村公路，农村公路通畅里程达110公里，基本实现“村村通”，全县交通环境优化，群众出行更加便捷。

【生态环境】 年内，曲水县投资15627.25万元实施23个水利项目，开展水环境治理。实施周边地区造林绿化工程、退耕还林配套荒山荒坡造林工程、拉日铁路沿线造林绿化工程，兑现中央森林生态效益补偿基金，累计造林89780.35亩，林木成活率达85%以上，森林覆盖率达28.3%。

【农村改革】 年内，曲水县推进农村土地制度改革，全面完成17个行政村7201户、86314.05亩农村土地承包经营权确权登记颁证工作。推进适度规模流转，组建土地流转中心，全县土地流转面积达16899.5亩，土地适度规模经营达3万亩。开展农牧民股份合作和“两权”抵押贷款工作，发放农村土地承包经营权抵押贷款148.5万元。推进农村宅基地制度改革试点工作，完成全县6816户农村宅基地、房屋确权登记颁证工作。培育新型农业经营主体，农牧民专业合作社发展至132家，涉农合作社73家，其中2家被评为国家级示范社，农牧民入社率为89%。引进涉农企业，截至年底，涉农企业发展到30家，试验区农业产业化步伐明显加快。推进农村综合服务体系建设，6个乡（镇）农村综合楼建设完成并投入使用。

【国企改革】 年内，曲水县引导国有资本更多投向关系经济命脉、民生保障的重要行业和关键领域，改组3家国企，新组建4家国企，国有企业内在活力、市场竞争力、发展引领力不断增强。

【科技建设】 年内，曲水县聘请区内外多名专家、顾问为曲水经济社会发展问诊把脉，依托“互联网+”，创建净土健康产业“O2O”电子商务平台成功运营，开办“曲水在线”信息平台，努力开展电子商务平台进农村工作，成为第二批全国信息进村入户试点县。

【招商引资】 年内，曲水县签约77个招商引资项目，实际到位资金达38.7亿元，发展环境进一步优化。

【社会事业】 年内，曲水县“四业工程”成效显著。共培训23335人，完成转移就业、劳务输出20120人，实现城乡劳动力转移、劳务输出、创业收入7.1亿元。教育事业全面发展。健全教育优先发展工作机制和保障体系，推进学前教育纵深发展、义务教育优质均衡发展与职业教育特色发展，突出寄宿制教育、双语教育、校园文化建设。适龄儿童入学率达100%，在校生巩固率达100%，适龄少年入学率达98.87%，在校巩固率达100%，资助1401名贫困家庭中职生、大学生508.45万元，年生均“三包”经费提高至2900元。在全区率先完成素质教育评估验收工作，成为首批“全国义务教育发展基本均衡县”。文化体育事业取得新进展。新建乡（镇）综合文化站6个，农家书屋、寺庙书屋、文化室、广播电视、电影放映、信息共享等文化惠民工程实现全覆盖，广播、电视覆盖率分别达99.97%和99.98%。推进全民体育运动，成功举办全县第一届职工运动会。医疗卫生服务水平提升。投入376万元，建成了全区第一家县级医院远程会诊平台、配备了消毒供应室、妇产科床、利普刀等设施，改善县、乡基础医疗卫生条件。建全县乡两级医疗卫生服务体系，农牧区医疗制度覆盖率保持100%，政府人均医疗补助标准提高至380元，农牧民群众健康档案建档率100%，完成聂当乡卫生院和南木乡卫生院创建工作，聂当乡卫生院被评为区级群众满意乡镇卫生院。社会保障体系不断健全。城乡居民参保21688人，征缴163.89万元。农村五保户供养标准年人均达9330元，五保老人有意愿集中供养率达100%。“五险”实现制度全覆盖。推进精准脱贫。争取扶贫项目22个，到位资金2478万元，实现减贫666户2248人。扶贫易地搬迁工作完成搬迁户统计、搬迁点选址、征地、规划、设计等，各项工作有序进行。开展作风建设。践行党的群众路线、“三严三实”“忠诚干净担当”专题教育活动，弘扬“马上就办”精神，工作作风明显转变，“三公经费”下降27%，文件下降2%，会议下降1.8%，共投入7035万元为群众做实事好事154件。

【社会稳定】 年内，曲水县落实区市党委政府和县委决策，自觉接受人大、政协的监督，全年办理人大代表建议意见31件、政协委员提案件27件，办结率、满意率均为100%。延伸社会网格化管理和“双联户”模式，开展驻村工作。推进强基惠民，强化铁路护路联防，社会局势更加和谐稳定。综治工作考评连续2年获全市第二名，在先进“双联户”创建活动中，连续2年获区级先进县称号，连续3年获市级先进县称号。开展民族团结宣传教育活动，发放奖金58.8万元用于表彰民族团结进步模范集体、民族团结进步模范个人和民族团结通婚模范集体。全面落实各项惠寺利僧政策，投入1300余万元完善寺庙、寺管会基础设施，进一步完善寺庙公共服务。集中开展道路交通、工矿商贸、消防安全等专项整治，依法打击各种违法犯罪，积极应对和处置突发性公共事件，加强食品药品安全监管，有效维护群众生命健康安全。

（张　钰）

尼木县

【概　况】 尼木县是拉萨市辖县，位于西藏自治区中南部、拉萨市境西部，冈底斯山南麓、雅鲁藏布江中游北岸。山峦起伏，河谷纵横。地形西高东低，平均海拔4000米以上，境内最高点穷母岗峰，海拔7048.8米，最低点为玛曲河汇入雅鲁藏布江处，海拔为3701米。东邻拉萨市当雄县、曲水县，西接日喀则市南木林县，北靠那曲地区班戈县，南临日喀则市仁布县和山南市浪卡子县，总面积3275平方公里。尼木县属温带高原季风气候，四季分明，温度偏低，降水较少，空气比较稀薄，日照充足。年均温6℃，年降水量325.2毫米，年日照时数2947.8小时，年无霜期约100天左右。自然灾害主要有干旱、山洪、泥石流、虫灾、霜冻和冰雹等。尼木县矿产资源主要有铜、钼、泥炭等，野生动植物资源主要有豹子、狗熊、猞猁、獐子、黑颈鹤、贝母鸡、野鸡及贝母、虫草、黄连、雪连等。

“尼木”藏语意为“麦穗”。尼木建县历史悠久。时间可追溯元朝时期，据文献记载：元世祖时代尼木既已设宗。元朝时译为“聂摩”。在明朝时尼木被译成“聂母”。而清朝则称作“尼莫”“尼穆”等。民主改革前尼木境内分设尼木宗和麻江宗，1959年二宗合并为尼木县，隶属拉萨市管辖至今。尼木县的人文景观别具风采，有：宁玛派的早期圣地托噶，据说可以追溯到公元8世纪莲花生来藏弘法时期；赤松德赞于公元8世纪修建的吉嘎曲德寺，以及古代西藏造桥专家汤东结布造的尼木铁索桥等。

截至2015年年底，尼木县辖8个乡（镇）、32个行政村，其中8个乡（镇）是分别是麻江乡、普松乡、卡如乡、尼木乡、续迈乡、帕古乡、吞巴乡、塔荣镇。全县总人口35257人。

尼木县是以农为主、农牧结合的县，耕地面积4.3万亩，林地面积25.6万亩，其中农牧业是基础产业，主要特色产业是藏鸡养殖；净土健康产业是支柱产业；手工业比较发达，以吞巴藏香、普松雕刻、雪拉藏纸等闻名。

【经济发展】 年内，尼木县地区生产总值由2010年的2.99亿元增加到2015年的6.32亿元，年均增长18.4%；地方财政预算收入由1154万元增长到5560万元，年均增长51.32%；全社会固定资产投资由2.95亿元增长到10.89亿元，年均增长35.04%；农牧民人均纯收入由4608.2元增长到11021元，年均增长23.99%；工业增加值由2630万元增加到4243.24万元，年均增长13.84%；社会消费品零售总额由1511万元增加到4912.3万元，年均增长31.32%。

【农牧业】 年内，尼木县落实各项强农惠农政策补助396.9万元，全县粮油总产量由2010年的2628.08万斤增加到2860.5万斤；仔畜成活率由95.7%提高到97.4%，成畜死亡率由0.98%下降到0.96%，牲畜良种覆盖率达到5.02%，被评为“2015年度全区粮食生产先进县”。

【净土健康产业】 年内，尼木县净土健康产业实现产值6598.8万元，解决就业1631人，农牧民平均增收2800元。总投资1.22亿元的尼木藏鸡保种育种项目开工建设；西藏天润科技有限公司石斛、灵芝种植基地初显成效，实现年产值860万元。尼木藏鸡是世界上分布海拔最高（海拔高度4000—5500米）、养殖历史悠久的原始鸡种，是青藏高原上独具特色的自然资源，具有基因优良、抗病性强、翼羽发达、耐寒、对高海拔地区的高寒恶劣气候条件有良好的适应能力。尼木藏鸡是借助青藏高原水、土壤、空气、人文“四无污染”环境，利用经济林、用材林等林地天然的青草、昆虫、草籽等资源，在林下间隙地实施放养与舍饲相结合的生态型、庄园型藏鸡养殖方法饲养的鸡种。尼木县实施的林下藏鸡养殖是通过立体开发、减少林地害虫、抑制杂草丛生、培肥土壤、有效利用果园及林地单位面积的方式饲养尼木藏鸡。

该养殖方式具有隔离条件好、疾病发生少、饲养成本低、成活率高、经济效益高等特点。通过此方法养殖的尼木藏鸡具有鸡肉味道鲜美、品质上乘、风味独特的优点，是真正的绿色食品、健康食品、保健食品。食用后具有抗高寒缺氧、降压理气、活血通脉、增强人体免疫力等多种功效。尼木藏鸡养殖是尼木县净土健康产业发展的主导产业。截至年底，尼木县投入资金900余万元，发展养殖100只至500只的养殖户达到40余户，1000只至3000只的养殖大户11户，共修建标准化尼木藏鸡养殖示范点9个，鸡舍面积5000余平方米。尼木藏鸡蛋是生活在西藏拉萨尼木县海拔4000—5500米的高寒地带本地藏鸡，采用野生放养和林下养殖方式，食用天然饲草、野生林果、野生药材等天然饲料的尼木藏鸡所生产的鸡蛋，在这种条件下所产的尼木藏鸡蛋是零污染的绿色健康食品，在市场上一直处于供不应求的状态。由于藏鸡具备适应高原生态环境的特性，在特殊的饲养方式下所产藏鸡蛋蛋壳颜色以黄色和白色为主青色少许，蛋壳较薄；蛋形较小呈椭圆形；鸡蛋蛋白清澈黏稠、有弹性，蛋黄较大，呈橘黄色。藏鸡蛋中所含有的铁、铜、锌等微量元素以及粗蛋白、粗脂肪含量均高于普通鸡蛋，富含多种活性营养因子食后可抗高寒缺氧、降压理气、活血通脉，延缓衰老，增强人体免疫力，是在极端恶劣环境中强身补体的美味佳肴。尼木县与北京德青源公司合作，共计投资1.22亿元资金建设尼木县藏鸡保种基地、藏鸡父母代区、商品代区和办公综合服务中心建设，促进尼木藏鸡在原种藏鸡保护、规模化养殖、产品深加工、一体化营销等方面的快速发展，带动农牧民群众增收致富，县域经济提质增效。截至年底，尼木县委、县政府出台各类促进藏鸡养殖的帮扶政策，充分调动养殖户积极性，为尼木藏鸡稳步发展提供组织保障、技术支撑和服务管理，奠定良好发展基础。

【旅游业】 年内，西藏首届格桑花文化旅游节、第三届吞弥文化旅游节举行，尼木县全年接待游客4.8万人次，旅游收入3100万元，比上年分别增长15%和16%。“十二五”时期，吞巴景区建成运营并完成AAA级申报工作，吞达村获“中国最美村镇”传承奖，被评为“国家级历史文化名村”，并入选2015年中国特色旅游景观名村。

【特色民族手工业】 年内，尼木县实现藏香产值3800万元，经版、经幡收入1400万元，尼木藏香被国家质检总局授予国家地理标志产品，成为拉萨市首个国家地理标识，获第七届中国国际博览会银奖和第二届藏博会旅游产品大赛第三名。

雪拉藏纸原产于尼木县，是闻名全区“尼木三绝”之一，雪拉藏纸作为中国造纸技术的分支，具有独特的技术特色，凝聚着藏族人民的智慧。

据现存资料考证，雪拉藏纸产生于公元7世纪40年代，藏纸的原材料是狼毒草，狼毒草长在海拔4600米以上的地方，不易采摘，生长周期长，只有5至7月份才有，并带有一定的毒性，其根茎很有韧性，纤维性很强，用它做出来的藏纸非常有韧性，且耐磨损，不怕虫蛀，保存时间可以长达千年之久，通常用于博物馆文字修复、经文抄写和永久性的档案记录等。雪拉藏纸是藏区使用最广的纸张，由于其优秀的品质于2007年6月22日被列入自治区级非物质文化遗产名录。雪拉藏纸的制作过程全部由手工完成，先要把草根砸碎，至皮草分离，用小刀取出外皮与肉间的纤维组织，然后将其晾干，在锅里加水，用大火煮两个小时左右取出，把残渣挑出来，再用石头砸成泥，加水搅拌。用纱布框均匀渗水浮于水池中，把纸浆均匀地浇在纱布框上，再用双手把纱布框水平提出水面，并放于日光下晾晒，如果光线好的话，四个小时就可以晾干，晾干后把纸从纱布框揭下来，就这样，一张精美耐用的雪拉藏纸就完成了。近年来尼木县委、县政府高度重视雪拉藏纸传承与开发，通过不断对外宣传、加大对制作藏纸艺人的保护力度、引导鼓励更多的年轻人学习制作技术、开办藏纸加工厂、整理研究有关资料及对雪拉藏纸进行一系列的技术革新和产品研发等措施，加强保护藏纸发展。截至年底，雪拉藏纸年生产量在8000张左右，年销售额达20余万元，已生产开发出适用于书法、绘画、观赏和收藏的产品，为雪拉藏纸在当前环境下适应市场经济要求和不断传承发展开辟了新的路子。

【非公经济】 年内，尼木县整合7家合作社，成立资产1600万元的和谐建筑安装股份有限公司。截至年底，尼木县共有非公企业9家（以公司为标准），注册资金3590万元，就业人员478人，年产值3260万元。

【招商引资】 年内，尼木县安排专项招商经费50万元，招商引资到位资金3.98亿元，比上年增长18.5%，完成目标任务（3.96亿元）的100.5%。

【项目投资】 年内，尼木县开（复）工项目 154 个，总投资 10.88 亿元。实施援藏项目 5 个，总投资 1.075 亿元，同时做好援藏“十三五”规划项目，总投资 1.97 亿元，在“十三五”期间援藏项目主要向民生和基层倾斜。

【民生实事】 年内，尼木县投入 2014.95 万元，全面完成县政府承诺的 19 件民生实事。“十二五”期间，县政府累计投入 9000 余万元，完成民生实事 60 余件。

【教育事业】 年内，尼木县投入教育经费 1941 万元，占 2014 年财政收入的 40% 以上，投入 212.67 万元，对 692 名新考入及往届在校大学生进行资助。义务教育均衡发展工作以 92.6 分、自治区第二名的好成绩通过国家验收，小学适龄儿童入学率提高到 99.93%，初中入学率提高到 99.82%。“十二五”期间，共投入 6051.27 万元发展教育事业。

【医疗卫生】 年内，尼木县投入 637 万元，开展县人民医院“二级乙等”创建工作；投入 52.5 万元，新建县人民医院血液科；选派 6 名医务人员赴北京培训，23 名医务人员赴华西医院培训；被自治区评为“全区妇幼健康服务先进集体”，两名医生被评为“全区妇幼健康服务先进个人”；合作医疗参合率由 2010 年的 99.46% 提高到 100%，综合覆盖率达到 100%。

【文化事业】 年内，尼木县举办“尼木县首届民间文艺大赛”和“尼木第二届非物质文化技能竞赛”。投资 30.2 万元打造白面具藏戏节目《卡卓雪巴》，在拉萨藏历羊年联欢晚会成功上演，并作为 2015 年雪顿节开场大戏，分别在罗布林卡和宗角禄康进行演出，荣获“第四届全区藏戏展演参演奖”；选出 9 名县级非物质文化遗产传承人，设立每人每年 2000 元的非物质文化遗产传承人补助资金，该工作成为全市非物质文化遗产工作亮点。获“第三届拉萨市文明县城”荣誉称号，尚日村等 3 个村获拉萨市文明村。

【社会保障】 年内，尼木县五大保险参保人数 27281 人，征缴基金 2288.37 万元，报销、发放资金 562.49 万元；为 1177 户、3698 人城乡低保户发放低保金 612.3 万元；医疗救助 459 人，支出医疗救助款 207.2 万元；全县农村五保对象 154 人，集中供养率 81.17%，意愿集中供养率 100%，发放五保老人供养金 82.7 万元，投入 80 万元对五保集中供养对象伙食进行补贴；投入 158.32 万元，完成三县福利院中心设施设备购置及清理工作；投入 72.71 万元，提高 70 周岁以上（拉萨市标准为 80 周岁以上）寿星老人健康补贴、残疾人生活补贴和 0—16 岁残疾儿童康复补贴。

【扶贫开发】 年内，尼木县争取到扶贫开发项目 28 个，总投资 3872 万元，其中，县财政收入 2% 的扶贫项目 4 个，总投资 104 万元。完成贫困户 1564 户 5977 人的建档立卡工作，全县 189 户、959 人实现脱贫，被评为“全市扶贫农发项目管理先进单位”。

【四业工程】 年内，尼木县投入 256.95 万元（本级财政投入 70.4 万元），开展农牧民技能技术培训 25 期，共计 3442 人，完成目标任务的 129%，培训合格率达到 90% 以上，农牧民劳动力转移就业 1605 人，劳务输出 4807 人，总增收 9160.3 万元。

【生态环境】 年内，尼木县投入 79 万元，用于尼木县金联达普松岩金矿区生态环境恢复；开展“爱我家乡、秀我环保”大型环保公益宣传活动；人工植树造林 3867.3 亩、封育 5600 亩；投入 110 万元，完成吞巴景区、318 国道、9 公里、县城等沿线的补植补造工作。

【住房保障】 年内，尼木县续建周转房 48 套、公租房 80 套，新建乡镇干部职工周转房 272 套。各乡镇和五个乡完小供暖工程、县城供暖工程二期建设项目建成并投入使用。完成巴果路小区道路、照明等配套设施建设，对全县 162 套周转房进行维修，干部职工居住环境不断改善。

【科教兴县】 年内，尼木县选派 35 名科技特派员到城关区、堆龙区种植养殖基地参观学习；投入 70 万元，完成优质蓝莓新品种种植、桃木育苗基地和卡如经济林项目建设。

【“十三五”规划编制】 年内，尼木县聘请西藏自治区社科院专家，科学编制《尼木县“十三五”时期国民经济和社会发展规划纲要》。此外，质检工作获得“2015 年度全市质检工作一等奖”；全市农村宅基地确权登记发证工作有序进行，农村土地确权工作已进入收尾阶段；年内，征地 26 宗 84.46 亩，兑现征地补偿资金 329.61 万元，并解决失地农民就业 198 人。

【社会综合治理】 年内，尼木县投入维稳经费 1246 万元，开展维护稳定工作；投入 38.64 万元，开展“先进双联户”创建活动；投入 135.6 万元，开展铁路护路联防工作，护路队员出勤补贴由 135 元增长到 210 元，生活补贴由 300 元增长到 400 元；投入 80 万元建设安防监控系统；“党政军警民”五位一体联防工作体系进一步完善。获“2015 年度全市社会治安综合治理工作第三名”“2015 年度全市铁路护路联防工作三等奖”。

【矛盾纠纷化解】 年内，尼木县健全完善调诉对接工作机制，加快涉法涉诉信访改革工作，实现维护人民群众合法权益、维护司法权威与维护社会和谐稳定的有机统一。发展壮大基层调解组织，综合运用多种力量及时发现并解决群众普遍关心的热点、难点问题，预防、妥善处置可能发生的群体性事件，把矛盾化解在基层、把隐患消除在萌芽状态。年内，接待群众来信来访 18 批件 54 人次，与 2014 年同期的 33 批件 70 人次相比分别下降 45% 和 22.9%，办结 17 批件 51 人次，办结率 94.4%；排查社会各类矛盾纠纷 75 件，调处率 100%。

【民族宗教】 年内，尼木县落实民族宗教政策，规范健全寺庙管理制度，驻寺干部及僧尼住宿条件不断完善，寺庙管理工作逐步迈入制度化、规范化轨道。年内，投入 20 万元，组织 30 余名僧尼赴北京、山西等地考察学习；投入 10 万元，评选表彰民族团结模范集体和民族团结模范个人；投入 47.38 万元，维修恩布寺经堂和代塔寺危房，并将全县寺庙经堂维修及寺管会业务用房建设项目纳入民生工程，逐年完成建设任务；投入 14.2 万元，对和谐模范寺庙、先进僧尼、先进寺管会、优秀驻寺涉宗干部进行表彰。

【安全生产】 年内，尼木县开展大排查大检查大整治活动，安全生产责任实现县、乡、村“三级五覆盖”，安全形势整体向好。年内，发生各类生产安全事故 16 起，死亡 1 人，伤 4 人，直接经济损失 11.07 万元，安全生产事故起数、死亡人数、受伤人数以及直接经济损失全面下降。

【政府自身建设】 年内，尼木县结合“三严三实”和“忠诚干净担当”专题教育，牢固树立群众观点，全心全意服务人民。“12345 有事找政府”服务热线运行良好，接听群众来电 4 件，办结率、满意率均达 100%。加强作风建设，解决不作为、慢作为、乱作为问题。年内，会议比上年下降 23.5%，下发文件比上年下降 19%，公务接待费用比上年下降 59%，公车配置及运行费用比上年下降 38.6%，召开县长办公会 9 次，县本级投入资金 2252.39 万元，研究解决相关单位提交事项 98 件。坚持县委核心领导，自觉主动接受人大、政协、人民群众和新闻舆论的监督，虚心听取工商联、无党派和人民团体意见，办理人大议案、代表建议及政协提案。年内，办理人大代表建议 77 件，政协提案 24 件，办复率 100%，满意率达 90% 以上。

（卢贤鹤）

当雄县

【概　况】 当雄县属西藏拉萨市纯牧业县，位于西藏自治区中部，藏南与藏北的交界地带，拉萨市北部，距拉萨市 170 公里。地理坐标为东经 90° 45′ —91° 31′ ，北纬 29° 31′ —31° 04′ 。北部与班戈县、那曲县接壤，南与林周县、堆龙德庆县交界，东部一隅与嘉黎相连，西南与尼木县毗邻。东北至西南硕长，长 185 公里，西北至东南狭窄，宽 65 公里，其中最窄处 34 公里，总面积 10036 平方公里，平均海拔 4200 米。气候属高原寒温带半干旱季风气候。年日照时数 2880 小时，年降水量 481 毫米，昼夜温差大，多大风。主要气象灾害有雪灾、风灾，旱灾等。土特产品有高原畜产品虫草、贝母等。

当雄，藏语意为“挑选的草场”。民主改革前，县境内分为三宗四部落，即当雄宗、白仓宗和羊井宗，四部落原隶属热振寺管辖。1959 年建县，隶属拉萨市管辖。

年内，全县总人口 55145 人。当雄县下辖 8 乡（镇）、28 个村（居）委会，172 个村民小组，其中 8 乡（镇）分别是当曲卡镇、羊八井镇、格达乡、宁中乡、公塘乡、龙仁乡、乌玛塘乡、纳木湖乡。

当雄县是纯牧业县，主要以牦牛、绵羊、山羊、马为主。截至年底，可利用草场面积1050万亩；牲畜存栏44.89万头（只、匹），出栏17.04万头（只、匹），出栏率达到37.95%；幼畜出生9.39万头（只、匹），成活率达到99.59%；成畜死亡1664头（只、匹），死亡率控制在0.03%以内；肉产品产量7000.64吨，奶产品产量1.09万吨。旅游业相对发达，主要景点有纳木错等。

全县交通方便，青藏铁路、青藏公路（国道109线）贯穿全境。

【经济发展】 年内，当雄县实现地区生产总值12.86亿元，公共财政预算收入完成2亿元，固定资产投资完成24.81亿元，工业增加值完成2.17亿元，社会消费品零售总额完成1.48亿元，农牧民人均可支配收入达到11445.08元。分别比“十一五”末增长2.34倍、4.65倍、3.62倍、1.28倍、4.48倍、2.25倍，城镇登记失业率控制在2%以内。

【牧业基础设施建设】 年内，当雄县投资2164.5万元，新建3个乡（镇）兽防所、3个兽用加工坊、3个防抗灾物资储备库和龙仁乡曲登羊阁村牦牛养殖小区项目，实施人工种草8000亩，畜牧业综合生产能力持续增强，基础地位更加稳固。

【净土健康产业】 年内，当雄县投入注册资金8000万元成立当雄县净土健康产业投资开发有限公司，全面介入畜牧业、旅游业、水资源和新能源的开发，加快优质稀缺资源国有化进程。投入资金2107万元，新建净土农畜产品农贸交易市场和温室大棚5座，实施人工种草1.2万亩，引进种公牛172头，不断夯实畜牧业发展基础。诚信推出有“身份证”的牦牛肉，着力解决市场供需矛盾、回应群众期盼、壮大净土产业、促进草畜平衡，共销售牦牛1574头、55万斤，实现收入1928万元。水资源和新能源产业快速发展，引进6个光伏、地热以及水产业支撑项目，天然饮用水区域品牌逐步建立，新能源产业发展势头强劲。

【旅游产业】 年内，当雄县投资64万元，选送14名群众前往西北民族大学进行为期半年的导游培训，邀请旅游卫视拍摄“当雄旅游”宣传片。投入185万元，完成“互联网+纳木错”智慧景区建设，旅游综合服务能力不断提升，龙头地位更加凸显。全年接待游客79.1万人次，比上年增长20.4%；实现旅游收入7368万元，增长15.6%；旅游业带动相关产业实现收入2.6亿元，增长8.3%。

【项目建设】 年内，当雄县开复工项目89个，总投资8.51亿元。其中，新建项目72个，完成实际投资5.83亿元，复工项目17个，实际完成投资0.87亿元，建设任务和投资计划如期完成。

【招商引资】 年内，当雄县招商引资合同引进项目19个，协议资金176.33亿元，实际到位资金14.13亿元，比上年增长28.22%。

【工业经济】 年内，当雄县5100矿泉水获世界“最佳矿泉水”奖，西藏华钰矿业有限公司拉乌分公司井下“六大”安全生产避险系统和新建尾矿库投入运营，工业经济实力大幅提升。年内，全县工业企业实现销售产值4.1亿元，完成工业投入8.5亿元，分别比“十一五”末增长1.38倍、4.67倍。

【城乡发展】 年内，当雄县统筹推进城乡协调发展，总投资1.41亿元，实施2014年148套公租房、48套县直周转房和100户棚户区改造工程。在扎西岛新建1750平方米安检房及7座公厕，实施396套周转房、100套公租房建设和偏远乡（镇）285户危房改造工程等，人居环境更加优美，综合服务功能更加完善。

【环境保护】 年内，当雄县加强生态环境建设，投资323.87万元，实施109国道县城段、政府大院和旅游沿线绿化、美化、亮化工程。投资1398.57万元，实施纳木湖乡清洁能源推广试点工程及道路景观生态修复工程，稳步推进自治区级生态乡（镇）创建工作，城乡环境质量持续好转。

【援藏工作】 年内，当雄县落实援藏资金567万元，实施郭尼村五组桥梁和羊八井镇至当曲卡镇沿线4座桥梁建设，不断改善群众出行环境。

【教育事业】 年内，当雄县投资4814.75万元，实施县中学、县中心幼儿园改扩建项目，新建县完小、纳木湖乡小学澡堂以及村级幼儿园4所。投资581.8

万元，对全县1010名大学生进行资助。全县小学适龄儿童入学率、巩固率分别达到99.68%、99.16%；初中入学率、巩固率分别达到98.7%、98.53%；教育“三包”经费和营养改善落实率达到100%。

【医疗卫生】 年内，当雄县全县大病统筹住院2579人次，报销金额2158.74万元。全民免费健康体检率达99.62%，婴幼儿死亡率控制在12.4‰以内，国家免费孕前优生健康检查率达100%。

【文化事业】 年内，当雄县投资46万元，对广播电视转播台的天馈系统及UPS电源系统进行整体改造，全县广播电视综合覆盖率分别达到98.5%和99.4%。投资10万元，从内地购置一台1千瓦电视发射机。县民间艺术团获拉萨市文艺调演比赛活动歌舞类二等奖。

【农饮工程】 年内，当雄县投入资金1770.03万元，新建大口井162处、管引19处、机井19处，完成江热寺、色德寺等21座寺庙的供水工程，基本实现全县安全饮用水的全覆盖。

【扶贫开发】 争取国家扶贫和农业综合开发资金3625万元，实施扶贫（农发）项目14个，受益群众569户2577人。抽调340名干部，开展“进万家门、知万户情”——当雄县精准扶贫摸底调查工作，走访群众9840户，征求各村民小组意见建议221条，为推进全县扶贫攻坚行动奠定坚实的基础。

【社保体系】 年内，当雄县为3.67万人次发放养老保险金629.5万元，为5496人发放低保资金996.2万元，全县76名“五保”老人正式入住三县社会福利院，意愿集中供养率达到100%。

【四业工程】 年内，当雄县整合投入“四业工程”培训资金371.6万元，完成职业技能培训2768人，开发就业岗位570个，实现农牧区劳动力转移就业2.8万人次，实现劳动力转移收入0.63亿元。

【民族团结】 年内，当雄县共表彰和谐模范寺庙4座及231名爱国守法先进僧尼，推选市级和谐模范寺庙2座、先进寺管会2个、优秀驻寺干部（干警）6名及爱国守法先进僧尼148名。年内，无一起民族纠纷和破坏民族团结的事件发生，营造共同团结奋斗、共同繁荣发展的浓厚氛围。

【维稳工作】 年内，当雄县投入资金3000余万元，推进“羊年转湖”民俗宗教活动服务保障工作。全年转湖、转岛人员共计60.35万人，各保障单位开展武装巡逻349次、综合执法249次、消防安全隐患大排查161次、食品卫生安全大检查55次、排查化解矛盾纠纷13起，实现“零人员伤亡、零案（事）件、零暴恐事件、零负面印象”的目标；建立健全“1+X”维稳工作体系，整合拉萨市网络数据中心资源，完善全县综治信息平台建设，全面推进法治当雄、平安当雄、和谐当雄建设进程，确保西藏和平解放60周年、自治区成立50周年大庆期间社会和谐稳定。投资282.67万元，落实全县792名护路队员的出勤补贴，全年共出动护路联防队员24.63万人次，巡线里程达18.6万公里，确保青藏铁路当雄段的安全畅通。

【信访工作】 年内，当雄县受理群众来信来电来访32批106人次，办结率达100%。启用信访疑难专项资金15万元，成功化解1件久拖未决的矛盾纠纷，确保了旧案不积累、新案不搁置。

【国防建设】 年内，当雄县落实资金600万元，补偿格达乡部分群众的草场损失，并做好群众思想工作，军演期间未发生一起军地纠纷，为国防和军队建设贡献了力量。

【安全生产】 年内，当雄县共开展安全大检查86次，下发责令整改通知书42份，发现安全隐患228处，整改率达100%。工矿、商贸领域继续保持“无事故、零死亡”的良性发展态势。

【民生实事】 年内，当雄县投资4781.51万元，保障28个村（居）委会启动实施增收项目、解决全县28个村级组织工作经费以及兑现全县792名护路队员出勤补贴等，全力办好12件民生实事，群众满意度不断提高。

【工作作风】 年内，当雄县始终坚持案件查办工作不放松，旗帜鲜明地支持县纪委（监察局）查办违纪违法案件，始终保持惩治腐败的高压态势。全年共开展监督检查22次，着力解决违反中央“八项规定”和区党委“约法十章”“九项要求”及市委“八项要求”

等方面的突出问题，查处公车私用1起，给予党纪处分1人，切实维护党纪政纪的权威性和严肃性。工程领域的项目全部由基建领导小组评审，200万元以下的工程全部交由当地牧民施工队抽签实施，200万元以上的工程采取公开招投标，并做到资金投放到哪里，监督就落实到哪里，审计就跟进到哪里。同时，大力查处领导机关和重要岗位领导干部违反基本建设项目管理暂行规定，插手干预工程建设，在项目实施、土地出让、资源开发中吃回扣、受贿赂的案件，行业不正之风得到有效控制。

【廉政建设】 年内，当雄县以开展“三严三实”和“忠诚干净担当”专题教育为牵引，落实中央“八项规定”和区党委“约法十章”“九项要求”及市委“八项要求”，坚决纠正和整治“四风”，狠抓作风建设，营造了风清气正、勤政廉政的干事创业氛围。通过开展民主生活会查摆问题整改落实情况，查找出在“三严三实”“忠诚干净担当”和“马上就办”等方面存在的突出问题共143条，开展批评与自我批评，对苗头性、倾向性问题，做到“拉袖子、早提醒”，并制定整改措施，逐一抓好落实。从严控制“三公”经费指出，执行公务接待标准，无违规多占住房和办公用房、购置使用超标车辆、持有私人会所会员卡等。年内，“三公”经费支出比上年下降5.1%；县直各单位公务接待一律按标准在县政府机关食堂接待，全县公务接待费用比上年下降7.14%。清理收缴部分单位超编公务车15辆，调剂使用2辆，公开拍卖8辆，报废5辆。元旦、春节、“五一”、中秋、国庆等节日风清气正，逐步成为党员干部的习惯，形成新的节庆文明习俗。

【政务公开】 年内，当雄县扎实推进制度建设，完善政务服务体系，坚持以习近平系列重要讲话精神为指导，以群众的满意程度为检验工作的主要指标，以全面提高机关管理和服务水平为宗旨，以公正、便民和廉政、勤政为基本要求，以监督制约行政权力的行使为着力点，抓好政务公开，保障公众对政府工作的知情权、参与权与监督权，促进机关工作的公开、公正、规范和高效运行，提高机关为民执政、科学理政、依法行政、从严执政的水平，增强机关政务工作的透明度，密切党群干群关系，推动全县经济社会健康快速发展。

（王仲兵）

人　　物

2015年拉萨市受地厅级以上表彰的先进集体

表 5

获奖单位	获奖名称	表彰时间	授予单位
市中级人民法院	全国法院司法警察先进集体	2015 年	最高法院
中国建设银行股份有限公司西藏自治区分行北京中路支行	全国五一巾帼标兵岗	2015 年	中华全国总工会
拉萨市总工会	2014 年度市级工会财务工作先进单位	2015 年	全国总工会
拉萨市市政市容管理委员会（拉萨市城市管理综合执法局）	全国五一劳动奖章	2015 年	中华全国总工会、国家安全生产监督管理总局
市自来水公司北郊水厂	“安康杯”优胜班组	2014 年	中华全国总工会、国家安全生产监督管理总局
拉萨市防范和处理邪教问题办公室	全国防范和处理邪教系统先进集体	2015 年	人力资源和社会保障部 国务院防范和处理邪教问题办公室
市妇联	中国儿童慈善奖——春蕾芬芳	2015 年	全国妇联、中国儿童少年基金会
市公安局	公安警卫基层基础建设成绩突出单位	2015 年	公安部
市公安局情报中心	全国公安综合情报工作成绩突出集体	2015 年	公安部
市公安局交警支队女警大队	2013—2014 年度全国青年文明号创建活动成绩突出单位	2015 年	公安部
市国土资源局	2015 年度信访工作先进集体	2015 年	国土资源部
市公安局禁毒支队	全国禁毒工作先进集体	2015 年	国家禁毒委员会
市公安局禁毒支队	2014 年度易制毒化学品管制工作先进单位	2015 年	国家禁毒委员会办公室
拉萨市气象局	继续保留国家级“文明单位”	2015 年	中央精神文明建设指导委员会办公室

续表 5

获奖单位	获奖名称	表彰时间	授予单位
市委组织部	全国文明单位	2015 年	中央精神文明建设指导委员会
西藏自治区拉萨市	“全国文明城市”荣誉称号	2015 年	中央精神文明建设指导委员会
拉萨市文明办	“全国未成年人思想道德建设工作先进单位”	2015 年	中央精神文明建设指导委员会
拉萨师范高等专科学校	全国文明单位	2015 年	中央精神文明建设指导委员会
拉萨市工商局城北分局	全国工商系统 2014—2015 年度诚信市场创建工作突出单位	2015 年	国家工商总局
拉萨市工商局城中分局	全国工商系统 2014—2015 年度诚信市场创建工作突出单位	2015 年	国家工商总局
拉萨市卫生局	全国疾病预防控制工作先进集体	2015 年	国家卫计委
拉萨市妇幼保健院	爱婴医院	2015 年	国家卫计委
市公安局 110 便民警务支队	全国油气田及输油气管安全保护工作成绩突出集体	2015 年	全国油气田及输油气管安全保护工作部
中国建设银行股份有限公司西藏自治区分行北京中路支行	全国级青年文明号	2015 年	共青团中央
中国建设银行股份有限公司西藏自治区分行城西支行	全国级青年文明号	2015 年	共青团中央
中国建设银行股份有限公司西藏自治区分行冲吉路支行	全国级青年文明号	2015 年	共青团中央
中国建设银行股份有限公司西藏自治区分行宇拓路支行	全国级青年文明号	2015 年	共青团中央
中国建设银行股份有限公司西藏自治区分行那曲分行营业部	全国级青年文明号	2015 年	共青团中央
市公安局书画摄影协会	全国公安文联系统先进集体	2015 年	全国公安文学艺术联合会
市公安局政治部网宣办	全国政务微信优秀公众账号	2015 年	国家互联网信息办公室
拉萨市地方志办公室	全国年鉴工作 中国年鉴精品工程试点单位	2015 年	中国地方志指导小组办公室
拉萨市文明办	2015 年“邻里守望”志愿服务成果征集活动“优秀实践成果奖”	2015 年	中国志愿服务联合会
拉萨市文明办	2015 年全国社区网络春晚“特别贡献奖”	2015 年	全国社区网络春晚组委会
拉萨文明网专题《西藏自治区成立 50 周年专题》	中国文明网 2015 年第三季度好稿“一等奖”	2015 年	中国文明网
拉萨市文明办	“2015 年‘唱响明天·舞动未来’全国未成年人网络春晚优秀组织奖”	2015 年	全国未成年人网络春晚组委会
中国人保财险西藏分公司日喀则分公司	2014—2015 年全国金融系统思想政治工作先进单位	2015 年	中国金融思想政治工作研究会
中国建设银行股份有限公司西藏自治区分行北京中路支行	全国级五星级营业网点	2015 年	中国银行业协会
中国人保财险西藏分公司公司业务部	2014 年度人保财险先进集体	2015 年	中国人保财险
市民政局拉萨 SOS 儿童村	“康宝莱之家”杯 SOS 儿童村特色视频网络大赛中荣获第三名	2015 年	中国 SOS 儿童村协会、民政部网络电视台

续表 5

获奖单位	获奖名称	表彰时间	授予单位
体育局拉萨市代表团	体育道德风尚奖	2015 年	中华人民共和国第一届青年运动会组委会
市广播电视台	译制剧《大唐双龙传》获影视剧译制集体二等奖	2015 年	中国广播电视协会少数民族节目工作委员会
市广播电视台	农业科普类栏目《金钥匙》“农业机械化的查巴朗村”获优秀栏目二等奖	2015 年	中国广播电视协会少数民族节目工作委员会
市广播电视台	资讯点播类栏目《文化拉萨》获电视社教栏目二等奖	2015 年	中国广播电视协会少数民族节目工作委员会
市广播电视台	《奇趣大自然》栏目获电视译制专题二等奖	2015 年	中国广播电视协会少数民族节目工作委员会
市广播电视台	《妈妈我一直在找你》获广播社教节目二等奖	2015 年	中国广播电视协会少数民族节目工作委员会
市广播电视台	《国际时讯》获译制专题三等奖	2015 年	中国广播电视协会少数民族节目工作委员会
国网拉萨供电公司	第十四届全国职工职业道德建设标兵单位	2015 年	全国职工职业道德建设指导协调小组
国网拉萨供电公司	国网优秀共产党员服务队	2016 年	国家电网公司
市广电局	自治区深入开展创先争优强基础惠民生活动第四批驻村（居）工作先进驻村（居）工作队	2015 年	自治区党委、自治区政府
市旅游局	自治区深入开展创先争优强基础惠民生活动第四批驻村（居）工作先进驻村（居）工作队	2015 年	自治区党委、自治区政府
市水利局	自治区深入开展创先争优强基础惠民生活动第四批驻村（居）工作先进驻村（居）工作队	2015 年	自治区党委、自治区政府
市卫生局	自治区深入开展创先争优强基础惠民生活动第四批驻村（居）工作先进驻村（居）工作队	2015 年	自治区党委、自治区政府
市发展改革委	自治区深入开展创先争优强基础惠民生活动第四批驻村（居）工作先进驻村（居）工作队	2015 年	自治区党委、自治区政府
农行拉萨市分行	自治区深入开展创先争优强基础惠民生活动第四批驻村（居）工作先进驻村（居）工作队	2015 年	自治区党委、自治区政府
市纪委（监察局）	自治区深入开展创先争优强基础惠民生活动第四批驻村（居）工作先进驻村（居）工作队	2015 年	自治区党委、自治区政府
市人力资源社会保障局	自治区深入开展创先争优强基础惠民生活动第四批驻村（居）工作先进驻村（居）工作队	2015 年	自治区党委、自治区政府
市民政局	自治区深入开展创先争优强基础惠民生活动第四批驻村（居）工作先进驻村（居）工作队	2015 年	自治区党委、自治区政府
市委党校	自治区深入开展创先争优强基础惠民生活动第四批驻村（居）工作先进驻村（居）工作队	2015 年	自治区党委、自治区政府
市委组织部	自治区深入开展创先争优强基础惠民生活动第四批驻村（居）工作先进驻村（居）工作队	2015 年	自治区党委、自治区政府
市委办公厅	自治区深入开展创先争优强基础惠民生活动第四批驻村（居）工作先进驻村（居）工作队	2015 年	自治区党委、自治区政府
市工商局	自治区深入开展创先争优强基础惠民生活动第四批驻村（居）工作先进驻村（居）工作队	2015 年	自治区党委、自治区政府
市委办公厅	自治区深入开展创先争优强基础惠民生活动第四批驻村（居）工作优秀组织单位	2015 年	自治区党委、自治区政府
市政府办公厅	自治区深入开展创先争优强基础惠民生活动第四批驻村（居）工作优秀组织单位	2015 年	自治区党委、自治区政府

续表 5

获奖单位	获奖名称	表彰时间	授予单位
市政协办公厅	自治区深入开展创先争优强基础惠民生活动第四批驻村（居）工作优秀组织单位	2015 年	自治区党委、自治区政府
市委宣传部	自治区深入开展创先争优强基础惠民生活动第四批驻村（居）工作优秀组织单位	2015 年	自治区党委、自治区政府
市委统战部	自治区深入开展创先争优强基础惠民生活动第四批驻村（居）工作优秀组织单位	2015 年	自治区党委、自治区政府
市农牧局	自治区深入开展创先争优强基础惠民生活动第四批驻村（居）工作优秀组织单位	2015 年	自治区党委、自治区政府
市交通运输局	自治区深入开展创先争优强基础惠民生活动第四批驻村（居）工作优秀组织单位	2015 年	自治区党委、自治区政府
市扶贫办	自治区深入开展创先争优强基础惠民生活动第四批驻村（居）工作优秀组织单位	2015 年	自治区党委、自治区政府
市工业和信息化局	自治区深入开展创先争优强基础惠民生活动第四批驻村（居）工作优秀组织单位	2015 年	自治区党委、自治区政府
团市委	自治区深入开展创先争优强基础惠民生活动第四批驻村（居）工作优秀组织单位	2015 年	自治区党委、自治区政府
市人民医院	自治区深入开展创先争优强基础惠民生活动第四批驻村（居）工作优秀组织单位	2015 年	自治区党委、自治区政府
农行拉萨分行	自治区深入开展创先争优强基础惠民生活动第四批驻村（居）工作优秀组织单位	2015 年	自治区党委、自治区政府
市强基办	自治区深入开展创先争优强基础惠民生活动第四批驻村（居）工作先进单位	2015 年	自治区党委、自治区政府
市委党校驻曲水县色甫村工作队	自治区创先争优强基础惠民生活动先进驻村（居）工作队	2015 年	自治区党委、自治区政府
拉萨市委党校离退休支部	自治区离退休干部先进集体	2015 年	自治区党委、自治区政府
拉萨市工商局驻墨竹县扎西岗村工作队	第四批驻村先进工作队	2015 年	自治区党委、自治区政府
市公安局	优秀组织单位	2015 年	自治区党委、自治区政府
市城投公司	西藏自治区成立 50 周年大庆活动先进集体	2015 年	自治区党委、自治区政府
拉萨市扶贫（农发）办驻林周县连布村工作队	自治区创先争优强基础惠民生活动先进工作队	2015 年	自治区党委 自治区政府
市广播电视台	自治区创先争优强基础惠民生活动“先进驻村工作队”	2015 年	自治区党委、自治区政府
拉萨市市政市容管理委员会（拉萨市城市管理综合执法局）	西藏自治区成立 50 周年庆祝活动先进集体	2015 年	自治区党委、自治区政府
市民政局驻尼木县尼木乡聂玉村驻村工作队	2015 年度西藏自治区先进驻村工作队	2015 年	自治区党委、自治区政府
市人社局	自治区创先争优强基础惠民生活动先进驻村（居）工作队	2015 年	自治区党委、自治区政府
市人社局	中国技能大赛西藏自治区美容美发保健行业职业技能大赛优秀组织奖	2015 年	自治区党委、自治区政府
拉萨市综治办	2014 全区“先进双联户”创建工作先进地（市）	2015 年	自治区党委、自治区政府
拉萨市综治办	2015 全区“先进双联户”创建工作先进地（市）	2015 年	自治区党委、自治区政府

续表 5

获奖单位	获奖名称	表彰时间	授予单位
拉萨市综治办	2015 年综合治理工作第一名	2016 年	自治区党委、自治区政府
市委组织部	2015 年西藏自治区民族团结进步模范集体	2015 年	自治区党委、自治区政府
市委统战部	2015 年创先争优强基础惠民生活动区级先进派驻单位	2015 年	区党委、市政府
中国人保财险西藏分公司日喀则分公司驻白朗县杜琼乡来强村工作队	自治区创先争优强基础惠民生活动先进驻村工作队	2015 年	自治区党委、自治区政府
"中国人寿西藏分公司驻那曲地区聂荣县当木江乡嘎青村工作队"	自治区创先争优强基础惠民生活动先进驻村工作队	2015 年	自治区党委、自治区政府
团市委	自治区创先争优强基础惠民生活动优秀组织单位	2015 年	自治区党委、自治区政府
拉萨市国税局	拉萨市国税局荣获自治区级驻村工作“优秀组织奖”	2015 年	自治区人民政府
拉萨市国税局	拉萨市国税局纳措村驻村工作队荣获自治区级“先进驻村工作队”	2015 年	自治区人民政府
拉萨市国税局	自治区民族团结进步模范集体	2015 年	自治区人民政府
藏语文工作（编译局）	全区规范藏语文社会用字工作先进集体	2015 年	自治区人民政府
拉萨市卫生局	先进驻（村）工作队	2015 年	自治区人民政府
拉萨市农牧局	自治区创先争优强基础惠民活动优秀组织单位	2015 年	自治区人民政府
市中级人民法院	全区法院目标考核先进单位	2015 年	自治区高级人民法院
市中级人民法院	全区法院刑事审判工作先进集体	2015 年	自治区高级人民法院
市中级人民法院	全区法院执行攻坚活动优秀组织奖	2015 年	自治区高级人民法院
市中级人民法院	优秀庭审一等奖	2014 年	自治区高级人民法院
市中级人民法院	优秀庭审二等奖	2014 年	自治区高级人民法院
市中级人民法院	优秀庭审三等奖	2014 年	自治区高级人民法院
市中级人民法院	裁判文书上网优秀组织奖	2015 年	自治区高级人民法院
市公安局监管支队妇委会	三八红旗集体	2015 年	自治区妇联
市妇联	2015 年度全区妇联系统先进单位	2015 年	自治区妇联
市委统战部	2015 年度全区统战理论政策研究优秀成果一等奖 1 篇、二等奖 2 篇	2016 年	自治区党委统战部
市委统战部	2015 年度全区统战信息报送工作先进单位三等奖	2016 年	自治区党委统战部
市公安局政治部	2014 年全区公安政工人事训练工作考核第一名	2015 年	自治区公安厅

续表 5

获奖单位	获奖名称	表彰时间	授予单位
市公安局特警支队	“塔尔钦”安保工作中成绩突出的集体	2015 年	自治区公安厅
市公安局国保支队	西藏自治区政府成立五十周年大庆安全保卫活动先进集体	2015 年	自治区公安厅
市公安局刑警支队	西藏自治区政府成立五十周年大庆安全保卫活动先进集体	2015 年	自治区公安厅
市公安局交警支队	西藏自治区政府成立五十周年大庆安全保卫活动先进集体	2015 年	自治区公安厅
市公安局大庆安保办	西藏自治区政府成立五十周年大庆安全保卫活动先进集体	2015 年	自治区公安厅
市公安局大昭寺广场便民警务站	西藏自治区政府成立五十周年大庆安全保卫活动先进集体	2015 年	区公安厅
拉萨市教育局计财科	2014 年度教育事业统计二等奖	2015 年	自治区教育厅
拉萨市教育局计财科	2015 年度预算编制三等奖	2015 年	自治区教育厅
拉萨市教育局计财科	2014 年度教育经费统计一等奖	2015 年	自治区教育厅
市自来水公司北郊水厂	全国五一劳动奖状	2016 年	西藏自治区总工会
拉萨市审计局	2015 年年度表彰审计项目	2016 年	西藏自治区审计厅
中共拉萨市直属机关工作委员会	西藏自治区全面依法治国依法治藏法律知识竞赛优秀奖	2016 年	中共西藏自治区直属机关工作委员会、西藏自治区司法厅、西藏自治区新闻出版广电局、西藏自治区法制宣传教育工作领导小组
市公共交通集团总公司东嘎分公司	工人先锋号	2016 年	西藏自治区总工会
拉萨市卫生局	2015 年度全区卫生计生监督技能竞赛	2015 年	自治区卫计委、自治区总工会
拉萨市妇幼保健院	全区妇幼健康服务先进集体	2015 年	自治区卫计委
市公安局团委	2014 年度“全区五四红旗团委（团支部）”	2016 年	共青团自治区委员会
拉萨市工商局	全区工商系统年报公示工作先进集体	2016 年	自治区工商局
拉萨市工商局	2014 年度全区工商系统目标管理考核先进管理	2016 年	自治区工商局
拉萨市工商局	2014 年度全区工商系统民族团结进步模范集体	2016 年	自治区工商局
拉萨市工商局驻扎西岗村工作队	领导批示	2016 年	区党委常委、市委书记齐扎拉
市民政局	西藏自治区最佳志愿服务组织奖	2015 年	西藏自治区精神文明建设指导委员会办公室
拉萨市统计局、国家统计局拉萨调查队	全区统计调查系统先进集体	2016 年	自治区统计局、国家统计局西藏调查总队
团市委	西藏自治区首届大学西部计划西藏专项志愿者男子篮球联赛第四名、优秀组织奖	2015 年	团区委 区体育局

续表 5

获奖单位	获奖名称	表彰时间	授予单位
市民宗局	2015 年度全区民宗系统信息工作先进集体	2015 年	自治区民宗委
当雄县气象局	2015 年西藏自治区地面气象观测工作先进集体	2015 年	自治区气象局
市妇联巾帼志愿服务队	西藏自治区最佳志愿服务组织	2015 年	西藏自治区文明办
市政协办公厅	自治区创先争优强基础惠民生活动优秀组织单位奖	2015 年	自治区强基办
中国工商银行西藏分行驻村工作队	荣获全区创先争优强基础惠民生活动第四批驻村工作先进集体称号	2015 年	自治区强基办
中国工商银行西藏分行	自治区文明单位	2015 年	自治区文明委
市档案局	全区档案宣传工作先进集体	2015 年	自治区档案局
中国工商银行西藏分行	“A 级纳税人”信用等级称号	2015 年	自治区国税局
拉萨市文明办	“西藏自治区宣传推选‘最美志愿者、最佳服务项目、最佳志愿服务组织、最美志愿服务社区活动’优秀组织奖”	2015 年	西藏自治区精神文明建设指导委员会办公室
拉萨市文明办	西藏自治区“迎大庆·爱家乡”知识竞赛活动组织奖	2015 年	西藏自治区精神文明建设指导委员会办公室
中国电信股份有限公司拉萨分公司	2014 年度 A 级纳税信用单位称号	2015 年	西藏自治区国家税务局直属税务分局
市委组织部	2013 年度机构编制统计工作“一等奖”	2015 年	西藏自治区机构编制委员会办公室
中国工商银行西藏分行营业部	2014 年度中国五星银行网点及千佳示范单位	2015 年	自治区银行业协会
中国工商银行西藏分行营业部	中国银行业五星银行网点及千佳示范单位荣誉称号	2015 年	自治区银行业协会
中国人寿西藏分公司林芝分公司团体业务部	优秀团险销售团队	2015 年	中国人寿保险股份有限公司
体育局拉萨市代表团	团体总分第一名	2015 年	"西藏自治区第十一届中学生运动会组织委员会"
体育局拉萨市代表团	体育道德风尚奖	2015 年	"西藏自治区第十一届中学生运动会组织委员会"
体育局拉萨市代表团	田径乙组团体总分第一名	2015 年	"西藏自治区第十一届中学生运动会组织委员会"
体育局拉萨市代表团	田径甲组团体总分第一名	2015 年	"西藏自治区第十一届中学生运动会组织委员会"
体育局拉萨市代表团	足球体育道德风尚奖	2015 年	"西藏自治区第十一届中学生运动会组织委员会"
体育局拉萨市代表团	乒乓球体育道德风尚奖	2015 年	"西藏自治区第十一届中学生运动会组织委员会"
市委党校	自治区创先争优强基础惠民生活动第四批地（市）级先进驻村（居）工作队	2015 年	市委、市政府
市统计局	自治区创先争优强基础惠民生活动第四批地（市）级先进驻村（居）工作队	2015 年	市委、市政府
市财政局	自治区创先争优强基础惠民生活动第四批地（市）级先进驻村（居）工作队	2015 年	市委、市政府

续表 5

获奖单位	获奖名称	表彰时间	授予单位
市人民医院	自治区创先争优强基础惠民生活动第四批地（市）级先进驻村（居）工作队	2015 年	市委、市政府
市委统战部	自治区创先争优强基础惠民生活动第四批地（市）级先进驻村（居）工作队	2015 年	市委、市政府
市政协办公厅	自治区创先争优强基础惠民生活动第四批地（市）级先进驻村（居）工作队	2015 年	市委、市政府
市文联	自治区创先争优强基础惠民生活动第四批地（市）级先进驻村（居）工作队	2015 年	市委、市政府
市特警支队	自治区创先争优强基础惠民生活动第四批地（市）级先进驻村（居）工作队	2015 年	市委、市政府
市环保局	自治区创先争优强基础惠民生活动第四批地（市）级先进驻村（居）工作队	2015 年	市委、市政府
市委政法委	自治区创先争优强基础惠民生活动第四批地（市）级先进驻村（居）工作队	2015 年	市委、市政府
市检察院	自治区创先争优强基础惠民生活动第四批地（市）级先进驻村（居）工作队	2015 年	市委、市政府
市教育局（体育局）	自治区创先争优强基础惠民生活动第四批地（市）级先进驻村（居）工作队	2015 年	市委、市政府
拉萨师范高等专科学校	自治区创先争优强基础惠民生活动第四批地（市）级先进驻村（居）工作队	2015 年	市委、市政府
市国家税务局	自治区创先争优强基础惠民生活动第四批地（市）级先进驻村（居）工作队	2015 年	市委、市政府
市科技局	自治区创先争优强基础惠民生活动第四批地（市）级先进驻村（居）工作队	2015 年	市委、市政府
市妇联	自治区创先争优强基础惠民生活动第四批地（市）级先进驻村（居）工作队	2015 年	市委、市政府
市卫生局	自治区创先争优强基础惠民生活动第四批地（市）级先进驻村（居）工作队	2015 年	市委、市政府
市水利局	自治区创先争优强基础惠民生活动第四批地（市）级优秀组织单位	2015 年	市委、市政府
市委党校	自治区创先争优强基础惠民生活动第四批地（市）级优秀组织单位	2015 年	市委、市政府
市政府法制办	自治区创先争优强基础惠民生活动第四批地（市）级优秀组织单位	2015 年	市委、市政府
市文联	自治区创先争优强基础惠民生活动第四批地（市）级优秀组织单位	2015 年	市委、市政府
市信访局	自治区创先争优强基础惠民生活动第四批地（市）级优秀组织单位	2015 年	市委、市政府
市药监局	自治区创先争优强基础惠民生活动第四批地（市）级优秀组织单位	2015 年	市委、市政府
市发改委	自治区创先争优强基础惠民生活动第四批地（市）级优秀组织单位	2015 年	市委、市政府
市财政局	自治区创先争优强基础惠民生活动第四批地（市）级优秀组织单位	2015 年	市委、市政府
市国家税务局	自治区创先争优强基础惠民生活动第四批地（市）级优秀组织单位	2015 年	市委、市政府
市政市容管理委员会	自治区创先争优强基础惠民生活动第四批地（市）级优秀组织单位	2015 年	市委、市政府

续表 5

获奖单位	获奖名称	表彰时间	授予单位
市民宗局	自治区创先争优强基础惠民生活动第四批地（市）级优秀组织单位	2015 年	市委、市政府
藏语文工作（编译局）	拉萨市蝉联全国文明城市先进单位	2015 年	市委、市政府
藏语文工作（编译局）	2015 年度社会治安综合治理工作先进集体	2016 年	市委、市政府
市城乡规划局	2015 年度民族团结进步模范集体	2015 年	市委、市政府
市城乡规划局	2015 年度信访工作先进集体	2016 年	市委、市政府
市委党校	拉萨市创先争优强基础惠民生活动优秀组织单位	2015 年	市委 市政府
市委党校驻城关区加措工作队	拉萨市创先争优强基础惠民生活动先进驻村（居）工作队	2015 年	市委 市政府
市委党校	拉萨市民族团结进步模范集体	2015 年	市委 市政府
市中级人民法院	全市信访工作先进集体	2015 年	市委、市政府
市中级人民法院	全市目标绩效争先进位社会治理类一等奖	2015 年	市委、市政府
市中级人民法院	社会治安综合治理、铁路护路联防工作先进集体	2015 年	市委、市政府
拉萨市工商局	拉萨市蝉联全国文明城市先进单位	2015 年	市委、市政府
市安全生产监督管理局	2015 年度拉萨市目标绩效争先进位考核市直单位社会治理类进位奖	2016 年	市委、市政府
拉萨市工商局	2014 年度社会治安综合治理先进集体	2015 年	市委、市政府
拉萨市工商局	拉萨市第二届“服务非公经济发展先进集体”	2015 年	市委、市政府
市工商联	服务非公经济发展先进集体	2015 年	市委、市政府
市工商联	招商引资先进集体	2015 年	市委、市政府
市工商联	拉萨市“四业工程”工作先进单位	2015 年	市委、市政府
市公安局	社会治安综合治理工作先进集体	2015 年	市委、市政府
市国土资源局	2015 年度信访工作先进单位单位	2015 年	市委、市政府
拉萨市环境保护局	2015 年度全市信访工作先进集体	2016 年	市委、市政府
拉萨市环境保护局	拉萨市创先争优强基础惠民生活动先进驻村（居）工作队	2015 年	市委、市政府
拉萨市环境保护局	2015 年度全市环境保护工作先进集体	2016 年	市委、市政府
拉萨市拉鲁湿地国家级自然保护区管理局	2015 年度全市环境保护工作先进集体	2016 年	市委、市政府
市检察院	目标绩效争先二等奖	2015 年	市委、市政府

续表 5

获奖单位	获奖名称	表彰时间	授予单位
拉萨市教育局政工科	全国创建文明城市先进集体	2015 年	市委、市政府
拉萨市教育局政工科	自治区成立 50 周年大庆活动先进集体	2015 年	市委、市政府
拉萨市教育局德育科	拉萨市民族团结先进集体	2015 年	市委、市政府
拉萨市财政局	全市信访工作先进集体	2016 年	市委、市政府
拉萨市财政局	拉萨市蝉联全国文明城市先进单位	2015 年	市委、市政府
拉萨市财政局	2015 年度全市目标绩效争先进位考核市直单位经济社会发展类争先三等奖	2016 年	市委、市政府
拉萨市财政局	2015 年综治工作先进集体	2016 年	市委、市政府
拉萨市财政局	2012 – 2015“四业工程”先进单位	2015 年	市委、市政府
拉萨市第二中等职业技术学校	拉萨市“四业工程”先进单位	2015 年	市委、市政府
拉萨市第二中等职业技术学校	拉萨市 2015 年度民族团结进步模范集体	2015 年	市委、市政府
拉萨市扶贫（农发）办	2015 年度拉萨市目标绩效考核市直单位经济社会发展类“进位奖”	2016 年	市委、市政府
市广播电视台	拉萨市庆祝西藏自治区成立 50 周年先进集体	2015 年	市委、市政府
市广播电视台	拉萨市蝉联全国文明城市先进单位	2015 年	市委、市政府
市广电局	拉萨市蝉联全国文明城市先进单位	2015 年	市委、市政府
市广电局	2014 年度社会治安综合治理工作先进单位	2015 年	市委、市政府
市科技局	拉萨市创先争优强基础惠民生活动先进集体	2015 年	市委、市政府
市科技局	2015 年度拉萨市目标绩效争先进位考核市直单位经济社会发展类	2016 年	市委、市政府
市科技局	2015 年度综治工作先进集体	2016 年	市委、市政府
市民政局	全市信息工作先进集体	2015 年	市委、市政府
拉萨市农牧局	2015 年社会治安综合管理治理工作先进集体	2016 年	市委、市政府
拉萨市农牧局	2015 年度信访工作先进集体	2015 年	市委、市政府
市人大办公厅	拉萨市蝉联全国文明城市先进单位	2015 年	市委、市政府
拉萨市市政市容管理委员会（拉萨市城市管理综合执法局）	2015 年度民族团结进步模范集体	2015 年	市委、市政府
拉萨市市政市容管理委员会（拉萨市城市管理综合执法局）	拉萨市庆祝西藏自治区成立 50 周年活动先进集体	2015 年	市委、市政府
拉萨市市政市容管理委员会（拉萨市城市管理综合执法局）	拉萨市蝉联全国文明城市先进单位	2015 年	市委、市政府

续表 5

获奖单位	获奖名称	表彰时间	授予单位
拉萨市市政市容管理委员会（拉萨市城市管理综合执法局）	拉萨市创先争优强基础惠民生活动优秀组织单位	2015 年	市委、市政府
市林业绿化局	拉萨市蝉联全国文明城市先进单位	2015 年	市委、市政府
市林业绿化局	西藏自治区成立 50 周年大庆先进集体	2015 年	市委、市政府
市民宗局	拉萨市蝉联全国文明城市先进单位	2015 年	市委、市政府
市民宗局	拉萨市创先争优强基础惠民生活动优秀组织单位	2015 年	市委、市政府
市民宗局	2015 年度社会治安综合治理工作先进集体	2015 年	市委、市政府
拉萨市气象局	2015 年拉萨市社会治安综合治理工作先进集体	2015 年	市委、市政府
市人社局	2015 年度信访工作先进集体	2015 年	市委、市政府
市人社局	拉萨市蝉联全国文明城市先进单位	2015 年	市委、市政府
市人社局	拉萨市 2012—2015 年“四业工程”先进单位	2015 年	市委、市政府
市人社局	2015 年度拉萨市目标绩效争先进位考核市直单位经济社会发展类争先二等奖	2015 年	市委、市政府
市人社局	第二届拉萨市篮球联赛体育道德风尚奖	2015 年	市委、市政府
市人社局	2015 年度社会治安综合治理工作先进集体	2015 年	市委、市政府
市食品药品监督管理局	2015 年度拉萨市目标绩效争先进位考核市直单位经济社会发展类争先一等奖	2015 年	市委、市政府
市食品药品监督管理局	拉萨市 2015 年度民族团结进步模范集体	2015 年	市委、市政府
市食品药品监督管理局	拉萨市蝉联全国文明城市先进单位	2015 年	市委、市政府
市食品药品监督管理局	拉萨市创先争优强基础惠民生活动优秀组织单位	2015 年	市委、市政府
市妇联	拉萨市 2015 年度先进驻村工作队	2015 年	市委、市政府
市民服务中心	拉萨市蝉联全国文明城市先进单位	2015 年	市委、市政府
市民服务中心	2015 年度拉萨市目标绩效争先进位考核市直单位经济社会发展类进位奖	2016 年	市委、市政府
市委组织部	2015 年度涉诉信访工作“先进集体”	2016 年	市委、市政府
市政协	拉萨市创先争优强基础惠民生活动先进驻村工作队	2015 年	市委、市政府
市政协办公厅	社会治安综合治理先进集体	2015 年	市委、市政府
拉萨市统计局、国家统计局拉萨调查队驻加尔西村工作队	创先争优、强基础惠民生活动先进驻村（居）工作队	2015 年	市委、市政府
拉萨市统计局	2015 年度社会治安综合治理工作先进集体	2016 年	市委、市政府

续表 5

获奖单位	获奖名称	表彰时间	授予单位
拉萨市统计局	拉萨市蝉联“全国文明城市”工作先进单位	2015 年	市委、市政府
市委统战部	2015 年创先争优强基础惠民生活动市级先进村（居）工作队	2015 年	市委、市政府
市委统战部	2014 年度拉萨市社会治安综合治理先进集体	2016 年	市委、市政府
市委统战部	拉萨市蝉联“全国文明城市”工作先进单位	2015 年	市委、市政府
市委统战部	2015 年纳木错“羊年转湖”民俗宗教活动服务管理工作先进集体	2016 年	市委、市政府
拉萨市信访局	拉萨市创新争优强基础惠民生活动优秀组织单位	2015 年	市委、市政府
拉萨市信访局	2015 年度社会治安综合治理工作先进集体	2016 年	市委、市政府
拉萨市信访局	2015 年度信访工作先进集体	2016 年	市委、市政府
市政协办公厅	全市目标绩效争先进位三等奖（党群单位）	2015 年	市委、市政府
中共拉萨市直属机关工作委员会	拉萨市 2014 年度深化全国文明城市创建工作先进单位	2015 年	市委、市政府
中共拉萨市直属机关工作委员会	拉萨市庆祝西藏自治区成立 50 周年庆祝活动先进集体	2015 年	市委、市政府
中国电信集团公司拉萨公司	全市工业经济发展先进贡献单位	2015 年	市政府
中国电信集团公司拉萨公司	2015 年度“社会治安综合治理工作先进集体”	2016 年	市委、市政府
市住房和城乡建设局	2015 年度信访工作先进集体	2015 年	市委、市政府
市住房和城乡建设局	2015 年度社会治安综合治理工作先进集体	2015 年	市委、市政府
市委组织部	第二届拉萨篮球联赛“体育道德风尚奖”	2015 年	市委、市政府
市委组织部	拉萨市蝉联全国文明城市先进单位	2015 年	市委、市政府
市委组织部	2014 年度社会治安综合治理工作先进集体	2015 年	市委、市政府
拉萨市卫生局	拉萨市蝉联全国文明城市先进集体	2015 年	市委、市政府
拉萨市卫生局	2015 年度信访工作先进集体	2016 年	市委、市政府
拉萨市国税局	拉萨市驻村优秀组织单位	2015 年	市委
市林业绿化局	先进基层机关党支部	2015 年	市委
拉萨市扶贫（农发）办	2015 年度社会治安综合治理工作先进集体	2016 年	市委
拉萨市国税局	拉萨市蝉联全国文明城市先进单位	2015 年	市委
拉萨市工商局	2014 年度全市工业经济发展先进集体	2015 年	市政府

续表 5

获奖单位	获奖名称	表彰时间	授予单位
市公安局办公室	2014 年度全市政务信息工作先进单位	2015 年	市政府
拉萨市公安局	2014 年度环境保护工作先进集体	2015 年	市政府
团市委	2015 年度拉萨市目标绩效争先进位考核市直单位党群类争先一等奖	2016 年	市委、市政府
团市委	拉萨市民族团结进步模范集体	2015 年	市委、市政府
团市委	拉萨市蝉联“全国文明城市”工作先进单位	2015 年	市委、市政府
拉萨市国税局	服务非公经济发展先进集体	2015 年	市政府
团市委	拉萨市“四业工程”先进单位	2015 年	市委、市政府
拉萨市教育局政工科	信访先进集体	2015 年	市政府
拉萨市财政局	2015 年全市食品药品安全工作先进集体	2016 年	市政府
市城投公司	2015 年拉萨市平安创建单位	2015 年	市政府
市民政局	第三次全国经济普查先进集体	2015 年	市政府
市民政局	全市第二届篮球联赛优秀组织奖	2015 年	市政府
市委组织部	2014 年度支持全市工业经济发展中被评为“先进部门”	2015 年	市政府
市民政局	2015 年度全市综治工作先进集体	2016 年	市政府
市住房和城乡建设局	2015 年度全市政务信息工作先进集体	2015 年	市政府
市住房和城乡建设局	2015 年度消防安全工作先进集体	2015 年	市政府
市政府法制办	2015 年度第四批驻村优秀组织单位	2015 年	市政府
拉萨市质监局	2014 年全市安全生产工作先进单位	2015 年	市政府
拉萨市质监局	2015 年全市全市食品药品安全工作先进集体	2016 年	市政府
拉萨市文化局	2015 年度全市安全生产先进单位	2016 年	市政府
拉萨市卫生局	2015 年全市食品药品安全工作先进集体	2016 年	市政府
市委组织部	被评为 2014 年度全市党委信息工作“先进集体”	2015 年	市政府
拉萨市歌舞团女声独唱“甘巴啦”	第三届中国西部民歌花儿歌会“金奖”	2015 年	中国宁夏国际文化艺术博览会组委会

说明：由于各单位资料提供不全，可能有遗漏

2015年拉萨市受地厅级以上表彰的先进个人

表6

姓名	性别	民族	工作单位	获奖名称	表彰时间	授予单位
土登益西	男	藏	纳金分公司	全国劳模	2015年	中国共产党委员会、中华人民共和国国务院
周　杰	男	汉	市委政法委	全国防范和处理邪教工作二等功	2015年	国务院防范和处理邪教问题办公室
索朗曲培	男	藏	市公安局国保支队副支队长	“扫黄打非”先进个人	2015年	全国扫黄打非工作小组
仓　决	女	藏	市民政局	全国军休系统先进个人	2015年	中华人民共和国民政部、中国人民解放军总政治部
李军清	男	汉	市安全生产监督管理局	安全生产监督监察先进个人	2015年	国家安全总局、国家煤矿安全监察局
刘　杰	男	汉	拉萨市教育（体育）局	全国2015年体育事业突出贡献奖	2015年	国家体育总局
邓增陈列	男	藏	市公安局治安支队	全国油气田及输油气管安全保护工作成绩突出个人	2015年	全国油气田及输油气管安全保护工作部
扎西次仁	男	藏	市中级人民法院编译室	全国两会新闻宣传和舆论引导工作先进个人	2015年	最高法院
强巴旦增	男	藏	市中级人民法院刑一庭	全国优秀法官	2015年	最高法院
央　珍	女	藏	市中级人民法院立案庭	全国法院信访先进个人	2015年	最高法院
魏文瑞	女	汉	市中级人民法院研究室	全国法院系统第二十六届学术讨论会一等奖	2014年	最高法院
胡欣宁	男	汉	市中级人民法院院领导	全国法院系统第二十六届学术讨论会优秀奖	2014年	最高法院
贺德志	男	汉	市公安局交警支队	2015年春运“情满旅途”活动先进个人	2015年	交通运输部 公安部 安全监管总局 中华全国总工会 共青团中央
巴　珠	男	藏	市公安局治安管理支队	全国缉枪治爆专项行动成绩个人	2015年	公安部
达瓦彭措	男	藏	市公安局禁毒支队	全国公安机关百城禁毒会战成绩突出个人	2015年	公安部
边巴次仁	男	藏	市公安局经侦支队	“网上打假行动”成绩突出个人	2015年	公安部
索　旺	男	藏	人保财险日喀则分公司总经理	全国保险系统劳动模范	2015年	人力资源和社会保障部、中国保险监督管理委员会
卢沁瑶	女	汉	中国建设银行股份有限公司西藏自治区分行财务会计部	全国“全国五一巾帼标兵”	2015年	中华全国总工会
仓　决	女	藏	市民政局	2014年度全国双拥年度人物	2016年	全国双拥办
张玉虎	男	汉	市地方志办公室	全国地方志系统先进工作者	2015年	中国地方志指导小组办公室

续表 6

姓名	性别	民族	工作单位	获奖名称	表彰时间	授予单位
杨德智	男	汉	市中级人民法院研究室	第九届“西部法治论坛”优秀奖	2014 年	中国法学会
向巴洛桑	男	藏	昌都分公司	第一届全国金融道德模范	2015 年	中国金融工会
李锦	女	汉	日喀则分公司	全国金融青年岗位能手	2015 年	中央金融团工委、全国金融青联
普布卓玛	女	藏	拉萨市疾控中心	放射卫生首席监督员合格证	2015 年	国家级卫生监督培训基地
张玉虎	男	汉	市地方志办公室	全国地方志系统先进工作者	2015 年	中国地方志工作指导小组
次旦卓嘎	女	藏	拉萨市环境保护局	全国环境空气质量预报能力建设先进个人	2016 年	中国环境监测总站
次仁康珠	女	藏	拉萨市环境保护局	全国环境空气质量预报能力建设先进个人	2016 年	中国环境监测总站
韩子晔	男	汉	市广播电视台	“日出”荣获网络人气奖	2015 年	中国广播电视协会
达娃吉拉	女	藏	西藏自治区竞技体育管理中心	女子 5000 米第四名、1500 米第六名	2015 年	中华人民共和国第一届青年运动会组委会
努增旺姆	女	藏	西藏自治区竞技体育管理中心	女子 10000 米第四名、5000 米第六名	2015 年	中华人民共和国第一届青年运动会组委会
旦木真次旺	男	藏	西藏自治区竞技体育管理中心	男子 5000 米第五名、10000 米第六名	2015 年	中华人民共和国第一届青年运动会组委会
巴桑次仁	男	藏	西藏自治区竞技体育管理中心	男子古典式摔跤第六名	2015 年	中华人民共和国第一届青年运动会组委会
索朗才仁	男	藏	西藏自治区竞技体育管理中心	男子 5000 米第八名	2015 年	中华人民共和国第一届青年运动会组委会
谢委娉	女	汉	广东省交流运动员	女子柔道第七名	2015 年	中华人民共和国第一届青年运动会组委会
色珍	女	藏	市广播电视台	《论翻译及配音上的几点注意事项》荣获二等奖	2015 年	中国广播电视协会少数民族节目工作委员会
扎西拉旺	男	藏	拉萨市市政工程养护处	中国市政工程协会、市政设施管理专业委员会 2015 年度先进工作者	2015 年	中国市政工程协会、市政设施管理专业委员会
洛桑	男	藏	市纪委（监察局）	自治区深入开展创先争优强基础惠民生活动第四批驻村（居）工作先进驻村（居）工作队员	2015 年	自治区党委、自治区政府
米玛仓决	女	藏	市委党校	自治区深入开展创先争优强基础惠民生活动第四批驻村（居）工作先进驻村（居）工作队员	2015 年	自治区党委、自治区政府
黄永红	女	汉	市残联	自治区深入开展创先争优强基础惠民生活动第四批驻村（居）工作先进驻村（居）工作队员	2015 年	自治区党委、自治区政府
古光平	男	汉	市财政局	自治区深入开展创先争优强基础惠民生活动第四批驻村（居）工作先进驻村（居）工作队员	2015 年	自治区党委、自治区政府
次仁央宗	女	藏	拉萨师专	自治区深入开展创先争优强基础惠民生活动第四批驻村（居）工作先进驻村（居）工作队员	2015 年	自治区党委、自治区政府
田莉莉	女	汉	市水利局	自治区深入开展创先争优强基础惠民生活动第四批驻村（居）工作先进驻村（居）工作队员	2015 年	自治区党委、自治区政府

续表 6

姓名	性别	民族	工作单位	获奖名称	表彰时间	授予单位
达瓦次仁	男	藏	市广电局	自治区深入开展创先争优强基础惠民生活动第四批驻村（居）工作先进驻村（居）工作队员	2015 年	自治区党委、自治区政府
黄　华	女	汉	市交通运输局	自治区深入开展创先争优强基础惠民生活动第四批驻村（居）工作先进驻村（居）工作队员	2015 年	自治区党委、自治区政府
次仁卓玛	女	藏	市卫生局	自治区深入开展创先争优强基础惠民生活动第四批驻村（居）工作先进驻村（居）工作队员	2015 年	自治区党委、自治区政府
尼　玛	女	藏	市总工会	自治区深入开展创先争优强基础惠民生活动第四批驻村（居）工作先进驻村（居）工作队员	2015 年	自治区党委、自治区政府
高原红	男	藏	市统计局	自治区深入开展创先争优强基础惠民生活动第四批驻村（居）工作先进驻村（居）工作队员	2015 年	自治区党委、自治区政府
王庆伟	男	汉	市旅游局	自治区深入开展创先争优强基础惠民生活动第四批驻村（居）工作先进驻村（居）工作队员	2015 年	自治区党委、自治区政府
梁学玺	男	汉	市委政法委	自治区深入开展创先争优强基础惠民生活动第四批驻村（居）工作先进驻村（居）工作队员	2015 年	自治区党委、自治区政府
胡进玉	男	土族	市公安局	自治区深入开展创先争优强基础惠民生活动第四批驻村（居）工作先进驻村（居）工作队员	2015 年	自治区党委、自治区政府
达　瓦	男	藏	市教体局	自治区深入开展创先争优强基础惠民生活动第四批驻村（居）工作先进驻村（居）工作队员	2015 年	自治区党委、自治区政府
尼玛普珍	女	藏	市发展改革委	自治区深入开展创先争优强基础惠民生活动第四批驻村（居）工作先进驻村（居）工作队员	2015 年	自治区党委、自治区政府
索朗措姆	女	藏	市发展改革委	自治区深入开展创先争优强基础惠民生活动第四批驻村（居）工作先进驻村（居）工作队员	2015 年	自治区党委、自治区政府
郑红艳	女	汉	市统计局	自治区深入开展创先争优强基础惠民生活动第四批驻村（居）工作先进驻村（居）工作队员	2015 年	自治区党委、自治区政府
郭　英	男	汉	市检察院	自治区深入开展创先争优强基础惠民生活动第四批驻村（居）工作先进驻村（居）工作队员	2015 年	自治区党委、自治区政府
张团结	男	汉	农行拉萨分行	自治区深入开展创先争优强基础惠民生活动第四批驻村（居）工作先进驻村（居）工作队员	2015 年	自治区党委、自治区政府
阿旺晋美	男	藏	农行拉萨分行	自治区深入开展创先争优强基础惠民生活动第四批驻村（居）工作先进驻村（居）工作队员	2015 年	自治区党委、自治区政府
李胜河	男	汉	拉萨师专	自治区深入开展创先争优强基础惠民生活动第四批驻村（居）工作先进驻村（居）工作队员	2015 年	自治区党委、自治区政府
尚志清	男	汉	市纪委（监察局）	自治区深入开展创先争优强基础惠民生活动第四批驻村（居）工作先进驻村（居）工作队员	2015 年	自治区党委、自治区政府

续表 6

姓名	性别	民族	工作单位	获奖名称	表彰时间	授予单位
米玛次仁	男	藏	市城乡规划局	自治区深入开展创先争优强基础惠民生活动第四批驻村（居）工作先进驻村（居）工作队员	2015 年	自治区党委、自治区政府
达　瓦	男	藏	市交警支队	自治区深入开展创先争优强基础惠民生活动第四批驻村（居）工作先进驻村（居）工作队员	2015 年	自治区党委、自治区政府
胡海燕	女	汉	市国土资源局	自治区深入开展创先争优强基础惠民生活动第四批驻村（居）工作先进驻村（居）工作队员	2015 年	自治区党委、自治区政府
慈旦德吉	女	藏	团市委	自治区深入开展创先争优强基础惠民生活动第四批驻村（居）工作先进驻村（居）工作队员	2015 年	自治区党委、自治区政府
格桑达瓦	男	藏	市国税局	自治区深入开展创先争优强基础惠民生活动第四批驻村（居）工作先进驻村（居）工作队员	2015 年	自治区党委、自治区政府
张　雷	男	汉	市工商联	自治区深入开展创先争优强基础惠民生活动第四批驻村（居）工作先进驻村（居）工作队员	2015 年	自治区党委、自治区政府
张晓柱	男	汉	市委宣传部	自治区深入开展创先争优强基础惠民生活动第四批驻村（居）工作先进驻村（居）工作队员	2015 年	自治区党委、自治区政府
冉小林	男	土家族	市人力资源社会保障局	自治区深入开展创先争优强基础惠民生活动第四批驻村（居）工作先进驻村（居）工作队员	2015 年	自治区党委、自治区政府
旦增曲珍	女	藏	市人力资源社会保障局	自治区深入开展创先争优强基础惠民生活动第四批驻村（居）工作先进驻村（居）工作队员	2015 年	自治区党委、自治区政府
达尔瓦	男	藏	市民政局	自治区深入开展创先争优强基础惠民生活动第四批驻村（居）工作先进驻村（居）工作队员	2015 年	自治区党委、自治区政府
旦增林木	男	藏	市住房城乡建设局	自治区深入开展创先争优强基础惠民生活动第四批驻村（居）工作先进驻村（居）工作队员	2015 年	自治区党委、自治区政府
尼玛桑珠	男	藏	市卫生局	自治区深入开展创先争优强基础惠民生活动第四批驻村（居）工作先进驻村（居）工作队员	2015 年	自治区党委、自治区政府
索朗坚参	男	藏	市工业信息化局	自治区深入开展创先争优强基础惠民生活动第四批驻村（居）工作先进驻村（居）工作队员	2015 年	自治区党委、自治区政府
次　扎	男	藏	市电视台	自治区深入开展创先争优强基础惠民生活动第四批驻村（居）工作先进驻村（居）工作队员	2015 年	自治区党委、自治区政府
念　扎	男	藏	市电信分公司	自治区深入开展创先争优强基础惠民生活动第四批驻村（居）工作先进驻村（居）工作队员	2015 年	自治区党委、自治区政府
普布顿珠	男	藏	市教体局	自治区深入开展创先争优强基础惠民生活动第四批驻村（居）工作先进驻村（居）工作队员	2015 年	自治区党委、自治区政府
陈　乐	男	汉	市委党校	自治区深入开展创先争优强基础惠民生活动第四批驻村（居）工作先进驻村（居）工作队员	2015 年	自治区党委、自治区政府

续表 6

姓名	性别	民族	工作单位	获奖名称	表彰时间	授予单位
丁琼英	女	汉	市委组织部	自治区深入开展创先争优强基础惠民生活动第四批驻村（居）工作先进驻村（居）工作队员	2015 年	自治区党委、自治区政府
普布次仁	男	藏	市委统战部	自治区深入开展创先争优强基础惠民生活动第四批驻村（居）工作先进驻村（居）工作队员	2015 年	自治区党委、自治区政府
群　培	男	藏	市委统战部	自治区深入开展创先争优强基础惠民生活动第四批驻村（居）工作先进驻村（居）工作队员	2015 年	自治区党委、自治区政府
德　吉	女	藏	市档案局（馆）	自治区深入开展创先争优强基础惠民生活动第四批驻村（居）工作先进驻村（居）工作队员	2015 年	自治区党委、自治区政府
唐　艳	女	汉	市安全生产监督管理局	自治区深入开展创先争优强基础惠民生活动第四批驻村（居）工作先进驻村（居）工作队员	2015 年	自治区党委、自治区政府
李红军	男	汉	市人民医院	自治区深入开展创先争优强基础惠民生活动第四批驻村（居）工作先进驻村（居）工作队员	2015 年	自治区党委、自治区政府
普布扎西	男	藏	市委办公厅	自治区深入开展创先争优强基础惠民生活动第四批驻村（居）工作先进驻村（居）工作队员	2015 年	自治区党委、自治区政府
达　吉	女	藏	市质监局	自治区深入开展创先争优强基础惠民生活动第四批驻村（居）工作先进驻村（居）工作队员	2015 年	自治区党委、自治区政府
李月霞	女	汉	市科技局	自治区深入开展创先争优强基础惠民生活动第四批驻村（居）工作先进驻村（居）工作队员	2015 年	自治区党委、自治区政府
洛桑玉珍	女	藏	市妇联	自治区深入开展创先争优强基础惠民生活动第四批驻村（居）工作先进驻村（居）工作队员	2015 年	自治区党委、自治区政府
刘军锋	男	汉	市政协办公厅	自治区深入开展创先争优强基础惠民生活动第四批驻村（居）工作先进驻村（居）工作队员	2015 年	自治区党委、自治区政府
米　桑	男	藏	市特警支队	自治区深入开展创先争优强基础惠民生活动第四批驻村（居）工作先进驻村（居）工作队员	2015 年	自治区党委、自治区政府
索朗多杰	男	藏	市文联	自治区深入开展创先争优强基础惠民生活动第四批驻村（居）工作先进驻村（居）工作队员	2015 年	自治区党委、自治区政府
何　杰	男	汉	市信访局	自治区深入开展创先争优强基础惠民生活动第四批驻村（居）工作先进驻村（居）工作队员	2015 年	自治区党委、自治区政府
强巴次仁	男	藏	市农牧局	自治区深入开展创先争优强基础惠民生活动第四批驻村（居）工作先进驻村（居）工作队员	2015 年	自治区党委、自治区政府
王　勇	男	汉	市工商局	自治区深入开展创先争优强基础惠民生活动第四批驻村（居）工作先进驻村（居）工作队员	2015 年	自治区党委、自治区政府
仁增顿珠	男	藏	市食品药品监管局	自治区深入开展创先争优强基础惠民生活动第四批驻村（居）工作先进驻村（居）工作队员	2015 年	自治区党委、自治区政府

续表 6

姓名	性别	民族	工作单位	获奖名称	表彰时间	授予单位
江　宏	男	藏	市环境保护局	自治区深入开展创先争优强基础惠民生活动第四批驻村（居）工作先进驻村（居）工作队员	2015 年	自治区党委、自治区政府
余凤萍	女	汉	市强基办	自治区深入开展创先争优强基础惠民生活动第四批驻村（居）工作先进工作者	2015 年	自治区党委、自治区政府
扎西顿珠	男	藏	市强基办第四督导组	自治区深入开展创先争优强基础惠民生活动第四批驻村（居）工作先进工作者	2015 年	自治区党委、自治区政府
尼玛卓嘎	女	藏	市强基办指导协调组	自治区深入开展创先争优强基础惠民生活动第四批驻村（居）工作先进工作者	2015 年	自治区党委、自治区政府
边　珍	女	藏	市强基办综合组	自治区深入开展创先争优强基础惠民生活动第四批驻村（居）工作先进工作者	2015 年	自治区党委、自治区政府
徐　通	男	汉	市强基办第六督导组	自治区深入开展创先争优强基础惠民生活动第四批驻村（居）工作先进工作者	2015 年	自治区党委、自治区政府
格桑平措	男	藏	拉萨市残疾人联合会	自治区民族团结先进个人	2015 年	自治区党委、自治区政府
葛同荣	男	汉族	中共拉萨市直属机关工作委员会	西藏自治区成立 50 周年庆祝活动先进个人	2015 年	自治区党委、自治区政府
孙国新	男	汉	人保财险西藏分公司	2015 年西藏自治区民族团结进步模范个人	2015 年	自治区党委、自治区政府
罗布顿珠	男	藏	中国人寿西藏分公司	自治区创先争优强基础惠民生活动先进驻村工作队员	2015 年	自治区党委、自治区政府
何卫勇	男	汉	市委党校	全区党校系统庆祝西藏自治区 50 周年征文活动三等奖	2015 年	自治区党校、自治区行政学院
王　黎	女	汉	市委党校	全区党校系统庆祝西藏自治区 50 周年征文活动优秀文章	2015 年	自治区党校、自治区行政学院
王明莲	女	汉	市委党校	全区党校系统庆祝西藏自治区 50 周年征文活动优秀文章	2015 年	自治区党校、自治区行政学院
张　雷	男	汉	拉萨市工商联	西藏自治区创先争优强基惠民活动第四批驻村（居）工作优秀工作队员	2015 年	自治区党委、政府
多吉旺久	男	藏	市城投公司	西藏自治区成立 50 周年大庆活动先进个人	2015 年	自治区党委、自治区政府
欧　珠	男	藏族	拉萨市第二中等职业技术学校	西藏自治区成立 50 周年庆祝活动“先进个人”	2015 年	自治区党委、自治区政府
边巴罗布	男	藏	市广播电视台	自治区创先争优强基础惠民生活动“先进驻村工作队员”	2014 年	自治区党委、自治区政府
强巴次仁	男	藏	拉萨市农牧局	拉萨市农牧局驻墨竹工卡县尼玛江热乡芒热村工作队队长先进个人	2015 年	自治区党委、自治区政府
索朗江村	男	藏	拉萨市市政市容管理委员会	西藏自治区成立五十周年庆祝活动先进个人	2015 年	自治区党委、自治区政府
赵海山	男	汉	拉萨市市政养护处	西藏自治区成立五十周年庆祝活动先进个人	2015 年	自治区党委、自治区政府
次仁央吉	女	藏	市委统战部	西藏自治区 2015 年宗教工作优秀干部	2014 年	自治区党委、自治区政府
达瓦桑布	男	藏	市总工会	2015 年西藏自治区民族团结先进个人	2015 年	自治区党委、自治区政府
高　军	男	汉	拉萨师范高等专科学校	自治区维护稳定工作先进个人	2015 年	自治区党委、自治区政府

续表 6

姓名	性别	民族	工作单位	获奖名称	表彰时间	授予单位
王　庚	男	汉	市委宣传部文产办	西藏自治区成立五十周年先进个人	2015 年	自治区党委、自治区政府
顾宝要	男	汉	市委宣传部办公室	拉萨市庆祝西藏自治区成立 50 周年活动先进个人	2015 年	自治区党委、自治区政府
田　丹	女	汉	市网信办	拉萨市庆祝西藏自治区成立 50 周年活动先进个人	2015 年	自治区党委、自治区政府
冀　罡	男	汉	市委宣传部宣传科	西藏自治区成立五十周年先进个人	2015 年	自治区党委、自治区政府
朱本新	男	汉	布达拉宫广场管理处办公室	西藏自治区成立五十周年大会先进个人	2015 年	自治区党委、自治区政府
次仁卓玛	女	藏	拉萨市疾控中心	先进驻村（居）工作队员	2015 年	西藏自治区人民政府
尼玛卓嘎	女	藏	拉萨 SOS 儿童村	第四届西藏自治区道德模范提名奖	2015 年	西藏自治区党委宣传部
达曲卓玛	女	藏	拉萨 SOS 儿童村	西藏自治区第二届“格桑梅朵杯·美德少年”荣誉称号	2015 年	西藏自治区党委宣传部
李　南	女	汉	市委宣传部办公室	全区宣传文化系统舆情信息先进个人	2015 年	自治区党委宣传部
德　吉	女	藏	拉萨师范高等专科学校	第十一届“西藏青年五四奖章”提名奖	2015 年	共青团西藏自治区委员会、西藏自治区青年联合会
次仁卓玛	女	藏	拉萨师范高等专科学校	《绘画》在 2015 年西藏首届党外人士书画摄影比赛中获得优秀奖	2015 年	西藏自治区党委统战部
平措央培	男	藏	市委统战部	2015 年度全区优秀信息员	2015 年	自治区党委统战部
次仁贡嘎	男	藏	市中级人民法院执行局	全区优秀法官	2015 年	自治区高院
伍薇薇	女	汉	市中级人民法院刑一庭	全区刑事审判工作办案能手	2015 年	自治区高院
次仁平措	男	藏	市中级人民法院刑二庭	全区刑事审判工作个人三等功	2015 年	自治区高院
旦增曲旦	男	藏	市公安局特警支队	第四届全国警犬技术大比武活动个人嘉奖	2015 年	自治区公安厅
龙　莉	女	汉	市公安局特警支队	第四届全国警犬技术大比武活动个人嘉奖	2015 年	自治区公安厅
苏正涛	男	汉	市公安局政治部	先进政工民警	2015 年	自治区公安厅
索朗多吉	男	藏	市公安局特警支队	“塔尔钦”安保工作中成绩突出个人	2015 年	自治区公安厅
次旺扎西	男	藏	市公安局特警支队	“塔尔钦”安保工作中成绩突出个人	2015 年	自治区公安厅
白玛加布	男	藏	市公安局特警支队	“塔尔钦”安保工作中成绩突出个人	2015 年	自治区公安厅
蒋和涛	男	汉	市公安局特警支队	“塔尔钦”安保工作中成绩突出个人	2015 年	自治区公安厅
刘承明	男	汉	市公安局特警支队	“塔尔钦”安保工作中成绩突出个人	2015 年	自治区公安厅

续表 6

姓名	性别	民族	工作单位	获奖名称	表彰时间	授予单位
杨柳清	男	汉	市公安局特警支队	“塔尔钦”安保工作中成绩突出个人	2015 年	自治区公安厅
黄　涛	男	汉	市公安局特警支队	“塔尔钦”安保工作中成绩突出个人	2015 年	自治区公安厅
龙俊腾	男	汉	市公安局特警支队	“塔尔钦”安保工作中成绩突出个人	2015 年	自治区公安厅
杨鹏涛	男	汉	市公安局特警支队	“塔尔钦”安保工作中成绩突出个人	2015 年	自治区公安厅
周俊发	男	汉	市公安局特警支队	“塔尔钦”安保工作中成绩突出个人	2015 年	自治区公安厅
吴俊龙	男	汉	市公安局特警支队	“塔尔钦”安保工作中成绩突出个人	2015 年	自治区公安厅
扎西列珠	男	藏	市公安局特警支队	“塔尔钦”安保工作中成绩突出个人	2015 年	自治区公安厅
卢作优	男	汉	市公安局政治部	2013—2015 年深化素质强警交流合作成绩突出集体和个人予以表扬的通报	2015 年	自治区公安厅
孙　勇	男	汉	拉萨市财政局	全区先进会计工作者	2015 年	自治区财政厅
索朗旺杰	男	藏	市检察院反贪污贿赂局	全区优秀公诉人	2015 年	自治区检察院
邓珠旺姆	女	藏	市公安局特警支队	三八红旗手标兵	2015 年	自治区妇联
德　吉	女	藏	市检察院公诉一处	西藏自治区“最美格桑花”	2015 年	西藏自治区妇女联合会
郭　英	男	汉	市检察院侦查监督二处	先进驻村队员	2015 年	西藏自治区强基办
次　央	女	藏	拉萨师范高等专科学校	全区优秀共青团干部	2015 年	共青团西藏自治区委员会
朗吉曲珍	女	藏	拉萨市妇幼保健院	全区妇幼卫生先进工作者	2015 年	自治区卫生计生委
黄永红	女	汉	拉萨市残疾人联合会	自治区驻村工作队先进个人	2015 年	自治区强基办
张大力	男	汉	市民宗局	2015 年度全区民宗系统信息工作先进个人	2015 年	自治区民宗委
纪　蓉	女	藏	市档案局	全区档案宣传工作先进个人	2015 年	自治区档案局
次　珍	女	藏	拉萨市气象局	中国技能大赛—西藏自治区第三届气象行业重要天气预报技能竞赛实时天气预报竞赛第二名	2015 年	自治区总工会、自治区气象局
邹芳娥	女	汉	尼木县气象局	2014 年西藏自治区地面气象观测工作优秀个人	2015 年	自治区气象局
巴桑加参	女	藏	当雄县气象局	2014 年西藏自治区地面气象观测工作优秀个人	2015 年	自治区气象局
巴　桑	女	藏	拉萨市气象局	2014 年西藏自治区地面气象观测工作优秀个人	2015 年	自治区气象局
桑　珠	男	藏	当雄县气象局	2015 年西藏自治区地面气象观测工作优秀个人	2015 年	自治区气象局

续表6

姓名	性别	民族	工作单位	获奖名称	表彰时间	授予单位
旦增格列	男	藏	拉萨市气象局	2015年西藏自治区气象信息网络工作优秀个人	2015年	自治区气象局
卜永红	女	藏	拉萨市气象局	2015年西藏自治区气象装备技术保障业务优秀个人	2015年	自治区气象局
仓　琼	女	藏	市统计局、调查队	全区机关党内法规知识竞赛活动二等奖	2015年	自治区直机关工委
尼玛次仁	男	藏	林周县工商局	全区工商系统年报公示工作先进个人	2015年	自治区工商局
洛　布	男	藏	堆龙县工商局	全区工商系统年报公示工作先进个人	2015年	自治区工商局
向巴旺姆	女	藏	拉萨市工商局城东分局	全区工商系统年报公示工作先进个人	2015年	自治区工商局
索朗次仁	男	藏	拉萨市工商局城西分局	全区工商系统年报公示工作先进个人	2015年	自治区工商局
普　珍	女	藏	拉萨市工商局	全区工商系统年报公示工作先进个人	2015年	自治区工商局
沈榆昆	男	汉	市文明办	西藏自治区宣传推选“最美志愿者、最佳服务项目、最佳志愿服务组织、最美志愿服务社区”活动中被评为“最美志愿者”	2015年	西藏自治区精神文明建设指导委员会办公室
陈建琼	女	汉	市统计局、调查队	全区统计调查系统先进个人	2016年	自治区统计局、国家统计局西藏调查总队
索朗卓嘎	女	藏	市统计局、调查队	全区统计调查系统先进个人	2016年	自治区统计局、国家统计局西藏调查总队
王莉荣	女	汉	市统计局、调查队	全区统计调查系统先进个人	2016年	自治区统计局、国家统计局西藏调查总队
米玛伦珠	男	藏	市统计局、调查队	全区统计调查系统先进个人	2016年	自治区统计局、国家统计局西藏调查总队
陈振平	男	汉	拉萨市质监局	全区质监系统2015年度优秀公务员	2015年	中共西藏自治区质量技术监督局委员会
王步顺	男	汉	拉萨市质监局	全区质监系统2015年度优秀公务员	2015年	中共西藏自治区质量技术监督局委员会
次　珍	女	藏	拉萨市质监局	全区质监系统2015年度优秀公务员	2015年	中共西藏自治区质量技术监督局委员会
巴　珍	女	藏	拉萨市质监局	全区质监系统2015年度优秀公务员	2015年	中共西藏自治区质量技术监督局委员会
尼　娜	女	藏	拉萨市质监局	全区质监系统2015年度优秀公务员	2015年	中共西藏自治区质量技术监督局委员会
尼玛玉珍	女	藏	拉萨市质监局	全区质监系统2015年度先进工作者	2015年	中共西藏自治区质量技术监督局委员会
加　措	男	藏	市委政法委	全区铁路护路联防先进个人	2015年	自治区综治委铁路联防领导小组办公室
尼玛德吉	女	藏	拉萨市委宣传部互联网信息办公室	自治区互联网工作委员会	2015年	自治区互联网工作委员会
才旦措姆	女	藏	拉萨市委宣传部互联网信息办公室	全区互联网系统先进党建指导员和全区网信系统主题征文中获优秀奖	2015年	自治区互联网工作委员会
严志宏	女	汉	市广播电视台	“雪之韵”荣获提名奖	2015年	自治区党委网信办、中国西藏之声网

续表 6

姓名	性别	民族	工作单位	获奖名称	表彰时间	授予单位
严志宏	女	汉	市广播电视台	“沉浸”荣获网络人气奖	2015 年	自治区党委网信办、中国西藏之声网
杨　涛	男	汉	市广播电视台	“春夏秋冬（夏）”荣获提名奖	2015 年	自治区党委网信办、中国西藏之声网
叶　彬	男	汉	市广播电视台	“朝拜”荣获网络人气奖	2015 年	自治区党委网信办、中国西藏之声网
巴桑顿珠	男	藏	国网拉萨供电公司	国家电网公司劳动模范	2016 年	国家电网公司
罗布顿珠	男	藏	中国人寿西藏分公司	2015 年“感动国寿十大人物”入围奖	2016 年	中国人寿（集团）公司
饶　丽	女	汉	中国人寿西藏分公司	2015 年中国人寿“百朵金花”	2015 年	中国人寿保险股份有限公司
钟箄霞	女	汉	中国人寿西藏分公司	2015 年中国人寿“巾帼建功能手”	2015 年	中国人寿（集团）公司
益西旺姆	女	藏	中国人寿西藏分公司	优秀党务工作者	2015 年	中国人寿保险股份有限公司
次仁央宗	女	藏	市人民医院	自治区创先争优强基础惠民生活动第四批地（市）级先进驻村（居）工作队员	2015 年	市委、市政府
尼玛仓决	女	藏	市阳光公证处	自治区创先争优强基础惠民生活动第四批地（市）级先进驻村（居）工作队员	2015 年	市委、市政府
尼玛平措	男	藏	市旅游局	自治区创先争优强基础惠民生活动第四批地（市）级先进驻村（居）工作队员	2015 年	市委、市政府
尼玛白珍	女	藏	市气象局	自治区创先争优强基础惠民生活动第四批地（市）级先进驻村（居）工作队员	2015 年	市委、市政府
李晓珍	女	汉	市工信局	自治区创先争优强基础惠民生活动第四批地（市）级先进驻村（居）工作队员	2015 年	市委、市政府
刘　军	男	汉	市邮政局	自治区创先争优强基础惠民生活动第四批地（市）级先进驻村（居）工作队员	2015 年	市委、市政府
干旦曲珍	女	藏	市林业局	自治区创先争优强基础惠民生活动第四批地（市）级先进驻村（居）工作队员	2015 年	市委、市政府
周　奇	男	汉	市委组织部	自治区创先争优强基础惠民生活动第四批地（市）级先进驻村（居）工作队员	2015 年	市委、市政府
周　萍	女	藏	市档案局（馆）	自治区创先争优强基础惠民生活动第四批地（市）级先进驻村（居）工作队员	2015 年	市委、市政府
多吉顿珠	男	藏	市文化局	自治区创先争优强基础惠民生活动第四批地（市）级先进驻村（居）工作队员	2015 年	市委、市政府
张彦凯	男	汉	市交通局	自治区创先争优强基础惠民生活动第四批地（市）级先进驻村（居）工作队员	2015 年	市委、市政府
旺青楚臣	男	藏	市工商局	自治区创先争优强基础惠民生活动第四批地（市）级先进驻村（居）工作队员	2015 年	市委、市政府
白玛央金	女	藏	市政协办公厅	自治区创先争优强基础惠民生活动第四批地（市）级先进驻村（居）工作队员	2015 年	市委、市政府
易　娜	女	汉	市经开区管委会	自治区创先争优强基础惠民生活动第四批地（市）级先进驻村（居）工作队员	2015 年	市委、市政府
欧珠多吉	男	藏	市农牧局	自治区创先争优强基础惠民生活动第四批地（市）级先进驻村（居）工作队员	2015 年	市委、市政府
次仁坚才	男	藏	市经开区管委会	自治区创先争优强基础惠民生活动第四批地（市）级先进驻村（居）工作队员	2015 年	市委、市政府

续表 6

姓名	性别	民族	工作单位	获奖名称	表彰时间	授予单位
刘美霞	女	汉	市经开区管委会	自治区创先争优强基础惠民生活动第四批地（市）级先进驻村（居）工作队员	2015 年	市委、市政府
郝苗苗	女	汉	市文联	自治区创先争优强基础惠民生活动第四批地（市）级先进驻村（居）工作队员	2015 年	市委、市政府
完玛咖	男	藏	拉萨晚报社	自治区创先争优强基础惠民生活动第四批地（市）级先进驻村（居）工作队员	2015 年	市委、市政府
王庆轩	男	汉	市教育局（体育局）	自治区创先争优强基础惠民生活动第四批地（市）级先进驻村（居）工作队员	2015 年	市委、市政府
次旦罗布	男	藏	市发改委	自治区创先争优强基础惠民生活动第四批地（市）级先进驻村（居）工作队员	2015 年	市委、市政府
格桑琼达	男	藏	市检察院	自治区创先争优强基础惠民生活动第四批地（市）级先进驻村（居）工作队员	2015 年	市委、市政府
康　谊	女	汉	市扶贫办	自治区创先争优强基础惠民生活动第四批地（市）级先进驻村（居）工作队员	2015 年	市委、市政府
洛桑平措	男	藏	市编译局	自治区创先争优强基础惠民生活动第四批地（市）级先进驻村（居）工作队员	2015 年	市委、市政府
德　吉	女	藏	市中法	自治区创先争优强基础惠民生活动第四批地（市）级先进驻村（居）工作队员	2015 年	市委、市政府
卢永宏	男	汉	市公安局	自治区创先争优强基础惠民生活动第四批地（市）级先进驻村（居）工作队员	2015 年	市委、市政府
向　巴	男	藏	市检察院	自治区创先争优强基础惠民生活动第四批地（市）级先进驻村（居）工作队员	2015 年	市委、市政府
木兰加措	男	藏	市移动公司	自治区创先争优强基础惠民生活动第四批地（市）级先进驻村（居）工作队员	2015 年	市委、市政府
央　金	女	藏	市委政法委	自治区创先争优强基础惠民生活动第四批地（市）级先进驻村（居）工作队员	2015 年	市委、市政府
米玛伦珠	男	藏	市统计局	自治区创先争优强基础惠民生活动第四批地（市）级先进驻村（居）工作队员	2015 年	市委、市政府
布　桑	男	藏	拉萨师专	自治区创先争优强基础惠民生活动第四批地（市）级先进驻村（居）工作队员	2015 年	市委、市政府
李树范	男	汉	市国家税务局	自治区创先争优强基础惠民生活动第四批地（市）级先进驻村（居）工作队员	2015 年	市委、市政府
赤　列	男	藏	市城乡规划局	自治区创先争优强基础惠民生活动第四批地（市）级先进驻村（居）工作队员	2015 年	市委、市政府
关辉辉	男	藏	市国土资源局	自治区创先争优强基础惠民生活动第四批地（市）级先进驻村（居）工作队员	2015 年	市委、市政府
索朗卓嘎	女	藏	市粮食局	自治区创先争优强基础惠民生活动第四批地（市）级先进驻村（居）工作队员	2015 年	市委、市政府
周济燕	女	汉	市市民服务中心	自治区创先争优强基础惠民生活动第四批地（市）级先进驻村（居）工作队员	2015 年	市委、市政府
罗　旦	男	藏	市委办公厅	自治区创先争优强基础惠民生活动第四批地（市）级先进驻村（居）工作队员	2015 年	市委、市政府
刘淑琴	女	汉	市质监局	自治区创先争优强基础惠民生活动第四批地（市）级先进驻村（居）工作队员	2015 年	市委、市政府
索朗措姆	女	藏	市科技局	自治区创先争优强基础惠民生活动第四批地（市）级先进驻村（居）工作队员	2015 年	市委、市政府
丹增曲珍	女	藏	市妇联	自治区创先争优强基础惠民生活动第四批地（市）级先进驻村（居）工作队员	2015 年	市委、市政府

续表 6

姓名	性别	民族	工作单位	获奖名称	表彰时间	授予单位
郭小飞	男	汉	市司法局	自治区创先争优强基础惠民生活动第四批地（市）级先进驻村（居）工作队员	2015 年	市委、市政府
白玛卓嘎	女	藏	市审计局	自治区创先争优强基础惠民生活动第四批地（市）级先进驻村（居）工作队员	2015 年	市委、市政府
李永康	男	汉	市住建局	自治区创先争优强基础惠民生活动第四批地（市）级先进驻村（居）工作队员	2015 年	市委、市政府
石大庆	男	藏	拉萨市强基办第一督导组副组长	自治区创先争优强基础惠民生活动第四批地（市）级先进工作者	2015 年	市委、市政府
朗加加布	男	藏	拉萨市强基办第二督导组成员	自治区创先争优强基础惠民生活动第四批地（市）级先进工作者	2015 年	市委、市政府
扎西卓玛	女	藏	拉萨市强基办第三督导组成员	自治区创先争优强基础惠民生活动第四批地（市）级先进工作者	2015 年	市委、市政府
旺永红	男	藏	拉萨市强基办第五督导组成员	自治区创先争优强基础惠民生活动第四批地（市）级先进工作者	2015 年	市委、市政府
阿旺洛桑	男	藏	拉萨市强基办第七督导组成员	自治区创先争优强基础惠民生活动第四批地（市）级先进工作者	2015 年	市委、市政府
冯剑	男	汉	拉萨市强基办指导协调组成员	自治区创先争优强基础惠民生活动第四批地（市）级先进工作者	2015 年	市委、市政府
王家发	男	汉	拉萨市强基办材料宣传组成员	自治区创先争优强基础惠民生活动第四批地（市）级先进工作者	2015 年	市委、市政府
张久成	男	土家族	拉萨市强基办材料宣传组成员	自治区创先争优强基础惠民生活动第四批地（市）级先进工作者	2015 年	市委、市政府
唐艳	女	汉	市安全生产监督管理局	西藏自治区创先争优强基础惠民生先进驻村工作队员	2015 年	市委、市政府
李军清	男	汉	市安全生产监督管理局	2015 年度拉萨市综治工作先进个人	2016 年	市委、市政府
尼玛次仁	男	藏	市安全生产监督管理局	2015 年度拉萨市安全生产工作先进个人	2016 年	市委、市政府
尼玛次仁	男	藏	市安全生产监督管理局	拉萨市优秀共产党员	2015 年	市委、市政府
日用	女	藏	市安全生产监督管理局	2015 年度拉萨市信访工作先进个人	2016 年	市委、市政府
扎西平措	男	藏	市安全生产监督管理局	2015 年度拉萨市安全生产工作先进个人	2016 年	市委、市政府
李金凤	女	汉	市安全生产监督管理局	2015 年度拉萨市安全生产工作先进个人	2016 年	市委、市政府
强巴央吉	女	藏	布达拉宫广产管理处绿化科	拉萨市创建文明城市先进个人	2015 年	市委、市政府
吴冰	男	汉	布达拉宫广场管理处办公室	拉萨市综治先进个人	2015 年	市委、市政府
次仁卓嘎	女	藏	市中级人民法院机关党委	拉萨市蝉联全国文明城市先进个人	2015 年	市委、市政府
次仁卓嘎	女	藏	市中级人民法院机关党委	民族团结进步模范个人	2015 年	市委、市政府
米玛次仁	男	藏	当雄县工商局	拉萨市先进工作者	2015 年	市委、市政府
西绕尼玛	男	藏	拉萨市工商局	2014 年度信访工作先进个人	2015 年	市委、市政府

续表 6

姓名	性别	民族	工作单位	获奖名称	表彰时间	授予单位
扎西朗杰	男	藏	拉萨市工商局	庆祝西藏自治区成立 50 周年活动先进个人	2015 年	市委、市政府
周　茜	女	汉	拉萨市工商局	2014 年度拉萨市蝉联全国文明城市先进个人	2015 年	市委、市政府
加　措	男	藏	拉萨市工商局城西分局	2014 年度拉萨市蝉联全国文明城市先进个人	2015 年	市委、市政府
丹增七林	男	藏	市公安局治安管理支队	社会治安综合治理工作先进个人	2015 年	市委、市政府
尼　玛	男	藏	市公安局刑警支队	社会治安综合治理工作先进个人	2015 年	市委、市政府
索　朗	男	藏	市公安局交警支队	社会治安综合治理工作先进个人	2015 年	市委、市政府
赵明福	男	汉	市公安局铁路治安支队	铁路护路联防工作先进个人	2015 年	市委、市政府
江　宏	男	藏	拉萨市环境保护局	拉萨市创先争优强基础惠民生活动先进驻村（居）工作队员	2015 年	市委、市政府
王亚玲	女	藏	拉萨市环境保护局	2015 年度全市环境保护工作先进个人	2016 年	市委、市政府
陈继平	男	汉	拉萨市环境保护局	2015 年度全市环境保护工作先进个人	2016 年	市委、市政府
常淑玲	女	汉	拉萨市环境保护局	2015 年度全市环境保护工作先进个人	2016 年	市委、市政府
桑　达	男	藏	拉萨市环境保护局	2015 年度全市环境保护工作先进个人	2016 年	市委、市政府
边巴次仁	男	藏	拉萨市环境保护局	2015 年度全市环境保护工作先进个人	2016 年	市委、市政府
嘎　旺	男	藏	市检察院政治部	“拉萨市蝉联全国文明城市先进个人”	2015 年	市委、市政府
刘玉源	男	汉	市教育局	全国创建文明城市先进个人	2015 年	市委、市政府
赵　怡	男	汉	市教育局	自治区成立 50 周年大庆活动先进个人	2015 年	市委、市政府
宋晓婧	女	汉	市教育局	自治区成立 50 周年大庆活动先进个人	2015 年	市委、市政府
牛小芳	女	汉	拉萨市财政局	拉萨市庆祝西藏自治区成立 50 周活动先进个人	2015 年	市委、市政府
贯得杰	男	汉族	拉萨市第二中等职业技术学校	拉萨市庆祝第 31 个教师节表彰园丁奖铜奖	2015 年	市委、市政府
拉　珍	女	藏族	拉萨市第二中等职业技术学校	拉萨市庆祝第 31 个教师节表彰园丁奖银奖	2015 年	市委、市政府
黄　胜	男	汉族	拉萨市第二中等职业技术学校	拉萨市庆祝第 30 个教师节表彰园丁奖铜奖	2015 年	市委、市政府
布琼次仁	男	藏族	拉萨市第二中等职业技术学校	拉萨市庆祝第 30 个教师节表彰园丁奖铜奖	2015 年	市委、市政府
宾映祥	男	汉族	拉萨市第二中等职业技术学校	拉萨市庆祝西藏自治区成立50周年活动“先进个人”	2015 年	市委、市政府
普布次仁	男	藏族	拉萨市第二中等职业技术学校	拉萨市庆祝西藏自治区成立50周年活动“先进个人”	2015 年	市委、市政府

续表 6

姓名	性别	民族	工作单位	获奖名称	表彰时间	授予单位
巴桑顿珠	男	藏族	拉萨市第二中等职业技术学校	拉萨市庆祝西藏自治区成立50周年活动“先进个人”	2015 年	市委、市政府
韩子晔	男	汉	市广播电视台	拉萨市第二届篮球联赛第二名	2015 年	市委、市政府
樊林晓	男	汉	市广播电视台	拉萨市蝉联全国文明城市先进个人	2015 年	市委、市政府
章　舒	男	汉	市广播电视台	拉萨市蝉联全国文明城市先进个人	2015 年	市委、市政府
杨守宝	男	汉	市广播电视台	拉萨市庆祝西藏自治区成立 50 周年先进个人	2015 年	市委、市政府
边　多	男	藏	市广播电视台	2014 年度环境保护工作先进个人	2015 年	市委、市政府
刘　毅	女	汉	市广电局	拉萨市庆祝西藏自治区成立 50 周年先进个人	2015 年	市委、市政府
孙　磊	男	汉	市广电局	2015 年度社会治安综合治理工作先进个人	2015 年	市委、市政府
欧　珠	男	藏	拉萨市农牧局	拉萨市农牧局驻墨竹工卡县邦达村先进个人	2015 年	市委、市政府
王小龙	男	汉	市人大常委会办公厅	拉萨市蝉联全国文明城市先进个人	2015 年	市委、市政府
张　鸣	男	汉	市人大常委会办公厅秘书科	2015 年度拉萨市民族团结进步先进个人	2015 年	市委、市政府
杨革峰	男	汉	拉萨市市政市容管理委员会	西藏自治区成立五十周年庆祝活动先进个人	2015 年	市委、市政府
则尼拉	女	回	拉萨市市政市容管理委员会	拉萨市委、市政府拉萨市蝉联全国文明城市先进个人	2015 年	市委、市政府
龚小丽	女	汉	拉萨市市政市容管理委员会	西藏自治区成立五十周年庆祝活动先进个人	2015 年	市委、市政府
冀建兵	男	汉	拉萨市市政市容管理委员会	拉萨市迎大庆 50 周年先进个人	2015 年	市委、市政府
文　霞	女	汉	拉萨市市政市容管理委员会	拉萨市蝉联全国文明城市先进个人	2015 年	市委、市政府
赤　列	男	藏	拉萨市市政养护处	拉萨市劳动模范荣誉称号	2015 年	市委、市政府
牛　军	男	汉族	拉萨晚报社	首届拉萨市劳动模范	2015 年	市委、市政府
占　堆	男	藏	市林业绿化局	西藏自治区成立 50 周年大庆先进个人	2015 年	市委、市政府
晋美朗杰	男	藏	市林业绿化局	“四业工程”先进工作者	2015 年	市委、市政府
旦增旺姆	女	藏	市旅游局	西藏自治区成立 50 周年大庆活动先进工作者	2015 年	市委、市政府
马永龙	男	回	市民宗局	2015 年度全市信访先进个人	2015 年	市委、市政府
尼玛白珍	女	藏	拉萨市气象局	拉萨市创先争优强基惠民生活动第四批驻村（居）工作先进工作队员	2015 年	市委、市政府
次仁白玛	女	藏	拉萨市气象局	2015 年拉萨市民族团结先进个人	2015 年	市委、市政府

续表 6

姓名	性别	民族	工作单位	获奖名称	表彰时间	授予单位
李文华	女	汉	拉萨市气象局	2015 年巾帼建功标兵	2015 年	市委、市政府
胡　军	女	藏	拉萨市气象局	2014 年环境保护工作先进个人	2015 年	市委、市政府
董强金	男	汉族	拉萨市妇联	2015 年度全市综合治理先进个人	2016 年	市委、市政府
刁　莉	女	汉族	拉萨市妇联	拉萨市蝉联全国文明城市先进个人	2015 年	市委、市政府
毛丽娟	女	汉族	拉萨市妇联	2012—2015 年"四业工程"先进工作者	2015 年	市委、市政府
丁琼英	女	汉	市委组织部	第四批驻村工作队"先进个人"	2015 年	市委、市政府
杜开凡	男	汉	市委组织部	拉萨市先进工作者	2015 年	市委、市政府
尹利平	男	汉	市委组织部	庆祝西藏自治区成立 50 周年活动先进个人	2015 年	市委、市政府
周　奇	男	汉	市委组织部	第四批驻村工作队"先进个人"	2015 年	市委、市政府
拉姆次仁	女	汉	市委组织部	拉萨市"四业工程"2012—2015 年先进工作者	2015 年	市委、市政府
朗嘎卓玛	女	藏	市统计局、调查队	2015 年度民族团结进步模范个人	2015 年	市委、市政府
刘玉堂	男	汉	市统计局、调查队	拉萨市蝉联"全国文明城市"工作先进个人	2015 年	市委、市政府
曾小周	男	汉族	中共拉萨市直属机关工作委员会	2014 年度社会治安综合治理工作先进个人	2015 年	市委、市政府
方　凯	男	汉族	中共拉萨市直属机关工作委员会	拉萨市庆祝西藏自治区成立 50 周年庆祝活动先进个人	2015 年	市委、市政府
张　萍	女	汉族	中共拉萨市直属机关工作委员会	拉萨市庆祝西藏自治区成立 50 周年庆祝活动先进个人	2015 年	市委、市政府
索朗扎西	男	藏族	中共拉萨市直属机关工作委员会	拉萨市 2014 年度深化全国文明城市创建工作先进个人	2015 年	市委、市政府
吴　波	男	汉	市文明办	市委市政府颁发的"拉萨市蝉联全国文明城市先进个人"	2015 年	市委、市政府
张春花	女	汉	市文明办	市委市政府颁发的"拉萨市蝉联全国文明城市先进个人"	2015 年	市委、市政府
沈榆昆	男	汉	市文明办	市委市政府颁发的"拉萨市蝉联全国文明城市先进个人"	2015 年	市委、市政府
梁　才	男	汉	市文明办	拉萨市蝉联全国文明城市先进个人	2015 年	市委、市政府
刘　源	男	汉	市文明办	拉萨市蝉联全国文明城市先进个人	2015 年	市委、市政府
吴炜柠	女	汉	市文明办	拉萨市蝉联全国文明城市先进个人	2015 年	市委、市政府
何　杰	男	汉	拉萨市信访局	2015 年度信访工作先进个人	2016 年	市委、市政府
米玛扎西	男	藏	拉萨市信访局	2015 年度信访工作先进个人	2016 年	市委、市政府

续表 6

姓名	性别	民族	工作单位	获奖名称	表彰时间	授予单位
阳　　琳	男	汉	拉萨市信访局	2015 年度信访工作先进个人	2016 年	市委、市政府
平措央培	男	藏	市委统战部	拉萨市 2015 年宗教工作优秀干部	2015 年	市委、市政府
多吉才仁	男	藏	市委统战部	2015 年纳木错“羊年转湖”民俗宗教活动服务管理工作先进个人	2016 年	市委、市政府
李秀莲	女	汉	拉萨市信访局	拉萨市民族团结进步先进个人	2015 年	市委、市政府
普布卓玛	女	藏	拉萨市信访局	2015 年度信访工作先进个人	2016 年	市委、市政府
刘俊艳	女	汉	市政协办公厅	拉萨市蝉联全国文明城市先进个人	2015 年	市委、市政府
冯春林	男	汉	文化执法支队	拉萨市蝉联全国文明城市先进个人	2015 年	市委、市政府
来海玉	女	汉	市委宣传部办公室	民族团结进步模范个人	2015 年	市委、市政府
廖子美	男	布依族	市“四业工程”工作领导小组办公室	2012—2015 年“四业工程”先进工作者	2015 年	市委、市政府
次仁拉姆	女	藏	市“四业工程”工作领导小组办公室	2012—2015 年“四业工程”先进工作者	2015 年	市委、市政府
孙　　建	男	汉	市“四业工程”工作领导小组办公室	2012—2015 年“四业工程”先进工作者	2015 年	市委、市政府
刘翔德	男	汉	市“四业工程”工作领导小组办公室	2012—2015 年“四业工程”先进工作者	2015 年	市委、市政府
美朵才宗	女	藏	市人社局	2015 年度全国文明城市创建先进工作者	2015 年	市委、市政府
格桑罗布	男	藏	市政协办公厅	拉萨市先进工作者	2015 年	市委、市政府
王瑞鹏	男	汉	市政协办公厅	全市民族团结模范先进个人	2015 年	市委、市政府
周　　磊	男	汉	市政协办公厅	庆祝西藏自治区成立 50 周年活动先进个人	2015 年	市委、市政府
费彦红	女	汉	市人社局	2012—2015 年“四业工程”先进工作者	2015 年	市委、市政府
刘淑娟	女	藏	市档案局	2015 年度民族团结模范个人	2015 年	市委、市政府
金　　美	男	藏	市档案局	2014 年度深化全国文明城市创建工作先进个人	2015 年	市委、市政府
张正鹏	男	汉	拉萨市工商联	2015 年度社会治安综合治理工作先进个人	2015 年	市委、市政府
边　　巴	男	藏	拉萨市工商联	拉萨市蝉联全国文明城市先进个人	2015 年	市委、市政府
洛　　旦	男	藏	拉萨市工商联	全市招商引资工作先进个人	2015 年	市委、市政府
仁增白姆	女	藏	团市委	拉萨市首届先进工作者	2015 年	市委、市政府
索朗次吉	女	纳西	团市委	市创先争优强基础惠民生活动先进驻村（居）工作队员	2015 年	市委、市政府

续表 6

姓名	性别	民族	工作单位	获奖名称	表彰时间	授予单位
王广洲	男	汉	团市委	2014 年度全市综治工作先进个人	2016 年	市委、市政府
王　文	女	汉	团市委	拉萨市庆祝西藏自治区成立 50 周年活动先进个人	2015 年	市委、市政府
索朗德吉	女	藏	市民政局	全市信息工作先进个人	2015 年	市委、市政府
巴桑罗布	男	藏	市救助站	2015 年度拉萨市民族团结进步个人奖	2015 年	市委、市政府
达瓦卓玛	女	藏	市总工会	2014 年度社会治安综合治理工作先进工人	2015 年	市委、市政府
更旦措姆	女	藏	市总工会	2015 年度拉萨市“优秀党务工作者”	2015 年	市委、市政府
刘苓霞	女	汉	市总工会	拉萨市蝉联全国文明城市先进个人	2015 年	市委、市政府
白玉福	男	哈尼	市总工会	2015 年度西藏自治区成立 50 周年先进个人	2015 年	市委、市政府
杨睿楷	男	汉	拉萨市文化局	拉萨市蝉联全国文明城市先进个人	2015 年	市委、市政府
毛丽娟	女	汉族	拉萨市妇联	2014 年度全市信息先进个人	2015 年	市委办公厅
梁景业	男	汉	市民政局	年度综治工作先进个人	2016 年	市政府
梁景业	男	汉	市民政局	全市第二届篮球联赛优秀运动员奖	2015 年	市政府
党培治	男	汉	市人社局	2015 年市政府信息工作先进个人	2015 年	市政府
仁乃旺堆	男	藏	市人社局	2015 年度全市食品药品安全工作先进个人	2015 年	市政府
陈　勇	男	汉	市公安局交警支队	环境保护工作先进个人	2015 年	市政府
扎西旺姆	女	藏	市公安局治安管理支队	招商引资工作获奖单位先进个人	2015 年	市政府
次仁央宗	女	藏	拉萨 SOS 儿童村	拉萨市创城先进工作者	2015 年	市政府
彭乐琳	女	汉	拉萨市农牧局	拉萨市精神文明先进个人	2015 年	市政府
罗　珍	女	藏	拉萨市农牧局	2014 年度招商引资先进个人	2015 年	市政府
顿珠次仁	男	藏	市园林局	全国文明城市先进个人	2015 年	市政府
李　宏	男	汉	市林业绿化局	“创卫”先进工作者	2015 年	市政府
魏江龙	男	汉	市林业绿化局	拉萨市信访工作先进个人	2015 年	市政府
鲁世军	男	藏	拉萨市工商局	全市安全生产先进个人	2015 年	市政府
格　旦	男	藏	人保财险西藏分公司	拉萨市社会治安综合治理先进个人	2015 年	拉萨市

说明：由于各单位资料提供不全，可能有遗漏

附　　录

党政机构

党政机构名称及负责人

中共拉萨市委员会

书　记　齐扎拉（藏族）
副书记　张延清（藏族）
　　　　陈　勇（援藏，10月免）
　　　　龙志刚（常务副书记）
　　　　马新明（市委副书记，援藏，彝族）
　　　　达　娃（市委副书记、统战部部长，藏族）
常　委　张才刚（常委、拉萨警备区政委，5月免）
　　　　肖光富（常委、拉萨警备区政委，5月任）
　　　　斯朗尼玛（常委、常务副市长，藏族）
　　　　袁训旺（常委、秘书长）
　　　　王　晖（常委、常务副市长，援藏，10月免）
　　　　周普国（常委、副市长，援藏）
　　　　次仁旺堆（常委、市公安局党委书记，藏族）
　　　　陈　军（常委、组织部部长）
　　　　洪家志（常委、副市长，援藏）
　　　　果　果（常委、城关区委书记，藏族）
　　　　占　堆（常委、宣传部部长，藏族）
　　　　彭祎涛（常委、市纪委书记）

市委办公厅

秘书长　袁训旺
常务副秘书长　张　慧
副秘书长　余凤萍（女）
　　　　绕　登（藏族）
　　　　曹恩宏
　　　　任道波
　　　　央　金（女，藏族）
　　　　钟传彬
　　　　孙德康（援藏）

市人大常委会党组

书　记　达　娃（藏族，7月任）
副书记　达　瓦（藏族）
　　　　龚建彰
成　员　央金卓嘎（女，藏族）
　　　　谭树辉
　　　　平措朗杰（藏族）
　　　　觉　根（藏族）
　　　　许广林
　　　　梁小平

市人大常委会

主　任　洛桑旦巴(藏族)

副主任　桑颇·才旺桑配(藏族)

达　瓦(藏族)

龚建彰

央金卓嘎(女,藏族)

谭树辉

平措朗杰(藏族)

觉　根(藏族)

许广林

秘书长　梁小平

市人大办公厅党组

书　记　梁小平

成　员　张志文

白　珍(女,藏族)

市人大办公厅

秘书长　梁小平

副秘书长　张志文

白　珍(女,藏族,8月任)

法制委员会

主任委员　刘睿萍(女,藏族)

副主任委员　边巴扎西(藏族)

达瓦多吉(藏族)

财经委员会

主任委员　皮泽洪

教科文卫委员会

副主任委员　巴　次(藏族)

侯　凌(女)

市人民政府党组

书　记　张延清(藏族)

副书记　陈　勇(援藏,10月免)

胡　洪(援藏,12月任)

成　员　斯朗尼玛(藏族)

王　晖(援藏,10月免)

洪家志(援藏,土家族)

周普国(援藏)

次仁央宗(女,藏族)

陈文强

孙晓南(援藏,10月免)

徐宗军(援藏)

杨安文(土家族)

史本林

吴亚松(藏族)

林　生(藏族,1月任)

崔晓峰(挂职,5月任)

方桂林(援藏,12月任)

王国臣(援藏,12月任)

孙宝祥(藏族,1月任)

江　华(藏族)

朱梅品

市人民政府

市　长　张延清(藏族)

常务副市长　陈　勇(援藏,10月免)

胡　洪(援藏,12月任)

斯朗尼玛(藏族)

王　晖(援藏,10月免)

洪家志(援藏,土家族)

副市长　周普国(援藏)

计明南加(藏族)

次仁央宗(女,藏族)

陈文强

孙晓南(援藏,10月免)

徐宗军(援藏)

杨安文(土家族)

史本林

吴亚松(藏族)

林　生(藏族,1月任)

崔晓峰(挂职,5月任)

市人民政府办公厅党组

书　记　江　华(藏族)

副书记(缺职)

成　员　张长祥

虢洪志(7月免)

米玛次仁(藏族)

尼玛普芝(女,藏族,5月免)

杜国君(5月任)

何寿孙(援藏)

卢炜升(女)

刘小斌

廖子美(布依族)

廖卫华(挂职,5月任)

杨年华(挂职,白族,7月任)

韩　勇(援藏,7月任)

高春林(10月任)

黄辅龙(10月任)

市人民政府办公厅

秘 书 长 江　华（藏族）
常务副秘书长（缺职）
副秘书长 张长祥
虢洪志（7月免）
米玛次仁（藏族）
尼玛普芝（女，藏族，5月免）
杜国君（5月任）
何寿孙（援藏）
卢炜升（女）
刘小斌
廖子美（布依族）
廖卫华（挂职，5月任）
杨年华（挂职，白族，7月任）
韩　勇（援藏，7月任）
高春林（10月任）
黄辅龙（10月任）

“12345”政府服务热线

分管领导 何寿孙（援藏，市政府副秘书长）
工作人员 张玉虎（市政府办公厅副调研员，5月任，8月免）
李　易（市政府办公厅信息科副主任科员

政协拉萨市委员会党组

书　记 诸伟敏
副书记 刘长富（满族，7月免）
谢廷锡（6月免）
次旦朗杰（藏族）（6月免）
成　员 次仁平措（藏族）
刘惠兴（回族）
刘全保
安央金（女，藏族，7月免）

政协拉萨市委员会

主　席 诸伟敏
副主席 拉宗卓嘎（女，藏族）
刘长富（满族，9月免）
亚　古（回族）
谢廷锡
次旦朗杰（藏族）
次仁平措（藏族）
刘惠兴（回族）
刘全保
安央金（女，藏族，9月免）

市政协办公厅党组

书　记 张　勤
成　员 肖强伟

市政协办公厅

秘 书 长 张　勤
副秘书长 肖强伟

提案委员会

主　任 巴　次（藏族，9月任）
副 主 任 尼玛次仁（藏族）
副主任委员 德　吉（女，藏族）

文史民族宗教法制委员会

主任委员 达瓦次仁（藏族，9月任）
副主任委员 达瓦次仁（藏族，9月免）
副 主 任 扎西次珍（女，藏族，12月任）

经济资源环境社教科文卫委员会

主任委员 旺　杰（藏族）
副 主 任 格　珍（女，藏族，5月任）

市政协办公厅调研员或副调研员

调 研 员 达　瓦（藏族）
扎西次珍（女，藏族，12月任）
副调研员 胡光华（5月任）

拉萨警备区

司 令 员 韩志宏
政治委员 肖光富

市纪律检查委员会

书　记 彭祎涛
副书记 周俊杰（7月免）
赵大勇（10月任）
顿珠多吉（藏族）
拉巴次仁（藏族）
刘汝鹏（9月免）
龙惠华（女）
常　委 旺　堆（藏族）
李海云（11月免）
苏新勇（藏族）
普布国庆（藏族，10月任）
调研员 黄文红（女）
黄晓艳（女）
格桑巴珠（藏族）
仁增卓玛（藏族）

巴　琼（藏族）
市监察局局长 周俊杰（7月免）
赵大勇（10月任）
副局长 旺　堆（藏族）
李海云（11月免）
苏新勇（藏族）
普布国庆（藏族，10月任）

市中级人民法院党组

书记 边巴拉姆（7月免）
郝　涛（7月任）
副书记 任卫东
张　瑜
成员 蒋建平
胡欣宁（援藏）
拉巴旺堆（藏族）
陈　杰
旦增努布（藏族）
赵　军
赵彩娥

市中级人民法院

院长 边巴拉姆（7月免）
郝　涛（代院长）
副院长 任卫东
张　瑜
蒋建平
胡欣宁（援藏）
拉巴旺堆（藏族）
陈　杰
旦增努布（藏族）
纪检组组长 赵　军
政治部主任 赵彩娥
审判委员会专职委员 布　琼（藏族）
田洪霞（离岗待退）

市人民检察院党组

书记 田建设
副书记 塔　青（藏族）
次仁多吉（藏族）
党组成员 李　卫
王红军（援藏）
德吉卓嘎（女，藏族）
晓　红（藏族）

市人民检察院

检察长 田建设
常务副检察长 塔　青（藏族）
副检察长 次仁多吉（藏族）
王红军（援藏）
德吉卓嘎（女，藏族）
晓　红（藏族）
政治部主任 李　卫

市委组织部

部长 陈　军
副部长 达　瓦（9月任，组织部常务副部长，藏族）
张义泉（组织部副部长、人社局局长）
央　金（9月任，组织部副部长、老干部局局长）
李连华
张允永
袁国军
李艳红（9月任，组织部副部长、编办副主任）
赵　亚（9月任，组织部副部长）
部务委员 杨栋章（5月任，部务委员）
老干部局副局长 丁琼英（女）
普布旺堆（藏族）

市委宣传部

部长 占　堆（藏族）
常务副部长 索朗次仁（藏族）
副部长 张碧芳
王　巍
戴修军（江苏援藏）
李文华（北京援藏）
调研员、网信办主任 杨双旺（1月任）
文化执法支队支队长 丁　剑
网信办副主任 李章辉
外旅局局长 拉　珍（女，藏族）
副调研员 格桑卓玛（女，藏族）

市委统战部

部长 达　娃
常务副部长、市宗教工作领导小组办公室主任
许兴成

副部长、调研员　公保太
邹守忠
市宗教工作领导小组办公室副主任、副县级干部
沈宗志
副调研员、办公室主任　巴桑德吉

市委政法委

书　　记　张延清（藏族）
第一副书记　次仁旺堆（藏族）
副书记　陈文强
边巴拉姆（女，藏族，7月免）
郝　涛（7月任）
田建设
常务副书记　和平志
副书记、市维稳办主任　江安次仁（藏族）
副书记、市综治办主任　赵铁岭
副书记　罗明安
马　骏
解维克
综治办副主任　扎西多吉（藏族）
维稳办副主任　曾四红

市直属机关工作委员会

书　　记　袁训旺
副书记　格桑措姆（女，藏族）
副书记、副调研员　方　凯

市委党校党组

书　记　许广林
成　员　杨洪荣
德庆央吉
顾国爱（北京援藏）
刘期彬
江　多
刘晨光

市委党校

校　长　龙志刚
副校长、副院长　杨洪荣
副校长　德庆央吉
顾国爱（北京援藏）
刘期彬
江　多
刘晨光

市行政学院

院　长　洪家志
副院长　杨洪荣

市档案局（馆）

市委办公厅调研员、市档案局（馆）长
马荣清（女，回族）
市档案局（馆）副局（馆）长
刘淑娟（女）

市总工会党组

书　记　白玉福（哈尼族，9月免）
余　刚（9月任）
副书记　余　刚（9月免）
成　员　格桑罗布（藏族）
刘苓霞（女）
措　姆（女，藏族）

市总工会

主　席　余　刚（9月免）
主　席　平措朗杰（藏族，9月任）
副主席　白玉福（哈尼族，9月免）
余　刚（9月任）
格桑罗布（藏族）
刘苓霞（女）
措　姆（女，藏族）
副调研员　洛桑占堆（藏族）
拉巴卓嘎（女，藏族）

团市委党组

书　记　洛　色（藏族）
副书记　任映绮
慈旦德吉（女，藏族）

市妇联党组

书　记　王秀梅（女，藏族，1月免）
赵金花（女，10月任）
副书记　向巴彩喜（女，藏族，10月任）
成　员　和继香（女，纳西族）

市妇联

主　席　赵金花（女，10月免）
向巴彩喜（女，藏族，10月任）
副主席　赵金花（女，10月任）
和继香（女，纳西族）

调 研 员　王 秀 梅（女，藏族）
副调研员　达　　珍（女，藏族，5月任）
　　　　　洛桑玉珍（女，藏族）

市工商联党组

副书记　格西哈姆（女，藏族）
成　员　杜 凤 斌
　　　　陈 小 兵
　　　　次仁顿珠（藏族）

市工商联

主　席　格西哈姆（女，藏族）
副主席　杜 凤 斌
　　　　陈 小 兵
　　　　次仁顿珠（藏族）

拉萨师范高等专科学校党委

党委书记　范 春 文
党委副书记　黄 晓 曦（援藏）
　　　　　江　　白（藏族）
委　　员　拉巴旺堆（藏族）
　　　　　舒 宗 荣
　　　　　尼玛潘多（藏族，7月任）

拉萨师范高等专科学校

校　　长　黄 晓 曦（援藏）
常务副校长　江　　白（藏族）
副 校 长　范 春 文
　　　　　拉巴旺堆（藏族）
　　　　　舒 宗 荣

西藏空港新区管理委员会党委

书　记　斯朗尼玛（市委常委、常务副市长，藏族）
副书记　龚 一 枫
　　　　崔 建 勇（市公安局西藏空港新区分局局长）
　　　　达瓦次仁（藏族，甲竹林镇党委书记）

西藏空港新区管理委员会

主　　任　斯朗尼玛（市委常委、常务副市长，藏族）
常务副主任　龚 一 枫
副 主 任　崔 建 勇（市公安局西藏空港新区分局局长）
　　　　　达瓦次仁（甲竹林镇党委书记）

西藏空港新区管理委员会党政办

负责人　宋　赟

拉萨经济技术开发区管委会党工委

书　记　袁 训 旺（6月任）
副书记　石 文 江（7月任）
委　员　尼玛卓嘎（女，藏族）
　　　　倪　　夙
　　　　杨 建 林（藏族）
　　　　华 建 男
　　　　旺　　林（藏族）

拉萨经济技术开发区管委会

主　任　石 文 江（7月任）
副主任　尼玛卓嘎（女，藏族）
　　　　倪　　夙
　　　　杨 建 林（藏族）
　　　　华 建 男

柳梧新区管委会党工委

书　记　石 文 江（8月离）
　　　　杨 安 文 副市长兼书记（8月任）
副书记　陆 从 福
委　员　陈 小 兵
　　　　平措次仁（藏族）
　　　　黄 礼 群（援藏）
　　　　杨 新 宇（援藏）
　　　　唐　　兴（藏族）
　　　　次仁达吉

柳梧新区管委会

主　任　陆 从 福
副主任　陈 小 兵
　　　　平措次仁（藏族）
　　　　黄 礼 群（援藏）
　　　　杨 新 宇（援藏）
　　　　唐　　兴（藏族）
　　　　次仁达吉

西藏文化旅游创意园区管理委员会党工委

书　记　朱 梅 品
副书记　洛桑尼玛（藏族）
　　　　龚 一 枫

西藏文化旅游创意园区管理委员会

主　任　朱 梅 品

副主任 洛桑尼玛（藏族）
龚 一 枫
主任助理、副调研员 唐嘉宏

达孜工业园区管委会

主 任 王斌忠
副 主 任 李 军
邓 爽
办公室主任 覃雨菲

堆龙德庆县工业园区管委会

主 任 王 保 峰（1月任）
副主任 德 吉
顿珠拉久（6月任）

曲水县雅江工业园区管委会

副主任 杨鹏涛

市发展和改革委员会党组

书 记 达 娃（女，7月任）
赵 亚 萍（女，7月免）
副书记 刘 汝 鹏（8月任）
达 娃（女，7月免）
成 员 武 保 林
德吉卓嘎（女）
张 腾（援藏）
李 泓 君（9月任、援藏）
赵 克 风（9月免、援藏）
侯 成 君
李 英 春

市发展和改革委员会

主 任 刘 汝 鹏（8月任）
常务副主任 达 娃（女，7月免）
副 主 任 达 娃（女，7月任）
赵 亚 萍（女，7月免）
武 保 林
德吉卓嘎（女）
张 腾（援藏）
李 泓 君（9月任、援藏）
赵 克 风（9月免、援藏）
侯 成 君
李 英 春

市粮食局

副局长 边巴卓玛（女、藏族）

市法制办党组

书 记 王 守 强（12月退）
成 员 邱 秀 兰（女）
洛桑多吉（藏族）

市法制办

副主任 王 守 强（12月退）
邱 秀 兰（女）
洛桑多吉（藏族）

八廓古城管委会党工委

书 记 多 吉（藏族）
副书记 闫 卫 东
委 员 施 裕 忠
曹 鹏 程
拉巴次仁（藏族）
索 朗（藏族，6月任）

八廓古城管委会

主 任 闫 卫 东
副主任 施 裕 忠
曹 鹏 程
拉巴次仁（藏族）
索 朗（藏族，6月任）

市统计局党组

书 记 仓 琼（女，藏族）
副书记 蔡 岷
成 员 黄 树 春
次仁旺拉（藏族，7月任）
陈 建 琼（女）
张 秀 兰（女，藏族）
高 原 红（藏族）

市统计局

局 长 蔡 岷
副 局 长 仓 琼（女，藏族）
黄 树 春
张 秀 兰（女，藏族）
副调研员 杨 作 云（9月任）

国家统计局拉萨调查队

队 长 蔡 岷

调研员　次仁旺拉(藏族,4月任)
副队长　陈建琼(女)
纪检组长　高原红(藏族)

市工信局(国资委)党组

党组书记　江　嘎(藏族)
副书记　刘雨林(1月免)
成　员　刘洪涛
成建华
彭叶清
陈　强(8月免)
赵春林(3月任)

市工信局(国资委)

局　长　刘雨林(1月免)
副局长　江　嘎(藏族)
刘洪涛
成建华
彭叶清
陈　强(8月免)
赵春林(3月任)

市教育局(体育局)党委

书　记　康娜美朵(女、藏族)
副书记　中楚成
吕贵声(12月退)
委　员　普布卓嘎(女、藏族、1月离)
郝　峰(援藏)
姬云鹏(援藏)
龚晓堂
向　宗(女、藏族)

市教育局(体育局)

局　长　中楚成(8月任)
副局长　康娜美朵(女、藏族)
普布卓嘎(女、藏族、1月离)
郝　峰(援藏)
姬云鹏(援藏)
龚晓堂
向　宗(女、藏族)

市科技局党组

书　记　何　镛
副书记　黄前敏(女,藏族)
成　员　徐立军(博士服务团成员,12月任)
扎西平措(藏族,2月任)
王铁山(援藏)
李信群(女)
李文军(援藏)

市科技局

局　长　黄前敏(女,藏族)
副局长　何　镛
徐立军(博士服务团成员,12月任)
扎西平措(藏族,2月任)
王铁山(援藏)
李信群(女)
李文军(援藏)

市民宗局党组

书　记　刘惠兴(回族)
副书记　孙宝祥(藏族)
春　新(藏族)
成　员　次仁罗布(藏族)
达　瓦(藏族,9月任)
次仁昌菊(女,藏族,5月任)
陈　虹(女,9月免)

市民宗局

局　长　孙宝祥(藏族)
常务副局长　春　新(藏族)
副局长　达　瓦(藏族,11月任)
次仁罗布(藏族,11月任)
次仁昌菊(藏族,6月任)
陈　虹(藏族,11月免)
副调研员　次旺旺久(藏族)
陈　虹(女,11月任)

市公安局党委

书　记　次仁旺堆(藏族)
副书记　陈文强
马　军
普　次(藏族)
郑玉成
成　员　唐　凌
高新军(援藏)
尼玛次仁(藏族)
代利刚
拉　珠(藏族)
李　斌

张文卫
邓　俊(援藏)
田献琴
付银昌

市公安局

局　长　陈文强
常务副局长　马　军
副局长　普　次(藏族)
郑玉成
唐　凌
高新军(援藏)
尼玛次仁(藏族)
代利刚
拉　珠(藏族)
李　斌
张文卫
邓　俊(援藏)
田献琴

市公安消防支队

支队长　扎西多吉(藏族)
政　委　刘庆永(5月免)
程学高(5月任)

武警拉萨市支队

支队长　孙明华(9月免)
马德生(9月任)
政治委员　罗德礼

市森林大队

大队长　王世利
教导员　边巴罗布(藏族)

市民政局党组

书　记　何春林
副书记　白玛玉珍(女,藏族)
成　员　央金卓嘎(女,藏族,市残联理事长)
柴珠峰(北京援藏)
拉姆卓玛(女,藏族)
苏建设

市民政局

局　长　白玛玉珍(女,藏族)
副局长　何春林
柴珠峰(北京援藏)
拉姆卓玛(女,藏族)
苏建设
副调研员　钟　鸣(女,8月调离)
宋焕玉(女,8月任)

市司法局党组

书　记　蔡严林
副书记　次　培(藏族)
党组成员　达　娃(藏族)
陈小同(援藏)
小边巴次仁(藏族)
大边巴次仁(藏族)
陈　莉(女)

市司法局

局　长　次　培(藏族)
副局长　蔡严林
陈小同(援藏)
小边巴次仁(藏族)
大边巴次仁(藏族)
陈　莉(女)
副调研员　王　晓(女)

阳光公证处

达　娃(藏族)
邸海青(女)
阿旺拉姆(女,藏族)

市财政局党组

书　记　刘全保
副书记　扎西白珍(女,藏族)
成　员　任玉萍(女)
乔　俊(江苏援藏)
杨　力(北京援藏)
列　桑(藏族)
王　君(女)

市财政局

局　长　扎西白珍(女,藏族)
副局长　刘全保
任玉萍(女)
乔　俊(江苏援藏)
杨　力(北京援藏)
列　桑(藏族)
王　君(女)

副调研员　尼玛桑珠(藏族)
牛小芳(女)

市国土局党组

书　记　强巴江才(藏族)
副书记　索朗慈仁(藏族)
成　员　朱万江(援藏)
徐安海
宋玉璋(2月免)

市国土局

局　长　索朗慈仁(藏族)
副局长　强巴江才(藏族)
朱万江
徐安海
宋玉璋(2月免)

市城乡规划局党组

书　记　宋留柱
副书记　李　嵘(女,藏族)
成　员　米玛次仁(藏族)
胡建平
曹国华(援藏)

市城乡规划局

局　长　李　嵘(女,藏族)
副局长　宋留柱
米玛次仁(藏族)
胡建平
总规划师　曹国华(援藏)
监察支队队长　姚玉娥
副调研员　宁桂兰

市人力资源和社会保障局党组

书　记　彭丽华(女、藏族)
副书记　张义泉
成　员　马百胜
果　刚(满族,援藏)
仁乃旺堆(藏族)
贺能晟

市人力资源和社会保障局

局　长　张义泉
副局长　彭丽华(女、藏族)
马百胜
果　刚(满族,援藏)
仁乃旺堆(藏族)
贺能晟
副调研员　李春儒
德　央(女,藏族)
罗桂芳(女,藏族)

市住房和城乡建设局党组

副书记　格桑平措(藏族,12月免)
成　员　次　达(藏族,8月免)
刘朝晖(援藏)
于新华(援藏)
史民杰(援藏,11月任)
齐朝辉(援藏,11月任)
刘　阳
刘英俊
戴凤霞(女,满族,12月任)

市住房和城乡建设局

局　长　格桑平措(藏族,12月免)
副局长　次　达(藏族,8月免)
刘朝晖(援藏)
于新华(援藏)
史民杰(援藏,11月任)
齐朝辉(援藏,11月任)
刘　阳
刘英俊
戴凤霞(女,满族,12月任)
副调研员　宜春玲(女)
刘小平

市交通运输局党组

党组书记　杨　林
副书记　胡士权(12月退休)
党组成员　丁志群(援藏)
杜志强

市交通运输局

局　长　贡扎曲旺
副局长　杨　林
胡士权(12月退休)
丁志群(援藏)
杜志强
熊　晨

市水利局党组

书　记　韩 云 栓
副书记　欧阳莉萍（女）
霍 晓 露（11月免）
张　　诚（博士服务团，12月任）
王　　建（江苏援藏）
觉　　旦（藏族）
腾 宝 亭（藏族）

市水利局

局　　长　欧阳莉萍（女）
副 局 长　霍 晓 露（11月免）
韩 云 栓
张　　诚（博士服务团，12月任）
王　　建（江苏援藏）
觉　　旦（藏族）
腾 宝 亭（藏族）
副调研员　罗布次仁（藏族）

市农牧局党组

书　　记　其美旺姆（女、藏族）
副 书 记　刘 俊 博
党组成员　白玛德吉（女、藏族）
吴 宏 亚（江苏援藏）
支 建 辉
宋 四 海
左 春 伟（北京援藏）
普 片 多（女，藏族，6月任）

市农牧局

局　长　刘 俊 博
副局长　其美旺姆（女、藏族）
白玛德吉（女、藏族）
吴 宏 亚（江苏援藏）
支 建 辉
宋 四 海
左 春 伟（北京援藏）
普 片 多（女，藏族，6月任）
副县以上非领导职务
辜 正 强
晋　　美
樊 亚 刚（11月任）

市商务局党组

书　记　旺　　杰（藏族，12月退休）
副书记　范 红 英（女）
成　员　申 延 福（5月因严重违纪开除党籍、开除公职）
何 怀 东（援藏）
谢 玉 梅（女）

市商务局

局　　长　范 红 英（女）
副 局 长　旺　　杰（藏族，12月退休）
申 延 福（5月因严重违纪开除党籍、开除公职）
何 怀 东（援藏）
谢 玉 梅（女）
副调研员　纪 伟 师（藏族，2月任市净土产业投资开发有限公司党委委员、副总经理）
达瓦旦增（藏族，2月任）

市文化（新闻出版、文物）局党组

书　记　王 德 隆（2月免）
白 玉 福（哈尼族，10月任）
副书记　多吉次仁（藏族）
平措旺堆（藏族）
成　员　格桑顿珠（藏族）

市文化（新闻出版、文物）局

局　长　多吉次仁（藏族）
副局长　王 德 隆（2月免）
白 玉 福（哈尼族，10月任）
副局长、文物局局长　平措旺堆（藏族）
副局长　格桑顿珠（藏族）
李　　国
副县级以上非领导职务　劲永春（藏族）

市卫生局党组

书　记　冯 毓 强
副书记　扎西德吉（女，藏族）
成　员　潘　　睿（江苏援藏）
申 豫 东（2月免）
尹 美 玲（女）

市卫生局

局　　长　扎西德吉（女，藏族）
副 局 长　冯 毓 强
潘　　睿（江苏援藏）
申 豫 东（2月免）

尹美玲(女)
调研员　王代君(女,6月任)
副调研员　宋碧玉(女)

市审计局党组

书记　史　勇
副书记　次　旦(藏族)
成员　彭　多(女,藏族)、
格桑平措(藏族)、
黄益强(江苏援藏干部)
扎西拉姆(女,藏族,12月退)

市审计局

局长　次　旦(藏族)
副局长　史　勇
彭　多(女,藏族)
格桑平措(藏族)
黄益强(江苏援藏)
扎西拉姆(女,藏族,12月退)
经济责任审计处处长　曲　松(藏族)

市外事办党组

书记　杨如军
副书记　朗杰卓玛(女,藏族,8月免)
张　干(8月任)
成员　朱亚林

市外事办

主任　朗杰卓玛(女,藏族,8月免)
张　干(8月任)
副主任　杨如军
朱亚林
调研员　朗杰卓玛(女,藏族,8月任)

市广电局党组

书记　索　群(女,藏族)
副书记　范跃平

市广电局

局长　范跃平
副局长　索　群(女,藏族)

拉萨晚报

总编辑　王　巍
副总编辑　格桑多吉(藏族)
仲　曦(援藏)
傅　力(援藏)

陈友珍(女)
马克尼
冯继红(女)
扎　平(藏族)

市工商局党组

书记　王军义(藏族,7月免)
姜有胜(7月任)
副书记　姜有胜(7月免)
扎西旺堆(藏族,7月任)
成员　王万新(援藏)
李达明
罗永宏(藏族,7月免)
惠秀娟(女)
拉巴次仁(藏族)
党军奎(7月任)

市工商局

局长　姜有胜(7月免)
扎西旺堆(藏族,7月任)
副局长　姜有胜(7月任)
王万新(援藏)
李达明

市林业绿化局党组

书记　占　堆(藏族)
副书记　樊锋旭
成员　曹桂荣
尼　玛(藏族)
胡巧立(援藏)
陈卫中(援藏)

市林业绿化局

局长　樊锋旭
副局长　占　堆(藏族)
曹桂荣
尼　玛(藏族)
胡巧立(援藏)
陈卫中(援藏)

市旅游局党组

书记　董天林
副书记　旦增曲扎(藏族)
成员　姜　岭(援藏)
王　平(6月免)

马　　健（援藏）
扎西顿珠（藏族）

市旅游局

局　长　旦增曲扎（藏族）
副局长　姜　　岭（援藏）
王　　平（6月免）
马　　健（援藏）
扎西顿珠（藏族）
调研员　王　　平（6月任）

市环保局党组

书　记　洛　　桑（藏族）
副书记　李维生
成　员　谢志宽（援藏）
王军敏（援藏）
德吉央宗（女，藏族）
贺桂芹（女）

市环保局

局　长　李维生
成　员　谢志宽（援藏）
王军敏（援藏）
德吉央宗（女，藏族）
拉鲁湿地管理局局长　贺桂芹（女）
唐丽琼（女）

市质量技术监督局党组

书　记　次仁卓嘎（女，藏族）
成　员　杨雪锋
西　　绕（藏族）
陈振平（援藏）
王步顺（援藏）
次　　珍（女，藏族）

市质量技术监督局

局　　长　次仁卓嘎（女，藏族）
副局长　杨雪锋
西　　绕（藏族）
陈振平（援藏）
王步顺（援藏）
次　　珍（女，藏族）
副调研员　翟喜玲（女）

市安全生产监督管理局党组

书　记　白玉峰
副书记　孙文斌
成　员　何虎啸（援藏）
蔡卫旗（回族）
杨　英（藏族，9月任）

市安全生产监督管理局

局　　长　孙文斌
副局长　白玉峰
何虎啸（援藏）
蔡卫旗（回族）
杨　英（藏族，9月任）
副调研员　唐　艳（9月任）

市信访局党组

书　记　边　　巴（1月任，12月退休）
副书记　尼玛普芝（女，藏族，6月免）
杜国君（6月任）
成　员　李春梅（女，6月免）
法德玛（回族，女）
李秀莲（女，6月任）
普布卓玛（女，6月任）

市信访局

局　长　尼玛普芝（女，藏族，6月免）
杜国君（6月任）
副局长　李春梅（女，6月免）
边　　巴（1月任，12月退休）
李秀莲（女，6月任职）
普布卓玛（藏族，女，6月任）
调研员　法德玛（回族，女，9月任）

市政市容管理委员会党组

书　　记　杨革峰
副书记　索朗江村（藏族）
张文卫（12月退）
党组成员　李金雄（女，12月退）
肖　　明（12月离）
舒瑞清（援藏）
陈　　文（援藏）
郑　　昱（女，援藏，11月任）
李二兵（12月任）

市政市容管理委员会

主　　任　索朗江村（藏族）
局　　长　张文卫（12月退）
副主任（副局长）　杨革峰

李金雄(女,12月退)
肖　明(12月离)
舒瑞清(援藏)
陈　文(援藏)
李二兵(12月任)
调研员　李金雄(女,12月退)
肖　明(12月离)
李春梅(女,5月任)
洛桑扎西(藏族,12月退)
副调研员　石大庆(藏族)
普布次仁(藏族,1月退)

市自来水公司

总经理　普布次仁(藏族)
党支部书记　陈　杰
党支部副书记、副总经理　普　布(藏族)
副总经理　吴　辉

市扶贫开发领导小组办公室党组

副书记　拉巴顿珠(藏族)
党组成员　庞　飞(援藏)
次　仁(藏族)
张晓林
次仁德吉(女,藏族)

市扶贫开发领导小组办公室

主　任　拉巴顿珠(藏族)
副主任　庞　飞(援藏)
次　仁(藏族)
张晓林
次仁德吉(女,藏族)
副调研员　米　玛(女,藏族)
杨　君(女)

市编译局党组

书　记　久阿拉姆(女,藏族)
成　员　旦　曲(藏族,12月退休)
米玛旺堆(藏族)
普　布(藏族,6月任)

市编译局

局　长　久阿拉姆(女,藏族)
副局长　旦　曲(藏族,12月退休)
米玛旺堆(藏族)
普　布(藏族,6月任)

副调研员　德吉卓玛(女,藏族)

市地震局

局　长　边巴卓玛(女,藏族)

市民服务中心党组

书　记　岳国红(女,藏族)
副书记　徐宗军(援藏,副市长)
苗永霞
成　员　徐　波
昌　拉(女,藏族)

市民服务中心

主　任　徐宗军(援藏,副市长)
副主任　岳国红(女,藏族)
苗永霞
徐　波
昌　拉(女,藏族)

布达拉宫广场管理处党支部

书　记　王　奋
副书记　普　布(藏族)
成　员　吴　冰
向巴索朗(藏族)
旺　拉(藏族)

布达拉宫广场管理处

处　长　普　布(藏族)
副处长　王　奋

市八一农场党委

书　记　达瓦顿珠(藏族)
副书记　毛玉军(12月退)
委　员　沈道国(藏族)
多布杰(藏族)
明　玛(藏族)

市八一农场

场　长　毛玉军(12月退)
副场长　达瓦顿珠(藏族)
沈道国(藏族)
多布杰(藏族)
明　玛(藏族)

市人民防空党组

书　记　普　琼(6月任)

副书记　宣利民（2月任）

市人民防空

主　　任　宣利民（2月任）
副 主 任　普　琼（6月任）
副调研员　降　央（6月任）

市残联

理 事 长　央金卓嘎（女，藏族）
副理事长　格桑平措（藏族）

市城市建设投资经营有限公司党组

书　记　多吉旺久（藏族）
副书记　陈建平
　　　　格桑央宗（藏族）
成　员　陈建平
　　　　格桑央宗（藏族）
　　　　丁素琼（女）
　　　　达瓦次仁（藏族）
　　　　金祝明
　　　　强　久（藏族）
　　　　方　民

市城市建设投资经营有限公司

董 事 长　多吉旺久（藏族）
总 经 理　陈建平
副总经理　格桑央宗（藏族）
　　　　　丁素琼（女）
　　　　　达瓦次仁（藏族）
　　　　　金祝明
　　　　　强　久（藏族）
　　　　　方　民

市暖心燃气热力有限责任公司

董 事 长　劳明伟
总 经 理　尼　玛（藏族）
副总经理　王佩广（12月任）
　　　　　泽　永（藏族）
　　　　　李新堂
　　　　　胡晓东
　　　　　荀志国
　　　　　次仁罗布（藏族）

拉萨布达拉旅游文化集团有限公司党委

副书记　扎西江村（藏族）
委　员　胡　玺
　　　　包维明（援藏）
　　　　郑　盈（援藏）
　　　　邓增罗布（藏族）
　　　　德吉卓玛（藏族）
　　　　旺　扎（藏族）

拉萨布达拉旅游文化集团有限公司

董事长、总经理　扎西江村（藏族）
副 总 经 理　胡　玺
　　　　　　　包维明（援藏）
　　　　　　　郑　盈（援藏）
　　　　　　　邓增罗布（藏族）
　　　　　　　德吉卓玛（藏族）
　　　　　　　旺　扎（藏族）

拉萨置地投资开发有限公司

总 经 理　索朗多吉（男，藏族）
副总经理　王吉祥
　　　　　闫桓功（8月任）
　　　　　赵建中（8月任）
　　　　　普布卓嘎（女，藏族）

西藏圣城集团

董 事 长　陈佰顺
总 经 理　朱忠杰
副总经理　雷　华

市公共交通集团总公司

董 事 长　曹志明
总 经 理　泽　兵（藏族）
副总经理　苟明平
　　　　　陈常军
　　　　　丹　旺（藏族）
　　　　　夏建军（8月任）
　　　　　徐春林（女）

拉萨净土水务有限公司

总经理　虢洪志
副经理　韦　勇
　　　　边　央（藏族）

拉萨净土商贸有限公司

总 经 理　陈　强
副总经理　李国庆

袁春元
彭　波

市国税局党组

书　记　珠　加(藏族)
副书记　孙清明

市国税局

局　长　孙清明
副局长　珠　加(藏族)
扎西旺堆(藏族)
栾铁栓
次仁曲珍(女,藏族)
谭志雄
纪检组长　扎西次仁(藏族)
总经济师　刘　奎

市气象局党组

书　记　王　伟
副书记　陈友珍(女,藏族)
纪检组长　次仁达瓦(藏族)
成　员　胡　军(女、藏族)
卓连根(援藏)

市气象局

局　长　王　伟(7月免)
陈友珍(女,藏族,7月任)
副局长　胡　军(女、藏族)
卓连根(援藏)
副调研员　格烈曲扎(藏族)
尼玛次仁(藏族)

市电业局党委

书　记　朗　琼(女,藏族)
副书记　龚东昌
委　员　付　莉(女)
徐红金
次仁玉珍(女,藏族,11月任)
沈桂城(援藏)
刘　超
廖显春

市电业局

总经理　龚东昌
副总经理　沈桂城(援藏)
刘　超
廖显春
刘光辉

西藏邮政拉萨分公司党委

书　记　易水源
成　员　普布扎西(藏族)
刘众清
雍东海

西藏邮政拉萨分公司

总经理　易水源
副总经理　普布扎西(藏族)
刘众清
雍东海

中国电信拉萨分公司

党委书记　丁建涛
总经理　土登穷穷(藏族)

中国移动拉萨分公司

党委书记、总经理　郭文权(1月免)
党委书记、总经理　罗松群培(1月任)

中国联通拉萨分公司

党支部书记、总经理　陆春雷

市第一中等职业技术学校党委

党委书记　詹晓圣
党委委员　穷　达(藏族)
次仁多吉(藏族)
次仁扎西(藏族,1月任)

市第一中等职业技术学校

校　长　穷　达(藏族)
副校长　次仁多吉(藏族)
次仁扎西(藏族,1月任)
刘大军(援藏,12月任)

市第二中等职业技术学校党委

书　记　朗　加(藏族)
副书记　耿进利
委　员　乡　琼(藏族)
李　林(女,藏族)

市第二中等职业技术学校

校　长　耿进利

副校长　乡　琼（藏族）
李　林（女，藏族）

城关区

书　　记　果　果（藏族）
副书记、区长　刘　亮
人大主任　马永青（藏族）
政协主席　尼玛云丹（藏族）

堆龙德庆县

书　　记　陈献森（援藏）
县　　长　格桑平措（藏族）
人大主任　达娃次仁（藏族）
政协主席　郭志锋

墨竹工卡县

书　　记　严应骏
县　　长　旦增尼玛（藏族）
人大主任　洛　桑（藏族）
政协主席　魏东飞

当雄县

书　　记　张　正
县　　长　其美次仁（藏族）
人大主任　康加贵
政协主席　周雅林

达孜县

书　　记　徐申锋（援藏）
县　　长　阿努次仁（藏族）
人大主任　达　娃（藏族）
政协主席　米　玛（藏族）

曲水县

书　　记　彭飞跃
县　　长　格桑邓珠（藏族）
人大主任　罗　桑（藏族）
政协主席　王增升

林周县

书　　记　赵　涛（藏族）
县　　长　次仁顿珠（藏族）
人大主任　格旦次仁（藏族）
政协主席　格桑次仁（藏族）

尼木县

书　　记　范永红（援藏）
县　　长　普　琼（藏族）
人大主任　洛桑赤列（藏族）
政协主席　赵志强

统 计 公 报

拉萨市2015年国民经济和社会发展统计公报

拉萨市统计局

国家统计局拉萨调查队

（2016年5月3日）

2015 年，是“十二五”圆满收官之年，面对错综复杂的经济形势，在自治区党委政府和市委市政府的坚强领导下，在北京、江苏两省的无私援助下，全市全面贯彻落实党的十八大和十八届四中、五中全会、中央第六次西藏工作座谈会、区市党委八届七次八次全委会精神和区市经济工作会议部署，紧紧围绕“四个全面”战略布局，深刻把握稳中求进的工作总基调，全力推进“六大战略”，牢固树立和贯彻落实创新、协调、绿色、开放、共享的发展理念，适应经济发展新常态，实现了拉萨经济社会可持续发展。

一、综　合

区划及面积：截至年底，全市共有 48 个乡，9 个镇，8 个街道办；43 个居民委员会，224 个村民委员会。全市行政区划面积为 2.9518 万平方公里。

人口：年末户籍人口为 53.03 万人，比去年末增加 0.3 万人。全年出生人口 10088 人，出生率为 19.02‰；死亡人口 4465 人，死亡率为 8.42‰。

图4　2011年—2015年地区生产总值及增长速度

经济增长：2015 年全市实现地区生产总值（GDP）376.73 亿元，比上年增长 11.2%。其中：第一产业增加值 13.8 亿元，增长 4.3%；第二产业增加值 140.95 亿元，增长 16.4%；第三产业增加值亿 221.98 元，增长 8.2%。第一产业增加值占地区生产总值的比重为 3.7%，第二产业增加值比重为 37.4%，第三产业增加值比重为 58.9%。全年人均国内生产总值 59223 元，比上年增长 7.3%。

产业结构：2015 年三次产业比重依次为 3.7:37.4:58.9，分别拉动经济增长 0.3、6.0 个和 4.9 个百分点。与上年相比，第一产业比重持平，第二产业比重提高 0.6 个百分点，第三产业比重下降 0.6 个百分点。

价格：2015 年居民消费价格总指数（CPI）比上年上涨 2.2%，其中食品价格上涨 3.9%。

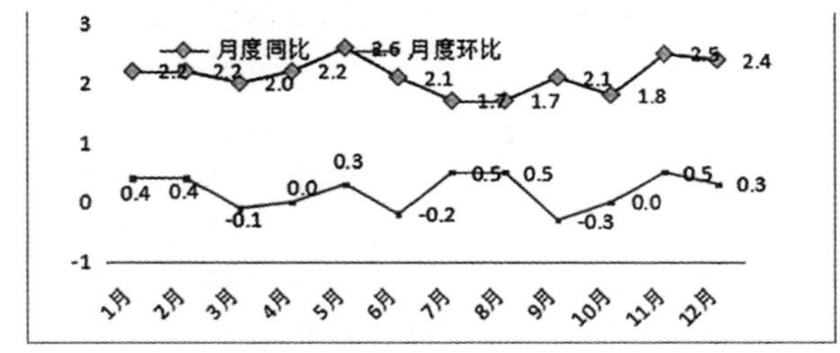

图5　2015年居民消费价格月度涨跌幅度

2015年居民消费价格总指数涨幅

表 7

指　标	比 2014 年 上涨（+）下降（-）（%）
居民消费价格总指数	+2.2
食 品	+3.9
其中：粮食	+5.1
肉禽及其制品	+4.6
蛋	+6.5

续表 7

指　　标	比 2014 年 上涨（+）下降（-）（%）
水产品	+1.5
菜	+2.0
干鲜瓜果	+0.9
烟酒	−4.9
衣着	+1.5
家庭设备用品及维修服务	+1.3
医疗保健和个人用品	+1.2
交通和通信	−1.0
娱乐教育文化用品及服务	−0.7
居 住	+0.8

就业：2015年末城镇登记失业率控制在2.2%以内。

民营经济：2015 年年末全市工商部门登记的私营企业达 7684 户，注册资本为 961.87 亿元，增长 396%；工商部门登记的个体户为 43988 户，比上年增长 9%，注册资本为 33.46 亿元，增长 64%。

二、农牧业和净土健康产业

净土健康产业：2015 年，拉萨净土健康产业推动绿色、循环、低碳发展，天然饮用水、奶业、生猪等九大产业不断壮大，饮品、食品、药品、饰品等四类产品脱颖而出，“拉萨净土”区域公用品牌影响力进一步扩大，净土健康产业企业达到 89 家。

农牧业：2015 年全市农林牧渔业总产值 23.38 亿元，按可比价计算，比上年增长 6.5%。其中：农业产值 10.20 亿元，增长 4.7%；林业产值 0.34 亿元，下降 5.8%；牧业产值 12.72 亿元，增长 5.6%；渔业产值 0.02 亿元，增长 10.4%；农林牧渔服务业产值 0.11 亿元，增长 1.4%。

农作物种植面积：全年农作物总播种面积 4.05 万公顷，比上年增加 0.18 万公顷。粮食种植面积 2.69 万公顷，比上年增加 0.03 万公顷。其中：青稞种植面积 1.8 万公顷，比上年增加 0.07 万公顷，小麦种植面积 0.86 万公顷，比上年减少 0.01 万公顷。油菜种植面积 0.42 万公顷，比上年减少 0.01 万公顷；蔬菜种植面积 0.44 万公顷，比上年增加 0.01 万公顷。

畜禽及水产品产量：年末牲畜存栏总头数 133.37 万头（只、匹），其中，大牲畜存栏 78.94 万头，猪存栏 4.69 万头。肉类产量 3.72 万吨，增长 23.6%；禽蛋产量 734.65 吨，增长 5.6%；奶产量 6.33 万吨，增长 37.9%；水产品产量 171 吨，增长 10.2%。

2015年主要农畜产品产量

表 8

产品名称	产量（万吨）	比 2014 年增长（%）
粮　食	18.2	+2.0
其中：青稞	11.58	+4.3
小麦	6.55	−0.2
油 菜 籽	1.13	−0.9
蔬菜	2.58	+5.7
肉类	3.72	23.6
其中：牛羊肉	3.66	+24.1
奶　类	6.33	+37.9
其中：牛奶	6.19	+37.1

农机及化肥施用量：2015 年末全市拥有农业机械总动力 125.33 万千瓦，比上年增长 0.34%；全年农用化肥施用量 1.81 万吨，比上年下降 1.6%。

三、工业和建筑业

工业：2015 年全部工业增加值 43.82 亿元，比上年增长 15.7%。规模以上工业增加值 36.89 亿元，增长 17.0%，其中，市属规模以上工业增加值 21.61 亿元，增长 18.8%。

2015 年末，全市共有规模以上工业企业 67 家，新增 8 家，比上年增长 11.7%；全年规模以上工业产品销售率为 94.6%，比上年增长 1.7 个百分点。其中：国有工业企业产品销售率为 99.5%，非国有工业企业产品销售率为 94.0%。

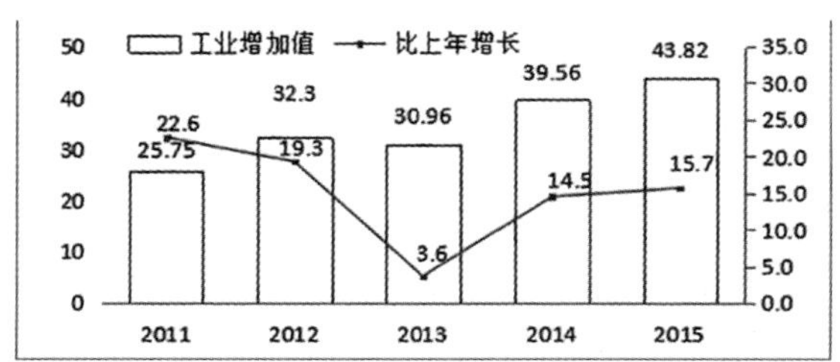

图6　2011年—2015年工业增加值及其增长速度

2015年规模以上工业增加值分类情况

表 9

指　标	增加值（亿元）	比 2014 年增长（%）
规模以上工业企业	36.89	+17.0
其中：国有企业	0.22	+23.5
集体企业	0.15	-20.2
股份制企业	31.78	+18.8
外商及港澳台商投资企业	2.76	-0.5
其他经济类型企业		
其中：轻工业	17.63	+12.0
重工业	19.26	+22.0
其中：私营企业	3.14	-62.3

2015年规模以上工业企业主要产品产量

表 10

产品名称	单 位	产 量	比 2014 年增长（%）
水泥	万吨	278.4	+39.8
中成药	吨	196.3	-0.8
发电量	万千瓦小时	93420.7	-23.6
啤酒	千升	131349.7	-6.9
自来水	万吨	13181.3	+7.5
瓶装饮用水	吨	243079.4	+110.6

建筑业：2015 年全市建筑业增加值完成 97.13 亿元，比上年增长 16.7%。

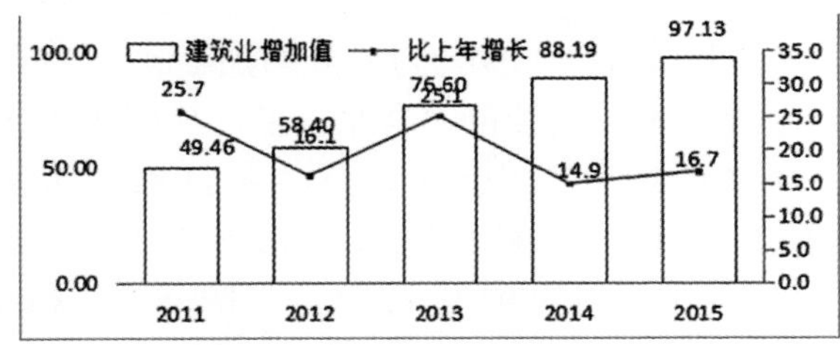

图7　2011年—2015年建筑业增加值及其增长速度

四、固定资产投资

固定资产投资：2015 年全社会固定资产投资 546.04 亿元，比上年增长 19.9%。市属固定资产投资 460.45 亿元，增长 8.8%，占全社会投资的 84.3%。

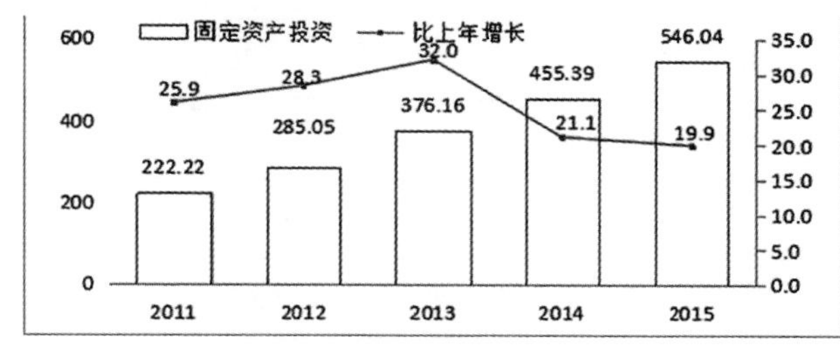

图8　2011年—2015年固定资产投资额及其增长速度

固定资产投资中：国有及国有控股投资完成 306.80 亿元，比上年增长 36.7%；民间投资完成 239.24 亿元，比上年增长 3.6%。

第一产业投资完成 35.30 亿元，增长 43.5%；第二产业投资完成 116.32 亿元，下降 28.7%；第三产业投资完成 394.43 亿元，增长 47.4%。三次产业投资的比重依次为 6.5%、21.3% 和 72.2%。

房地产开发：全年房地产开发投资 46.13 亿元，比上年下降 9.0%。房地产开发房屋施工面积 358.37 万平方米，比上年增长 38.9%；全年房屋竣工面积 91.53 万平方米，商品房销售面积 35.87 万平方米。

2015年全社会固定资产投资额

表 11

指　标	投资额（亿元）	比 2014 年增长（%）
全社会固定资产投资	546.04	+19.9
农、林、牧、渔业	35.30	+43.5
采矿业	69.52	+21.8
制造业	24.33	-43.7
电力、燃气及水的生产和供应业	21.79	-65.3
建筑业	0.67	
批发和零售业	11.05	-75.2
交通运输、仓储和邮政业	136.82	+635.1
住宿和餐饮业	3.99	286.1
信息传输、计算机服务和软件业	1.42	-87.4
金融业	44.83	-35.7
房地产业	73.26	+973.9

续表 11

指　　标	投资额（亿元）	比 2014 年增长（%）
租赁和商务服务业	1.26	−51.6
科学研究和技术服务	2.96	−90.4
水利、环境和公共设施管理业	50.05	+256.5
居民服务、修理和其他服务业	9.66	−31.3
教育	9.6	+218.5
卫生和社会工作	4.04	−55.0
文化、体育和娱乐业	11.36	−67.8
公共管理、社会保障和社会组织	34.13	−89.3

五、国内贸易

全社会消费品零售：2015 年末，全市共有限额以上企业 93 家，增加 5 家，比上年增长 0.6%；全年完成社会消费品零售总额 205.80 亿元，比上年增长 14.1%。其中：限额以上贸易企业零售额为 63.54 亿元，增长 20.8%，占全市社会消费品零售总额的 30.9%。分城乡：城镇社会消费品零售总额为 180.62 亿元，增长 8.3%，乡村社会消费品零售总额为 25.18 亿元，增长 26.8%，分行业：社会消费品批发零售总额为 181.29 亿元，增长 14.7%；住宿餐饮总额为 24.5 亿元，增长 9.9%。

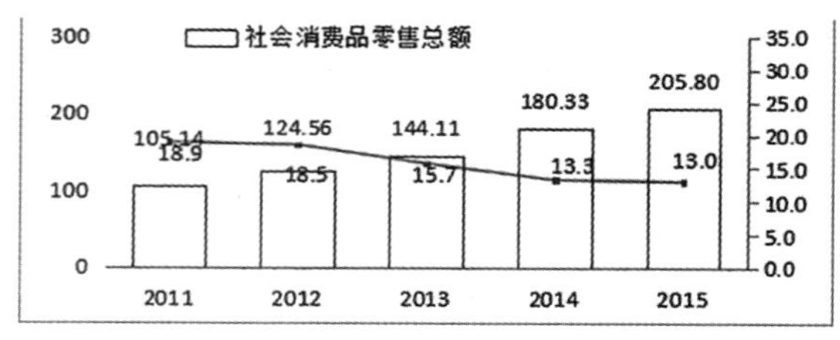

图9　2011年—2015年社会消费品及其增长速度

六、对外经济

进出口贸易：2015 年全市外贸进出口总额为 41.29 亿元，比上年下降 67.6%。其中：出口 31.33 亿元，下降 74.4%，进口 9.97 亿元，增长 101.1%。

招商引资：2015 年实际落实项目 319 个，项目总投资 653.23 亿元，实际到位资金 244 亿元，比上年增长 11.5%。

七、交通、邮电和旅游

交通运输：2015 年末全市公路线路里程 4685 公里；建成农村道路 2942.57 公里。公交运营线路网长度 607.22 公里，年客运量为 1016 万人次。

2015年铁路、公路运输量与周转量

表 12

指 标	单 位	2015 年	比 2014 年增长（%）
货物运输量		1029.96	+1.95
铁　路	万吨	40.22	+9.06
公　路	万吨	989.74	+1.68
货物周转量		728654.6	−1.71
铁　路	万吨公里	235410.6	+0.41
公　路	万吨公里	493244.0	−2.69
旅客运输量		1016.0	+40.42
铁　路	万人次	135.66	+10.6
公　路	万人次	880.34	+46.5
旅客周转量		504420.66	+59.34
铁　路	万人公里	131054.2	+10.63
公　路	万人公里	373366.46	+88.47

注：铁路运输为西藏地区口径

邮电：全年完成邮电业务总量 294013 万元，比上年增长 24.4%，其中邮政业务总量 7158 万元，增长 12.2%，电信业务总量 286855 万元，增长 24.8%。年末固定及移动电话用户总数达到 114.88 万户，其中：移动电话用户 93.88 万户，新增加 2.02 万户。

旅游：2015 年，接待国内外游客 1179.03 万人次，比上年增长 27.4%。其中：入境游客 11.82 万人次，增长 17.0%，国内游客 1167.21 万人次，增长 26.1%。全年旅游总收入 154.93 亿元，比上年增长 37.7%；旅游外汇收入 6351.90 万美元，增长 32.5%。

八、财政和金融

财政：年末全市完成公共财政预算收入 62.42 亿

元，比上年下降3.7%，其中：税收收入51.74亿元，增长2.0%。增值税收入12.15亿元，增长13.6%，营业税收入19.44亿元，增长37.3%，企业所得税收入7.18亿元，下降43.4%，个人所得税收入6.30亿元，下降16%。

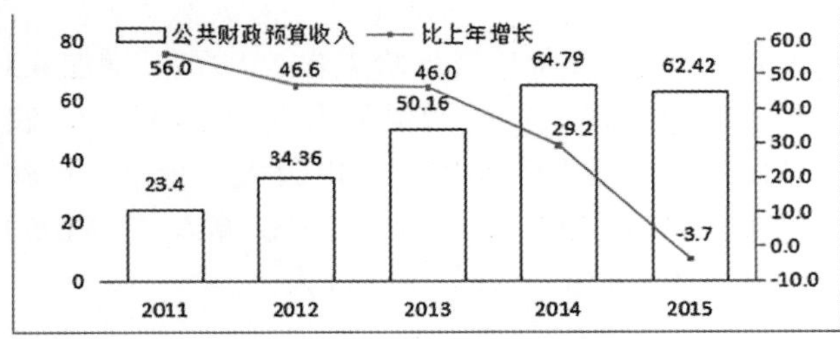

图10　2011年—2015年公共财政预算收入及其增长速度

全年执行公共财政预算支出200.40亿元，比上年增长18.2%。农业、教育、科技等各项重点支出以及事关民生的支出得到较好保障，其中农林水事务支出19.74亿元，增长42.0%；教育支出31.74亿元，增长31.6%；社会保障和就业支出10.44亿元，增长24.6%；医疗卫生支出6.80亿元，增长45.0%；文化体育与传媒支出3.81亿元，增长50.6%；城乡社区事务支出38.51亿元，增长102.0%。

金融：年末全市金融机构本外币各项存款余额2130.37亿元，比年初增长15.9%；本外币各项贷款余额1209.61亿元，比年初增长29.8%。人民币各项存款余额2123.10亿元，比年初增长15.9%；人民币各项贷款余额1205.45亿元，比年初增长29.4%。

九、电力使用

电力供应：2015年全市共使用电力21.53亿千瓦时，其中：全行业用电19.12亿千瓦时，城乡居民生活用电2.41亿千瓦时。

十、城市建设

基础设施建设：2015年，基础设施不断完善，拉萨河综合整治、拉林高等级公路（拉萨—墨竹工卡县，林芝—工布江达县）等一系列基础性项目建设完成，并投入使用。

年末市区供水管道长度达761.46公里，全年自来水公司总供水13191万立方米，其中：生产运营用水1428万立方米，公共服务用水395万立方米，家庭居民用水5533万立方米，其他用水544万立方米，免费用水133万立方米。

城市绿化：2015年末，全市共有公园15座，小游园26座，街旁绿地33座个，游园1座，建成区绿化总面积达到181.95万平方米。

十一、教育、文化、卫生

教育：2015年末，共有高等院校6所（其中高职院校1所），中等职业学校3所，普通中学22所，小学75所，幼儿园166所，特殊学校1所。

2015年各类学校学生数（2015—2016学年）

表13　　单位：人

指　标	招生	在校生	毕业生
研究生	313	799	247
普通高等教育	10623	35662	7787
中等职业教育	2365	6378	251
普通高中	4739	14897	5525
初中	7458	21420	6795
普通小学	9180	49311	7835
特殊教育		185	
学前教育		26627	

全市小学学龄儿童纯入学率达99.93%，巩固率达99.04%；初中生毛入学率达102.59%，巩固率保持在98.07%。高中阶段毛入学率为89.5%。

文化：2015年末全市共有艺术表演团体12个，博物馆4个。全市广播综合人口覆盖率为98.02%，电视综合人口覆盖率为98.3%。组建“拉萨净土”全区首支职业男子篮球队；建成西藏第一座科技馆—西藏自然科学博物馆。

卫生：年末共有卫生机构488个（含村卫生室），医疗床位3394张。每千人拥有医疗床位5.25张。各类卫生技术人员4671人，其中：执业（助理）医师2078人。每千人拥有卫生技术人员7.23人。

十二、环境保护和安全生产

环境监测：2015年拉萨市空气优良天数为314

天，全年空气优良率达 95.9%，全年 PM2.5 的平均浓度为 22 微克 / 立方米，空气质量优良天数排名位居全国第三位。集中式饮用水水源地水质达标率保持在 100%，市辖区内水质达到相应水体环境功能要求，全市跨界断面出境水质达到 100% 的要求。

安全生产：2015 年亿元 GDP 生产安全事故死亡人数为 0.2 人。全年各类安全生产事故 202 起，死亡 71 人，比上年下降 30.4%，其中，道路交通事故 147 起，死亡 62 人，下降 34.0%；工矿商贸事故 9 起，死亡 9 人。

十三、人民生活和社会保障

人民生活：2015 年全体居民人均可支配收入 17651 元，比上年增长 16.1%；按常住地分，城镇居民人均可支配收入 26908 元，比上年增长 16.7%，农牧民人均可支配收入 10378 元，比上年增长 12.1%。城镇居民与农牧民收入比为 2.59:1。

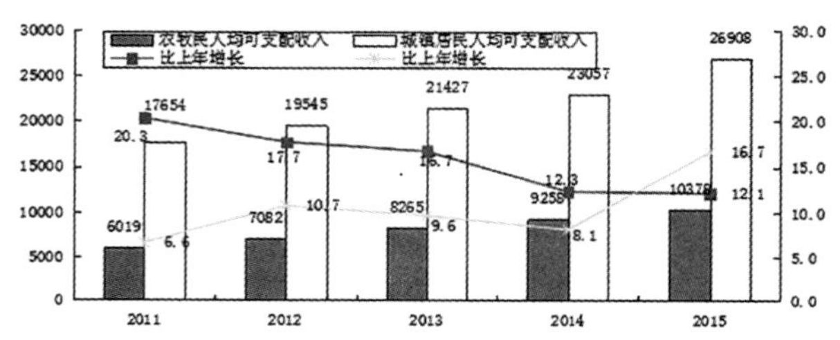

图11　2011—2015年城乡居民收入对比图

社会保障：市属年末参加城乡居民基本养老保险人数 21.1 万人，其中，参加职工基本养老保险人数 3.6 万人，增加 0.3 万人；参加居民基本医疗保险人数 6.5 万人，增加 0.3 万人。参加失业保险人数 1.48 万人，增加 0.13 万人。参加工伤保险人数 4.9 万人，增加 0.9 万人。参加生育保险人数 3.9 万人，增加 0.3 万人。城市居民最低生活保障人数为 1.44 万人，农村居民最低生活保障人数为 2.49 万人。全市农村救济供养人数为 1260 人，其中，集中供养人数为 1059 人。城乡医疗救助人数为 12208 人。

注：

1. 本公报数据为初步统计数据。

2. 地区生产总值及各产业（行业）增加值指标绝对数按现价计算，增长速度按可比价格计算。

3. 对外贸易、交通、邮电、旅游、财政、金融、保险、文化、卫生、教育、社会保障等方面的数据均由相关职能部门提供。

4. 规模以上工业企业是指年主营业务收入 2000 万元及以上的全部法人工业企业；限额以上批发企业是指年销售额在 2000 万元及以上的企业，零售企业是指年销售额在 500 万元及以上的企业；住宿餐饮企业是指年营业额在 200 万元及以上的企业。

政府规范性文件

政　府　令

第50号

《拉萨市供热管理办法》已经2014年12月12日市政府第25次常务会审议通过，现予以发布，自2015年4月1日起施行。

市长：张延清
2015年2月6日

拉萨市供热管理办法

目 录

第一章　总则
第二章　规划与建设
第三章　设备使用
第四章　应急管理
第五章　法律责任
第六章　附则

第一章　总　则

第一条　为了保障本市城乡居民冬季采暖，加强供热管理，规范供热用热行为，维护供热用热双方合法权益，节约能源和资源，减少污染物排放，促进供热事业发展，根据有关法律、法规，结合本市实际，制定本办法。

第二条　本市行政区域内的供热以及相关管理活动适用本办法。

本办法所称供热是指集中供热和分户燃气壁挂炉供热。

第三条　市市政市容行政主管部门是本市供热的主管部门，负责本市供热管理工作，负责本办法的组织实施。

县(区)供热管理行政部门负责本行政区域内的供热管理工作。

发展和改革、财政、规划、环保、质量技术监督等有关部门，在各自职责范围内做好供热用热管理相关工作。

乡镇人民政府、街道办事处配合供热管理行政部门做好本辖区内的供热采暖管理工作。

第四条　本市供热管理遵循统一规划、属地管理、保障安全、规范服务、促进节能环保和优化资源配置的原则。

本市建立并完善供热能源保障、采暖救助、应急处置等安全供热保障体系。

第五条　本市鼓励和支持相关行业组织、中介机构参与供热行业管理和技术服务、宣传培训等工作。

鼓励利用清洁能源和可再生能源，推广应用节能、高效、环保、安全的供热新技术、新工艺、新设备、新材料，对节能效率高和环境效益好的供热技术和项目，以及在供热工作中做出显著成绩的单位和个人，政府应当予以表彰或者奖励。

第二章　规划与建设

第六条　市市政市容行政主管部门应当组织有关部门，按照规定程序编制本市供热规划，报市人民政府批准后组织实施。

县(区)供热管理行政部门应当依据本市供热规划，制定本行政区域的供热规划，报市供热管理行政部门同意后组织实施。

经批准的供热规划未经法定程序调整,不得擅自变更。

第七条　本市新建、改建、扩建供热设施,应当符合供热规划。列入规划的供热设施建设用地,未经法定程序调整规划,不得改变用途。

规划行政管理部门在对建设项目提出规划条件时,涉及热源设施建设的,应当征求供热管理行政部门的意见。

居住建设项目和供热项目竣工验收时,建设单位应当组织供热单位参加,供热单位应当查验是否具备供热条件。在竣工验收后,建设单位应当向供热单位提供有关工程档案资料,在验收合格后,建设单位还应当向城建档案管理部门和市供热管理行政部门移交齐全、准确的建设档案。

第八条　本市应当加强供热节能管理,实行用热量计量收费。

新建建筑物应当执行建筑节能标准,具备热计量及室温调控功能。不符合现行国家住宅设计规范温度要求的住宅,应当逐步进行建筑节能改造。

第九条　供热单位应当向市供热管理行政部门提交以下材料:

(一)单位基本情况;

(二)供热区域及规模、用户类别及数量;

(三)供热设施及其折旧管理基本情况;

(四)运营管理制度及人员基本情况;

(五)供热突发事件应急预案。

供热单位应当保证提交的材料真实准确,在内容发生改变时,及时更新。

第十条　供热单位与用户订立供热采暖合同应当符合国家和本市的有关规定。未签订书面供热采暖合同,供热单位已经向用户供热一个或者一个以上采暖期的,用户与供热单位之间视为存在事实供热采暖合同关系。

第十一条　本市采暖期为当年11月15日至次年3月15日。市、县(区)人民政府可以根据气象等实际情况调整采暖期时间。

采暖期内,对符合现行国家住宅设计规范要求的住宅,供热单位应当保证住宅用户卧室、起居室(厅)的室温符合现行国家住宅设计规范的温度要求,但因突发事件或者用户责任影响正常供热采暖的除外。

用户对采暖期时间、采暖温度有特殊要求的,可以与供热单位另行约定。

第三章　设备使用

第十二条　供热单位应当按照国家和本市的相关标准、规范,向用户提供安全、稳定、质量合格的供热服务,建立健全供热运营管理制度、服务规范和安全操作规程,遵守下列规定:

(一)建立供热设施巡检制度,对管理范围内的供热设施进行检查,并作好记录。发现共用供热设施存在隐患的,应当及时消除;发现用户自用采暖设施存在隐患的,应当书面告知用户及时消除;

(二)供热前应当进行供热系统充水、试压、排气、试运行等工作,并提前在供热范围内进行公告;

(三)建立用户采暖温度抽测制度,定期对用户室温进行检测,测温记录应当有用户或者其他证明人签字;

(四)采暖期内实行24小时服务,并及时处理和回复用户反映的问题。

第十三条　供热单位和用户对室温是否达标存在争议的,可以委托具备室温检测资质的第三方机构进行检测。室温检测具体办法由质量技术监督管理部门制定,并征求市供热管理行政部门的意见。

发生供热纠纷的,可以请求市供热管理行政部门或相关部门协调解决,也可以向人民法院提起诉讼。

第十四条　采暖期内,供热单位不得推迟、中止供热或者提前结束供热,不得退出或者部分退出供热经营活动;向供热单位供应水、电力、燃气、燃油和热能的单位,应当保障供应,不得擅自中断。

非采暖期内,供热单位确需退出或者部分退出供热经营活动的,应当对供热范围内相关用户、设施管护以及采暖费等事宜做出妥善安排,并在当年6月1日之前,与承接的供热单位完成供热设施及技术档案、用户资料、采暖费等事项的交接工作,同时提出书面申请,经同意方可退出。但在用户的采暖权益不能得到有效保障时,供热单位不得退出或者部分退出供热经营活动。

第十五条　供热单位应当直接向用户收取采暖费。供热单位委托金融机构或者其它服务单位代收采暖费的,应当向用户公告受委托的收费单位,受委托单位不得向用户收取任何额外费用;未经供热单位委托,任何单位和个人不得向用户收取采暖费。收取采暖费应当提供本市税务机关统一印制的发票。

第十六条 用户与供热单位签订合同的,由合同约定的交费人支付采暖费。未签订合同的,由房屋所有权人、承租政府公有住房的承租人按照规定支付采暖费,出租人和承租人有约定的按照约定执行。

第十七条 集中供热具备分户独立采暖系统型式的用户,在不影响其他用户正常采暖及共用供热设施安全的前提下,经与供热单位协商,就暂停供热时间、交纳基本费用等事项达成一致后,可以由供热单位暂停供热。

第十八条 市供热管理行政部门对供热采暖行为进行监督检查时,供热单位、用户以及相关单位应当积极配合。

供热单位进行供热设施维护、抢修作业以及室温检测、查表及收费等工作时,用户和物业、居(村)委会等单位和部门应当予以配合。

第十九条 供热单位应当对供热范围内住宅用户的室外供热设施和室内共用供热设施承担管理、维护、抢修和更新改造的责任,机关、部队、企事业单位的后勤服务部门提供社会供热服务的,可以按照规定委托专业企业承担。

住宅用户发现室内供热采暖设施异常、泄漏等情况时,应当及时向供热单位报修,并承担室内自用采暖设施维修、更新的相关费用。

非住宅用户供热采暖设施的维护、管理以及更新改造,由供热单位与用户在合同中约定。

建设单位应当依法承担供热采暖设施保修期内的保修责任。

第二十条 用户不得拆改室内共用供热设施、扩大采暖面积或者增加散热设备。用户装饰装修房屋不得影响供热效果或者妨碍对设施进行正常维修养护。

用户拆改室内自用采暖设施的,应当经供热单位确认不影响其他用户正常采暖和不妨碍设施维修养护。

用户因拆改室内供热采暖设施造成他人损失的,应当承担责任。

第二十一条 供热单位应当保证管理范围内供热设施在规定的使用期限内完好,并按照规定计提供热设施折旧费,按期对供热设施进行更新改造。

第二十二条 任何单位和个人不得擅自拆除、迁移、改建、变卖热源设施。确需拆除、迁移、改建、变卖热源设施的,应当提前向市供热管理行政部门书面报告,提供替代热源设施,保障用户的采暖权益。

第二十三条 禁止实施下列危害供热安全的行为:

(一)在规定的地下热力管道安全间距范围内修筑建筑物、构筑物;

(二)在规定的地下热力管道安全间距范围内堆放物品,或者进行挖掘、取土、钻探、打桩、埋杆、栽植深根性植物和爆破作业;

(三)向供热管沟内排放有毒、有害、易燃、易爆、易堵塞物品及雨水、污水、工业废液、垃圾;

(四)擅自接入供热管网;

(五)擅自在室内采暖系统上安装危害系统安全的设备;

(六)擅自排放或者取用管道内热水或蒸汽;

(七)擅自拆除、毁损警示标志;

(八)擅自操作、拆除共用供热阀门,损坏共用阀门的铅封,改动或者损坏供热计量仪表及其附件等;

(九)其他危害、损坏供热设施的行为。

第二十四条 分户燃气壁挂炉供热设施的设计、安装应当符合国家相关规范要求。

第二十五条 分户燃气壁挂炉用户供热设施出现异常、泄漏等情况,应当及时向供热单位报修,并承担室内自用采暖设施维修、更新的相关费用。

第四章 应急管理

第二十六条 市、县(区)供热管理行政部门应当按照国家和本市的有关规定,组织实施供热突发事件应急预案。

市、县(区)人民政府应当设置应对供热突发事件专项准备资金,以保障供热突发事件应对工作所需经费。

供热单位应当建立与保障供热安全相适应的应急抢修队伍,配备应急抢修设备、物资、车辆以及通讯设备,在采暖期内实行24小时应急备勤。

第二十七条 供热设施发生突发性故障,应当立即抢修的,供热单位可以先行采取必要的应急措施进行抢修,相关单位和用户应当予以配合。

发生供热设施泄漏等紧急情况时,供热单位应当采取紧急避险措施,实施入户抢险、抢修作业的,当地公安机关应当予以配合。

第二十八条 市供热管理行政部门应当建立健全监督管理制度,依法对供热单位进行监督检查。

市供热管理行政部门应当会同质监、工商等相关部门组织制定有关供热公共安全、服务的标准。

第五章 法律责任

第二十九条 供热单位违反本办法第九条规定，未提交相关材料的，由城市管理综合执法部门责令限期改正，逾期未改正的，处30000元以下罚款；提交的材料失实的，由城市管理综合行政执法部门责令改正，情节严重的，并处10000元以上30000元以下的罚款。

第三十条 供热单位违反本办法第十二条第（一）项规定，未实施供热设施安全巡检制度的，由城市管理综合执法部门责令限期改正，逾期未改正的，处10000元以下罚款。

供热单位违反本办法第十二条第（二）项规定，未提前在供热范围内进行公告的，由城市管理综合执法部门责令改正，并处1000元以下罚款。

第三十一条 供热单位违反本办法第十四条第一款规定，在采暖期内，推迟、中止供热或者提前结束供热的，由城市管理综合执法部门责令改正，并处5000元以上10000元以下罚款。在采暖期内退出或者部分退出供热经营活动的，由城市管理综合执法部门责令改正，并对供热单位处30000元以上50000元以下罚款。

供热单位违反本办法第十四条第二款规定，在非采暖期内擅自退出或者部分退出供热经营活动，影响用户采暖的，

由城市管理综合执法部门责令限期改正，逾期未改正的，对供热单位处30000元以下罚款。

第三十二条 用户违反本办法第二十条第一款规定，拆改室内共用供热设施、扩大采暖面积、增加散热设备或者装饰装修房屋妨碍对设施进行正常维修养护的，由城市管理综合执法部门责令限期改正，逾期未改正的，处200元以上2000元以下罚款。

第三十三条 违反本办法第二十二条规定，擅自拆除、迁移、改建、变卖热源设施，未提供替代热源设施，影响用户采暖的，由城市管理综合执法部门责令限期改正，对单位并处30000元以上50000元以下罚款。个人擅自拆除、迁移、改建、变卖热源设施的，由城市管理综合执法部门责令限期改正，并处500元以上2000元以下的罚款。

第三十四条 违反本办法第二十三条第（一）项规定的，由有关部门依照相关法律、法规和规章进行处理。

违反本办法第二十三条第（二）（三）（四）（五）（六）（九）项规定的，由城市管理综合执法部门责令改正，严重影响供热设施安全的，对单位并处2000元以上10000元以下罚款；对个人并处200元以上1000元以下的罚款。

违反本办法第二十三条第（七）（八）项规定的，由城市管理综合执法部门责令改正，并处500元以上1000元以下罚款。

第三十五条 供热管理行政部门及执法部门工作人员违反本办法规定，滥用职权、玩忽职守、徇私舞弊的依法给予行政处分；构成犯罪的，依法追究刑事责任。

第六章 附则

第三十六条 本办法中有关用语的含义：

（一）集中供热是指供热单位依靠稳定热源，通过管道系统有偿为用户提供采暖用热以及相关服务的行为。

（二）用户是指有偿使用供热单位提供的热能用于采暖的单位和个人。

（三）室内自用采暖设施是指室内支管、散热器及其附属设备。

（四）热源设施是指用于生产、交换热能的设施，包括各类锅炉房、热交换站等。

第三十七条 本办法自2015年4月1日起施行。

政　府　令

第51号

《拉萨市燃气管理办法》已经2014年12月12日市政府第25次常务会议审议通过，现予以发布，自2015年4月1日起施行。

市长：张延清
2015年2月6日

拉萨市燃气管理办法

目 录

第一章　总　则

第一条　为加强本市燃气管理，保障社会公共安全和公共利益，维护燃气用户和经营者的合法权益，促进燃气事业健康发展，根据《城镇燃气管理条例》等有关法规，结合本市实际，制定本办法。

第二条　本办法适用于本市行政区域内燃气的规划、经营和使用，燃气设施的建设、安装、维修和抢修，以及其他相关管理活动。

第三条　市市政市容行政管理部门是本市燃气行政管理部门。负责本行政区域内燃气管理工作，负责本办法的组织实施。

各县(区)燃气行政管理部门依照本办法负责本行政区域内燃气管理工作。

市发展和改革、国土资源、城乡规划、住房和城乡建设、质量技术监督、安全生产监督、公安消防、工商、环境保护等部门按照各自的职责，做好燃气相关工作。

第四条　本市燃气管理遵循统筹规划、保障安全、协调发展、确保供应、规范服务、节能高效的原则。

第五条　本市鼓励燃气科学技术研究，推广安全、环保、节能的先进技术应用。

县级以上人民政府、燃气行政管理部门以及燃气经营企业应当加强燃气安全知识宣传和普及工作，增强社会公众的燃气安全意识，提高防范和应对燃气事故的能力。

第二章　规划与建设

第六条　市燃气行政管理部门应当会同市发展和改革、国土资源、城乡规划、住房和城乡建设等部门根据城市总体规划编制本市燃气发展规划。城市燃气新建、改建、扩建项目以及经营网点的布局要符合燃气发展规划，并经本级人民政府批准，方可实施。

第七条　市、县(区)应当制定政策，采取措施，多渠道保障气源供应，加强用气管理，建立燃气经营和需求的宏观调控机制。

瓶装燃气经营站点的设置应当城乡统筹、合理布局。燃气行政管理部门应当按照燃气发展规划的要求对瓶装燃气经营站点进行城乡统一规划，并报本级人民政府批准。

第八条　城市建设应当按照城市规划和燃气发展规划，预留燃气设施的配套建设用地，列入城市总体规划的燃气设施建设用地，未经法定程序调整规划，不得改变用途。

市规划行政管理部门对燃气设施建设项目核发选址意见书时，应当就燃气设施是否符合燃气发展规划征求燃气行政管理部门的意见；不需要核发选址意见书时，市规划管理部门在核发建设用地规划许可证时，应当就燃气设施建设是否符合燃气发展规划征求燃气行政管理部门意见。

第九条　新建、改扩建需要供气的建筑项目，开发、建设单位应当会同管道燃气经营企业确定燃气供应方案。燃气供应方案应当包括燃气供应方式、配套设施建设规划、过渡性燃气供应措施等内容。燃气供应方案应当符合燃气专业规划要求。

开发建设单位应当公开燃气供应方案，并在新建、改扩建住宅建设项目的房屋销售合同中明确燃气供应方式。

市发展和改革部门根据燃气行政管理部门的意见，严格审批燃气工程建设项目。

第十条　城市新区开发、旧区改造工程，新建、扩建、改建道路、桥梁等市政工程，按照燃气专业规划必须建设管道燃气设施的，配套燃气设施应当与主体工程同时设计、同时施工、同时验收。

第十一条　从事燃气工程勘察、设计、施工、监理活动的单位应当具有相应的资质，并在其资质等级范围内依法从事作业活动。

燃气工程的设计应当执行国家有关标准，并符合城市景观环境和方便用户的要求。

第十二条　任何单位和个人不得阻扰经批准的公共管道燃气工程项目的施工安装。

第十三条　燃气设施建设工程竣工后，建设单位应当依法组织竣工验收，并自竣工验收合格之日起15日内，将竣工验收情况报燃气行政管理部门备案。未通过竣工验收的项目不得投入使用。

燃气工程的建设单位应当严格按照国家和本市、县（区）有关档案管理的规定收集、整理项目建设过程中各环节的文件资料，在项目建设竣工验收后向市城建档案管理部门和燃气企业移交项目建设档案。

第三章　燃气经营与管理

第十四条　本市对燃气经营实行许可证制度。在本市行政区域内从事燃气经营活动的，应当取得燃气行政管理部门颁发的燃气经营许可证。取得燃气经营许可证应当具备下列条件：

（一）建设项目符合燃气专业规划；

（二）有稳定和符合国家标准的燃气气源，并建立燃气气质检测制度；

（三）经营场所、燃气设施符合国家和本市的相关规定；

（四）有完善的安全管理制度和健全的经营方案；

（五）企业的主要负责人、安全生产管理人员以及运行、维护和抢修人员配置应当与经营规模相适应并应当通过燃气安全生产知识等专业考核合格；

（六）法律法规规定的其他条件。

燃气经营企业应当凭燃气经营许可证到市工商管理部门依法办理登记手续。

燃气经营企业应当按照燃气经营许可决定的范围从事经营活动。

第十五条　燃气经营企业还应当提供下列资料：

（一）与业务规模相适应的偿债和抗风险能力资料；

（二）与供气规模相适应的抢险能力应急预案；

（三）出具安全评价机构出具的在有效期内的安全评价报告。

第十六条　本市从事瓶装液化石油气供应经营活动的企业应当建立气瓶档案管理制度，其中从事充装作业的企业还应当建立气瓶充装质量保证体系，并具有残液回收处置措施。

第十七条　燃气行政管理部门应当会同有关部门制定燃气管理、服务的标准和规范。

燃气行政管理部门应当建立健全监督管理制度，依据有关法律、法规和规范，对燃气经营企业进行监督检查；向社会公布投诉电话，并受理有关燃气安全、质量、收费和服务的投诉。

第十八条　燃气销售价格，根据购气成本、经营成本及本市经济水平适时调整。市发展和改革委员会在确定和调整燃气销售价格时，应当征求相关各方的意见。

第十九条　燃气经营企业应当向用户提供安全可靠、供应稳定、质量合格、计量准确的供气服务，并对燃气设施定期进行安全检查。

使用管道燃气计量装置依法执行强制检定制度。禁止擅自开启计量检定机构加封的燃气计量装置封印。本市瓶装液化石油气充装站应当对用于贸易结算的计量器具实行强制检定。

管道燃气的用气量以燃气计量装置的记录为准。用户和燃气企业对燃气计量装置的准确度有异议的，可以提出校验，双方应当在约定的时间内交由法定的计量检定机构检定。对检定结果有异议的，可申请质量技术监督部门指定计量检定机构重新检定。经检定的燃气计量装置其误差在规定的范围的，检定费用由提出校验一方承担；其误差超过规定范围的，检定费用由燃气经营企业承担，并由燃气经营企业免费为用户更换合格的计量装置。

第二十条　燃气经营企业应当建立和完善各项安全保障制度，并遵守下列规定：

（一）执行国家和本市对燃气设施运行、维护和抢修的有关规定；

（二）因例行检修、更换设施等情况，需要临时调整供气量或者暂停供气时，应当提前48小时将作业时间和影响区域予以公告；

（三）燃气经营企业应当按照国家和本市、县（区）的有关规定每半年向燃气行政管理部门报告生产运营、安全生产等情况；

（四）因突发事件影响供气，应当按照燃气应急预案采取紧急措施并及时通知用户；

（五）燃气经营企业应当建立员工岗位培训制度，实行持证上岗制度，由劳动保障部门进行考核鉴定，发放职业资格证书；

（六）燃气经营企业应当履行安全生产主体责任，承担管道等燃气设施的运行和维护，所有燃气设施和用气设备应当符合国家标准和安全技术规范的要求。

燃气经营企业确需停业、歇业的，应当提前90日向燃气行政管理部门提出申请，经过燃气行政管理部门批准后，并且在停业、歇业前，提前7日在当地主要媒体上向用户发出公告。

第二十一条　燃气经营企业不得有下列行为：

（一）拒绝向市政燃气管网覆盖范围内符合用气条件的单位或者个人供气；

（二）倒卖、抵押、出租、出借、转让、涂改燃气经营许可证；

（三）未履行告知义务擅自停气、调整供气量，或者未经审批擅自停业或者歇业；

（四）向未取得燃气经营许可证的单位及个人提供经营性燃气；

（五）在不具备安全条件的场所储存燃气；

（六）要求燃气用户购买其指定的产品或者接受其提供的服务；

（七）冒用其他企业名称或者标识从事燃气经营、服务活动。

第二十二条　瓶装液化石油气经营企业应当遵守下列规定：

（一）向用户提供的气瓶、气质以及气量应当符合国家和本市的规定；

（二）瓶装液化石油气供应站应当与瓶装液化石油气充装企业签订合同；

（三）液化石油气充装企业负责气瓶的安全、维护和保养，应当按照国家和本市的有关规定，定期将气瓶送检验机构进行检验。禁止灌装超过检定期限或者检验不合格的气瓶，任何单位和个人不得翻新使用不合格燃气钢瓶或者报废钢瓶；

（四）液化石油气充装企业禁止用槽车直接向钢瓶充装液化石油气；

（五）液化石油气充装企业只能充装企业自有产权或者与客户签订供气合同范围内的气瓶；

（六）瓶装燃气经营企业、瓶装燃气经营站点应当配备符合安全运输要求的车辆运输装有燃气的气瓶，承担钢瓶运输的车辆应当取得危险品运输许可证。不得将装有燃气的气瓶交由厢体封闭的车辆等不符合安全要求的车辆运输。

第二十三条　燃气经营企业发现危害燃气设施安全、违反规定使用燃气等行为时，应当立即予以劝阻、制止，记入用户档案，并向燃气行政管理部门、城市管理综合执法部门举报。

燃气行政管理部门、城市管理综合执法部门接到举报后，应当立即核查并依法处理。

第二十四条　小区燃气设备设施的运行巡视工作纳入到平安社区建设当中，乡镇、社区居委会管理人员应当掌握一定燃气应急处理知识，熟悉本小区燃气设备设施情况，发现有可能危害燃气设备设施行为应当立即制止并向供暖供气单位报告。

燃气行政管理部门、质量技术监督、安全生产监督、交通运输、公安消防等部门应当根据各自职责，对燃气经营、燃气使用的安全状况进行监督检查。

第四章　燃气使用与设施保护

第二十五条　燃气用户和物业管理单位应当配合管道燃气经营企业对燃气设施进行的维护、抢修作业以及查表、收费等工作。

燃气用户应当按时支付燃气费，不得拖欠和拒绝支付。

第二十六条　燃气用户应当在具备安全使用条件的场所正确使用燃气、燃气设施和用气设备。

燃气用户应当对室内燃气设施及用气设备进行日常检查，发现室内燃气设施或者用气设备异常、燃气泄漏时，及时向燃气经营单位报修。

第二十七条　在燃气的经营与使用过程中，燃气经营企业和燃气用户应当禁止下列行为：

（一）擅自操作公用燃气阀门；

（二）改变燃气用途或者转供燃气；

（三）对液化石油气钢瓶加热；

（四）私自倒灌瓶装气和倾倒残液；

（五）擅自改换钢瓶检验标记；

（六）擅自自行安装、改装、拆除户内燃气设施和燃气计量装置；

（七）在不具备安全条件的场所使用、储存燃气；

（八）法律、法规规定禁止的其他行为。

第二十八条　管道燃气单位用户变更户名、用气量、燃气使用性质的，应当到管道燃气经营单位办理变更手续。

管道燃气用户需安装、改装、迁移、拆除室内燃气设施的，应当委托燃气经营企业实施作业。用户的要求符合规范要求的，燃气经营企业应当依照服务承诺在规定时限内实施作业；用户的要求不符合规范要求的，燃气经营企业应当在规定时限内以书面形式告知理由，并提出合理建议。

第二十九条　燃气经营企业对燃气门站、储配站、区域性调压站、燃气经营站、市政燃气管道等燃气设施进行拆除、改造、迁移的，应当制定改动方案，报燃气行政管理部门批准。

改动市政燃气设施，应当符合下列条件：

（一）有改动燃气设施的申请报告；

（二）改动后的燃气设施符合燃气专业规划、安全等相关规定；

（三）有安全施工的组织、设计和实施方案；

（四）有消防部门的审核验收资料；

（五）有安全防护及不影响燃气用户安全正常用气的措施；

（六）法律、法规、规章规定的其他条件。

燃气行政管理部门应当自受理燃气设施改动申请之日起20个工作日内，依照法定程序做出书面决定。

燃气经营企业应当按照决定的要求实施。

第三十条　建设单位应当在工程施工前，向施工单位提供施工现场及毗邻区域内地下燃气管线及其他燃气设施的相关资料，并保证资料的真实、准确、完整。

工程施工范围内有地下燃气管线及其他燃气设施的，建设单位应当组织施工单位、燃气经营企业共同制定保护方案，明确安全保护措施，并与燃气经营企业签订安全监护协议，由燃气经营企业进行监护。施工单位依照保护方案，实施安全保护措施。

工程施工作业损坏地下燃气管线及其他燃气设施的，施工单位应当立即通知燃气设施的管理单位，并按照规定采取应急保护措施，避免扩大损失。

改装、迁移或者拆除燃气设施，以及采取安全措施所产生的费用，由建设单位承担。

第三十一条　在地下燃气管道安全间距范围内，禁止下列行为：

（一）建设建筑物、构筑物或者其他设施；

（二）进行爆破、钻探、打桩、顶进、挖掘、取土等作业；

（三）倾倒、排放腐蚀性物质；

（四）堆放物品或者种植深根植物；

（五）涂改、覆盖、移动、拆除、损坏安全警示标志；

（六）从事其他危害地下燃气管道安全的活动。

第三十二条　在本市生产、销售的用气设备，产品质量应当符合国家和本市的相关标准。

第三十三条　用气设备的生产者、销售者应当在本市设立或者委托设立售后服务站点，负责售后的咨询、安装、维修等服务。

售后服务站点应当建立健全管理制度和规范化服务标准。

售后服务站点不得做改动室内燃气设施等超范围服务。

第三十四条　燃气经营企业应当对供应范围内的市政燃气设施、居民用户的庭院燃气设施和共用燃气设施承担运行、维护、抢修和更新改造的责任。

对于单位用户的燃气设施，燃气经营企业应当按照合同的约定承担相应的管理和服务责任。

第三十五条　燃气计量表设置在住宅内的用户，其燃气计量表和表前燃气设施由燃气经营企业负责维护、更新；燃气计量表后燃气设施和燃气器具，由用户负责维护、更新。

燃气计量表设置在居民住宅公共部位的，燃气管道进户墙外侧的燃气设施由燃气经营企业负责维护、更新；燃气管道进户墙内侧的燃气设施和燃气器具由用户负责维护、更新。

第三十六条　燃气经营企业应当在重要的燃气设施或者重要的部位设置统一、明显的识别标志。在对燃气设施维护和抢修时，应当设置安全警示标志。

燃气经营企业对安装在用户室内和建筑物公共部位的公用燃气阀门应当设立永久性警示标志，并告知用户不得擅自操作公用燃气阀门。

第五章　应急预案与事故处置

第三十七条　燃气行政管理部门应当会同有关部门制定本市燃气应急预案，报市人民政府批准后组织实施。

县人民政府应当组织有关部门编制本行政区域内的燃气应急预案，并报市人民政府备案。

燃气经营企业应当根据国家和本市有关应急预案的规定，制定本企业的燃气应急预案。

第三十八条　市、县、区人民政府和有关管理部门以及燃气经营企业，应当有计划、有重点地进行燃气应急预案演练，并根据实际情况及时修订。

发生燃气安全突发事件时，燃气行政管理部门和政府有关部门以及燃气经营企业应当按照规定启动应急预案。

第三十九条　燃气行政管理部门应当建立健全燃气应急指挥通信网络系统。

燃气经营企业应当向社会公布抢险、抢修电话，并设专岗每天 24 小时值班。

第四十条　任何单位和个人发现燃气事故、事故隐患以及危害燃气设施安全的情况，应当立即向燃气经营企业、燃气行政管理部门或者公安消防等部门报告。

发生燃气安全突发事件，燃气经营企业应当根据燃气应急预案，立即采取相应措施先行处置，并根据事件等级，按照程序向燃气行政管理部门、安全生产监督、质量技术监督、公安消防等管理部门报告。

发生燃气泄漏等紧急情况时，燃气经营企业应当采取紧急避险措施的，公安机关应当配合燃气经营企业实施入户抢险、抢修作业。

政府有关部门应当根据事件等级，依照燃气应急预案，组织市城市管理综合执法、公安消防、质量技术监督、安监等部门按照各自职责，做好燃气安全突发事件的处置和善后工作。

第四十一条　燃气经营企业处置燃气安全突发事件时，相关单位和个人应当积极配合，不得阻挠、干扰。

第四十二条　燃气经营企业无法保障正常供应燃气，严重影响公共利益的，燃气行政管理部门应当采取必要措施，保障燃气安全供应。

第六章　法律责任

第四十三条　违反本办法第十四条的规定，未取得燃气经营许可证从事燃气经营活动的，由燃气行政管理部门责令停止违法行为，处 50000 元以上 200000 元以下罚款；有违法所得的，没收违法所得；构成犯罪的，依法追究刑事责任。

违反本办法规定，燃气经营者不按照燃气经营许可的范围从事燃气经营活动的，由燃气行政管理部门责令限期改正，处 30000 元以上 200000 元以下罚款；有违法所得的，没收违法所得；情节严重的，吊销燃气经营许可证；构成犯罪的，依法追究刑事责任。

第四十四条　违反本办法第二十一条第（一）（二）（三）（四）（五）（六）项规定的，由燃气行政管理部门责令限期改正，处 10000 元以上 50000 元以下罚款；有违法所得的，没收违法所得；情节严重的，吊销燃气经营许可证；造成损失的，依法承担赔偿责任；构成犯罪的，依法追究刑事责任；擅自停业、歇业造成损害的，燃气经营企业应当依法承担相应的赔偿责任；违反本办法第二十一条第（七）项规定的，依照有关反不正当竞争的法律法规进行处罚。

第四十五条　违反本办法第二十二条第（一）（二）（四）（五）（六）项规定的，由燃气行政管理部门给予警告、责令限期改正、停止销售，并处 10000 元以下罚款；违反本办法第二十二条第（三）项规定的，由质量技术监督部门依法处理。

第四十六条　违反本办法第二十七条规定的，由燃气行政管理部门限期责令改正，逾期不改正的，对企业处 10000 元以上 50000 元以下罚款，对个人并处 1000 元以下罚款；造成损失的，依法承担赔偿责任；构成犯罪的，依法追究刑事责任。

第四十七条　违反本办法第二十九条规定，擅自改动燃气设施或者不按照燃气设施改动许可的要求实施作业的，由燃气行政管理部门责令限期改正，恢复原状或者采取其他补救措施，对企业处50000元以上80000元以下罚款，对个人处5000元以下的罚款；造成损失的，依法承担赔偿责任；构成犯罪的，依法追究刑事责任。

第四十八条　违反本办法第三十条规定，建设单位未真实、准确、完整地提供燃气设施相关资料或者施工单位未按要求采取保护措施，由燃气行政管理部门责令限期改正，逾期未改正的，责令停业整顿，并处10000元以上50000元以下罚款；造成燃气经营企业和用户经济损失的，建设单位和施工单位应当依合同法承担合同违约赔偿责任；构成违反治安管理行为的，由公安机关依照《中华人民共和国治安管理处罚法》给予处罚；构成犯罪的，依法追究刑事责任。

第四十九条　违反本办法第三十一条第（一）项规定的，依照有关城乡规划的法律、行政法规的规定进行处罚；违反本办法第三十一条第（二）（三）（四）项规定的，由燃气行政管理部门责令停止违法行为，限期恢复原状或者采取其他补救措施，对企业处50000元以上80000元以下罚款，对个人处5000元以上20000元以下罚款；造成损失的，依法承担赔偿责任；构成犯罪的，依法追究刑事责任；违法本办法第三十一条第（五）项规定的，由燃气行政管理部门责令限期改正，恢复原状，可以处5000元以下罚款。

第五十条　有关管理部门的工作人员违反本办法规定，滥用职权、玩忽职守、徇私舞弊的依法给予行政处分；构成犯罪的，依法追究刑事责任。

第七章　附　则

第五十一条　本办法中有关用语的含义：

（一）燃气是指用于生产、生活的天然气、人工煤气、液化石油气等气体燃料的总称。

（二）燃气设施是指用于燃气储备、输配和应用的场站、管网以及用户设施。

（三）用气设备是指使用燃气作为燃料进行加热、炊事等的设备，如燃气工业炉、燃气锅炉、燃气空调机、民用燃气用具等。

（四）居民用户的共用燃气设施是指引入管、立管、阀门（含公用阀门）、水平管、计量器具前支管、燃气计量器具等。

（五）瓶装燃气经营站点，是指为用户供气的瓶组气化站、瓶装供应站（瓶装燃气换气点）、燃气汽车加气站等。

第五十二条　沼气、秸杆气的管理，不适用本办法。

工矿企业、事业单位为生产、生活配套自建的燃气设施的工程项目管理和安全管理，适用本办法。

新型燃料用作民用气源的，参照本办法进行管理。

第五十三条　本办法自2015年4月1日起施行。1998年8月28日拉萨市人民政府第3号令发布的《拉萨市液化石油气站管理办法》同时废止。

政府令

第52号

《拉萨市拉贡公路沿线城乡规划管理办法》已经2015年3月11日市政府第28次常务会审议通过，现予以发布，自2015年5月1日起施行。

市长：张延清
2015年3月27日

拉萨市拉贡公路沿线城乡规划管理办法

第一条　为了加强本市拉贡公路沿线城乡规划管理，强化规划控制、规范用地行为，塑造门户景观，根据《中华人民共和国城乡规划法》《拉萨市城乡规划条例》的有关规定，结合本市实际，制定本办法。

第二条　本办法适用于本市新老拉贡公路至两侧山体狭长地带。新拉贡公路北至新拉贡公路检查站，南至嘎拉山隧道北入口；老拉贡公路北至柳东路与老拉贡公路交叉口，南至两桥一隧处曲水大桥。

第三条　拉贡公路沿线城乡规划工作，实行政府统一领导，分级分工负责；沿线各县（区）城乡规划主管部门按照行政区划范围负责拉贡公路沿线城乡规划管理，负责建设项目选址意见书、建设用地规划许可证、建设工程规划许可证和乡村建设规划许可证的核发。

市交通运输、林业绿化、水利、国土资源、住房和城乡建设、环保、环卫、城管综合执法、堆龙德庆县人民政府、曲水县人民政府和柳梧新区管理委员会等单位应当按照各自职责，做好拉贡公路沿线城乡规划工作。

第四条　拉贡公路建筑控制区按照《西藏自治区公路管理条例》执行。建筑控制区以外分为城镇段、乡村段、农林段，按照各层次规划执行。

第五条　市城乡规划行政主管部门编制拉贡公路沿线景观规划设计；拉贡公路沿线各乡（镇）人民政府按照行政区划范围分别组织编制规划区范围内的乡镇规划、村庄规划，为沿线规划管理工作提供依据。

第六条　拉贡公路城镇段建筑控制区以外的建筑物、构筑物、管线、线杆、广告塔等建设应当符合本市城乡规划管理要求，并按规定办理规划手续，实行先规划后建设的程序。

第七条　拉贡公路沿线的城（乡）镇景观界面依据城（乡）镇规划确定天际线、视廊、视野的控制要求，划定建筑高度分区，其建筑立面应当具有本市建筑特色。

第八条　拉贡公路沿线城镇规划确定的生态间隔区的保护，在生态间隔区范围内实施建设活动时不得破坏间隔区的生态环境。

第九条　拉贡公路沿线的建筑风貌整治应当依据规划优化村庄布局，对建筑立面和屋顶进行清洗和粉刷，增加建筑细部处理，加强村庄以及周边绿化，改善居住环境，保持本市乡镇民居的特点。

第十条　拉贡公路沿线各县（区）环卫行政主管部门按照管辖范围加强对拉贡公路沿线的乡镇地区环境卫生整治，清理生活垃圾，遮挡乱堆杂物，整治农业废弃地、采砂场，确保拉贡公路沿线可视范围内无垃圾和杂物堆场。

第十一条　拉贡公路沿线各县（区）林业绿化行政主管部门应当加强拉贡公路沿线乡镇地区荒山裸土绿化建设，种植乡土树种、常绿树种和彩叶树种，撒播高原特色的植被花卉，增强拉贡公路沿路绿化连续性和多样性，打造快速行驶过程中的视觉亮点。对于拉贡公路沿线短期不能迁移的堆场、建筑风貌比较杂乱的村落，县（区）林业绿化行政主管部门应当对其进行绿化遮挡。

第十二条　拉贡公路沿线各县（区）环保行政主管部门和水利行政主管部门应当按照各自职责加强拉贡公路沿线的水系整治，绿化沿河堤坝，营造良好的景观空间。严格保护沿线湿地，重视野生植物保护，重视野生动物栖息地的保护，增强湿地系统的稳定性，打造具有高原地区特色的湿地景观。

第十三条　拉贡公路沿线的景观规划设计应当以公路上流动视点的范围为视域，以山体、林卡、田园为景观基调的绿化空间，应当成片扩种适应高原生长的植物，在不同的地貌，建立具有高原特色的自然景观。

第十四条　拉贡公路沿线设施农业的布局应当坚持集中原则和统一规划原则，建立棚成方、渠成网、路相通、树成行的农业示范区，利用农田排灌沟渠营造绿化林带。

第十五条　拉贡公路沿线两侧土地的农转用征收农用地征收和出让应当按规定办理。拉贡公路建筑控制区以外两侧各500米范围内的农用地征收报件，应当附县（区）城乡规划主管部门的规划预选址意见。

第十六条　市城乡规划行政主管部门应当定期对拉贡公路沿线范围规划实施情况进行规划效能监督检查；各县（区）城乡规划行政主管部门应当对拉贡公路沿线范围规划实施情况进行日常巡查；对违反城乡规划的，各县（区）城乡规划行政主管部门按照《拉萨市城乡规划条例》规定执行。

第十七条　拉贡公路沿线城乡规划区域范围的规划管理和监督检查工作，对擅自违规批建或监管不力造成不良后果的，对责任单位和责任人按照《城乡规划违法违纪行为处分办法》处理。

第十八条　本办法自2015年5月1日起施行。

政　府　令

第 53 号

《拉萨市停车场管理办法》已经 2015 年 5 月 21 日市政府第 30 次常务会审议通过，现予以发布，自 2015 年 7 月 15 日起施行。

市长：张延清
2015 年 6 月 11 日

拉萨市停车场管理办法

目 录

第一章　总　则

第一条　为了加强本市停车场的管理,合理开发利用停车资源,满足市民停车需求,保障市区交通安全畅通,根据《中华人民共和国城乡规划法》《中华人民共和国道路交通安全法》等有关法律法规规定,结合本市实际,制定本办法。

第二条　本市城市规划区内停车场的规划、配建、使用以及机动车和非机动车的停放和管理适用本办法。

危险化学运输车辆除外。

第三条　本办法所称停车场,是指供机动车、非机动车停放的露天或者室内场所,包括公共停车场、专用停车场和道路停车场。

本办法所称公共停车场,是指根据停车场专项规划单独建设或者为公共建筑配套建设的,以及通过临时占地等方式设置的为社会车辆停放提供服务的场所。

本办法所称专用停车场,是指单位和住宅区内按照规定配套建设主要供本单位或者本住宅区车辆停放的场所。

本办法所称道路停车场是指在城市道路上设置的供机动车和非机动车临时停放的场地和泊位。

第四条　市市政市容行政主管部门是本市停车场行业主管部门,负责组织制定本市停车场相关政策并会同相关部门对停车场管理进行综合协调、检查指导、督促考核工作。

市公安机关交通管理部门负责停车场相关手续的办理和对停车泊位进行施划的指导以及监督管理。

市城乡规划行政主管部门负责本市停车场的项目规划管理和核准工作。

市物价行政主管部门在职责权限范围内负责制定机动车和非机动车停车收费标准,并对机动车和非机动车停放收费标准执行情况进行监督检查。

市财政、国土资源、住房和城乡建设、城乡规划、交通、水利、工商行政管理、税务、林业绿化、人防、公安消防、城市综合执法局等部门,按照各自职责协助做好停车场管理相关工作。

第五条　本市停车场的建设和管理应当遵循统一规划、配套建设、合理布局、方便群众、规范使用和依法管理的原则。

第六条　机动车停放服务收费按区域和时段划分。具体收费分类以及收费标准由市物价行政主管部门会同市市政市容、财政、公安机关交通管理等部门制定。

本市公共停车场和道路停车场按照停车场收费标准收费，在停车场醒目位置标明价格,并按规定使用票据。

专用停车场和住宅区的停车场向社会提供经营

性停车服务的，应当遵守本办法对公共停车场的相关规定。

第七条 鼓励单位和个人开发建设公共停车场，鼓励建设立体式停车场，鼓励利用广场、绿地、公园等地下和地上空间建设停车场，鼓励专用停车场向社会开放，鼓励推广应用智能化、信息化手段管理停车场。

第八条 市市政市容行政主管部门应当会同财政、国土资源、城乡规划等部门根据停车场建设的需要，适时提请市政府调整对投资建设公共停车场的优惠政策。

第二章 停车场的规划与配建

第九条 市城乡规划行政主管部门应当会同市市政市容、住房和城乡建设、国土资源、公安机关交通管理、交通、林业绿化、人防、公安消防等部门，根据城市总体规划和城市综合交通规划的要求，编制停车场专项规划，报市人民政府批准后实施。

停车场专业规划经批准后，不得擅自变更。确需变更的，应当按法定程序报批。

第十条 停车场专项规划确定的停车场用地，未经法定程序调整，不得改变用途。市城乡规划行政主管部门审核涉及停车场建设方案时，应当征求市市政市容行政主管部门和市公安机关交通管理部门的意见。

确需改变用途的，应当按照停车场设置标准就近置换用地，合理配建停车场。

第十一条 新建、改建、扩建大（中）型公共建筑、商业街区、旅游景区、住宅区的，应当按照规定标准配建、增建停车场和停车泊位。

机关、团体、企事业单位应当按照规划要求建设停车场或者留备专门场地，供机动车和非机动车停放。

配建停车场应当与主体工程同时设计、同时施工、同时投入使用。

第十二条 任何单位和个人不得擅自改变经批准建成的停车场的使用功能或者将停车泊位挪作他用。

建筑物改变使用性质的，应当按照改变使用性质后的规定标准配建停车场。配建停车场不能达到规定标准的，应当按照市市政市容、公安机关交通管理、城乡规划、住房和城乡建设等部门的要求增建停车泊位或者易地就近补建停车场。

第十三条 停车场建设单位应当按照审查的停车场设计图纸组织施工，不得擅自改动；确需改动的，应当由原设计单位出具变更设计通知书以及变更设计图纸，经原审查部门同意后方可实施，但停车泊位的数量不得低于配建标准。

第十四条 本市企事业单位、对外窗口服务行业应当自设停车场供前来办理业务的外来人员停放车辆。

第十五条 公共停车场应当遵守下列规定：

（一）建立健全管理制度和安全防范措施，配备相应的管理人员；

（二）在公共停车场出入口的显著位置设置统一的停车场指示标志以及监督电话；

（三）保持公共停车场内交通标志和标线的清晰、准确、醒目、完好，按照规范配置照明、消防等设备，并确保其正常运行，制定并落实车辆停放、安全保卫、消防等管理制度；

（四）对进入公共停车场停放的车辆发放停放凭证，并在车辆离开时收回；

（五）停车场内发生火警、抢劫及交通事故等情况，应当采取相应的紧急措施并及时向公安机关报告；

（六）定期清点停车场内车辆，发现可疑车辆，应当向公安机关报告。

公共停车场应当在出入方便的位置设置残疾人车辆停车专用泊位和明显标志，配备必要的无障碍设施，其他车辆和人员不得占用。

第十六条 停车场建设项目竣工后，市市政市容、城乡规划、住房和城乡建设、公安机关交通管理、公安消防等部门应当参加建设单位组织的工程验收；未经验收或者验收不合格的，不得投入使用。

第三章 道路停车场的设置

第十七条 设置道路停车场应当由市市政市容行政主管部门会同市公安机关交通管理部门根据位置、时间设置道路停车场。

未经市市政市容行政主管部门和市公安机关交通管理部门批准，任何单位和个人不得在城市道路内设置道路停车场。

第十八条 设置道路停车场应当遵循下列规定：

（一）不得影响道路交通的安全、畅通；

（二）不得占用绿地；

（三）不得占用消防通道；

（四）符合区域道路停车总量控制要求；

（五）与区域停放车辆供求状况、车辆通行条件和道路承载能力相适应；

（六）区别不同时段、不同用途、不同车型的停车需求；

（七）符合国家、自治区和本市有关停车场的设置标准和设计规范。

第十九条　在道路上施划的停车泊位不得影响行人、车辆通行，不得影响其他公用设施的使用。

第二十条　任何单位和个人不得擅自占用城市道路和公共广场设置临时停车场。确需占用城市道路、公共广场设置临时停车场的，报市公安机关交通管理部门批准后，告知市市政市容行政主管部门。

第二十一条　市市政市容行政主管部门应当会同市公安机关交通管理、城乡规划和住房和城乡建设等部门根据停车需求状况，在停车矛盾不突出的路段设置适当的免费临时停车泊位，在停车矛盾较突出的路段划定机动车道路临时停车泊位。

第二十二条　禁止下列区域、路段施划道路停车泊位：

（一）市区主干道、主城区；

（二）消防通道、盲道；

（三）交叉路口、宽度不足4米的窄路、桥梁、隧道以及距离上述地点50米以内的路段；

（四）学校出入口、公共交通站点、加油站、消防栓或者消防队（站）门前以及距离上述地点30米以内的路段；

（五）机动车车道与非机动车道、人行道之间设有隔离设施的路段；

（六）非机动车道和人行道共用道。

施划停车场应当留够1.5米的人行横道通道。

第二十三条　市市政市容行政主管部门应当会同市公安机关交通管理部门每年对本市道路停车场进行一次评估，并根据道路交通状况、周边停车场增设情况，会同市城乡规划、住房和城乡建设等部门对道路停车场进行及时调整和配建。

第二十四条　道路停车场有下列情形之一的，市公安机关交通管理部门应当及时予以撤除，并将撤除道路停车场的情况在显著位置进行公告。

（一）道路交通状况发生变化，道路停车场已影响车辆、行人正常通行的；

（二）道路周边的公共停车场已能满足停车需要的。

第四章　停车场的经营与管理

第二十五条　政府投资建设的公共停车场、道路停车场和其他停车场由市市政市容行政主管部门委托相关企业统一经营和管理。

各县（区）、柳梧管委会和经济开发区等按照属地管辖进行统一经营和管理。

第二十六条　停车场经营单位和个人应当到市公安机关交通管理、市工商行政管理、市物价等部门办理相关手续后告知市市政市容行政主管部门。

从事道路停车场经营的单位和个人还应当到市市政市容行政主管部门、公安机关交通管理部门办理占道手续。

第二十七条　停车场经营者应当遵守下列规定：

（一）配备适量工作人员；

（二）工作人员应当佩戴工作证，穿着统一制服；

（三）停车场实行计时收费，使用由税务部门监制的统一发票收取停车费；

（四）停车场内有专人指挥车辆有序进出和停放，维护停车秩序；

（五）设置符合国家标准的标志、标线等安全设施；

（六）在醒目位置设置价格行政管理部门统一监制的停车场收费标价牌；

（七）经营者应当保持停车场周边环境卫生整洁；

（八）法律、法规和规章的其他规定。

第二十八条　机动车和非机动车驾驶人在停车场停放车辆，应当遵守下列规定：

（一）遵守停车场的管理制度，听从停车场管理人员的引导，有序停放车辆；

（二）不得损坏停车场设施、设备、标志、标线；

（三）不得停放装载易燃、易爆、有毒、有害等危险物品或者其他违禁物品的车辆；

（四）按照规定支付停车费用。

因工作需要进入城区的大型汽车、工程机械车不得在道路停车场停放。

第二十九条　机关、团体、企事业单位和个人利用储备土地以及其他闲置待建土地设立临时停车场的，应当征得市国土资源、城乡规划、市政市容行政主管部门同意后，向市公安机关交通管理部门申办临时停车场手续，并告知市市政市容行政主管部门。

第三十条　举办大型活动需要设立临时停车场的，举办者应当制定车辆停放和管理方案，向市公安机关交通管理部门申办临时停车场手续，并告知市市政市容行政主管部门。

经批准允许临时占用道路的，市公安机关交通管理部门应当向社会发布公告。大型活动结束后，举办者应当将临时停车场恢复原状。

第三十一条　申办临时停车场手续的单位和个人，应当向市公安机关交通管理部门提交下列材料：

（一）填写设置停车场审批表；

（二）停车场设计方案、停车场设置平面示意图（经城乡规划部门确认同意）；

（三）停车场交通组织方案；

（四）停车场交通标志、标线设置方案或者交通影响分析评价报告。

第三十二条　本市举行重大活动或者在节假日期间，公共停车场不能满足社会停车需求时，市公安机关交通管理部门应当协调专用停车场在满足自身停车需求的条件下，向公众开放。

第三十三条　专用停车场的管理应当遵守下列规定：

（一）停车场所有权属建设单位的，建设单位可以自行管理，也可以委托物业服务企业或者其他管理人管理；

（二）停车场所有权属业主共有的，由业主共同决定管理方式和管理人；

（三）停车场所有权属业主个人所有的，业主可以自行管理，也可以委托物业服务企业或者其他管理人管理；

（四）国家对专用停车场的其他规定。

第五章　法律责任

第三十四条　违反本办法第十二条第一款规定的，由市城乡规划行政主管部门责令限期改正；逾期不改正的，按照改变功能、挪作他用或者停止使用的停车泊位数量，每个泊位处以1000元罚款。

第三十五条　违反本办法第二十七条第（三）项不按规定使用由税务部门监制的统一发票收取停车费的，由税务部门按照《中华人民共和国发票管理办法》责令改正，并可处以10000元以下罚款。

第三十六条　违反本办法第二十七条第（七）项规定的，由市城市综合执法部门按照《拉萨市市容环境卫生管理条例》进行处罚。

第三十七条　对违反机动车停放、临时停车规定的，由公安机关交通管理部门予以警告，责令其驶离，机动车和非机动车驾驶人不在现场或者虽在现场但拒绝立即驶离，妨碍其他车辆、行人通行的，依照《中华人民共和国道路交通安全法》的规定进行处罚。

第三十八条　非机动车驾驶人违反道路交通法律、法规，不按规定停放车辆的，由市公安机关交通管理部门依照《中华人民共和国道路交通安全法》的规定进行处罚。

第三十九条　市市政市容行政主管部门和其它相关部门工作人员玩忽职守、滥用职权、徇私舞弊或者不履行本办法规定职责的，由其所在单位或者上级主管部门对直接责任人员和主要负责人给予行政处分；涉嫌犯罪的移交司法机关处理。

第六章　附　则

第四十条　各县（区）停车场管理工作参照本办法执行。

第四十一条　本办法自2015年7月15日起施行。2010年9月7日拉萨市人民政府发布的《拉萨市停车场规定》同时废止。

在全市深入开展“三严三实”和“忠诚干净担当”专题教育的实施方案

党的十八大以来，习近平总书记始终强调各级领导干部要“严以修身、严以用权、严以律己，谋事要实、创业要实、做人要实”（简称“三严三实”），做到“对党忠诚、个人干净、敢于担当”（简称“忠诚干净担当”）。按照中央要求，根据《中共拉萨市委员会关于深入开展“三严三实”和“忠诚干净担当”专题教育的意见》精神，结合我市实际，现就在全市县处级以上领导干部中深入开展“三严三实”和“忠诚干净担当”专题教育（以下简称“专题教育”）制定如下实施方案。

一、总体要求

在全市县处级以上领导干部中深入开展专题教育，是贯彻落实习近平总书记“治国必治边、治边先稳藏”重要战略思想和“努力实现西藏持续稳定、长期稳定、全面稳定”重要指示、贯彻落实俞正声主席“依法治藏、长期建藏、争取人心、夯实基础”重要原则，贯彻落实陈全国书记“在党的建设中发挥先锋作用”重要要求的有力举措，是巩固拓展党的群众路线教育实践活动成果的有效形式，是深入实施“党建统市”战略的重要内容，是加快推进拉萨跨越式发展和长治久安的迫切需要，对于坚持全面从严治党、回应人民群众殷切期盼、巩固和拓展党的群众路线教育实践活动成果、持续深入推进作风建设具有重大意义。开展专题教育要高举中国特色社会主义伟大旗帜，坚持以邓小平理论、“三个代表”重要思想、科学发展观为指导，按照“三严三实”和“忠诚干净担当”的要求，紧紧围绕充分发挥首府城市首位度作用，以加强领导班子和党员干部队伍建设为目标，以深化“四风”“两问题”“一薄弱”“三不够”整治为重点，通过学习教育、查摆问题、解决问题和专项整治，着力营造干部清正、政府清廉、政治清明的从政环境，形成为民、务实、清廉的作风常态，为加快建设美丽家园幸福拉萨提供坚强的思想、政治和组织保证。

二、主要任务

开展专题教育的主要任务是教育引导党员干部深入学习习近平总书记系列重要讲话精神，深刻理解“三严三实”和“忠诚干净担当”的重大意义、丰富内涵，以“焦裕禄式”的好干部为标杆，按照“三严三实”和“忠诚干净担当”要求，加强党性修养、改进工作作风，把“三严三实”和“忠诚干净担当”作为修身做人的基本遵循，作为为官用权的警世箴言，作为干事创业的行为准则，内化于心、外化于行，对党员干部身上存在的顽疾进行大排查、大扫除，对一些突出问题实行重点整治，使“三严三实”和“忠诚干净担当”要求在全市上下深深扎根，进一步提升全市党员干部的党性、品格、境界和素质，使党内政治生活真正严肃起来，使党的作风全面纯洁起来，在依法加强党的建设、提高领导能力上实现新突破。

1. 坚定理想信念，自觉践行“三严三实”。“三严三实”是党员干部加强自身建设的基本准则和目标追求，是检验党员干部党性修养和言行举止的一把尺子、一面镜子。要严以修身，切实加强党性修养，坚定理想信念，提升道德境界，追求高尚情操，自觉远离低级趣味，自觉抵制歪风邪气。要严以用权，坚持用权为民，按规定、按制度行使权力，把权力关进制度的笼子里，不搞特权、不以权谋私。要严以律己，始终心存敬畏、手握戒尺，慎独慎微、勤于自省，遵守党纪国法，做到为政清廉。谋事要实，坚持从实际出发谋划事业和工作，使点子、政策、方案符合实际情况、符合客观规律、符合科学精神，不好高骛远，不脱离实际。创业要实，始终脚踏实地、真抓实干，敢于担当责任，勇于直面矛盾，善于解决问题，努力创造经得起实践、人民、历史检验的实绩。做人要实，始终对党组织、对人民、对同志忠诚老实，做老实人、说老实话、干老实事，襟怀坦白，公道正派。

2. 坚定政治品格，做到对党忠诚。党员姓党。对党忠诚是一个重大政治原则，不但要体现在思想上，更要落实在行动上。要把坚定理想信念作为终生必修课，在持续深入的学习和实践中，坚定对中国特色社会主义的道路自信、理论自信和制度自信，矢志不渝地做中国特色社会主义共同理想的坚定信仰者和自觉践行者。要站稳政治立场，保持头脑清醒，时刻与党中央保持高度一致，在任何时候、任何情况下都要做到政治信仰不变、政治立场不移、政治方向不偏。在反分裂这个重大政治原则问题上，严格按照中央提出的斗争方针和策略办事，决不犹豫退缩，决不以狭隘的民族和地域观念判断是非，始终做到旗帜鲜明、立场坚定，认识统一、表里如一，态度坚决、步调一致。要做到在党言党、在党为党、在党忧党，始终与党同心同德、为党不懈奋斗。

3. 坚守为官底线，做到个人干净。个人干净是为官底线。党员干部要心存敬畏、严格自律，做到慎言、慎行、慎独、慎初、慎微、慎交友，守住做人、处事、用权、交友的底线，守住党和人民交给的责任，守住自己的政治生命线，守住正确的人生价值观。要防止和避免守不住为官底线，将特权享受当作丈量成功的标尺，以金钱财物作为衡量得失的准绳，背离从政为官的正道，以致个人栽跟斗，党的声誉受损害，党的事业遭损失。做一个亲民爱民的公仆，做一个忠诚正直的党员，做一个靠得住、有本事、过得硬、不变质的好干部，做一个平常时刻看得出、关键时刻冲得出、危难时刻豁得出的党的忠诚卫士。

4. 坚持从政准则，做到敢于担当。敢于担当是从政准则，是领导干部的职责所系、使命所在。党员干部要敢想、敢做、敢当，坚持原则、认真负责，面对大是大非敢于亮剑，面对矛盾敢于迎难而上，面对危险敢于挺身而出，面对失误敢于承担责任，面对歪风邪气敢于坚决斗争，在敢于担当中历练提高、创造实绩。特别是在拉萨这样一个反分裂、反渗透、反破坏的前沿阵地，面对各类丑恶现象必须毫不含糊地作坚决斗争，面对事关祖国统一、民族团结的重大问题必须旗帜鲜明、立场坚定，面对分裂势力的渗透破坏活动必须理直气壮、敢于出手，面对纪律观念淡薄、作风涣散等不良现象必须敢于动真格、实行零容忍。

三、活动范围

这次专题教育在全市县处级以上领导干部中开展。援藏干部在现工作单位参加专题教育。不在范围内的乡（镇、街道）和机关内设机构科级干部要参加集中学习培训，开展自查自纠和进行党性分析。全体干部职工要参加单位组织的学习活动。

四、方法步骤

这次专题教育从2015年1月底启动到12月底基本结束，分学习教育、查摆问题、解决问题和专项整治四个环节进行。

（一）扎实开展学习教育（1月下旬至4月下旬）。

坚持把理论武装放在首位，采取理论中心组学习、理论宣讲、培训轮训、专题交流相结合的方式，开展理想信念、群众观点、宗旨意识、党性党风党纪、社会主义核心价值观、道德品行和社会主义法治教育，引导党员干部牢固树立正确的世界观、人生观、价值观，解决好“总开关”这一根本问题，进一步增强为实现党的纲领和任务而奋斗的思想自觉。

1. 做好动员部署。层层召开“三严三实”和“忠诚干净担当”专题教育动员会，使县处级以上领导干部深刻认识开展“三严三实”和“忠诚干净担当”专题教育的重大意义，准确把握市委的部署要求，切实增强参加专题教育的自觉性和积极性。

2. 认真组织专题学习。坚持把党章、党的十八大和十八届三中、四中全会、全国“两会”精神，习近平总书记系列重要讲话精神、区市党委八届六次全委会精神、社会主义核心价值观、道德品行教育、党性党风党纪和党员领导干部廉洁从政有关规定作为重点内容，组织进行专题学习。各级党委（党组）要围绕学习习近平总书记系列重要讲话精神，特别是在中央党校县委书记研修班学员座谈会上的重要讲话精神，教育引导干部自觉践行“四有”要求，切实做到“心中有党、心中有民、心中有责、心中有戒”，使各级干部的党性、品格、境界和素质得到进一步提升；继续深化“八看、一算账、一揭批、四增强”感党恩主题教育活动，进一步筑牢各族人民反对分裂、维护祖国统一和民族团结的思想根基；深化忠心对党、真心为民、清心律己、公心用权、用心干事“五心”教育活动，教育引导党员干部坚定理性信念，强化宗旨意识，切实为民解忧。要坚持把专题学习与落实惠民政策、法制宣传教育相结合，与践行党的群众路线、解决群众关心的热点难点问题相结合，切实做到学以致用、以用促学。各级领导班子要制定学习教育计划，探索建立学习培训、理论宣讲质量评估和激励机制，鼓励党员干部读书养性、学习提能。

3. 开展专题讨论。专题教育期间，市委将适时举办学习贯彻“三严三实”和“忠诚干净担当”专题研讨班，全市各级各部门党委（党组）要组织开展学习贯彻“三严三实”和“忠诚干净担当”专题研讨交流活动。特别是要注重运用正反两方面典型开展教育，既要深入学习焦裕禄、孔繁森等先进典型，又要用发生在身边的反面典型现身说法，引导党员领导干部汲取教训，受警醒、明底线、知敬畏，切实做到警钟长鸣、警惕长存。

4. 坚持领导带头学习。积极借鉴开展党的群众路线教育实践活动的成功做法和经验，由市委常委班子带头学习，进一步完善市委理论中心组学习制度，开展集中学习30次以上。各级党委（党组）主要负责同志要作学习的表率，带头领学、带头开展讨论、带头撰写心得体会，发挥好示范带动作用，在专题教育的每个环节和每个方面都示范到位。

5. 开展专题党课活动。结合全市党员干部教育培训“每月一课”活动，各县（区）、各单位党委（党组）主要负责同志要围绕学习贯彻“三严三实”和“忠诚干净担当”主题，带头为本县（区）、本单位本部门党员干部讲1次党课。要通过领导干部讲党课，引导党员干部把“三严三实”作为修身做人的基本遵循、从政用权的警世箴言、干事创业的行为准则，始终坚守共产党人的精神高地，打造纯净精神家园，筑牢思想防线。

（二）深入查摆突出问题（4月下旬至7月上旬）。

坚持问题导向，贯彻严肃党内政治生活要求，以“三严三实”和“忠诚干净担当”为标尺，搞好党性分析和自我剖析，开展批评与自我批评，找准找实自身存在的突出问题。

1. 广泛听取意见。深入基层、深入群众听取意见，查找问题。切实端正态度、转变作风，深入农牧区、社区、机关、企事业单位和服务对象听取意见，查找问题。认真落实党员领导干部直接联系服务群众制度，“四大班子”地级以上领导干部带头结合“进社区、察民情、找问题、办实事”活动深入联系点，特别是软弱涣散基层党组织和矛盾问题突出的地方，听取群众的意见建议。各级领导班子成员特别是“一把手”要紧密结合开展“党员干部进村入户、结对认亲交朋友”和在职党员到社区报到服务群众活动，采取个别走访、召开座谈会、问卷调查、设置意见箱、开通专线电话、网上公开征求意见等多种方式，广泛听取老同志、“两代表一委员”、党员群众和服务对象等各方面的意见建议，把存在问题找准找实。

2. 谈心交心查问题。各县（区）、各单位党委（党组）要严格执行“四个必谈”要求，即单位主要负责同志要与班子成员逐一谈心交心，督导组要与班子成员谈心交心，班子成员之间要互相谈心交心，班子成员还要与分管联系部门的负责人谈心交心。谈心交心后，要列出“个人批评意见清单”。有条件的要约谈基层党员、干部和群众。谈心要听心里话、听真话实话，要对找出的问题进行分析研判，认真分析有没有对准焦距、有没有点到要害，防止以班子问题代替个人问题、以表象问题代替实质问题，切忌见事不见人、对人不对己、避重而就轻。

3. 从实进行党性分析。贯彻严肃党内政治生活要求，重点搞好党性分析和自我剖析，开展批评和自我批评。要围绕践行“三严三实”和“忠诚干净担当”，紧密联系个人思想工作实际，深入开展“六查六看”和“三对照三检查”。即：查修身严不严，看是否做到加强党性修养，坚定理想信念；查用权严不严，看是否做到坚持用权为民，不搞特权、不以权谋私；查律己严不严，看是否做到遵守党纪国法，为政清廉。查谋事实不实，看是否做到从实际出发谋划事业和工作，不好高骛远，不脱离实际；查创业实不实，看是否做到脚踏实地、真抓实干，敢于担当责任；查做人实不实，看是否做到对党、对组织、对人民、对同志忠诚老实，做老实人、说老实话、干老实事。对照“对党忠诚”要求，深刻检查自己的思想灵魂、政治定力，在大是大非面前的实际表现；对照“个人干净”要求，深刻检查自己的廉洁意识、律己差距，在明确底线、分清界限、固守红线方面的实际表现；对照“敢于担当”要求，深刻检查自己的责任意识、担当精神，在守土有责、守土负责、守土尽责方面的实际表现。

4. 撰写对照检查材料。各级领导班子、班子成员要在找准找实突出问题的基础上，认真撰写对照检查材料。对照检查材料要紧紧围绕“六查六看”和“三对照三检查”，既要联系思想实际、又要联系工作实际，既要罗列问题表现、又要列举具体事例，既要分析问题原因，又要明确整改方向，切实做到见人见事见思想、见筋见骨见行动。主要负责同志要主持起草领导班子对照检查材料，并在一定范围征求意见。领导干部要自己动手撰写对照检查材料。各级领导班子和班子成员的对照检查材料由上级党委（党组）、上级党组织负责同志严格审核把关，督导组要会同党委（党组）主要负责同志对班子成员的对照检查材料进行评价，逐一反馈修改意见。

5. 召开专题民主生活会。2015年“七一”前后，各级党委（党组）班子要以践行“三严三实”和“忠诚干净担当”为主题，召开一次高质量的专题民主生活会，进一步推动各级领导干部严格遵守党内政治生活准则，增强党内生活的政治性、原则性、战斗性，切实解决好自由主义、分散主义、好人主义、个人主义的问题，解决好平淡化、随意化、庸俗化的问题，使党内生活进一步严肃起来。民主生活会上，领导班子要通报党的群众路线教育实践活动整改情况，班子成员要对照整改承诺事项逐项进行说明。要严肃认真地开展批评和自我批评，既揭短亮丑、动真碰硬，红红脸、出出汗，又实事求是、出以公心，不发泄私愤，不搞无原则纠纷，真正达到“团结—批评—团结”的目的。会后，要在一定范围内通报民主生活会情况。

（三）着力解决存在问题。（7月上旬至9月下旬）

坚持务求实效，针对查摆出来的问题，制定整改清单，做出整改承诺，明确整改措施，切实研究解决存在的问题。

1. 明确整改重点。要充分利用党的群众路线教育实践活动取得的成果，找准找实存在的问题，逐一加以解决。在党员干部“四风”问题方面，要着力解决信仰缺失、精神迷茫，以权谋私、贪赃枉法，滥用职权、胡作非为，谋事不实、随心所欲，创业不实、花拳绣腿，做人不实、口是心非，个人主义、团团伙伙，文恬武嬉、玩风盛行，假公济私、搞特殊化，为官不为、得过且过等十个方面的问题。在督促“一把手”推动教育实践活动方面，要着力解决从严把关思想松懈、主动作为不够、开展活动与中心工作结合不紧密、活动效果转化不明显等问题。在落实从严治党要求方面，要着力解决履行党建工作职责不到位、思想建党观念不牢固、规章制度不健全、党内生活不严肃、执行上级党委的决策部署不坚决、推进工作成效不明显等问题。

2. 做出整改承诺。各级领导干部要切实按照“三严三实”和“忠诚干净担当”要求，针对党性分析和专题民主生活会上检查出来的问题，突出侧重点、选准切入点、突破关键点，突出重点人、重点领域、重点问题，抓具体、具体抓，列出任务书、时间表，明确责任人和整改时限。执行承诺公示制，采取“公示栏公示、动态通报、集中通报、书面通报”等多种形式及时公布承诺事项，在一定范围内做出整改承诺，接受党员群众监督。承诺事项完成情况要由群众来评判，群众满意的才能“销号清账”，对群众不满意的要“回炉返工”。

3. 抓好整改落实。突出重点，着重解决好党内政治生活不正常、形形色色的潜规则、大大小小的关系网、各种各样的特权现象等违背“三严三实”和“忠诚干净担当”的问题。要通过严格落实民主生活会、民主评议党员、党性分析评议、“三会一课”、党员活动日等党内基本生活制度，着力解决党内政治生活不经常、不认真、不严肃的问题。要对照中央、区市党委关于认真落实党的群众路线教育实践活动整改任务的要求，对照“两方案一计划”和“整改清单”，对照教育实践活动中查摆出来的问题特别是群众反映强烈的突出问题，对整改落实进展、效果和存在问题进行全面深入“回头看”，对已经完成整改的，要继续保持、防止“反弹”；还未完成整改的，要加强督促、不断推进；需要长期坚持的，要纳入2015年领导班子中心工作和日常工作，长抓不懈、保持长效。要紧紧围绕抓好全面深化改革、基础设施建设、产业转型升级、城乡协调发展、生态文明建设、推进依法治市、维护和谐稳定等中心工作和重点任务，坚持以发展惠民生、以民生带发展，进一步加大投入，积极推动教育、医疗、文化等各项社会事业健康发展，下大力气解决群众最关心最直接最现实的就业创业、城乡居民增收、棚户区改造、安全生产、扶贫攻坚、城乡社会保障体系建设、养老服务等切实利益问题，办好一批惠民工程和惠民实事，不断提高人民群众的生活质量和幸福指数。

4. 完善联系服务群众工作机制。围绕服务群众、做好群众工作，健全党员领导干部接访、走访、反馈群众意见等制度，及时妥善处理群众合理诉求。以拉萨市为主，县处级以上党员领导干部带头，深入开展在职党员社区报到服务联系群众活动，按照社区所需、群众所盼、党员所能的原则，组织动员全市各级机关、企事业单位在职党员到居住社区报到登记、直接联系群众，促进机关、企事业单位进一步转变作风，构建“工作在单位、活动在社区、奉献双岗位”的工作机制。党员领导干部每人直接联系2—3户群众，每月登门走访一次，每半月电话联系一次，每季度向党委（党组）汇报一次联户群众情况，力所能及地解决群众生产生活中的实际困难。市县两级每个机关党组织联系指导帮助一个村（居）党组织，以机关带基层，以基层促机关，推动城市优势资源向农牧区倾斜，让党员干部受教育、基层群众得实惠。

（四）持续深化专项整治（9月下旬至12月底）。

巩固、深化、拓展党的群众路线教育实践活动成果，重点对突出问题进行持续深化整治。

1. 坚持不懈抓专项整治。在抓常抓细抓长上下苦功夫、硬功夫，持之以恒、久久为功。不折不扣地落实中央和区党委确定的专项整治任务，深化党的群众路线教育实践活动中中央确定的21个方面和区党委确定的10个方面整治项目，从严抓好以政治立场不坚定，"门难进、脸难看、话难听、事难办"等机关作风，行政执法部门不正之风，"三不够"，干部多占住房和超标准使用办公用房，利用婚丧嫁娶等事宜借机敛财，违反公务用车配备使用管理规定，"三公"经费开支过大和私设"小金库"，违规建设楼堂馆所，"文山会海、检查评比过多、调研不深入"，侵害群众利益，"暗箱操作、权力寻租"等12个方面突出问题为重点的专项整治，实抓实改、常整常改，兑现向群众做出的承诺，推动全市党风政风持续好转、根本好转，带动形成良好的民风社风。

2. 强化正风肃纪。要切实落实好党委主体责任和纪委监督责任，严肃党的政治纪律、组织纪律、财经纪律和维稳纪律，坚持以零容忍的态度惩治腐败。对在专题教育中发现的重大违纪违法问题，特别是对顶风违纪和发生在群众身边的腐败问题，要露头就打，一抓到底，加大查处、通报和曝光力度，进一步形成"不敢腐、不能腐、不想腐"的有效机制。对领导班子存在突出问题的，要认真整改并进行组织整顿；对存在一般性作风问题的干部加强教育、促其改进；对群众意见大、没有明显改进的干部坚决进行组织调整。要把制度治党放在突出位置，贯穿专题教育全过程，推动党的建设规范化、制度化、科学化，强化制度执行力。

3. 全面总结验收。专题教育结束后，各县（区）、各单位要及时组织进行全面自查自纠，查漏补缺。各县（区）、各单位自查完成后，市委专题教育领导小组办公室专门成立检查验收工作组对各县（区）、各单位进行统一考核验收，确保专题教育取得实实在在的成效。专题教育考核验收情况将纳入2015年全市领导班子和领导干部述职述廉考核内容，纳入基层党建目标责任制考核内容，作为干部选拔任用的重要依据。各县（区）、各单位总结报告经督导组审核后，于12月底前报市委专题教育领导小组办公室。

五、组织保障

各县（区）、各单位党委（党组）要增强责任感、使命感，把深入开展"三严三实"和"忠诚干净担当"专题教育作为当前一项重大政治任务，切实加强领导，统筹推进落实，强化督促检查，注重舆论宣传，确保取得实效。

（一）加强组织领导。成立由区党委常委、市委书记齐扎拉同志担任组长、市委副书记担任常务副组长及其他相关常委担任副组长、市直有关部门主要负责同志为成员的领导小组，下设办公室，负责专题教育日常工作。各级党委（党组）是本区域本部门本单位专题教育的责任主体，主要负责同志要高度重视，切实承担起第一责任人责任，亲自研究部署、带头参加专题教育。要成立专题教育领导和工作机构，认真制定方案、及时动员部署、精心组织实施。各县（区）、各部门专题教育实施方案要于2月10日前报市委专题教育办公室。

（二）注重统筹兼顾。要把开展主题教育与推动全市经济社会持续健康发展结合起来，与落实党要管党、从严治党责任结合起来，与大力推进依法治市结合起来，与全面落实我市各项改革发展稳定任务结合起来，与巩固拓展党的群众路线教育实践活动成果结合起来，克服畏难思想、厌倦情绪，统筹兼顾、有序推进。

（三）强化督导检查。充分发挥市委党的群众路线教育实践活动督导组作用，由各督导组转任继续负责对相关县（区）和单位进行督导，做到组织架构不变、力量不减、督导单位不换。各县（区）也要结合实际选派督导组，全程督导下级党组织的专题教育。各级督导组要全面把握中央精神和区市党委要求，深入基层了解情况，督促抓好各项工作，有效传导压力，提出有针对性的意见建议，做到既"督"又"导"，认真把关，确保质量，防止降格以求。市、县两级督导组之间要加强沟通，明确职责任务，上级督导组要加强对下级督导组的业务指导，共同推动工作有效开展。

（四）加强舆论引导。充分发挥报刊、广播、电视、网络等媒体作用，大力宣传中央精神和区市党委部署要求，宣传各级党组织和广大党员干部接受教育、转变作风、服务群众的实际成效，选树一批叫得响、立得住、群众公认的先进典型。要抓住带有普遍性、群众意见大的反面典型，通过以案说法、典型曝光、事件评述等方式，警示教育党员干部。要加强舆情监测研判，回应和引导群众关切，及时发现和处置负面舆情，为专题教育健康有序开展营造良好舆论氛围。

拉萨市重大行政决策程序暂行规定

第一条　为了规范政府重大行政决策行为，减少决策失误，提高决策质量，做到依法科学民主决策，根据《中华人民共和国地方各级人民代表大会和地方各级人民政府组织法》《国务院关于加强法治政府建设的意见》等有关法律法规规定，结合本市实际，制定本规定。

第二条　市、县（区）人民政府重大行政决策的做出、执行、监督等活动，适用本规定。

有关突发事件应对的决策程序，适用突发事件应对等有关法律、法规、规章的规定。

拟订地方性法规草案和制定规章及规范性文件程序，适用立法法等有关法律、法规、规章的规定。

第三条　本规定所称重大行政决策，是指市、县（区）人民政府依法履行行政职能，对涉及社会公共利益的重大事项做出决定的活动，包括下列事项：

（一）编制国民经济和社会发展中长期规划、年度计划；

（二）编制财政预算、重大财政资金安排；

（三）制定或者调整城市总体规划，风景名胜区、历史文化街区、全国文物保护单位、生态保护区、禁建区、历史城区、城市新区的总体规划、控制性详细规划和专业规划；

（四）研究政府重大投资项目和重大国有资产处置；

（五）制定土地管理、劳动就业、社会保障、文化卫生、科技教育、生态环境保护、住房保障、城市建设等方面的重大政策措施；

（六）制定或者调整政府定价的重要商品、服务价格；

（七）制定行政管理体制改革的重大措施；

（八）需要政府决策的其他重大事项。

下列事项不得作为行政决策事项：

（一）市场竞争机制能够有效调节的；

（二）公民、法人或者其他组织能够自主决定的；

（三）行业组织或者中介机构能够自律管理的；

（四）基层群众组织能够自治管理的；

（五）法律法规已有明确规定的。

第四条　重大行政决策遵循依法、科学、民主、公开、高效的原则。

第五条　政府行政首长代表本级政府对重大行政决策行使决策权。

政府分管领导、政府秘书长或者政府办公室主任协助政府行政首长行使决策权。

决策咨询机构、政府法制机构等应当为重大行政决策提供专业咨询、法律等有关服务。

第六条　重大行政决策建议的提出和决策事项的确定，应当遵循下列规定：

（一）政府各部门或者下一级人民政府提出的重大行政决策建议，经政府分管领导审核后报政府行政首长确定；

（二）政府分管领导提出的重大行政决策建议，报政府行政首长确定；

（三）政府行政首长提出的重大行政决策建议，直接进入决策程序；

（四）贯彻落实上一级人民政府、同级党委或者人民代表大会及其常务委员会做出的有关决议、决定的实施意见，由政府行政首长确定后直接进入决策程序；

（五）人大代表、政协委员通过建议、提案方式提出的重大行政决策建议，由有关部门研究提出意见，经政府分管领导审核后报政府行政首长确定；

（六）公民、法人或者其他组织认为某些重大事项需要政府决策的，可以向政府提出决策建议；政府办公厅（室）应当在审查后将合理的建议征求相关部门意见，经政府分管领导审核后报政府行政首长确定。

决策承办单位依照法定职权确定或者由政府行政首长指定。

第七条　做出重大行政决策应当经过下列程序：（一）调查研究；

（二）提出方案；

（三）公众参与；

（四）专家论证；

（五）风险评估；

（六）部门协调；

（七）合法性审查；

（八）集体讨论决定；

（九）结果公开。

法律、法规和国家有关规定对做出重大行政决策的程序另有规定的，从其规定。

第八条　决策承办单位对重大行政决策应当开展调查研究工作，全面、准确掌握决策所需的信息。

调查研究的内容应当包括决策事项的现状、必要性、可行性以及利弊分析等。

第九条　决策承办单位在调查研究的基础上，提出决策方案。对需要进行多方案比较研究的决策事项，应当提出两个以上可供选择的决策备选方案。

第十条　决策承办单位应当根据决策事项涉及的范围，将决策方案送有关部门征求意见。被征求意见的部门应当在规定的期限内回复意见。

第十一条　重大行政决策与人民群众切身利益密切相关的，决策承办单位应当向社会公布决策方案，征求公众意见。公布的事项包括：

（一）决策方案及其简要说明；

（二）公众提交意见的途径、方式，包括通信地址、电话、传真和电子邮件地址等；

（三）征求意见的起止时间（不得少于15日）。

决策方案公布后，决策承办单位应当根据决策事项对公众的影响范围、程度等，通过举行座谈会、论证会等形式，听取社会各界的意见和建议。

第十二条　重大行政决策有下列情形之一的，应当召开听证会：

（一）涉及重大公共利益的；

（二）涉及群众切身利益的；

（三）法律、法规、规章规定应当听证的。

听证会由决策承办单位作为听证机关，听证程序按照国家和自治区有关规定执行。

第十三条　决策承办单位应当将各方提出的意见和建议进行归纳整理，对合理的意见和建议予以采纳；未予采纳的，应当说明理由。

决策承办单位应当根据各方提出的合理意见和建议对决策方案进行修改，形成决策方案草案及说明。

第十四条　专业性较强的决策事项，决策承办单位应当组织3名以上专家对决策方案草案的必要性、可行性进行论证。

决策承办单位应当根据决策事项的内容和复杂程度，从相关领域选择专家，保证参加论证的专家具有代表性。

决策承办单位应当对专家论证意见进行归纳整理，形成论证报告。专家应当对所发表意见的科学性负责。

第十五条　决策承办单位应当对决策进行风险评估，并形成风险评估报告。

决策风险评估工作可以委托有关专门研究机构承担。

第十六条　风险评估报告应当对拟实施决策在财政经济、社会稳定、生态环境和法律纠纷等方面可能产生的风险做出评估，并提出相应的措施。

第十七条　风险评估报告建议暂缓决策或者终止决策的，决策承办单位应当报请政府行政首长决定。

第十八条　市、县（区）人民政府应当建立重大行政决策协调制度。有关部门对决策方案草案有不同意见的，由决策承办单位主要负责人进行协调，达成一致意见；不能达成一致意见的，提请政府分管副秘书长或者办公室副主任、秘书长或者办公室主任主持协调；仍不能达成一致意见的，由政府分管领导主持协调。

决策事项涉及多位政府分管领导且情况复杂、协调难度较大的，由政府行政首长或者其委托的分管领导召开专题会议对决策方案草案进行研究、协调。

经协调达成一致意见后，决策承办单位应当根据协调意见对决策方案草案进行修改、完善。

第十九条　市、县（区）人民政府应当建立重大行政决策合法性审查制度。重大行政决策在决策做出前应当交由政府法制机构进行合法性审查。政府法制机构应当组织有关人员和政府法律顾问对决策方案草案是否超越法定权限、是否违反法定程序、是否符合法律法规规章的规定等进行合法性审查，形成合法性审查意见书。

未经合法性审查或者经审查不合法的，不得做出决策。

第二十条　决策承办单位应当按照政府工作规则的规定，将决策方案草案提请政府全体会议或者常务会议讨论。

提请政府讨论决策方案草案，应当报送下列材料：

（一）决策方案草案及说明；

（二）有关的法律、法规、规章和政策规定；

（三）有关单位、社会公众等意见的综合材料及采纳情况；

（四）专家论证报告；

（五）风险评估报告；

（六）合法性审查意见书；

（七）涉及决策事项的其他材料。

召开了听证会的，还应当报送听证报告。

第二十一条　讨论决策方案草案，由政府行政首长或者其委托的分管领导主持进行，参会人员应当充分发表意见。

会议主持人应当根据会议讨论情况，做出通过、不予通过、修改、搁置或者再次讨论的决定。

会议主持人的决定与参会人员多数人的意见不一致的，应当说明理由。

讨论决策方案草案，应当记录会议讨论情况及决定，对不同意见应当特别载明。

第二十二条　重大行政决策需要报同级党委或者上级行政机关批准的，市、县（区）人民政府提出决策意见后，按程序报同级党委或者上级行政机关批准。

重大行政决策依法应当提请同级人民代表大会或者其常务委员会审议决定的，市、县（区）人民政府提出决策意见后，依法提请同级人民代表大会或者其常务委员会审议决定。

第二十三条　做出重大行政决策后，应当依照《中华人民共和国政府信息公开条例》的规定，及时、准确地向社会公开，便于公众知晓。

第二十四条　政府办公厅（室）应当及时对重大行政决策进行工作任务和责任分解，明确决策执行单位和工作要求。

第二十五条　决策执行单位应当根据重大行政决策的具体要求，制定决策执行方案，明确主管领导责任、具体承办机构和责任人，全面、及时、正确地贯彻执行重大行政决策，确保决策执行的质量和进度，不得拒不执行、不完全执行、推诿执行、拖延执行。

第二十六条　政府分管领导应当经常了解决策执行单位落实重大行政决策的有关情况，及时协调解决执行过程中出现的问题；涉及多位分管领导且问题复杂的，可以提请政府行政首长召开专题会议，研究解决存在的问题，完善落实决策的措施。

第二十七条　政府办公厅（室）负责重大行政决策执行情况的检查、督促、考核等工作，应当采取跟踪检查、督促催办等方式，了解和掌握决策执行的情况、进度和存在的问题，并及时向政府报告。

第二十八条　市、县（区）人民政府应当建立重大行政决策实施情况后评价制度，通过抽样检查、跟踪调查、评估等方式，及时发现决策执行中存在的问题，适时调整和完善决策。

第二十九条　决策执行单位发现重大行政决策所依赖的客观条件发生变化或者因不可抗力导致决策目标部分或者全部不能实现的，应当及时向政府报告；公民、法人或者其他组织认为重大行政决策有不适当的，可以向政府提出。政府应当认真研究，并根据实际情况做出继续执行、停止执行、暂缓执行或者修改决策的决定。

第三十条　市、县（区）人民政府应当建立重大行政决策终身责任追究制度和责任倒查机制。对违反本规定，未按决策程序进行决策导致决策严重失误或者依法应当及时做出决策但久拖未决造成损失、恶劣影响，以及决策不能全面、及时、正确实施的，按照有关法律、法规，严格追究负有责任的领导人员和其他直接责任人员的责任。

第三十一条　市、县（区）人民政府所属工作部门和乡（镇）人民政府重大行政决策的做出、执行、监督等活动，参照本规定执行。

第三十二条　本规定自2016年1月1日起施行。

索　引

说　明

一、本索引采用主题分析法编制。索引范围包括篇目、类目、部(门)目、条目等。
二、本索引按主题词首字汉语拼音音序(同音按音调)排列,若首字拼音相同则按第二字音序排列,以此类推。
三、索引款目后的数字表示内容所在的页码,数字后的拉丁字母(a、b)表示栏别(从左至右)。
四、篇目、类目、部(门)目用黑体字。

A

B

C

D

E

F

H

I

J

K

L

M

N

P

Q

T

W

Y

Z

后　记

根据中指组关于中国年鉴精品工程试点工作的整体部署，根据市委、市政府统一安排，2月底，市政府办公厅印发了《关于编纂〈拉萨年鉴（2016）〉的通知》，《拉萨年鉴（2016）》编纂工作由此正式启动。根据通知精神，各单位立即行动起来，安排专人负责编写年鉴资料。

经过4月13日在北京密云召开的中国精品年鉴工程学习培训后，《拉萨年鉴（2016）》编纂工作进一步加快。经过拉萨市地方志办公室的全力督办和催稿，5月底，各单位编纂稿件基本完成。

6月初，经过拉萨市地方志办公室工作人员的编辑、修改，整理形成初稿。经过拉萨市地方志编纂委员会有关领导、拉萨市政府办公厅廖卫华副秘书长等审稿并修改完善后，于6月底将《拉萨年鉴（2016）》文稿报送中国地方志指导小组办公室、北京市地方志办公室，征求相关专家的意见。中国地方志指导小组冀祥德副秘书长及有关专家、北京市地方志办公室原主任王铁鹏、北京市地方志办公室副主任张恒彬及年鉴处等有关专家从体例结构、内容文字等方面进行了认真的审读和修改。至7月中旬，我们根据中指组及北京市地方志的修改意见又进行了进一步修改完善，并报送中国地方志指导小组办公室。

11月中旬，中指组在福州召开了专家指导会议，《拉萨年鉴（2016）》收到了参会各位专家提出的宝贵意见和建议。会后，我们对专家们的意见和建议进行了归纳整理，并充分吸纳专家们的宝贵意见和建议，进行了多达七轮的认真细致的修改，使《拉萨年鉴（2016）》日渐完善、日臻成熟。

本年鉴编辑出版工作得到了中国地方志指导小组及办公室、北京市地方志办公室等单位以及中国地方志指导小组副秘书长冀祥德、北京市地方志办公室原主任王铁鹏、安徽省地方志办公室主任王守亚、北京市地方志办公室副主任张恒彬、江苏省地方志办公室副主任牟国义、江西省地方志办公室副主任周慧、河南省地方志办公室副主任王中华等同志的鼎力支持，在此，我们表示衷心感谢！

由于编纂水平有限，再加上编辑人员少，粗疏、缺漏或错误在所难免，欢迎各级领导和广大读者批评指正。

拉萨市地方志办公室

2016年12月8日

协办单位

城关区人民政府

堆龙德庆县人民政府

墨竹工卡县人民政府

当雄县人民政府

达孜县人民政府

曲水县人民政府

林周县人民政府

尼木县人民政府

拉萨经济技术开发区管委会

柳梧新区管委会

拉萨市发展和改革委员会

农行西藏分行营业部

中共中央政治局常委、全国政协主席、中央代表团团长俞正声在西藏自治区成立50周年庆祝大会上发言

自治区党委书记陈全国在西藏自治区成立50周年庆祝大会上发言

1965——2015 西藏自治区成立五十周年

9月8日，西藏各族各界干部群众约2万人欢聚拉萨布达拉宫广场，热烈庆祝西藏自治区成立50周年。中共中央总书记、国家主席、中央军委主席习近平在贺匾上题词“加强民族团结 建设美丽西藏”

9月8日，西藏自治区成立50周年庆祝大会在拉萨布达拉宫广场隆重举行

9月7日晚，庆祝西藏自治区成立50周年文艺晚会在拉萨举行

领袖像方队和标语方队经过主席台前

拉萨市中级人民法院

9月21日，自治区党委常委、拉萨市委书记齐扎拉（右二）到拉萨市中级人民法院考察调研并亲切与市法院干警握手

8月5日，江苏法院智力援藏代表团到拉萨市中级人民法院开展援藏工作

10月30日，市中级人民法院党组表彰先进离退休干部

9月21日，最高人民法院党组书记、院长周强（左七）在自治区党委书记陈全国（右六）的陪同下到拉萨市中级人民法院检查指导工作。图为最高人民法院党组书记、院长周强与拉萨市中级人民法院干警合影留念

2月13日，市中级人民法院“执行攻坚战”案款兑现现场

4月28日，市中级人民法院开展“集结在党旗下”党史知识竞赛活动

5月4日，市中级人民法院立案庭导诉法官为当事人进行导诉讲解

6月16日，市中级人民法院干警到社区开展法制宣传活动。图为法院干警上门为群众发放宣传材料

9月25日，市中级人民法院开展“幸福星期五”党日活动

“12·4”法制宣传日，拉萨两级法院干警向宪法宣誓

拉萨市人民检察院

4月8日，最高人民检察院刑事申诉厅厅长宫鸣（右一）一行到拉萨市检察院督导检查“规范司法行为专项行动”工作。自治区检察院检察长张培中（右二）陪同

4月20日，市检察院党组书记、检察长田建设一行慰问当雄县执勤干警

12月30日，市检察院党组书记、检察长田建设一行到林周县慰问驻村工作队及贫困群众

1月14日，市人民检察院向拉萨市第十届人民代表大会第五次会议作报告

4月2日，市检察院党组书记、检察长田建设带头参加植树活动

10月29日，市检察院代表队荣获拉萨市中（直）机关"全面依法治国·依法治藏"法律知识竞赛第二名

3月27日，市检察院组织干警参观城关区廉政警示教育基地

4月30日，市检察院组织全院干警开展"4·25"尼泊尔地震捐款

3月9日，召开全市检察长工作会议并为获奖先进单位颁奖

3月9日，召开市检察机关各县（区）检察长述职述廉会议

10月30日，市检察院监所检察处到自治区监狱、拉萨市监狱、拉萨市司法局现场依法监督法院特赦裁定

9月16日，市检察院开展法制宣传活动

拉萨市总工会

12月17日，自治区政协副主席、区总工会主席洛桑久美（右一）一行到曲水县开展基层工会工作调研

11月16日，市人大常委会副主任、市总工会主席平措朗杰（左一）到远大建材有限公司调研基层工会工作开展情况

5月7日，自治区总工会调研组在墨竹工卡县听取工会工作汇报

2月5日，市总工会党组副书记、主席余刚（左一）为困难农牧民子女发放助学金

市总工会十届四次全委（扩大）会议

4月24日，市总工会开展“温暖职工心贴心、工会服务在基层”系列服务活动

拉萨市妇女联合会

“三八”妇女节，市妇联走访慰问“最美家庭”

5月28日，市妇联为贫困母亲发放“两癌”救助金

3月28日，幸福社区“巾帼文艺队”挂牌成立

5月13日，举行市尼姑暨驻寺女干部培训班开班仪式

10月14日，召开市妇联、北京四中网校“家庭教育心理辅导”专题讲座

3月6日，拉萨市庆祝第105个“三八”国际劳动妇女节暨表彰大会

拉萨经济技术开发区管委会

自治区党委常委、常务副主席丁业现（右一）到经开区考察调研

8月1日，市委常委、秘书长、经开区党工委书记袁训旺（前排左一）到辖区内检查企业安全生产

自治区省级离退休老干部到经开区调研企业生产经营情况。自治区党委常委、市委书记齐扎拉（前排右二）陪同

拉萨经开区慰问驻村工作队

驻村工作队组织村民代表参观经开区企业

拉萨经开区综合办公大楼

拉萨经开区驻村工作队员利用寒假为学生补习英语

拉萨经开区召开2014年度工作总结暨表彰大会

拉萨经开区为贫困户捐赠物资

8月1日，拉萨经开区举行“三证合一”首发仪式

拉萨经开区组织干部职工清扫道路积雪

拉萨经开区组织干部职工义务植树

高原天然水生产线

拉萨经开区北大门

娃哈哈生产线

柳梧新区管委会

4月1日，自治区科技厅厅长岗青（左三）调研高新区规划建设情况

5月25日，市委常务副书记龙志刚（右一）到高新区调研

3月28日，副市长杨安文（左二）到柳梧新区柳梧乡调研

7月26日，副市长杨安文（右二）检查高新区建设工地

6月13日，云南花花色集团到柳梧新区考察投资环境

柳梧新区办公大厦

拉萨市发展和改革委员会

9月15日，市发改委党组书记、常务副主任达娃（前排右一）慰问退休老干部

5月22日，市发改委党组书记、常务副主任达娃（右二）到尼木县检查重点项目

12月23日，市发改委党组副书记、主任刘汝鹏（左一）体验堆龙德庆县净土公司青色麦田系列产品

10月12日，市发改委党组副书记、主任刘汝鹏（左侧）看望慰问贫困户

西藏会展中心

会展中心 （李艳丹 / 摄）

林周县澎波灌区吉热子灌区水塘完工

次角林大桥远景 （李艳丹 / 摄）

发展中的东城新区

新西兰50位转盘式挤奶机

市教育城园丁园公租房远景图

拉萨市公安局

6月16日，中央政治局委员、中央统战部部长孙春兰（中）一行到布达拉宫广场便民警务站考察调研。自治区党委书记陈全国（左五），自治区党委副书记、人大常委会主任白玛赤林（右四），自治区党委常委、拉萨市委书记齐扎拉（左四）陪同

7月2日，中央代表团公安部副部长陈智敏率中央代表团一行在自治区党委常务副书记吴英杰、公安厅厅长刘江、副厅长刘同平、副厅长次仁旺堆等领导陪同下到布达拉宫广场便民警务站看望慰问执勤民警

7月21日，全国政协副主席李海峰（前排右一）在自治区政府主席洛桑江村（前排左一）的陪同下调研指导布达拉宫广场便民警务站

3月12日，自治区党委副书记、区常务副主席、区党委政法委书记邓小刚（左三）到机场指挥部调研指导工作

8月6日，市委副书记、市长、市委政法委书记张延清（前图为前排右三，后图为前排右二）视察雪顿节安保工作

8月14日，执勤民警在雪顿节安保活动中疏导交通

2月11日，市公安局召开2015年全市县（区）公安局长会议

2月11日，市公安局召开2015年全市县（区）公安局长会议

拉萨市公安消防支队

5月13日，纳木错“羊年转湖”活动消防宣传现场

8月22日，支队召开西藏自治区成立50周年大庆消防安保决战誓师大会

2月11日，市太阳岛颐堤半岛公司临时员工宿舍火灾扑救

7月9日，支队举行跨区域石油储备库灭火救援综合实战演练

7月4日，市金珠西路油罐车漏油事故处置现场

12月15日，当雄县21吨液化天然气槽车侧翻事故处置现场

1月28日，曲水县聂当乡德吉村危险废物处置中心火灾扑救

拉萨市统计局

3月28日，自治区统计局副巡视员、市统计局局长、队长蔡岷到林周县卡孜乡托门村“以工代赈”乡村道路项目开工现场调研

2月24日，市统计局、国家统计局拉萨调查队党组书记仓琼（右四）同拉萨市编办主任扎西平措（右三）对全市各县区加强统计机构和人员编制情况进行调研

10月28日，市统计局、国家统计局拉萨调查队普查员普珍（左一）开展拉萨市全国1%人口抽样调查入户核对登记

12月26日，市统计局、国家统计局拉萨调查队组织干部职工前往自治区廉政教育基地参观学习，接受廉政警示教育

11月14日，市统计局、国家统计局拉萨调查队召开2015年党风廉政暨机关效能建设工作会议

拉萨市司法局

12月4日，市委副书记、市长、市委政法委书记张延清（左一）和自治区司法厅党委委员、副厅长孙中平（右一）共同为河坝林法治主题公园揭幕

9月4日，市司法局党组书记蔡严林（左一）在达孜县章多乡走访慰问结对户

11月18日，市司法局局长次培（右一）到北京参加北京市司法局援藏援疆座谈会。图为北京市司法局副巡视员马捷（左一）与次培签订受援合作协议

12月4日，河坝林法治主题公园正式建成挂牌。图为法治主题公园场景

10月14日，市司法局法律专家在达孜县开展“百名专家下基层”活动，为基层群众讲解法律知识

10月14日，市司法局“百名专家下基层”活动到墨竹工卡县为基层司法行政干部授课

4月8日，市司法局干部职工参加义务植树活动

拉萨市财政局

5月21日，市财政局在自治区财政厅举办小微企业创业创新基地城市申报工作预审会

12月14日，市财政局在市政协会议厅召开2015年度全市财政财务决算布置会

5月8日，市财政局在市政府会议中心举办全市县级领导干部新《预算法》专题讲座

4月23日，市财政局在市政府六楼视频会议室召开全市财政工作会议

4月18日，市财政局机关开展“三严三实”和“忠诚干净担当”专题学习交流会

3月12日，市财政局机关政治理论学习例会

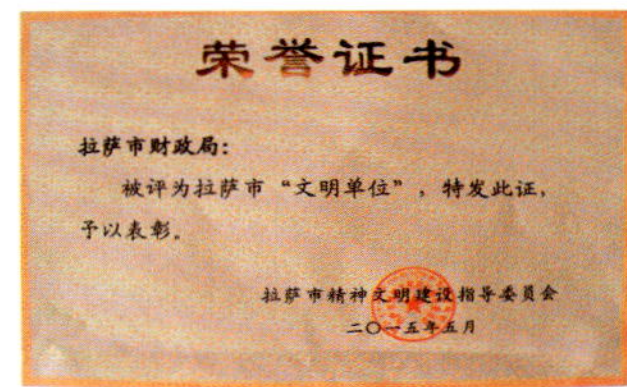

拉萨市国土资源局

12月5日，市委常委、市常务副市长斯朗尼玛（前排右一）带队拆除非法建筑

3月30日，市国土资源局局长索朗次仁主持拉萨市不动产登记局挂牌仪式

6月30日，召开2015年度全市国土资源工作会议

12月9日，市国土资源局第五、六批工作队轮换见面会

11月16日，召开居民建设用地超出批准面积处理工作实施方案听证会

拉萨市残疾人联合会

3月2日，自治区党委常务副书记吴英杰（前排右二）到市残疾人托养服务中心检查指导工作。自治区党委常委、市委书记齐扎拉（前排左一）陪同

5月全国助残日期间，自治区残联党委书记黄建国到城关区俄杰塘社区康复服务站看望慰问残疾少儿

11月，市残疾人就业服务中心开办盲人电脑操作培训班

7月29日，市残联召开拉萨市残疾人就业保障金扶持残疾人创业就业工作经验交流会

拉萨市交通运输局

1月18日，自治区党委常务副书记吴英杰（右二）调研环城路南段工程进展情况。自治区党委常委、拉萨市委书记齐扎拉（中）陪同调研

9月22日，市交通运输局开展拉萨公交“无车日”宣传活动

江苏省交通运输厅向拉萨市捐赠公路应急抢险设备现场交流会

2月5日，市环城路（西段）开工典礼

拉萨河大桥

拉萨市农牧局

农牧科技现场会

林周县边角林乡现代农业标准化生产示范区

城关区净土健康产业高标准奶牛中心

拉萨净土健康产业——高原特色设施园艺产业（西瓜温室种植）

林周县种羊场——半细毛羊

现代农机具收割紫花苜蓿

林周县江夏乡斯曲亚玛村千亩紫花苜蓿标准化种植示范基地

拉萨市人力资源和社会保障局

12月17日，市人社局党组书记彭丽华（右二）检查全局党风廉政落实情况

1月11日，市人社局举办拉萨市基层劳动就业社会保障公共服务平台工作人员岗前培训会

6月30日，市人社局（公务员局）召开庆祝建党94周年活动大会

1月8日，市人社局（公务员局）召开党风廉政考核会

9月15日，市人社局在全市范围内首次实施农民工工资保障卡制度，切实保障农民工薪资发放

7月28日，市人社局组织举办拉萨地区职业技能师资培训班

11月26日，市人社局成功举办拉萨市首届餐饮行业职业技能大赛

7月18日，市人社局举办2015年就业援藏专场招聘会。图为北京市、河北省面向西藏籍未就业高校毕业生专场招聘会

9月8日，林周县澎波灌区吉热子灌区水塘完工

拉萨市水利局

9月12日，水利部部长陈雷（右二）一行到拉萨市城市防洪工程续建与配套工程现场检查指导工作。自治区党委常委、拉萨市委书记齐扎拉（右三）陪同

10月18日，水利部第二稽查处处长郑晓慧一行到市水利局检查指导工作

10月3日，副市长次仁央宗（左一）一行视察澎波灌区项目工程

9月5日，副市长次仁央宗主持召开水利发展"十三五"规划咨询会

12月1日，市水利局召开各县（区）水利工作推进会

9月1日，市水利局召开"三严三实"专题学习辅导会

12月1日，林周县澎波河（切顶、乡村、牛连加）段防洪堤工程竣工验收会议

拉萨市审计局

4月，自治区党委常委、拉萨市委书记齐扎拉（前排左一）到拉萨市审计局驻尼木县塔荣村检查指导驻村工作

7月8日，市审计局工作人员到林周县实地查看拉萨市财政扶贫开发产业化项目情况

6月28日，市审计局在会议室举办审计业务知识竞赛

6月5日，市审计局在宇拓路开展环境保护宣传活动

6月30日，市审计局工作人员到达孜县开展财政扶贫开发产业化项目专项资金审计现场

拉萨市文化局

3月31日，尼泊尔总统亚达夫到牦牛博物馆参观访问

12月3日，自治区文化厅厅长尼玛次仁（右二），市委常委、宣传部部长占堆，副市长吴亚松到拉萨市群众文化活动中心调研项目建设情况。拉萨市文化局局长多吉次仁陪同

7月2日，国际（中日）禅文化交流协会会长大谷哲夫一行到牦牛博物馆参观考察

10月13日，市文化局举办牦牛博物馆《十月》艺术专栏座谈会，各民族作家深入交流、互相学习

11月2日，市文化（新闻出版、文物）局召开“三严三实”动员大会

12月3日，市召开创建国家公共文化服务体系示范区动员大会

11月，拉萨市文化（新闻出版、文物）局开展卫星数字接受设备专项整治行动

11月，组织学生参观西藏牦牛博物馆，加强对广大青少年的爱国主义、理想信念教育，引导树立正确的人生观、世界观、价值观

10月22日，市文化局组织市群艺馆、市老年艺术团到山南地区扎囊县开展拉萨市创建国家公共文化服务体系示范区文化联动暨老年艺术团巡演活动

4月2日，组织开展第二届民间艺术团文艺调演

10月21日，市文化局组织市群艺馆、市老年艺术团到山南地区泽当镇开展拉萨市创建国家公共文化服务体系示范区文化联动暨老年艺术团巡演活动

10月20日，市文化局组织市群艺馆、市老年艺术团到山南地区贡嘎县开展拉萨市创建国家公共文化服务体系示范区文化联动暨老年艺术团巡演活动

4月30日，组织开展第二届民间艺术团文化调演

拉萨市卫生局

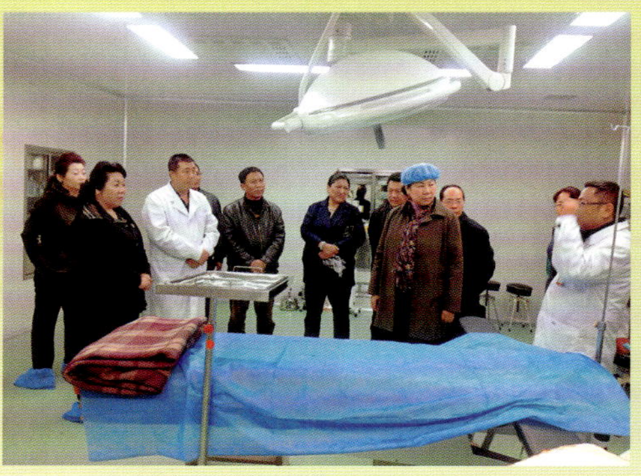

自治区副主席德吉（前排中）一行到堆龙德庆县调研基层卫生工作

4月10日，自治区卫生计生委、市卫生系统负责人到堆龙德庆县指导公立医院改革工作

6月24日，北京口腔医院与堆龙德庆县人民医院援助交流现场会

4月，拉萨市卫生局组织开展全市义务献血活动现场

9月，市卫生局组织开展卫生知识宣传活动现场

拉萨市人口和计划生育委员会

8月28日，计划生育特殊家庭帮扶项目集体庆生活动

4月22日，市计生委开展婚育新风进万家宣传活动

5月29日，市计生协会宣传日义诊活动

9月5日，免费孕前优检项目督导现场

拉萨市疾病预防控制中心

①②

① 8月5日，江苏省疾控中心援助拉萨市疾控中心工作座谈会暨签字仪式

② 3月24日，市疾病预防控制中心组织献血活动

4月24日，市疾病预防控制中心组织免疫接种宣传

5月14日，碘缺乏宣传活动

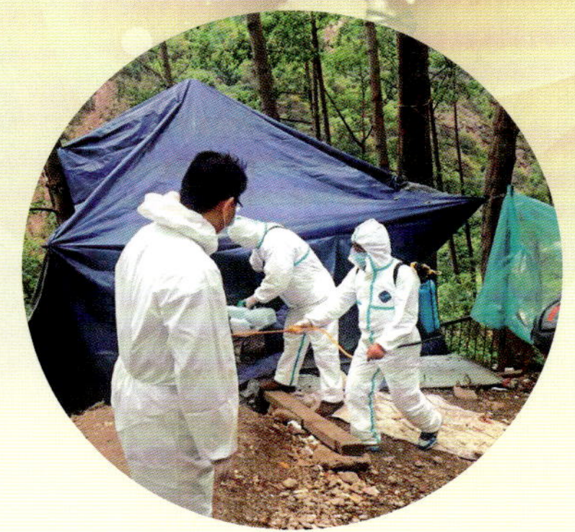

5月3日，工作人员对地震现场进行消毒

拉萨市妇幼保健院

4月15日，市妇幼保健院开展孕前免费检查

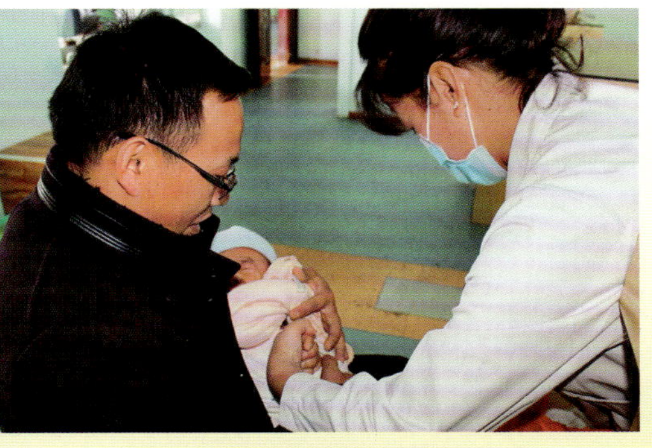

4月22日，市妇幼保健院为新生儿体检

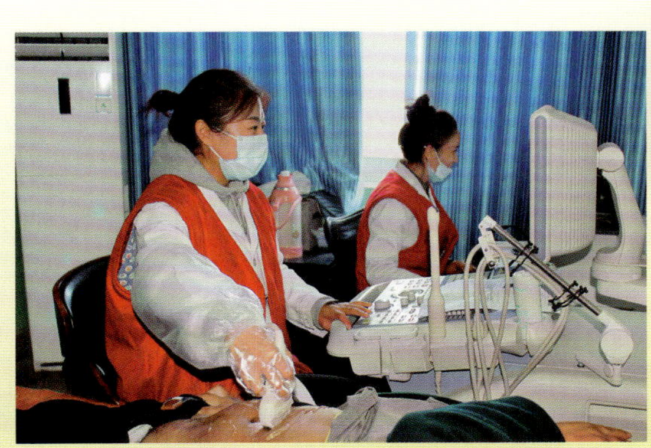

4月15日，市妇幼保健院为患者做B超检查

拉萨市林业局

4月26日，自治区党委书记陈全国（右一）带领干部群众参加义务植树

4月26日，自治区政府主席洛桑江村（前排右一）参加义务植树活动

4月26日，自治区党委常委、拉萨市委书记齐扎拉（左二）检查指导义务植树活动

4月26日，自治区党委常委、拉萨市委书记齐扎拉（前排右二）到南山山体造林点调研指导工作

7月21日，自治区林业厅、市森防站工作人员检查青杨天牛防治工作

民族路绿化美化效果图

野生动物保护管理局工作人员放生受伤被救助的黑颈鹤

拉萨市外事办公室

12月26日，外交部部长王毅（中）一行在自治区党委常委、拉萨市委书记齐扎拉陪同下到大昭寺、八廓街考察调研

11月11日，美国国会众议院少数党领袖佩洛西到拉萨参观考察，佩洛西一行参观了大昭寺、清政府驻藏大臣衙门、卓番林手工艺品制作中心、西藏大学、拉鲁湿地、色拉寺，并游览了八廓街与西藏大学师生座谈、走访了纳金乡4户藏族农牧民家庭

5月28日，美国驻华大使马克斯·西本·博卡斯一行19人到拉萨市参观访问。自治区党委常委、拉萨市委书记齐扎拉（右一）陪同

6月7–12日，法国驻华公使衔参赞白良一行3人到拉萨参观访问

3月29–4月1日，尼泊尔总统亚达夫一行到拉萨啤酒厂、西藏牦牛博物馆参观访问

8月18–20日，西班牙老国王胡安·卡洛斯一世一行到罗布林卡、布达拉宫、大昭寺参观访问

8月9–12日，国侨办主任裘援平（左五）一行9人到堆龙德庆县圣香海螺藏香厂考察调研

拉萨市安全生产监督管理局

2月6日，市安监局党组书记白玉峰（左二）到堆龙德庆县南巴村慰问贫困户和结对帮扶户

“三大节日”期间，市安监局局长孙文斌（左二）陪同自治区副主席格桑次仁（右四）检查烟花爆竹市场

2015年，根据自治区下达的拉萨市2015年全市各类安全生产控制考核指标情况，合理分配控制考核指标，并与驻市自治区直和市直各单位、市安委会各成员单位、各县（区）人民政府、重点企业签订《安全生产目标责任书》。印发了《拉萨市安全生产党政同责、一岗双责暂行办法》《拉萨市安全生产较大事故责任追究办法》和《拉萨市安全生产考核奖励办法》，调整充实全市安全生产委员会组成人员，5月1日，全市各县（区）、乡（镇、街道）、村（居）均成立安委会，实现安全生产责任体系“全覆盖”。牢固树立安全发展理念，不断强化“红线意识”和“底线”思维，狠抓责任落实，强化源头治理，严格监管执法，扎实推进各项重点工作落实，通过全市上下的不懈奋斗，实现重特大安全生产事故“零发生”和生产事故、死亡人数“双下降”的目标，安全生产形势持续稳定好转。全面落实“党政同责、一岗双责、失职追责”“三个必须”和“四级五覆盖”安全责任体系的同时，为持续有效加强全市安全生产工作，市政府于2015年1月提出强化“依法治安”的理念，完善“尽责创安”措施，健全“改革促安”机制，提升“科技强安”支撑，巩固“人才兴安”保障，落实“属地管安”责任，实现“强基固安”目的的“七安”工作举措，夯实了安全生产工作基础。

6月28日，市安监局召开第三次“三严三实”和“忠诚干净担当”专题教育活动研讨会

3月9日，市安监局副局长何虎啸（右一）到城关区检查民营危化品企业

4月20日，市安监局副局长蔡卫旗（右三）到墨竹工卡县华泰龙矿山检查工作

拉萨市质量技术监督局

3月11日，区、市两级质监部门负责人到特种设备企业调研指导工作

3月11日，市质监局开展全国质检12365热线局长接线日活动，现场接听热线，处理群众举报、投诉、咨询来电等事项

5月29日，市质监局召开拉萨市各县（区）质监职能培训会议

4月25日，市质监局开展向日喀则地震灾区捐款活动

7月3日，市质监局开展党风廉政建设专题讲座

市质监局开展"3·28"百万农奴解放56周年纪念日活动现场

7月1日，市质监局机关党支部和局工会组织开展了以带头践行"三严三实"、争当"忠诚干净担当"质监干部为主题的专题教育及庆祝建党94周年知识竞赛

拉萨市气象局

6月2日，自治区气象局党组书记王鹏祥（右二），副局长赵一平（右四）率区、市气象部门相关人员到墨竹工卡县指导“三农”气象工作

全区县级气象现代化建设示范点—墨竹工卡县气象局

市气象监测预警综合服务系统平台

4月14日，拉萨河“河变湖”开展气象监测评估业务工作

4月18日，西藏首个文物保护气象监测服务系统在大昭寺安装成功

9月15日，新建林周县梯度风塔自动站

拉萨市档案局（馆）

8月6日，国家档案局副局长许仕平（中）一行到拉萨市档案馆进行《档案法》贯彻实施执法检查

7月22日，北京市档案局工作人员到拉萨市档案馆参观交流

7月8日，市档案局领导陪同自治区档案局领导到达孜县检查基层档案馆项目建设

2月28日，市委办公厅调研员、市档案局（馆）长马荣清（中）看望慰问结对困难群众

6月9日，市档案局（馆）组织开展“6·9”国际档案日宣传活动

10月1日，市档案局（馆）在宇拓路开展庆祝《西藏自治区实施档案法办法》颁布五周年专题宣传活动

2月10日，市档案局（馆）驻村工作队向岗德林村困难群众开展“双节”前夕送温暖慰问活动

共青团 拉萨市委员会

5月31日，自治区主席洛桑江村（中）到拉萨市青少年活动中心参加庆“六一”活动

5月31日，团市委书记洛色（左二）与地震灾区小朋友一起包饺子

11月16日，在全区首次召开拉萨市委党的群团工作会议

11月1–6日，成功举办拉萨市青年马克思主义者培养工程第十一期团干部暨第五期少先队辅导员培训班

11月30日，举办2015年度全市共青团工作集中展示交流考核答辩会

5月31日，举办红领巾相约中国梦——“庆六一 共成长”座谈会

9月25日，举办拉萨市西部计划志愿者2015年中秋座谈会

拉萨市委党校

9月23日，西藏现代物流研究中心在市委党校挂牌。市委常务副书记、党校校长龙志刚（左二），北京物资学院党委书记李石柱出席揭牌仪式

7月26日，市“三严三实”和“忠诚干净担当”专题教育专题党课在市委党校举行

11月7日，举办了“一带一路”视野下拉萨与南亚大通道构建专题讲座。市委副书记、北京援藏指挥部总指挥马新明主持。中国社会科学院亚洲太平洋研究所南亚编辑部主任叶海林做专题讲座

7月7日，市委党校举办了“那曲、阿里、日喀则、山南等四地（市）村（居）第一期干部培训班开班仪式”

8月3日，市委党校参加全区基层党组织书记培训班开班仪式

8月21日，市“六个精准”专题培训班在市委党校开班

拉萨市国家税务局

2月11日，市国家税务局局长孙清明（左一）慰问驻村工作队

1月16日，召开全市税务工作会议

1月16日，全市税务工作会议上表彰先进单位

4月24日，举办“三严三实”主题演讲比赛

4月20日，举办纳税服务规范电视知识竞赛

5月8日，为纳税人讲解相关涉税政策

拉萨市食品药品监督管理局

10月13日，国务院食品安全办、食品药品监管总局第二十八督查组组长杨俊一行到拉萨市堆龙德庆县督查食品药品监督管理工作

10月22日，自治区人大常委会副主任新杂·旦增曲扎（中）到拉萨市就新版《食品安全法》贯彻执行、机构改革推进落实情况开展调研

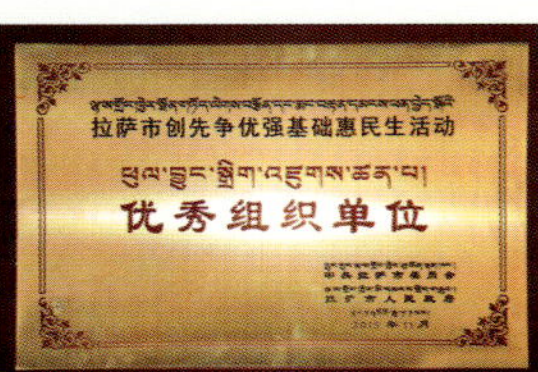

9月7日，副市长、食安委副主任次仁央宗（左二）带队检查拉萨市第二职业技术学校食堂食品安全工作

10月13日，副市长、食安委副主任次仁央宗在全市食品安全法培训班上作开班动员讲话

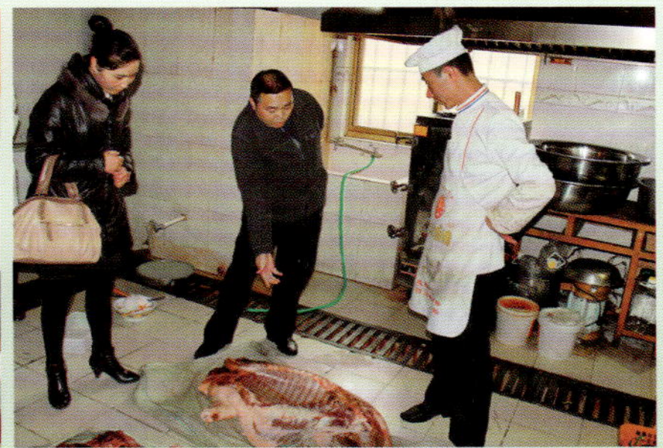

1月16日，市食品药品监督管理局局长申豫东（中）带队到堆龙德庆县检查餐饮服务单位

拉萨市民政局

7月3日，市委副书记马新明（后排中）参加图书捐赠仪式

7月3日，SOS儿童村接受北京援藏爱心图书捐赠

拉萨市儿童福利院（二期改扩建项目）

10月10日，市民政局局长白玛玉珍（左一）慰问离退休老干部

6月1日，市儿童福利院接待美国驻华大使一行采访团

10月15日，全区“双集中”工作现场会

10月18日，召开拉萨市双拥工作汇报会

拉萨市旅游局

9月28日，自治区党委书记陈全国（前排右二）到第二届西藏博览会拉萨馆调研

7月4日，市旅游局党组书记董天林（中）为贫困户发放慰问金

8月20日，举行2015年第九届拉萨市纳木措徒步大会出发仪式

拉萨市旅游联合执法工作组到旅游企业现场指导工作

12月19日，市旅游局局长旦增曲扎（右一）为贫困户党员发放慰问金

6月24日，举办2015首届拉萨旅游商品设计大赛（展）旅游摄影图片征集大赛

12月28日，召开全市旅游发展大会

拉萨市城关区

9月9日，中共中央政治局常委、全国政协主席俞正声（前排左二）到城关区白定村考察

8月14日，中央政治局委员、国务院副总理汪洋（前排左三）到城关区考察基地

9月21日，最高人民法院院长周强（前排左二），自治区党委书记陈全国（前排左三）到城关区法院检查指导工作

城关区位于西藏自治区中部偏东南的雅鲁藏布江支流拉萨河下游段南北两岸，东与达孜县接壤，南与山南地区贡嘎县和扎囊县毗邻，西与堆龙德庆区紧靠，北与林周县相依。城区面积554平方千米，行政区域东西跨距28千米，南北跨距31千米。截至年底，城关区辖12个乡（街道办事处）、51个村（居）委会，其中12个乡（街道办事处）分别是蔡公堂乡、纳金乡、娘热乡、夺底乡、金珠西路街道办事处、两岛街道办事处、八廓街道办事处、吉日街道办事处、吉崩岗街道办事处、札细街道办事处、公德林街道办事处、嘎玛贡桑街道办事处。城关区聚居着藏、汉、回等31个民族，藏族占多数。截至年底，城关区人口数60771人，其中农牧区人口13843人，城镇人口46928人。

8月4日，最高人民检察院刑事申诉厅厅长宫鸣到城关区检察院检查指导规范司法行为专项整治工作

8月12日，最高人民法院信息中心主任许建峰（右三）到城关区法院检查指导信息化建设及使用情况

区域布局，提高农畜产品质量，增强产品的市场竞争力；工业为县域经济发展的龙头，带动特色产业的集聚、带动农牧业的发展、带动农牧民的增收，形成了以净土健康产业为核心，以高原特色生物及医药医疗产业、民族手工业产业、科技型新兴产业、现代服务业产业为依托的“一个品牌、四大产业”发展格局，并多次受到中央、区市领导的肯定和支持。

6月26日，自治区人大常委会副主任许雪光到达孜工业园区调研

8月26日，自治区政协副主席、自治区工商联主席阿沛·晋源到达孜工业园区调研非公经济发展情况

4月4日，自治区政协副主席、军区总医院院长李素芝到达孜县查叶巴寺开展义诊活动

4月10日，市委常务副书记龙志刚到达孜工业园区指导工作

10月11日，自治区农牧厅副厅长潘旭春到达孜县检查指导农作物新品种示范推广情况

8月5日，副市长杨安文（中）在达孜工业园区主持召开拉萨市“两区四园”工作例会

3月13日，副市长孙晓南到达孜工业园区调研外贸型企业

12月20日，县委书记徐申锋看望慰问结对帮扶户

8月1日，县长阿努次仁陪同影星成龙到达孜县社会福利院开展慰问活动

5月28日，自治区环保厅污防处处长边巴拉姆检查达孜县医院危险废物处置情况

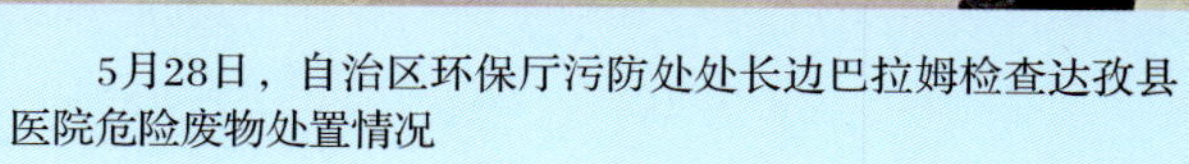

10月27日，自治区水利厅农水处副处长王韧带队验收达孜县宗教活动场所（点）通水设施工程

8月11日，江苏省镇江市代表团对口支援办项目检查组到达孜工业园区调研

8月11日，镇江代表团对口支援办项目检查组到达孜县调研

8月12日，市水利局副局长滕宝亭实地勘察达玛岗水库建设地点

9月13日，市国土局副局长张林、地籍科科长次央到达孜县检查指导工作

9月2日，达孜县支教团员为学生辅导作业

6月18日，端午——“我们的节日”主题活动

拉萨市林周县

1月23日，中央督导组陆浩在旁多水利枢纽工程和热振寺等处调研指导工作

7月25日，国家发改委稽查退牧还草项目

“林周”藏语含义为天然形成的沃土，位于拉萨市东北，距离市区65千米。林周县地理中心坐标为东经90° 51′ 至91° 28′ ，北纬29° 45′ 至30° 08′ ，地处西藏中部，拉萨市东北方向，拉萨河上游及澎波河流域，东连墨竹工卡县，西接堆龙德庆县，北临当雄县，南抵拉萨市城关区，总面积4512平方千米，国土面积4512平方千米，耕地23万亩，天然草场505万亩，人工草场8万亩，水域5.4万亩，是拉萨市6县2区中的第一产粮大县、第二牧业大县。全县南北狭长，跨度达180千米。念青唐古拉山支脉一恰拉山横贯全境，将林周县分割为南北两大部分。北部属拉萨河上游及其源流区域，素有“三河一流”的美称（即热振河、达龙河、乌鲁龙河、拉萨河流域），平均海拔4200米，气候干燥，年平均气温2.9摄氏度，以牧业生产为主。南部地区属拉萨河支流澎波河流域，平均海拔3860米，谷地开阔，气候温和，雨水充沛，年平均气温5.8摄氏度，主产小麦、青稞、油菜、土豆等，是拉萨市的主要粮食生产基地。林周县主要矿产资源有铅、锌、重晶石、煤、石膏等。特色产品有氆氇、卡垫、火盆、花盆、油壶、酒壶等。

林周县风光秀美、山川壮丽、人杰地灵，人文历史底蕴深厚，是拉萨的“北花园”。全县分布有黑颈鹤保护区、白唇鹿保护区等国家级、自治区级自然保护区5个；全县有寺庙38座，著名的藏传佛教寺庙热振寺坐落在北部群山之中，距今已有千年历史，周围有风景秀丽的热振国家级森林公园。林周境内山青水碧、草木葱郁、飞鹤成群，是体验青藏高原人文风光的极佳之地。

7月17日，农业部规划设计院领导一行到林周县调研

9月24日，文化部文化艺术中心调研组到林周县开展文化艺术专业人才职称制度改革研究课题

3月12日，自治区人大常委会副主任赵正修到林周调研

8月9日，市委副书记、市长、市委政法委书记张延清到林周县指导“帕邦塘廓”宗教活动安保工作

3月10日，自治区农牧厅厅长次旺多布杰到林周指导春耕春播工作

11月28日，市委常务副书记龙志刚考察精准扶贫易地搬迁项目

8月4日，苏州市吴江区向县医院捐赠救护车

9月22日，市委常委、副市长周普国（右一）到林周调研净土健康产业发展

12月22日，林周县召开县委常委班子“三严三实”和“忠诚干净担当”专题民主生活会

5月2日，县委副书记、县长次仁顿珠作净土健康产业发展专题讲座

3月23日，县委副书记、县长次仁顿珠陪同昌都地区农牧业考察团参观林周县现代农业示范园

12月21日，第七批援藏干部王益冰、王卫国、陈习庆检查林周县边林乡当杰村综合服务中心建设情况

8月13日，县委副书记、县长次仁顿珠与西藏藏电开发有限公司、西藏高争藏地净露股份有限公司在雪顿节招商推介会上就林周投资项目正式签约

1月12日，在林周县边交林乡举行林周县农村土地承包经营确权登记（试点）工作领证仪式

8月25日，林周县“帕邦塘廓”宗教活动现场

9月9日，发放西藏自治区成立50周年大庆礼品

3月27日，林周县举行纪念“3·28”升国旗仪式

2月11日，林周县举办迎2015年春节、藏历新年文艺演出

3月9日，机关干部职工做早操

9月2日，林周县开展新旧西藏对比主题宣传教育活动

9月21日，中央电视台主持人撒贝宁在林周县开展“绿哈达行动”公益活动

林周县五保集中供养服务中心

拉萨市墨竹工卡县

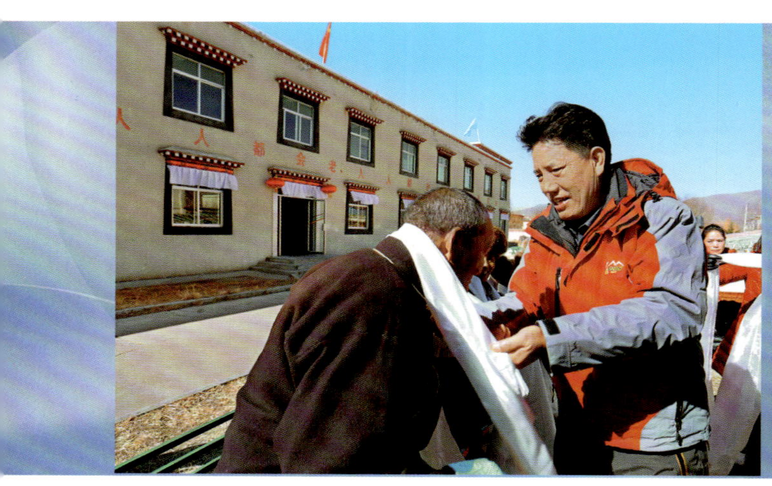

2月16日，自治区党委副书记、主席洛桑江村节前到墨竹工卡县看望慰问结对户

6月1日，自治区党委副书记、主席洛桑江村（前排左二）到墨竹工卡县检查高速公路建设情况

墨竹工卡县是拉萨属县之一，位于西藏自治区中部、拉萨市境东部，拉萨河中上游、米拉山西侧，地处青藏高原中南部，念青唐古拉山南麓的雅鲁藏布江河谷地带。县城距拉萨市区79千米，地理坐标为北纬29° 8′、东经91° 77′。东与林芝市工布江达县相邻，西靠拉萨市达孜、林周两县，北连那曲地区嘉黎县，南接山南地区乃东县，是拉萨市的"东大门"，平均海拔4200米以上。县域总面积5492平方千米。县境内名胜古迹众多，旅游资源得天独厚，距今850多年历史的直孔梯寺闻名国内外，具有祛病美容效用的日多温泉、德仲温泉和有"财神湖"之称的思金拉错等自然景观独具魅力，唐加古墓遗址、甲玛乡藏王松赞干布宫殿遗址具有很深的文化底蕴。

全县辖8乡（镇）、40个行政村，其中8乡(镇)分别是工卡镇、甲玛乡、唐加乡、扎西岗乡、日多乡、尼玛江热乡、扎雪乡、门巴乡。2015年，全县人口5万余人，民族以藏族为主，还有汉族和其他少数民族。

10月3日，自治区党委常务副书记、区党校校长吴英杰（前排左二）到墨竹工卡县调研

农牧业为全县经济基础产业，除基础农牧产品外，直孔水磨糌粑、斯布牦牛等农畜产品更是驰名区内外。近年来，墨竹工卡县以矿产开发为突破口，采矿业、运输业、建材业等产业得到快速发展。交通区位优势较为明显，川藏公路（318国道）横穿而过，302省道过境，羊皮筏子从拉萨河直接连通县城和拉萨市区。依托着得天独厚的旅游资源，墨竹工卡旅游业已经发展成为县域经济的支柱产业之一，以松赞拉康、松赞干布纪念馆、霍尔康庄园、甲桑古道徒步为重点的藏王松赞干布出生地甲玛景区已完成并对游客开放,西藏首家民间博物馆墨竹工卡县群觉古代兵器博物馆于2015年5月建成开馆。

10月7日，自治区党委常委、拉萨市委书记齐扎拉（前排右二）到墨竹工卡县检查工作

2月10日，自治区党委常委、拉萨市委书记齐扎拉到墨竹工卡县调研

7月17日，自治区副主席其美仁增到墨竹工卡县调研拉萨特色小城镇建设

8月1日，自治区副主席其美仁增到墨竹工卡县调研

4月18日，市委副书记、市长、市政法委书记张延清到墨竹工卡县调研

6月26日，南京市委副书记、市长缪瑞林到墨竹工卡县扎西岗乡南京希望小学考察指导工作

12月31日，自治区党委常委、组织部部长曾万明（左三）到墨竹工卡县检查指导工作

5月7日，自治区党委常委、区直工委书记多托到墨竹工卡县调研工会工作

3月13日，自治区人大常委会党组副书记、副主任赵正修到墨竹工卡县调研

3月24日，市委常委、市政府党组副书记、常务副市长斯朗尼玛到墨竹工卡县看望结对户

12月16日，市委副书记、常务副市长胡洪到墨竹工卡县检查2016年援藏项目

3月12日，市委副书记、常务副市长陈勇到墨竹工卡县调研指导工作

7月1日，曙明奖学金发放仪式

3月28日，墨竹工卡县举行升国旗仪式

8月29日，自治区政协退休老领导到墨竹工卡县考察指导工作。自治区党委常委、拉萨市委书记齐扎拉（右五）陪同

10月13日，国家义务教育均衡发展领导小组对墨竹工卡县进行义务教育均衡验收

8月26日，墨竹工卡县举行向乡（镇）卫生院及县医院发放救护车仪式，兑现墨竹工卡县“十件实事”中为七乡一镇及县医院各购买一台救护车承诺

8月24日，在新区政府大楼前举行乡村环卫队伍成立及环卫设备发放仪式

墨竹工卡县巴洛藏鸡养殖

墨竹工卡县政府班子领导深入基层开展民生调研

拉萨市堆龙德庆县

2015年11月21日，国务院副秘书长、国家信访局局长舒晓琴（前排左三）在自治区党委书记陈全国（前排右三），自治区党委常委、拉萨市委书记齐扎拉（前排左二）的陪同下到堆龙德庆县就信访制度建设、农村网格化管理、矛盾纠纷排查化解情况开展调研

堆龙德庆县地处西藏中南部、雅鲁藏布江中游、拉游河南拐弯处及其支流堆龙河南岸，地势西高东低。最高海拔5500米，最低海拔3640米，相对高差约1860米，平均海拔4000米。总面积为2682平方千米。

截至年底，全县辖6个乡（镇）、34个村民委员会，其中6个乡（镇）为羊达乡、古荣乡、马乡、德庆乡、东嘎镇、乃琼镇。藏族是堆龙德庆的世居民族。和平解放后，尤其是改革开放以来，部分汉族和其他民族人员来此工作或经商，尤以党政机关和工矿单位人员为主。据2010年第六次人口普查数据，堆龙德庆县藏族人口44768人，占总人口的85.68%；汉族6886人，占总人口的13.18%。此外还有回族、土族、苗族、蒙古族、满族、门巴族等民族。

堆龙德庆县是以农业为主、农牧并举的县，1983年被指定为西藏自治区商品粮生产基地县。全县耕地面积为94969亩，盛产小麦、春小麦、青稞、豌豆、蚕豆、马铃薯等。畜牧业为本县第二支柱产业，饲养奶牛、绵羊、山羊、家禽等。

9月20日，最高人民法院党组书记、院长周强（前排右二）到堆龙德庆县法院检查指导工作

4月10日，国家计生委监督局局长薛晓林一行到堆龙德庆县检查指导公立医院综合改革工作

8月4日，国家综合开发办公室主任户贵敏一行到堆龙德庆县调研指导农业综合开发工作

8月11日，国务院侨务办公室主任裘援平一行到堆龙德庆县工业园区考察

5月28日，美国驻华大使马克思·博卡斯和夫人梅洛迪·哈尼斯到堆龙德庆县参观西藏圣香海螺民族手工艺品有限公司

10月8日，自治区党委常务副书记吴英杰（左一），自治区党委常委、拉萨市委书记齐扎拉（右一）一行到堆龙德庆县乃琼镇乃琼村和远大建材有限责任公司，调研基层党建、民族团结和非公组织党建工作

6月25日，自治区副主席、区党委政法委副书记、区综治委铁路护路联防工作领导小组副组长王双全一行到堆龙德庆县高天护路大队检查指导铁路护路联防工作，亲切慰问专职护路联防队员

11月8日，市委常务副书记龙志刚、市政府副市长计明南加带领市直相关部门领导到堆龙德庆县进行调研

9月13日，市委副书记、北京援藏指挥部总指挥马新明带领北京援藏指挥部相关负责人到堆龙德庆县考察拉萨市农作物新品种展示与高产栽培技术示范基地，并到县工业园区及县净土健康产品展销厅参观

8月1日，市委常委、副市长周普国到堆龙德庆县调研净土健康产业工作

8月11日，北京市西城区委副书记、区长王少峰率西城区考察团一行15人到堆龙德庆县，就援藏项目建设情况等进行考察。图为堆龙德庆县四大班子与北京市西城区考察团合影留念

7月6日，北京市房山区政府、区计生委考察团到堆龙德庆县看望慰问援藏干部，考察调研堆龙德庆县卫生医疗工作，并向堆龙德庆县人民医院捐助20万元

10月19日，北京团市委副书记郭文杰一行10人到堆龙德庆县姜昆黄小勇希望小学，隆重举行“美好北汽与爱同行”北汽集团一对一爱心帮扶计划捐赠仪式暨“七彩书屋”建成启动仪式

2月3日，县委书记陈献森，县委副书记、人大常委会主任达瓦次仁到SOS儿童村进行走访慰问

2月3日，县委书记陈献森慰问退休干部

7月14日，新老县长交接见面合影留念

2月19日，在藏历新年、春节来临之际县委副书记、县长安央金慰问干部职工

9月7日，县委副书记、县长格桑平措带队，在副县长娄相峰和消防、安监等部门负责人的陪同下，对堆龙德庆县仓储单位的火灾隐患与安全生产等进行检查

1月24日，全区组织象雄文化专家参观波玛村象雄文化遗址

3月26日，自治区民宗委在古荣乡开展喜迎“3·28”民族团结进乡村活动

2月13日，堆龙德庆县举办退休干部职工“春节、藏历新年”座谈会

3月28日，堆龙德庆县举行庆祝“3·28”百万农奴解放纪念日升国旗仪式

拉萨市曲水县

10月16日，自治区党委常委、拉萨市委书记齐扎拉主持召开曲水县旅游工作汇报会

12月16日，自治区政协副主席、工会主席洛桑久美到曲水县调研

7月28日，自治区国土资源厅厅长王俊到曲水县对农村宅基地制度改革试点工作进行调研

曲水县隶属于拉萨市。曲水县地处西藏中部、拉萨市西南部，位于拉萨河下游，地理坐标为东经90° 72′ 82″，北纬29° 36′ 05″。总面积1624平方千米。整个地形东、西部稍高，中部的拉萨河与雅鲁藏布江交汇处较低，念青唐古拉山的一条山脉逶迤北部。谷地最低海拔3501米，山峰最高海拔5895米。曲水县属高原温带半干旱季风气候区。

2015年，曲水县辖6个乡（镇）、17个行政村，其中6个乡（镇）分别为达嘎乡、才纳乡、南木乡、聂当乡、茶巴拉乡、曲水镇。2015年，常住人口3.53万人，其中农牧业人口3.26万人。人口以藏族为主，占总人口的97%，其余还有回族、满族、蒙古族等少数民族。

10月，西藏贝珠雅药业奠基仪式

县长格桑邓珠在庆祝“3·28”活动升国旗仪式上讲话

8月27日，泰州市党政代表团到曲水县考察指导工作

2月9日，曲水县深入开展“三严三实”和“忠诚干净担当”专题教育活动动员部署会

9月14日，市“道德模范在身边”宣讲活动曲水分会场

5月11日，市公安局主题巡回宣讲活动曲水分会场

10月，曲水县政府组织工作人员到云南考察

12月，曲水县易地脱贫搬迁工程开工仪式

3月25日，曲水县政府召开教育卫生工作专题会议

曲水县人民医院远程医疗演示

5月，曲水县向各卫生院发放120救护车仪式

2015年5月4日，曲水县“情系灾区”捐款仪式

10月21日，曲水县政府组织重阳节关爱老人活动

10月，曲水县中学与泰州姜堰中学结对共建

12月4日，宪法日进行普法宣传

11月11日，曲水县青少年法律大讲堂现场

曲水县“三月份综治宣传月”集中宣传活动现场

曲水县才纳乡白堆村农牧民群众领取土地承包经营权证书

曲水县举办庆祝西藏自治区成立50周年“幸福拉萨规范舞”比赛

3月10日，西藏日报社记者到曲水县采访净土花卉种植情况

曲水县举办“百首爱国歌曲大家唱”歌咏比赛活动

拉萨市尼木县

12月7日，自治区常务副主席丁业现（后排左二），拉萨市委副书记、市长、市委政法委书记张延清（后排左一）陪同国家建行行长王祖继（中）到霍德村检查驻村工作

尼木县是拉萨市辖县，位于西藏自治区中南部、拉萨市境西部，冈底斯山南麓、雅鲁藏布江中游北岸。山峦起伏，河谷纵横。地形西高东低，平均海拔4000米以上，境内最高点穷母岗峰，海拔7048.8米，最低点为玛曲河汇入雅鲁藏布江处，海拔为3701米。东邻拉萨市当雄县、曲水县，西接日喀则市南木林县，北靠那曲地区班戈县，南临日喀则市仁布县和山南市浪卡子县，总面积3275平方千米。

截至年底，尼木县辖8个乡（镇）、32个行政村，其中8个乡（镇）是分别是麻江乡、普松乡、卡如乡、尼木乡、续迈乡、帕古乡、吞巴乡、塔荣镇。全县总人口35257人。

尼木县是以农为主、农牧结合的县，耕地面积4.3万亩，林地面积25.6万亩，其中农牧业是基础产业，主要特色产业是藏鸡养殖；净土健康产业是支柱产业；手工业比较发达，以吞巴藏香、普松雕刻、雪拉藏纸等闻名。

1月26日，自治区副主席多吉次珠（左二）到聂玉村看望慰问结对户

3月6日，自治区人大常委会副主任赵正修到卡如乡一级检查站慰问值勤民警

9月1日，自治区人大常委会副主任赵正修到尼木县检查指导驻村工作

5月13日，自治区财政厅副厅长孙金玲到尼木县检查涉农资金工作

11月17日，自治区妇联副主席德吉到林岗村进行家庭教育讲座

10月12日，迎接国家扶贫办调研精准扶贫工作

9月8日，北京市领导到尼木县调研指导工作

11月13日，市委常务副书记龙志刚到尼木县调研指导工作

3月18日，市政协秘书长张勤到尼木县调研

12月18日，市委常委、宣传部部长占堆到尼木县联系点塔荣镇尚日村就“三严三实”和“忠诚干净担当”专题教育进行调研

3月10日，市人大常委会副主任觉根到尼木县维稳一线指挥部检查维稳值班情况

10月12日，国家义务教育均衡发展督导检查组对尼木县义务教育均衡发展工作进行验收。（图为相关人员合影留念）

1月18日，县委书记范永红检查下沉干部工作开展情况

4月3日，县长普琼检查防护工程建设情况

10月28日，自治区环保厅工作组到天利矿业采矿点检查生态恢复情况

8月31日，市委第六督导组检查指导尼木县驻村工作和“三严三实”专题教育活动

8月5日，举办首届中国（拉萨）国际格桑花文化节开幕式

6月30日，尼木县开展庆“七一”迎“50大庆”演讲比赛活动

3月12日，开展维稳应急处突演练

拉萨市当雄县

6月27日，自治区党委副书记、区常务副主席、区党委政法委书记邓小刚（前排左二）到当雄县检查指导工作

4月28日，自治区党委常委、市委书记齐扎拉（右二）到当雄县检查指导工作

当雄县位于西藏自治区中部，藏南与藏北的交界地带，拉萨市北部，距拉萨市170千米。地理坐标为东经90° 45′ —91° 31′ ，北纬29° 31′ —31° 04′ 。北与班戈县、那曲县接壤，南与林周县、堆龙德庆县交界，东部一隅与嘉黎相连，西南与尼木县毗邻。东北至西南硕长，长185千米，西北至东南狭窄，宽约65千米，其中最窄处约34千米，总面积10036平方千米，平均海拔4200米。气候属高原寒温带半干旱季风气候。年日照时数2880小时，年降水量481毫米，昼夜温差大，多大风。主要气象灾害有雪灾、风灾，旱灾等。土特产品有高原畜产品虫草、贝母等。

当雄，藏语意为“挑选的草场”。民主改革前，县境内分为三宗四部落，即当雄宗、白仓宗和羊井宗，四部落原隶属热振寺管辖。1959年建县，隶属拉萨市管辖。

2015年，全县总人口55145人。当雄县下辖8乡（镇）、28个村（居）委会，172个村民小组，其中8乡（镇）分别是当曲卡镇、羊八井镇、格达乡、宁中乡、公塘乡、龙仁乡、乌玛塘乡、纳木湖乡。

7月6日，自治区人大常委会副主任多吉到纳木湖检查环保工作

3月9日，自治区环保厅党组书记王亚蔺到当雄县环保局实地调研

6月29日，拉萨电视台记者采访当雄县委书记张正

4月13日，市委第一督导组副组长石大庆到当雄检查党的群众路线教育实践活动开展情况

当雄县是纯牧业县，主要以牦牛、绵羊、山羊、马为主。截至年底，可利用草场面积1050万亩；牲畜存栏44.89万头（只、匹），出栏17.04万头（只、匹），出栏率达到37.95%；幼畜出生9.39万头（只、匹），成活率达到99.59%；成畜死亡1664头（只、匹），死亡率控制在0.03%以内；肉产品产量7000.64吨，奶产品产量1.09万吨。旅游业相对发达，主要景点有纳木错等。

12月24日，县长其美次仁主持召开“进万家门 、知万户情”精准扶贫入户调查动员大会

6月10日，县委副书记、常务副县长沈海明带队开展文化执法排查

9月25日，国家广电总局领导到当雄县调研

6月12日，北京延庆县领导到当雄县调研工作

6月19日，首都艺术家到当雄县慰问

4月16日，人大、政协代表参观党风廉政教育基地

3月27日，当雄县开展纪念百万农奴解放纪念日签名活动

2月5日，当雄县开展召开“三严三实”专题教育动员大会

6月24日，当雄县开展践行“三严三实”演讲比赛

4月7日，当雄县开展"春防"工作动员大会

7月1日，当雄县举办庆祝建党94周年文艺活动

9月9日，东奥集团到当雄县完小开展捐赠活动

1月21日，纳龙村石膏矿运输费兑现活动现场

4月13日，当雄县在全县经济工作会上表彰先进单位

八一农场

6月24日，自治区党委常委、拉萨市委书记齐扎拉（前排右二）到大佛岛金银花示范基地考察调研

11月，市委副书记马新明，市委常委、常务副市长洪家志到农场小区检查指导工作

10月30日，自治区农工办副处长李文副在大佛岛分场检查设施农业建设情况

8月3日，北京首都农业集团有限公司考察团代表向农场赠送食用菊苗

7月1日，农场组织职工庆“七一”篮球赛

8月3日，北京首都农业集团有限公司考察团在农场召开座谈会，拉萨市委常委、副市长周普国出席会议并讲话

拉萨市教育局

10月15日，国家教育部督学组廖秀梅一行到墨竹工卡县扎西岗南京希望小学进行均衡评估

11月11日，市教育局党委书记康娜美朵率队到当雄县实地调研加快教育改革和发展工作成效

6月15日，市教育局局长中楚成到墨竹工卡县进行教育均衡过程指导

6月1日，市教育局党委书记康娜美朵到北京与参加夏令营的拉萨市学生代表共同欢度“六一”儿童节

7月8日，召开拉萨市2015年度教育信息化工作会议

拉萨师范高等专科学校

10月9日，在拉萨师专40年校庆大会上，自治区副主席房灵敏，自治区党委常委、拉萨市委书记齐扎拉（右二）赠送写有“育祖国栋梁 建民族精品”牌匾

团结奋进的领导班子

9月9日，拉萨师专党委书记范春文、校长黄晓曦参加教务处教学研讨会

校园风景

9月9日，拉萨师专党委书记范春文到拉萨师专实验室观摩教学

9月9日，拉萨师专校长黄晓曦到计算机房观摩教学

10月10日，拉萨师专优秀校友讲座

10月9日，拉萨师专40年校庆民族舞表演

10月9日，在师专建校40周年纪念大会上，拉萨师专女兵方队走过主席台前

校训

教学楼

拉萨师范附属小学

8月25日，自治区教育厅厅长马升昌到学校考察调研

4月22日，柳梧新区管委会办公室主任朱胜军到学校参观指导

10月15日，学校分校柳梧乡完小迎接国家均衡验收

9月15日，组织学校中层干部到红军小学调研指导工作

5月7日，举行“讲师德、正师风、强素质、树形象”——师德师风演讲比赛

5月7日，学校组织教职工为日喀则地震灾区献爱心

办学理念：充满阳光、溢满书香、写满诗意

6月1日，举行“六一”新队员入队仪式暨表彰大会

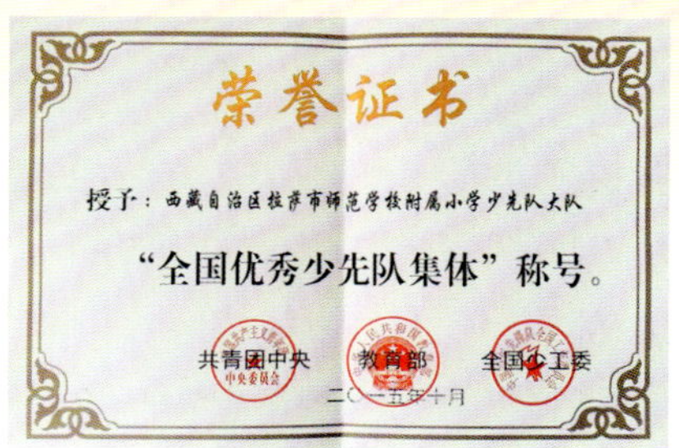
荣誉证书

授予：西藏自治区拉萨市师范学校附属小学少先队大队

“全国优秀少先队集体”称号。

共青团中央　教育部　全国少工委

二〇一五年十月

6月27日，举行“名师工作坊”教师课堂教学选拔赛

5月21日，组织学生到拉萨师范高等专科学校参观

强健的体魄　不懈的追求

团结和睦的一家人

拉萨市特殊教育学校

12月29日，学校领导班子到新校区了解工程进展情况

12月17日，学校与中美合资喀瓦坚羊毛工艺品有限公司签订合作协议

7月8日，学校组织教职工为贫困学生捐款

3月14日，学校2015年开学典礼

5月17日，学校举办关爱第二十五个全国残日活动

9月10日，学校为全体教师庆祝第31个教师节

6月3日，2015届毕业生毕业典礼

4月20日，爱心企业捐赠精美图书现场

11月10日，为学生发放10月、11月生活物资

12月15日，学校对兴趣课教学成果验收展示

5月29日，学校组织“放飞童心，快乐成长”为主题的庆“六一”活动

10月12日，学校教师与学生共度“第32个国际盲人节”

城关区职业技术培训中心

5月29日，自治区人大常委会副主任新杂·单增曲扎一行到中心检查指导配餐工作

5月28日，市委常委、城关区委书记果果（左一）一行视察配餐中心配餐设配安全情况

5月28日，市委常委、城关区委书记果果（左一）指导前期运营与筹备情况

2015年，在城关区委、区政府的正确领导下，在城关区教育体育局的大力支持下，全体教职工认真学习和贯彻关于深入开展“三严三实”和“忠诚干净担当”专题教育精神，贯彻落实《国家中长期教育改革发展规划纲要》《中国职业教育改革和发展纲要》的有关精神，紧紧围绕培养一专多能、适应社会需要的各类人才的办学宗旨，积极推进中心改革，大力加强“双师型”师资队伍建设，确立“打造精品、树立品牌”的办学理念，稳步开展城关区学生午餐配送试点工作。

2015年对城关区职业技术培训中心而言是收获累累的一年，学生午餐配送工作与职业技能培训得科学稳步发展。学生午餐配送工作从无到有，从有到优。学生午餐配送中心自2015年1月开始筹划，5月初具规模，6月投入使用，经过不懈努力，发展成标准化的午餐配送机构；2015年，正值学生午餐配送工作的开局之年，在保质保量且无一例安全事故发生的前提下，以持续推进“打造精品、树立品牌”为宗旨。在具体的培训工作中，不仅对培训本身下足功夫，对每位前来参加培训的学员更是高度关注暨关注每一个前来参加培训的学员，使每一个学员能“学有所成、学有所用”。2015年，同步开展短期培训共计4期。培训总人次达120人。其中：职业技能培训：120人； 就业人数：120人；就业率96%。

11月30日，2015年度第二期保安培训正式结业

5月29日，城关区政府组织三级人大、政协及家长代表参观配餐中心，通过试餐等活动广泛征求意见

6月1日，城关区职业技术培训中心为孩子们送上可口的营养午餐

12月10日，召开2015年度民族雕刻培训开班仪式

4月17日，2015年第二期烹饪培训“学员竞技赛活动现场”

6月17日，配餐中心员工消防安全演练

3月31日，配餐中心员工探讨与交流“营养搭配”技艺

科学配餐，合理分餐

拉萨市第一中等职业技术学校

3月19日，教育部副巡视员谢俐到学校调研中等职业教育法执法情况

4月15日，自治区人大常委会副主任赵合到学校调研中等职业教育法落实情况

3月8日，自治区民宗委主任赤列多吉到拉萨市第一中等职业技术学校调研“兴边富民”工作落实情况

7月30日，江苏农林职业技术学院党委书记俞卫东一行到学校考察交流

3月20日，学校召开“三严三实”和“忠诚干净担当”专题教育活动动员大会

12月6日，首届校级中职学生技能大赛开幕

12月2日，学校选派2013级导游英语班优秀毕业生到北京外国语大学学习

拉萨市第二中等职业技术学校

5月29日，美国驻华大使博卡斯一行到学校参观考察

5月29日，北海艺术设计学院副院长彭仁为学校参训教师做专题讲座

4月3日，学校聘任知名专家签约仪式现场

5月7日，学校参加2015年职业技能竞赛荣获佳绩

缝纫专业学生实训

外聘教师指导舞蹈专业学生

文艺汇演

美丽的校园

拉萨江苏中学

5月29日，城关区副区长尼玛仓决为江苏中学校代表队颁发理科综合知识能力冠军

5月29日，江苏中学代表队理科知识竞赛冠军奖

4月29日，江苏中学在拉萨市第八届中学生运动会上包揽四项冠军

拉萨江苏中学始建于1978年，位于拉萨市娘热北路39号，1998年确立为江苏省援建单位，1999年9月将拉萨市第五中学更名为拉萨江苏中学，2002年由拉萨市移交城关区管理。

学校占地面积为70000余平方米，建筑面积40000余平方米，绿化面积44000余平方米。学校现有41个教学班，在校生总数2305人，享受“三包”政策2047人。有教职工236人，其中专任教师182人，学历合格率100%。学校秉承“团结 求实 创新 奉献”的校训，坚持“为学生终身发展而奠基”的办学理念，坚定“文化立校，科研强校”的办学思想。

高质量的教育教学水平是学校的立校之本，高效率的课堂教学是学生乐学的力量之源。2015年，学校以“城关区理科攻坚年”为契机，狠抓理科教学，投入大量的人力物力开发校本实验教材、实验教学模板、自制实验教具，实验课开出率达到100%。在拉萨市城关区中小学生理科综合知识与能力竞赛中，学校代表队夺得冠军。11月，学校顺利通过了拉萨市实验教学评估，被授予“初中实验教学先进学校”荣誉称号。

校园一景——课间操

中国建设银行
西藏自治区分行

12月7日，总行行长王祖继前往建行西藏自治区分行驻尼木县续迈乡霍德村工作队慰问困难群众

12月6日，总行行长王祖继到建行西藏自治区分行检查指导工作并与分行领导及中层干部合影

11月12日，建行西藏自治区分行与国家电力投资集团公司西藏分公司在拉萨签署战略合作协议

7月28日，在西藏金融机构职工“建行杯”乒乓球比赛暨全国金融系统职工乒乓球西藏赛区预赛中，建行西藏自治区分行职工获得二等奖

9月15日，建行西藏自治区分行在拉萨市举办农民工工资保障卡发卡启动仪式

5月22日，建行西藏自治区分行在拉萨城西支行举行“金融科技惠民”宣传活动

9月25日，建行西藏自治区分行拉萨慈松塘支行开业剪彩仪式

PICC 中国人民财产保险股份有限公司西藏分公司

"4·25"地震，人保财险赔款2.43亿元

"4·25"震后，人保财险西藏分公司总经理孙国新到现场查看地震灾情

8月24日，共青团人保财险西藏分公司委员会青年志愿者代表一行7人，前往日喀则市慰问在桑珠孜区中学就读的边雄盲人职业技能培训中心的9名失明孩子

5月2日，人保财险西藏分公司向"4·25"地震灾区捐款100万

"4·25"地震后，人保财险西藏分公司向遇难者家属兑现保险理赔事宜

1月12日，农险工作人员前往日喀则吉隆县雪灾查勘现场

中国银行股份有限公司
西藏自治区分行

4月25日，中国银行西藏分行行长李建刚、纪委书记张亮到灾区一线安抚受灾员工

4月25日，中国银行西藏分行副行长车献峰到樟木口岸重灾区看望受灾职工

截至年底，中行西藏分行全辖区共有24个营业网点，其中区分行营业部1个、拉萨城区支行15个、日喀则分行5个、山南分行1个、林芝地区分行1个、昌都支行1个，那曲地区支行、中银广场支行正在积极筹备中。全行共有员工1036人，其中：少数民族员工556人、占比53.67%，本科及以上学历677人、占比65.35 %，35岁以下员工648人、占比62.55%。

截至年底，中行西藏分行本外币资产总额570.88亿元，负债总额558.87亿元；人民币存款余额547亿元，贷款余额277亿元。其中，对公贷款已连续40个月保持“零”不良，资产质量领先系统内及当地同业，利润增速为系统内同组中排名第一。国际结算和跨境人民币业务四大行市场份额持续保持在90%以上。

11月23日，中国银行西藏分行举办2015年新到任援藏干部座谈会

7月27日，中国银行西藏分行与中国银行云南分行、华能澜沧江水电股份有限公司“澜沧江流域能源项目”签订三方合作框架协议

3月，中国银行西藏分行开启智能化网点改造，成功打造全区第一家智能化网点旗舰店

中国农业银行西藏分行营业部

12月31日，自治区主席洛桑江村（中）一行到农行西藏分行营业部看望慰问全行员工

4月17日，自治区党委常委、拉萨市委书记齐扎拉（右二）到农行西藏分行营业部曲水县支行开展调研

7月1日，农总行党委书记、董事长刘士余到农行西藏分行营业部检查指导工作

5月12日，农总行党委副书记、监事长袁长清看望农行西藏分行营业部一线员工

中国农业银行西藏分行营业部大楼　阿旺次仁摄

11月19日，农行西藏分行营业部“强基础惠民生”成效显著

4月17日，农行西藏分行营业部在农村土地承包经营权确权的基础上积极推进农村土地承包经营权抵押贷款试点工作

5月14日，农行西藏分行营业部组织参观拉萨警示教育基地

12月22日，农行西藏分行营业部联合城关区政府、城关区环卫局共同主办“爱心驿站 传递温情”爱心公益活动

6月30日，农行拉萨城西支行举办喜迎建党94周年和庆祝区农行20周年华诞活动

中国工商银行 西藏自治区分行

5月28日，总行党委副书记钱文挥在西藏分行调研期间拜会西藏自治区政府副主席甲热·洛桑丹增并出席自治区人民政府和中国工商银行座谈会

5月28日，总行党委副书记钱文挥在西藏自治区分行调研期间慰问干部员工

5月27日，自治区分行为“4·25”抗震救灾捐款

1月21日，自治区分行召开全行员工大会

12月20日，自治区分行向村“第一书记”派驻地（江孜县日星乡吹美村）捐赠价值57200元的毛毯88条

5月15日，自治区分行开展“2015年防范和打击经济犯罪宣传日”活动

7月16日，自治区分行举办“三严三实”专题学习讲座

4月10日，自治区分行开展义务植树活动

中国人寿保险股份有限公司

西藏自治区分公司

自治区常务副主席丁业现（右五）参加公司工作会议

8月4日，中国人寿保险西藏分公司开展慰问边防官兵活动

12月10日，中国人寿西藏分公司向西藏自治区公安民警英烈基金会捐款30万元

9月18日，中国人寿西藏分公司与自治区公安厅签订公安民警人身意外伤害保险服务协议

6月27日，中国人寿西藏分公司举办2015年“国寿客户节”暨“国寿小画家”活动颁奖典礼

朝气蓬勃的员工队伍

中国平安财产保险股份有限公司西藏分公司

5月14日，自治区党委常委、拉萨市委书记齐扎拉（左一）到平安产险西藏分公司检查指导工作。公司总经理吴琦陪同

平安产险西藏分公司"平安财富中心"雪域旗舰体验店

11月27日，自治区常务副主席丁业现（中）到平安产险西藏分公司调研

4月8日，中国平安财产保险股份有限公司西藏分公司庆祝入驻西藏八周年活动

截至年底，平安保险西藏分公司保费收入17533万元，比上年同比增长27.4%，共缴纳各项税款1001.38万元，代扣代缴税款1776.74万元。

公司现有正式员工182人，营销员380人，少数民族员工占比30%。建立了5家中心支公司（日喀则、林芝、山南、那曲、昌都）和一个营销服务部（阿里），机构布局覆盖全区。并且与自治区邮政公司、农业银行、中国银行都签订了全区保险代理服务协议，确保服务深入县、乡、村镇。

截至年底，公司理赔立案18063件，赔款支出 9767万元。"8·18"重特大交通事故事故公司赔偿金额总计870.84万元。拉林高速赔款1200万元，为自治区基础设施建设保驾护航，有效发挥了保险的社会稳定职能和经济补偿作用。

西藏分公司在经营发展的同时，积极参与各项社会公益活动和爱心善举行动，由平安投资105万元在西藏参与修建三所希望小学，并持续推动希望小学助学金活动，2015年，共为 "林芝八一镇希望小学" "昌都察雅县烟多镇若普村平安希望小学" "日喀则地区江孜县龙马乡平安希望小学" 三所希望小学的69名学生发放奖学金。

中国石油天然气股份有限公司
西藏拉萨销售分公司

10月28日，公司总经理普玉塔看望慰问驻村工作队

3月20日，公司总经理普玉塔率领公司干部职工参观市委党校廉政教育基地

8月7日，中石油销售公司副总经理宋文国检查功德林加油站

9月22日，中石油西藏公司领导观摩加油站系统运行演示

中国石油西藏拉萨销售分公司2016年工作会议暨四届三次职工代表大会合影留念

1月5日，召开中石油拉萨分公司四届三次职代会议

2月17日，机关员工清扫加油站积雪

国家开发银行西藏分行

9月24日，自治区政府主席洛桑江村（右一）与国开行党委副书记、监事长刘梅生（左一）交流座谈

5月18日，自治区党委常委、拉萨市委书记齐扎拉（右一）与开发银行党委委员、副行长张旭光（左一）交流座谈

12月25日，自治区党委常委、常务副主席丁业现（后排左二）与开发银行党委委员、副行长张旭光（后排右二）交流座谈

2015年，在总行党委的正确领导下，国家开发银行西藏分行认真贯彻中央第六次西藏工作座谈会精神，围绕自治区政府年初确定的“两个基础、两个重点、两个保障、两个动力、两个支撑、两个基石”的发展思路，展现开发性金融的新担当，全力支持西藏经济发展与社会稳定。截至年底，国家开发银行西藏分行资产总额169.76亿元，比年初增长110%；表内贷款余额130.51亿元，比年初增长98%；资产质量保持优良。

国家开发银行西藏分行贷款支持的拉林高等级公路项目

国家开发银行西藏分行贷款支持的西藏航空项目

中国移动通信集团西藏有限公司

拉萨分公司

10月20日，中国移动通信集团副总裁董昕一行到拉萨市北京中路营业厅调研

2月12日，中国移动拉萨分公司总经理罗松群培代表分公司党组一行前往林周县驻村工作点看望慰问当地贫困群众，并送去新春祝愿及太空被等慰问品

6月10日，中国移动拉萨分公司广大党员干部参观警示教育基地

7月8日，中国移动拉萨分公司参加由拉萨市教育局主办的信息化教育产品推介会，并为参会代表做产品展示

9月25日，中国移动拉萨分公司邀请政企单位开展主题为“精彩‘羽’共 拼搏‘球’胜”羽毛球联谊赛

东城新区医院大楼

西藏卓玛医院

3月20日，卓玛医院组织医疗小组到连巴村委会开展义诊活动

卓玛医院医师进行早交班

9月，西藏夕阳养老康复中心开始运营

2015年，卓玛医院门诊就医总人数为43070 人，住院总人数为1667人，藏医疼痛科4月—12月住院总人数为275人；东城医院门诊就医总人数为2340人。医院总营业收入为17114446.7元，其中藏医疼痛科为270万元；养老康复中心总营业额为39.49万元，东城新区医院营业额为14.8万元。

4月30日，在拉萨市政府举行的“东城新区医院”的投标中取得了东城医院的经营权，并按照拉萨市委、市政府的要求，5月9日，完成了东城医院门诊四大基本科室的试开业工作。

6月，注册成立“西藏夕阳养老康复有限公司”；9月，完成了“西藏夕阳养老康复中心”的组建和开业工作，截至年底，养老康复中心运营情况良好。

2015年，西藏卓玛挑选优秀医护人员组成医疗小组，深入社区和偏远乡村和牧区，多次开展免费义诊，特别是积极参与市妇联组织的到阿里地区、日喀则市定日县等地震灾区开展“巾帼关爱”义诊活动，把党和政府的关爱送到灾区群众的心里。全年义诊人数共计2000人次，送出各类药物价值达40000余元。

卓玛医院协同西藏自治区红十字会圆满完成“大骨节病调查”科研项目，4月-11月，调查小组10余次深入农牧区实地调查，完成了500多人的调查任务，得到自治区红十字会和相关单位的高度赞扬和一致好评。